CHRISTIAN RANUCCI
LA MÉMOIRE GUILLOTINÉE

François MONTAILLOU

CHRISTIAN RANUCCI
LA MÉMOIRE GUILLOTINÉE

L'Harmattan

***

5-7, rue de l'École-Polytechnique – 75005 Paris
www.editions-harmattan.fr
ISBN : 978-2-343-21542-6
EAN : 9782343215426

« La vérité n'a pas d'heure, elle est de tous les temps, même et surtout lorsqu'elle nous apparaît inopportune. »

Albert Schweitzer, *À l'orée de la forêt vierge*

« Sans la mémoire, la vérité devient mensonge car elle ne prend que le masque de la vérité. »

Elie Wiesel, *L'oublié*

En souvenir de Jean.

SOMMAIRE

I. Les réminiscences des enfants disparus

Une vieille dame, chaudement vêtue, marche lentement entre les tombes. Elle est soutenue par un homme qui l'accompagne, la protégeant de son parapluie. Elle s'arrête devant un caveau et dénoue délicatement, d'un geste que le poids des années et l'arthrose ont rendu imprécis et douloureux, la gerbe de fleurs blanches qu'elle tenait en sa main. Elle s'incline et la dépose au sol, devant la plaque de marbre, fixée à la tombe, où sont gravés les noms de celles et de ceux qui y ont été ensevelis.

C'est le film d'une scène de recueillement, de nostalgie, de souvenir comme il s'en déroule chaque jour en ces lieux lorsque des vivants interrompent leur quotidien pour venir s'y recueillir, dans le silence, le temps d'une halte. Un cimetière est avant tout un lieu destiné aux vivants, un espace dont la vocation est d'offrir aux vivants un lieu pour faire mémoire. Car la mémoire n'est pas seulement la sensation passive qui vient aux vivants en projetant, dans leur conscience, les événements du passé ; elle est aussi un acte : on fait mémoire des défunts. Les vivants font revivre ensemble le passé vécu avec les disparus et le partagent dans l'instant présent. C'est ce qu'on appelle l'anamnèse. C'est ce mystère qui s'accomplit, chaque jour, dans un cimetière. Le partage de la mémoire des défunts n'est pas seulement le signe le plus tangible de notre humanité : il fait l'humanité elle-même.

Le temps est maussade et les gouttes de pluie s'abattent sur la caméra qui fixe la scène, dans un crépitement qui, se mêlant au sifflement du vent, brouille la prise de son.

Tandis que la femme se redresse, l'homme lui montre, sur la stèle, une inscription en russe et lui demande simplement : « C'est bien votre fils, là ? »

De son bras hésitant, elle pointe à son tour l'inscription et prononce quelques mots à peine intelligibles. Elle acquiesce que c'est bien le nom de son fils.

« Pourquoi son nom est écrit en russe ? », demande l'homme.

Le micro, la caméra captent de nouveau quelques paroles de la bouche de cette femme qui signifie par un petit signe de la tête et des mains qu'elle ne sait pas. Elle ne se souvient plus. Mais elle se rappelle toujours que c'est bien son enfant qui est enterré ici.

C'est effectivement le caveau dans lequel a été ensevelie la dépouille de son fils, et c'est bien le nom de son fils qui est écrit en caractères cyrilliques, en alphabet russe. Dans la transcription de son prénom et de son patronyme, les familiers de la langue de Pouchkine peuvent identifier des fautes de phonétique. Il existe par exemple en russe une lettre, la dernière de l'alphabet, une voyelle, qui a valeur de « ia ». La lettre qui a valeur de « i », laquelle s'écrit comme un N inversé, ne peut être suivie de la lettre A, laquelle s'écrit en russe exactement comme dans notre alphabet latin : pour transcrire la diphtongue « ia », c'est la lettre « ia », laquelle s'écrit comme un R inversé, qui doit être utilisée. Pourtant, ce sont ces deux voyelles que l'on trouve dans la transcription de son prénom : Christ IA n. Cette femme, française d'origine auvergnate, n'a jamais eu le moindre lien avec la Russie ni la moindre connaissance de la langue. Pour faire mémoire de son enfant, quelqu'un est allé utiliser un alphabet dont, comme la plupart de ceux à qui l'inscription était destinée, il ignorait les règles.

Que lui importait ? Ce n'était pas à des Russes que cette inscription devait parler, mais bien à des Français.

Cette femme s'appelle Héloïse Mathon. Nous sommes en 2005, au cimetière Saint-Véran en Avignon. Elle est venue ce matin comme elle est venue des milliers de fois porter des fleurs sur la tombe de son enfant, disparu il y a près de trente ans. Âgée de quatre-vingt-trois ans, atteinte d'une maladie d'Alzheimer qui embrume chaque jour un peu plus ses souvenirs, les réminiscences de son fils disparu à l'âge de vingt-deux ans sont les dernières qui subsistent encore en sa mémoire. Au-delà de ses gestes, faire mémoire lui devient chaque jour plus difficile.

Une autre inscription en russe figure sur la tombe, deux mots que l'on peut traduire par « en mémoire éternelle ». Ce sont des mots que l'on trouve dans un cantique orthodoxe, que l'on chante dans les églises russes quarante jours après la mort du défunt. Car toute vie humaine est traversée par des deuils, et pour les vivants, le deuil est un temps à vivre, un temps à partager, un temps à traverser, et surtout un temps à accomplir. Mais le deuil qu'Héloïse Mathon vit depuis près de trente ans est quant à lui impartageable et demeurera, elle le sait, perpétuellement inaccompli : depuis la mort de son fils, son existence tout entière a été absorbée par son deuil.

Héloïse Mathon se rappelle encore qu'en 1976 son fils a été décapité après avoir été condamné à mort, et il a été l'un des derniers condamnés exécutés en France. La loi exigeait alors une sépulture anonyme pour les suppliciés. Son prénom, Christian, ainsi que son patronyme ont donc été transcrits en caractères cyrilliques, ce qui rend la sépulture légalement anonyme.

Mais de ce détail d'écriture, en ce matin d'hiver de 2005, Héloïse Mathon ne se souvient plus. Héloïse Mathon ne se rappelle plus qu'il avait ainsi été interdit à la communauté des hommes de garder la mémoire du nom de son fils. La législation périphérique à la peine de mort avait rendu nécessaire que le nom de celui-ci se masquât dans un autre alphabet pour avoir le droit de se figer dans l'écriture et dans la mémoire des vivants. La justice, quand elle tuait, interdisait de faire mémoire du mort. Ainsi la peine de mort attentait-elle à la part la plus essentielle de notre humanité.

En 1976, le fils d'Héloïse Mathon avait été condamné à la peine capitale après avoir été reconnu coupable du meurtre d'une fillette de huit ans, sauvagement assassinée deux ans plus tôt. Elle s'appelait Marie-Dolorès Rambla. Et c'est de cette petite Marie-Dolorès qu'il faut d'abord faire mémoire, de son visage lumineux d'enfant, brutalement ravie à l'affection des siens, un 3 juin 1974. Les faits étaient atroces, le crime odieux. Aux yeux des magistrats, des jurés, du public, le fils d'Héloïse Mathon était apparu comme un monstre. Deux ans plus tôt, devant les policiers, au terme de dix-neuf heures de garde à vue, il avait avoué le meurtre. Il avait réitéré ses aveux devant un médecin, devant une juge d'instruction, puis devant des psychiatres, enfin devant une psychologue. Les preuves paraissaient accablantes. Quelques mois plus tard, il s'était rétracté. Mais personne, évidemment, ne l'avait cru. Il s'était, pensait-on, installé dans un déni de son acte comme maints criminels avant lui. Il n'avait dès lors cessé de clamer son innocence, devant ses avocats, devant le tribunal, dans les dernières lettres adressées à sa mère, depuis le quartier des condamnés à mort de la prison des Baumettes à Marseille. Le matin de son exécution, quelques instants avant de mourir, il avait demandé à ses avocats de le réhabiliter. Quant à Héloïse Mathon, elle l'avait assuré dans ses lettres qu'elle était certaine de son innocence. Elle avait cru, avait espéré qu'il serait gracié jusqu'à ce matin-là, un 28 juillet 1976, où elle avait appris par la radio qu'il avait été conduit à la guillotine et avait eu la tête tranchée.

Dès ce jour, Héloïse Mathon n'avait plus eu d'autre but dans la vie que celui d'obtenir la réhabilitation de son fils. Elle avait d'abord rencontré Jean-Denis Bredin, le grand avocat spécialiste des erreurs judiciaires. Celui-ci en avait parlé à l'une de ses relations, l'écrivain Gilles Perrault, auquel il avait suggéré d'aller enquêter à Marseille. Ce dernier avait mené une enquête, rencontré Héloïse Mathon et semé le doute dans l'opinion publique par un livre qui avait été un best-seller : *Le pull-over rouge*. Dans les décennies qui allaient suivre, trois demandes de procès en révision allaient être déposées par ses avocats, Jean-Denis Bredin en tête, mais refusées.

À défaut d'un procès en révision et d'une délibération dans le cadre d'un palais de justice, le débat sur l'innocence du fils d'Héloïse Mathon avait bien été ouvert, mais seulement dans les milieux de l'édition et des médias : après *Le pull-over rouge,* plus d'une dizaine de livres allaient être publiés, de nombreuses émissions radiophoniques ou télévisées allaient être diffusées. Insoutenable débat pour la famille de la petite victime, qui, harcelée et accusée d'un scandale dans lequel elle n'avait aucune part de responsabilité, ne pouvait faire son deuil et passer au temps où l'on fait simplement mémoire de l'être cher que l'on ne reverra plus. Tourments envahissants pour Jean-Baptiste, le petit frère de la victime, qui jouait avec elle quand elle fut enlevée, éternellement torturé par le souvenir imprécis du petit garçon de six ans qu'il était alors. Condamné une première fois pour meurtre à dix-huit ans de prison, libéré au bout de plus de dix ans de détention, il a commis un second meurtre, particulièrement atroce, en 2017, comme si l'assassin de sa sœur l'avait transformé à son tour en tueur en série, comme si ce dernier continuait quarante ans plus tard à tuer par le bras d'un autre. Le 17 décembre 2020, il a été condamné à la réclusion criminelle à perpétuité. Insupportables polémiques et impossible deuil pour Héloïse Mathon qui continuait de croire son fils innocent, de se battre jusque sur les plateaux des chaînes télévisées, et revenait inlassablement se recueillir sur la tombe de son enfant pour y déposer des fleurs blanches, symbole de l'innocence.

Héloïse Mathon est morte en 2013, sans avoir vu la réhabilitation ni même aboutir de demande de procès en révision de la condamnation de son fils. Les derniers feux de sa mémoire s'étaient éteints peu à peu. Ne disposant que de modestes moyens, elle n'a pu être inhumée. Elle a dû être incinérée. Quelques mois plus tard, Pierre Rambla, le toujours très digne père de la victime, qui n'avait jamais douté de la culpabilité du fils d'Héloïse Mathon, a disparu à quatre-vingt-sept ans, rejoignant sa petite fille chérie dans la tombe qu'il avait lui aussi, des années durant, ornée de fleurs blanches.

Le crépuscule de leur mémoire n'a pas interrompu le travail de la nôtre. Ni notre recherche de la vérité.

La mémoire de ceux qui se sont passionnés pour l'affaire, de ceux qui ont faim et soif de justice, de ceux qui ont à cœur une recherche exigeante de la vérité, notre mémoire avait depuis longtemps pris le relais en mémoire du supplicié, de sa mère, mais sans oublier celle de la petite victime et des siens. Qu'il ait été innocent ou coupable, la vie tranchée à vingt-deux ans du fils d'Héloïse Mathon portait certes les espérances de la jeunesse, mais aussi les stigmates de ses égarements. Elle avait déjà perdu, à la différence de celle de la petite victime, l'innocence de l'enfance. À force de défendre la sentence prononcée à son encontre ou à l'inverse de s'indigner du sort qui fut le sien, de réaffirmer ou de s'interroger sur sa culpabilité, on a eu tendance à l'oublier. Si le destin de ce jeune homme guillotiné est resté en notre mémoire, c'est d'abord parce qu'au-delà de sa fin tragique il a été associé dans notre mémoire collective au terrible assassinat d'une petite fille et au deuil que les siens ne purent jamais accomplir.

Car il y a deux mémoires. Il y a celle de chacun d'entre nous, le registre de nos souvenirs, mais il y a aussi notre mémoire collective, celle que nous construisons ensemble chaque jour dès lors que nous débattons de notre passé, que nous regardons une émission historique, que nous nous plongeons dans un livre d'histoire ou que nous transmettons cette discipline à nos enfants. La seconde se construit dans un acte volontaire qui procède de la première. C'est ainsi que les souvenirs des combattants de la Grande Guerre, ceux des survivants d'Hiroshima ou de la Shoah se sont cristallisés dans cette mémoire collective. Il en est ainsi des événements les plus douloureux de l'histoire. Lorsque les témoins disparaissent, leurs souvenirs continuent de vivre dans la mémoire de ceux qui ont entendu leurs récits. Faire mémoire consiste en cet effort d'imagination par lequel chacun se constitue un film, qui n'est pas celui de la réalité vue et vécue par les témoins, mais qui nous permet de vivre ensemble dans un imaginaire partagé, et de faire, ensemble, mémoire des victimes.

Pour nous qui n'étions pas présents lors des événements qui ont conduit le fils d'Héloïse Mathon à la mort, pour nous qui n'avons assisté ni à son procès ni à son exécution, les témoignages, les récits qu'il nous est donné de lire nous permettent, par un effort d'imagination, d'en faire mémoire. C'est ce que nous ferons tout au long de cette enquête.

Si l'on dit parfois à ceux qui ont vécu un traumatisme qu'il faut l'oublier, ceux-ci savent d'expérience que la mémoire individuelle n'est point un disque dur dont on pourrait effacer les données. Elle garde les stigmates, souvent indélébiles, mais parfois mouvants, comme nous le verrons, de ce qu'elle a enregistré. Ainsi en est-il également de la mémoire collective. C'est pourquoi on ne peut effacer de nos mémoires de citoyens, de notre mémoire collective, une tragédie qui a indissolublement lié une enfant assassinée et un jeune garçon décapité dont on a très tôt douté de la culpabilité. La disparition d'Héloïse Mathon et celle de Pierre Rambla n'ont pas effacé la mémoire que les vivants ont gardée de leurs enfants et de l'affaire qui les a liés dans la mort.

Embrumées par les doutes, alourdies par le temps, ravivées par les polémiques, désorientées par les égarements des enquêtes, ainsi continuent de revenir et de travailler en nous les réminiscences de leurs enfants disparus.

II. Un lancinant désir de mémoire et de vérité

Mémoires d'un instant

Il est des nouvelles qui, lorsqu'elles parviennent à l'esprit, marquent la mémoire. Le temps, des années ou des décennies plus tard, semble s'y être arrêté. C'est ce qui se produit lorsqu'un événement plonge en quelques instants le monde entier dans la stupeur, à l'instar des attentats de New York le 11 septembre 2001, de l'explosion de la navette spatiale Challenger en 1986 ou, pour les plus anciens, de l'assassinat du président John Kennedy en 1963 : tous ceux d'entre nous qui avaient passé l'âge de raison ces jours-là se souviennent de ce qu'ils faisaient au moment où ils l'ont appris. C'est également ce qui se produit lorsque survient dans la vie un événement personnel, qu'il s'agisse d'un deuil, d'un accident, d'un événement heureux ou d'un succès inattendu. La mémoire conserve l'image de l'instant et du lieu où l'événement a été porté à notre connaissance.

Mais il est d'autres nouvelles, qui pourraient être insignifiantes, qui s'y inscrivent provisoirement avant de s'y figer dans la durée à force d'être rappelées.

J'ai ainsi toujours à la mémoire un jour de la fin du mois de juillet 1976. J'avais alors douze ans. Les mois de juin et de juillet avaient été torrides, marqués par une vague de sécheresse. Depuis bientôt deux semaines, j'étais en vacances dans les Alpes, dans le Vercors. Vers midi, alors que nous rentrions de la promenade du matin, je découvris, sur la table basse de la petite pièce qui ouvrait sur la salle à manger de l'hôtel, ce titre en couverture du *Dauphiné Libéré* : « Christian Ranucci a été décapité ».

Le nom du condamné ne me rappelait rien : je ne me souvenais ni d'avoir entendu parler du crime pour lequel il venait d'être exécuté, ni de son procès qui s'était déroulé quatre mois plus tôt. Ce n'était qu'un encart de page de couverture, et le texte qui suivait ne donnait, selon mon souvenir, que très peu de détails. La photo de la petite victime, Marie-Dolorès Rambla, figurait à côté du texte. Elle avait l'âge de l'ainée de mes deux sœurs. Elle avait été sauvagement assassinée deux ans plus tôt, le 3 juin 1974.

Je découvris ce jour-là que la guillotine n'était pas seulement, comme je le croyais sans me le formuler, un objet de la Révolution. J'avais longtemps cru qu'en France on fusillait les condamnés à mort : alors que je n'avais aucun souvenir de l'affaire Buffet-Bontems[1], dont la presse allait reparler – sans doute avait-on tenu alors l'enfant que j'étais, à bon escient, à l'écart de l'actualité des faits divers –, j'avais souvent entendu parler de l'exécution du lieutenant-colonel Jean-Marie Bastien-Thiry[2], l'officier supérieur fusillé en 1963 pour une tentative manquée d'assassiner le général de Gaulle. Paradoxalement, cette exécution remontait à une époque où je n'étais pas encore né. Sans doute avait-elle frappé les esprits plus que celles qui avaient suivi.

Il était près de midi et nous allions passer à table. Cet instant est demeuré gravé dans ma mémoire. Lorsqu'en août 2017 je suis retourné dans cet hôtel, j'ai retrouvé la pièce et je me souvenais de l'endroit où j'étais assis ce jour de juillet 1976 lorsque j'avais lu l'encart du *Dauphiné Libéré*.

Pourquoi ai-je gardé à la mémoire tout ce qui a été dit, tout ce qui a été publié depuis sur le destin de ce jeune homme, retranché des vivants à l'âge de 22 ans ?

En cette fin juillet 1976, la mort de Ranucci vint brusquement raviver en moi des souvenirs angoissants. La semaine précédente déjà, un garçonnet de six ans, Vincent Gallardo, avait été enlevé près de Toulon. Il avait été retrouvé mort noyé, et le meurtre avait déjà figuré en couverture des quotidiens. Et surtout, cinq mois plus tôt, l'assassinat à Troyes du petit Philippe Bertrand, âgé de huit ans, par Patrick Henry, m'avait traumatisé. C'est sans doute parce que je l'avais vécu seul, à Toulouse, alors que je séjournais chez mes grands-parents paternels, auxquels je n'avais guère confié les angoisses que peut faire

[1] Le 22 septembre 1971, Claude Buffet et Roger Bontems, tous deux incarcérés à la prison de Clairvaux, prirent en otage un gardien de prison et une infirmière dans le but de s'évader. Lors de l'assaut, Buffet égorgea les deux otages avant d'être maîtrisé. Ils furent condamnés à mort tous les deux par la cour d'assises de Troyes en juin 1972, y compris Bontems, défendu par Philippe Lemaire et Robert Badinter, alors que le tribunal avait reconnu qu'il n'avait pas tué. Ils se virent refuser la grâce du président Pompidou et furent guillotinés à la prison de la Santé le 24 novembre de la même année.

[2] Jean-Marie Bastien-Thiry était membre de l'O.A.S., Organisation Armée Secrète, qui s'opposait à l'indépendance de l'Algérie, et qui organisa plusieurs attentats contre le général de Gaulle. Il dirigea le commando qui, le 22 août 1962, manqua de très peu de coûter la vie au chef de l'État et à son épouse, alors que le convoi présidentiel traversait le Petit-Clamart. Sa personnalité et son mysticisme furent le principal objet des débats du procès. Condamné à mort avec les deux tireurs du commando, il fut le seul des trois que le Général refusa de gracier et fut passé par les armes au fort d'Ivry le 11 mars 1963.

naître, chez un garçon de onze ans, la révélation de l'existence de quelqu'un que toute la presse présentait comme un monstre. Ma grand-mère avait juste eu quelques mots avec moi sur l'affaire. Je me souviens toujours très bien du lieu et du moment où j'ai appris la nouvelle : c'était en fin de matinée, en lisant la couverture de *La Dépêche du Midi*, à la devanture d'une Maison de la Presse de la rue de Metz, non loin de son croisement avec le boulevard Lazare Carnot et de la cathédrale Saint-Étienne. Le soir, j'avais écouté la radio, regardé le journal télévisé, j'avais été envahi par l'émotion collective que les médias suscitaient. Assis dans le canapé du petit séjour qui servait à mon grand-père de bureau et de bibliothèque, j'avais entendu à la radio le ministre de l'Intérieur, Michel Poniatowski, s'exprimer publiquement en ces termes : « J'espère que la Justice passera rude et vite », et « Si j'étais juré, je me prononcerais sans hésiter pour la peine de mort ».

Le châtiment suprême avait été, dans les jours qui avaient suivi, réclamé à cors et à cris par tous les médias. La peine de mort pour les assassins d'enfants, apparemment, tout le monde était pour. J'habitais une ville gérée depuis quarante ans déjà par le Parti communiste, et une rue proche de chez moi, ainsi qu'une école qu'avaient fréquentée des copains du quartier portaient le nom de Robespierre. La terreur révolutionnaire, ainsi l'avais-je appris à l'école, avait été nécessaire parce que la Révolution était menacée, parce que les aristocrates voulaient recouvrer leurs privilèges, parce que le roi avait trahi. Comment aurais-je pu comprendre alors que la peine de mort pouvait être un problème ou un sujet de débat ?

C'est quelques jours après la mort de Ranucci que je trouvai par hasard un dossier consacré à son exécution. Je me rappelle qu'il était publié dans l'hebdomadaire *Témoignage Chrétien,* que l'on trouvait dans la plupart des églises, et dont la couverture titrait « La Loi du Talion ». Je retins le terme de « Loi du Talion », expression dont la signification m'était mystérieuse. Elle me resta énigmatique pendant deux ans encore, jusqu'à un débat sur la question de la peine capitale organisé par notre professeure de français au collège, en classe de 3e, qui nous en expliqua le principe. Le dossier de l'hebdomadaire chrétien, très marqué à gauche, toujours très critique à l'égard du président Giscard d'Estaing, ne posait nullement la question de la culpabilité de Christian Ranucci. Il s'agissait simplement d'un réquisitoire implacable contre la peine de mort.

Beaucoup de détails de ce dossier sont restés gravés dans ma mémoire. L'hebdomadaire livrait le récit de ce à quoi pratiquement plus personne n'assistait, de ce qui relevait pour le commun des mortels de l'impensable parce que jamais vu : le rite de l'exécution. « *Le jeune homme est saisi par des aides en bleu de chauffe. Ils l'assoient sur un tabouret, ils ligotent ses pieds et ses mains. Ils lui rasent la nuque. Puis son corps est emmené vers une petite porte. Deux "bangs" coup sur coup : la lunette et le couperet. La tête tombe dans le panier.* » Si je ne peux aujourd'hui garantir le texte mot pour mot, l'essentiel y est. C'est le souvenir que j'en ai.

Le récit était suivi d'un long argumentaire contre la peine capitale. Entre autres arguments, je me souviens de celui-ci : « *Parlons de la réparation : la mort de Christian Ranucci a-t-elle redonné la vie à la petite Marie-Dolorès ? N'a-t-elle pas ajouté au drame d'autres larmes, celles d'une mère qui suppliait qu'on ne lui ôtât pas son fils unique ?* » Le rédacteur insistait sur la jeunesse du supplicié, âgé de vingt-deux ans, ajoutant qu'« *il en avait dix-neuf lorsqu'il commit son crime odieux* ». C'était inexact : il venait d'en avoir vingt, mais il était, selon la loi de la République, encore mineur au moment des faits. La loi sur la majorité à 18 ans n'avait pas encore été votée en ce mois de juin 1974. Imprécision d'un journaliste sans doute sous le coup de l'émotion, de la révolte aussi peut-être... Le rédacteur citait également Albert Camus, un écrivain dont le nom m'était encore inconnu : « *Simple logique, disait Camus, que celle de combattre l'assassinat par l'assassinat !* ». Il mentionnait enfin les cas de Buffet et Bontems, exécutés quelques années plus tôt, et notamment Bontems, qui n'avait pas tué, qui n'avait été condamné à mort que parce qu'il avait été reconnu complice du tueur, et qui était mort en « bon larron d'aujourd'hui » après s'être confessé. C'était vrai : l'abbé Clavier, aumônier de la prison de la Santé, avait confié à son avocat, un Robert Badinter encore inconnu du grand public, sa conviction que Bontems était mort en chrétien et que Dieu lui ferait miséricorde[1].

Le temps du doute

En 1978, lorsque je trouvai dans la presse un nouveau dossier consacré à l'affaire Ranucci, à l'occasion de la publication par Gilles Perrault de son livre *Le pull-over rouge*, rien ne me prédisposait à m'y intéresser. Passionné de sciences mais aussi déjà d'histoire, ni les romans policiers, ni les faits divers ne me captivaient. J'aurais pu refermer le journal comme on fait d'ordinaire, en l'oubliant et en passant le lendemain au numéro suivant. Le détail qui capta mon intérêt fut que la foule qui avait assisté au procès avait crié « *À mort ! À mort !* ».

En cette fin des années 70, l'adolescent que j'étais consacrait déjà beaucoup de temps à la lecture. Je fréquentais assidument la bibliothèque municipale de ma commune et c'est là que j'empruntai, dans les mois qui suivirent sa publication, *Le pull-over rouge* de Gilles Perrault. L'ouvrage m'interpela. Christian Ranucci avait été condamné à mort dans le sillage de la tourmente médiatique qui avait suivi l'arrestation de Patrick Henry à Troyes.

Dans le courrier des lecteurs des grands quotidiens, qui tenaient lieu à l'époque de réseaux sociaux et où les anonymes couchaient de leur plume leurs pensées les plus sordides, Gilles Perrault avait relevé cette « pépite » : « *Voilà comment je punirais Patrick Henry : je le crucifierais sur une place et la foule pourrait se moquer de lui pendant qu'il mourrait* ».

Cela pourra passer pour un détail anecdotique, mais c'est l'éducation religieuse que j'avais reçue qui me fit faire immédiatement un parallèle avec le jugement rendu par Ponce Pilate, procureur romain en poste à Jérusalem, un jour fixé par les historiens au vendredi 7 avril de l'an 30. Ce jour-là, on avait présenté à son jugement un soi-disant agitateur originaire de Galilée nommé Jésus de Nazareth. Des judéens[3] le lui avaient amené sous prétexte que seul un représentant du pouvoir romain pouvait prononcer une sentence de mort, et le procureur avait dû rendre son jugement face à une foule qui hurlait : « Crucifie-le ! »[2].

Chacun, croyant ou pas, voit évidemment dans le procès du Nazaréen bien plus qu'une erreur judiciaire – hommes de lettres, philosophes et historiens n'ont pas laissé aux exégètes et aux théologiens le monopole de discuter les aspects historiques, la signification anthropologique et la portée symbolique de l'événement. S'il s'agit d'une erreur judiciaire au sens profane du terme, c'est parce que Ponce Pilate avait pour mission de faire régner l'ordre en Palestine. En livrant ce Nazaréen à la crucifixion, le fonctionnaire romain s'était laissé convaincre par la foule que cet inconnu était un agitateur potentiel, qu'il s'était fait roi, donc qu'il était contre l'empereur. Or, non seulement ce soi-disant roi dont on lui demandait la mort n'était pas un chef rebelle, mais Ponce Pilate devait en parallèle, à l'occasion de la fête de la Pâque, libérer un prisonnier. C'était la tradition, un peu comme dans les premières décennies de la Ve République, lorsque le chef de l'État signait un décret de grâce à l'occasion d'une fête nationale... Et Ponce Pilate dut, à la demande de la foule, libérer un certain Barabbas, un émeutier, un agitateur, un vrai. La démagogie, la peur de l'opinion publique, en somme sa fragilité avaient donc fait commettre au fonctionnaire romain, par rapport à la mission et aux responsabilités qui étaient les siennes, une double erreur judiciaire :

---

3 Les traductions françaises parlent de « juifs » pour traduire le mot grec *ioudaios*. Dans le grec des évangiles, ce mot désigne d'abord les autorités de Jérusalem, et souvent dans le Nouveau Testament les judéens, les juifs de Judée, la région au sud de la Palestine, tandis que Jésus qui avait grandi à Nazareth au nord était considéré tout comme ses apôtres comme galiléen (*galilaios* en grec). Mais bien évidemment, au sens français du terme, il était juif. J'ai pris la liberté d'utiliser le mot « judéen » pour désigner cette foule qui fait pression sur Pilate pour envoyer Jésus à la mort, contre la quasi-totalité des traducteurs francophones actuels. Les traductions les plus récentes ajoutent toutefois le commentaire que traduire *ioudaios* par « juif » est à la limite du contresens, sans oublier l'exploitation antisémite qui en a parfois été faite. Cette utilisation a été explicitement et définitivement condamnée dans les années 1960 par l'Église catholique, dans les Actes du concile œcuménique Vatican II.

celle qui consiste à simultanément libérer un coupable, qui plus est dangereux pour l'ordre qu'il était mandaté pour maintenir, et à condamner un innocent.

En 1976, sous la pression d'une foule qui hurlait « *À mort ! À mort !* », le jury d'Aix-en-Provence avait, à l'instar de Ponce Pilate, cédé à la démagogie, que cet accusé-là fût coupable ou innocent. Au moment où le juge ultime, Valéry Giscard d'Estaing, reçut le recours en grâce du condamné, une ultime pétition venait de lui être adressée pour que la peine de mort fût infligée aux assassins d'enfants, après le meurtre du petit Vincent Gallardo dans la banlieue de Toulon. L'opinion publique craignait manifestement une hésitation et voulait avoir raison des éventuelles appréhensions du chef de l'État. Quelques jours plus tard, le 26 juillet, malgré sa déclarée « aversion profonde » pour la peine de mort, le président décidait, selon l'expression consacrée, « de laisser la justice suivre son cours ».

Dans le cas de Christian Ranucci, comme dans celui de la Passion du Christ, nous avions donc, d'un côté, une opinion publique déchainée pour réclamer la mort d'un homme et, de l'autre, un juge fragile qui avait peur de lui déplaire : c'est cette analogie qui, en cette année 1978, attira mon esprit non seulement sur l'affaire Ranucci, mais également sur la problématique de la peine capitale.

Vue sous cet angle, la Passion du Christ m'apparaissait comme le prototype à la fois de la sentence capitale et de l'erreur judiciaire. Mais au-delà de la mécanique qui avait conduit à une sentence capitale, l'affaire Ranucci était-elle pour autant une erreur judiciaire ? Adolescent, je n'avais pas le discernement affuté du lecteur critique qui permet de distinguer l'enquêteur de l'écrivain et du polémiste dans les lignes de Gilles Perrault. L'enquête judiciaire présentait des lacunes, des incohérences. Des témoignages divergeaient. Il y avait simplement l'ombre d'un doute, doute qui aurait dû profiter à l'accusé. Mais à la foule déchaînée massée devant le palais de justice et devant la cour d'assises d'Aix-en-Provence, peu importaient la logique, la raison, les témoignages de la défense, les zones d'ombre de l'accusation : l'assistance était psychologiquement inaccessible au doute parce qu'aveuglée par le besoin viscéral d'immoler un homme.

Passée la lecture du *Pull-over rouge*, la passion de l'affaire ne devait plus me quitter. Ni surtout celle de la cause abolitionniste, devenue un débat de société dont Robert Badinter, qui avait obtenu en 1977 un succès retentissant à Troyes en obtenant la clémence pour Patrick Henry, portait désormais l'étendard. Des associations de défense des droits de l'homme faisaient circuler des pétitions destinées au garde des Sceaux, Alain Peyrefitte, pour demander l'Abolition. En juin 1981, après les élections présidentielles et législatives, c'est en direct que je vis Pierre Bérégovoy communiquer la composition du second gouvernement Mauroy et annoncer « garde des Sceaux, ministre de la Justice, monsieur Robert Badinter ». Son prédécesseur, demeuré à peine un mois en poste, Maurice Faure, n'avait pas souhaité être reconduit. Son remplacement par Robert Badinter était un coup de tonnerre. Le résultat de l'élection présidentielle permettait au profane de penser que la France deviendrait abolitionniste de fait – le nouveau président avait tenu des propos sans équivoque à ce sujet –, sans qu'il y ait nécessairement Abolition. La nomination de Robert Badinter, en revanche, signifiait irrévocablement l'imminence d'une loi d'Abolition. « Ça y est, on va abolir la peine de mort », dis-je à mon père.

La loi d'Abolition n'attendit pas six mois pour être soumise au Parlement. En parallèle, je me demandais s'il n'y aurait pas également une révision du procès Ranucci. Peu avant le premier débat à l'Assemblée nationale, un débat télévisé opposa Philippe Lemaire, abolitionniste convaincu, qui avait défendu neuf ans plus tôt Roger Bontems aux côtés de Robert Badinter, et Henri-René Garaud, président de l'association Légitime Défense et qui, dans les années qu'il vécut après l'Abolition, ne fit jamais son deuil du rite des têtes coupées. Philippe Lemaire évoqua dans sa conclusion l'affaire Ranucci : « *Nous n'avons pas eu le temps de parler des erreurs judiciaires : aujourd'hui, on ne sait toujours pas si Ranucci était coupable ou non, et pourtant il a été exécuté.* »

Près d'un demi-siècle plus tard, sommes-nous plus avancés ?

Une affaire qui revient sans cesse

Près d'un demi-siècle, en effet, s'est écoulé depuis la disparition de Ranucci. Je suis passé, comme Gilles Perrault et comme beaucoup de ceux qui ont écrit sur cette affaire, par des moments de certitude de sa culpabilité, par des moments de doute et par des moments de certitude de son innocence. Au début des années 2000, j'étais convaincu de son innocence. Puis j'ai eu un long moment de doute dans la deuxième moitié de la même décennie. Le dernier livre de Gilles Perrault, *L'ombre de Christian Ranucci*, paru en 2006, accrut paradoxalement mes doutes, sans doute parce qu'il était plus polémique que les précédents. De plus, l'année suivante, je pris connaissance de la contre-enquête de l'ancien commandant de police Gérard Bouladou[3], dont je trouvai le livre dans un relais-presse de l'aéroport d'Orly, alors que j'attendais mon avion, pur hasard, pour Marseille. En déjeunant ce jour-là avec des collègues à Fos-sur-Mer, je ne sais plus pourquoi, l'affaire Ranucci vint dans la conversation. L'ambiance était plutôt à croire à l'innocence. J'attendis plusieurs années avant de me décider à acheter l'enquête de Bouladou et d'en faire une lecture détaillée et critique. Nous reviendrons souvent sur la contre-enquête de ce commandant de police, ainsi que sur celle, tout récemment publiée, d'un autre commissaire de police en retraite, Jean-Louis Vincent[4].

En février 2013, j'eus la chance de rencontrer Jean-Denis Bredin, que j'avais sollicité à titre de conseil sur une affaire personnelle. Depuis 1978, il était devenu, sur la sollicitation d'Héloïse Mathon, l'avocat posthume de Christian Ranucci. Avec Jean-François Le Forsonney, l'un des trois avocats qui avaient, en vain, tenté en 1976 de sauver Christian Ranucci de la guillotine, il avait déposé trois demandes de révision du procès, toutes rejetées. Il me reçut dans son bureau décoré à l'ancienne, orné de documents relatifs à l'Affaire Dreyfus, sur laquelle il avait rédigé un ouvrage qui fait toujours référence. Il y avait sur un mur la première page du numéro de *L'Aurore* de 1898 dans laquelle Zola publiait sa tribune « J'accuse ! ». Sur un petit meuble, je remarquai une photo de Pierre Mendès-France en compagnie d'un jeune homme, sans doute lui. Dans notre entretien, je ne pus m'empêcher d'échanger avec lui quelques mots sur l'affaire Ranucci. « C'est une affaire terrible », me dit-il. Je vis en un instant l'émotion envahir son visage. Il me parla d'Héloïse Mathon, la mère de Christian Ranucci, qu'il avait souvent rencontrée, qu'il avait accompagnée tout au long du calvaire qu'elle avait vécu depuis plus de trente ans et dont il recevait toujours des nouvelles. Il savait qu'elle était atteinte de la maladie d'Alzheimer : elle décéda en fait quelques semaines plus tard.

Trois ans plus tard, je pris la décision de me remettre à l'écoute de cette affaire. Yann Le Meur, auteur d'un livre publié en 2013[5] me communiqua les pièces du dossier. Si je voulus me mettre à l'écoute de cette affaire, c'est parce qu'elle parle à notre mémoire, comme si le condamné, qu'il fût coupable ou innocent, ainsi que tous les protagonistes de l'affaire, disparus aujourd'hui pour la plupart, nous parlaient au-delà de leur mort. En 2016, l'un des derniers témoins vivants, Geneviève Donadini, jurée au procès de Christian Ranucci, publia un livre de témoignage sur l'affaire[6], preuve, s'il en était besoin, des traces que l'affaire avait laissées dans la mémoire de ceux qui l'avaient vécue. Au printemps 2018, j'eus la chance de pouvoir la rencontrer et de l'écouter. Si elle ne m'apprit pratiquement rien que je ne savais déjà sur l'affaire, l'écouter raconter le procès fut un moment émouvant. Dans son récit, elle faisait simplement mémoire d'une justice qui tuait, de comment la justice avait décidé de tuer un jeune homme. La jurée qu'elle était à l'époque était convaincue de la culpabilité. Sa conviction est aujourd'hui qu'on ne saura jamais avec une absolue certitude s'il était innocent ou coupable.

C'est alors que je pensais achever la rédaction de cet ouvrage que j'appris la parution du livre de Jean-Louis Vincent, sur lequel nous reviendrons : il est intéressant parce qu'il livre *in extenso* de nombreux documents officiels de l'affaire, et que le lecteur peut les lire entre les lignes. Il explique en détail le pourquoi du refus des demandes de révision déposées entre 1978 et 1991. Il est convaincu qu'en livrant les documents il permet au lecteur de se forger sa conviction. Si, comme nous le verrons, nous ne le suivrons pas toujours dans ses interprétations, les analyses de Jean-Louis Vincent m'ont conduit à repenser et à réécrire de larges parts de cet ouvrage.

Chercher la vérité

Écouter l'affaire Ranucci, c'est évidemment chercher la vérité.

Notre quête de vérité est toujours influencée par notre histoire personnelle. Pour éclairer le lecteur, je préciserai ici que je suis marié, que j'ai eu quatre enfants dont le premier est mort d'un scandale médical : un laboratoire américain crapuleux avait continué, pour grossir ses bénéfices, de vendre en Europe un médicament dont il avait été établi aux États-Unis qu'il était inutile et dangereux. À défaut d'avoir, à l'instar de la famille Rambla, côtoyé le crime de sang, je sais ce que sont l'injustice et la mort d'un enfant que l'on aime, que l'on a tenu dans les bras et qui vous quitte avant d'avoir partagé les joies de la vie. Je suis ingénieur et cadre commercial dans une grande entreprise industrielle internationale. Si je ne suis pas familier des prétoires, la vie dans de grandes entreprises m'a fait faire l'expérience de l'injustice professionnelle et je connais bien la délinquance et la criminalité en col blanc. Je sais ce qu'est l'interrogatoire d'un suspect, d'un témoin, et qu'aucune méthode n'est infaillible pour discerner le vrai du faux. Je connais aussi l'entreprise comme le lieu de cohabitation des talents et des connaissances, et le management comme l'art de faire appel aux expertises et aux talents que l'on ne possède pas. Je convoquerai ainsi tout au long de cette étude des spécialistes de nombreuses disciplines, notamment de psychologie, de médecine, mais citerai aussi des gendarmes et des policiers. Enfin, mon éducation, une passion pour l'histoire et pour certains philosophes m'ont forgé un caractère qui remet sans cesse en cause les évidences et considère la quête de la vérité comme un défi constamment renouvelé.

Une recherche exigeante de la vérité requiert l'effort de pousser dans leurs retranchements les plus profonds les hypothèses de l'innocence comme de la culpabilité. J'ai suivi cette ligne directrice tout au long de cette étude.

Rechercher la vérité, c'est rechercher non seulement la vérité sur le crime, mais aussi sur les témoignages, sur la genèse des récits et celle des intimes convictions qui ont conduit aux décisions d'arrêter, d'inculper, de condamner puis d'exécuter un jeune homme. C'est faire l'effort d'abandonner nos convictions, nos stéréotypes, nos préjugés. L'historien ne donne pas de leçons aux femmes et aux hommes du passé : il replace les événements dans leur contexte, explique le choix des décideurs, et le cas échéant, lorsqu'elles sont trop évidentes, analyse le pourquoi de leurs erreurs. Mais il doit avoir l'humilité de remettre intégralement à son lecteur la responsabilité du jugement. Gilles Perrault, dans *Le pull-over rouge*, avait déjà souligné cette nécessaire humilité avec laquelle il convient de commenter les fautes d'un avocat lorsqu'on le fait dans le calme d'un bureau d'écrivain, avec le recul du temps, hors de la pression de journalistes et d'une assistance hostile.

Chercher la vérité sur une possible erreur judiciaire impose aussi de se rappeler qu'il existe de fausses erreurs judiciaires, qu'un mythe peut être entretenu pendant des décennies pour des raisons politiques et que des personnalités très respectables peuvent s'y trouver embarquées. Un excellent exemple nous est donné par le grand historien et académicien disparu qu'était Alain Decaux, lequel a cru pendant plusieurs décennies à l'innocence des époux Rosenberg, Américains martyrs du maccarthysme, accusés d'espionnage au profit de l'Union soviétique et exécutés sur la chaise électrique en 1953. On avait proposé aux deux condamnés de surseoir à leur exécution s'ils avouaient et ils avaient refusé : de quoi effectivement croire à leur innocence, à l'instar d'un Ranucci criant « Réhabilitez-moi » à ses avocats quelques instants avant de mourir la tête tranchée. À l'affaire Rosenberg, Alain Decaux avait consacré des articles mais aussi une pièce de théâtre[7]. La thèse de l'innocence des Rosenberg n'a pas résisté à la publication des archives de l'Union soviétique, lesquelles ont révélé que Julius et Ethel Rosenberg avaient bel et bien espionné au profit de l'URSS, mais *avant* la Guerre froide, autrement dit dans le contexte de la Seconde Guerre mondiale au profit d'un allié, ce qui ne se fait pas, ce qui doit être puni, mais qui n'est normalement pas puni de mort : leurs révélations ne constituaient pas à proprement parler une intelligence avec un ennemi. Alain Decaux a souligné ce dernier point, mais en s'inclinant humblement devant l'évidence et en reconnaissant avoir sincèrement cru à une erreur.

La mémoire collective peut ainsi fabriquer de fausses erreurs judiciaires. Elles deviennent des mythes. Les mythes anciens ne sont pas des récits imaginaires présentés faussement comme des rapports d'événements authentiques. Le mythe, de l'enchaînement de Prométhée au meurtre d'Abel par Caïn, en passant par l'Iliade, l'Odyssée ou l'Énéide, est d'abord un récit dont la fonction est de donner du sens aux fidèles d'une religion, aux citoyens d'une ville, d'une nation, d'un pays, ou parfois d'un parti politique. Il a pour vocation de les éclairer, de les instruire et de les orienter dans leur propre vie. Il se transmet et devient peu à peu partie prenante d'un imaginaire collectif. Lorsqu'il apparaît spontanément, il cristallise tout un pan de l'histoire ou un aspect essentiel de la vie des hommes.

Mais un mythe peut aussi être créé, sciemment, pour valider un mensonge : les régimes totalitaires y ont abondamment recours. Dans tous les cas, le sens livré par le mythe doit être cherché au-delà de son récit et des faits qu'il prétend raconter.

La possibilité de l'innocence de Ranucci, évoquée pour la première fois par Gilles Perrault, n'a jamais cessé de planer sur la mémoire collective : si Ranucci est coupable, la thèse de l'innocence est un mythe exprimant les dangers d'une peine irréversible, l'horreur du supplice, la justice démagogique. Il aura à un moment servi la cause de l'Abolition, mais il aura aussi été utilisé à mauvais escient pour ternir la réputation de la police, celle de la justice, outre le fait qu'il aura été extrêmement douloureux pour la famille de la victime. Démystifier l'affaire Ranucci consistera à retourner dans le détail des faits, à y discerner le vrai de l'incertain et l'incertain du faux avant de saisir, à la fin de l'ouvrage, le sens que nous pouvons éventuellement donner à cette tragédie.

Écouter l'affaire Ranucci est un travail de mémoire. C'est comprendre pourquoi elle nous parle, près d'un demi-siècle après les faits, quelles questions elle adresse à la mémoire des hommes de ce siècle que Ranucci aurait dû connaître. Même si nous sommes convaincus du bien-fondé de l'Abolition, même si la peine capitale nous fait horreur, il faut envisager que Ranucci ait pu être coupable. Même si l'horreur du crime qui lui a été reproché doit nous indigner, même si nous souhaitons les sanctions les plus sévères et le contrôle le plus strict des prédateurs qui se livrent à de tels actes, il faut accepter l'idée qu'il ait été innocent. À la fin des années 70, ceux qui croyaient à la culpabilité de Ranucci étaient essentiellement ceux qui souhaitaient maintenir la peine de mort et qui avaient besoin de croire la police et la justice infaillibles. Jean-Louis Vincent, qui se présente clairement dans son livre en adversaire résolu et déclaré de la peine capitale, a le mérite d'avoir clairement fait bouger la ligne de front. Convaincu de la culpabilité de Ranucci, il ne relativise pas la gravité de l'usage de la guillotine et dresse même un résumé de l'histoire qui a conduit à l'Abolition.

Qu'il me soit permis ici d'annoncer en préambule que ceux qui voudraient trouver dans cet ouvrage une critique méthodique de la police, notamment de la police marseillaise, critique qu'ils pourraient potentiellement exploiter à des fins politiques, ne la trouveront pas. Qu'on me laisse préciser ici que la vie, les convictions que je me suis forgées, les relations et les amitiés que j'ai construites dans les forces de l'ordre m'ont depuis longtemps vacciné contre les idées parfois véhiculées dans certains milieux politiques, qui ne voient dans la police ou la gendarmerie que des instruments d'une répression. La police, la gendarmerie, les forces armées et la justice ont pour moi, comme raison d'être, cette réalité tangible que la nature humaine est marquée par une imperfection originelle, et que la communauté des hommes a besoin d'être protégée par des professionnels, qui méritent et surtout ont besoin, avant tout, de notre respect, et particulièrement dans les temps troublés que nous traversons. Même s'il leur est parfois arrivé de se tromper. Même si les erreurs ou les bavures de certains ont pu tragiquement conduire, çà ou là, à la mort d'un homme. Lorsque nous interrogerons les décisions et les actes de la Sûreté urbaine de Marseille lors de l'arrestation et de l'interrogatoire de Christian Ranucci, nous le ferons avec l'humilité de l'historien.

De l'autre côté, ceux qui croient que les aveux sont une preuve absolue, ou que la justice est infaillible, ou pourrait le devenir, et en seraient convaincus au point de pouvoir sereinement réclamer le retour de la peine de mort ne pourront probablement pas suivre le cours de ce livre jusqu'à son terme. Une telle certitude ne constitue qu'une entrave à une quête sincère de vérité. Il en sera de même pour ceux pour lesquels soumettre à examen une instruction vieille de près d'un demi-siècle constituerait une offense à la justice actuelle. Analyser, fût-ce pour la contester, la possibilité d'une erreur judiciaire ne constitue pas un outrage à l'égard de la justice. Une quête de vérité exige au contraire l'ouverture à la possibilité d'une erreur, et la reconnaissance de cette erreur, si elle était avérée, serait bien au contraire à l'honneur de la justice, quand bien même l'erreur eût-elle participé de la mort d'un innocent, fût-il un jeune de vingt-deux ans. On sait quel destin l'histoire a réservé et quelle mémoire elle a gardé du camp antidreyfusard qui, devant les évidences de l'innocence d'un officier injustement condamné et sali, prétendait agir « pour l'honneur de l'Armée ».

À ceux qui estiment que l'on devrait, par respect pour la famille de la petite victime, cesser d'écrire sur une affaire dont elle fut l'involontaire et innocent point de départ, je demande le respect de ceux qui sont toujours en quête de vérité. Car si Ranucci est innocent, s'il y a eu une erreur, l'assassin de Marie-Dolorès Rambla a continué à courir et a probablement récidivé. Dans ce cas, une autre famille a été brisée. Et c'est bien pour éviter de pareils drames que l'on doit se demander comment la police et la justice ont peut-être laissé courir un individu dangereux. Et si Ranucci est coupable, il faut comprendre pourquoi le temps a laissé germer sur le terreau d'un doute une interminable tragédie judiciaire.

Je n'aurai pas la prétention de combler ceux qui ont espéré un ouvrage qui viendrait un jour balayer complètement les doutes sur l'affaire. D'abord parce que la conviction n'est jamais aussi forte que lorsqu'elle est passée un temps par le doute, quand ce n'est pas par la conviction opposée – je le sais d'expérience. Ensuite parce que vouloir éliminer le doute, comme a prétendu le faire Jean-Louis Vincent est un objectif trop ambitieux dans une affaire dont les principales pièces à conviction ont été rapidement détruites. Conduire une analyse convaincante requiert d'interroger la cohérence des faits et des documents. Il faut s'engager sur cette étude en évacuant tous les *a priori* à l'égard de ceux, de Gilles Perrault à Yann Le Meur, de Gérard Bouladou à Jean-Louis Vincent, qui malgré leurs plumes parfois polémiques ou des affirmations parfois partiales ont apporté leur contribution au dossier. Le débat contradictoire est le lieu d'accomplissement de la démocratie, il en est son principe même. Nous laisserons donc au fil de cet ouvrage chaque conviction s'y exprimer, avant de discerner s'il y a eu, dans l'affaire, des auteurs qui se sont égarés, des témoins qu'il ne faut pas croire, des fonctionnaires qui ne méritent pas le respect ou tout simplement des citoyens qui se sont trompés. Sans que cela ne nous interdise de prendre finalement parti.

Avec les années, les témoignages sur l'affaire Ranucci ont vieilli. Non seulement la plupart des témoins et des acteurs de l'époque sont aujourd'hui disparus, mais les livres publiés sur l'affaire comportent par endroits des imprécisions, des contradictions, des invraisemblances, des fautes de raisonnement. Les sources sont abondantes, souvent exprimées sur un ton passionné et, avec le temps, tous les faits, tous les documents, tous les témoignages sont susceptibles d'être mis en doute. La vérité, c'est le moins qu'on puisse dire, ne saute guère aux yeux. Les sources premières, les rapports d'expertise, les témoignages et les procès-verbaux fourmillent d'incohérences, d'erreurs et toute tentative de reconstitution des faits prête à débat. C'est là la grande faiblesse de l'enquête et de l'instruction qui ont précédé le procès Ranucci. On peut toujours à première vue les interpréter soit comme Gérard Bouladou ou Jean-Louis Vincent, dans le sens de la culpabilité, en imaginant un scénario qui pourrait les réunir, soit comme Gilles Perrault, dans le sens de l'innocence, en les démontant. Dans les deux cas, il faut construire un schéma, un déroulé souvent compliqué des faits pour expliquer les conclusions auxquelles on aboutit. Parfois, il faut émettre des hypothèses, le plus souvent hasardeuses. Gérard Bouladou et Jean-Louis Vincent se sont heurtés aux mêmes difficultés que Gilles Perrault. Nous ne pourrons pas toujours les contourner, ni les résoudre toutes.

Ces difficultés ne laissent que deux alternatives : ou bien Christian Ranucci a été un pédophile, qui, après avoir commis un crime atroce, s'est laissé dériver dans un déni psychique qui l'a transformé par-delà sa mort en un manipulateur diabolique, trompant des générations de citoyens, déni dans lequel il aura entrainé sa mère, puis un Gilles Perrault qui lui aura prêté une oreille attentive et naïve ainsi que la plume d'un écrivain parfois polémiste mais aussi enquêteur résolu ; ou bien il a été victime d'une malchance invraisemblable et pris dans les rets d'un manipulateur diabolique qui a su tromper la police, la justice et les générations de tous ceux qui croient encore à sa culpabilité et, dans ce cas, c'est au scalpel de Gilles Perrault que l'on doit d'avoir montré son existence, à défaut de l'avoir identifié. Qu'il s'agisse ou non de Christian Ranucci, Marie-Dolorès Rambla a été assassinée par un manipulateur diabolique.

Nous devrons faire le deuil, alors que près d'un demi-siècle s'est écoulé, de découvrir des faits nouveaux. Ils sont désormais très improbables et seraient de surcroît sujets à caution, surtout s'il s'agissait de témoignages. Nous le verrons dans les faits invoqués lors des dernières enquêtes. En revanche, les médecins, les psychologues peuvent, grâce aux avancées de la science, éclairer d'un jour nouveau des faits qui sont connus publiquement depuis longtemps, et offrir de nouvelles interprétations sur les témoignages déposés et les procès-verbaux dressés à l'époque. Ils ouvrent de nouveaux champs pour comprendre et analyser l'affaire Ranucci. Nous aurons l'occasion d'en convoquer plusieurs.

Écouter l'affaire Ranucci est donc un travail d'interrogation et d'exploration de la mémoire, celle des témoins, celles des policiers, gendarmes, juges, jurés, magistrats qui sont intervenus sur cette affaire. Car c'est d'abord dans leurs mémoires que s'est construite, inachevée, notre mémoire collective de l'affaire Ranucci. Pour cela, il convient de se positionner en auditeur extérieur à ce qui s'est produit, aux interrogatoires, aux audiences de procès. Écouter l'affaire Ranucci, c'est se mettre en spectateur d'un fait, d'un témoignage, d'une déposition, d'un dialogue. C'est se mettre en empathie avec les différents protagonistes de chaque scène, tenter de sentir ce qui s'y trame, ce qui s'y noue, y discerner ce qui s'y accomplit. C'est écouter ce que dit celui qui s'exprime, mais aussi comprendre comment il est perçu. C'est exercer son empathie vis-à-vis de celui qui souffre, de celle qui s'interroge, de celui qui a des remords, de celle est en proie au doute, c'est expliquer pourquoi celui qui décide prend telle ou telle décision, et éventuellement, si c'est le cas, pourquoi il se trompe. C'est enfin interroger la motivation de la personne qui ment, ainsi que le contenu et le sens de son mensonge.

C'est en observant autant que nous le pourrons ces principes que nous consacrerons le chapitre III à la reconstitution des faits, tels qu'ils ont émergé, à la manière dont ils se sont déposés puis cristallisés dans la mémoire collective. Nous mettrons une date et parfois une heure sur les souvenirs des principaux témoins et tenterons de reconstituer comment se sont forgées les convictions des policiers, des gendarmes, des témoins, des magistrats, fussent-elles fausses.

Nous devrons faire le tri entre les faits dont nous pouvons être certains, ceux qui sont sujets à caution en fonction des témoignages et du moment où ils ont été déposés, comme des zones d'ombre dont certaines ne seront sans doute jamais élucidées, qu'elles soient à charge ou à décharge du jeune décapité. Cette étape ne nous amènera pas à émettre une conclusion quant à l'innocence ou à la culpabilité de Ranucci : elle nous permettra de mettre en lumière la mécanique tragique qui a conduit d'abord un jeune homme à la mort, puis un doute à ne jamais être levé.

Dans les chapitres suivants, nous analyserons tous les arguments de l'accusation, ainsi que ceux de la défense. Pour cela, nous commencerons par les témoignages, lesquels, nous le verrons, sont tous susceptibles d'avoir été altérés par la mémoire de ceux qui les ont rapportés (chapitre IV) sans que l'on puisse nécessairement émettre un jugement à leur encontre. Cela nous conduira à interroger au préalable les travaux de psychologues, notamment américains, canadiens et britanniques sur la fiabilité de la mémoire et à comprendre comment la mémoire humaine peut déformer, tronquer, et parfois trahir. Puis, poursuivant sur la lancée de ces recherches en psychologie, nous consacrerons le chapitre V à une analyse critique des aveux de Ranucci pour y discerner la part de réel. Nous passerons ensuite en revue les preuves et les éléments matériels (chapitre VI) du crime, mais aussi la présentation qui en a été faite pour montrer comment la mémoire collective peut être manipulée. Dans le chapitre VII, nous tenterons d'esquisser un portrait psychologique de Christian Ranucci, et de discerner en quelle mesure il peut correspondre à celui de l'assassin de Marie-Dolorès Rambla. Le chapitre VIII nous servira de bilan pour dresser quelles sont les certitudes et les zones d'ombre de l'affaire, et si celles-ci permettent ou non de prendre parti.

Enfin, nous nous demanderons au chapitre IX pourquoi l'affaire Ranucci nous parle, en quoi elle nous interroge, si la tenue d'un procès posthume en révision pour Christian Ranucci présenterait un intérêt, et ce qu'un tel procès pourrait offrir à tous ceux en qui cette affaire suscite un lancinant désir de mémoire et de vérité.

III. Du crime à la tragédie : la construction de la mémoire

Au soir du jeudi 6 juin 1974, lorsque le soleil se couche sur Marseille, toute la population de la ville connaît le nom de l'homme que l'on présente comme l'assassin de la petite Marie-Dolorès, enlevée trois jours plus tôt. Celui qui n'était encore dans la matinée qu'un suspect, un jeune homme de vingt ans arrêté la veille, a avoué au début de l'après-midi l'enlèvement et le meurtre de la fillette. On sait qu'il s'appelle Christian Ranucci. Les interrogations sur l'auteur du crime ont dès lors fait place à celles du comment et du pourquoi. Et, bien évidemment, de la peine qu'il encourt. La culpabilité de Ranucci, demeurée une évidence de son vivant, n'a cédé la place au doute que beaucoup plus tard, et surtout après sa mort. De son vivant, on n'a accordé pratiquement aucune attention aux zones d'ombre de l'enquête, encore moins à sa rétractation.

Est-il seulement possible, près d'un demi-siècle après les faits, d'affirmer que l'on aurait pu dès ce moment discerner l'existence d'un doute, ce qui lui aurait épargné la peine capitale, voire permis de conclure à son innocence ? Il convient, avant d'analyser ce qui pourrait plaider en faveur de sa culpabilité ou de son innocence, de reconstituer quand, comment et pourquoi les convictions de la culpabilité de Ranucci se sont aussi rapidement et aussi solidement forgées, d'expliquer comment et pourquoi elles se sont parfois égarées, voire transformées dans la mémoire collective. Ce sera l'objet de ce chapitre.

Prologue pour une tragédie

Tout commence dans ce comptoir fondé six siècles avant notre ère par des Grecs venus de Phocée. Marseille a une histoire presque aussi ancienne que Rome. Mais de l'époque grecque, de la colonisation romaine, il ne reste presque rien. Ni amphithéâtre, ni arènes, ni temple comme on en trouve encore à Orange, Arles ou Nîmes. Au XVIe siècle, à l'apogée du monde méditerranéen, et avant que le centre de gravité du monde maritime ne bascule peu à peu de la Méditerranée vers l'Atlantique, Marseille n'a pas connu son heure de rayonnement à la différence des républiques de Venise ou de Gênes. Les bombardements de la fin de la Seconde Guerre mondiale lui ont laissé peu de vieux quartiers. La mémoire collective n'a pas gardé le souvenir d'un passé glorieux auquel le Marseillais pourrait se rattacher. Le Marseillais aime sa ville simplement parce qu'elle est sa ville, lieu de vie et d'amitiés authentiques immortalisé à l'écran depuis les années 30 par les films de Pagnol, qu'elle est la ville phare d'une Provence qui a donné à la France maints artistes gravés dans sa mémoire collective, peintres, romanciers, poètes, cinéastes, dramaturges, comédiens. La population y communie autour de ses symboles, que ce soit la Bonne Mère, la bouillabaisse ou son équipe de football. Elle forme une communauté où l'on joue, où l'on travaille, où l'on entreprend, où l'on prie ensemble. On s'y dispute aussi, évidemment. Mais si quelqu'un touche à un enfant, elle se ressoude immédiatement. Chaque Marseillais, du plus vertueux au plus crapuleux, se sent personnellement atteint. Le Marseillais a souvent ce trait de caractère que l'on trouve dans beaucoup de villes de province, surtout populaires : dans le drame, il est solidaire.

Dans les années 1960, la décolonisation a changé le visage de la population. Des navires entiers remplis d'une main-d'œuvre recherchée se sont vidés à leur arrivée d'Afrique du Nord. Beaucoup de nord-africains se sont établis à Marseille, ou dans la région. Parmi eux, il y a un ouvrier mineur, Mohammed Rahou, qui s'est reconverti dans la culture du champignon et qui vit maintenant dans une maison isolée dans la garrigue à l'est de la ville. On y rencontre aussi des harkis, ces Algériens qui avaient fait le choix de la France pendant la guerre d'indépendance de leur pays et qui découvriront douloureusement que le pays qu'ils ont choisi ne les en remerciera pas. Il y a aussi des Français de souche métropolitaine nés en Afrique du Nord, ceux qu'on appelle les pieds-noirs. Plus favorisés socialement, certains réussissent. Parmi eux, un commissaire, Gérard Alessandra, lequel dirige l'une des sections criminelles de la Sûreté urbaine. Il y a aussi des Corses qui se sont fixés sur le continent en quête d'une vie plus facile. Mathieu Fratacci, policier au commissariat central de Marseille, est l'un d'eux, tout comme André Fraticcelli, jeune avocat d'un peu plus d'une trentaine d'années. Les migrants venus d'Europe orientale, s'ils se sont souvent fixés dans le nord ou l'est de la France, n'y sont pas absents. Parmi eux il y a une mère de famille des barres et des tours de béton des quartiers nord qui s'appelle Jeannine Mattéi. L'Espagne, qui étouffe encore, pour peu de temps, sous le joug d'une dictature militaire, ainsi que le Portugal à qui en ce mois de juin 1974 le général Spinola vient tout juste de rendre ses libertés, fournissent à la cité phocéenne une part non négligeable de sa main-d'œuvre. Parmi ces ouvriers venus de l'autre côté des Pyrénées, il y a un boulanger, Pierre Rambla, ou plutôt Pedro Rambla, un Espagnol venu de son Andalousie natale travailler dans la ville où il vit avec sa femme et ses quatre enfants dans le quartier des Chartreux.

Ce sont ainsi toutes les communautés d'une ville cosmopolite qui se trouvent réunies pour jouer un rôle sur la scène de cette tragédie, scène sur laquelle le rideau se lève, au matin du 3 juin 1974.

Dans une ville cosmopolite, la coexistence ne va pas sans heurts, évidemment. La délinquance, le crime se sont développés dans les cités qui ont poussé depuis la fin de la guerre. Dans le livre attribué au policier Mathieu Fratacci et paru après sa mort en 1994, l'auteur dresse un tableau cruel mais lucide de la ville de Marseille en 1974, observée et disséquée avec le scalpel des yeux du policier :

> *Deux sociétés se superposent sans se connaître : la diurne et la nocturne. L'une déploie l'activité à la grande métropole. Elle entreprend, elle gère, elle crée. L'autre trafique de tous les vices et de toutes les tares [...] Cela se termine souvent derrière les grilles d'une cellule, quelquefois sur le carreau froid de la morgue*[4].

La vie d'un policier à Marseille n'est donc pas, en 1974, un long fleuve tranquille. Si, aujourd'hui, colle à la ville l'image d'un lieu à peine plus tranquille le jour que la nuit, en juin 1974, le milieu de journée est un moment où normalement il ne se passe rien, surtout un jour férié. C'est une heure où les parents consentent facilement à laisser leurs enfants jouer dehors. Comme il n'y a pas toujours de cour dans les cités, s'ils veulent sortir, les enfants doivent parfois aller jouer dans la rue. Mais ce n'est jamais sans risques et les parents préfèrent les surveiller de leurs fenêtres.

Faire mémoire de l'affaire Ranucci, c'est toujours en premier lieu présenter le calme qui règne dans une cité marseillaise, en fin de matinée, dans une chaude journée du début de l'été dans les années 70. Une ambiance irénique. Des enfants qui ont l'innocence de leur âge, qui ne connaissent rien de la grande criminalité, des pédophiles, qui ignorent qu'il y a des adultes manipulateurs. Des enfants d'un milieu modeste qui vivent simplement, dont la joie de vivre éclate à chaque instant dans le jeu, remuant le calme de la rue.

Et soudain, c'est le drame.

---

[4] Fratacci Mathieu, *Qui a tué Christian Ranucci ?*, Éditions N°1, 1994. Son livre ne serait pas, ou pas entièrement, écrit de sa main, ainsi que l'affirme Gérard Bouladou qui dresse un portrait précis et élogieux de la personnalité du policier, et qui affirme également qu'on aurait tenté de convaincre l'auteur de renoncer à la publication. Mathieu Fratacci est mort accidentellement en 1993. Le rédacteur reste, tout au long de son livre, fidèle à la version officielle des faits et donc à la culpabilité de Ranucci. Le livre compte beaucoup d'erreurs de dates (y compris celle du procès), de faits, et d'imprécisions pourtant facilement vérifiables : la liste des erreurs qu'on relève dans son livre, dressée par Gérard Bouladou, prend plus de quatre pages.

Lundi 3 juin 1974 : un enlèvement et un accident

Dans la matinée du lundi de Pentecôte de cette année-là, le 3 juin 1974, vers 10 h 30, Marie-Dolorès Rambla, qui vient d'avoir huit ans, est descendue jouer dans la rue avec son frère Jean-Baptiste, âgé de six ans, sous les fenêtres de l'immeuble où elle vit avec ses parents, ses deux frères et sa sœur. Elle est l'ainée de cette fratrie, elle est donc celle qui protège, celle qui materne, celle à qui les autres enfants obéissent. Les deux jumeaux, plus jeunes, Noël et Carine qui sont demeurés en haut l'appellent : Marie-Adorée.

Que pourrait-il bien arriver à Jean-Baptiste et Marie-Dolorès ? Nous sommes dans la cité Sainte-Agnès, dans le quartier des Chartreux, plus précisément au croisement de la rue d'Albe et de l'impasse d'Albe (aujourd'hui rebaptisée rue des Linots). La seconde est une rue en forte pente qui descend vers l'ouest. Lorsqu'elle débouche sur la rue d'Albe, elle se termine par un petit muret sur la droite en descendant, attenant au long immeuble, orienté est-ouest, où habite la famille Rambla. En bas de la façade étroite de cet immeuble qui débouche sur la rue d'Albe, face à l'ouest, il n'y a pas de logement au rez-de-chaussée, mais les portes de trois garages. Sous la rue d'Albe, c'est la rocade du Jarret qui permet de quitter la ville vers l'est en direction d'Allauch et de Peypin. De l'autre côté de la rocade, en face, c'est le quartier Saint-Just, et un peu plus au nord le quartier Saint-Jérôme, où se trouve notamment la cité des Tilleuls.

Jean-Baptiste et Marie-Dolorès ont retrouvé dehors deux autres enfants de la cité. Vers 11 heures, ces derniers remontent chez eux. Marie-Dolorès reste donc seule dans la rue avec son frère.

C'est dans les minutes qui suivent qu'un inconnu gare à ce carrefour une voiture grise, en sort et approche Marie-Dolorès et Jean-Baptiste. Le petit garçon prétendra le lendemain devant Alex Panzani, un journaliste de *La Marseillaise*, que la voiture était une Simca 1100. Mais lorsque son père, Pierre Rambla, rentre à la maison, il lui parle simplement d'une « voiture grise » : c'est le terme que Pierre Rambla rapportera aux policiers. Pierre Rambla n'aurait évidemment pas manqué de citer la marque et le modèle de la voiture dans sa déclaration si son fils avait été capable de les lui donner. Le petit garçon n'a pas, du moins pas immédiatement, mis le nom d'une marque sur la voiture de l'inconnu.

Selon le témoignage que Jean-Baptiste déposera lui-même devant les policiers, l'inconnu gare sa voiture « devant un des garages », sort de son véhicule et leur demande à tous deux de l'aider à retrouver son chien noir, qu'il dit avoir perdu dans la cité. Il invite Jean-Baptiste à faire le tour de l'immeuble pour voir s'il ne l'apercevrait pas. Alors que Jean-Baptiste s'est éloigné, l'inconnu invite Marie-Dolorès à monter avec lui dans sa voiture.

Eugène Spinelli, un garagiste carrossier du quartier, âgé de trente-cinq ans, et qui a donc déjà au moins une quinzaine d'années d'expérience, est dehors à cet instant, un peu plus haut dans l'impasse d'Albe, devant son garage. Il connait Marie-Dolorès – il le confirmera dans les années 2000 à Gérard Bouladou, venu pour l'interroger dans le cadre de sa contre-enquête – mais peut-être seulement de vue : dans le témoignage qu'il déposera devant les policiers de Marseille deux jours plus tard, il précisera avoir vu « une fillette » monter dans une voiture, sans la désigner par son nom. Le garagiste prétendra qu'il a vu la fillette s'installer à l'avant, sur le siège passager. De par son métier, il connait très bien tous les modèles de voitures et sans y prêter attention, il identifie le véhicule comme étant une Simca 1100.

Deux jours plus tard, le 5 juin, malgré un témoignage affirmant spontanément que la fillette était montée dans une Simca 1100, c'est le propriétaire d'un coupé Peugeot 304 qui sera arrêté, et c'est le propriétaire de cette même Peugeot qui sera condamné à mort et exécuté deux ans plus tard. Le 6 juin, Eugène Spinelli signera un témoignage dans lequel une phrase affirme qu'il est possible qu'il ait confondu les deux modèles. Mais il fera rajouter une phrase dans laquelle il affirme qu'il connaît très bien tous les types de voitures.

Toujours selon son témoignage, le carrossier voit la voiture de trois quarts arrière, depuis une distance qu'il estime entre 40 et 50 m. Que le garagiste ait vu la voiture de trois quarts arrière donne le lieu où la voiture est garée en cet instant : elle est dans l'impasse d'Albe. On a parfois écrit, et jusqu'à récemment dans le cas de Jean-Louis Vincent, que l'inconnu avait garé son véhicule devant les garages, ce qu'il faut faire si l'on prend au mot le témoignage que déposera le petit Jean-Baptiste. Mais si l'on en croit Eugène Spinelli, un peu plus haut dans l'impasse d'Albe, la voiture ne peut être garée que dans l'impasse, et non devant un des garages. Car, si tel avait été le cas, Eugène Spinelli n'aurait pu voir ni le véhicule, ni la fillette monter à bord. Il suffit de se rendre dans la rue des Linots pour se faire à cette évidence. La précision du témoignage d'Eugène Spinelli pèse plus que le langage d'un enfant de six ans qui apprend encore à se repérer dans l'espace.

De plus, ce même matin, devant les garages en question, un jeune pizzaïolo de dix-neuf ans a sorti sa camionnette qui lui sert également de cuisine. Il a passé la matinée à préparer les pizzas qu'il ira ensuite vendre sur les plages. Il s'appelle Guy Rosano. Eugène Spinelli le connaît également : c'est un habitué du quartier. Selon ce que déclarera trente ans plus tard Eugène Spinelli à Gérard Bouladou, le pizzaïolo a stationné son véhicule devant son garage au pied de l'immeuble, rue d'Albe, comme il en a l'habitude. Et c'est bien ce qu'Eugène Spinelli conservera toujours en mémoire.

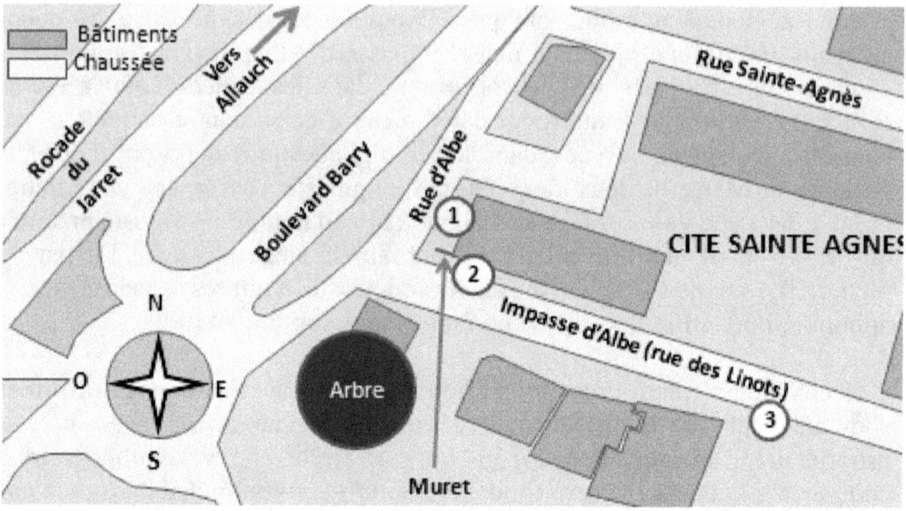

Plan de la cité Sainte-Agnès aujourd'hui. Certaines voies ont depuis été refaites, de nouvelles voies sont apparues et l'impasse d'Albe n'est plus en impasse, mais le plan reste le même et permet de comprendre l'orientation et la position des différents personnages présents sur les lieux :

1. Trottoir devant les trois garages où, selon Eugène Spinelli, était garée la camionnette de Guy Rosano. Ce trottoir n'est pas visible depuis l'endroit où se situait Eugène Spinelli. Il est bordé sur son côté sud par le petit muret.

2. Position de la voiture du ravisseur, selon ce qu'Eugène Spinelli a rapporté à Gilles Perrault en 1978.

3. Position approximative d'Eugène Spinelli, si l'on suppose une distance de 40 à 50 m de la voiture du ravisseur.

(Schéma de l'auteur)

À deux quotidiens de Marseille, Guy Rosano rapportera dans les deux jours suivants avoir été présent sur les lieux, mais ne rien avoir vu et ne pas avoir fait attention aux enfants qui jouaient. De plus, ajoutera-t-il alors, son camion lui cachait le lieu de l'enlèvement : si la voiture dans laquelle Marie-Dolorès est montée était bien garée dans l'impasse d'Albe, conformément au témoignage d'Eugène Spinelli, Guy Rosano n'a effectivement pas pu la voir monter dans la voiture grise. Son récit concorde avec le témoignage du carrossier. Il n'aura donc malheureusement aucun élément à communiquer à la police dans les jours qui suivent ce 3 juin et qui puisse aider à retrouver Marie-Dolorès Rambla ou son ravisseur.

Deux indices pourraient laisser penser que la voiture grise était garée non pas devant le petit muret, sur le trottoir nord, près des garages, mais de l'autre côté, c'est-à-dire du côté gauche si l'on regarde l'impasse en descendant : donc sur le trottoir sud. Le premier élément, c'est que le garagiste voit la fillette s'installer à l'avant, sur le siège passager. Comme il voit la voiture de trois quarts arrière, celle-ci est donc garée dans le sens de la descente, vers l'ouest. Comme il voit la fillette monter, et que celle-ci ne mesure qu'un mètre trente, si la voiture était garée devant le petit muret, il lui serait plus difficile de voir précisément la fillette s'installer à bord et d'affirmer qu'elle s'installe à l'avant. Le second élément, c'est ce qu'Eugène Spinelli déclare à Gérard Bouladou dans les années 2000 : il aurait pu confondre une Simca 1100 avec un coupé 304, car il avait le soleil dans les yeux. Il était 11 heures et le soleil, au sud-est, montait vers le méridien. Il aurait donc été en train de regarder vers le sud. Avec le soleil dans les yeux, pour voir en bas de l'impasse une voiture de trois-quarts, il se serait tenu sur le trottoir nord, donc en face de son garage. Il aurait fallu qu'il regardât au sud pour avoir le soleil dans les yeux, et il aurait un instant tourné la tête vers l'ouest, sur sa droite, vers le bas de la pente, là où se trouvait la voiture grise. Et à l'instant précis où son regard se serait tourné vers l'ouest, il n'aurait pas eu le soleil dans les yeux. C'est un endroit plus stratégique pour un malveillant car, à l'ombre, on verra moins bien son départ. Il y a notamment un grand platane.

L'enlèvement ne sera malheureusement jamais reconstitué. Eugène Spinelli ne pourra donc jamais montrer à une autorité assermentée ni l'endroit exact où il se trouvait en cet instant, ni l'endroit où était garée la voiture grise. Mais selon ce qu'Eugène Spinelli aurait déclaré à Gilles Perrault en 1978, c'est sur le trottoir nord que la voiture était garée, donc devant le petit muret. Il faut probablement considérer la mémoire d'Eugène Spinelli plus fiable en 1978, quatre ans après les faits, que lorsqu'il évoque dans les années 2000 un soleil dans les yeux devant Gérard Bouladou. Mais cela a une conséquence : voyant moins bien la fillette monter à bord, il est moins évident qu'il ait vu la fillette s'installer à l'avant plutôt qu'à l'arrière. À moins que le véhicule ne soit un coupé : auquel cas, le conducteur doit faire le geste bien visible de basculer le siège passager avant pour que le passager monte à l'arrière.

Dans les cités de Marseille, les gens se connaissent au moins de vue et un étranger est vite repéré. Comme la fillette monte dans la voiture de son plein gré, sans hésiter, ni opposer la moindre résistance, Eugène Spinelli ne peut réaliser qu'il est en train d'assister à un enlèvement, même si le visage de l'homme qui emmène Marie-Dolorès lui est totalement inconnu. Il le répètera des années plus tard à Gérard Bouladou : il ne l'avait jamais vu dans le quartier, mais il pensait que la fillette pouvait très bien partir avec un adulte qu'elle connaissait, par exemple un cousin. Sans l'observer attentivement, sa mémoire grave suffisamment de détails pour que, lorsqu'on lui présentera deux jours plus tard un trombinoscope de délinquants sexuels, il soit capable d'extraire deux photos de personnes dont la forme du visage pourrait correspondre à celle de l'inconnu. Il lui donne environ trente ans, estime sa taille à environ 1,80 m, et note un visage de forme plutôt allongée.

La voiture grise démarre et disparaît. Marie-Dolorès Rambla a disparu. Les siens ne la reverront pas vivante.

Quelle heure est-il en cet instant ? Eugène Spinelli regarde sa montre et note 10 h 50. Mais il se rendra dans un bureau de tabac peu après, dans lequel on lui répondra que le bureau est fermé car il est plus de 11 heures : il se rendra compte à ce moment que sa montre est arrêtée et qu'elle indique toujours la même heure. Car il est effectivement 11 heures passées : à 11 h 05, Mme Rambla, la mère des enfants, aperçoit Marie-Dolorès et Jean-Baptiste et leur demande de remonter car l'heure du déjeuner approche. Mais ceux-ci lui demandent de pouvoir rester encore un peu. Par ailleurs, il est moins de 11 h 15, puisque c'est à cette heure-là que Mme Rambla, selon ses déclarations aux policiers, aperçoit son fils, cette fois seul dans la rue. Quand elle lui demande : « Où est ta sœur ? », celui-ci lui répond : « Elle cherche le chien ». Et la seule chose qui lui vient alors à l'esprit est qu'il s'agit d'un jeu. Un enlèvement à 10 h 50, hypothèse à laquelle se tient Jean-Louis Vincent, ne correspond pas aux dernières déclarations d'Eugène Spinelli : elle correspond à l'heure qu'il pensait qu'il était avant de se rendre compte de l'arrêt de sa montre, c'est donc l'heure à laquelle sa montre s'est arrêtée. Sur les réseaux sociaux, dans certains forums de discussion, on trouve l'horaire de 11 h 30, ce qui n'est pas compatible avec les déclarations de Mme Rambla.

Nous ne saurons jamais ce qui s'est passé dans l'heure qui suit. Le ravisseur en a gardé le secret.

Un peu plus d'une heure après l'enlèvement, un coupé Peugeot 304 de couleur grise arrive par la RN 8bis (aujourd'hui départementale 908) au carrefour du lieu-dit La Pomme, à l'est de la ville, sur la commune de Peypin. Par la route, la distance avec le point de l'enlèvement est de 23 km. Le temps de conduite qu'indiquent aujourd'hui les sites de navigation est de 40 minutes. Par faible circulation, ce qui est le cas en ce jour férié et à l'heure du déjeuner, le temps ne saurait être supérieur, d'autant plus que les sites de navigation aujourd'hui prennent en compte des zones largement plus urbanisées qu'elles ne l'étaient en 1974. La ville d'Allauch, sur le trajet, est aujourd'hui intégrée à la banlieue marseillaise. De ce fait, les véhicules aujourd'hui mettent plutôt davantage de temps à faire le trajet. Une durée proche de 30 à 35 minutes, dans les circonstances du jour et de l'époque, est une bonne estimation.

Le conducteur du coupé 304, on le sait, c'est Christian Ranucci. Il a fêté ses vingt ans il y a moins de deux mois. De taille moyenne, environ 1,75 m, c'est un garçon plutôt robuste, le visage fin, des cheveux châtains et ondulés qui retombent sur les oreilles, le visage barré par d'épaisses lunettes d'écailles. Bien bâti, c'est un jeune homme plutôt séduisant qui attire les regards féminins.

Depuis trois ans, Héloïse Mathon, sa mère, qui l'a élevé seule après s'être séparée de son mari, alors que l'enfant avait trois ans, s'est fixée à Nice. Christian Ranucci y a depuis été domicilié, même si pendant la période entre 1971 et 1973, il a passé une grande partie de son temps à Saint-Jean-de-Moirans, dans l'Isère, où il a tenu le service dans un bar appartenant à sa mère, le Rio Bravo. Puis, en avril 1973, il est parti effectuer son service militaire, à Wittlich, en Allemagne. À son retour, il y a deux mois, il est revenu habiter chez sa mère à Nice où il a cherché du travail. Depuis un peu plus d'une semaine, il est embauché en tant que représentant de commerce aux établissements Cotto. Il vend du matériel de chauffage. Selon les déclarations qu'il fera devant les policiers, et qui seront confirmées par sa mère, c'est la veille, dimanche 2 juin, qu'il a quitté Nice pour se rendre à Marseille.

Est-il à cet instant seul dans son véhicule ? Ou bien a-t-il à ses côtés, ou derrière lui, sur la banquette arrière, l'enfant qui a été enlevée un peu plus d'une heure plus tôt à Marseille ? C'est tout le mystère de l'affaire.

Nul ne peut affirmer aujourd'hui avec certitude ce qu'il avait consciemment le dessein de faire en prenant la veille la route de Marseille. Un de ses camarades de régiment, Alain Rabineau, a affirmé en 2005 que Ranucci lui avait proposé de se joindre à lui pour ce week-end à Marseille, mais qu'il avait décliné l'invitation. Christian Ranucci serait donc volontiers parti avec quelqu'un, et il aurait bien eu Marseille comme objectif. Sa mère affirmera également qu'il l'aurait invitée à une virée touristique dans l'arrière-pays, mais elle aurait également décliné car elle avait peur avec lui : il conduisait trop vite. Cela confirme qu'il aurait préféré ne pas partir seul.

Selon une lettre de sa tante, Fernande Casagerola, reçue par son avocat Paul Lombard en 1981, il aurait tenté le matin du 3 juin de rencontrer son père, Jean Ranucci, qui habitait alors à Allauch, et qu'il n'avait pas vu depuis sa petite enfance. Allauch est situé sur le chemin entre Marseille et ce carrefour : partant de la cité Sainte-Agnès, c'est même le chemin le plus direct en prenant la rocade du Jarret. Selon cette lettre reçue par Paul Lombard, Christian Ranucci se serait présenté chez son père le matin même du 3 juin, mais n'aurait pas pu le voir et aurait été prié de déguerpir. Un possible passage à

Allauch dans la matinée est donc cohérent avec sa présence au carrefour de La Pomme en milieu de journée – qu'il ait ou non la petite Marie-Dolorès dans son véhicule : il est théoriquement possible qu'il ait fait un aller-retour entre Allauch et Marseille puisqu'en voiture Allauch n'est qu'à une vingtaine de minutes de la cité Sainte-Agnès.

La veille, il est peut-être également passé à Salernes, localité qu'il connaissait bien. Selon ce qu'il déclarera aux policiers, il serait allé à Marseille ce week-end-là avec l'espoir de voir un camarade de régiment, Maurice Benvenutti, qui habite dans la ville, non loin de l'endroit où Marie-Dolorès Rambla a été vue vivante pour la dernière fois. Selon un autre témoignage qui sera publié des années après sa mort, il a eu un accrochage la veille au soir avec sa voiture dans les rues de Marseille, à cause d'un chien qui a traversé devant lui. Ce témoignage atteste de ce qu'il déclarera deux ans plus tard lors de son procès, à savoir qu'il a passé la nuit à Marseille, où il s'est enivré, et non pas à Salernes, comme il le déclarera aux policiers après son arrestation. Il a bu le soir, toute la nuit, puis de nouveau le matin. Il est donc probable qu'en ce milieu de journée il ne dispose pas de sa vigilance ni de tous ses réflexes. Il est même probablement en état d'ébriété.

Sur cette route sauvage et sinueuse, Christian Ranucci conduit vite. Trop vite. C'est son défaut et sa mère en est consciente. Il a déjà eu plusieurs accidents de vélomoteur et l'achat de sa première voiture n'a pas tempéré ses ardeurs. Sa mère confiera quelques années plus tard à Gilles Perrault qu'avant de partir effectuer son service militaire, son fils lui avait confié ses dernières volontés en cas d'accident mortel : il voulait être incinéré et que ses cendres soient dispersées en mer entre la côte d'Azur et la Corse. Il savait que la vitesse était son défaut et il craignait de mourir des suites d'un accident de la route.

Christian Ranucci aurait-il été en proie à une prémonition ? D'une certaine manière, c'est ce qui va lui arriver.

Le carrefour de La Pomme est une intersection en T, et la RN 8bis, sur laquelle arrive Christian Ranucci, débouche sur un stop. Ranucci a-t-il marqué l'arrêt ? Selon les déclarations qu'il fera par la suite, il se serait trompé de rapport et n'aurait pas redémarré en première vitesse : il n'aurait donc pas pu accélérer après le stop et repartir assez rapidement. Cette version, que Christian Ranucci défendra devant les policiers, puis lors de la reconstitution du crime est théoriquement possible mais pèse peu face au témoignage du conducteur de la voiture qui va percuter la sienne, et qui affirmera avoir vu, sans pouvoir éviter l'accident, un coupé 304 arriver sur sa droite et s'engager sans ralentir ni respecter le stop.

Rien ne permet de mettre en doute que Christian Ranucci a tout simplement grillé le stop. Son ivresse de vitesse, ainsi que son ivresse tout court, l'ont empêché d'y prêter attention.

Alors qu'il tourne sur sa gauche pour prendre la direction de Nice, son coupé 304 est percuté par une Renault 16 qui arrive de sa gauche. N'ayant pas respecté le signal de priorité, Christian Ranucci est donc responsable de l'accident. Les occupants de la Renault 16 sont un jeune maître d'internat de vingt-six ans, nommé Vincent Martinez, ainsi que sa fiancée Claude Bonafos, qui se rendaient à la plage. Ils ne sont pas blessés, mais la carrosserie déformée à l'avant par la violence du choc bloque la roue et empêche la voiture de repartir. Le coupé de Ranucci, sous l'effet du choc, a quant à lui fait un tête-à-queue avant de repartir immédiatement et très rapidement dans la direction de laquelle il arrivait. Christian Ranucci vient donc de commettre un délit de fuite. Vincent Martinez a eu le temps de bien distinguer le visage du conducteur – il le reconnaîtra d'ailleurs sans difficulté deux jours plus tard dans les locaux de la police marseillaise – et même de voir une masse basculer sous le choc sur la banquette arrière. Mais il n'a pas eu le temps d'identifier avec certitude ce qu'était cette masse, ni malheureusement de relever le numéro d'immatriculation de la voiture. Il n'a pas distingué de passager à l'intérieur de l'habitacle.

C'est alors qu'arrive une Renault 15, conduite par un jeune entrepreneur résidant à Toulon, Alain Aubert. Il est accompagné de son épouse Aline et s'arrête aussitôt pour prêter assistance au conducteur accidenté. Comme Vincent Martinez n'a pas eu le temps de relever le numéro de la voiture qu'il a percutée, celui-ci demande très vite à Alain Aubert de prendre en chasse le coupé 304. La Renault 15 démarre en trombe et prend immédiatement la RN 8bis. Les époux aperçoivent, après quelques virages, la Peugeot accidentée garée sur le côté de la route. Ils passent à sa hauteur, ce qui leur permet de relever son numéro d'immatriculation, 1369 SG 06. Ils continuent la route sur quelques centaines de mètres, puis font demi-tour dès qu'ils le peuvent et repassent à hauteur du coupé avant de revenir sur leurs pas.

De retour au carrefour de La Pomme, Alain Aubert retrouve Vincent Martinez, occupé à redresser la carrosserie afin de permettre à son véhicule de repartir. Il lui confie le numéro de plaque du coupé 304, ainsi que ses coordonnées au cas où il aurait besoin d'un témoin. Il signale à Vincent Martinez que le conducteur du coupé s'est enfui dans la colline « avec un gosse » et qu'il pense tout simplement que le coupé 304 est une voiture volée par des jeunes. Le témoignage de Vincent Martinez ne changera jamais, ni dans ses déclarations à la gendarmerie, ni dans celles qu'il fera à la police, ni quarante ans plus tard devant Gérard Bouladou : il n'a pas distingué lui-même d'enfant dans le coupé 304. Ce n'est que sur la foi de ce que lui a déclaré Alain

Aubert qu'il pensera plus tard que la masse qu'il a vu basculer à l'arrière pouvait être l'enfant dont les Aubert ont attesté la présence.

C'est dans ce qui s'est passé dans les minutes qui ont précédé que se situent les premières clés de l'affaire. L'homme que les Aubert ont vu est-il bien le conducteur du coupé 304 ? L'ont-ils vu sortir de la voiture ? L'ont-ils vu de près ou de loin ? L'ont-ils vu transporter un paquet ou bien tirer un enfant par le bras ? Lui ont-ils parlé ? Avant ou après avoir fait demi-tour ? Ont-ils vu une ou deux personnes, l'une avant le demi-tour, l'autre après ? Ce sont quelques-uns des mystères que nous investiguerons plus loin. À ce stade, on est forcé de reconnaître qu'au cours de cette course poursuite et sur le retour, les époux Aubert ont donc vu un homme mais aussi clairement discerné la présence d'un enfant, peut-être l'ont-ils vu, peut-être ont-ils simplement entendu sa voix. Nous y reviendrons.

Lorsqu'Alain Aubert, alerté par la nouvelle de l'enlèvement et les appels à témoin lancés sur les ondes, appellera la gendarmerie le 4 juin, il précisera qu'il a poursuivi le coupé « vers 12 h 30 ». Mais devant les policiers, le 6 juin, il donnera comme heure indicative 12 h 15. Vincent Martinez quant à lui, estimera l'heure à 12 h 15 lorsqu'il sera entendu par les policiers le 6 juin. Le même jour, devant les policiers, Aline Aubert donnera quant à elle 12 h sans précision de minutes. Là encore, l'horaire a son importance. Deux témoignages mentionnent donc 12 h 15, un premier témoignage « vers 12 h 30 » et un troisième témoignage « vers 12 h » sans précision de minutes. On peut alors raisonnablement estimer que l'accident a vraisemblablement eu lieu aux environs de 12 h 15, soit un peu plus d'une heure après l'enlèvement, d'autant plus que l'horaire est confirmé par Vincent Martinez aux gendarmes à peine une heure après les faits.

Vincent Martinez se fait prêter une pioche par des riverains et, après avoir redressé la carrosserie à l'endroit de l'impact de manière à libérer la roue, il peut enfin repartir. Il est passé treize heures. Il s'engage sur la RN 8bis et constate que le coupé 304 n'est plus à l'endroit que lui a indiqué Alain Aubert. Il se rend donc à la gendarmerie de Gréasque, porte plainte pour délit de fuite, et donne le numéro de plaque du véhicule qu'il a percuté alors que ce dernier n'avait pas respecté le signal de priorité. En enregistrant la plainte, le gendarme note dans son procès-verbal que le conducteur du coupé 304 « paraissait seul à bord ». Le verbe « paraître » indique un doute apparemment sans importance. Vincent Martinez n'a vu personne, mais Alain Aubert a vu ou entendu un enfant au cours de sa course-poursuite. Si Vincent Martinez n'a rien dit spontanément sur la présence d'une autre personne, il est probable que les gendarmes lui ont posé la question de savoir s'il a vu un passager : il peut y avoir eu un blessé ou un témoin à bord.

On ne sait rien de ce qui se passe le 3 juin aux alentours de ce carrefour entre cet accident et la fin de l'après-midi, vers 17 h. C'est à ce moment que Christian Ranucci sort à pied du tunnel d'une ancienne mine désaffectée, transformée en champignonnière, au terme d'un chemin qui, à l'autre bout, débouche sur la RN 8bis, à quelques virages de l'endroit où sa voiture a été vue par les époux Aubert. Cette champignonnière, complexe de galeries souterraines sinueuses et boueuses, est à cette époque connue des milieux marseillais comme un lieu d'ébats et d'orgies sexuelles. Le coupé 304 est enlisé au fond de la galerie et Christian Ranucci ne peut en repartir : ses roues patinent dans la boue. Il est allé arracher à mains nues des branches d'épineux, des argéras qui abondent alentour. Il les a déposées devant ses roues, mais sans résultat : sa voiture n'a pas bougé. Ne pouvant se dégager seul, il a besoin d'aide.

Non loin de ce lieu désert le week-end, il y a quelques hangars avec des instruments d'exploitation. Il y a également une maison, habitée par un ouvrier agricole qui y vit avec sa femme. Cet ouvrier s'appelle Mohammed Rahou. C'est un ancien mineur qui s'est reconverti dans la cueillette souterraine des agarics. Il voit arriver un inconnu à l'air complètement perdu qui lui prétend que sa voiture s'est enlisée dans la champignonnière après que ses freins ont lâché, et ce, alors qu'il pique-niquait à l'entrée du tunnel. La voiture est enlisée.

Mohammed Rahou ne comprend rien à cette histoire. Mais il accepte de tenter d'aider Christian Ranucci. Il descend avec lui dans la galerie, observe que la voiture est accidentée. Il tente de mettre du sable devant les roues, mais la voiture continue de patiner. Pour la dégager, il faut un tracteur. Mais seul son chef, Henri Guazzone, peut aller en chercher et en conduire un.

Et justement, Henri Guazzone arrive. Il a simplement voulu faire un tour d'inspection un jour où son exploitation est déserte. Il aperçoit Mohammed Rahou et Christian Ranucci au fond de la galerie, tentant de faire remonter une voiture avec les phares allumés. Il est d'abord très surpris et vite soupçonneux : que fait ce jeune homme dans la galerie ? C'est une propriété privée, indiquée par la barrière qui en ferme l'accès sur la route ; elle n'est déserte que le week-end et la nuit. À l'entrée de la galerie se trouve un épais tas de fumier malodorant et il ne viendrait à l'idée de personne d'y pique-niquer ; ensuite, la galerie est en courbe, et la voiture est descendue de 40 m à l'intérieur. Elle est orientée vers l'avant. Il est donc évident qu'elle n'a pas glissé, mais qu'elle a été conduite dans la galerie. Ce qui est surprenant chez ce jeune homme, c'est qu'il est seul ; or, dans cette galerie, les gens viennent habituellement pour s'ébattre, donc au moins à deux et parfois davantage… À l'évidence, Ranucci ment.

Guazzone menace d'appeler les gendarmes. Ranucci lui répond très calmement qu'il peut le faire s'il le souhaite, mais qu'il n'a rien fait de mal. Finalement, Guazzone ne cherche pas à en savoir plus : il part chercher son tracteur et remorque Ranucci jusqu'à la sortie de la galerie.

Guazzone remarque lui aussi que la voiture est accidentée. Il demande à Ranucci une explication. Celui-ci lui fournit une réponse aussi énigmatique qu'évasive : « Je lui ferai payer ça, avec le reste ». Le jeune inconnu ne semble pas effrayé à l'idée que quelqu'un appelle les gendarmes. Il est même étonnamment calme. Guazzone le confirmera lorsqu'il sera appelé à témoigner. Or Ranucci, qu'il soit ou non le ravisseur de la cité Sainte-Agnès, sait qu'il a commis un délit de fuite : ou bien il bluffe, ou bien il pense par exemple pouvoir accuser une autre voiture de délit de fuite et il n'imagine pas que le numéro de la plaque de sa voiture est déjà, à cette heure, connu du conducteur de la Renault 16 percutée ; dans ce cas, sans doute imagine-t-il encore moins que ce conducteur a déjà porté plainte auprès de la gendarmerie, laquelle connaît déjà des faits à lui reprocher. Son impassibilité est cohérente avec le fait qu'il déclarera aux policiers ne pas avoir eu conscience d'avoir été suivi, en l'occurrence par les époux Aubert.

Une fois sa voiture dégagée de la champignonnière, Rahou invite Ranucci à prendre le thé chez lui. Son épouse est là. Le jeune homme est calme, détendu, et cela frappe les époux Rahou qui diront quelques jours plus tard qu'ils n'auraient jamais imaginé qu'il venait de commettre le crime qu'il aura avoué. Ranucci les remercie, leur demande de remercier Guazzone de l'avoir tiré de la galerie et reprend la route de Nice. Il ne se cache pas. Pour Rahou et Guazzone, ce n'est qu'un incident bizarre avec un individu bizarre. Mais l'incident a dû les marquer car ils commencent à en parler autour d'eux. Quant à Ranucci, il dînera chez lui à Nice avec sa mère, à laquelle il ne parlera de rien. Elle n'apprendra que deux jours plus tard qu'il a eu un accident, lorsque des gendarmes se présenteront chez elle.

Pendant ce temps, à Marseille, depuis le milieu de la journée, c'est un douloureux calvaire qui a commencé pour la famille Rambla. Ni le temps, ni la justice n'y mettront fin. Le père, Pierre Rambla, s'est immédiatement inquiété de ce que lui a raconté son fils Jean-Baptiste. Il a vainement cherché sa fille dans la cité, sonné chez des voisins et s'est malheureusement résigné à l'évidence de ce qu'il redoutait : sa fille a été victime d'un enlèvement. Il s'est donc résolu à aller déposer plainte pour la disparition de sa fille. Il s'est d'abord rendu au commissariat de son quartier, les Chartreux. Mais on ne l'y a pas pris au sérieux : les policiers ont tenté de le rassurer en lui disant que la fillette avait probablement fait une farce. Convaincu que Marie-Dolorès a bel et bien été enlevée, il est rentré chez lui, a pris une photo récente de sa fille, puis s'est rendu au commissariat central de Marseille. Celui-ci, situé juste à côté de la cathédrale La Major qui le domine de son toit et de ses clochers néo-byzantins, ainsi que d'une magnifique petite église romane, occupe le lieu d'un ancien palais épiscopal. Saisi en 1906 après la loi de séparation de l'Église et de l'État, il héberge depuis 1908 les services de police marseillais. Il a depuis été agrandi d'ailes en béton dont la modernité n'a d'égale que la laideur. Néanmoins, le nom originel du bâtiment lui est resté : tous les Marseillais continuent de l'appeler « l'Évêché ».

À la différence de leurs collègues des Chartreux, les policiers de l'Évêché ont tout de suite pris au sérieux ce que leur a raconté Pierre Rambla. Ils lui ont donc posé les questions d'usage en pareilles circonstances : se connait-il un ennemi personnel ? Sa réponse est négative : il ne s'agit donc pas d'une vengeance. Quels sont ses revenus ? Immigré espagnol, ouvrier boulanger, il a des revenus trop modestes pour être la cible d'un individu crapuleux qui aurait pris un otage pour demander une rançon. Est-il bien le père et sa femme est-elle bien la mère de l'enfant ? C'est bien le cas : l'enlèvement ne peut être le fait d'une ex-conjointe dont il serait séparé ou divorcé, ou d'un ex-conjoint de son épouse qui aurait voulu récupérer son enfant. Dans la vie de Pierre Rambla, aucun élément ne permet d'orienter les recherches sur un individu identifié.

Sa plainte est donc enregistrée. L'information de la disparition et le signalement de la fillette sont immédiatement diffusés aux forces de police et de gendarmerie en début d'après-midi. Le commissaire Cubaynes, à la tête de la Sûreté urbaine de Marseille, a pris la direction des opérations de recherche.

Évidemment, la presse l'apprend. Les rumeurs commencent à circuler, l'émotion également. Des journalistes se rendent chez les Rambla pour s'entretenir avec eux. Lorsque le soir tombe en ce 3 juin sur Marseille, personne ne dispose du moindre indice pour retrouver la fillette qui a disparu. Eugène Spinelli, devant son téléviseur, a compris ce dont il est désormais témoin.

Mardi 4 juin : les premières rumeurs

La presse matinale de la ville de Marseille est dominée par trois quotidiens. Le premier, *Le Provençal,* est proche du parti socialiste ; le deuxième, *Le*

Méridional, est quant à lui marqué à droite. Ils appartiennent tous deux à un groupe dirigé par le maire socialiste de la ville, Gaston Defferre, lequel, habile politicien, donne ainsi une tribune d'expression libre à l'opposition locale. Les deux journaux ont les mêmes sources d'information, qu'ils interprètent chacun selon leur sensibilité, leurs manchettes pouvant parfois être un miroir négatif qui prête à sourire de ce qu'annonce l'autre. Le troisième, *La Marseillaise,* est l'organe local du Parti communiste et fait profession d'indépendance et d'opposition plus critique à l'égard du maire que son confrère de droite.

Mais que pèsent les débats politiques quand toute la communauté d'une ville s'émeut de ce qui arrive à l'un des siens ? En ce 4 juin, les querelles citoyennes marquent une pause éditoriale et la presse, bien évidemment, relate l'enlèvement de la veille, photo de la victime en couverture. Dans la cité phocéenne, toute la population, journalistes compris, est en émoi. Les appels à témoins lancés par la police sont relayés par les journaux. Dans ce genre d'événement, la population, même dans une grande ville, fait corps autour de la famille qui a été frappée.

Dans les locaux de la police marseillaise, qui a repris le travail après le week-end de trois jours, le commissaire Gérard Alessandra, pied-noir natif de Constantine en Algérie et chef de la section criminelle Nord de la Sûreté urbaine de Marseille, a découvert le dossier sur son bureau le matin dès son arrivée. C'est un homme de taille moyenne, les cheveux bruns et rares, coiffés en arrière. Comme tout policier expérimenté, il a le regard vif, les yeux à l'affut d'un détail, d'un geste, d'un objet qui feraient progresser ses investigations.

Le commissaire a immédiatement pris en charge le pilotage de l'enquête. C'est une enquête pour un crime passible de cour d'assises, même si l'enfant est retrouvée vivante ; et si jamais l'enfant est retrouvée morte, le crime d'enlèvement est passible à lui seul de la peine capitale, même si le ravisseur n'est pas le meurtrier. Pour un acte de cette nature, l'enquête devrait normalement être confiée au SRPJ, c'est-à-dire à la Police judiciaire. Particularité marseillaise qui durera jusqu'en 1987, c'est la Sûreté urbaine qui se trouve aux commandes. Dans les jours qui vont suivre, c'est cette dernière qui va être en première ligne, dans l'enquête, dans les interrogatoires, dans les auditions des témoins comme dans la communication avec les journalistes. Les policiers du SRPJ ne seront pas absents, mais ils ne joueront qu'un rôle secondaire dans le démarrage de la tragédie.

En ce mois de juin 1974, le SRPJ de Marseille est encore sous le choc de l'échec retentissant qu'il a enregistré l'année précédente. Le 18 mars 1973, un jeune Anglais, Jeremy Cartland, revient avec son père d'un voyage en Espagne au cours duquel ils ont pris possession d'une caravane. Dans la soirée, ils font halte tout près de Pélissanne, à côté de Salon-de-Provence. Dans la nuit, un automobiliste trouve la caravane en flammes, le père est retrouvé mort et le fils est blessé. Celui-ci prétend que des agresseurs s'en sont pris à eux et ont incendié la caravane. Interrogé par les policiers du SRPJ, plusieurs détails de ses déclarations se révèlent incompatibles avec la scène de crime. Il ne parvient pas à expliquer de manière cohérente pourquoi il s'est arrêté en fin d'après-midi à l'endroit où le crime a été commis. Ce sont d'abord onze, puis quatorze points qui posent problème[8]. Rapidement, le SRPJ de Marseille soupçonne le jeune homme de parricide. Paul Lombard, sollicité par le suspect pour sa défense, le fait se constituer partie civile en tant que fils de victime, ce qui lui donne accès au dossier. Les autorités anglaises et notamment le consul de Grande-Bretagne à Marseille s'immiscent immédiatement dans l'affaire. Jeremy Cartland est laissé en liberté et peut rentrer en Angleterre. Convoqué par le juge d'instruction André Delmas pour la reconstitution sur les lieux du crime, il ne s'y rend pas, préférant rester dans son pays, craignant une inculpation pour parricide. En Angleterre, l'enquête conclura à son innocence et il sera acquitté. Pour le SRPJ de Marseille, la fuite de Jeremy Cartland a été un camouflet retentissant, mais peut-être injuste, dans la mesure où l'innocence du suspect ne sera jamais établie de manière convaincante : la justice britannique ne l'a finalement acquitté, selon son mode de fonctionnement, que compte tenu de l'absence de preuves de sa culpabilité.

La presse anglaise s'est déchaînée contre les méthodes d'interrogatoire de la police marseillaise. Outre-Manche, l'affaire Cartland rappelait trop l'affaire Dominici[5], vingt ans plus tôt, au cours de laquelle trois Anglais avaient été assassinés. Le mystère n'avait jamais été élucidé de manière convaincante, ce qui n'avait pas empêché la justice française de prononcer une condamnation à mort. Jeremy Cartland avait d'ailleurs été clairvoyant à ce sujet. Alors que la Grande-Bretagne avait déjà aboli la peine capitale, il avait clairement dit qu'en rentrant en France, il ne risquait rien de moins que de se retrouver devant la guillotine.

---

[5] Gaston Dominici, agriculteur, originaire de Lurs (Alpes-de-Haute-Provence) était âgé de soixante-quinze ans lorsqu'il fut accusé par deux de ses fils du meurtre, dans la nuit du 4 au 5 août 1952, d'un couple d'Anglais et de leur fillette de 10 ans, dont on avait retrouvé les corps à proximité de leur ferme familiale. Devant les policiers, il s'était accusé lui-même des trois meurtres mais aussi d'avoir violé la femme (alors qu'aucune violence sexuelle n'avait été constatée par l'autopsie), avant de se rétracter. Condamné à mort, sa peine fut d'abord commuée par le président Coty, avant qu'il ne bénéficie d'une grâce présidentielle du général de Gaulle et d'être finalement libéré en 1961. Voir l'enquête que Jean-Louis Vincent a consacrée à cette affaire : *Affaire Dominici, la contre-enquête*, éd. Vendémiaire.

Dans les affaires d'enlèvement, le temps joue contre les policiers et le commissaire Alessandra le sait. Plus les heures passent, moins on a de chances de retrouver vivant un enfant enlevé, si jamais on le retrouve tout court, ce qui n'est pas toujours le cas. Une enquête de proximité est donc immédiatement diligentée dans la cité Sainte-Agnès. C'est l'inspecteur divisionnaire Jules Porte, l'un de ses proches collaborateurs, qui est chargé de cette tâche.

Parfois décrit comme un colosse dans certaines publications, Jules Porte mesure en réalité moins de 1,70 m. C'est sa corpulence, sur les photos, qui a laissé à la mémoire collective une fausse impression d'individu imposant. Le crâne dégarni, les cheveux sur les côtés coiffés en arrière, il n'impose pas par son physique mais par la force de sa personnalité. C'est un fin limier, un enquêteur déterminé et un interrogateur redoutablement efficace.

Une fois sur les lieux, Jules Porte découvre en interrogeant les riverains qu'il circule la rumeur que la voiture du ravisseur était une Simca 1100. Pour Gérard Bouladou, comme pour Jean-Louis Vincent, la source de cette rumeur est probablement Eugène Spinelli, qui a assisté à l'enlèvement. Il est le seul témoin du départ de la fillette. C'est effectivement la seule source plausible. En ce mardi 4 juin au matin, alors que la nouvelle de l'enlèvement a été rendue publique, le carrossier est à son travail et, depuis la veille au soir, il a déjà fait le lien avec ce à quoi il a assisté, d'autant plus qu'il connait la fillette au moins de vue et qu'il l'a vue monter dans un véhicule qu'il a identifié comme étant de ce modèle. On peut imaginer que, dans les conversations de rue qui doivent se nouer autour de l'affaire, il a commencé à partager ce qu'il a vu avec des gens du quartier, d'autant plus facilement que son métier de garagiste le met directement à proximité de la rue et des passants.

Lorsque, ce même jour, Jean-Baptiste Rambla parle d'une Simca 1100 aux journalistes, alors qu'il n'a pas donné le nom d'un modèle ni même d'une marque à son père, il faut imaginer qu'il ne fait probablement que citer ce qu'il a entendu, non la marque d'un véhicule qu'il aurait lui-même reconnue. Car, dans ce cas, il faut croire qu'il l'aurait donnée à son père avant que celui-ci ne parte pour l'Évêché, auquel cas son père l'aurait communiquée aux policiers dès le 3 juin. Sur ce point, il faut donner raison à Gérard Bouladou ou Jean-Louis Vincent : que Jean-Baptiste Rambla ait été capable d'identifier une Simca 1100 ou non, qu'il ait été capable de distinguer des marques, voire des modèles de voiture, ce n'est probablement pas lui qui a introduit cette information dans l'enquête. De plus, en général, un enfant de cet âge ne conceptualise pas le chiffre 1100 et ne peut le lire. Tout au plus a-t-il à l'oreille l'adjectif numéral « onze-cents » qu'il ne peut associer à un nombre. Dans le film que Michel Drach a consacré à l'affaire, la scène du film dans laquelle l'enfant reconnaît la photo d'une Simca 1100 est fausse. Les affirmations qui ont été faites selon lesquelles il aurait très bien connu les modèles de voitures sont insuffisamment fondées, même si Gilles Perrault soutient que Pierre Rambla lui a déclaré que son fils « connaissait bien les voitures ».

Pendant ce temps, du côté du carrefour de La Pomme, Henri Guazzone, qui a tiré la veille avec son tracteur la voiture de Ranucci hors de la champignonnière, a été intrigué par les nouvelles qu'il a apprises par la presse. Il téléphone à la gendarmerie, qu'il connait bien car il est lui-même ancien gendarme. Il expose l'incident bizarre dont il a été témoin : un coupé 304 accidenté, enlisé dans la galerie et un jeune homme qui mentait en prétendant pique-niquer à côté d'un pestilentiel tas de fumier. Pas d'enfant, juste une voiture qui pourrait s'être cachée. Mais les gendarmes ont déjà l'information qu'il faut rechercher une Simca et lui font comprendre que son témoignage ne présente guère d'intérêt pour l'enquête. L'information que la voiture recherchée est une Simca 1100 est donc déjà connue de la gendarmerie, ce qui signifie que la police, qui a eu la primeur de l'information, la lui a communiquée. Les deux corps d'État ont beau être réputés pour leur méfiance réciproque, voire leur hostilité, ils travaillent ensemble sur l'affaire en échangeant en temps réel les informations à leur disposition. Tout comme dans la presse, une affaire d'enlèvement d'enfant anesthésie les méfiances et fait taire les rivalités.

Si Henri Guazzone n'a pas attiré l'attention des gendarmes, ce n'est pas le cas d'Alain Aubert, qui téléphone à la gendarmerie de Roquevaire, au début de l'après-midi : ce coup de téléphone sera rapporté dans le procès-verbal 610/1 le samedi 8 juin par le capitaine de la gendarmerie de Gréasque, Maurice Gras, qui va jouer un grand rôle dans les jours qui suivent. Selon ce procès-verbal, Alain Aubert aurait affirmé aux gendarmes de Roquevaire que le conducteur du coupé 304 impliqué dans l'accident survenu la veille au carrefour de La Pomme se serait enfui dans les fourrés en portant un « *paquet assez volumineux* ». Si ce coup de téléphone a été passé, est-ce vraiment cela que le témoin a déclaré ? Là encore, c'est l'une des questions cruciales de l'affaire sur laquelle nous reviendrons plus loin. Ce même procès-verbal affirme que le lendemain, c'est-à-dire le 5 juin, à la suite de renseignements transmis par M. Aubert à la gendarmerie de Gréasque, « *un rapport pouvait être établi entre le délit de fuite commis au carrefour de La Pomme et l'enlèvement de Marie-Dolorès Rambla* ». Alain Aubert a-t-il passé un second coup de téléphone à la gendarmerie de Gréasque ? Dans les années 2000, il affirmera à Gérard Bouladou ne pas se souvenir d'avoir contacté les gendarmes le 4, mais seulement le 5 juin au matin : il aurait alors appelé la gendarmerie de Gréasque et leur aurait donné l'indication de l'endroit où il avait vu le coupé 304 garé en bordure de la route ; puis, sur recommandation du gendarme avec lequel il aurait parlé au téléphone, il aurait ensuite appelé le commissaire Alessandra pendant l'heure du déjeuner. Ce n'est pas conforme au procès-verbal 610/1 selon lequel la gendarmerie de Gréasque avait reçu ces informations dès le 4 juin, donc soit par la gendarmerie de Roquevaire, soit par Alain Aubert lui-même qui aurait été aiguillé vers la gendarmerie de Gréasque par celle de Roquevaire.

Autrement dit, la mémoire d'Alain Aubert a probablement laissé échapper au moins un coup de téléphone, qu'il a bel et bien donné, le 4 juin, et au cours duquel il aurait justement parlé d'un paquet. Mais certainement également d'un enfant, pour que les gendarmes y voient un rapport possible avec l'enlèvement de Marie-Dolorès Rambla.

Car ce coup de téléphone d'Alain Aubert a bien éveillé les soupçons sur un lieu en rapport avec l'enlèvement : toujours selon ce fameux procès-verbal 610/1, un premier peloton de gendarmes se rend ce même 4 juin aux environs du carrefour de La Pomme, mais ils ne décèlent aucun élément tangible qui permette de faire avancer l'enquête, ni de retrouver la fillette. Alors que le numéro d'immatriculation du coupé 304 est connu des gendarmes, son conducteur n'est pour le moment coupable que d'un délit de fuite. Donc, le 4 juin au soir, la gendarmerie sait évidemment qu'un enfant a été vu ou entendu dans les fourrés dans cette zone : non seulement il est mentionné dans le procès-verbal 610/1 qu'il peut être « établi un rapport entre l'accident de La Pomme et l'enlèvement de la jeune Rambla », mais également que cela a justifié l'envoi de gendarmes pour scruter la zone. En cette soirée du 4 juin, la présence signalée d'un enfant par Alain Aubert justifie des recherches dans la zone, mais le rapport entre l'accident et l'enlèvement n'est qu'une hypothèse. Une plainte pour délit de fuite a déjà été déposée contre le conducteur du coupé 304, lequel devra évidemment comparaître devant un tribunal de grande instance. Dans l'après-midi du 4 juin, la gendarmerie a appris qu'il s'agit d'un Niçois de vingt ans qui s'appelle Christian Ranucci.

La police quant à elle, en ce soir du 4 juin, ne sait encore rien de ce qui s'est passé au carrefour de La Pomme, ni de l'accident, encore moins des informations que possède déjà la gendarmerie sur la présence d'un enfant. La gendarmerie ne lui a pas remonté les informations qu'elle tient d'Alain Aubert : à première vue, elles ne semblent pas très concluantes. La gendarmerie comme la police recherchent une Simca.

Trois jours plus tard, le 7 juin, les trois quotidiens marseillais relateront les informations données par Alain Aubert à la gendarmerie et la mention d'un « paquet » ou d'un « colis » avec lequel le conducteur du coupé 304 se serait enfui dans les taillis.

Tout près de la champignonnière d'où Henri Guazzone a extrait le coupé 304 de Ranucci, il y a un club hippique. En cette fin de journée du mardi

4 juin, un palefrenier nommé Benamar rapporte à un jeune cavalier l'anecdote amusante dont il a entendu parler, celle d'un jeune retrouvé la veille tout seul, enlisé dans la galerie. On imagine aisément les plaisanteries grivoises que peuvent faire deux jeunes sur un type complètement perdu et seul dans un endroit où les gens viennent d'habitude en couple ou en groupe, pour s'y ébattre sans y enliser leur voiture. Le cavalier est un jeune avocat de vingt-quatre ans, fraichement diplômé de la faculté de droit d'Aix-en-Provence. Il est passionné d'équitation et y consacre une part importante de son temps libre. Il s'appelle Jean-François Le Forsonney. Il ne le sait pas encore, mais c'est la dernière fois de sa vie qu'il trouvera à plaisanter sur cette affaire.

Dans son récit, publié dans les années 2000[9], peu avant sa mort prématurée, Jean-François Le Forsonney évoque cette conversation qu'il date du mardi 4 juin, l'incident relaté par le palefrenier datant de « la veille ». Mais Gilles Perrault, dans *Le Pull-over rouge*, signale qu'il faisait de l'équitation le jeudi, et que c'est après la séance d'équitation du jeudi 6 juin qu'il a été contacté par son supérieur, Paul Lombard, pour assurer la défense de Ranucci pendant l'instruction. Cette conversation de Gilles Perrault date de 1978. Le souvenir du jeune avocat a donc peut-être évolué avec le temps, sauf s'il s'est rendu à son club hippique le mardi et le jeudi cette semaine-là.

Parallèlement à l'enquête policière, une instruction judiciaire doit être ouverte pour enlèvement de mineur. Le procureur général d'Aix-en-Provence a la personne qu'il lui faut pour une affaire de ce genre. C'est une juge d'instruction d'une quarantaine d'années, Ilda di Marino. De type méditerranéen, brune, le cheveu court, célibataire, elle est réputée pour sa redoutable pugnacité, une qualité nécessaire pour se faire respecter en tant que femme, non seulement dans l'ambiance machiste d'un milieu professionnel encore très masculin, qu'il s'agisse de la police ou de la justice, mais surtout face aux individus mafieux et aux gangsters qui prospèrent dans la région et qui arrivent chaque jour menottes aux poignets dans son bureau. Elle a la réputation d'être une personne totalement insensible. Pour gérer un tel dossier, c'est un atout. Dans une affaire où le pire peut survenir, il faut que le juge sache prendre la distance nécessaire avec des faits potentiellement horribles et où l'opinion publique ne manquera pas de tenter de l'influencer. Il s'agit donc d'une femme qui doit et qui sait se faire respecter dans un milieu hostile. Elle doit être capable de ne pas se laisser intimider devant un mafioso ou un pervers qui peut la menacer.

À première vue, c'est un choix judicieux. Mais le handicap d'une telle personnalité est que, devant un individu jeune, peu sûr de lui et introverti, elle devient écrasante. En pareilles circonstances, elle peut occuper rapidement tout l'espace de l'entretien, et l'interrogé n'a plus que le temps d'acquiescer laconiquement à ses affirmations.

Le soir du 4 juin, policiers et gendarmes sont pessimistes. Toujours pas de trace de la fillette disparue. Pour les gendarmes, la piste de l'accident de La Pomme n'a pas permis d'avancer. Le commissaire Cubaynes doit faire une déclaration apaisante pour maintenir l'espoir de retrouver l'enfant vivante. Mais il ne semble déjà plus y croire. Pourtant l'enquête a permis d'auditionner quelques témoins. Des faits troublants se sont produits à Marseille dans les jours qui ont précédé la disparition. En ce 4 juin, un témoin, père de famille, Jean Albertini, de la cité des Cerisiers, a porté plainte contre un inconnu qui s'est livré à des attouchements sur ses deux filles Nathalie et Patricia, le samedi soir qui a précédé le crime, soit le 1er juin. Selon le gardien assermenté de la même cité, Paul Martel, lequel a également déposé son témoignage et qui a vu l'inconnu de très près, celui-ci était vêtu d'un pull-over rouge. Enfin, la police a reçu le témoignage d'une femme de la même cité, Mme Garcia, laquelle est venue signaler le vol de sous-vêtements qui séchaient sur son balcon, huit culottes, deux soutien-gorge et deux maillots de bain, vol qui fait penser à un détraqué sexuel se livrant au fétichisme.

Mercredi 5 juin 1974 : la découverte du crime et l'arrestation de Ranucci

Le 5 juin, les appels à témoins lancés par les journaux et par la radio continuent de porter leurs fruits : des procès-verbaux qui seront conservés relatent que de nouveaux témoignages sont recueillis dans divers commissariats de la ville sur plusieurs faits alarmants à Marseille, dans les jours qui ont précédé le 3 juin : un adolescent de quatorze ans nommé Jean-Claude Jaglasse, de la même cité des Cerisiers où les deux filles de Jean Albertini ont été agressées, a vu un inconnu jouant avec deux enfants le soir du samedi 25 mai puis bizarrement s'enfuir à son approche, à bord d'une Dyane bleu ciel. L'individu lui a paru un peu efféminé, « chochotte ». Il était vêtu d'un pull-over vert. Cela fait donc trois faits suspects sur la cité des Cerisiers dont l'un est confirmé par deux témoins. Dans un cas, celui rapporté par Jean Albertini et Paul Martel, un pédophile est bien passé aux gestes, il a été vu et signalé.

Selon les procès-verbaux des auditions, la police dispose donc le 5 juin d'au moins un témoignage mentionnant un inconnu vêtu d'un pull-over vert le 25 mai, et d'un autre mentionnant cette fois le 1er juin indiscutablement un pédophile, vêtu quant à lui d'un pull-over rouge, sans que l'on puisse affirmer avec certitude qu'il s'agisse du même homme. Le temps a été frais et pluvieux à Marseille en cette dernière semaine du mois de mai 1974. Le 3 juin, en revanche, l'été est là. En milieu de journée, en raison de la température qui atteint 29° C., plus personne ne porte de pull-over dans les rues de Marseille. Le ravisseur de Marie-Dolorès Rambla ne porte pas de pull-over, ni rouge, ni vert.

En ce 5 juin, le quotidien *Var-Matin* annonce le dépôt d'une plainte par des parents du Xe arrondissement de Marseille pour attouchements sur leurs deux filles de huit et dix ans. Le journaliste a donc obtenu cette information la veille, et ne peut l'avoir obtenue que de source policière. Il annonce également le témoignage d'une autre habitante de la même cité pour vol de sous-vêtements.

À défaut d'avoir une piste pour retrouver l'enfant, les inspecteurs de l'Évêché ont donc, en ce matin du 5 juin, acquis la conviction que le ravisseur de la fillette pourrait ne pas en avoir été à sa première tentative à Marseille. Il se mettait en chasse dans des cités où il était inconnu et abordait les enfants par deux. L'aisance avec laquelle il a fait monter la fillette dans sa voiture, dont témoignera Eugène Spinelli en fin d'après-midi, le stratagème du chien perdu pour émouvoir les enfants montrent que sa technique était au point, ce qui correspond plutôt au profil d'un pédophile expérimenté et récidiviste.

Au milieu de la journée du 5 juin, tout s'accélère. Pendant la pause du déjeuner, à la Sûreté urbaine de Marseille, le commissaire Alessandra reçoit deux appels téléphoniques coup sur coup : le premier appel est celui de Vincent Martinez, qui lui révèle qu'Alain Aubert lui a signalé que le conducteur du coupé 304, avec lequel il avait eu un accident sur la commune de Peypin, s'était enfui dans les fourrés avec un enfant. Puis c'est Alain Aubert lui-même qui appelle et qui confirme les dires de Vincent Martinez. La réalité de ces coups de téléphone a été confirmée à Gérard Bouladou par Vincent Martinez et Alain Aubert eux-mêmes. Si l'on en croit leurs déclarations telles que rapportées par Gérard Bouladou, les deux hommes ont été aiguillés vers le commissaire Alessandra sur recommandation de la gendarmerie de Gréasque, tandis qu'Alain Aubert a donné à cette même gendarmerie une indication sur l'endroit où il a vu le coupé 304 garé en bordure de la route. Vincent Martinez a affirmé à la gendarmerie de Gréasque que, sur la foi de ce que lui a rapporté Alain Aubert lorsque ce dernier est revenu de sa course-poursuite, il a imaginé que la masse qu'il a vue basculer à l'arrière du coupé au moment du choc pouvait être un enfant, même s'il n'a pas distingué d'enfant lui-même. Quant à Alain Aubert, en ce 5 juin, il n'aurait pas parlé à la police d'un conducteur sortant de la voiture en portant un paquet, mais cette fois d'un conducteur avec un enfant. Tout concorde. Qu'il parle ou non d'un paquet, la police ne le retiendra pas : elle retiendra simplement qu'Alain Aubert a vu le conducteur avec un enfant. Un lien est établi entre un conducteur accidenté qui s'enfuit et un enfant dans les fourrés.

Qui travaille sur la base de quelle information ? La situation peut être ainsi résumée : dans la journée du mercredi 5, la gendarmerie est en possession depuis la veille, donc depuis le mardi 4, d'une information selon laquelle Alain Aubert a certes vu un enfant, mais d'abord vu le conducteur du coupé 304 s'enfuir en emportant un paquet volumineux, tandis qu'à partir du 5, la police, qui n'avait pas avant midi d'information concernant l'accident du carrefour de La Pomme, travaille sur la seule information qu'Alain Aubert a vu le conducteur du même coupé 304 avec un enfant, mais sans avoir entendu parler de paquet. Dans l'urgence où ils se trouvent plongés, les deux corps d'État, qui ont souvent du mal à collaborer, n'ont guère le temps de s'interroger sur cet écart. Comment du reste cette contradiction pourrait-elle apparaître pour autre chose qu'un détail sans intérêt ? Paquet volumineux ou pas, il y avait un enfant seul avec un adulte dans les buissons. Jusqu'au procès de Christian Ranucci, deux ans plus tard, le paquet mentionné par la télévision dès le soir du 5 juin, confirmé le 7 juin par la presse et le 8 juin par le procès-verbal 610/1 du capitaine Maurice Gras ne sera qu'un élément insignifiant.

Pour la thèse de l'accusation, il l'est resté jusqu'à aujourd'hui.

Le commissaire Alessandra avertit alors la juge d'instruction Ilda Di Marino, laquelle n'est encore à cette heure que sur une affaire d'enlèvement. Sur la base des affirmations de Vincent Martinez et d'Alain Aubert, le commissaire Alessandra la convainc de lui donner ce dont il a besoin : le lancement d'une commission rogatoire, chargeant la gendarmerie d'organiser une battue dans la zone située entre le carrefour de La Pomme et cette champignonnière, au fond de laquelle un coupé 304 a été vu enlisé. C'est le capitaine Maurice Gras, de la gendarmerie d'Aubagne, dont dépend hiérarchiquement celle de Gréasque qui est chargé de la diriger.

Le capitaine Gras est un officier de gendarmerie aguerri, à l'autorité affirmée, respecté par ses hommes. Grand de taille, il est connu pour sa résistance nerveuse exceptionnelle. Dans l'après-midi qui va suivre, c'est peu dire qu'elle va lui être utile.

C'est par le procès-verbal de gendarmerie N° 610/2 que nous connaissons le déroulement des opérations de la battue. Les gendarmes sont sur place à 13 h 15. La champignonnière, où Guazzone et Rahou ont signalé le même coupé 304 que celui signalé par les Aubert, fait l'objet d'une fouille détaillée. À 15 h 20, un gendarme nommé Subercaze y trouve, dissimulé derrière des planches, un pull-over rouge. Selon le procès-verbal qui sera établi en fin d'après-midi par Ilda Di Marino, il est indemne de toute trace de moisissure et d'humidité : il ne doit être là que depuis peu de temps. Le même procès-verbal précise qu'il a été trouvé à proximité de l'extrémité des traces de pneu que l'on a observées dans la boue. Cependant, il est taché et le gendarme

Subercaze le qualifiera beaucoup plus tard de « crade » et « pourri ». Les photos que l'on trouve aujourd'hui sur Internet font apparaître des traces de saleté, mais il ne semble pas s'agir d'un pull-over abandonné là depuis longtemps. Dans l'esprit des gendarmes, il ne peut pas ne pas y avoir de lien entre la voiture enlisée deux jours plus tôt et le pull-over rouge, même si aucun lien de ce pull-over avec l'enlèvement ne peut encore être soupçonné en cet instant précis.

Quinze minutes plus tard, un gendarme maître de chien, Jean Salerio, dépêché par la brigade de gendarmerie d'Arles, arrive sur les lieux. Il est 15 h 35. Le chien répond au nom de Dirol. Le procès-verbal du maître de chien précise qu'il est mis en piste à 15 h 40. Que lui a-t-on fait renifler ? C'est une omission du procès-verbal qui ne précise pas que le chien a reniflé le pull-over rouge, même si c'est ce que la mémoire collective a retenu, y compris le commissaire Alessandra. En revanche, à cette heure, aucun procès-verbal ne mentionne, ni dans les buissons, ni dans la champignonnière la découverte d'un autre objet, élément ou indice susceptible de mettre le chien sur une piste. Il est simplement précisé dans le procès-verbal 610/2 que le chien est mis en piste « à partir de la galerie où a été découvert le pull-over rouge », mais non avec la marque olfactive du pull-over rouge lui-même. Quant au procès-verbal du maître de chien, il mentionne comme point de départ « la galerie où le véhicule a été immobilisé ». On a donc deux procès-verbaux qui mentionnent le point de départ du chien, pour l'un l'endroit où l'on a découvert une pièce de vêtement, pour l'autre le lieu où la voiture de Ranucci a été trouvée embourbée : on a donc bien retrouvé le pull-over rouge à l'endroit précis où le véhicule a été vu immobilisé. Les traces de roues y sont encore présentes : elles seront moulées. Mais aucun des deux procès-verbaux ne mentionne si un « objet personnel » a été donné à flairer au chien.

L'omission est hors norme, surtout pour le procès-verbal du maître de chien. Jean-Louis Vincent évoque la possibilité qu'on lui ait fait renifler le sol, les traces de pneus. Cela se fait parfois, faute de mieux, mais tous les maîtres de chiens de gendarmerie le savent : rien ne vaut un « OP », ou « objet personnel », et en particulier une pièce de vêtement pour stocker efficacement les effluves odorants d'un individu recherché.

C'est cinq minutes plus tard, bien avant que le chien n'arrive à proximité du lieu, que le corps de la victime est retrouvé par un autre gendarme dans les buissons. Il a été caché sous des branchages à une vingtaine de mètres de la route, à proximité de l'endroit où les Aubert ont vu, garé sur le côté de la RN 8bis, le coupé 304. Selon le procès-verbal, il est 15 h 45. « Venez-voir ce que j'ai découvert ! », crie-t-il à ses collègues, un écœurement dans la voix.

Et c'est l'effroyable découverte, celle que tous redoutaient.

C'est en marchant sur des branchages d'arbustes épineux sous lesquels il avait senti quelque chose de mou que le gendarme a découvert le cadavre. La vision du petit corps sans vie l'a fait vomir. Les faits sont atroces : une fillette a été massacrée, son corps porte les traces d'une quinzaine de coups de couteau dans le cou, trois autres sur la main ; la tête a été déformée à coups de pierre. De longues griffures sur ses jambes, provoquées par les branches des buissons épineux, abondants alentour, montrent que la victime a été trainée sur les lieux, donc qu'elle a été tirée, au moins sur quelques mètres, jusqu'à l'endroit où elle a été retrouvée. Elle a dû être trainée par le bras gauche que l'on trouve plié vers le haut, la main proche de la tête, tandis que son bras droit est étendu le long du corps. Deux pierres tachées de sang, une branche de pin également tachée de sang sont présentes à proximité de la victime. La victime ne porte qu'une seule chaussure : l'autre repose un peu plus bas, en direction de la route. Les photos de la fillette enlevée deux jours plus tôt et parues dans la presse, les vêtements que porte la victime ne laissent aucun doute aux gendarmes quant à son identité : il s'agit bien du corps de Marie-Dolorès Rambla.

Au palais de justice, Ilda di Marino est informée immédiatement de la découverte du cadavre. Ce n'est plus un enlèvement, c'est un enlèvement suivi de meurtre. Pour la juge qui n'ignore rien des investigations en cours à l'Évêché, entre les Aubert qui prétendent avoir vu le coupé arrêté sur le bord de la route, le conducteur du coupé s'enfuir, un adulte avec un enfant sur les mêmes lieux, tout porte à l'évidence à faire le lien entre l'accident de La Pomme, le chauffard qui commis un délit de fuite et le meurtre de Marie-Dolorès Rambla. Ilda di Marino demande de laisser les choses en place sur la scène de crime le temps de se rendre elle-même sur les lieux. Elle demande évidemment l'interpellation du conducteur du coupé, qui apparaît à l'évidence comme le suspect n° 1. Le numéro d'immatriculation donné par Vincent Martinez a permis son identification dès la veille : il s'appelle Christian Ranucci et habite 61, avenue des Terrasses de la Corniche fleurie, bâtiment Les Floralies, à Nice. Il faut l'arrêter rapidement : la nouvelle de la découverte du corps ne va pas tarder à être diffusée par les médias et l'assassin présumé pourrait tenter de s'enfuir. C'est donc la Sûreté urbaine de Nice que l'on va solliciter pour s'en charger immédiatement.

Les gendarmes prennent les photos d'usage de la scène de crime qui seront nécessaires à l'enquête. Au bord de la route, sur le talus, il y a une trace de pas, une seule, une empreinte de chaussure, de 22 cm de long. Mais l'empreinte de la chaussure n'est pas moulée. On ne retiendra pas s'il s'agissait de celle de Ranucci. Si c'est une chaussure d'adulte, elle n'est certainement pas complète : une longueur de 22 cm supposerait une longueur de pied maximale de 20 cm, donc une pointure de 31 ou 32. Si l'empreinte est complète, ce serait donc l'empreinte d'un enfant de l'âge de la victime.

Dirol, pendant ce temps, selon le procès-verbal du maître de chien, suit le chemin qui mène de la champignonnière à la route, puis il prend sur sa gauche la route qui serpente à partir de l'entrée du chemin de la champignonnière en direction du carrefour de La Pomme. Il dépasse le niveau de la découverte du corps d'une trentaine de mètres. Il n'est pas précisé s'il continue ou pas, mais simplement qu'il est « ramené » au point de la route à la verticale du lieu de la découverte du corps. Il s'immobilise et ne reprend plus la piste. Le procès-verbal ne mentionne pas qu'il monte dans les fourrés jusqu'au lieu de découverte du corps. Ce n'est donc pas le chien, comme on l'a souvent écrit dans une défaillance de la mémoire collective, qui a permis la découverte du corps, mais uniquement le travail méticuleux des gendarmes et la fouille systématique des buissons dans la zone entre le carrefour de La Pomme et l'entrée de la champignonnière. La scène du film de Michel Drach où l'on voit le chien renifler le pull-over rouge, puis, sur le plan suivant, les gendarmes monter dans la colline vers le corps de la victime, est fausse. Mais la conclusion du maître de chien sur le procès-verbal est que Dirol était « orienté ». L'animal a bien été mis en piste à partir de quelque chose qui lui a été donné à flairer. Une marque olfactive va donc de la galerie où a été découvert le pull-over rouge à un point de la route proche de celui de la découverte du corps, mais elle ne remonte pas jusqu'au corps de la victime.

Sur le trajet suivi par le chien, Mathieu Fratacci aussi bien que Gérard Bouladou ont écrit l'un et l'autre que la mise en piste du chien n'a donné aucun résultat. C'est inexact : si l'animal n'est pas remonté au niveau du corps de la victime, s'il n'a pas permis la découverte du corps, il a bien été mis en piste à partir de quelque chose. Jean-Louis Vincent, qui cite pourtant le procès-verbal quasi *in extenso* en omet le mot de conclusion : « orienté ». En revanche, tout comme Gérard Bouladou, il note que le temps de 40 minutes pour parcourir une distance à peine supérieure à un kilomètre est anormalement long. Le rapport du maître de chien a relevé la température élevée, la nature du terrain et la sécheresse du sol comme des facteurs qui ont rendu le suivi de la piste difficile et la recherche des effluves compliquée pour son animal.

À l'Évêché, où le SRPJ ainsi que la Section criminelle du commissaire Alessandra ont immédiatement été informés de la découverte, il est maintenant clair que les époux Aubert sont des témoins clé : l'enfant qu'ils ont vu ne peut être que Marie-Dolorès Rambla, dont on vient de retrouver le cadavre à proximité de l'endroit où ils ont vu le coupé 304 garé sur le bas-côté. Des inspecteurs de la Sûreté urbaine de Marseille, en collaboration avec le SRPJ partent à Toulon pour les interroger à leur domicile. L'information de cet entretien est attestée par un télégramme envoyé par la Direction départementale de la Police urbaine à la Police nationale et au préfet.

Ici se situe une zone d'ombre de l'affaire : quand cet entretien au domicile des Aubert a-t-il eu lieu ? La rédaction du télégramme laisse penser que celui-ci a dû se tenir dans la fin de l'après-midi ou bien le soir du 5 juin. Qui y a participé ? On ne sait. Aucun procès-verbal de cet entretien n'existe dans le dossier de l'affaire. Ce même télégramme donne 14 h comme heure de découverte du corps, ce qui n'est pas conforme au procès-verbal 610/2 selon lequel le corps de la victime a été retrouvé à 15 h 45. C'est d'ailleurs cette deuxième heure qui a toujours fait référence par la suite. Si on ne connait pas l'heure précise de cette première audition des époux Aubert, et encore moins son contenu, ce télégramme n'a pu partir qu'après l'heure de découverte du corps, donc pas avant 15 h 45 le 5 juin. Plusieurs erreurs attestent que le télégramme est rédigé par une personne non au fait des détails de l'affaire : outre l'heure de découverte du corps, il est fait mention du non-respect d'un feu, et non d'un panneau « stop » ; le véhicule mentionné est une Peugeot 204 et non 304.

Et au milieu de ces détails faux figure l'information selon laquelle le conducteur du véhicule se serait enfui en entrainant un enfant par la main. Depuis les appels de Vincent Martinez et d'Alain Aubert pendant la pause de midi, les policiers sont en possession de l'information selon laquelle le conducteur s'est enfui dans la colline avec un enfant, ce qu'Alain Aubert avait signalé à Vincent Martinez après son accident.

La police, qui interroge toujours la fiabilité des témoins ne pouvait pas manquer de vérifier qui étaient ces témoins – et par exemple s'ils ne connaîtraient pas l'assassin ou le chauffeur du véhicule accidenté. On saura plus tard qu'il n'en est rien, mais dans un contexte où l'on vient tout juste de découvrir le crime, des vérifications sont parfaitement légitimes et s'il n'y avait l'absence d'un procès-verbal, un déplacement de la Sûreté urbaine et du SRPJ à Toulon n'aurait rien d'énigmatique en soi. Si l'on ne sait rien de cet entretien, on imagine le terrible trouble qui a dû s'emparer des époux Aubert, surtout s'ils ont appris le meurtre et la découverte du corps des policiers eux-mêmes, lesquels ont dû jauger avec attention leur réaction première. Les deux témoins ont dû se replacer dans les circonstances de cet accident banal dont ils ont été témoins : ils ont pensé sur le moment qu'ils poursuivaient une voiture volée. Ils ont téléphoné à la gendarmerie pour signaler la présence d'un enfant « au cas où », peut-être sans trop y croire. Mais les voilà devant la réalité qu'ils se trouvaient deux jours plus tôt à quelques mètres d'un lieu où un crime atroce, qui vient d'être révélé, était en train d'être commis et qu'ils ne sont pas intervenus. Ils ont évidemment une excuse : à aucun moment ils n'ont imaginé ce qui allait se produire. On imagine aisément que les policiers leur ont demandé s'ils n'ont rien vu ou entendu de suspect, par exemple des cris d'enfant se débattant.

En cette deuxième partie de l'après-midi du 5 juin, les gendarmes continuent de fouiller la zone de la champignonnière où le coupé 304 du suspect a été vu enlisé, ainsi que la zone de découverte du corps. Ils saisissent comme pièces à conviction les objets trouvés sur les lieux, la chaussure, les deux pierres et la branche de pin. On sait d'après le procès-verbal de la battue qu'ils ont amené un détecteur électromagnétique destiné à la recherche d'objets métalliques, appelé communément dans le jargon une poêle à frire, en raison de sa forme. C'est par excellence l'outil que l'on utilise pour retrouver une arme dans la terre ou dans le sable. Dans le procès-verbal ouvert par l'inspecteur Jules Porte le lendemain après-midi, le 6 juin à 17 h 30, il est mentionné qu'un couteau automatique fait partie des objets remis par la gendarmerie et placés sous scellés. Ce couteau figure dans la même liste que le pull-over rouge retrouvé dans la galerie, les deux pierres et la branche de pin tachées de sang, ainsi que la chaussure de la victime, tous saisis sur les lieux par les gendarmes en cet après-midi du 5 juin.

Pendant ce temps, l'inspecteur Jules Porte, qui va participer aux interrogatoires de Ranucci au long des vingt-quatre heures qui vont suivre, est chargé de la lourde tâche d'aller informer les parents Rambla de la terrible découverte. Car la procédure légale exige que le corps soit identifié par un proche de la victime. Même si les gendarmes n'ont guère de doute quant à l'identité du corps qui vient d'être trouvé, l'inspecteur s'efforce de laisser aux parents un dernier espoir, en leur disant que, pour le moment, rien ne lui permet d'affirmer qu'il s'agit bien de leur fille. Pierre Rambla, affolé, part avec eux. La mère, effondrée, n'est pas en état de l'accompagner. On lui donne des tranquillisants, des voisins la veillent. Jules Porte et le commissaire Charles Brignone, du SRPJ de Marseille, emmènent Pierre Rambla en voiture sur les lieux de la découverte, où les attendent les gendarmes mais aussi Ilda di Marino. Une fois arrivés, ils le soutiennent pour l'escorter jusqu'à la voiture où le corps, nettoyé pour être présentable, a été placé sur une civière sous une couverture.

À cet instant, le temps s'arrête.

S'il doit être fait mémoire d'un instant précis de l'affaire, c'est bien le moment où l'on dévoile aux yeux de Pierre Rambla le corps de la fillette que l'on a retrouvée dans les fourrés. Parce que l'émotion de tous ceux qui sont présents sur les lieux y est indicible. Parce que ce qui se noue en cet instant précis échappe au pouvoir des mots. En quelques secondes, un humble ouvrier boulanger, père d'une famille de quatre enfants pour lesquels il a construit un cadre de vie modeste mais stable dans un pays qui n'est pas le sien, loin de son Andalousie natale, quatre enfants à qui il veut donner un avenir, comprend que toute sa vie, celle des siens, vient de basculer. Non seulement dans le deuil, mais aussi dans l'horreur.

Jusqu'à ce moment où les policiers sont venus sonner chez lui pour l'informer de la découverte, Pierre Rambla a espéré revoir sa fille vivante, séquestrée par un déséquilibré, traumatisée, mais vivante. Depuis qu'il a quitté son domicile, il a prié le ciel pour que le cadavre retrouvé ne soit pas celui de sa fille. Ce qu'il redoute pendant ce long trajet qui le conduit vers le lieu où le corps a été découvert, c'est de reconnaître le visage éteint, le corps sans vie de son enfant, dont il est sans nouvelles depuis deux jours. Mais ce que lui montrent les gendarmes, ce qui se dévoile à ses yeux dépasse tout ce qu'il a pu se représenter. Ce n'est plus le même visage, même éteint, de l'enfant qu'il a aimée, qu'il a quittée deux jours plus tôt alors qu'elle débordait de joie de vivre. C'est un visage tuméfié, déformé, un corps que des insectes nécrophages ont déjà commencé à ronger, des cheveux qui ont commencé à se détacher. Terrifiants instants, interminables secondes sous le regard silencieux des gendarmes, des policiers, de la juge, qui se tiennent autour de lui. Car ce n'est pas instantanément qu'il reconnaît sa fille. Il faut que la mémoire qu'il a conservée du visage souriant de son enfant fasse le lien avec le corps en décomposition qui a été porté à son regard. Il lui faut surmonter sa stupeur, prendre sa respiration avant de s'écrier : « Oui, c'est ma petite ! ». Il pousse des cris déchirants, s'accroche au petit corps sans vie ; on doit l'en arracher, puis il s'effondre dans les bras des policiers. Jusqu'au dernier instant, il a espéré, il a prié pour revoir sa fille vivante. La scène est insoutenable.

Il est 19 heures. Cet instant restera à jamais gravé dans la mémoire de tous les gendarmes, de tous les policiers présents et Ilda di Marino, qui a beau être réputée pour son insensibilité, en a les larmes aux yeux. Qu'il soit, pour l'éternité, gravé dans notre mémoire collective.

Le soir descend. Le capitaine Gras et ses hommes finissent de rassembler les pièces à conviction saisies dans la champignonnière et sur la zone où le corps a été découvert. Avant de repartir, Ilda Di Marino note dans son procès-verbal qu'on lui a indiqué qu'un pull-over rouge, exempt de traces de moisissure et d'humidité, a été découvert à proximité de l'extrémité des traces de roues, autrement dit de l'endroit où le véhicule a été immobilisé. Il fait partie des pièces à conviction saisies par les gendarmes, qui quittent les lieux à 19 h 30.

Pendant ce temps, Christian Ranucci a été interpelé à Nice à son domicile, alors qu'il rentrait de son travail. Des gendarmes niçois se sont présentés chez lui. C'est sa mère, Héloïse Mathon, qui leur ouvre, alors qu'il n'est pas encore rentré de son travail. Elle est évidemment inquiète. Aussi lui affirment-ils qu'ils veulent simplement interroger son fils au sujet d'un accident de voiture. Elle leur demande s'il y a des blessés, mais ils lui répondent par la négative. Les deux gendarmes se postent à l'entrée de l'immeuble. Peu après 18 heures, un jeune homme qui répond au signalement de Ranucci se présente devant l'entrée du bâtiment. Ils lui demandent s'il est bien Christian Ranucci. Il acquiesce. Ils contrôlent son identité et consentent à le laisser remonter brièvement chez lui avant de l'emmener. Avant de partir, il dit à sa mère qu'il pense être revenu dans une heure. Il est 18 h 15, et cette heure marquera le début légal de sa garde à vue. Selon la loi, elle est prévue pour durer 24 heures.

Dans les locaux de la gendarmerie de Nice, c'est le lieutenant Hubert Darmangeat qui interroge Christian Ranucci à partir de 19 h et qui lui notifie son placement en garde à vue pour un délit de fuite. Le jeune homme avoue sans difficulté ce qui s'est passé au carrefour de La Pomme – comment pourrait-il le nier ? – mais il situe cet accident à 16 heures. Puis Christian Ranucci est transféré dans les locaux de la Sûreté urbaine de Nice.

Le commissaire Alessandra arrive de Marseille dans la soirée, accompagné notamment du sous-brigadier Ott. Dans les locaux de la Sûreté urbaine, ils prennent officiellement Ranucci en charge vers 23 heures. Ils se rendent à son domicile. Ils fouillent le véhicule, le garage, saisissent les objets qui s'y trouvent. Si certains – une paire de jumelles, un parapluie homme, une paire de lunettes de soleil, un trousseau de clefs, ou encore un tuyau en plastique – ne présentent guère d'intérêt pour l'enquête, d'autres intriguent. On trouve un Opinel : serait-il l'arme du crime ? Une seringue hypodermique : Ranucci serait-il toxicomane ? Une carabine dans un drap de bain ainsi qu'une boite de balles à air comprimé : à quoi cela lui servait-il ? Des lanières de cuir rattachées à leur extrémité : s'agirait-il d'un fouet, d'un accessoire dont se servent les détraqués sexuels ? Deux cheveux : appartiendraient-ils à la victime ? Mais surtout, les policiers mettent la main sur « un pantalon de couleur sombre » avec des taches qui ressemblent bien à du sang.

Ce pantalon était-il dans le coffre du véhicule ou quelque part dans le garage ? Là encore, un procès-verbal soulèvera plus tard la question, faisant naître des doutes quant à la culpabilité de Ranucci. Il figurera en tout cas sur le procès-verbal de la liste des objets mentionnés explicitement comme saisis dans la voiture. Nous y reviendrons. Une chose est certaine : il est bien découvert le soir de ce 5 juin. Quelques heures plus tard, à l'Évêché, les policiers informeront Ranucci de la découverte de ce pantalon pour lui demander d'expliquer le pourquoi des taches de sang.

À ce stade, avec la saisie d'un pantalon ensanglanté, les policiers de la Sûreté urbaine de Marseille ne peuvent plus douter qu'ils détiennent l'assassin qu'ils recherchent. Après la fouille du garage et du coupé 304, ils quittent Nice avec Ranucci pour Marseille, direction l'Évêché. Christian Ranucci est assis à l'arrière d'une Renault 12, et non d'une Mercedes, comme le futur condamné l'écrira quelques semaines avant son exécution, à côté du commissaire Alessandra. Les policiers amènent également le coupé 304 accidenté. Le temps presse. À partir du début de la garde à vue, ils ont vingt-quatre heures, donc jusqu'au lendemain soir à 18 h 15, pour le faire passer aux aveux. Lorsqu'ils arrivent à Marseille, à l'Évêché, il est plus d'une heure du matin : sept heures se sont déjà écoulées. La nuit sera longue.

À l'Évêché, Ranucci est de nouveau interrogé sur son accident qu'il situe maintenant vers 12 h. Puis on lui demande s'il n'y avait pas quelqu'un dans sa voiture au moment de l'accident. Il racontera avoir répondu en demandant en retour « Mais vous êtes malade ? » et avoir reçu une gifle. À l'exposé des faits du crime, il nie formellement être le ravisseur et le meurtrier. On lui parle d'un pantalon de couleur sombre qu'on lui affirme avoir retrouvé dans son véhicule. Il avoue alors que c'est celui qu'il portait au moment de l'accident. Quand on lui demande l'origine des taches de sang qu'on y a trouvées, il prétend penser que les taches en question sont des taches de terre. Mais comme cela sera confirmé par les analyses, il s'agit bien de sang, du sang versé de l'extérieur. Les policiers ne s'y sont pas trompés. Ils ont la certitude que le suspect ment. On peut aisément imaginer leur état d'esprit : il finira par avouer, tout est affaire de patience, même s'il faut garder en vue la butée horaire de 18 h 15 le lendemain. Ranucci ne peut pas être en de meilleures mains, en l'occurrence celles de l'inspecteur Jules Porte, lequel a une réputation d'efficacité redoutable pour faire passer aux aveux les individus les plus récalcitrants. Le lendemain matin, il suffira de le faire reconnaître par les témoins de l'enlèvement, par Jean-Baptiste Rambla, par Eugène Spinelli. Il n'y aura plus qu'à le confondre.

Le soir de ce mercredi 5 juin, le capitaine Gras, interrogé par RTL, confirme l'arrestation du conducteur du coupé 304. Il ajoute que ce dernier a été vu sortant de son véhicule en transportant un « paquet », ce qu'il confirmera dans le procès-verbal 610/1, qu'il signera le 8 juin. Annoncé de la sorte, chacun peut penser que le paquet était peut-être une couverture renfermant le corps de l'enfant. La déclaration passe au journal de 22 h. Il se confirme donc qu'une source d'information a bien affirmé aux gendarmes que le conducteur a été vu sortant de son véhicule en transportant un paquet, et cette affirmation continue en ce soir du 5 juin d'être diffusée, par des gendarmes comme par la presse. Quant au commissaire Cubaynes, à qui on demande si le gardé à vue a avoué, il se contente de dire aux journalistes qu'à partir du moment où l'homme reconnaît le délit de fuite, « le reste coule de source ».

L'évidence s'impose, nous l'avons vu, qu'Alain Aubert, pour justifier que le délit de fuite pouvait avoir un rapport avec l'enlèvement de Marie-Dolorès Rambla, a parlé dès sa première conversation avec les gendarmes le 4 juin qu'il avait vu ou entendu un enfant, sans quoi les gendarmes n'auraient eu aucune raison d'établir un lien possible entre l'accident de La Pomme et l'enlèvement. Alain Aubert a parlé d'un enfant au commissaire Alessandra lorsqu'il l'a appelé pendant la pause de midi du 5 juin, confirmant ainsi au commissaire les propos que venait de lui donner Vincent Martinez. Mais l'entrepreneur de Toulon n'a encore fourni officiellement aucun détail quant à l'endroit où et comment il aurait vu ou entendu l'enfant, ni ce qu'il l'aurait vu faire ou entendu dire. Il ne s'exprimera dessus que le lendemain.

Le commissaire Cubaynes accorde quant à lui une interview à Jean-Noël Tassez, de *La Marseillaise*. Il affirme devant les journalistes qu'il a déjà connaissance d'une tentative d'enlèvement quelques jours plus tôt par un homme qui prétendait, comme le ravisseur de Marie-Dolorès Rambla, avoir perdu un chien noir. Le fonctionnaire de police n'a, en ce soir du 5 juin, aucun doute que le meurtrier de Marie-Dolorès Rambla et l'homme qui a tenté d'enlever un enfant en utilisant ce même stratagème ne sont qu'un seul et même homme. En 1974, ce que l'on appelle aujourd'hui le « profilage comportemental », c'est-à-dire l'étude du comportement du criminel avant qu'il ne commette son acte, n'est pas encore formalisé. Ce profilage, couramment employé de nos jours, s'est largement perfectionné depuis l'étude du comportement des criminels sur Internet. Mais les policiers, fins observateurs des comportements sont déjà familiers de la méthode, ils la pratiquent déjà comme Monsieur Jourdain faisait de la prose. L'interview du commissaire Cubaynes paraîtra dans *La Marseillaise* avec ce commentaire : « Ranucci n'en était pas à son coup d'essai ».

L'information circulant le 5 juin à l'Évêché d'un homme au chien noir dans les jours précédant le crime est également attestée par un autre journaliste, Pierre Bernard, dans *Le Provençal* le matin du 6 juin. Ce dernier a donc obtenu cette information le 5. Il rapporte un incident survenu « le mois dernier » dans la cité « La Cerisaie », dans laquelle un pédophile se serait livré à des attouchements sur deux fillettes et les aurait invitées à monter dans sa voiture pour rechercher son chien noir. L'information est déformée et partiellement fausse. Le nom de la cité est erroné, la cité en question ne peut être que celle des Cerisiers et les deux fillettes sont évidemment les deux filles Albertini dont le père a porté plainte le 4 juin. Mais celles-ci n'ont pas été invitées à monter dans une voiture, et l'homme au pull-over rouge leur a encore moins parlé d'un chien noir perdu. Puis le reporter poursuit avec un autre fait, qui serait également survenu dans la même cité : un homme âgé d'une vingtaine d'années aurait invité deux garçons à monter dans une voiture. Or aucun fait de cet ordre ne sera jamais mentionné dans cette même cité. Il a donc probablement connaissance d'une information qui circule à l'Évêché sur un autre fait. Mais il mélange les faits.

Si, dès le 4 juin, la police a déjà l'information d'un pédophile vêtu d'un pull-over rouge – la nouvelle est révélée par la presse le 5 – elle a, dès le 5 juin, l'information d'un suspect utilisant le subterfuge du chien noir – la nouvelle est divulguée par la presse le 6, donc avant que Ranucci ne passe aux aveux. Le 6 au matin, elle a également l'information d'une possible tentative d'enlèvement sur deux garçons.

Pourtant, dans les procès-verbaux des témoignages recueillis ces 4 et 5 juin, lesquels ont été révélés par la presse et conservés par la police, on ne trouve pas trace de l'homme au chien noir dont ont parlé le commissaire Cubaynes et le journaliste Pierre Bernard, ni de la tentative d'enlèvement de deux garçons. Sans procès-verbal de déposition sur une tentative d'enlèvement où il est question d'un chien noir, on pourrait s'autoriser à penser que l'inconnu au pull-over vert du 25 mai et le pédophile de la cité des Cerisiers du 1er juin n'aient aucun rapport avec l'enlèvement de Marie-Dolorès Rambla. Les détraqués sexuels, hélas, ne manquent pas dans ces quartiers populaires de Marseille. En revanche, les déclarations du commissaire Cubaynes et le reportage de Pierre Bernard montrent que la police est bien informée, en ce soir du 5 juin, d'au moins un fait qui, celui-ci, semble bien être le fait du ravisseur recherché, même s'il n'est pas passé aux gestes comme l'homme au pull-over rouge de la cité des Cerisiers, et même si ce fait, étrangement, n'a pas fait l'objet d'une déposition enregistrée. Elles confirment également que la police marseillaise fait un lien entre les affaires.

En cette nuit du 5 au 6 juin, les policiers ont déjà ou ne vont pas tarder à avoir entre leurs mains le pull-over rouge saisi par les gendarmes dans la champignonnière, et ils ne pourront pas ne pas imaginer qu'il appartient bien à Ranucci, dont la voiture était enlisée à proximité. Car sa voiture était bien enlisée à proximité de l'endroit où ce pull-over a été retrouvé, et c'est à cet endroit précis que le chien a été mis en piste. On peut aisément penser que les policiers ont en ce soir du 5 juin la conviction que Ranucci, meurtrier déjà désigné de la fillette, l'homme au chien noir qui a déjà sévi quelque part dans Marseille et l'homme au pull-over rouge de la cité des Cerisiers ne sont qu'un seul et même homme, lequel a simplement oublié son pull-over sur les lieux. Il suffira donc de le confondre en le faisant reconnaître par Paul Martel, par les filles Albertini, éventuellement par Jean-Claude Jaglasse, bien entendu par Eugène Spinelli qui l'a vu de loin, et surtout par Jean-Baptiste Rambla avec lequel il a parlé et qui l'a vu de près.

L'enquête policière avance donc maintenant à grand pas, mais c'est sous la vague du tsunami de l'émotion qui se propage. En ce soir du 5 juin, toute la ville sait que Marie-Dolorès Rambla est morte. La nouvelle a été annoncée par la radio, puis au journal télévisé. La gendarmerie et la police sont pressées de questions et, comme d'habitude, les informations partent dans toutes les directions. Le suspect n° 1 est déjà arrêté et tout le monde sait déjà que s'il n'a pas encore avoué, de très lourdes charges pèsent sur lui : pourquoi s'est-il enfui après l'accident ? Que faisait sa voiture garée sur la route, tout près de l'endroit où le corps a été découvert ? Pourquoi est-il sorti de son véhicule à l'arrivée des Aubert ? Que faisait-il avec sa voiture enlisée dans la champignonnière, à un peu plus d'un kilomètre du lieu de découverte du corps ?

Dans ce contexte, personne ne prête attention au fait que la gendarmerie communique que le conducteur du coupé 304 est sorti de son véhicule en emportant un paquet, et que rien n'indique encore que l'enfant se trouvait à bord du véhicule. Paquet ou pas, de trop lourdes charges pèsent sur Ranucci pour douter plus longtemps qu'il est bien le meurtrier. Il est déjà coupable alors qu'il n'est même pas encore inculpé.

Jeudi 6 juin 1974 : les aveux de Christian Ranucci

Au matin du 6 juin 1974, c'est une ville traumatisée, horrifiée, qui se réveille. La presse marseillaise n'a rien d'autre à relater et à commenter que l'atroce découverte de la veille et l'indignation partagée des Marseillais. La révélation du crime a comme figé le temps. On imagine l'état d'esprit des habitants en cette matinée, les conversations à la sortie des écoles, dans les bureaux, chez les commerçants. On imagine les institutrices et les instituteurs devant le choix d'éluder ou de parler de l'événement. Déjà, la peine de mort commence à être évoquée dans les journaux pour un simple suspect qui n'a encore rien avoué. Dans le quotidien vespéral marseillais *Le Soir*, un journaliste fera part quant à lui de son émotion avec cette phrase qui sonnera deux ans plus tard comme terriblement prémonitoire : « Il ne faut pas avoir la tête sur ses épaules pour en arriver à une telle monstruosité » …

Dans les premières heures de la matinée, la police vient perquisitionner chez Héloïse Mathon, sans y trouver de pièce à conviction digne de figurer dans un procès-verbal. On lui a demandé si elle a lavé la chemisette que son fils portait le lundi en rentrant chez lui. Elle l'a effectivement lavée, mais il n'y avait qu'un peu de salissure au col. Elle n'a pas utilisé d'eau de javel : il n'y avait donc aucune trace de sang, ce qui est cohérent avec le témoignage de Rahou et de Guazzone qui l'auraient certainement remarqué et communiqué aux gendarmes. Si Ranucci est coupable, il faut en déduire qu'il a changé de chemise après le crime et que soit il l'a cachée, soit il s'en est débarrassé, alors qu'il a conservé un pantalon taché de sang.

Héloïse Mathon est alors convoquée à l'Évêché, à Marseille. Elle ne sait pas encore que son fils a été interrogé toute la soirée et pendant une partie de la nuit pour une affaire d'enlèvement et de meurtre. Des policiers l'emmènent en voiture.

En cette matinée du 6 juin, Christian Ranucci n'est encore qu'un suspect en garde à vue. Dans une ville comme Marseille, l'Évêché n'est pas un endroit où le travail est un long fleuve tranquille. Mafieux, trafiquants, voleurs à la tire mais aussi victimes y déboulent en continu pour y être entendus. Mais l'agitation en ce matin est exceptionnelle, la pression également. Non seulement parce que les journalistes sont présents, qu'ils passent leur temps à communiquer et à téléphoner, mais aussi parce que la préfecture de Police, la mairie et les autorités de l'État ne cessent d'appeler par téléphone pour poser au commissaire Alessandra la même question : « Alors ! Il a avoué ? ».

Toute la matinée, alors qu'il a reconnu le délit de fuite, Christian Ranucci continue de nier toute implication dans l'enlèvement et le meurtre de Marie-Dolorès Rambla. Placé au milieu de quatre autres personnes derrière une glace sans tain, procédé appelé « tapissage », Jean-Baptiste Rambla ne le reconnaît pas. Eugène Spinelli, le carrossier qui a assisté à l'enlèvement, ne le reconnaît pas non plus.

Un détail de ce tapissage peut troubler : ni Eugène Spinelli, ni Jean-Baptiste Rambla n'ont affirmé que l'homme portait des lunettes. Pendant ce tapissage, Ranucci ne porte pas les siennes. On a souvent écrit que les policiers les lui auraient fait enlever pour faciliter la reconnaissance. C'est évidemment possible, mais les policiers qui ne connaissent pas encore son degré de myopie peuvent imaginer qu'il ne les portait pas tout le temps. De plus, pour rendre le tapissage plus fiable, une technique policière classique consiste à changer un détail sur le suspect. Si les témoins reconnaissent sans lunettes un suspect qui en portait, cela renforce la fiabilité de l'identification.

Les témoins qui ont rapporté des tentatives d'attouchements et d'enlèvement dans les jours précédents à Marseille ne le reconnaissent pas non plus, pas même Paul Martel, le gardien de la cité des Cerisiers, lequel a vu de très près le pédophile au pull-over rouge : Ranucci n'est pas cet homme.

Que les témoins des agressions des jours précédant le meurtre n'aient pas reconnu Ranucci n'est à ce stade de l'enquête guère concluant. Que Jean-Baptiste Rambla n'ait pas reconnu Ranucci ne l'est guère non plus, et on peut concéder ce point à Gérard Bouladou : Ranucci a été mis au milieu de quatre policiers, de même taille et de même apparence. Pour un enfant de 6 ans, l'exercice de reconnaissance était difficile. En revanche, qu'Eugène Spinelli n'ait pas reconnu Ranucci comme le ravisseur est plus problématique. Il a déjà déposé un premier témoignage à l'Évêché la veille dans l'après-midi. Lors de cette première audition, les policiers lui ont présenté un classeur de photos de délinquants sexuels fichés, le fameux « fichier Canonge ». Sans reconnaître formellement le ravisseur, il en a extrait deux photos. Il avait donc, le 5 juin, gardé dans sa mémoire des éléments du visage de l'individu qu'il a vu, certes de loin et sans y prêter attention : à défaut d'identifier le coupable, il a donné aux policiers des éléments qui leur auraient au moins permis d'en dresser un portrait-robot.

Mais il y a plus dans le témoignage d'Eugène Spinelli. Le 5 juin en fin d'après-midi, il a affirmé à l'inspecteur Porte que la voiture du ravisseur était une Simca 1100, et ce n'était pas encore un problème. Pour les policiers, depuis la découverte du pantalon, la culpabilité du jeune gardé à vue ne fait plus de doute. Ils en déduisent donc qu'Eugène Spinelli a dû confondre les deux modèles : l'inspecteur Porte, en ce matin du 6 juin, écrit dans son procès-verbal qu'il est possible que le garagiste ait confondu les deux modèles, lesquels ont le même arrière. Lorsqu'on demande à ce dernier de signer son témoignage, celui-ci le relit, ce que ne font pas tous les témoins, et refuse de signer : le texte ne lui convient pas. Il demande qu'on y ajoute non seulement qu'il connait très bien les voitures, mais aussi qu'il a vu la voiture de trois quarts arrière. Son témoignage est donc particulièrement précis. La mention des trois quarts arrière signifie clairement qu'il a vu l'arrière et le côté du véhicule. Une fois ces précisions ajoutées au procès-verbal, il persiste et signe.

Héloïse Mathon arrive à l'Évêché. Elle est reçue par l'inspecteur divisionnaire Canonge. Elle lui confirme entre autres que son fils a bien quitté Nice le dimanche dans l'après-midi, ce qui est cohérent avec ce que Ranucci leur a déclaré la veille. Donc si les informations sont exactes, Ranucci ne peut pas être l'homme au pull-over rouge de la cité des Cerisiers qui a sévi le samedi 1er juin. À la fin de l'entretien, l'inspecteur lui remet les clés du coupé 304 et lui demande de le sortir du commissariat, ce qu'elle ne peut faire car elle n'a jamais appris à conduire. Il la convoque de nouveau le lendemain à 11 heures. Elle devra donc passer une nuit à Marseille.

C'est peu après midi que les époux Aubert arrivent de Toulon. Reconnaissent-ils Ranucci au tapissage ? Alain Aubert déclarera dans les années 2000 devant Gérard Bouladou qu'il l'aurait reconnu lors de cette étape, donc dès la fin de la matinée. Mais France Inter, en ce milieu de journée du 6 juin, alors que la foule des journalistes se serre dans les locaux de l'Évêché, avide d'informations, annonce que le couple arrivé de Toulon, dont on espérait qu'ils reconnaîtraient immédiatement le conducteur poursuivi, n'ont pas pu l'identifier. Le quotidien *Nice-Matin* du 7 juin 1974 dément également une identification au tapissage, et précise même au sujet des époux Aubert : « *Leur témoignage était capital* ». Le soir du 6 juin, le quotidien vespéral marseillais *Le Soir*, ainsi que *France-Soir*, confirment que les Aubert n'ont pas pu identifier formellement le suspect. Pierre Bernard, en cette pause de midi, aura le temps d'écrire pour l'édition du *Soir* qui paraîtra en fin de journée : « *Dernière minute, les époux Aubert ont été confrontés à Ranucci. Ils ne sont pas formels pour le reconnaître.* » Quant à François Luizet, de *France-Soir*, il écrit : « *Il semble cependant que Monsieur et Madame Aubert n'ont pu reconnaître formellement Christian Ranucci. Le conducteur était bien loin de nous, ont-ils répété.* » Ce n'est qu'en fin de journée le 6 juin que France Inter corrigera l'information de la mi-journée par la voix d'un envoyé spécial, qui affirmera cette fois que le couple de témoins a finalement bien reconnu l'homme qu'ils ont vu le 3 juin, sans mentionner un tapissage.

Si Alain Aubert avait formellement identifié Ranucci comme celui qu'il avait vu dans les fourrés lors de la séance de tapissage, des journaux régionaux, pressés de communiquer toute la vérité à leurs lecteurs auraient-ils fait preuve d'autant de prudence le 7 juin, alors que la culpabilité de Ranucci, qui avait avoué le 6 en début d'après-midi, n'était plus en doute pour personne ? En ce 6 juin, les journalistes sont présents partout à l'Évêché, ils y circulent comme dans une salle de presse, ils savent tout en temps réel. Pourquoi n'y aurait-il pas un procès-verbal, un article de journal attestant qu'Alain Aubert aurait reconnu Ranucci au tapissage ? Pourquoi quatre journalistes, pour *Nice-Matin*, *Le Soir*, *France-Soir* et France Inter, attestent-ils que les Aubert n'ont pas été formels pour reconnaître Ranucci ? Donc, qu'Alain Aubert ait reconnu Ranucci lors de ce tapissage est problématique. Nous y reviendrons dans le chapitre suivant, et nous verrons pourquoi ce n'est pas nécessairement une preuve de malhonnêteté de sa part, aussi surprenant que cela puisse paraître.

En cette fin de matinée, le seul qui a certainement reconnu Ranucci au tapissage est Vincent Martinez, lequel l'a vu quant à lui de près, pendant quelques secondes, au Carrefour de La Pomme. Quant aux époux Aubert, dont on peut évidemment croire qu'ils ont bien vu Ranucci le 3 juin, s'ils ne l'ont pas reconnu au tapissage, on peut supposer qu'ils l'ont donc vu de loin ou mal, par exemple à travers une végétation dense et abondante. Les policiers doivent donc bluffer pour mettre Ranucci sous pression et lui faire croire qu'il a été reconnu par tous les témoins qui ont défilé devant lui. Depuis la veille au soir, ils bluffent en lui disant qu'il a été vu sortant de sa voiture avec un enfant.

Et pourtant, ce que les journalistes ont entendu dans les couloirs de l'Évêché, ce qu'ils vont rapporter dans leurs salles de rédaction va être démenti par des procès-verbaux. Il est 12 h 50 lorsque l'inspecteur Jules Porte ouvre le procès-verbal d'audition d'Aline Aubert, 13 h lorsque le commissaire Alessandra ouvre celui de l'audition de son mari. Une demi-heure ou peut-être trois quarts d'heure ont dû s'écouler depuis leur arrivée à l'Évêché. Il y a eu le temps d'un tapissage, mais aussi beaucoup de temps de tumulte, de foule agitée de journalistes qui veulent savoir en temps réel, de crépitement de flashes, de questions qui fusent dans tous les sens. Séparément, sans doute chacun dans un bureau à part, les deux époux affirment maintenant avoir reconnu Ranucci. Et alors qu'un journaliste de *France-Soir* a recueilli cette déclaration « *le conducteur était loin de nous* », ils déclarent maintenant l'avoir vu de près, et l'avoir vu tirer un enfant hors de la voiture à l'instant où ils passaient à son niveau. Ils ont mal vu l'enfant, n'ont pas pu voir s'il s'agissait d'un garçon ou d'une fille. Mais Aline Aubert prétend que l'enfant n'était pas du tout apeurée et qu'elle l'a même entendu demander « *et maintenant, qu'est-ce qu'on fait ?* », d'une voix qui ne lui laissait pas penser que l'enfant avait peur. À cet instant, les époux Aubert ne parlent plus d'un paquet qui aurait pu être un enfant : ils déclarent l'un et l'autre que le suspect s'est enfui dans la colline en tirant par la main, hors de la voiture, l'enfant dont ils ont déjà parlé les deux jours précédents. De ce qu'ils prétendent maintenant avoir vu, il peut être confirmé que l'enfant se trouvait à bord et il n'est plus fait mention du paquet dont les gendarmes prétendaient avoir entendu parler par Alain Aubert.

Pourtant le lendemain, les trois quotidiens marseillais du matin relateront la version de la gendarmerie. Dans *La Marseillaise,* Alex Panzani écrira : « *Parvenu non loin du lieu où fut découverte la petite fille, Monsieur Aubert verra alors le véhicule portant l'immatriculation des Alpes-Maritimes arrêté sur le bas-côté de la route en direction de Marseille. Le conducteur, un homme jeune d'apparence, s'enfonçait dans les taillis, semblant tirer ou traîner une sorte de colis.* » Et dans *Le Provençal,* on pouvait lire : « *Il est entré dans le bois dense qui longe la route, avec un paquet volumineux sous le bras.* » Dans *Le Méridional,* le journaliste Marc Ciomei relatera les déclarations qu'Alain Aubert aurait faites aux gendarmes : « *J'ai vu, devait-il dire aux gendarmes d'Aubagne, l'homme sortir de sa 304 grise. Il tenait alors dans ses mains une forme blanche. J'ai cru qu'il s'agissait d'un paquet dont il souhaitait se débarrasser en cachette. Mais jamais je ne me serais douté qu'il s'agissait d'un enfant.* » Le propos prêté par *Le Méridional* à Alain Aubert confirme la présence d'un objet mal identifié, décrit comme un paquet. La foule des journalistes présents à l'Évêché le 6 juin a continué à entendre parler d'un paquet.

Qui, le 6 juin, a parlé aux journalistes d'un paquet ? On pourrait imaginer que la source soit la gendarmerie, en cohérence avec le procès-verbal 610/1 que signera le capitaine Gras. Mais dans ce cas, le propos rapporté par *Le Méridional* serait extrapolé, retouché ou tronqué : alors que Alain Aubert a bien vu ou entendu un enfant à un moment ou à un autre, il peut avoir parlé d'un paquet le 4 juin aux gendarmes, mais certainement pas avoir dit à ces derniers « *jamais je ne me serais douté qu'il s'agissait d'un enfant* ». Donc c'est plus probablement Alain Aubert, et non un gendarme, qui a parlé d'un paquet devant un journaliste, pour dire qu'il a d'abord vu Ranucci s'enfuir avec quelque chose qui ressemblait à un paquet, sans imaginer qu'il s'agissait d'un enfant, puis qu'il a discerné la présence d'un enfant. Et dans ce cas, il a tenu ce propos le 6 juin à l'Évêché, dans la mare de journalistes, avant que Ranucci ne passe aux aveux et avant que son témoignage ne soit recueilli.

Si un journaliste de *Nice-Matin* rapporte le lendemain, le 7 juin, que les Aubert avaient vu Ranucci « *entrainant avec lui une petite fille* », celui-ci ne cite pas explicitement Alain Aubert lui-même, puisque le même Alain Aubert a déclaré dans son témoignage qu'il n'a pas pu discerner si l'enfant était un garçon ou une fille. Le journaliste de *Nice-Matin* cite plus probablement les policiers qui, en fin d'après-midi, relatent les témoignages des Aubert, lesquels ont bel et bien affirmé cette fois avoir vu Ranucci s'enfuir en extrayant un enfant de son véhicule.

Ce n'est qu'à la fin de la pause de midi que tout bascule. Les policiers sont patients. Ils savent qu'il faut du temps pour qu'un coupable passe aux aveux. Il faut augmenter la pression, la faire monter puis la maintenir des heures durant, jusqu'à ce que le suspect craque. Le moment de la défaillance du suspect est un moment d'euphorie, de soulagement, aussi bien pour les policiers qui interrogent quelqu'un dont ils sont certains de la culpabilité que pour le suspect lui-même : Mathieu Fratacci dira qu'à ce moment le suspect confondu soulage sa conscience, libéré du poids de ses contradictions[10]. Le commissaire Gonçalves, du SRPJ, rapporté par Jean-François Le Forsonney[11], décrira plus tard l'ambiance qui règne dans le commissariat juste avant un instant de ce type, en se vantant de « sentir monter les aveux comme un orgasme ».

Selon le livre signé de Mathieu Fratacci[12], le coup de grâce intervient lorsque les policiers décident de laisser Christian Ranucci seul devant Aline Aubert. Celle-ci hésite, puis le prend par le bras et s'écrie tout d'un coup qu'elle le reconnaît comme l'homme qu'elle a vu deux jours plus tôt. Et devant cette femme qui le regarde et lui dit : « Je vous reconnais ! Ne mentez pas ! Je vous ai vu vous enfuir dans la colline avec un enfant », ce que les policiers espéraient se produit enfin : Ranucci craque. Il avoue le meurtre de Marie-

Dolorès Rambla. Mais il ajoute : « Je ne voulais pas la tuer. Je ne suis pas un salaud. »

On imagine le « aaah !!! » que les policiers ont dû pousser.

En cet instant se scelle le destin de Christian Ranucci.

Si Aline Aubert n'avait pas prétendu à Christian Ranucci qu'elle le reconnaissait, nul ne sait si ce dernier aurait avoué. Le fait est que le témoignage des époux Aubert, ainsi que cette reconnaissance lorsqu'il a été laissé seul face à Aline Aubert ont définitivement gravé sur Ranucci le tatouage de la culpabilité. D'où la lourde responsabilité qu'ont fait peser sur les épaules des époux Aubert ceux qui croient en l'innocence de Ranucci.

Les policiers connaissent la procédure pénale. Dans une affaire comme celle-ci où la question de la vie ou de la mort de l'accusé va être posée, il leur faut être irréprochables. Ils annoncent donc à Ranucci qu'il a le droit de demander l'assistance d'un avocat et à être présenté immédiatement à un juge d'instruction. À bout de force, épuisé par des heures d'interrogatoire qui ont écourté sa nuit, il renonce à utiliser ce droit. Il ne se défend pas. La mécanique de la tragédie judiciaire s'est mise en marche. Personne, dès lors, ne parviendra plus à l'arrêter.

Ranucci avoue. Devant Jules Porte, qui en a fini avec Aline Aubert, il déroule le récit de son crime, et fournit de nombreux éléments. Sans y voir une quelconque manipulation des policiers autour de lui ou de Jules Porte qui dirige ce dernier interrogatoire, il faut interpréter chaque détail des aveux comme réponse à une question de l'inspecteur. On peut donc supposer que c'est sur demande d'un inspecteur que Ranucci dresse de sa main un plan des lieux de l'enlèvement, avec quelques détails suffisamment précis pour ne laisser aucun doute quant à sa connaissance de l'endroit. Il y marque la position de sa voiture, mais pas à l'endroit correspondant au témoignage d'Eugène Spinelli : il la gare devant les garages, là où, selon ce qu'Eugène Spinelli déclarera trente ans plus tard à Gérard Bouladou, se tenait la camionnette de Guy Rosano, le pizzaïolo. Il la gare donc dans un endroit où, depuis le point où Eugène Spinelli se tenait à l'instant de l'enlèvement, ce dernier n'aurait pu voir ni la voiture, ni l'enfant monter à bord. En revanche, cet espace « devant un des garages » correspond à la déclaration de Jean-Baptiste Rambla recueillie par les policiers.

Les policiers lui montrent naturellement le pull-over rouge retrouvé dans la champignonnière, bien persuadés qu'il est à lui et qu'il est le pédophile qui a agressé les filles Albertini le 1er juin. Mais il leur affirme qu'il ne lui appartient pas. Peu leur importe : ils prendront le temps de vérifier ce point en tentant le lendemain de le rendre à sa mère.

Ranucci déclare également avoir caché le couteau dans le tas de fumier en le poussant avec son pied. Où se trouve alors en cet après-midi du 6 juin ce fameux couteau automatique ? Le procès-verbal 610/5 de l'adjudant de gendarmerie Maurice Monnin affirme que les gendarmes se sont rendus à la champignonnière en ce 6 juin à 17 h 30, sur commission rogatoire d'Ilda di Marino, suite aux aveux de Ranucci et que le couteau y a été retrouvé, sans mentionner d'heure de découverte. Le capitaine Gras signera le lendemain un autre procès-verbal, le 7 juin, lequel donne 19 h 25 comme heure de la découverte. Ce qui implique deux heures de recherche avec la « poêle à frire ». Cette heure est cohérente avec l'heure du procès-verbal 610/5 de l'adjudant Monnin, lequel est daté du 6 juin à vingt heures. C'est sur la base de ces procès-verbaux que la version officielle, toujours soutenue par Gérard Bouladou et aujourd'hui par Jean-Louis Vincent, prétend que le couteau a été retrouvé le 6 juin au soir, dans le tas de fumier à l'entrée de la champignonnière, et surtout que cette découverte a été faite conformément à des indications données par Ranucci au cours de ses aveux.

Mais de son côté, en ce même jeudi 6 juin, c'est à 17 h 30 que l'inspecteur Jules Porte a ouvert le procès-verbal 825/17 qu'il a commencé à dactylographier. La date et l'heure d'ouverture de ce procès-verbal font foi. Il y note les objets qui ont été retrouvés la veille dans la voiture, lorsqu'elle a été ramenée à Marseille à l'Évêché en même temps que Ranucci. Il y énumère ceux qui ont été placés sous scellés : le pantalon de couleur sombre – celui dont on a parlé la veille au soir à Ranucci, lorsqu'il a prétendu que les taches devaient être des taches de terre –, une seringue hypodermique, un fouet, un opinel, deux cheveux qui ne sont pas ceux de Ranucci. Il signe en dessous de la liste. Puis il tape la liste des huit objets saisis par la gendarmerie sur les lieux du crime et placés également sous scellés : le pull-over rouge découvert dans la champignonnière, la chaussure de la victime découverte à proximité du corps, deux moulages de roues, une branche de pin tachée de sang, deux pierres tachées de sang, et le couteau automatique, tenu pour être l'arme du crime, mais qui, selon les procès-verbaux de la gendarmerie, devrait toujours à 17 h 30 être enfoui dans le tas de fumier. Il signe de nouveau en dessous de cette seconde liste. Théoriquement, cette liste comprend des objets qui ont déjà été transmis à la police, étant donné que le pull-over rouge se trouve déjà à Marseille où il a été montré à Ranucci.

Le couteau automatique a-t-il donc été retrouvé le 5 ou le 6 juin ? Gérard Bouladou comme Jean-Louis Vincent ont justifié cette contradiction en affirmant que le 6 juin à 17 h 30 est le moment d'ouverture du procès-verbal, mais non la date à laquelle il a été dactylographié : rien n'empêcherait que figure sur un procès-verbal ouvert le 6 juin à 17 h 30 la découverte d'un objet en réalité retrouvé deux heures plus tard. Encore une fois, le procès-verbal de l'adjudant Monnin qui raconte la découverte du couteau est clos à vingt heures, ce qui est cohérent avec une découverte à 19 h 25 si l'on en croit le procès-verbal du capitaine Gras.

Des années plus tard, le commissaire Alessandra et les autres parties interrogées livreront à Gérard Bouladou un récit très détaillé de cette seconde battue qui aurait donc eu lieu le 6 juin en fin d'après-midi avec la fin de retrouver le couteau : elle aurait été réalisée par les gendarmes, avec le soutien des policiers par téléphone, avec des problèmes de communication car les deux corps de métier n'utilisaient pas les mêmes fréquences. Il y aurait eu énormément de déchets métalliques dans le fumier, et la poêle à frire n'aurait pas arrêté pas de sonner, il aurait fallu à chaque fois dégager un objet et le rejeter car non intéressant. Puis après deux heures de recherche, Ranucci aurait donné un détail permettant de localiser le couteau immédiatement : un petit muret de pierre. Et le couteau aurait finalement été retrouvé quelques minutes plus tard près de ce petit muret. Aucun de ces détails ne figure ni dans le procès-verbal de l'adjudant Monnin, ni dans celui du capitaine Gras. Nous nous attarderons au chapitre VI sur le récit de cette seconde battue, qui fait toujours débat : c'est là encore une énigme et une clef de l'affaire.

Avant que les policiers ne prennent congé de lui, Ranucci demande à l'un des inspecteurs, Pierre Grivel, ce qu'il risque pour le crime qu'il vient d'avouer. Pierre Grivel lui répond d'emblée que, pour un meurtre d'enfant, la sanction peut aller jusqu'à la peine de mort. Ranucci n'y croit pas. Il pense qu'il peut être condamné à dix ans de prison et sortir au bout de six. Pierre Grivel gardera toute sa vie la mémoire de cette réponse : l'homme qui vient d'avouer est totalement inconscient de ce qui est susceptible de lui arriver. Et Ranucci révèle là ce qui va demeurer son état d'esprit : il se fait un nouveau plan de vie pour après la prison. Deux ans plus tard, dans les dernières semaines avant son exécution, son esprit sera occupé à étudier l'espagnol et à faire des plans pour redémarrer un jour sa vie au Venezuela.

À 17 h 45, la police a pris congé de Ranucci puisqu'il est examiné par le docteur Vuillet. Le médecin ne relève pas de trace de traumatisme récent, ce qui dément *a priori* les allégations et les rumeurs qui naîtront plus tard selon lesquelles Ranucci aurait fait l'objet de tortures pendant son interrogatoire, à un détail près tout de même : il a une ecchymose sur l'arcade sourcilière, l'hématome type de celui qui a reçu une forte gifle. Mais il ne note aucune autre trace de sévices. Il existait cependant une technique ne laissant aucune trace : de petits coups de matraque à un endroit précis du crâne, qui ne traumatisent pas, ne laissent pas d'hématome, mais qui mettent à vif les nerfs du suspect dans le but de le faire craquer : c'est ce qu'on appelle alors la « matraque Viêt-Cong ». Lors de son procès, Christian Ranucci prétendra que c'est le commissaire Alessandra qui tenait lui-même la matraque. Ranucci présente en revanche des griffures sur les bras et les mains, ce qui est cohérent avec le fait qu'il ait arraché des branches d'épineux, au moins pour les placer sous les roues de sa voiture qui patinaient dans la boue de la champignonnière, et, s'il est bien le coupable, pour cacher le corps de la victime. Selon ce que le docteur Vuillet rapportera plus tard à Gérard Bouladou, Ranucci confirme au médecin être l'assassin de Marie-Dolorès Rambla.

Puis Ranucci est transféré au palais de justice d'Aix-en-Provence. À 18 h 30, il est introduit dans le bureau d'Ilda di Marino qui a souhaité l'entendre en comparution immédiate. Ranucci, seul et sans avocat dans le bureau de la juge d'instruction, réitère ses aveux. Comme il n'a pas d'avocat pour l'assister, la juge, selon la procédure pénale, n'a pas le droit de l'interroger : elle a seulement le droit d'enregistrer une déclaration. Mais Ranucci, comme devant les policiers, donne beaucoup trop de détails pour accréditer qu'il ne s'agisse pas de réponses à des questions. Il semble que l'horreur du crime lève les interdits, suspende les procédures. En toute rigueur, ces aveux auraient dû être invalidés. Cela n'échappera pas à ceux qui, des années plus tard, tenteront d'obtenir une révision de son procès.

Le destin de Christian Ranucci

Les deux années qui restent à vivre à Christian Ranucci, deux années qu'il va passer à la prison des Baumettes à Marseille, ne relèvent dès lors plus que de la fatalité. Une irrésistible mécanique s'est enclenchée, celle de la tragédie judiciaire qui va passer par sa mort puis, dans les années qui suivront, introduire le doute, conduire au scandale, et enfin s'échouer dans un mystère jamais éclairci.

Sa mère, tout d'abord, ne réalise pas tout de suite qu'il faut lui trouver de toute urgence un avocat. Paul-Claude Innocenzi, journaliste et chroniqueur judiciaire au *Provençal,* qui a passé le plus clair de son temps ces derniers jours à l'Évêché, lui propose de la conduire en ce 6 juin chez son ami, le talentueux et très abolitionniste Emile Pollak. La manœuvre de sa part n'est pas désintéressée, d'autant plus que son confrère Roger Arduin, d'*Europe 1*, l'accompagne : ils vont pouvoir la faire parler.

Malheureusement, le grand avocat est absent lorsque les journalistes et la mère de l'accusé se présentent à la porte de son cabinet. Son jeune collaborateur, Gilbert Collard, sera deux ans plus tard l'avocat de la famille Rambla, partie civile. Roger Arduin pense alors à Paul Lombard, l'autre grand ténor du barreau marseillais. Ils se rendent ensemble chez ce dernier, cours Pierre Puget, sur les pentes de la colline dominée par la basilique Notre-Dame de la Garde.

Paul Lombard a débuté sa carrière avec Emile Pollak. Même s'il est de treize ans son cadet, il jouit déjà en propre d'une réputation de virtuose du verbe dans la cité phocéenne. Il racontera plus tard avoir compris le pouvoir des mots et des discours en allant écouter à Marseille, alors qu'il était encore adolescent, le détestable Philippe Henriot, ministre de l'Information et propagandiste officiel du gouvernement de Vichy. C'est donc très paradoxalement à un disciple français de l'effrayant Josef Goebbels que le futur avocat, abolitionniste et militant des droits de l'homme, doit d'avoir fait l'expérience de ressentir le pouvoir des mots, en écoutant comment ceux-ci, réunis dans un panégyrique enflammé, pouvaient justifier jusqu'à l'action d'un gouvernement qui collaborait avec le National-socialisme allemand et se rendait consciemment, volontairement et activement complice des plus odieux de ses crimes.

Une décennie plus tard, le jeune Paul Lombard, devenu avocat, s'est trouvé aux côtés d'Emile Pollak au procès de Gaston Dominici. C'est alors qu'un commentaire de presse l'a choqué : un journaliste a écrit que Dominici aurait dû choisir un avocat parisien et que cela aurait peut-être épargné à l'accusé la peine capitale : il n'en a pas fallu plus pour décider Paul Lombard à demeurer en province et à s'ancrer à Marseille. Il ne montera à Paris que bien après le procès Ranucci. Puis il a enchainé les succès. Outre plusieurs criminels promis à la guillotine auxquels il a permis d'échapper à une sentence capitale, il a défrayé la chronique pour avoir fait condamner pour homicide involontaire le chirurgien et l'anesthésiste qui, en 1967, avaient opéré l'écrivaine Albertine Sarrazin. Au terme de l'intervention chirurgicale, marquée par de graves négligences, elle ne s'était jamais réveillée. Le procès s'est inscrit dans la mémoire judiciaire comme celui qui a inauguré une nouvelle jurisprudence en matière de négligences médicales. Enfin, en 1973, il a directement croisé le fer avec les policiers de l'Évêché lors de l'affaire Cartland. C'est lui qui a conseillé Jeremy Cartland pendant l'enquête sur le meurtre de son père et qui lui a permis de se soustraire à une enquête française. Il a largement contribué au camouflet infligé à la police marseillaise. Les policiers auront leur revanche, au moment du procès de Christian Ranucci.

Paul Lombard reçoit Héloïse Mathon et Roger Arduin. Il déteste la peine de mort et sait déjà que l'on en parle. Mais Paul Lombard est aussi un séducteur, aussi la cause qui lui est présentée ne suscite guère d'enthousiasme en lui : il craint pour sa réputation dans la ville de Marseille et aurait préféré plaider pour la partie civile. Il finit par accepter, mais il va charger son jeune collaborateur, Jean-François Le Forsonney, encore totalement inconnu, d'assister le prévenu pendant toute la phase de l'instruction.

Christian Ranucci joue de malchance. Il est quasiment certain qu'Emile Pollak aurait immédiatement accepté la défense de Ranucci. C'était dans son éthique. Deux ans plus tard, Emile Pollak recevra des menaces pour avoir déclaré que si Patrick Henry le sollicitait, il accepterait de le défendre. Celui qui accepte finalement de défendre Ranucci ne s'y engage qu'à reculons. Cette attitude de retrait lui sera vivement reprochée dans les années qui suivront. Quarante ans plus tard, on continue de la lui reprocher sur les réseaux sociaux. Il ne mettra son talent oratoire en œuvre qu'au moment du procès. Il sera trop tard.

Paul-Claude Innocenzi et Roger Arduin, en prenant sous leur aile Héloïse Mathon, n'ont pas perdu leur temps. Ils tiennent aussi leur première interview de la mère de l'accusé. Le soir, après que celle-ci a obtenu l'accord de principe de Paul Lombard de défendre son fils, ils la confient à l'un de leurs confrères : Christian Chardon, de *Détective*. Celui-ci va l'inviter à dîner et la faire parler de l'enfance et de la jeunesse de Ranucci. Il en tirera un récit intitulé *Marie-Dolorès dans les griffes du monstre*, récit que l'on a qualifié de fidèle à l'interview, au contenu bien loin de son titre racoleur et de la ligne éditoriale voyeuriste et souvent sordide du magazine.

Sans assistance devant la police, sans l'assistance d'un avocat lorsqu'il est reçu pour la première fois par la juge, assisté pendant toute la durée de l'instruction par un avocat débutant et inexpérimenté, les choses sont dès le début bien mal engagées pour Christian Ranucci.

Le lendemain matin, le 7 juin, Héloïse Mathon est de nouveau reçue à l'Évêché, cette fois par l'inspecteur Porte. Il lui restitue les objets saisis dans sa voiture, à l'exception des lanières de cuir et surtout du pantalon taché de sang. Il lui tend également le pull-over rouge saisi dans la champignonnière. C'est un test : il n'a évidemment aucune intention de rendre une pièce à conviction retrouvée sur les lieux du crime, qui appartient peut-être au pédophile qui s'est livré à des attouchements sur les filles Albertini. Même si Paul Martel a vu de près le pédophile en question, même s'il est venu la veille à l'Évêché et qu'il n'a pas reconnu Ranucci au tapissage, une erreur n'est pas exclue. Héloïse Mathon ignore tout de l'affaire de la cité des Cerisiers et des filles Albertini. Elle n'aurait donc aucun intérêt à ne pas récupérer ce pull-over s'il appartenait à son fils. Mais elle confirme à l'inspecteur Porte ce que son fils a déjà déclaré : ce pull-over rouge ne lui appartient pas. Pour les policiers, l'hypothèse se dessine donc que l'affaire de la cité des Cerisiers soit à dissocier de l'affaire Ranucci. Et compte tenu de la gravité du crime, cette autre affaire va passer au second plan. Ce pull-over rouge, quoique retrouvé sur les lieux, est peut-être sans rapport avec le meurtre de Marie-Dolorès Rambla, même s'il s'agit de celui du pédophile de la cité des Cerisiers : c'est toujours la thèse de l'accusation, qui ne nie plus aujourd'hui l'existence de l'homme au pull-over rouge.

Héloïse Mathon sidère les policiers. Elle semble ne se rendre compte ni de ce qui se passe, ni de ce qui est en jeu. Elle semble étrangère au crime qui vient d'être commis. Originaire d'Auvergne, elle présente en fait tous les traits de caractère que l'on prête aux Auvergnats : discrétion, sens de l'économie, émotions peu extériorisées, refus de l'ostentation. Quand on connait le tempérament provençal, c'est une personnalité qui détonne. Dans le contexte de ce qui vient de se passer, elle choque profondément : elle dégage l'impression d'une personnalité complètement insensible, ce qu'elle n'est pas du tout.

En ce 7 juin, la peine de mort est évoquée de moins en moins elliptiquement dans la presse. *Le Méridional* publie une tribune intitulée : « Acte exceptionnel, Justice exceptionnelle ». Son auteur, Yves Gaveriaux, écrit notamment :

> *La réaction unanime pour un tel acte, c'est celle de chaque être et que nous entendons partout : « Qu'on nous le livre, qu'on le donne seulement une minute à n'importe quel père ou mère ». Mais nous sommes des êtres humains dans une société protégée (qu'on nous dit) par la Loi. Alors nous savons que cette Loi sait trouver les moyens lorsqu'il s'agit de juger certains actes.*

Au XIXe siècle, dans le cas d'un infanticide, on n'aurait pas eu à défendre la peine de mort. Face à un pareil crime, elle aurait été naturelle et il eût fallu s'appeler Victor Hugo ou être un intellectuel humaniste pour penser à contraire. Si on parle de la peine de mort, si on la réclame, c'est justement parce qu'elle est en débat, qu'elle est confrontée à l'opposition de certains milieux intellectuels, que l'état-major des partis de gauche mais aussi plusieurs voix à droite, et non des moindres, réclament son abolition. Le président Pompidou est mort le 2 avril, et la France a élu il y a moins de trois semaines un nouveau président, plus jeune, qui a fait part de son aversion profonde pour la peine capitale : Valéry Giscard d'Estaing. Si on parle de la peine de mort, c'est parce que, dans ce contexte de renouveau politique, on n'est certain ni que les jurés oseront la prononcer, ni que le président laissera la justice suivre son cours.

C'est qu'en cette année 1974, la peine capitale a quasiment disparu d'Europe occidentale. L'Angleterre l'a abolie après la découverte d'une erreur judiciaire remontant aux années 50. L'Allemagne et l'Italie l'ont abolie dans le contexte d'une volonté de rompre avec leur récent passé totalitaire. En Belgique, elle est abolie de fait depuis 1950, même si elle s'est maintenue en droit. Au Portugal, qui l'a abolie au XIXe siècle, le régime salazariste ne l'a pas rétablie. En dehors de la France, le seul pays qui la pratique encore est l'Espagne, où le régime militaire continuera de l'appliquer jusqu'à la disparition du général Franco.

Dans l'après-midi de ce même 7 juin, la foule vient nombreuse assister aux funérailles de Marie-Dolorès Rambla, que la mairie de Marseille a prises en charge. C'est toute la ville qui vient communier à la douleur de la famille. Pierre Rambla est là, mais la mère de la victime n'a pas eu la force de venir. Les enfants de l'école du Petit-Bosquet que fréquentait la fillette sont là au grand complet, dans leurs plus beaux vêtements, rassemblés autour du petit cercueil blanc, accablés par l'incompréhension qu'une grande personne s'en soit prise à l'un d'entre eux. De nombreux parents les ont accompagnés, les cœurs sont serrés, les visages figés, les yeux souvent cachés derrière des lunettes noires.

Et puis il y a les anonymes. Parmi eux, des policiers scrutant discrètement la foule. Une mère de famille d'une autre cité de Marseille, la cité des Tilleuls, prétendra l'année suivante avoir été présente à ces funérailles et s'y être rendue à l'invitation des policiers. Elle s'appelle Jeannine Mattéi. Une autre femme de la même cité, Martine Garcia[6], confirmera dans les années 2010 à Jean-Louis Vincent que les policiers avaient bien demandé à certaines personnes de cette cité des Tilleuls de venir assister aux funérailles[13]. Que s'est-il donc passé dans cette cité des Tilleuls, non loin de la cité Sainte-Agnès, qui intéresse tant les policiers, et qui les conduit à demander à des habitantes de cette cité de venir aux funérailles ? Qu'ont bien pu voir ces personnes ?

L'archevêque de Marseille, le très respecté cardinal Roger Etchegaray, a envoyé un message dans lequel il s'associe à la douleur de la famille. Mais il a parfaitement compris ce qui est en jeu : il invite « à ne pas laisser la haine entrer dans les cœurs ». Son message ne peut guère apaiser les émotions. À la fin de la cérémonie, Pierre Rambla, pris d'un malaise, s'effondre. Au cimetière Saint-Pierre où l'on va devoir attendre l'établissement d'un caveau avant de pouvoir ensevelir le cercueil, retentissent les premiers cris de

---

[6] Martine Garcia, contactée et citée par Jean-Louis Vincent, souhaite désormais demeurer anonyme et être appelée de ce nom. Tous les auteurs précédents, notamment Gérard Bouladou et Yann Le Meur, ont utilisé son vrai nom. J'ai tenu à respecter son dernier souhait.

vengeance, ceux-là même que l'on réentendra au procès : « *À mort ! À mort !* ».

Le 8 juin, lorsque Jean-François Le Forsonney rend sa première visite à Ranucci, il s'entend dire : « Ce n'est pas un cadeau qu'on vous a fait ! ». Mis en présence pour la première fois, dans le parloir, du jeune homme qu'il va défendre, il découvre un garçon traumatisé, au visage tuméfié. Le jeune avocat pose à Ranucci sa première question, celle qui doit orienter tout le reste : il lui demande avant toute chose de lui confirmer si c'est bien lui qui a enlevé et tué Marie-Dolorès Rambla. Et Ranucci lui fait cette réponse énigmatique, en détachant les syllabes : « C'est o-bli-ga-toi-re-ment moi. » Surpris, le jeune avocat lui répond alors : « Mais vous, qu'est-ce que vous en dites ? ». Et ce que lui répond Ranucci ne l'éclaire guère : le jeune homme prétend qu'il ne se souvient de rien, mais il y a les témoins, les preuves. Donc c'est obligatoirement lui. Le doute s'estompe rapidement dans la tête de Jean-François Le Forsonney. Il ne reviendra que l'année suivante et ne le quittera plus.

Gérard Bouladou ainsi que Jean-Louis Vincent, sur la base des experts psychiatres qui interrogeront Ranucci, prétendront que son absence de souvenirs, qu'il ne cessera de réitérer, est simulée. C'est toujours la thèse de l'accusation. Elle est crédible : c'est une tactique employée par de nombreux criminels pour leur éviter un douloureux face-à-face avec eux-mêmes et avec leur acte, même si le plus souvent elle pèse peu face aux convictions des policiers, d'un avocat général, et même si elle ne leur permet généralement pas d'échapper à une condamnation. C'est ce qu'on appelle le déni, qui n'est pas un délit, ni un acte en soi mais un fonctionnement psychique. Tout au plus cette tactique peut-elle tenter de faire passer le suspect comme s'étant trouvé en état de démence au moment du crime ; dans ce cas, c'est le rôle des psychiatres de discerner si c'est bien le cas. Nous y reviendrons dans les chapitres suivants.

Premières approximations : qui a saisi une seconde fois le coupé 304 ?

Dans les premiers jours qui suivent l'incarcération de Christian Ranucci se produit un épisode sur lequel Gilles Perrault comme Gérard Bouladou ont largement débattu. La police marseillaise serait revenue à Nice le 10 juin récupérer le coupé 304 de Ranucci. Celui-ci avait déjà été saisi le 5 juin au soir et ramené à Marseille pour les besoins de l'enquête. Puis les clés ont été rendues à Héloïse Mathon le 6 juin en fin de journée, et les policiers lui ont demandé de sortir le véhicule du parking de l'Évêché. Mais celle-ci, n'ayant pas son permis de conduire, a dû se faire aider de Paul-Claude Innocenzi qui était présent et qui saisissait là une occasion d'interviewer la mère de l'assassin. Enfin, le véhicule a été ramené à Nice le 7 juin au soir par Christian Chardon qui raccompagnait Héloïse Mathon. C'est donc une seconde saisie qui a été ordonnée.

Signalons au passage que rendre à la famille d'un suspect une voiture avec laquelle un crime a peut-être été commis est aberrant. De la part des policiers de l'Évêché, c'est carrément une faute professionnelle, car la voiture peut être nettoyée, manipulée, des indices pouvant être détruits, rendant l'enquête hasardeuse. Jean-Louis Vincent le reconnait[14].

Selon les souvenirs d'Héloïse Mathon, le coupé 304 n'était pas dans le parking de l'immeuble lorsque la police s'est présentée chez elle. La police marseillaise serait-elle venue irrégulièrement récupérer le coupé ? Peut-on la soupçonner d'avoir voulu falsifier certains éléments de l'enquête à cette occasion ? Le procès-verbal de l'inspecteur Robert Canonge, de Marseille, qui fait état d'une nouvelle saisie du véhicule, comporte au moins deux erreurs : d'abord il fait allusion à une commission rogatoire d'Ilda di Marino demandant la saisie du véhicule datant du 4 juin, alors qu'à cette date on ignorait encore non seulement que l'enfant était morte, mais aussi l'identité de Ranucci. C'est donc une première erreur. Ensuite, il mentionne un ordre exécuté par le brigadier Ernest Ott d'aller récupérer le véhicule le 9 juin – donc un dimanche. Le procès-verbal est daté du 10 juin à 10 h 30, et atteste que le véhicule a été récupéré la veille.

Évidemment, il est peu vraisemblable que le véhicule ait été récupéré un dimanche. Le véhicule a, à la rigueur, été récupéré le samedi 8, et l'inspecteur Canonge se serait trompé sur la date de saisie, ou bien il a été récupéré le 10, et dans ce cas ou bien la date du procès-verbal est celle de son ouverture, ou bien elle est fausse. Mais il y a plus troublant : ce procès-verbal est en contradiction avec un autre procès-verbal, dressé par l'inspecteur Poli, de la Sûreté urbaine de Nice. Ce second procès-verbal prétend que le véhicule a bien été récupéré le 10, mais par un autre inspecteur, un certain Ferrer. Gilles Perrault a longuement commenté cette incohérence. Et il est évident qu'au moins l'un des deux procès-verbaux, celui de l'inspecteur Canonge ou celui de l'inspecteur Poli, contient des éléments faux.

Gérard Bouladou a prétendu que l'épisode de la 304 absente dans le parking ne datait pas du 10 juin, comme l'a soutenu Héloïse Mathon plusieurs années plus tard, mais du samedi 8 juin au matin et que Christian Chardon, après avoir reconduit Héloïse Mathon chez elle le vendredi 7 juin au soir, aurait conservé le véhicule pour aller voir un de ses amis, un avocat du nom de Jean Guerraz. Cet avocat avait défendu quelques années plus tôt un assassin d'enfant, Ali Ben Yanes, un Tunisien reconnu coupable du meurtre crapuleux d'une fillette de sept ans : un crime qui ressemblait à celui dont Ranucci était accusé. Ali Ben Yanes avait été condamné à mort et exécuté. Le président Pompidou ne lui avait pas accordé la grâce, pas plus que le général de Gaulle n'avait accordé sa grâce aux condamnés reconnus coupables d'infanticides. La question qui se pose est de savoir si Valéry Giscard d'Estaing, qui vient de prendre ses fonctions, graciera ou non un meurtrier d'enfant, si celui-ci est condamné à mort. On peut imaginer que Christian Chardon, dans son travail d'enquête journalistique, ait jugé utile de rencontrer Jean Guerraz à cette occasion et de lui faire évoquer le souvenir d'un homme condamné pour infanticide et exécuté. Le journaliste aurait tout simplement conservé le véhicule jusqu'au lendemain matin. Et à 10 heures le samedi 8 juin, et non pas le lundi 10 juin, Héloïse Mathon aurait remarqué que le coupé n'était pas dans le parking. Qu'Héloïse Mathon ait confondu les dates, des années plus tard, est l'hypothèse la plus simple et la plus probable.

On pourrait être tenté de croire à une manipulation intentionnelle si cette seconde saisie avait permis d'établir des preuves qui auraient été contestées par la suite. Or la police n'a rien trouvé après le 6 juin dans le véhicule qui permette de charger Ranucci. La découverte d'un pantalon taché de sang avait été notifiée à Ranucci dès le soir du 5 juin, tandis que le couteau était déjà entre les mains des forces de l'ordre le 6 juin au plus tard. Donc si, comme l'a noté Gilles Perrault, il y a eu production d'un faux procès-verbal, et à supposer qu'il se soit doublé d'une irrégularité, voire d'une falsification de la police en récupérant la voiture de manière illégale, avant que des policiers dûment mandatés par une commission rogatoire en bonne et due forme ne viennent la saisir, cela n'a pas permis d'accabler Ranucci davantage.

J'ai observé que les irrégularités dans les entreprises se produisent aussi et simplement dans des situations de grande tension où tout le monde se croit, voire se prétend investi par quelqu'un, d'un ordre que ce dernier n'a jamais donné ou bien qui a été donné à quelqu'un d'autre. Nous sommes ici clairement dans une situation où sans doute Ilda di Marino a bien demandé une seconde saisie du véhicule, peut-être a-t-elle passé plusieurs coups de téléphone après avoir lancé sa commission rogatoire. On peut imaginer les remontrances qu'elle a dû passer aux policiers de l'Évêché quand elle a appris qu'ils avaient rendu le véhicule à la mère de l'accusé. Et on peut penser que, dans la cacophonie qui a germé sur le stress d'un atroce fait divers, la police marseillaise comme la police niçoise se soient senties investies de la mission et que l'une d'entre elles ait mis sur un procès-verbal un fait qu'elle n'aurait pas rigoureusement vérifié.

L'épisode apparaît finalement sans importance. Tout au plus sa mention témoigne-t-elle des emballements, des dérapages et des approximations qu'il y a eu dans certains procès-verbaux. Mais ce sont malheureusement des négligences comme celle-ci qui susciteront dans les lignes de Gilles Perrault des interrogations sur la police marseillaise et qui embrumeront la mémoire collective de l'affaire. L'explication donnée par Christian Chardon à Gérard Bouladou sur l'absence du véhicule dans le garage est cohérente, mais deux erreurs de date dans le procès-verbal de l'inspecteur Canonge, cela fait beaucoup dans une affaire sur laquelle le voile du doute continue de planer plus de quarante ans après. Gérard Bouladou a affirmé que les erreurs de date sont fréquentes dans les procès-verbaux de police. La mémoire des policiers est faillible, c'est bien humain. Mais celle des témoins l'est également : nous y reviendrons.

Compte tenu des erreurs de dates, le procès-verbal de l'inspecteur Poli de Nice semble plus fiable que celui de l'inspecteur Canonge de Marseille. Il n'est guère possible d'en déduire davantage.

La mémoire des témoins

Un juge d'instruction, surtout en Provence, est toujours un magistrat très occupé par des dossiers plus ou moins sordides. Les affaires de banditisme, de trafic de stupéfiants, les braquages et autres agressions s'empilent dans les bureaux des palais de justice. À côté de ses dossiers complexes, où l'on cherche à savoir qui a influencé qui, qui exerce un ascendant sur qui, celui de Christian Ranucci est simple. Un crime dont le mobile – sexuel – et le déroulement apparaissent clairs ; un coupable qui a avoué, un jeune homme qui a agi seul. L'instruction n'en sera que plus superficielle et expéditive sur le plan des interrogatoires.

Ilda di Marino sera en revanche particulièrement exigeante en examens neurologiques et médicaux. Elle se souvient sans doute que, cinq ans plus tôt, en 1969, un meurtrier d'enfants, Jean-Laurent Olivier, a été condamné à mort et guillotiné, mais qu'après sa mort l'autopsie a révélé des lésions cérébrales pouvant expliquer des accès de violence. Il n'aurait pas dû être considéré comme responsable de ses actes et n'aurait pas dû être condamné. En conséquence, et dans un contexte sociétal où la peine de mort fait débat, si Ranucci doit être envoyé à la guillotine, il est extrêmement important d'être irréprochable quant au dossier médical et de ne pas renouveler l'erreur faite en 1969. D'autant qu'à première vue, les deux cas se ressemblent : tout comme Olivier cinq ans plus tôt, Ranucci n'a aucun antécédent et affirme être incapable d'expliquer son geste meurtrier.

Plus généralement, Ilda di Marino orientera toutes ses investigations et ses questions sur Ranucci lui-même et sur le meurtre. Tout au long de l'instruction, et en particulier le jour de la reconstitution, elle fera une impasse totale sur un élément d'autant plus capital qu'il constitue en soi un crime : l'enlèvement. Ainsi, elle ne recevra jamais ni Jean-Baptiste Rambla, ni Eugène Spinelli, les deux témoins directs dont on est certain qu'ils ont bien vu le ravisseur. Et c'est justement de cette négligence que naîtront, dans les années qui suivront, les premiers doutes sur la culpabilité de Ranucci.

Ilda di Marino doit reconstituer quelle a été la vie de Christian Ranucci jusqu'au jour du crime qu'il a avoué. Le 13 juin, l'inspecteur André Moschetti de la Sûreté urbaine de Nice est mandaté pour aller interroger Héloïse Mathon. Comme celle-ci garde des enfants chez elle, elle ne peut se rendre au commissariat et cette audition a donc lieu à son domicile.

Lorsqu'elle a épousé Jean Ranucci en 1952, Héloïse Mathon était déjà divorcée d'un premier homme, un certain François Robazinski, qu'elle avait épousé en Belgique après la fin de la guerre. Elle n'a pas eu d'enfant de ce premier mariage. Christian, qui sera l'unique enfant de son second mariage, est né en 1954. Son père ne lui a jamais accordé d'attention car le couple hébergeait déjà un enfant de la DDASS, Gilbert, qu'Héloïse Mathon rendra plus tard à sa famille d'origine. Les époux se séparent en 1957. Au moment de la séparation, Jean Ranucci a blessé son épouse au visage avec un couteau. S'il a été décrit comme violent, et s'il l'a bien été avec son épouse, il n'a jamais été évoqué qu'il ait maltraité ou battu son fils.

Lors de la séparation, la famille habite Toulon. Christian, compte tenu de son âge, sera évidemment confié à sa mère qui cherche à tout prix à lui éviter tout contact avec son père. Héloïse Mathon et son fils déménageront souvent, à Grenoble, à Chambéry, puis à Paris et enfin à Nice où ils se fixent en 1970. Après avoir tenu un bar à proximité de Grenoble, puis tenu une agence matrimoniale, Héloïse Mathon s'est finalement reconvertie dans la garde d'enfants et a pour cela obtenu un agrément officiel. Christian Ranucci aime bien les enfants, il est affectueux et joue avec eux. Aucun parent ne se plaindra jamais du moindre comportement équivoque ou douteux à l'égard de ces enfants, même au cours de l'instruction. Christian poursuit sa scolarité au Cours Albert Camus, passe son BEPC en 1971 à 17 ans, soit avec deux ans de retard. D'après les tests qu'il passera, ce n'est pas dû à un défaut d'intelligence ou de mémoire. Il semble plutôt qu'il ait été perturbé par ses changements incessants de domicile. Il a effectué une préparation militaire, puis il a devancé l'appel et effectué son service militaire à Wittlich, en Allemagne, du 1er avril 1973 au 31 mars 1974. Il a obtenu son permis de conduire en janvier 1973.

Après son retour d'Allemagne, sa mère a pu lui acheter un coupé 304 d'occasion, à crédit, pour une valeur de 8 500 francs.

On a là le récit, très commun aujourd'hui, hélas, d'une enfance sans père. Cela fragilise l'enfant, le prive d'un modèle de mari ou de père qu'il pourrait prendre comme exemple pour celui qu'il sera un jour. Cela ne lui apprend pas à se défendre. Sa relation avec sa mère n'en sera que moins équilibrée. Mais c'est une enfance sans traumatisme réel, et surtout rien qui ne laisse présager un drame comme celui qui s'est produit. Un problème cependant ne peut être esquivé ici : à un moment de sa vie, Héloïse Mathon s'est prostituée. Tout le temps où elle vivait avec Jean Ranucci, elle ne travaillait pas. Par la suite, elle avait souvent changé de métier et à plusieurs moments n'avait pas trouvé d'autre moyen de gagner sa vie. Mais Christian Ranucci n'a pas été élevé dans les bordels où il aurait été en contact avec des proxénètes qui auraient pu avoir une mauvaise influence sur lui, labourant le terrain de sa personnalité fragile pour y laisser germer des instincts pédophiles et criminels. Cette part d'ombre dans la vie d'Héloïse Mathon ne peut donc être envisagée que sous le seul angle tragique d'une société où une femme seule et désargentée peut se voir poussée au sacrifice de son corps et de sa dignité pour échapper à la misère. On ne sait ce que Christian Ranucci en savait, encore moins s'il en avait voulu à sa mère : en revanche, Ilda Di Marino le lui affirmera en audition pour tenter de le déstabiliser.

Jean Ranucci, qui n'exerçait pas de métier stable au moment du mariage, sera auditionné le 15 juin. Il déclarera qu'il ne pensait pas que sa femme se prostituait, mais qu'il n'en était pas sûr.

Ilda di Marino cherche évidemment à savoir si Christian Ranucci n'aurait pas des antécédents judiciaires. Le résultat est négatif : son casier est vierge de toute condamnation. Elle lance alors un appel à témoins. Héloïse Mathon gardait des enfants chez elle, et on peut évidemment s'attendre à ce que des parents viennent à se plaindre de lui. Plusieurs seront interrogés, mais ils ne rapporteront rien à l'accusation. En revanche, deux témoins résidant à Nice vont faire leur apparition.

Il y a tout d'abord la mère d'une fillette, Sandra Spinek, laquelle a été suivie à la fin de l'année 1973 par un inconnu en rentrant d'un cours de danse. La mère pense d'abord avoir reconnu Ranucci en voyant ses photos dans la presse, mais elle n'en est plus sûre lorsqu'elle est interrogée par Ilda di Marino. Le second est le père d'un petit garçon de quatre ans, Patrice Pappalardo. Le lundi de Pâques, le garçonnet a été emmené dans un parking par un inconnu où celui-ci lui a offert des bonbons. Il a heureusement retrouvé sa famille sans avoir subi d'agression. Le lendemain, donc le mardi, son fils, apercevant l'inconnu à la sortie de l'école, lui a dit « c'est le monsieur d'hier ». Le père l'a poursuivi pendant un moment avant de perdre sa trace. Confronté à Ranucci, l'enfant ne reconnait pas celui-ci comme l'homme avec lequel il a passé plusieurs heures dans un parking, mais son père, lui, reconnait formellement l'homme qu'il a poursuivi. Ranucci n'a jamais été condamné, mais Ilda di Marino a dès ce moment la conviction que Ranucci est un pédophile récidiviste, dont les pulsions jusque-là à peu près contenues sont, en ce 3 juin, allées jusqu'à l'enlèvement et au meurtre.

On a là un étonnant contraste des mémoires : ni la mémoire de Jean-Baptiste Rambla, ni celle d'Eugène Spinelli qui ont vu le meurtrier le 3 juin ne leur permettent le 6 juin, trois jours seulement après les faits, de reconnaître Christian Ranucci comme étant l'homme qu'ils ont vu pour le premier aborder et pour l'autre enlever Marie-Dolorès Rambla. Et pourtant, ces mémoires seront mises en cause par l'accusation. En revanche, le père de Patrice Pappalardo reconnait quant à lui formellement en Ranucci un homme qu'il a vu deux mois plus tôt. Et l'accusation ne doutera pas de sa mémoire.

Ilda di Marino joint les deux affaires Spinek et Pappalardo au dossier de Christian Ranucci. Si le témoignage relatif à Sandra Spinek n'est guère concluant – à la fin de l'année 1973, Christian Ranucci effectuait son service militaire en Allemagne – celui du père de Patrice Pappalardo semble, à première vue, plus crédible : il est plus proche dans le temps et le témoin est plus formel.

Une reconstitution escamotée

La reconstitution du crime a lieu le 24 juin. Pour des raisons de sécurité, il n'y aura pas de reconstitution de l'enlèvement. Le fourgon cellulaire se contente de passer sur les lieux de la cité Sainte-Agnès et Christian Ranucci, assisté de Jean-François Le Forsonney et du bâtonnier Émile Chiappe, montre simplement l'endroit où il prétend se souvenir d'avoir garé la voiture, devant les garages, là où l'on sait aujourd'hui que la voiture du ravisseur n'était pas, puisqu'elle aurait été hors de la vue d'Eugène Spinelli. Puis le convoi quitte Marseille et se dirige vers le carrefour de La Pomme. Gérard Bouladou a prétendu que Ranucci a indiqué au chauffeur le chemin à suivre. Coupable ou innocent, il y a une certitude : pour se retrouver le 3 juin au carrefour de La Pomme en étant parti de Marseille, et surtout s'il est passé voir son père à Allauch, comme le prétendra une lettre sept ans plus tard, Ranucci a pris exactement la route empruntée par l'assassin de Marie-Dolorès Rambla en fin de matinée. Le 24 juin, trois semaines après les faits, il reconnait le chemin.

Parvenus au carrefour de La Pomme, c'est l'accident qui est d'abord reconstitué. Ranucci s'attarde sur des détails sans importance, disant qu'il a respecté le stop, et calé après avoir tenté de redémarrer en se trompant de rapport de vitesse. Puis vient la reconstitution du crime dans les fourrés. Et c'est là qu'il craque : il est incapable de reproduire les gestes du crime. Il éclate en sanglots. Il affirme qu'il ne se souvient de rien.

Cette absence affichée de souvenirs des gestes du crime est malheureusement courante lors des reconstitutions. Gérard Bouladou le savait et l'a commenté. L'assassin, au moment de refaire les gestes, soit tente de commencer à nier sciemment un crime dont il se souvient parfaitement, soit il essaie dans un déni psychique de se convaincre lui-même qu'il n'était pas capable de commettre ce crime. Il cherche à se convaincre qu'il est un homme normal. Si Ranucci est coupable, c'est certainement ce qui est en train de se produire.

Mais, toujours selon Gérard Bouladou, il se serait agi d'une tactique dictée par les avocats. Deux ans plus tard, Robert Badinter, au moment de la reconstitution du meurtre du petit Philippe Bertrand par Patrick Henry, avait vivement recommandé à ce dernier de ne pas reproduire les gestes du crime, dont les photos produiraient immanquablement un terrible effet sur les jurés, sans compter la possibilité de leur publication dans la presse. Robert Badinter n'a jamais caché qu'il avait effectivement fait cette demande, mais il n'avait nullement cherché à faire de son client un innocent. Et Patrick Henry n'avait pas dit qu'il ne se souvenait de rien : il avait seulement suivi les consignes de ses avocats et refusé de faire les gestes dont il ne niait pas se souvenir. Jean-François Le Forsonney n'a, en ce 24 juin 1974, aucun doute sur la culpabilité de Ranucci, et n'a aucune idée de comment il va pouvoir le défendre : il ne lui a donc certainement pas recommandé d'affirmer ne se souvenir de rien. On peut en revanche accepter l'idée qu'Émile Chiappe lui ait recommandé de s'abstenir de faire les gestes.

Ranucci indique un endroit dans le tas de fumier où il aurait jeté le couteau. Gérard Bouladou, puis plus tard Jean-Louis Vincent, sur la foi des policiers et des gendarmes qui sont présents, prétendront qu'il a bien précisé l'endroit où l'arme avait été retrouvée. Selon ses avocats, il y avait un petit fanion qui indiquait l'endroit précis où le couteau avait été extrait du fumier.

Une instruction expédiée

Jusqu'à la fin de l'instruction, Christian Ranucci aura en tout et pour tout cinq entretiens avec Ilda di Marino. La juge ne recevra ni Jean-Baptiste

Rambla ni Eugène Spinelli. Elle ne recevra pas non plus Paul Martel, ni Jean Albertini. Elle ne recherchera pas les témoins de cette mystérieuse affaire d'homme au chien noir signalée par le commissaire Cubaynes le soir du 5 juin. En revanche, elle a reçu dès les premières semaines de l'instruction la mère de Sandra Spinek et le père de Patrice Pappalardo.

C'est là une énorme lacune du dossier : Ilda di Marino a reçu des témoins d'affaires qu'elle a hâtivement versées au dossier Ranucci, alors que des éléments discordants existaient – au moins pour l'affaire de Sandra Spinek qui remonte au temps où Ranucci effectuait son service national en Allemagne. En revanche, elle a négligé d'interroger les témoins directs de l'enlèvement ; elle n'a pas interrogé les témoins qui ont vu un pédophile avec un pull-over rouge, alors qu'elle sait pourtant qu'un pull-over de la même couleur fait partie des pièces à conviction. En a-t-elle été informée ? Le plus probable est qu'elle s'est tenue informée tout au long de la journée du 6 juin du déroulement des auditions et des interrogatoires à l'Évêché, puis qu'elle s'est désintéressée d'affaires dont les policiers lui ont dit que le rapport avec l'affaire Rambla n'était plus évident. Elle n'a pas mis leurs dires en doute.

Le 2 octobre 1974, elle reçoit de la psychologue Myriam Colder, ainsi que du docteur Vuillet un rapport d'expertise médico-psychologique. Christian Ranucci n'a souffert d'aucune affection susceptible d'altérer sa santé mentale. Sur le plan psychologique, Myriam Colder estime qu'il a été élevé par une mère possessive, avec laquelle il a construit une relation fusionnelle dont il a voulu se libérer. Dans la pensée de Myriam Colder, en tuant Marie-Dolorès Rambla, Christian Ranucci aurait commis un « matricide symbolique » : c'est ce qu'elle soutiendra lors du procès. Dans cette affirmation, on n'a ni confirmation des faits, ni élément qui constitue une circonstance atténuante ou aggravante. Nous sommes là sur le terrain de la psychanalyse, laquelle ne fournit qu'une interprétation purement intellectuelle de faits présumés réels.

Mais la psychologie n'est pas une science exacte. L'interprétation selon le schéma d'un « matricide symbolique » de Myriam Colder doit être inscrite dans un contexte socioculturel particulier, celui des années post mai-1968, mouvement dont a souvent dit qu'il avait « tué le père ». Le raisonnement de Myriam Colder peut donc être vu comme une réaction à une société qui imagine une vie sans pères – débat sociétal qui n'a pas disparu aujourd'hui, bien au contraire. Christian Ranucci a pu devenir un criminel puisque sa mère l'a tenu à l'écart de son père. L'expérience montre que les enfants qui ont été privés de père sont des enfants psychologiquement fragiles. Fort heureusement, loin s'en faut, tous ne deviennent pas pédophiles, encore moins infanticides.

Ceux qui croient en l'innocence de Ranucci ont beaucoup reproché à Myriam Colder que son travail aurait dû se limiter à dire si elle pensait que Christian Ranucci pouvait ou non commettre l'acte dont il était accusé. Mais la réponse à cette question était une lapalissade : oui, il en était capable puisqu'il l'avait commis. Oui, il l'avait commis puisqu'il avait avoué – et qu'il avait d'ailleurs réitéré ses aveux devant le docteur Vuillet qui l'examinait le 6 juin. Aucun doute n'existait quant à sa culpabilité. À la fin du mois d'août, Ranucci déclarait dans une lettre à sa mère : « *Pour moi ce drame reste inexplicable logiquement. Bien que je ne me sente pas particulièrement malade, la seule possibilité pour expliquer et comprendre reste entre les mains des médecins.* » Autrement dit, il attendait des psychiatres qu'ils expliquent ce qui lui était arrivé pour qu'il commette un tel crime. Et le 6 octobre, il écrivait qu'il avait donné son accord pour une encéphalographie gazeuse, un examen douloureux et risqué – il devait peu après se rétracter et la refuser. Il s'agissait de déceler d'éventuelles lésions cérébrales pouvant éventuellement expliquer son geste.

Donc le 2 octobre, au moment où Myriam Colder rendait son rapport, il ne se déclarait pas encore innocent. Ne pas avoir foi en des aveux relevait de l'hérésie judiciaire, même si, comme nous le verrons plus loin, des cas de faux aveux figuraient déjà à cette époque dans les annales de la justice. Il ne faut pas oublier que, pendant toute cette phase d'instruction, Ranucci continuait de parler de son crime, réitérant qu'il était bien le coupable, même s'il affirmait déjà ne se souvenir de rien, et que sa rétractation formelle ne devait intervenir que dans les derniers jours de 1974. Voilà pourquoi le rapport d'expertise de Myriam Colder s'est orienté non pas vers la question de la possibilité du crime, étape esquivée parce que superflue, mais vers une analyse des faits. On ne pouvait qu'interpréter le crime, le relier à l'enfance ou à l'adolescence de l'inculpé et à la construction de son psychisme. Ce n'est qu'avec le recul du temps et les doutes que l'on peut reprocher à Myriam Colder de ne pas avoir vu que la vie et la psychologie de Christian Ranucci n'étaient pas, aussi nettement qu'on l'a affirmé, des terrains favorables à l'émergence de pulsions pédophiles et criminelles.

Ilda Di Marino demande un rapport chromosomique sur l'accusé. Depuis les années 50, après la découverte de l'ADN, puis la découverte de l'origine du mongolisme, ou syndrome de Down, dans la présence d'un troisième chromosome sur la 21e paire, la recherche génétique cherche à établir des liens entre anomalies chromosomiques et divers syndromes. Il se diffuse des idées pas toujours vraies : dans ces années 70, on évoque souvent la présence du double chromosome Y chez les tueurs. L'idée est véhiculée notamment aux États-Unis par des séries télévisées. Le rapport remis à la juge d'instruction confirme qu'aucune anomalie chromosomique, donc aucune pathologie d'ordre génétique, ne peut expliquer le comportement criminel de Ranucci.

Au mois de décembre, c'est au tour de trois psychiatres de remettre à Ilda di Marino un rapport d'expertise : les signataires sont le respecté professeur Jean Sutter, titulaire de la chaire de psychiatrie de la faculté de médecine de Marseille, et deux autres experts, les docteurs H. Fiorentini et G. Cardaire. Si le professeur Sutter a signé le rapport avec ses deux confrères, il affirmera plus tard à Gilles Perrault ne pas en être l'auteur. C'est une position classique dans les milieux universitaires. Un directeur de thèse cosigne les articles de ses doctorants, mais il ne les écrit pas. Les consciencieux les relisent attentivement, les annotent et les corrigent. Ils doivent en valider la méthodologie et les conclusions. C'est là que se situe, même s'il n'est pas l'auteur du rapport, la responsabilité du professeur Sutter.

Face à l'horreur du crime, chez un homme jeune à peine sorti de l'adolescence, on pourrait penser à un début de schizophrénie. C'est un cas courant en criminologie. Le schizophrène, en proie à des hallucinations, n'est pas en mesure de contenir ses pulsions criminelles. Il est comme hors de lui-même. On sait aujourd'hui que l'assassin du roi Henri IV, François Ravaillac, décrit comme un catholique exalté haïssant un roi protestant converti, était très probablement schizophrène (ce qui lui vaudrait aujourd'hui un internement et non une sanction pénale). Mais les psychiatres n'ont constaté dans les dires de Christian Ranucci aucun signe d'hallucination, aucune idée délirante qui permettrait d'envisager cette hypothèse. Par ailleurs, ils n'ont trouvé aucun signe de maladie mentale. Christian Ranucci a donc commis son crime en pleine conscience, il en est entièrement responsable, il est donc accessible à un châtiment. Et cette responsabilité plaidera contre lui et aggravera son cas lorsque viendra le moment du procès. Mais le rapport donne également un avis à première vue positif : les psychiatres estiment qu'ayant conscience de la gravité de son acte, il peut être rééduqué et qu'il est donc réinsérable. Ainsi pleinement responsable, il mérite le pire châtiment, même s'il est susceptible d'être un jour réinséré dans la société : c'est le paradoxe absurde, non pas d'un rapport établi par des experts médicaux mais d'une justice qui, en 1974, est la dernière justice démocratique d'Europe à condamner à mort. N'est décapitable que quelqu'un dont on peut paradoxalement affirmer qu'il serait apte un jour à redevenir un citoyen honnête et utile à la société…

Ainsi Ranucci, au travers de ces rapports, n'a aucune possibilité de contester la pleine responsabilité de son acte. C'est une circonstance aggravante. Lorsqu'au cours de son procès il ne cessera de clamer qu'il est un homme normal, il aggravera son cas : il confortera les conclusions des psychiatres et facilitera la tâche de l'avocat général qui le présentera comme entièrement responsable de son crime.

Ranucci commence à clamer son innocence

Tandis que les experts rédigent et remettent leurs rapports, le discours de Christian Ranucci se transforme. Le 26 octobre, il écrit une lettre à sa mère dans laquelle il prétend avoir cru à son crime soi-disant parce qu'il y avait les témoins, qu'on lui avait montré des photos. Mais il se livre à d'étranges hypothèses sur « le cas probable de sa culpabilité », ainsi que « sur le cas également probable de son innocence ». La lettre, lue par la censure, sera évidemment lue par Ilda di Marino. Ce qui surprend, c'est que cette évolution se soit faite dans une lettre à sa mère, alors qu'il lui a avoué son crime devant les policiers à l'Évêché le 6 juin, qu'il lui a ensuite demandé pardon. De plus, si l'on en croit un gardien de la prison des Baumettes qui a écouté leurs conversations au parloir, et cité par Gérard Bouladou, sa mère lui aurait, dès les premières semaines, conseillé de nier avoir tué la fillette pour échapper à la peine capitale. La première chose qui vient à l'esprit est donc que s'il est coupable, et s'il commence à nier son crime, il est en train de s'installer progressivement dans un déni psychique. Dans ce cas, on peut imaginer qu'au cours de ses premières semaines de captivité, le souvenir trop récent et trop précis de son geste l'avait empêché de s'y enfoncer. Le temps passant et le souvenir s'éloignant, il a trouvé la force de commencer à écrire qu'il est peut-être innocent. La thèse de l'accusation pourra ainsi expliquer qu'une fois complètement installé dans le déni, il peut clamer explicitement son innocence.

Nous sommes à la fin de l'année 1974 et l'instruction touche à sa fin. C'est lors de son dernier entretien avec Ilda di Marino, le 28 décembre 1974, que Christian Ranucci revient formellement sur ses aveux. Il ne déclare plus seulement ne se souvenir de rien, ce qu'il affirmait déjà dès le mois de juin à Jean-François Le Forsonney, mais soutient qu'il croit être innocent du crime dont on l'accuse. Il est malheureusement trop tard. Tout est prêt pour la phase finale de la tragédie : un procès qui sera aussi expéditif que l'instruction. Ilda Di Marino ne peut voir autre chose dans le nouveau positionnement de Ranucci qu'une tactique pour lui épargner la peine capitale. Elle en a vu d'autres… Pour elle, non seulement Christian Ranucci est un assassin, mais en plus c'est un tricheur.

Début 1975, le juge Pierre Michel, celui-là même qui instruira l'affaire de la French Connection et qui mourra assassiné en 1981, reprend le dossier à la suite d'Ilda Di Marino, mais il ne change pas ses conclusions. À la lecture des rapports, des témoignages et des procès-verbaux, il est tout de même rapidement convaincu qu'on lui a refilé un « dossier de m… », ainsi qu'il le confiera à l'un de ses collaborateurs. Mais même si les aveux sont fragiles et incohérents sur certains détails, il ne peut avoir de doutes sur la culpabilité de

Ranucci. À ce stade, dans le dossier judiciaire, il n'y a pas d'homme au pull-over rouge, ni aucune autre affaire qui puisse apparaître en lien avec l'enlèvement et le meurtre de Marie-Dolorès Rambla en dehors des affaires Spinek et Pappalardo. Il y a juste un énigmatique pull-over rouge trouvé dans la champignonnière qui appartient peut-être à l'accusé, même s'il le nie, peu importe, ce n'est plus qu'un détail sans importance. Dans une justice qui condamne selon « l'intime conviction », chez un juge, c'est l'intuition qui déclenche la décision. Le dossier de Christian Ranucci est transmis le 9 janvier au procureur de la République, lequel le transmet le 11 mars au procureur général près la cour d'appel d'Aix-en Provence. Le 11 avril, le dossier passe devant la chambre d'accusation qui prononce l'acte d'accusation et renvoie Christian Ranucci devant la cour d'assises d'Aix-en-Provence.

Tout cela va très vite, face à une opinion publique qui a été chauffée à blanc l'année passée. Afin de laisser le temps apaiser les passions, les avocats de Ranucci décident, afin de gagner quelques mois, de se pourvoir en cassation. La démarche n'a aucune chance d'aboutir, elle n'a aucune motivation convaincante. Ils ne doutent pas un instant de la culpabilité de leur client. Ils ne peuvent savoir, à ce moment, que ce laps de temps va leur apporter de nouveaux témoignages, qu'ils vont devoir changer de cap et commencer à envisager son innocence.

Un témoin tardif, la fausse espérance de Christian Ranucci

C'est au milieu de l'année 1975 qu'apparaît dans l'affaire un nouveau témoin qui sera capital, non pas dans les mois mais dans les années qui suivront et après l'exécution de Ranucci, dans l'émergence du doute. Selon ce qu'elle déclarera plus tard à Gilles Perrault, c'est le 19 juin 1975 qu'Héloïse Mathon aurait rencontré par hasard à la prison des Baumettes une autre femme venue rendre visite à son fils, lui aussi incarcéré. Cette femme aurait prétendu à Héloïse Mathon, à la stupéfaction de cette dernière qu'elle savait que son fils n'était pas coupable et qu'elle pensait que ce dernier avait été relâché.

Cette femme, c'est Jeannine Mattéi, une mère de famille de la cité des Tilleuls, cette autre cité où des policiers avaient demandé à certaines femmes de venir anonymement assister aux obsèques de la victime. Le quartier Saint-Jérôme, où se situe la cité des Tilleuls, est assez proche du quartier des Chartreux, où se situe la cité Sainte-Agnès.

Les deux mères se seraient retrouvées à la sortie de la prison et c'est alors que Jeannine Mattéi aurait révélé à Héloïse Mathon qu'elle aurait déposé un témoignage devant des policiers le 4 ou le 5 juin 1974 : le 31 mai, trois jours avant l'enlèvement de Marie-Dolorès Rambla, sa fille aurait été victime, avec une de ses amies, Carole Barraco, d'une tentative d'enlèvement par un homme qui prétendait avoir perdu un chien noir. De plus, le 1er juin, elle aurait elle-même vu un pédophile vêtu d'un pull-over rouge et d'un pantalon vert foncé tenter d'enlever un petit garçon frisé, sans succès, puis s'enfuir dans une Simca 1100 grise : il y aurait donc eu deux tentatives d'enlèvement. Elle n'aurait malheureusement pas eu le temps de lire son numéro d'immatriculation. Elle prétend se souvenir que la voiture était immatriculée dans le 54, la Meurthe-et-Moselle, et qu'il y avait un 8 dans les quatre premiers chiffres. Elle aurait donc rapporté deux faits à la police.

Évidemment, si les faits étaient confirmés, tout cela rappellerait étrangement l'enlèvement de Marie-Dolorès Rambla : pour la première fois, Héloïse Mathon aperçoit une lueur d'espoir que son fils soit innocenté. Et lorsqu'elle révèle à celui-ci au parloir l'existence de ce témoin, elle voit ce à quoi elle n'a pas assisté depuis plus d'un an : Christian Ranucci sourit.

Héloïse Mathon présente cette femme à Jean-François Le Forsonney. Ce dernier s'est souvenu jusqu'à sa mort de cette première rencontre. Ainsi qu'il le racontera plus tard[15], il est d'abord sceptique : cette femme dit-elle la vérité ? Le jeune avocat croit toujours à la culpabilité de son client et n'accorde aucun crédit à sa rétractation, dont il pense qu'elle va plutôt lui compliquer les choses. Vis-à-vis de cette inconnue qui débarque dans son cabinet, sa première réaction est très réservée, car mentir ou produire un faux témoin dans une affaire criminelle est très risqué, et cette femme n'en est peut-être pas consciente. Jean-François Le Forsonney écoute donc Jeannine Mattéi raconter les deux faits, celui de l'homme au chien noir rapporté par sa fille et celui de la tentative d'enlèvement du petit garçon frisé. Jeannine Mattéi confirme à l'avocat ce qu'elle a déjà dit à Héloïse Mathon : elle a déposé un témoignage devant les policiers au commissariat de Saint-Just. Elle prétend même se souvenir du nom du policier qui l'a reçue, un inspecteur divisionnaire du nom de Mariani. Elle affirme avoir participé aux tapissages de la matinée du 6 juin à l'Évêché, et ne pas avoir reconnu en Ranucci le pédophile qu'elle prétend avoir vu monter dans sa voiture. De plus, elle raconte que les policiers lui ont demandé d'aller assister aux funérailles de la victime, afin de voir si par hasard elle reconnaîtrait le pédophile qui avait tenté d'enlever le petit garçon frisé.

Jean-François Le Forsonney pense qu'il y a peu de chances que cette femme ait eu d'elle-même cette idée que le ravisseur, prenant tous les risques, aurait pu se rendre aux funérailles : c'est un pari sur le comportement d'un criminel, et envoyer un anonyme voir s'il reconnaît le criminel aux funérailles d'une victime est une technique d'inspecteur, de policier, pas une idée qu'une mère de famille d'un quartier populaire aurait pu avoir seule. Donc, à première vue, elle n'affabule pas. Si son témoignage est vrai, ce serait énorme.

Le jeune avocat racontera plus tard dans ses mémoires qu'il avait conservé des coupures de presse des jours qui avaient suivi le meurtre, et qu'il était alors tombé sur l'interview du commissaire Cubaynes parue dans *La Marseillaise* le 6 juin 1974, lequel affirmait que « Ranucci n'en était pas à son coup d'essai » : le chef de la Sûreté urbaine évoquait devant des journalistes une agression sur deux fillettes avec le stratagème d'un chien noir perdu : cela correspond très exactement au témoignage que vient de lui donner Jeannine Mattéi. Sa conviction de la culpabilité de Ranucci est sérieusement ébranlée. Et la scène où il a pour la première fois rencontré Ranucci, cette scène où ce dernier lui a dit : « C'est O-BLI-GA-TOI-RE-MENT moi », lui revient à la mémoire sous un jour complètement nouveau.

Le 12 juillet, Jeannine Mattéi cosigne une lettre adressée aux avocats de Ranucci avec Jeanne Barraco, la mère de Carole Barraco : les deux mères confirment ce que Jeannine Mattéi a raconté à Jean-François Le Forsonney, à savoir que leurs deux filles ont bien été approchées par un homme prétendant chercher un chien noir.

Mais Jeannine Mattéi n'est pas le seul témoin à faire irruption dans le dossier. Celle-ci aurait également prétendu à Héloïse Mathon que le 6 juin, lorsqu'elle avait été convoquée à l'Évêché pour voir si elle reconnaîtrait l'homme qui avait tenté d'enlever un petit garçon frisé, elle aurait rencontré un certain M. Martin, gardien de la cité des Cerisiers. Dans cette cité, un inconnu aurait agressé deux fillettes et le gardien avait vu le pédophile. Ce M. Martin aurait également été convoqué le matin du 6 juin pour savoir s'il ne reconnaitrait pas dans le jeune homme arrêté à Nice l'inconnu qui s'était aventuré dans sa cité.

Héloïse Mathon va pouvoir vérifier les faits. Elle se rend donc évidemment à la cité des Cerisiers et rencontre le gardien, lequel ne s'appelle pas Martin mais Paul Martel. Gardien assermenté, rigoureux, observateur et organisé, il montre à Héloïse Mathon le registre dans lequel tous les faits afférents à la cité sont consignés : les faits dont Jeannine Mattéi a parlé sont bien confirmés, datés du samedi 1er juin à 15 h 30. Il y avait un déménagement et au milieu des déménageurs et des résidents, le gardien a remarqué un inconnu à qui il a donné environ 30 ans. Le gardien avait cru que cet inconnu participait au déménagement mais, à un moment, il a remarqué un attroupement autour de deux fillettes, Patricia et Nathalie, sur lesquelles l'inconnu s'était livré à des attouchements. L'inconnu portait selon lui un pull-over rouge, un pull-over rouge qui fait immédiatement penser Héloïse Mathon à celui que lui avait présenté l'inspecteur Porte le 7 juin à l'Évêché. Jeannine Mattéi n'a donc pas menti : ce qu'elle a révélé à Héloïse Mathon, c'est l'affaire Albertini, pour laquelle le père a déposé une plainte enregistrée ; elle a bien rencontré ce Paul

Martel qu'elle ne connaissait pas à l'Évêché, où elle a bien été convoquée en raison de faits dont elle avait bel et bien été témoin.

La cité des Tilleuls présente le même intérêt stratégique pour un pédophile que le quartier des Chartreux, tout proche, dans lequel Marie-Dolorès Rambla a été enlevée : elle est proche comme ce dernier de la rocade du Jarret, laquelle permet d'emporter rapidement une victime hors de la ville en direction de l'est, vers Allauch, puis d'Allauch vers les garrigues désertes que l'on traverse avant de parvenir au carrefour de La Pomme. La cité des Cerisiers est quant à elle plus éloignée des deux précédentes.

Jean-François Le Forsonney raconte dans son livre[16] qu'à ce stade, plus rien ne pouvait interrompre la procédure. Il n'y avait plus qu'à citer cette femme comme témoin au procès, ce qu'elle allait accepter de faire. La défense allait également citer Paul Martel.

Il y a là une imprécision de la mémoire de l'avocat. Jean-François Le Forsonney omet de mentionner qu'il a évidemment saisi l'occasion de ce témoignage pour demander un complément d'enquête. Mais la chambre d'accusation a été dessaisie par le pourvoi en cassation. Dans pareil cas, l'article 148 du Code de procédure pénale précise qu'il sera statué sur une éventuelle demande de mise en liberté par la dernière juridiction ayant eu à statuer sur l'affaire, c'est-à-dire dans ce cas la chambre d'accusation. Les avocats de Christian Ranucci l'ont donc convaincu de faire une demande de libération conditionnelle, laquelle n'a évidemment aucune chance d'aboutir, mais dont le but est d'attirer l'attention de la justice sur le témoignage de Jeannine Mattéi sur lequel un complément d'information est demandé. La demande de remise en liberté est déposée le 11 septembre 1975. Le 3 octobre, la chambre d'accusation rejette non seulement la demande de remise en liberté mais également la demande de complément d'information, se considérant comme dessaisie d'une telle demande par le pourvoi en cassation de l'accusé.

Cependant le témoignage de Jeannine Mattéi ne reste pas lettre morte. À défaut de permettre une libération conditionnelle de Ranucci, l'écho souhaité par ses avocats a porté ses fruits : le 14 octobre, le procureur général d'Aix-en-Provence écrit au procureur de la République de Marseille pour lui demander de recueillir le témoignage de Jeannine Mattéi par procès-verbal. Dans une affaire où une sentence capitale est en jeu, rien ne doit être négligé si l'on ne veut pas qu'il soit ultérieurement reproché une négligence à la justice.

Suzanne Brugère, substitut du procureur de la République, reçoit Jeannine Mattéi le 14 novembre. Alors que Jeannine Mattéi prétendra plus tard à Gilles Perrault avoir été auditionnée pendant plus de deux heures, le procès-verbal de cette audition ne fait que trente-huit lignes. Il fait état du stratagème d'un chien perdu (dans ce témoignage, que nous analyserons plus tard, sans mention de la couleur noire du chien recherché) et d'une Simca grise (la marque est citée sans indication de modèle).

La déposition se termine par la précision que Jeannine Mattéi vit toujours avec son mari et qu'il est le père de ses enfants. Gilles Perrault, qui a rencontré Jeannine Mattéi, affirme que celle-ci lui a rapporté que la juge lui aurait dit en fin d'entretien : « Il me semble que vous vivez en concubinage ». L'auteur soutient qu'il s'agit là d'une question parfaitement ridicule, que l'on aurait tenté de déstabiliser le témoin en l'accusant d'une situation familiale douteuse. Il faut signaler qu'à l'époque le concubinage est une pratique encore marginale et généralement considérée comme immorale. L'affirmation de Gilles Perrault correspond sans doute à la manière dont Jeannine Mattéi a ressenti la question. Mais il faut au contraire y voir une question parfaitement pertinente dans le cadre de l'enquête : la magistrate a tout simplement voulu savoir si l'inconnu qui aurait tenté d'enlever sa fille en prétextant un chien noir perdu ne serait pas le père d'un de ses enfants. Ce qui permettrait peut-être de le retrouver.

La magistrate envoie le même jour à la Sûreté urbaine une note avec la mention « Très urgent » pour demander s'il y a eu des procès-verbaux des déclarations de Jeannine Mattéi au commissariat du quartier Saint-Just ou à l'Évêché ; auquel cas, elle souhaite évidemment les voir.

Le 25 novembre, c'est Jules Porte, l'inspecteur qui a reçu l'année précédente les aveux de Ranucci qui reçoit cette fois Jeannine Mattéi dans les locaux de l'Évêché. Celle-ci déclare à l'inspecteur être repassée le jour-même au commissariat Saint-Just, où l'on n'a pas trouvé trace de sa plainte. L'inspecteur Porte ne trouve pas non plus de procès-verbal d'audition ou de plainte déposée par Jeannine Mattéi à l'Évêché.

Jules Porte renvoie à Suzanne Brugère le procès-verbal de cette nouvelle audition et l'informe que ses recherches de procès-verbal d'audition ou de plainte sont négatives. Il explique qu'une erreur du témoin est probable, que la confrontation avec Ranucci ayant été négative, aucun procès-verbal n'a été rédigé après le passage de Jeannine Mattéi à l'Évêché et que de nombreux témoins s'étaient présentés pour attester de faits similaires. C'est évidemment vrai : l'Évêché avait reçu Paul Martel, Jean-Claude Jaglasse, ainsi que Mme Garcia, la femme aux sous-vêtements volés. On peut imaginer à ce stade que l'inspecteur Porte n'en a gardé qu'un souvenir imprécis et incomplet. Il est possible que Jeannine Mattéi ait été convoquée aussi, mais aucune plainte à proprement parler n'a apparemment été déposée. Le témoignage qu'il vient d'entendre est donc, selon lui, sans importance.

Pendant ce temps, Christian Ranucci s'est mis à espérer. Dans une lettre adressée à sa mère, il parle d'une enquête de l'IGPN sur la disparition de ces procès-verbaux et espère que des sanctions tomberont sur les policiers qui l'ont fait avouer. Il croira jusqu'au bout pouvoir prendre sa revanche y compris quand, dans le box des accusés, il affirmera au commissaire Alessandra qu'il brisera sa carrière. Il n'en brisera que la mémoire. Car, faute d'obtenir une revanche, la personne du commissaire Alessandra, dans la mémoire des hommes, demeurera pour toujours attachée à un interrogatoire ayant conduit à une possible erreur judiciaire. Vengeance posthume.

En ce qui concerne Jeannine Mattéi, elle a tout simplement été reçue comme un témoin suspect. Tout porte déjà à croire que son témoignage fourmille d'imprécisions. Il n'infléchira pas le cours de la justice. Le pourvoi en cassation de Christian Ranucci est finalement rejeté le 6 novembre, confirmant le renvoi de Christian Ranucci devant la cour d'assises d'Aix-en-Provence. Ce pourvoi a juste permis de gagner six mois. Les jeux de l'instruction sont faits. Les verrous judiciaires qui seront plus tard évoqués par le président Giscard d'Estaing pour garantir l'infaillibilité d'une justice qui pratique encore la peine capitale sautent inexorablement les uns après les autres. Le prochain, ce sera le procès lui-même.

Chronique d'une sentence de mort annoncée

Le procès s'annonce mal pour la défense. La session d'assises de mars 1976 à Aix-en-Provence est prévue pour durer trois semaines. Les affaires criminelles vont s'enchaîner. Mais deux journées seulement seront dévolues au procès de Christian Ranucci : ce seront les 9 et 10 mars, alors que ce sera évidemment le procès phare de toute la session. C'est court pour faire naître le doute sur la culpabilité de l'accusé dans la conscience de jurés dont on peut imaginer qu'ils seront chauffés à blanc par l'opinion publique. En fait, on peut penser que la culpabilité de l'accusé étant acquise, la justice n'a pas besoin de réfléchir : elle peut aller vite. C'est sans doute le pari fait par les magistrats qui ont dressé l'agenda de la session. Ce n'est pas nécessairement uniquement de la partialité de leur part : à partir du moment où il est évident qu'une très forte pression règnera dans le prétoire, que le moment sera particulièrement lourd à vivre pour les magistrats comme pour les jurés, que la pression du public sera étouffante, que des heurts ou des incidents ne sont pas à exclure, ils ont préféré limiter la durée à deux plutôt qu'à trois jours.

Mais il y a plus grave. Le public, les journalistes qui seront présents ce jour-là s'attendent à découvrir un monstre et beaucoup d'entre eux attendent une sentence capitale. Ils s'attendent à découvrir un personnage odieux. Ils s'y attendent d'autant plus que, le mois précédent, un jeune homme du même âge, Patrick Henry, a été arrêté à Troyes pour un infanticide, un crime à mobile non pas sexuel mais crapuleux, pour obtenir une rançon. L'assassin est apparu d'autant plus ignoble qu'il a d'abord été identifié comme simple témoin de l'enlèvement, ce qui lui a permis d'affirmer devant la presse qu'il souhaitait un retour heureux de l'enfant chez ses parents – et ce, alors qu'il l'avait déjà tué – et même affirmer avant d'avouer son crime qu'il était pour la peine de mort pour ceux qui s'attaquaient à des enfants ! Les médias n'ont eu aucun mal à lui trouver un surnom : c'est le « monstre ». Il y aura donc en fait deux accusés dans le box de la cour d'assises d'Aix-en-Provence. Aux côtés de Christian Ranucci, Patrick Henry sera virtuellement présent. La presse, de nombreux hommes politiques et jusqu'au ministre de l'Intérieur, Michel Poniatowski, ont réclamé la peine de mort pour Patrick Henry – ce qui vaudra à ce dernier des remontrances du chef de l'État, dont il est pourtant le confident et un ami intime. Valéry Giscard d'Estaing demande à ses ministres de ne pas s'exprimer sur les affaires judiciaires. Il est là bien dans son rôle de premier magistrat de France : il est garant de la séparation des pouvoirs, même si c'est lui qui préside le Conseil supérieur de la magistrature.

Face à ce public qui l'a déjà déclaré coupable et qui réclame sa tête, Ranucci, quant à lui, attend ce jour comme une libération : celle de voir son innocence proclamée au grand jour. S'il est coupable, il s'engage sur un chemin suicidaire. S'il est innocent, il part la fleur au fusil sans avoir prévu le danger.

Défendre l'innocence d'un accusé déjà condamné par l'opinion publique est une stratégie audacieuse. Pour y préparer l'opinion, Paul Lombard convoque, quelques jours avant le procès, un dîner de journalistes pour leur annoncer sa stratégie et évoquer pour la première fois devant eux l'homme au pull-over rouge. Si la presse commence, quelques jours avant le procès, à évoquer les zones d'ombre de l'affaire, elle mentionne aussi l'affaire Pappalardo qui va apporter de l'eau au moulin de ceux qui voient en Christian Ranucci un pédophile récidiviste. Devant le risque de cette stratégie, André Fraticcelli, qui s'était joint à Paul Lombard et Jean-François Le Forsonney pour les assister dans la défense de Ranucci, leur annonce qu'il refuse de plaider ; non pas qu'il ne soit pas convaincu de l'innocence de Ranucci, mais parce qu'il lui parait impossible d'en convaincre les jurés. Il pense qu'il vaut mieux sauver Ranucci en le faisant passer pour un fou, puis le réhabiliter ensuite. Il viendra assister au procès mais ne plaidera pas, ce que l'accusation ne manquera pas de noter. La défense, déjà partie dans l'instruction à reculons, et qui se trouve face à une accusation redoutable, s'avance maintenant divisée.

Jean-François Le Forsonney est perplexe. Quelques jours avant le procès, il est allé rencontrer Ranucci aux Baumettes pour définir avec lui une stratégie pendant le procès. En accord avec son client, il plaidera l'innocence, mais il avertit Ranucci que s'il craque pendant le procès et qu'il avoue le crime, toute sa stratégie s'effondrera.

En discutant le dossier point par point, l'avocat aborde avec son client le problème du couteau, lequel va peser lourd dans l'accusation. La question est simple : à qui appartenait ce couteau ? Et Ranucci lui confirme qu'il aimerait pouvoir dire que ce couteau ne lui appartenait pas, mais qu'il ne souhaite pas mentir lors du procès : ce couteau lui appartenait bien. Jean-François Le Forsonney le conforte en lui disant qu'il ne lui recommande surtout pas de mentir. L'avocat devra donc expliquer pourquoi ce couteau, qui appartenait bien à son client, retrouvé avec des traces de sang et sur ses indications, n'a pas été utilisé par lui pour mettre à mort la petite victime. La tâche de démontrer l'innocence de son client s'annonce particulièrement ardue.

Le procès s'ouvre, au matin du 9 mars 1976, au palais de justice d'Aix-en-Provence. Comme quatre ans plus tôt au procès de Buffet et Bontems, une foule hostile s'est massée pour accueillir l'accusé avec les mêmes cris de haine. Des pétitions réclamant la peine de mort circulent dans la foule. Des graffiti demandant la mort ont été tracés sur les murs et les escaliers du Palais.

Le magistrat qui va diriger le procès s'appelle Jacques Antona. De par la rondeur de son visage et sa corpulence, il émane à première vue de sa personne la bonhommie rassurante d'un provençal d'âge mûr. C'est donc par ses mots, par sa parole qu'il doit asseoir son autorité. Il sait que la vie d'un homme est en jeu et est bien conscient de l'extrême tension dans laquelle va se dérouler le procès : il commence donc par lire les articles du Code pénal et les sanctions qui menacent ceux qui seraient tentés de perturber le déroulement des débats : expulsion immédiate et placement sous mandat de dépôt. Qu'on se le dise, le public est prié de se tenir tranquille.

Une femme a été sollicitée par un élu pour être jurée lors de cette session. Elle s'appelle Geneviève Donadini. L'élu qui a fait appel à elle l'a avertie que lors de cette session il y aurait un procès phare, celui de l'assassin de la petite Marie-Dolorès qui a suscité tant d'émotion au mois de juin 1974. Mais il l'a rassurée : si elle est tirée au sort, elle sera certainement récusée. L'idée courante de l'époque est que les avocats de la défense ne laisseront pas participer une femme, surtout une mère de famille, à un jugement à l'encontre de l'assassin d'un enfant. Pour avoir été un jour tiré au sort sur les listes électorales pour faire partie d'un jury d'assises, je peux attester que c'est un préjugé hasardeux : un homme, un père de famille peut être encore plus sévère qu'une femme, par exemple s'il a une fille de l'âge de la victime, et particulièrement dans le cas d'un crime à caractère sexuel.

Lorsque les noms des jurés sont tirés au sort, le nom de Geneviève Donadini est cité. Elle hésite à se lever et à s'avancer, car elle attend qu'un avocat de la défense lance un « récusée ! ». Mais rien ne se passe. Comme elle reste assise, le président du tribunal, Jacques Antona, doit lui faire signe et lui adresser un « Allez-y, Madame ». Elle se souviendra toute sa vie de cet instant. Elle sera l'unique femme jurée de ce procès qui restera dans les mémoires.

On fait entrer l'accusé. Et Christian Ranucci apparaît.

Dès les premières minutes, il met mal à l'aise. La foule a gardé de lui l'image du jeune homme en chemise rayée, jeune et le trait fin, les cheveux ondulés, celui des photos prises à l'Évêché les 5 et 6 juin 1974. Ce sont en fait ses dernières photos, celles que la presse va publier dans les jours qui vont suivre, celles qu'elle publiera encore le matin de son exécution. Mais ce n'est plus le même Christian Ranucci. Il a déjà passé près de deux ans en prison et il a vieilli. Il a le visage émacié, les cheveux courts. Il est bien habillé, presque trop, avec un costume bleu vif et un sous-pull blanc. Tiré à quatre épingles, un détail choque : sa mère lui a apporté une grande croix, que l'on qualifiera d'épiscopale, qu'il porte ostensiblement autour du cou comme le ferait un premier communiant revêtu de son aube. Elle indispose les jurés, le public et jusqu'à ses avocats. Jean-François le Forsonney y reconnaîtra plus tard une erreur : il n'a pas préparé son client à bien « présenter » pour le procès qui va décider de sa vie ou de sa mort.

La première impression, dit-on d'un entretien d'embauche ou d'un interrogatoire, celle qui s'établit dans les premières minutes, est celle qui reste. C'est souvent le cas dans un procès. Et Christian Ranucci engage mal les choses.

Dès ses premiers mots, un fossé se creuse entre l'assistance et lui : il se déclare d'emblée innocent, ce qui bien évidemment déclenche un brouhaha dans la foule. Puis il répond avec insolence au président du tribunal qui commence à dresser un portrait de sa personnalité. Il est inconscient du fait que lorsque l'on décrit les manques de son enfance, notamment son absence de père, c'est en réalité une perche qu'on lui tend pour lui trouver éventuellement des circonstances atténuantes. Il répond au contraire qu'il a eu une enfance parfaitement normale, bref, qu'il est normal : ce faisant, il ne se rend pas compte que, s'il est reconnu coupable, il se présente comme pleinement responsable du crime qu'il est accusé d'avoir commis. Il cherche même à mener le débat. Et évidemment, il ne pourra exprimer le moindre repentir ou la moindre compassion pour la famille de la victime, notamment pour Pierre Rambla qui est présent dans la salle. Il s'exprime comme si le crime du 3 juin 1974 ne le concernait pas. Le capitaine Gras, qui a conduit la battue au cours de laquelle la victime a été retrouvée, et qui est présent dans l'assistance, confiera s'être dit dès cet instant à lui-même : « Mon gars, c'est mal parti pour toi ».

Ranucci est-il, comme le suppose Gilles Perrault dans son dernier ouvrage[17], sous l'emprise de la fiole, ce cocktail de calmants puissants que l'on glisse dans la nourriture des détenus pour éviter les émeutes ? C'est possible et cela expliquerait en partie son comportement désastreux, par moments insolent, agressif et antipathique, par moments apathique comme s'il était absent. Geneviève Donadini affirme dans un livre publié en 2016[18] que son antipathie a renforcé la conviction de sa culpabilité chez les jurés. Mais elle reconnait aujourd'hui dans ce même livre que, s'il était innocent, cela pourrait également largement expliquer son agressivité.

Les jurés, les magistrats et les journalistes attendent beaucoup des explications de la psychologue, Myriam Colder, ainsi que des trois psychiatres dont le professeur Sutter.

Le professeur Sutter ne s'est jamais posé jusqu'à ce 9 mars la question de la culpabilité de Ranucci. Il ne l'a pas revu depuis le mois de septembre 1974, et à cette date, l'inculpé ne niait pas son crime. Assermenté, il ne peut affirmer autre chose que son diagnostic de médecin. Mais il est contre la peine de mort et il sait que l'ombre de la guillotine plane dans le prétoire : il est donc enclin à exposer les détails du rapport qu'il a signé de manière à ce qu'on les interprète comme des circonstances atténuantes. Si l'accusé n'était pas en état de démence au sens juridique du terme, ce qui lui aurait permis d'échapper complètement à la justice, il a tué sur le coup d'une émotion portée à son paroxysme, en l'occurrence par un accident de voiture et l'arrivée des Aubert. D'un point de vue psychiatrique, ce n'est pas la même chose. À l'écouter, l'assistance et les jurés peuvent en déduire qu'il y a, pendant l'instant où l'irréparable est commis, une incapacité à contrôler ses gestes. Pour le profane, cela signifie que le crime a été commis dans un moment de folie, mais non qu'il s'agit de l'acte d'un fou.

Face à lui, la défense veut plaider l'innocence de l'accusé. Paul Lombard demande au psychiatre si un acte pareil peut être commis par quelqu'un de normal. Et le praticien répond « oui ». C'est écrit dans le rapport qu'il a signé : non seulement l'accusé ne souffre d'aucune pathologie altérant son rapport à la réalité et aux autres, mais de plus son émotivité, quoique supérieure à la moyenne, se tient « dans les limites de la normale ». Donc Ranucci est normal, y compris d'un point de vue émotionnel. Comme il est coupable, on a sous les yeux la preuve vivante que quelqu'un de normal est donc capable de commettre un crime d'un rare degré d'atrocité : le nier reviendrait pour le professeur Sutter à se contredire.

Paul Lombard aurait sans doute aimé que le professeur Sutter utilise un mot évoquant une anormalité. Non pas pour atténuer la responsabilité de son client, puisqu'il allait plaider l'innocence. Cela lui aurait permis de dire qu'on ne pouvait dire à la fois que quelqu'un est normal – ce que confirme le rapport – et qu'il puisse sous le coup d'une émotion violente donner quinze coups de couteau à une fillette de huit ans. Et donc en déduire que Ranucci n'avait pas le profil d'un criminel. En ne poursuivant pas plus loin ses questions, l'avocat donne à l'assistance l'impression de marquer un but contre son camp. Lorsqu'il se retire, le psychiatre a le sentiment qu'on lui a posé peu de questions, alors qu'il s'attendait à en recevoir beaucoup plus de la part des avocats de la défense.

Après les débats sur la personnalité de l'accusé commence l'audition des témoins. La règle veut que les premiers soient les témoins de l'accusation. L'unique témoin majeur de l'enlèvement, Eugène Spinelli, qui n'a jamais été entendu par Ilda di Marino, n'y figure pas. Fait peu fréquent dans les annales judiciaires, il est cité par la défense.

Les époux Aubert sont quant à eux les témoins clé de l'accusation. Très bien habillés, costume et cravate pour Alain qui fait figure de jeune cadre dynamique, somptueux manteau de fourrure qui fait sensation pour Aline, ils sont arrivés accompagnés du commissaire Alessandra, ainsi que de Vincent Martinez. Ils posent bien, même si Paul Lombard exécute littéralement le témoignage d'Aline Aubert qui prétend toujours avoir vu Christian Ranucci sortir de son véhicule en tirant un enfant. Selon l'avocat, la portière du côté conducteur était bloquée par l'accident, le conducteur était donc nécessairement sorti du côté passager. Il ne saurait donc être sorti de son véhicule avant l'enfant. Le chroniqueur judiciaire Frédéric Pottecher, présent dans la salle grommelle : « *C'est pas possible des témoignages comme ça !* ».

L'argument est pourtant faible si l'on y prête attention. Dans un coupé, la fillette aurait pu être assise à l'arrière, ce qui expliquerait que Vincent Martinez n'ait pas distingué de passager du moins sur le siège avant ; Ranucci aurait pu sortir par la porte côté passager, puis faire basculer le siège passager pour permettre à la fillette de sortir. Mais comme nous le verrons plus tard, ce serait contraire aux aveux de Ranucci : il prétend que la fillette, initialement montée à l'arrière, s'était ensuite assise sur le siège avant après une halte.

Vincent Martinez n'a, quant à lui, rien d'autre à dire que ce que l'on sait déjà. Il a reconnu en Ranucci le conducteur du coupé 304 qu'il a percuté, et il n'a pas vu lui-même d'enfant dans le véhicule. Personne n'a jamais entendu et n'entendra jamais de variation dans son témoignage.

Puis ce sont les témoins de la défense. Eugène Spinelli continue de prétendre, comme il le prétendra toute sa vie qu'il se souvient avoir vu une Simca 1100. Mais quand on lui demande s'il en est sûr, il répond évasivement que l'on ne peut être sûr de rien. On fait passer aux jurés des photos des deux modèles. Dans un film tourné il y a quelques années sur l'affaire[19], on voit les jurés examiner deux photos prises de derrière et de près, laissant largement croire qu'une confusion est possible. Cet angle de vue n'est pas celui d'Eugène Spinelli, qui a vu la voiture de trois quarts arrière. On ne sait en toute rigueur comment ont été prises les photos montrées aux jurés, mais il est bien certain qu'elles n'ont pas laissé s'immiscer dans leur conviction le moindre doute quant à la possibilité d'une confusion entre les deux modèles. Lever tout doute sur ce point était indispensable pour amarrer aux jurés la conviction que Ranucci était bien le ravisseur.

Geneviève Donadini, lorsque j'ai pu m'entretenir avec elle en mars 2018, n'avait plus de souvenir des photos en question pour une raison bien simple : comment ces photos auraient-elles pu marquer son esprit au milieu de photos atroces montrant le corps désarticulé de la petite victime, ou de pièces à conviction telles qu'une petite chaussure ou un couteau ensanglanté que les jurés se passaient de main en main ? Tous les documents présentés, toutes les pièces à conviction mises entre les mains des jurés n'avaient qu'un seul but : leur faire toucher l'horreur du crime, ce qui rendait le discernement sur la culpabilité ou l'innocence de l'accusé plus compliqué. La seule chose qui atténuait le choc émotionnel, c'est que toutes les photos, et notamment celles du petit cadavre étaient en noir et blanc.

On touche là à un point de débat : comment faire mémoire de la petite Marie-Dolorès et de sa fin tragique ? Les photos prises par les gendarmes le 5 juin 1974 ne sont pas connues du public. Elles n'ont pas à l'être. Seules sont connues les photos où on la voit, souriante, pleine de vie. Pour le public, cela suffit. Mais pourquoi cela ne suffirait-il pas pour des jurés tirés de leur anonymat, non familiers des affaires criminelles et de leurs détails sordides ? Dans un procès d'assises, la mémoire de la victime d'un crime pourrait aussi se faire dans la description des faits, dans la lecture d'un procès-verbal, dans des schémas. Mais la justice a toujours choisi de le faire avec des photos. La pression mise sur les jurés n'en est que plus intense et le verdict n'en est donc que plus émotionnel.

Paul Martel, le gardien de la cité des Cerisiers, lui aussi convoqué par la défense, confirme formellement avoir vu de près un pédophile passé aux gestes et vêtu d'un pull-over rouge, semblable à celui figurant parmi les pièces à conviction. Devant la cour, il déclare qu'il n'avait pas reconnu Ranucci lors du tapissage, qu'il s'étonne se trouver convoqué dans ce procès puisque son pédophile au pull-over rouge n'était pas Ranucci. Si Ranucci est coupable, alors ni le pull-over rouge, ni l'homme vu de près par Paul Martel n'ont quelque chose à voir avec le meurtre de Marie-Dolorès Rambla. Ils concernent un pédophile avéré qui n'a rien à voir avec l'affaire. Peu importe donc qu'un pull-over rouge ait été retrouvé dans la champignonnière, près du lieu de découverte du corps. L'accusation va devoir s'accrocher à cette thèse.

La défense, de son côté, a surtout mis ses espoirs dans le témoignage de Jeannine Mattéi. Après avoir hésité, celle-ci accepte finalement de venir témoigner sur la tentative d'enlèvement dont sa fille et une de ses amies ont elles aussi, prétend-elle, été victimes. Elle va également évoquer la tentative d'enlèvement sur le petit garçon frisé, qu'elle affirme avoir vue de ses propres yeux. Jeanne Barraco a également été citée. Mais elle ne viendra pas témoigner.

D'origine polonaise, ancienne déportée, s'exprimant d'une voix à peine audible dans un français imprécis avec un fort accent étranger, chétive, le teint blafard, Jeannine Mattéi inspire d'emblée peu confiance. À la différence des époux Aubert, arrivés à la cour d'assises avec le commissaire Alessandra qui ne peut pas ne pas les avoir bien conseillés, elle ne s'est pas préparée à témoigner, à répondre aux questions difficiles, à éviter les pièges qui peuvent lui être tendus. Son apparence physique et son expression enlèvent toute valeur à son témoignage. C'est sous les ricanements de l'assistance qu'elle parle d'un homme qui aurait tenté d'enlever sa fille ou une de ses amies en prétextant avoir perdu un chien noir, puis d'un homme en pull-over rouge qui tente d'enlever un petit garçon sous ses yeux en le faisant monter dans une Simca 1100 grise. Elle le fait comme un élève qui récite une leçon qu'il a mal apprise. Face à Gilbert Collard, le jeune avocat de la famille Rambla, s'exprimant devant un public qui lui est acquis, avec l'aisance oratoire de sa profession et un accent provençal digne d'un film de Pagnol, le combat est inégal.

Gilbert Collard, comme toute l'assemblée, n'en croit pas un mot. C'est courtoisement qu'il va démolir son témoignage. Il procède par étapes : d'abord, il fait dire à Jeannine Mattéi qu'elle a connu Héloïse Mathon parce qu'elle allait rendre visite à son propre fils, également incarcéré aux Baumettes : le public peut donc imaginer que ce dernier connaissait Ranucci. Il lui fait ensuite sans difficulté reconnaître qu'elle a voulu aider Héloïse Mathon – ce qui est exact. Il referme le piège : son témoignage est à l'évidence un faux témoignage imaginé par Ranucci avec un complice dans la prison. Il lui fait observer que sa fille et celle de Carole Barraco ont été abordées un vendredi. Cela voudrait-il dire que Jeannine Mattéi est une bohémienne dont les enfants ne sont pas scolarisés ? Elle affirmera quelques années plus tard à Gilles Perrault s'être souvenue en sortant du tribunal que ses enfants n'avaient pas classe ce jour-là. Le témoignage sur lequel les avocats de Ranucci mettaient tous leurs espoirs est démoli, et Jeannine Mattéi est soupçonnée d'être complice d'Héloïse Mathon. Elle sera prise à partie, insultée et agressée en sortant du tribunal ; Pierre Rambla lui enverra même une lettre d'injures.

À la différence de Paul Lombard, qui a attaqué le témoignage d'Aline Aubert, Gilbert Collard n'a attaqué que le témoin, non le contenu de son témoignage.

Dans l'esprit de l'assistance, comme de celui de beaucoup de personnes qui ne sont pas familières de la justice ou des institutions pénitentiaires, les prisons sont des regroupements de malfaiteurs divers mais tous complices et tous solidaires. C'est très loin d'être la réalité. Certes, les réseaux de malfaiteurs, de trafiquants de drogue, les mafias de tout poil s'y créent, recrutent, s'y retrouvent ou s'y entretiennent. J'ai donné, alors que j'étais étudiant, des cours d'anglais à la prison de la Santé à Paris, et je visite aujourd'hui des prisonniers dans une maison d'arrêt près de chez moi. Entre prisonniers, il y a des méfiances, des peurs mutuelles de dénonciations, de témoignages à charge de la part d'un ancien complice qui se repentirait pour diminuer la durée de sa peine, et notamment pour les prévenus, ceux n'ont pas encore été condamnés. J'ai plusieurs amis prêtres, aumôniers de prison ou chargés de pastorale dans le milieu pénitentiaire qui sont unanimes sur ce point. Et tous savent également que prévenus et détenus établissent une hiérarchie « d'honneur », si l'on peut dire, en fonction de la raison pour laquelle chacun est arrivé en prison. En fonction du crime ou du délit commis, le nouveau venu sera considéré avec plus ou moins de respect par ses pairs. Au sommet de cette hiérarchie intrinsèquement perverse figure celui qui a tué un représentant de l'ordre. C'est une révoltante réalité. Lorsqu'une jeune policière qui vient de mettre au monde un enfant ou quand un gendarme père de famille disparaît à moins de trente ans, celui qui a tranché leur vie reçoit, dans l'univers carcéral, un virtuel bâton de maréchal. À l'opposé, tout en bas de l'échelle, figurent les pédophiles et les infanticides, et c'est la position qu'occupe Ranucci aux Baumettes, celle de celui que personne ne fera rien pour aider. Patrick Dils, accusé et condamné à tort pour infanticide dans les années 80, racontera les sévices qu'il a subis au-delà du terrible sort qui a été le sien, quinze années durant, années passées en prison pour un crime qu'il n'avait pas commis.

Il est impensable que Ranucci ait pu bénéficier d'une quelconque complicité aux Baumettes pour produire un faux témoignage. Mais cela correspond à l'image que l'assistance a du milieu de la prison. En revanche, il est vrai qu'il se crée dans les attentes des parloirs de vraies solidarités entre les mères ou les épouses de détenus, unies dans les complications de la vie et les tourments judiciaires qu'elles vivent au quotidien. On peut donc intellectuellement imaginer que Jeannine Mattéi ait été complice d'Héloïse Mathon dans la production d'un faux témoignage. Les faux témoignages s'échangent certes pour se rendre un service, pour atténuer la peine d'un cambrioleur, d'un voleur à la tire, d'un petit dealer. Mais qui viendrait à la rescousse d'un assassin d'enfants ? Quelle mère de famille, surtout d'une famille nombreuse de huit enfants qui pourraient eux aussi être demain victimes d'un crime similaire, ferait ainsi si elle n'était convaincue de l'innocence de l'inculpé ? Si jamais Jeannine Mattéi a menti, c'est sous influence si ce n'est sous emprise d'Héloïse Mathon.

Le président du tribunal, Jacques Antona, reprend les commandes : « *C'est grave, un faux témoignage devant une cour d'assises !* » Jeannine Mattéi ne risque rien de moins qu'une inculpation pour faux témoignage. Livide, elle s'entend finalement dire : « *Vous pouvez disposer* ». Non seulement son témoignage n'a convaincu personne, mais en plus la défense est suspectée de produire de faux témoins. Comment les jurés pourraient-ils alors accorder la moindre importance au témoignage de Paul Martel, qui a vu de près l'homme au pull-over rouge avant qu'il n'agresse les deux sœurs Albertini ? N'est-il pas lui aussi une production de la défense pour innocenter un criminel ? Que fait-il là ?

Puis vient le moment de la plaidoirie de la partie civile. Gilbert Collard prend la parole. Dans ce concert qui se joue entre avocats et magistrats, c'est lui qui joue la partie la plus facile. Il a le public avec lui, il a pour lui sa jeunesse, son charme. La seule difficulté de sa situation est de rester digne dans une affaire où il serait facile de déraper. Il est là pour représenter, pour parler au nom d'une famille brisée, une famille « *qui a perdu sa raison de vivre* ». Il y a deux paradoxes dans sa plaidoirie : le premier, qu'il mentionne explicitement, c'est qu'en tant qu'avocat il devrait défendre quelqu'un qui a besoin d'être défendu. Or la famille Rambla n'en a pas besoin, il est ici l'avocat d'une partie civile dont le préjudice n'est ni monnayable, ni réparable. Le second paradoxe de sa plaidoirie est que dans cette partie où se joue la vie de l'accusé, c'est lui qui, à la différence de Paul Lombard et de Jean-François Le Forsonney qui s'épuiseront à réclamer un improbable acquittement, va tout tenter afin qu'il soit accordé à Ranucci les circonstances atténuantes. Il va s'exprimer en disciple de son mentor, le très abolitionniste Émile Pollak.

Il s'adresse à Ranucci, évoque son âge – l'accusé est à peine plus jeune que lui. Sous-entendu, c'est jeune pour mourir. Sa plaidoirie vire à la supplique :

« *Je ne supporte pas de faire ce chemin avec vous* ». C'est un jeune qui parle à un jeune, lui qui a réussi, et qui parle à celui que la vie a marqué avant qu'il ne devienne un assassin. Il voudrait que Ranucci évoque son père tailladant le visage de sa mère lorsqu'il avait trois ans. Il exhorte l'accusé à demander pardon, à parler. « *Je voudrais que vous nous disiez que vous avez fait cela, et que nous essayions ensemble de comprendre comment est morte une enfant de huit ans* ». Et il utilise le mot « ensemble ». Ranucci reste un homme, fût-il un assassin. Mais face à ce jeune avocat qui n'a éprouvé aucune peine à conquérir le public, l'accusé reste de marbre. De ce Ranucci qu'il tient évidemment pour coupable, Gilbert Collard a tenté désespérément d'arracher un remords, une émotion. Il n'a rien eu. Il conclut en disciple de son mentor, Emile Pollak. Au lieu de demander la peine de mort – ce qui est le rôle de l'avocat général – ou même d'en évoquer la possibilité, il exprime simplement le vœu que toute sa vie durant, Ranucci regrette son acte, que sa mémoire soit hantée par « *un chagrin qui ne s'arrête jamais* ». Une formule qui signifie sans ambigüités le vœu d'une condamnation perpétuelle, mais non d'une sentence capitale.

Au-delà de l'émotion ressentie par toute l'assistance, la plaidoirie de Gilbert Collard va surtout laisser un souvenir paradoxal dans les mémoires : il est peut-être, dans ce procès, celui qui a le mieux défendu Ranucci. Le soir, après le verdict, il sera pris à partie par le public pour ne pas avoir réclamé la mort.

Après l'émouvante plaidoirie de Gilbert Collard vient le moment tant redouté du réquisitoire. Le ton change. Armand Viala, l'avocat général, plaide la mort, d'emblée, sans hésiter. Il dira plus tard qu'il a su qu'il demanderait la mort en découvrant les photos du dossier. S'il réclame la mort, c'est pour trois raisons : d'abord parce que Ranucci est coupable, ensuite parce qu'il est entièrement responsable de son crime – donc qu'il ne mérite aucune circonstance atténuante –, et enfin parce que c'est la loi. Il est là pour offrir à la foule la tête qu'elle réclame sur un plateau. Dans une justice qui pratique la peine de mort, c'est son rôle. Dans les années qui suivront et jusqu'à la loi d'Abolition de 1981, on verra des avocats généraux plus nuancés évoquer à mi-mots un problème de conscience, avec des formules du genre : « Je ne suis pas favorable à la peine de mort, mais dans le cas présent, je suis obligé de la réclamer[20] ».

On a écrit d'Armand Viala qu'il n'était pas favorable à la peine de mort. Mais en ce jour, il ne s'embarrasse pas du problème. Il ne se contente pas de réclamer la justice qui tue. Il rappelle sa légitimité. Sa seule honnêteté est de s'abstenir d'en faire un panégyrique. On ne voit en lui nulle soif de sang pour racheter le sang. Ainsi reconnait-il qu'à la fin de ce procès il n'y aura pas un gagnant et un perdant, mais qu'il n'y aura que des perdants. Il cite

Hemingway : « *On ne demande pas pour qui sonne le glas. Il sonne pour moi, il sonne pour toi, il sonne pour l'humanité tout entière* ». À la fin de son intervention, il va invoquer Dieu lui-même : « *Et puis il y a là, debout près de moi, Marie-Dolorès. Elle est là, Ranucci, elle vous regarde. Alors, que Dieu vous assiste car vous êtes au-delà de la pitié des hommes.* »

Geneviève Donadini racontera quarante ans plus tard en avoir été choquée parce que, malgré son éducation religieuse, elle était très attachée à la laïcité des institutions et de la justice.

Dans la bouche d'Armand Viala, Ranucci est déjà face à sa mort. Marie-Dolorès Rambla est là, effectivement. Elle est présente dans la mémoire de tous les vivants qui assistent au procès. Sa fin est un film qui tourne en boucle dans l'imaginaire de chacun d'eux. Dans l'imaginaire de tous. Sauf dans celui de Christian Ranucci qui montre trop qu'il n'a en tête que son propre sort, et dans celui de sa mère, de plus en plus angoissée au fur et à mesure qu'elle voit se profiler le pire.

Puis Jacques Antona décide de ne pas attendre la pause de midi pour donner la parole à la défense. Les avocats ont convenu que Jean-François Le Forsonney parlerait le premier. Paul Lombard quitte la salle pour s'octroyer un moment de pause. Comme au début de l'instruction, son jeune associé se retrouve seul dans l'arène, presque désemparé. Paul Lombard, sur les épaules duquel repose le sort du condamné, a un geste de fuite devant le combat, tout comme lorsqu'il a reçu pour la première fois Héloïse Mathon, deux ans plus tôt.

Jean-François Le Forsonney plaide d'abord la jeunesse de l'accusé, la gravité de la peine de mort, cette « vieille ennemie ». À l'instar de Gilbert Collard, il a lui aussi sa jeunesse pour lui. Mais lorsqu'il commence à évoquer la thèse de l'innocence, il sent, il le dira plus tard, qu'il n'atteint pas les jurés. Les mots se perdent. Sans doute, leur opinion est déjà faite depuis le fiasco du témoignage de Jeannine Mattéi. Il est jeune, trop jeune, et l'assistance comprend que la cause le dépasse. Geneviève Donadini racontera quarante ans plus tard qu'en ces moments il fait presque pitié.

La pause de midi donne un bref répit aux défenseurs. Ils déjeunent de maigre appétit. Jean-François Le Forsonney a peur : il sait qu'il n'a pas convaincu les jurés. C'est son maître qui va devoir s'exprimer maintenant et il ne l'a jamais vu aussi inquiet.

Enfin, après le temps du déjeuner, le procès entame sa dernière ligne droite. C'est au tour de Paul Lombard, dernier espoir de l'accusé, de s'exprimer. C'est alors qu'il est victime d'une extinction de voix. Serait-ce là un effet psychosomatique du stress, lorsqu'un avocat brillant et sûr de lui doit défendre une cause devant un public qu'il sait hostile ? On dépêche alors un commissionnaire pour acheter rapidement un médicament qui va lui permettre, tant bien que mal, de mettre en œuvre ses talents oratoires.

Robert Badinter aura une mésaventure similaire quelques années plus tard : cela surviendra le matin du jour où il plaidera l'Abolition devant un Sénat dominé par la droite, en 1981. Refroidissement d'automne ou effet psychosomatique du stress ?

Paul Lombard prend donc la parole. C'est de lui que dépend la vie ou la mort de son client, et il le sait. Ce jour-là, il joue la partie la plus difficile de sa carrière. Il croise le fer avec l'ennemi le plus implacable qui soit, une opinion publique qui a soif de sang, une opinion qu'il n'a jamais croisée autant chauffée à blanc pour décapiter un jeune homme.

Il doit d'abord régler une première difficulté : son client a été tellement insolent, tellement odieux qu'il n'a pas su susciter la moindre sympathie. Celui-ci n'a pas manifesté la moindre compassion pour la famille de la victime ni le moindre respect pour les institutions, notamment la police et la justice qui l'ont pris dans leurs rets. De par ses déclarations, de par son attitude arrogante et son ton hautain, Christian Ranucci a construit en ces deux jours l'image qu'il va laisser dans la mémoire des vivants : un jeune homme odieux, sans aucune empathie, irrespectueux des institutions, injurieux, menteur et sûr de son droit. À personne avant le 3 juin 1974, il n'avait laissé l'image d'un homme violent. À tous ceux qui ont assisté aux audiences, il a offert le portrait du parfait assassin. Les deux années qu'il vient de passer en prison ne l'ont pas transformé seulement physiquement, mais aussi psychologiquement, et pour le pire. Dans l'arène où il est descendu, Paul Lombard ouvre donc le combat en disant qu'il fait face non pas à deux mais à trois adversaires : il y a évidemment Armand Viala et Gilbert Collard, mais le plus redoutable de ses adversaires, c'est Christian Ranucci lui-même. On note que dans cette ouverture, Paul Lombard centre le combat non sur son client mais sur lui-même, comme si ce qui se jouait n'était pas le combat de Ranucci, mais le sien.

C'est un immense terrain perdu que Paul Lombard doit regagner.

L'avocat commence par attaquer la « religion des aveux », dont il défend l'« irresponsabilité » : en avouant, Ranucci n'a pas compris ce qu'il faisait. Puis il attaque méthodiquement la thèse de l'accusation, démolit les témoignages, selon lui à l'évidence faux, des époux Aubert. Il défend la solidité de la thèse que l'homme au pull-over rouge, auteur de plusieurs tentatives d'enlèvement et d'agressions sexuelles dans les rues de Marseille dans les jours ayant précédé le crime, dans la cité des Cerisiers et dans la cité des Tilleuls. Il livre donc son intime conviction : celui-ci est le vrai meurtrier de Marie-Dolorès Rambla, et cet homme n'est pas l'accusé. Peu à peu, l'homme au pull-over rouge que Gilbert Collard décrivait dans la matinée comme un « fantôme » reprend corps. L'accusation est malmenée. Dans l'assistance, on s'interroge. Aurait-on cherché à la berner ? Paul Lombard sait qu'il a peu de chances d'obtenir un acquittement, aussi sa stratégie est-elle de faire naître le doute dans l'esprit des jurés. À défaut d'entrainer la libération de l'accusé, cela devrait au moins épargner à son client la peine capitale.

Geneviève Donadini raconte quarante ans plus tard que les plaidoiries ont mis les jurés sous une extrême pression psychologique. Entre témoignages à charge et témoignages à décharge, elle confie être passée plusieurs fois de la certitude au doute puis du doute à la certitude. Paul Lombard a commencé par plaider contre la peine de mort, laissant les jurés imaginer qu'il ne croyait pas à l'innocence de son client. Puis il a plaidé son innocence, donnant l'impression de se contredire. Et tout ceci se déroule tandis qu'au dehors, on entend la foule qui continue de hurler sa haine et de réclamer la mort.

C'est alors que Paul Lombard se rassied qu'il se produit ce que personne n'avait osé imaginer : à la fin de la plaidoirie de la défense, l'avocat général Armand Viala, déterminé à ne pas laisser échapper la tête qu'il veut offrir à la foule, viole la règle qui lui interdit d'intervenir après les avocats de la défense. Frédéric Pottecher n'en croit pas ses oreilles : « *On n'a jamais vu ça !* ». Armand Viala brandit les procès-verbaux des auditions des témoins des agressions dans les cités des Cerisiers et des Tilleuls. « *On les a retrouvés, les témoignages !* » Et il prend le témoignage du jeune Jean-Claude Jaglasse, celui faisant état d'un homme avec un pull-over vert. « *Un pull-over vert. Vous entendez ? Vert !* » Le procès-verbal est authentique : dans les témoignages sur les tentatives d'agression évoqués par la défense, celui de Jeannine Mattéi étant définitivement démoli, il en reste deux qui font état d'un homme vêtu d'un pull-over rouge – ceux de Paul Martel et de Jean Albertini. Mais il y a malheureusement un quatrième témoignage – celui de Jean-Claude Jaglasse – qui fait état d'un homme vêtu d'un pull-over vert, et qui n'a peut-être rien à voir avec l'affaire (pour rappel, l'homme au pull-over vert s'est enfui à bord d'une Citroën Dyane bleu ciel, non d'une Simca 1100, n'a jamais parlé de chien perdu et n'a invité personne à monter dans sa voiture). Armand Viala ne cite évidemment que ce dernier, pour renverser la situation et faire accréditer que la thèse de l'homme au pull-over rouge est une invention des avocats de l'accusé. Les jurés pourront donc s'autoriser à penser que le pull-over rouge présent, pièce à conviction, même s'il a été retrouvé à l'endroit précis de la champignonnière où le véhicule de Ranucci était immobilisé, n'a aucun rapport avec l'affaire, ou alors qu'il appartient à Ranucci, en dépit de ses dénégations.

La défense, abasourdie, n'a rien d'autre à opposer que son indignation et d'évoquer la peur de l'avocat général. Les plaidoiries de la défense s'achèvent donc dans le désastre, par une démolition préméditée par l'avocat général de la piste de l'homme au pull-over rouge. Pour l'assistance, comme pour les jurés, il n'y a plus de doute : on s'est moqué d'eux, ce pédophile n'a peut-être jamais existé, la piste de l'homme au pull-over rouge a été montée de manière machiavélique avec un faux témoin parce que susciter le doute dans la tête des jurés était la seule chance de sauver la tête d'un coupable indéfendable.

L'initiative de Paul Lombard de réunir la presse pour leur annoncer qu'il allait défendre la thèse de l'innocence de Ranucci était sans doute utile pour y préparer l'opinion. Mais il prenait le risque de communiquer à l'avance les arguments qui allaient être les siens. Robert Badinter, dans son récit du procès de Patrick Henry, explique que, pour convaincre un jury d'assises dans une cause désespérée, la meilleure tactique est de surprendre. Pourquoi ce témoignage de Jean-Claude Jaglasse, qui n'a peut-être aucun rapport avec l'affaire, jaillit-il comme le diable d'un bénitier à la fin du procès entre les mains de l'avocat général ? En annonçant la thèse qui serait la sienne avant le procès, Paul Lombard aurait-il permis à Armand Viala de préparer un coup fourré avec l'assistance de la police ? Ou bien les hommes du commissaire Alessandra se seraient-ils dépêchés, pendant que Paul Lombard plaidait, de transmettre à Armand Viala le témoignage sur cet homme au pull-over vert ? On ne le saura jamais avec certitude. Une évidence s'impose : l'irruption du pull-over vert après les plaidoiries de la défense ne saurait être le fait d'un hasard.

Mais les plaidoiries sont terminées. Le président du Tribunal demande à l'accusé s'il a quelque chose d'autre à déclarer. C'est sa dernière chance de modifier l'impression qu'il va laisser aux jurés avant qu'ils ne débattent pour rendre leur verdict. Sans doute incité par ses avocats à changer de comportement, il répond respectueusement : « *Non, Monsieur le président* ».

Les jurés se retirent dans une petite salle pour délibérer. Depuis le matin de la veille, ils ont entendu la foule à l'extérieur du palais scander sans discontinuer *« À mort ! À mort ! »*. Astreints au secret des délibérations, ils n'ont pas le droit d'en révéler le contenu, ni de dire ce pour quoi ils ont voté sous peine de condamnation. Geneviève Donadini, seule femme du jury, évoque quarante ans plus tard son souvenir des hurlements de haine de la foule qui montaient de la rue... Mais elle continue, quarante ans plus tard, de respecter strictement son serment et de tenir le secret quant aux délibérations, et ce d'autant plus qu'elle a été avertie à ce sujet que « le Parquet l'a à l'œil ». Cette pression est suspecte : le jury comprenait neuf jurés étrangers au milieu judiciaire et trois magistrats professionnels : y aurait-il eu des éléments complémentaires, non communiqués en audience, qui auraient été mentionnés pendant la délibération, pour enlever toute poussière de crédibilité à la thèse de l'homme au pull-over rouge ? Ou toute autre violation de procédure ? Ou encore de pression des magistrats soutenant que la foule agresserait les jurés si la sentence n'était pas capitale ? Ou bien de recommandations du type : « Demandez la mort pour calmer la foule, Giscard le graciera car il est trop jeune » ? Il convient de respecter le silence de la jurée : on ne peut faire là que des spéculations. Les hypothèses que je dresse ici n'engagent que moi et ne m'ont été suggérées par personne. Pourtant l'un des jurés, un certain Jacques Blaty, cadre dans une compagnie d'assurances, se livrera plus tard dans une interview : il a voté la mort parce que l'accusé n'avait pas émis de remords, justification qui n'engage que lui. Il n'a, en ce qui le concerne, jamais été inquiété.

Après un peu plus de deux heures de délibération, la culpabilité de Ranucci est reconnue, très probablement à l'unanimité du jury. Les circonstances atténuantes sont refusées par au moins 8 voix, majorité nécessaire pour prononcer une sentence capitale. Le châtiment, ce sera donc la mort.

La sonnerie retentit, annonçant que la cour va rendre son verdict. Beaucoup de monde se presse dans la salle. Héloïse Mathon attend dans une salle à l'écart avec Monique M'Bodj, l'ancienne petite amie de son fils, qui est venue assister au procès. La fiancée de Jean-François Le Forsonney ne peut pénétrer dans le prétoire. Les jurés entrent, l'air sinistre. Paul Lombard n'ose pas les regarder. Il s'adresse à Jean-François Le Forsonney qui croise le regard de Geneviève Donadini, regard qui se fige lorsque Christian Ranucci réapparaît. Le jeune avocat, qui a compris ce que cela signifiait, murmure à l'oreille de son patron : « *C'est foutu* ».

Avant d'annoncer le verdict, le président Antona, sur un ton particulièrement sévère, a annoncé qu'il ne tolérerait aucune manifestation d'approbation ou de désapprobation de la sentence. Puis il énonce les réponses des jurés aux questions qui leur ont été posées : oui, l'accusé est coupable d'avoir enlevé Marie-Dolorès Rambla ; oui l'accusé est coupable d'avoir tué Marie-Dolorès Rambla ; oui, la mort a bien suivi l'enlèvement ; oui l'enlèvement a bien été suivi de mort ; oui, il y a bien eu préméditation ; non, il n'y a pas de circonstances atténuantes. Personne n'ose murmurer. « *Christian Ranucci, la cour vous condamne à la peine de mort. Vous avez cinq jours pour vous pourvoir en cassation* ».

Le silence n'est interrompu que par des toux, mais aussi quelques discrets sanglots. Monique M'Bodj et Héloïse Mathon entendent quelqu'un courir dans les couloirs. Car la place devant le palais de justice est noire de monde, et la foule attend la nouvelle. Quelqu'un sort du palais de justice et crie : « *Il a été condamné à mort !* » La foule applaudit avec des hurlements de joie.

Quant à Ranucci, il navigue dans un monde qui n'est pas celui de l'assistance. À l'énoncé du verdict, il s'est écrié : « *Ils sont fous !* ».

Héloïse Mathon ne ramènera pas son fils à la maison comme elle le croyait. Elle ne peut le serrer dans ses bras. Celui-ci disparaît menotté et encadré par des policiers. La mère quitte le palais de justice avec Monique M'Bodj, sous les crachats et les cris de haine, protégée par Maître Fraticcelli qui doit utiliser sa stature de joueur de rugby et jouer de ses poings pour lui frayer un passage. Maître Collard, qui n'a pas réclamé la mort, n'est pas épargné. On lui arrache sa robe. La presse veut interroger Pierre Rambla présent à ses côtés, mais son avocat écarte les journalistes par ces simples mots : « *Non, on ne commente pas un verdict de mort* ». Quant à Geneviève Donadini, elle quitte le palais de justice en pleurs, sous les hurlements et les « bravo ! » d'une foule à laquelle elle n'accorde ni réponse, ni regard.

Christian Ranucci a disparu des regards de la foule, de ceux des journalistes auxquels il a laissé une image atypique. Le lendemain matin, Pierre Macaigne dans *Le Figaro* avoue ne pas y voir très clair :

> *Un innocent qui risque sa tête, il crie, il hurle, il insulte la cour, il se débat. Il n'accepte pas le destin.*

Ce que décrit là le journaliste, c'est pourtant bien le comportement qui a été celui de Ranucci le premier jour du débat. Il semble bien qu'il y ait par endroits des doutes dans les salles de rédaction. Le lendemain de son exécution, l'éditorialiste Max Clos, du *Figaro,* se demandera d'ailleurs si l'on pouvait vraiment avoir une certitude de sa culpabilité. Ce qu'évoque Pierre Macaigne le 11 mars, c'est un stéréotype de l'innocent. Mais les annales judiciaires ont montré que le comportement des innocents accusés est souvent loin d'être celui qu'on attend : dans un de ses livres, Éric Dupond-Moretti explique ainsi pourquoi cette image que nous avons est fausse[21] :

> *On attend instinctivement d'un innocent qu'il hurle sa détresse d'être injustement soupçonné. [...] L'innocent, qui se sait injustement renvoyé devant les assises sent que le moindre mot, le moindre clignement d'yeux peut être interprété à son détriment. La peur de l'innocent est plus grande que celle du coupable.*

Mais alors Ranucci est-il coupable ? Pierre Macaigne, en ce mois de mars 1976 est désorienté. Car s'il n'a pas trouvé en Ranucci le profil type de l'innocent, il n'a pas trouvé non plus en l'accusé le profil type du coupable. Ainsi s'exprime-t-il dans les colonnes de son quotidien :

Un coupable qui a tué de façon aussi affreuse, aussi odieuse demande pardon, exprime des regrets, tente de se faire comprendre afin de montrer qu'il n'était pas dans son état normal. Il essaie de glaner des circonstances atténuantes. Même un fou ! Il dit des choses qui ne tiennent pas debout. Ses explications sont parcourues de courts-circuits. Ranucci a montré la froideur massive de l'iceberg tout au long des débats. Saurons-nous jamais pourquoi ?

Pour qui le glas ne sonne pas : la passion de Christian Ranucci

Christian Ranucci est retourné aux Baumettes. Placé dans le quartier des condamnés à mort, il est désormais sous surveillance vingt-quatre heures sur vingt-quatre pour éviter qu'il ne se suicide. La justice a décrété sa mort, mais il ne faudrait pas que celle-ci échappe aux mains du fonctionnaire qu'elle a mandaté et rémunéré pour la lui donner. En somme, elle n'a pas demandé sa mort, elle a demandé son sacrifice. Une lumière allumée en permanence, ce qui va le gêner pour dormir, Ranucci attend d'être fixé sur son sort. Six jours après sa condamnation, alors qu'on lui a dit qu'il aurait pu échapper à la peine capitale s'il avait avoué lors du procès et s'il avait exprimé des remords, il écrit dans une lettre à sa mère : « *Je préfère mourir innocent plutôt qu'avouer un crime que je n'ai pas commis* ».

Dans une autre lettre adressée à sa mère quelques semaines après le procès, il l'informe s'être mis à la rédaction d'un *Récapitulatif*, document dans lequel il va mettre par écrit tous ses souvenirs des deux années écoulées. Plusieurs années après sa mort, Héloïse Mathon et ses avocats le publieront avec sa correspondance. Jean-Louis Vincent affirme que ce texte ne serait pas entièrement de lui, ou, pour le moins, qu'il aurait été retouché. Nous y reviendrons. Disons à ce stade que, si Ranucci en a été l'inspirateur, il a peut-être été corrigé par endroits par une main plus littéraire que la sienne. Dans ce document, Ranucci prétend s'être réveillé le 3 juin en fin d'après-midi sur la banquette arrière de sa voiture, ne sachant pas où il était, dans un endroit sombre et humide. Mais dans ces lignes en forme de testament, il nie être le propriétaire du couteau, contrairement à ce qu'il avait dit avant son procès à Jean-François Le Forsonney. Cela ne porte pas à croire à son innocence. Il affirme qu'il ne comprend pas l'acharnement qui vise à faire de lui l'assassin de Marie-Dolorès Rambla, il pense qu'on lui fait porter le chapeau à la place d'une personne qui bénéficie de protections.

Héloïse Mathon, qui se sent maintenant impuissante, se réfugie dans la prière et la spiritualité. Le 12 mars, deux jours après la condamnation, elle se rend dans une église puis écrit à son fils : « *J'ai prié pour toi, j'ai fait brûler un cierge.* » Le 20 mars, elle lui écrit : « *Tu crois en Dieu. Tu restes côte à côte avec ta mère confiant dans la justice de Dieu.* » Le 3 avril, elle lui écrit : « *Que Dieu te rende ton simple bonheur passé.* » Le 25 avril, elle lui adresse une lettre avec une empreinte de la croix du chapelet que lui a adressé le Pape, arrosé d'eau de Lourdes – ce n'est pas évidemment une croix adressée de personne à personne mais un objet que l'on peut acheter auprès des services pontificaux. Le 3 juin, alors que la décision de la Cour de cassation quant à son pourvoi approche, elle prie pour que le jugement soit cassé : « *En ce jour de triste anniversaire de cette morte innocente et demain de triste anniversaire de ton injuste inculpation, joignons nos prières pour que Dieu et les hommes dignes de ce nom apportent à ton pourvoi en cassation déposé ce jour la réparation de l'ignoble condamnation d'un jeune homme de vingt ans étranger à cette affaire.* »

Christian Ranucci s'occupe comme il peut, espère pouvoir être gracié, puis innocenté et libéré, et enfin aller refaire sa vie en Amérique du Sud, plus précisément au Venezuela. Dans ce but, il s'est remis à l'étude de l'espagnol. En ces années 70, le Venezuela n'est pas encore le pays en crise économique et en dérive politique qu'il est devenu au cours des dernières décennies. C'est un eldorado pétrolier en pleine croissance, qui connaît une forte immigration.

Pendant ce temps, Paul Lombard et Jean-François Le Forsonney continuent leur travail pour tenter de sauver la vie du condamné. L'intervention de l'avocat général après les plaidoiries de la défense a donné aux avocats un argument qu'ils estiment sérieux pour obtenir la cassation du jugement. La Cour de cassation rend son arrêt le 17 juin. Elle ne casse pas la sentence. Elle considère que la prise de parole de la part d'Armand Viala n'est qu'un détail qui n'est pas rigoureusement contraire à la procédure judiciaire. Que la défense parle en dernier, c'est une tradition, non une loi et le président Jacques Antona a laissé les avocats de l'accusé réagir au coup fourré de l'avocat général, de sorte qu'ils aient la parole en dernier. De plus, la cour prétend que la défense avait connaissance de ces documents. Donc, pour les juges de la Cour de cassation, la péripétie ne justifie pas de casser le jugement.

C'est bien évidemment un avis tendancieux : le témoignage de Jean-Claude Jaglasse n'avait en toute rigueur pas disparu. Paul Lombard aurait pu répliquer qu'il s'agissait là d'une diversion de l'accusation et que le pédophile aperçu par Jean-Claude Jaglasse et celui vu par Paul Martel, s'ils ne répondaient pas au même signalement, opéraient tous les deux dans la cité des Cerisiers. Ou alors, il aurait pu accepter l'hypothèse qu'il s'agissait de deux pédophiles différents, dont l'un portait un pull-over vert, l'autre un pull-over rouge. Mais un tribunal reste un théâtre, plus précisément un théâtre romain, dans lequel, parfois, un homme joue sa vie ou sa mort. Paul Lombard pouvait-il imaginer un instant qu'Armand Viala interviendrait après lui pour démolir sa stratégie ?

À partir du 17 juin, entre Christian Ranucci et la guillotine, il ne reste plus que l'espoir de la grâce présidentielle.

Avant que le président de la République ne prenne sa décision, le dossier du condamné passe devant le Conseil supérieur de la magistrature. Celui-ci doit donner un avis purement consultatif au président qui décide seul. Compte tenu de l'absence d'antécédents, de l'âge du condamné, de l'avis des psychiatres qui l'ont estimé réinsérable, le conseil remet un avis favorable à la grâce de Ranucci. Mais Armand Viala, l'avocat général, a écrit dès le 18 mars au garde des Sceaux pour recommander l'application de la peine capitale. Si l'âge du condamné pourrait plaider pour une grâce, l'absence de repentir du condamné plaide pour la guillotine. À la douleur de la mère du condamné qui supplie qu'on ne lui ôte pas son fils unique, il faut, écrit-il, opposer la douleur de la famille qui a perdu un petit enfant. Valéry Giscard d'Estaing s'en souviendra lorsqu'il recevra la lettre de la mère de la petite victime.

Jacques Antona, le président de la cour d'assises, écrit dans le même sens au garde des Sceaux. Le magistrat va jusqu'à écrire cette aberration qui prêterait à sourire si elle n'avait conduit à la mort d'un jeune homme : « *L'opinion publique n'a pris aucune part dans les débats qui se sont déroulés sans passion, avec sérénité et dans le plus grand calme* ». Près d'un demi-siècle plus tard, Geneviève Donadini entend encore dans sa mémoire la foule présente au dehors du palais de justice, masse déchainée que, depuis la salle où le jury était réuni à huis clos, on entendait hurler « *À mort ! À mort !* ».

Paul Lombard décide de se rendre seul à l'Elysée pour plaider la grâce. Jean-François Le Forsonney regrettera pendant des années que son mentor lui ait défendu de l'accompagner. Ce dernier sera par la suite peu bavard sur cet entretien. A-t-il commis des erreurs, notamment celle d'un marchandage, celle de fournir à Ranucci les billets d'avion et de l'argent pour démarrer une nouvelle vie en Amérique Latine ? C'est possible, si l'on se réfère à Valéry Giscard d'Estaing qui évoque ce fait dans ses mémoires[22]. L'avocat dira simplement avoir perçu le président comme « impénétrable ». Mais il est optimiste. Il dîne le soir même avec un de ses amis, un proche de Valéry Giscard d'Estaing, qui le rassure et lui confie que, pour que la grâce soit refusée, « il faudrait vraiment qu'on enlève un enfant demain ».

Et malheureusement, c'est ce qui arrive.

Le sort s'acharne sur Christian Ranucci. La mécanique de la tragédie judiciaire continue, irrésistible. Le 23 juillet 1976, alors que le formulaire du recours en grâce de Ranucci est sur le bureau du président de la République, on retrouve le corps de Vincent Gallardo, un enfant de six ans enlevé deux jours plus tôt au Pradet, non loin de Toulon. L'émotion publique est plus vive que jamais. Une nouvelle pétition réclame la peine de mort pour les assassins d'enfants. Une lettre de Mme Rambla, demandant de refuser la grâce au condamné, aboutit sur le bureau du président. S'il est gracié, elle ne croira plus jamais en la justice. Des mots simples, des mots forts, écrira le président dans ses mémoires. Mais des mots qui ne devraient pas ébranler une conviction abolitionniste si celle-ci était vraiment forte. La lettre est écrite avec une écriture calligraphiée, sur du papier quadrillé comme en utilisent les petits écoliers. Elle produit le même effet que si un enfant l'avait écrite.

C'est donc sous intense pression populaire et émotionnelle que, trois jours plus tard, le matin du lundi 26 juillet, Valéry Giscard d'Estaing refuse de signer la grâce. Polytechnicien, énarque, haut fonctionnaire surdoué, le chef de l'État est souvent traversé par le souci d'être, ou de paraître, proche du peuple, de ce qu'on appellera plus tard « la France d'en bas ». Valéry Giscard d'Estaing semble souvent traversé par un conflit intérieur, entre, d'un côté, le désir de ne pas divorcer du milieu technocratique dont il est issu et, de l'autre, la volonté de donner de lui une image d'homme proche du peuple – quand il reçoit des éboueurs pour un petit-déjeuner à l'Elysée ou lorsqu'il s'invite chez des Français complètement anonymes. En ce 26 juillet, il a été plus sensible à la lettre d'une mère de famille immigrée s'exprimant dans un français fruste qu'à la brillante plaidoirie d'un ténor du barreau.

Quand la décision de « laisser la justice suivre son cours » est prise par le président de la République, le bourreau n'attend jamais. Christian Ranucci va mourir alors qu'il n'a que vingt-deux ans. Coupable ou innocent, la mémoire de ses derniers instants s'impose désormais à la mémoire collective d'une démocratie dont la justice a été la dernière en Europe occidentale à tuer.

Ce même 26 juillet, moins de quarante-huit heures avant que le couperet de la guillotine ne tranche sa vie, un dernier coup du destin va frapper le jeune condamné : alors que le bourreau et ses aides préparent leurs bagages pour descendre à Marseille avec une guillotine dans leur camionnette, la radio annonce par erreur qu'il est gracié. C'est une erreur d'un journaliste qui a diffusé sur l'antenne l'une des deux dépêches qui avaient été préparées, l'une pour le cas où il serait gracié, l'autre pour le cas où il serait exécuté. Ce mode de travail est courant dans la presse, lorsque l'on attend une nouvelle, même s'il est peu rigoureux... Un gardien va l'informer dans sa cellule et lui crie « Petit : tu es gracié ! ». On l'emmène prendre une douche. Paul Lombard est assailli et félicité par les journalistes alors qu'il débarque sur le tarmac de l'aéroport de Marignane. Puis l'information est démentie. Héloïse Mathon, arrivée à Marseille pour fêter l'événement, a également eu une fausse joie. Effondrée à la nouvelle du démenti, pressentant l'imminence de la tragédie, elle confie à Paul Lombard une lettre pour son fils, charge à lui de la lui remettre si son exécution doit avoir lieu.

Le grand avocat va lui aussi passer psychologiquement d'un extrême à l'autre : il a cru un bref moment qu'il venait de rencontrer le plus grand succès de sa carrière et sauvé le cas le plus désespéré qu'il ait eu à défendre. Dès le lendemain soir, lorsque le Parquet l'appellera pour lui annoncer l'exécution, il le vivra comme son pire échec, et cela jusqu'à sa mort.

Place Vendôme, la Chancellerie reçoit immédiatement de l'Elysée l'information du refus de grâce, et la transmet au bourreau de la République, André Obrecht. Il est âgé de 76 ans et infirme. Ses aides passent à la prison de Fresnes pour charger l'une des deux guillotines encore en service à bord d'une camionnette. Les pièces sont rangées dans des caisses particulièrement lourdes. L'équipe du bourreau prend l'autoroute du Sud mais, en arrivant à Valence, une pièce de suspension casse et la camionnette finit dans le fossé. On imagine le stress du bourreau et de ses aides qui doivent téléphoner dare-dare à la gendarmerie, expliquer le chargement un peu particulier du véhicule et l'urgence qu'il y a à le faire parvenir incognito à Marseille. Ils arrivent finalement aux Baumettes le mardi 27 en fin d'après-midi, dans un véhicule prêté par la gendarmerie. Pierre Rambla, le père de la victime, qui savait que la décision du président de la République était imminente, a attendu une partie de l'après-midi devant la prison. Le matin, un fonctionnaire des postes lui a déjà annoncé : « *Demain matin, c'en sera fini pour Ranucci* ». Comment le savait-il ? En voyant arriver la camionnette, en cette fin de journée, Pierre Rambla a compris ce que celle-ci transportait. Le lendemain matin, quand il sera réveillé à 4 h 30 par un cri dans la rue lui annonçant la mort de Ranucci, il répondra qu'il était au courant depuis la veille. On retrouvera ces confidences dans le livre attribué à Mathieu Fratacci.

Et comme on peut s'y attendre, en ce 27 juillet, la tension monte. En fin d'après-midi, Jean-François Le Forsonney est informé d'un afflux de forces policières à la prison des Baumettes et qu'il doit s'attendre à de mauvaises nouvelles. Puis il reçoit un appel du Parquet qui lui demande son numéro de téléphone personnel, pour pouvoir le contacter au cas où il en aurait besoin. Inquiet, il appelle Paul Lombard, qui tente de le rassurer en lui disant qu'il n'a reçu aucune information quant à la décision du président. Mais la nouvelle tombe dans la soirée. Le Parquet informe les trois avocats que l'exécution aura lieu le lendemain à l'aube, et les invite à se présenter avant 4 h aux Baumettes.

Leur client n'a plus que quelques heures à vivre. Le maire de Marseille, Gaston Defferre, est également informé de l'imminence de l'exécution.

La guillotine est montée dans la nuit par les aides du bourreau dans une petite cour de la prison.

Le mercredi 28, à quatre heures du matin, les avocats se présentent à la porte des Baumettes. La foule des journalistes est déjà là. Jean-François le Forsonney y fait entrer sa 504 puis les portes se referment. Les avocats se dirigent alors vers un bâtiment fortement éclairé : entre trente et quarante personnes sont là pour le rite macabre.

Le « maître de cérémonie », c'est le magistrat Tallet, procureur adjoint de la République. Le commissaire Cubaynes est là, le juge d'instruction Pierre Michel également. Les avocats saluent de la tête le président Jacques Antona. Mais l'avocat général, Armand Viala, s'est excusé. Il vient de perdre un fils de l'âge du condamné. Dans le groupe, quelques hommes tranchent par leur allure. Il y a le bourreau, c'est un vieillard trapu, voûté, sans veste, ce qui laisse voir ses bretelles. Il est entouré d'aides en bleu de chauffe au physique athlétique, aux visages couperosés et aux mines patibulaires. Ce ne sont plus les élégants fonctionnaires en jaquette et haut-de-forme qui exécutaient les condamnés en public au début du siècle. Le procureur adjoint Tallet signifie au groupe qu'il faut « y aller » et observer le plus grand silence afin de ne pas susciter une émeute.

Par discrétion, le groupe emprunte des couloirs souterrains, sur le sol desquels ont été disposées des couvertures afin d'étouffer le bruit des pas. Le groupe arrive devant la cellule où l'on va tirer le condamné de son sommeil. Christian Ranucci dort. Il est saisi brutalement par des gardiens qui se jettent sur lui, il se débat et se cogne contre le mur. Il saigne au visage. Il crie alors : « *Je le dirai à mes avocats.* » On lui répond cyniquement : « *Mais ils sont là justement* ». Le procureur Tallet lui signifie alors, selon la formule habituelle : « *Christian Ranucci, votre recours en grâce a été rejeté. Vous allez être exécuté. Ayez du courage.* » Comprenant immédiatement qu'il vit ses dernières minutes, il dit alors en pleurant : « *Mais qu'est-ce qu'on a raconté à Giscard ?* » Ses avocats l'étreignent.

Valéry Giscard d'Estaing quant à lui s'est réveillé, au Palais de l'Elysée. Il sait qu'en ce moment même, à Marseille, un jeune homme va mourir parce qu'il a refusé d'épargner sa vie. Il a voulu être éveillé à l'heure de l'exécution et imaginer, se représenter ce qui se passe dans le même temps à la prison des Baumettes, une manière d'être présent. Mais la fatigue l'emporte et il se rendort[23].

Le visage déjà ensanglanté alors qu'il n'est pas encore décapité, pieds nus, Christian Ranucci est conduit en pyjama vers une petite pièce qui jouxte la cour où a été dressée la guillotine. Il ne cesse de crier son innocence. Paul Lombard lui parle constamment, l'assure qu'il sera réhabilité, lui promet qu'il ne souffrira pas. Le jeune homme refuse de s'habiller. L'aumônier de la prison, qui le connaît, qui est déjà venu le voir, s'approche de lui. Il a été appelé pour l'occasion et lui propose de prier avec lui. « *Négatif !* », répond le condamné d'un ton militaire. On lui fait lire la lettre que sa mère a remise deux jours plus tôt à Paul Lombard. On lui propose de fumer, il accepte une cigarette que lui tend Jean-François Le Forsonney et en aspire quelques bouffées. Les aides du bourreau lui rasent la nuque, découpent le col de son pyjama avec une énorme paire de ciseaux, ligotent ses pieds et ses mains avec une grossière ficelle d'emballage. « *Un poulet conduit à l'abattoir* », commentera plus tard Jean-François Le Forsonney, assis en face de lui, sidéré par ce à quoi il est en train d'assister. Christian Ranucci adresse alors ses derniers mots entre deux sanglots à ses avocats : « *Réhabilitez-moi !* » Ces mots les hanteront pour le restant de leurs jours.

La réalité de cette supplique sera plus tard démentie par l'adjoint de première classe du bourreau, Marcel Chevalier. Il déclarera ne rien avoir entendu et l'affirmera à un autre aide du bourreau, lequel le confirmera lui-même à Gérard Bouladou. Mais elle a toujours été soutenue par Paul Lombard et Jean-François Le Forsonney. La presse l'a mentionnée dès le jour de l'exécution. La seule chose que Chevalier soit demeuré en position de nier, c'est le lieu où se trouvait Ranucci au moment où il a prononcé ces mots : il n'était peut-être pas devant la guillotine, comme on le voit dans le dernier plan du film de Michel Drach. Ce que l'on peut en revanche supposer, c'est que Ranucci les a peut-être adressés dans la confidence à Paul Lombard et à Jean-François Le Forsonney.

Tout ce travail se fait sous l'œil directeur d'André Obrecht, qui dirige l'exécution comme toujours depuis 1951, lorsqu'il a été nommé chef-exécuteur des arrêts criminels, en langage profane « bourreau de la République ». Celui-ci inspecte le condamné comme un maquignon, puis demande au procureur Tallet : « *On peut disposer ?* ». On lui fait signe que oui.

André Obrecht est familier de la mort et de ceux qui la donnent. Il a débuté dans le métier en 1922, aux côtés de son oncle, le bourreau de l'époque, Anatole Deibler. La charge se transmet en général en famille, c'est un peu comme un héritage, comme au temps des générations des Sanson qui ont traversé la Monarchie, la Révolution, l'Empire et la Restauration avant que le dernier d'entre eux ne soit déchu de son poste pour une faute incroyablement stupide : joueur immodéré, il avait mis la guillotine en gage le temps de rembourser ses dettes. À la fin du XIXe siècle, la charge a échu à Louis Deibler, charge qu'il s'est trouvé un jour contraint de céder à son fils Anatole : après des années de service, Louis Deibler avait commencé à souffrir d'une phobie du sang, handicap évidemment fâcheux lorsqu'on a candidaté et été retenu pour exercer cette sinistre fonction.

Quelques mois avant ses débuts, André Obrecht avait assisté, sans y participer, à l'exécution de Landru. Il était adjoint de première classe du bourreau Jules-Henri Desfourneaux, son cousin, lors de l'exécution d'Eugen Weidmann[7], dernier condamné exécuté en public en 1939. Il a connu les hurlements de joie des foules déchainées à l'époque où l'on montrait la tête du supplicié. Sa biographie se résume au palmarès macabre de 322 têtes coupées en un demi-siècle, dont plus d'une soixantaine en tant que chef-exécuteur. Il gardera évidemment la conviction de ne jamais avoir exécuté un innocent. Mais il sait aussi qu'il a participé à des exécutions entre 1940 et 1943, sous le régime de Vichy, et que certains suppliciés n'étaient coupables que de faits de résistance contre l'occupant et le gouvernement collaborationniste. Il n'a certainement pas oublié qu'il était également adjoint de première classe le 30 juillet 1943 pour tenir la tête de Marie-Louise Giraud, la « faiseuse d'anges » de Cherbourg incarnée à l'écran par Isabelle Huppert dans *Une affaire de femmes*.

À supposer qu'il ait entendu l'ultime supplique de Ranucci demandant sa réhabilitation, il n'a dû en éprouver ni la moindre émotion ni le moindre doute. Émile Buisson, l'ennemi public n°1 qu'il a décapité en 1956, avait ainsi affirmé devant l'échafaud, contre toute évidence, être innocent de tous les meurtres qui lui avaient été imputés. Landru, mythomane persistant dans son déni jusqu'au matin de son exécution, alors qu'on lui avait demandé d'être courageux, avait répondu : « On n'exhorte pas un innocent au courage, son innocence lui suffit. » Mais à Maître Moro-Giafferi, son avocat, qui lui demandait de lui confier la vérité, il avait répondu : « C'est mon petit bagage ». André Obrecht sait d'expérience qu'il est des criminels qui nient leur culpabilité contre toute évidence jusque devant les lueurs blafardes reflétées par l'acier du couperet.

La jeunesse du condamné que l'on vient de remettre entre ses mains n'a pas dû l'émouvoir non plus : vingt-deux ans, c'est l'âge qu'il avait lors de sa

---

[7] Eugen Weidmann, criminel allemand, était arrivé en France en 1937 dans des circonstances mal élucidées (il a été soupçonné d'avoir été chargé par la Gestapo d'éliminer des opposants au régime nazi réfugiés en France). Condamné à mort en 1939 pour six assassinats avec son complice Roger Million, lequel bénéficia de la grâce présidentielle, il fut le dernier condamné exécuté en public en France : des débordements de la foule survenus lors de son exécution en pleine rue et en plein jour à Versailles conduisirent le président du Conseil, Édouard Daladier, à interdire les exécutions en public.

première décapitation en 1922, et c'était également l'âge des deux condamnés qui avaient alors été livrés à son oncle Anatole Deibler.

Les aides du bourreau saisissent le condamné par les aisselles et l'emmènent vers une petite porte qui ouvre sur la cour où la guillotine a été dressée. Son apparition avec cette lame d'acier, coupée en biais, suspendue en hauteur serre le cœur. C'est la machine que l'on voit dans les livres d'histoire, sur les gravures de la Révolution, ou dans les annales de la presse des faits divers. Marcel Chevalier rapportera qu'en cet instant Christian Ranucci est blême, il a peur de souffrir, peur de mourir : mais quoi de plus humain ?

Christian Ranucci est sanglé à la planche qui passe à l'horizontale. Sa tête passe dans la lunette. Un aide en bleu de chauffe la referme, puis on assomme le condamné d'un coup sec sur la nuque, pour lui faire perdre connaissance.

Voûté, les mains qu'une maladie de Parkinson en stade avancé a rendues tremblantes, André Obrecht attend le signal de Marcel Chevalier qui attrape la tête de Ranucci par les oreilles. Tenir la tête du condamné en la tirant vise à éviter que, dans un dernier réflexe devant la mort, le condamné ne se rétracte dans la lunette, auquel cas le couperet tombe non pas sur le cou mais sur l'occiput, coupant horriblement la tête ou la mâchoire. Le cou bloqué dans la lunette, Christian Ranucci a fermé les yeux. Marcel Chevalier en témoignera. Celui-ci fait signe à André Obrecht qu'il peut « y aller ». Ce dernier actionne alors pour la dernière fois de sa vie la manette de la guillotine. Le couperet, d'un poids de dix kilos est attaché au « mouton », une masse de trente kilos. L'ensemble qui s'abat sur la nuque de Christian Ranucci pèse donc quarante kilos. Il est 4 h 13. Avec la mise à mort de Christian Ranucci, André Obrecht met un terme à sa sanglante carrière.

Gérard Bouladou comme Jean-Louis Vincent ont souligné qu'il ne faut que deux centièmes de seconde pour que la lame tranche la tête du supplicié, pour en déduire que la mort est instantanée et relativiser la cruauté du supplice. Les derniers bourreaux de la République raconteront plus tard, quant à eux, que pendant parfois dix à quinze secondes après une décapitation, le corps sans tête, pieds ficelés et mains attachées derrière le dos est secoué de spasmes, et qu'il en est de même du visage. Pour la médecine, les spasmes du corps sans tête seraient liés à des décharges dans le système nerveux. Mais la grande question médicale de savoir si et combien de temps la conscience survit à la décapitation avait été posée dès l'époque de la Révolution. La guillotine devait être un moyen de mise à mort instantané et indolore. Malheureusement, un médecin et anatomiste allemand, Samuel Thomas Von Sömmering avait alors affirmé, sur la foi d'expériences réalisées sur des suppliciés, que la conscience persistait pendant plusieurs secondes. Il lui avait été rapporté une horrible grimace sur le visage d'un supplicié auquel on avait touché la section de la moelle épinière. En 1905, le bourreau Anatole Deibler, tenant la tête d'un condamné, un nommé Languille, l'avait appelé par son nom : il avait été écrit que le supplicié avait rouvert les yeux puis les avait lentement refermés. Des électro-encéphalogrammes pratiqués sur des rats décapités ont montré la persistance de signaux électriques bien visibles pendant trois à quatre secondes, puis que ceux-ci décroissent rapidement avant de s'éteindre complètement après une durée entre quinze et vingt secondes. Si le cerveau, privé d'oxygène, s'éteint donc très rapidement, ce que l'on appelle une mort par anoxie, il ne cesse pas instantanément de fonctionner. Le docteur Guillotin avait peut-être de bonnes intentions, mais il n'est pas du tout certain que la machine qui porte son nom ait humanisé la peine de mort. Contrairement à ce qu'ont affirmé certains auteurs, qu'ils soient partisans ou non de la guillotine, on ne peut exclure que Christian Ranucci, ainsi que tous les guillotinés depuis 1792, soit mort après de brèves mais atroces souffrances.

Après quelques secondes, le cœur qui s'est vidé de son sang s'arrête, et avec lui les jets de sang jaillis des artères sectionnées. Puis c'est l'immobilité totale. Il ne reste plus au médecin de la prison, le docteur Totsi, qu'à constater la mort et à signer le certificat de décès. Le corps et la tête tranchée sont jetés dans le grand panier posé le long de la guillotine. Les aides du bourreau arrosent la machine et le sol de la cour pour faire disparaître les taches et les flaques de sang. D'une certaine manière, l'État efface les traces de son crime.

Un jeune homme est mort. Il n'avait que vingt-deux ans. Il s'appelait Christian Ranucci.

Il fait encore nuit noire. La foule des journalistes, qui ont été prévenus de l'événement, s'est pressée à la sortie de la prison des Baumettes. Une 504 sort lentement, conduite par Jean-François le Forsonney. À sa droite, sur le siège passager, Paul Lombard baisse sa vitre et confirme aux journalistes que *« c'est fini »*. Il sait que sa vie ne sera plus la même. Les flashes crépitent. Robert Badinter, qui quatre ans plus tôt a accompagné son client, Roger Bontems, à la guillotine, lui écrira dans les jours qui suivront ces quelques mots : « *Toi aussi à présent tu as franchi la ligne noire et fait le voyage au bout de la nuit, ce sont des moments incommensurables sauf pour les frères en horreur judiciaire que nous sommes à présent.* »

Puis c'est une camionnette en guise de fourgon funéraire qui emporte la dépouille du supplicié sous les éclairs des flashes des journalistes. L'avis de décès signé du docteur Totsi est affiché à la porte de la prison avec comme cause de décès le seul mot : « décapitation ». Le silence est retombé.

Le jour se lève. Les stations de radio commencent à diffuser la nouvelle. Valéry Giscard d'Estaing se réveille une seconde fois et entend à la radio la nouvelle de la mort de Ranucci. Un jeune homme est mort de par sa décision, mais il écrira plus tard qu'il ne ressent rien[24]. Est-ce vraiment le cas ? Il se signe, geste élémentaire d'une foi chrétienne historiquement née de la condamnation à mort et de l'exécution d'un innocent, dont l'un des apôtres avait rapporté cette formule : « *Heureux les miséricordieux : il leur sera fait miséricorde*[25] ». Sans parler d'un doute sur la culpabilité du condamné, qu'il n'aura d'ailleurs jamais, ne ressent-il pas le poids d'avoir pris une décision extrêmement lourde de conséquences, et d'abord sur sa conscience ?

Héloïse Mathon apprend la nouvelle de l'exécution par la radio. Effondrée, elle téléphone immédiatement à Paul Lombard. Puis elle prend le train pour Marseille où elle se rend chez l'avocat qui a tenté de sauver son fils. Paul Lombard l'assure que son fils a été très courageux et qu'il n'a pas souffert. Elle découvre un Jean-François Le Forsonney livide. Elle n'a qu'une hâte : récupérer le corps pour le faire inhumer. Mais d'après une idée communément répandue dans les milieux judiciaires, elle ne pourra le faire : le corps des suppliciés doit reposer dans un carré spécial et dans une sépulture anonyme.

C'est André Fraticcelli qui découvre par hasard qu'il peut tout à fait être rendu à sa mère si elle en fait la demande, charge à elle de le faire inhumer à ses frais. L'avocat rédige immédiatement une demande et la lui donne à signer. Héloïse Mathon pourra donc le faire exhumer, avant de l'inhumer une seconde fois dans le caveau de sa famille au cimetière Saint-Véran, en Avignon. Pour les condamnés exécutés, la loi interdit toute cérémonie religieuse : la justice qui tue n'accepte même pas que l'on dise une prière publique, que l'on donne un sacrement ou que l'on communie en mémoire d'un supplicié. Le glas ne sonne pas pour les condamnés à mort. Quant à la sépulture, elle doit rester anonyme. Le condamné n'est pas seulement retranché des vivants : au-delà de sa mort, il doit disparaître de leur mémoire. La peine de mort fait de l'exécution un sacrifice républicain, un acte de culte, en même temps qu'elle interdit le culte des morts. Pour contourner cette interdiction, son nom figurera sur sa tombe en caractères cyrilliques, avec une inscription en russe que l'on peut traduire par « en mémoire éternelle ».

Pendant des années, aussi longtemps que ses forces le lui permettront, Héloïse Mathon viendra y déposer des fleurs blanches, symbole de l'innocence. Mais elle confiera à Gilles Perrault que des inconnus y déposaient aussi des fleurs rouges, comme pour lui signifier que, pour eux, son fils était un assassin.

Monique M'Bodj, le premier amour de Christian Ranucci, a également appris la nouvelle. Elle s'est maquillée pour aller au travail, pour tenter de masquer qu'elle en avait pleuré, même si elle s'attendait à la nouvelle. Elle passe la journée au milieu de ses collègues, qui manifestent tous leur joie qu'on ait décapité un assassin. Car, en ce 28 juillet, mis à part une mère, trois avocats et quelques proches, personne ne doute que c'est bien un assassin qui vient de mourir.

Les derniers suppliciés de la République

Une idée souvent répandue est que Christian Ranucci aura été le dernier condamné exécuté en France. Mais elle est fausse, tout comme celle que l'on entend parfois, que les derniers condamnés à mort exécutés auraient été Buffet et Bontems, quatre ans avant Ranucci. La mémoire collective, parfois, trahit. Marcel Chevalier, adjoint de première classe du bourreau, hérite à la fin de 1976 de la charge de chef-exécuteur des arrêts criminels parce qu'il a épousé une certaine Marcelle Obrecht, nièce de son prédécesseur. Il verra sa carrière s'achever l'année suivante.

Quelques semaines après la mort de Ranucci, le président Giscard d'Estaing accorde sa grâce à un harki, Moussa Benzahra, qui a assassiné une vieille dame. Un crime odieux et crapuleux. Mais un harki est avant tout un membre d'une communauté envers qui la France a une dette, celle de l'avoir soutenue contre l'indépendance de leur pays natal. C'est sans doute ce point qui fait de Moussa Benzahra une cause plus facile à défendre devant le président de la République. Benzahra, donc, est gracié. Mais après l'exécution de Ranucci, cette décision déroute : ce n'est plus seulement aux yeux des chroniqueurs judiciaires que la peine capitale s'assimile de plus en plus à une loterie. Moussa Benzahra semble avoir été gracié non pas parce que son crime était moins atroce que celui de Ranucci, mais pour être né dans un lit et non dans un autre et avoir pris un engagement politique qui aurait plu au président. Par cette grâce accordée à Benzahra après celle refusée à Ranucci, le président pourrait sembler s'être condamné à une jurisprudence de mort : il ne laisserait la justice suivre son cours que pour les assassins d'enfants. Il l'affirmera souvent lorsque, des années plus tard, il sera interrogé sur le sujet. Comme nous le verrons, il ne parviendra pas à s'y tenir.

Au mois de janvier de l'année suivante, la tête de Patrick Henry, le « monstre » de Troyes arrêté quelques semaines avant le procès de Christian Ranucci échappe de peu au bourreau. Considéré comme indéfendable, Patrick Henry est défendu par Robert Badinter qui, au lieu de défendre l'accusé, ne fait rien de moins que le procès de la peine de mort. Il lit devant les jurés une lettre d'Héloïse Mathon, les suppliant d'épargner la vie de Patrick Henry. Elle n'est que la mère d'un jeune garçon guillotiné, dont personne ne doute encore de la culpabilité. L'avocat met les jurés face à leurs responsabilités, en les avertissant que, s'ils refusent les circonstances atténuantes, il n'y aura ni cassation, ni grâce présidentielle, et que l'homme qui se tient devant eux sera bien « coupé en deux morceaux ». Mais il les avertit également qu'un jour la peine de mort sera abolie, que leurs enfants sauront qu'ils auront laissé décapiter un jeune homme et qu'ils verront leurs regards. Si Patrick Henry est sauvé de justesse, douze jours plus tard, un avocat général fera le procès inverse, le procès de la clémence, à un autre assassin d'enfant. Celui-ci s'appelle Jérôme Carrein.

Né en 1939, enfant issu du quart-monde du nord de la France, maltraité par son beau-père pendant son enfance, SDF à la limite de la débilité mentale, dépressif, tuberculeux, alcoolique, Jérôme Carrein a déjà fait de la prison pour violences familiales. Esprit faible et corps malade, il a tenté, après avoir purgé sa peine, de se réinsérer, de travailler comme ouvrier. Puis il a perdu son emploi et s'est mis à vivre dans une grange entre des étangs, à la limite entre les départements du Nord et du Pas-de-Calais. Dans le village d'Arleux, il fréquente un bar dont la patronne, Fernande Devimeux, a eu six enfants d'un premier mariage, dont une petite fille de huit ans, Cathy Petit. Après son divorce, la mère s'est mise en ménage avec un autre homme dont elle a eu un enfant. Une famille recomposée, fait si courant de nos jours, est alors une situation encore marginale et presque scandaleuse dans un petit village.

Serait-ce cette marginalisation qui rapproche inconsciemment Fernande Devimeux de Jérôme Carrein, et qui explique la sollicitude dont cette mère témoigne envers ce pauvre hère qu'elle ne connaît que depuis quelques semaines, alors qu'il va devenir le meurtrier de sa fille ? Les enfants de Fernande vivent avec leur mère et leur beau-père, et le visage de Jérôme Carrein leur est rapidement devenu familier, ce vagabond dont nul dans le village ne sait d'où il vient et que tout le monde surnomme « Henri ». Le 27 octobre 1975, celui-ci déjeune au bar et Fernande Devimeux, qui lui fait crédit, bienveillante, lui sert une blanquette de veau. Et comme d'habitude, beaucoup d'alcool. En fin d'après-midi, Jérôme Carrein part attendre Cathy et son frère Éric de dix ans à la sortie de l'école, et il propose à la fillette d'aller à la pêche dans les étangs voisins. Comme le ravisseur de Marie-Dolorès Rambla, il aborde deux enfants ensemble. Ils sont en confiance et la fillette n'a aucune raison de se méfier, d'autant plus qu'elle le connait. Elle accepte, tandis qu'Éric rentre chez lui. Jérôme Carrein traverse le village et tout le monde le voit en compagnie de la petite Cathy qu'il emmène au bord d'un étang. C'est là qu'il tente de la violer, et comme elle lui promet « qu'elle va tout raconter », il la tue, d'abord en tentant de l'étrangler, avant de la noyer en lui maintenant la tête dans la vase au bord de l'étang. Ce qui se passe après le crime suscitera l'indignation lors de son procès : il revient au bar comme si de rien n'était pour boire avec d'autres clients en échangeant des histoires salaces.

Arrêté le soir même, à la différence de Ranucci, Carrein ne nie pas son crime. Il l'avoue tout de suite et en reconnait l'horreur. Puis, pendant de longs mois de prison, il vit une véritable conversion intérieure. Il rompt avec l'alcool. Il est néanmoins condamné à mort, quelques semaines avant la mort de Ranucci. Puis le jugement est cassé pour un banal vice de forme : une question posée aux jurés a été formulée de manière complexe et comprenait en réalité deux questions. C'est douze jours seulement après Patrick Henry qu'il se retrouve de nouveau devant une cour d'assises. Face à une opinion publique dont une partie enrage après la clémence du procès de Troyes, l'avocat général Louis Le Flem, formé dans les colonies, nostalgique d'une justice disparue rendue par des colons pour condamner les indigènes et héritière d'une société esclavagiste, se lance dans un panégyrique de la peine de mort. Il assure les jurés qu'ils auront le soutien de la justice et du public, et qu'ils ne doivent pas avoir peur de la demander. À Troyes, selon lui, on a violé les consciences. Et surtout, niant l'évidence face à laquelle Robert Badinter avait mis les jurés de Troyes, Louis Le Flem assure les jurés que le président de la République étudiera le cas. Si Carrein est exécuté, ils pourront s'en laver les mains.

À la différence de Patrick Henry, en dehors de la région du Nord-Pas de Calais, Jérôme Carrein n'intéresse pas l'opinion. Est-ce parce que Cathy Petit était originaire d'un milieu très modeste, alors que Philippe Bertrand était issu d'une famille de bourgeoisie provinciale, à laquelle on s'identifie plus facilement ? Les regrets de l'accusé n'émeuvent pas les jurés – ce qui permet de douter que Christian Ranucci eût été épargné s'il avait avoué et regretté son crime lors de son procès, comme on l'a souvent dit. Jérôme Carrein, comme Christian Ranucci est donc condamné à mort, et le second jugement n'est pas cassé. Le condamné est conscient de son parcours de vie pathétique et espère jusqu'au dernier moment que cela émouvra et lui vaudra la clémence du président de la République. Mais, ayant refusé la grâce à Ranucci un an plus tôt, le président ne peut logiquement gracier Carrein. Il laisse donc la justice, une seconde fois, suivre son cours.

Le 23 juin 1977, Jérôme Carrein est conduit à la guillotine. Avant d'être décapité, il prend le temps d'exprimer une dernière demande de pardon pour son crime, et d'accorder le sien à tous les acteurs de sa condamnation et de son exécution. Il n'y en a qu'un à qui il ne pardonne pas : Valéry Giscard d'Estaing. L'hebdomadaire d'opposition *Le Nouvel Observateur* commentera de manière lapidaire l'exécution du vagabond : « *On ne se demande pas ce qui a pris à Jérôme Carrein de tuer une petite fille. On se demande ce qui a pris à Giscard de tuer Jérôme Carrein.* »

Ce n'est qu'en 2018 qu'un magistrat a consacré un livre à l'histoire de ce crime commis dans un milieu misérable, déjà marqué par les fermetures de mines et d'usines, où règnent le chômage, l'alcoolisme, la violence jusqu'au sein des cadres familiaux[26].

Enfin, point d'orgue de l'épopée sanglante de la guillotine, trois mois à peine après Jérôme Carrein, ce sera le tour de Hamida Djandoubi, un Tunisien arrivé sur Marseille au début des années 70. Jeune maghrébin qui semblait au départ s'être plutôt bien intégré, il avait été victime d'un grave accident du travail au cours duquel il avait perdu une jambe. Devenu invalide, il s'était mué en un tortionnaire pervers, sadique et paranoïaque et reconverti dans le proxénétisme. Il n'avait pas tué un enfant mais une jeune femme, Elizabeth Bousquet, dans des conditions tellement atroces que l'avocat général l'avait qualifié d'« âme démoniaque ». Valéry Giscard d'Estaing déclarera dans les décennies qui suivront avoir décidé de réserver la peine de mort aux assassins d'enfants. Hamida Djandoubi, indéfendable, sera le contre-exemple. Avec ces deux dernières têtes coupées en trois mois s'achève en 1977, un an après l'exécution de Ranucci, l'histoire des exécutions capitales en France.

Mais si ces deux dernières exécutions, si les noms des deux derniers suppliciés disparaîtront rapidement de la mémoire collective, celle de Christian Ranucci au contraire, va se graver pour toujours dans celle de la justice française. La peine de mort devait condamner Christian Ranucci à l'oubli perpétuel : elle va au contraire faire de son nom le symbole de l'échec de la justice sinon à juger le coupable, du moins à le faire de manière convaincante. L'affaire Ranucci va ressurgir et sonner, d'une certaine manière, l'échec perpétuel de la peine capitale.

Un doute qui s'installe dans un débat sur la peine de mort

En 1978, tout le monde ou presque a alors oublié le nom de Christian Ranucci. Mais Héloïse Mathon, déterminée à réhabiliter son fils, a sollicité à cette fin l'aide d'un grand avocat, en l'occurrence Jean-Denis Bredin. Celui-ci en parle alors à un écrivain, Gilles Perrault, et lui suggère d'aller enquêter à Marseille. C'est ce dernier qui va publier le premier ouvrage consacré à l'affaire : *Le Pull-over rouge.*

Gilles Perrault a été avocat dans sa jeunesse. C'est un enquêteur méthodique. Il rencontre la plupart des protagonistes de l'affaire, le capitaine Gras, le commissaire Alessandra. Il questionne les témoins, Eugène Spinelli mais aussi Paul Martel et Jeannine Mattéi, qu'il va interroger chez eux, où il découvre avec effroi l'enfer des cités du nord de Marseille. Et surtout Héloïse Mathon, qui lui raconte l'histoire de sa vie, celle de sa famille, de ses moments heureux et de son malheur. Il y a en revanche un homme qu'il ne réussira pas à faire parler de l'affaire : Paul Lombard, l'avocat vaincu, s'est muré dans le mutisme. Ses amis, ses proches disaient que, depuis l'exécution de Ranucci, il n'était plus le même homme.

Gilles Perrault n'est pas un inconnu des milieux d'édition. De son enquête, il ne tire pas de certitude absolue de l'innocence de Ranucci : il a écrit ce qu'il appellera plus tard « le livre du doute ». Si le succès de son livre avait été prévisible et anticipé, il aurait sans doute été publié par un éditeur plus établi que Jean-Pierre Ramsay. En 1978, la gauche, contre les attentes, a largement perdu les élections législatives. François Mitterrand est considéré comme fini à tel point que l'opinion à gauche regarde maintenant l'étoile montante du Parti socialiste, Michel Rocard. Valéry Giscard d'Estaing semble plus renforcé que jamais pour emporter un second mandat en 1981. L'opinion est majoritairement favorable à la peine de mort. Rien ne laisse présager qu'une enquête sur un condamné à mort exécuté va passionner les foules. Dans ce contexte, la rédaction du *Pull-over rouge* de Gilles Perrault apparaît comme le fait d'un auteur qui livre et argumente ses convictions, sans présager du succès ou de l'échec de ses écrits.

La possibilité d'une erreur judiciaire commence à alimenter les conversations, on dirait aujourd'hui le buzz. Il ne cessera plus. Tous ceux qui tenteront de le faire taire ne feront que le raviver.

Même dans le contexte du débat passionnel sur la peine capitale, un livre tel que *Le Pull-over rouge* n'est pas d'avance promis au succès. Il est écrit pour influencer l'opinion. Mais Gilles Perrault est un écrivain politiquement trop marqué à gauche pour que certains à droite n'y voient pas une manœuvre politique contre le président de la République. Du coup, l'affaire va pour longtemps faire de la thèse « innocentiste » une thèse « de gauche » et de la thèse « culpabiliste » une thèse « de droite ». La cause abolitionniste deviendra une cause « de gauche », la droite devant « nécessairement » être opposée à l'Abolition. Cela n'empêchera pas Robert Badinter de faire voler ce clivage en éclats lorsque la peine capitale sera débattue au Parlement trois ans plus tard : toute une partie des parlementaires de droite, à l'Assemblée nationale et encore plus largement au Sénat, votera la loi d'abolition.

Un tel clivage de l'opinion n'est pas sans rappeler celui de l'affaire Dreyfus. Pour Charles Péguy, grand commentateur contemporain de l'affaire, celle-ci était une question de justice. Il s'était indigné toute sa vie de l'aspect politique que celle-ci avait pris : il avait notamment toujours reproché aux socialistes de l'époque de s'interroger sur l'utilité politique de reconnaître l'innocence de Dreyfus, la tentation de s'en tenir à l'écart ou de se contenter de la grâce accordée au capitaine en 1899. Croire en l'innocence de Dreyfus servait l'anticléricalisme, l'antimilitarisme, mais pour Péguy, que ce soit le socialiste militant et anticlérical qu'il fut dans sa jeunesse ou le catholique mystique qu'il devint dans ses années de maturité, l'innocence de Dreyfus était une question de vérité, non d'adhésion au programme d'un parti ou d'un autre. Les positions prises sur l'affaire Ranucci dès la sortie du livre de Gilles Perrault traduisent un même état d'esprit de l'opinion publique qu'au tournant du siècle précédent : chacun décide de se positionner, de croire ou ne pas croire l'écrivain uniquement en fonction de ses propres opinions politiques et de l'intérêt ou du préjudice que le livre pourrait porter à son camp.

Comme pour tout livre à succès, les milieux cinématographiques pressentent l'intérêt de la réalisation d'un film. Yves Boisset, auteur de films engagés et parfois polémiques, est sollicité, mais il renonce. Michel Drach, très engagé lui aussi sur des thèmes sociaux dans certains de ses films tels *Élise ou la vraie vie*, *Les violons du Bal*, accepte. Après un entretien avec Gilles Perrault et un examen minutieux du dossier, convaincu de l'innocence de Ranucci, il réalise un film comportant plusieurs scènes fausses et prend trop nettement parti : l'acteur qui incarne le ravisseur n'est pas celui qui tient le rôle de Christian Ranucci ; le pull-over rouge est trop grand ; le petit Jean-Baptiste Rambla reconnaît sans difficulté une Simca 1100. Enfin, les policiers sont caricaturaux.

Avec le recul, le film de Michel Drach apparaît trop partial, trop loin de la réalité pour apporter quatre décennies plus tard une contribution intéressante au dossier. Il convient plutôt de replacer ce film dans le contexte de l'époque : Michel Drach n'était pas un enquêteur prétendant établir la vérité sur l'affaire, mais un polémiste visant à faire progresser la cause de l'Abolition. S'il a contribué à sensibiliser l'opinion à la question et à la préparer à l'Abolition, il a jeté avec le recul le doute sur le sérieux de ceux qui croient à l'innocence de Ranucci. Jean-Louis Vincent y voit aujourd'hui un engrenage dans la fabrication de ce qu'il considère comme un mythe.

C'est dans ce contexte qu'en 1978 une première demande de révision du procès Ranucci est déposée. Sans surprise, elle est refusée. Mais ce refus n'empêche pas le débat, ni sur la culpabilité du jeune décapité, ni sur la pertinence du maintien de la peine capitale. L'Abolition est parfois demandée au Parlement, de manière déguisée : des députés déposent des amendements au budget de la justice, « puisqu'il faut faire des économies », pour supprimer les crédits d'entretien de la guillotine ou encore le salaire du bourreau. Au garde des Sceaux qui répond que l'Abolition demande un temps de réflexion, un député gaulliste parisien, Pierre Bas, militant de longue date de la cause abolitionniste, réplique avec humour : « *Réfléchissez bien : cela ne fait que soixante-douze ans que la Chancellerie réfléchit à la question.* »

La réponse de Pierre Bas est inexacte : la question de l'Abolition avait effectivement été posée au Parlement en 1908 par le garde des Sceaux Aristide Briand, sous la présidence d'Armand Fallières, président de la République abolitionniste déclaré. Mais elle avait déjà été posée en 1791, par le président de l'Assemblée constituante, l'aristocrate Lepeletier de Saint-Fargeau, avec le soutien d'un jeune avocat qui n'était autre que Maximilien Robespierre. Ce dernier considérait alors que la peine de mort était inégalitaire, il avait remarqué combien les gens du peuple étaient plus facilement condamnés à mort que les notables ou les aristocrates. Il allait falloir finalement à la France près de deux siècles pour mettre un point final à une justice qui tuait.

Sur ce fond de doute autour de Ranucci, Robert Badinter, qui a obtenu en 1977 la clémence du jury pour Patrick Henry, mène inlassablement pendant plus de quatre ans les derniers assauts du combat pour l'Abolition, alliant meetings et communication militante à la défense, souvent en cassation, de criminels parfois accusés de faits atroces et considérés comme des causes perdues d'avance. Les interrogations autour de Ranucci planent désormais, lancinantes, sur l'institution judiciaire. Les pourvois en cassation de criminels condamnés à mort en première instance se succèdent et les sentences sont cassées, ce qui irrite le garde des Sceaux, l'académicien Alain Peyrefitte. Ce dernier, abolitionniste dans sa jeunesse, a depuis longtemps rangé sa conviction dans les oubliettes de son ambition politique. Bien entendu, il ne veut pas entendre parler de l'affaire Ranucci. Depuis qu'en Espagne, la peine capitale n'a pas survécu à la disparition du général Franco, fournisseur pusillanime des garroteurs et des pelotons d'exécution, et ce pratiquement jusqu'à son dernier souffle, la France est le dernier pays d'Europe occidentale où la justice détient encore le droit de tuer.

À l'automne 1981, lorsque Robert Badinter, devenu garde des Sceaux, fait voter l'Abolition, l'affaire Ranucci est évoquée au Parlement. « *Christian Ranucci, je n'aurais garde de trop insister, il y a trop d'interrogations* », dira le garde des Sceaux devant l'Assemblée nationale. L'affaire est désormais dans toutes les mémoires. Le garde des Sceaux dira au sujet des trois derniers guillotinés : « *Le coupable douteux, le débile et l'unijambiste paranoïaque, la France serait-elle moins sûre s'ils croupissaient au fond d'un cachot ?* » Mais le pull-over rouge et la mémoire de Ranucci pèsent peu dans le débat. En septembre, l'Assemblée nationale a changé de majorité après l'élection présidentielle du mois de mai, et le résultat du vote sur la loi d'Abolition, avec ou sans les incertitudes de l'affaire Ranucci y est acquis, d'autant plus qu'une trentaine de députés de droite, pour nombre d'entre eux abolitionnistes déclarés[8], soutiennent le projet. On sait que c'est plutôt au Sénat que l'issue du débat demeure incertaine. Mais c'est finalement sans difficultés que celui-ci s'aligne sur l'Assemblée nationale. L'Abolition a demandé moins de débats qu'on pouvait le prévoir. Les deux guillotines encore en service, dont celle qui a décapité Ranucci, sont reléguées à des musées. Encore symboles quelques mois plus tôt d'une justice qui tuait, il ne faut que le temps de la signature d'un décret pour qu'elles deviennent des objets d'histoire. La charge et le salaire du bourreau sont supprimés et Marcel Chevalier, qui a tenu la tête de Ranucci, est convoqué pour recevoir son solde de tout compte. Depuis que la Toscane est devenue le premier pays au monde à avoir aboli la peine capitale en 1786, il aura fallu près de deux siècles pour que le châtiment suprême disparaisse d'Europe occidentale.

Mais quarante ans après ce débat où son sort fut brièvement évoqué devant le Parlement, malgré les doutes et une énigme qui reste irrésolue dans les annales judiciaires, Christian Ranucci quant à lui est toujours officiellement, pour la justice française, coupable de l'enlèvement et du meurtre de Marie-Dolorès Rambla. Une douzaine d'ouvrages, plusieurs films, des émissions de télévision ont été consacrés à l'affaire. Trois demandes de révision ont été rejetées. L'affaire continue d'alimenter les passions sur les réseaux sociaux, suscitant des interrogations souvent légitimes, des commentaires parfois sérieux, souvent polémiques, parfois abjects. Elle s'est gravée dans la mémoire collective.

Les « interrogations » évoquées devant le Parlement par Robert Badinter ne sont pas restées sans réponse : disons plutôt qu'elles en ont trop reçu. La raison a posé trop de questions à la mémoire des témoins pour que les citoyens que nous sommes ne soient pas tentés de les examiner. L'enlèvement et le meurtre de Marie-Dolorès Rambla auraient dû devenir l'affaire Marie-Dolorès Rambla, ou bien l'affaire des Chartreux, le crime du Bois de Peypin ou encore l'affaire du carrefour de La Pomme. Elle est devenue l'affaire Ranucci. Le doute sur le condamné a éclipsé la mémoire de la victime.

La mémoire du crime s'est enlisée dans la fange d'une interminable tragédie judiciaire.

---

[8] Certains d'entre eux avaient depuis longtemps affiché clairement leurs convictions abolitionnistes. Parmi eux, citons Pierre Bas, Florence d'Harcourt, Étienne Pinte, Bernard Stasi, Philippe Séguin ; mais ils furent rejoints par des ténors de l'opposition parmi lesquels Alain Juppé, Jacques Toubon, et même Jacques Chirac, qui devait plus tard faire inscrire l'Abolition dans la Constitution.

IV. Des témoignages mouvants ou la mémoire incertaine

La malléabilité de la mémoire

Ce qui est spectaculaire dans l'affaire Ranucci, c'est que l'essentiel de la controverse repose sur un très petit nombre de témoignages.

Certains témoignages sont sans équivoque et ne font de Ranucci ni un coupable ni un innocent. Celui de Vincent Martinez nous apprend seulement que Ranucci était bien au volant du véhicule qu'il a percuté, et que s'il n'a pas lui-même vu d'enfant dans ce véhicule, il ne pouvait formellement exclure la présence de la fillette à bord. Ceux de Mohammed Rahou et d'Henri Guazzone ne mentionnent que le comportement apparemment parfaitement impassible de Ranucci lorsqu'ils l'ont tiré de la Champignonnière. Aucun des faits rapportés par ces premiers témoignages ne prête à la moindre équivoque ou interprétation ; ils sont tous considérés comme fiables et les faits décrits comme exacts.

Sur le passé de Ranucci, les témoignages de ceux qui l'avaient connu enfant ou adolescent, ou encore de ses camarades de régiment, sont souvent divergents, ce qui est tout à fait normal. La plupart des témoins le décrivent comme gentil, réservé. Ceux qui l'ont connu adolescent le décrivent parfois comme turbulent voire bagarreur. Certains témoignages de camarades de régiment sont plus incertains et lui ont trouvé un caractère bizarre, ce qui a amené certains à croire en sa culpabilité. Ces témoignages éclairent sur les souvenirs que Ranucci a laissé à ceux qui l'ont connu. Mais ils ne permettent formellement ni de faire de lui un pédophile, ni de le disculper.

En revanche, cinq témoignages prêtent à controverse. La thèse de l'accusation tout comme celle de l'innocence n'ont cessé de les interpréter dans le sens de leur cause, et chacun adresse une ou parfois plusieurs questions à ceux qui sont en quête de vérité :

- Le témoignage d'Alain Aubert : a-t-il vu ou a-t-il parlé d'un paquet ?
- Le témoignage d'Aline Aubert : a-t-elle bien entendu un enfant à la voix « très fluette » ? A-t-elle effectivement reconnu Ranucci ?
- Le témoignage d'Eugène Spinelli : a-t-il vu une Simca 1100 ou un coupé 304 ?

- Le témoignage de Jeannine Mattéi : a-t-elle assisté à cette tentative d'enlèvement d'un petit garçon frisé ? L'homme conduisait-il une Simca 1100 ? Portait-il un pull-over rouge ? Un homme a-t-il tenté d'enlever sa fille ainsi que son amie Carole Barraco en prétendant chercher un chien noir ?
- Le témoignage de Marc Pappalardo : doit-on croire que Ranucci était le jeune homme qui a attiré son fils dans un parking de Nice, deux mois avant le crime ?

On a souvent de la mémoire l'image d'une caméra vidéo qui enregistrerait fidèlement tous les faits et gestes au-devant de son objectif et de son micro. Mais chacun sait que la mémoire humaine, même de très bonne foi, est imprécise, malléable. Chacun fait l'expérience dans sa propre vie que certains souvenirs s'oublient, que d'autres se modifient. Nous avons tous le souvenir d'un événement personnel dont nous sommes certains d'un détail, mais certains de nos proches soutiennent avec certitude que ce même détail est faux. Dans une même famille, il arrive que des frères et des sœurs ne parviennent pas à se mettre d'accord si l'oncle Paul était bien présent au mariage du cousin Pierre, si la vieille horloge des grands-parents trônait dans leur séjour ou bien sous l'escalier... J'ai pour ma part à la mémoire le souvenir d'un dîner où mes parents avaient mangé des cuisses de grenouilles à Digoin en Saône-et-Loire, mais pour mes parents, ce dîner avait eu lieu à Gueugnon, à vingt kilomètres au nord. Dois-je les croire ?

Ainsi en est-il de la mémoire des témoins de l'Affaire Ranucci. Certaines ont apparemment évolué. Certains témoins ne semblent pas avoir dit la même chose à quelques jours d'intervalle, d'autres avoir divergé à plusieurs années de distance. Jean-Louis Vincent et Gérard Bouladou d'une part, Gilles Perrault et Yann Le Meur d'autre part ont dû émettre des hypothèses, et ont interprété les témoignages chacun dans le sens de la cause qu'ils défendaient. Et si certaines hypothèses, nous le verrons, sont peu crédibles, d'autres sont plausibles ; mais même ces dernières ne vont pas unilatéralement dans le sens de l'innocence ou de la culpabilité de Ranucci.

À partir du moment où nous sommes capables de reconnaître que les souvenirs de certains détails d'un événement que nous avons vécu ont évolué, la question qui est posée n'est pas de savoir *si* un faux détail peut s'implanter dans la mémoire d'un témoin, mais celle de savoir *comment*, *pourquoi* et *quelles sont les conditions* dans lesquelles un détail faux s'implante dans le souvenir d'un événement vrai de la vie d'un individu. Il n'est dès lors plus question de considérer ou de conclure *a priori* quant à l'honnêteté ou à la malhonnêteté d'un témoin dont le témoignage a varié.

Pour comprendre le processus qui conduit à des modifications de la mémoire, nous nous attarderons ici sur les travaux d'une psychologue américaine, Elizabeth Loftus, qui a dès les années 70 consacré sa carrière universitaire à étudier le phénomène, et qui a défrayé les chroniques judiciaires dans les années 90.

La mémoire qui reconstruit
Les étonnants travaux d'une psychologue américaine

Les erreurs inconscientes de la mémoire, que l'on allait appeler « illusions mnésiques » n'étaient pas un phénomène inconnu dans les années 70. Ainsi, en 1932, le psychologue anglais Frederic C. Bartlett avait rapporté une expérience au cours de laquelle il avait demandé à des étudiants de culture occidentale de lire un livre de légendes indiennes, puis d'en restituer le récit. Il avait observé à quel point les imprécisions, les erreurs reflétaient la culture et le milieu de vie de ces étudiants[27]. Des pirogues devenaient des barques... Bartlett avait émis à l'époque l'idée que la mémoire humaine ne se contentait pas de reproduire des événements ou un récit dont elle pensait avoir gardé l'enregistrement : elle pouvait aussi les reconstruire, mais parfois avec des éléments extérieurs aux événements ou au récit et présents dans la mémoire du témoin ou du narrateur. On ne devait plus parler seulement de « mémoire reproductive », mais également de mémoire « reconstructive ». Dans le schéma d'une « mémoire reproductive », un faux souvenir résulte d'une altération des images avec le temps, avec l'âge ; dans le schéma d'une « mémoire reconstructive », un faux souvenir vient d'une mauvaise association d'images : je me souviens par exemple d'un repas d'anniversaire de mariage de mes beaux-parents ; il y avait beaucoup de feuilles mortes sur les pelouses autour du restaurant. Or mes beaux-parents s'étant mariés au printemps, il est exclu qu'il y ait eu autant de feuilles mortes : avec les années, ma mémoire a donc associé ce repas avec un autre repas peut-être dans le même restaurant, ou simplement dans un endroit qui lui ressemblait beaucoup, mais pris à l'automne.

Ce n'est que dans les années 70 que l'étude des erreurs de la mémoire resurgit dans les chroniques universitaires. C'est alors qu'apparut le nom d'Elizabeth Loftus dans la littérature scientifique. Les premiers travaux d'Elizabeth Loftus sur la malléabilité de la mémoire portèrent d'abord sur le fait très anodin, dont beaucoup ont fait l'expérience, qu'après un accident, notamment de circulation, les témoins divergent dans leurs affirmations, même si ceux-ci sont apparemment de bonne foi lorsqu'il s'agit de simples passants qui n'ont aucun lien avec les conducteurs en cause ou les victimes. Mais en matière judiciaire, et surtout si l'accident a conduit à une invalidité sinon à une mort d'homme, un témoignage peut aggraver ou atténuer la responsabilité de l'un des protagonistes, voire transformer un responsable en victime ou réciproquement, conduisant alors à une injustice.

L'une des premières expériences d'Elizabeth Loftus, dont les résultats furent publiés en 1978, consista à montrer à des cobayes une série de diapositives montrant un accident de circulation ayant eu lieu à un croisement : une voiture rouge tournait à un carrefour et renversait un piéton. À un premier groupe de cobayes, les diapositives montraient la voiture rouge arrêtée devant un panneau « stop ». À un second groupe de cobayes, les diapositives avaient été modifiées et le panneau « stop » s'était transformé en un panneau « cédez le passage ». Puis on posa à chaque cobaye une question précise sur l'accident, qui ne portait pas sur le panneau lui-même, mais dans laquelle on évoquait le panneau : est-ce qu'une autre voiture avait dépassé la voiture rouge pendant qu'elle était arrêtée devant le panneau. Sauf que dans chacun des deux groupes, le groupe « stop » et le groupe « cédez le passage », certains cobayes devaient répondre à la question où il était fait mention d'une voiture arrêtée au panneau « stop », tandis que d'autres répondaient à la même question dans laquelle la voiture était arrêtée au panneau « cédez le passage ». Autrement dit, à l'intérieur de chacun des deux groupes, la moitié des cobayes devaient répondre à une question comportant un détail qu'ils avaient effectivement vu, tandis que ceux de l'autre moitié devaient répondre à une question mentionnant un détail qu'ils n'avaient certainement pas vu, puisque cet élément n'avait été montré qu'à l'autre groupe.

Le résultat de cette expérience se révéla très significatif : dans chacun des deux groupes, la mémoire de ceux à qui l'on avait demandé de répondre à la question comportant le panneau qu'ils avaient bel et bien vu était beaucoup plus fiable (75 %) que celle de ceux qui répondaient à la question dans laquelle on avait placé un élément qu'ils n'avaient pas vu (41 %). D'où cette conclusion : non seulement la mémoire, même de bonne foi, n'était pas d'une fiabilité absolue, mais un souvenir pouvait être désorienté en insérant dans la question – que cela se fasse de manière volontaire, comme dans le cas de cette expérience, ou involontaire dans un interrogatoire judiciaire où l'interrogateur commettrait un lapsus – un élément erroné, et notamment *si l'élément erroné n'était pas au centre de la question*. Une question, la manière et les mots avec lesquels elle est posée à un témoin, ou à un suspect, pouvait donc convaincre le témoin d'un détail faux par un processus dont celui-ci, tout autant que l'interrogateur – par exemple le policier – demeurait totalement inconscient.

Par ces expériences, Elizabeth Loftus n'avait pas seulement montré que l'on pouvait désorienter la mémoire, elle avait également identifié un moyen de le faire. On pouvait induire un témoin sincère et de bonne foi en erreur sur ce qu'il avait vu en mélangeant des faits réels et des faits imaginaires. Il suffisait pour cela de lui poser une question d'une manière particulière.

Mais dans le cadre d'un interrogatoire policier ou judiciaire, cette manière de poser une question est aussi un outil connu et utilisé pour tester la robustesse des souvenirs : l'interrogateur peut ainsi vérifier si un détail fourni par le témoin est exact. Dans le cas précité, si les souvenirs du témoin sont solides, celui-ci va rectifier en répondant qu'il ne s'agissait pas d'un panneau « stop », mais d'un panneau « cédez le passage ». Donc l'expérience d'Elizabeth Loftus montre qu'un interrogatoire de la sorte peut aller jusqu'à modifier involontairement certains détails de la mémoire d'un témoin, même s'il n'a vocation qu'à en extraire les souvenirs et à en tester la fiabilité.

La mémoire qui invente : des scènes imaginaires

Elizabeth Loftus, après l'expérience de l'accident sur le carrefour qui avait permis d'implanter un détail faux dans la mémoire d'un événement réel, passa à une étape supérieure : tenter d'implanter le souvenir complet et précis d'un événement, d'une scène complètement imaginaire et dont le déroulé et le dénouement seraient fixés à l'avance. Elle se livra, en compagnie d'une autre psychologue, Jacqueline Pickrell, à l'expérience consistant à tenter d'implanter dans la mémoire de cobayes un souvenir traumatisant mais banal : ils se seraient perdus dans un centre commercial alors qu'ils avaient cinq ans.

Le protocole de l'expérience consistait tout d'abord à interroger les parents des cobayes, afin d'obtenir des détails sur trois événements émotionnellement chargés de leur enfance, par exemple un accident, une correction, un deuil. Puis Elizabeth Loftus convoquait les volontaires, et leur demandait de donner un maximum de détails sur les trois faits, au milieu desquels elle rajoutait le quatrième fait du centre commercial. Au terme des entretiens, avec des questions bien insistantes, arrosées de détails réels sur les habitudes de shopping de leurs parents, plus du quart devaient donner des détails sur la perte dans le centre commercial. Certains, une fois que la psychologue leur avait révélé le contenu et le but de l'expérience, affirmaient même qu'ils avaient pourtant des images très claires du centre commercial et des circonstances dans lequel l'événement se serait produit. Avec cette deuxième expérience, Elizabeth Loftus ne montrait plus seulement qu'il était facile de modifier un détail d'un souvenir réel, mais qu'il était également possible d'implanter, volontairement, le film complet d'un fait précis, détaillé, mais complètement faux, dans la mémoire d'un cobaye, voire même de l'implanter si bien qu'il devenait alors impossible de l'en déloger, du moins de l'en déloger rapidement.

Dans la foulée de ces expériences, d'autres psychologues s'intéressèrent à ce qui favorise l'implantation d'un faux souvenir : quels sont les mécanismes qui président à sa construction et quels sont les facteurs de risque qui prédisposent certains individus plus que d'autres à se laisser implanter des faux souvenirs. Comme on pouvait s'y attendre, implanter un faux souvenir est évidemment plus facile dans la mémoire d'un enfant qui n'a pas encore acquis les outils pour organiser sa mémoire et son intelligence. Chez un adulte, la manipulation est plus difficile, à moins que l'on ne tente d'implanter dans la mémoire d'un cobaye un faux souvenir touchant à sa petite enfance. Un autre élément qui facilite l'implantation d'un faux souvenir est l'autorité de la personne qui l'implante : pour cette raison, un enfant qui prête naturellement autorité à un adulte est plus malléable. Pour un adulte, l'autorité d'un policier, d'un juge, d'un thérapeute ou encore de toute autre personne en situation de domination est un catalyseur de génération de faux souvenirs.

Comment, alors, se grave le faux souvenir dans la mémoire d'un individu de bonne foi ?

Les expériences de Loftus et Pickrell ont montré que ce processus peut s'opérer en mêlant des souvenirs réels, conscients, émotionnellement forts et ayant laissé de nombreuses traces, avec des détails instillés de l'événement imaginaire dont on tente d'implanter le souvenir dans la conscience du cobaye. Pour convaincre quelqu'un qu'il s'est perdu à l'âge de cinq ans dans un centre commercial, il suffit que ce centre soit bien celui que ses parents fréquentaient, qu'il y ait dans la scène une personne qu'ils y croisaient souvent, que l'on parle de ce qu'ils allaient y acheter, ou bien des boutiques de jouets qu'aucun enfant n'oublie. Tout paraît réel au premier abord, jusqu'à ce que le souvenir de la peur de se perdre, que tout enfant a éprouvée un jour, se transforme en souvenir de s'être bel et bien perdu.

Ce processus, s'il peut être mené à terme de manière expérimentale et à une fin scientifique, peut aussi être utilisé à une fin de manipulation. Il peut enfin être mis en marche de manière non volontaire ou inconsciente, en mettant des éléments réels dans une question sur un événement imaginaire. Ce sont ces faits que nous devons garder présents à l'esprit en soumettant les témoignages à un examen critique.

Des souvenirs faux et persistants

Elizabeth Loftus avait donc montré non seulement que l'on peut désorienter la mémoire en modifiant certains détails dans un témoignage, mais aussi y implanter le souvenir d'un événement imaginaire. Deux décennies après les premières publications d'Elizabeth Loftus, d'autres chercheurs devaient pousser plus loin les recherches, en investiguant dans quelles conditions on peut le plus efficacement implanter volontairement un détail faux dans un souvenir réel, mais aussi en montrant qu'une fois implanté dans la mémoire, celui-ci peut rester pratiquement indélébile.

En 2003, deux chercheurs en psychologie de l'University of Iowa aux États-Unis, Jason Chan et Jessica LaPaglia, firent l'expérience consistant à passer un film qui montrait une action terroriste[28], puis à questionner les candidats sur des détails du film. Deux ans après les terribles attentats du 11 septembre 2001, les souvenirs des Américains étaient encore tenaces et une telle vidéo ne pouvait manquer de marquer leurs esprits. Dans cette vidéo, on voyait notamment un terroriste agresser un steward avec une seringue.

Pour tester la fiabilité de la mémoire des cobayes, on leur fit remplir un questionnaire sur ce qu'ils avaient vu et, parmi les questions, on leur demandait notamment quelle était l'arme utilisée par le terroriste. Dans leur majorité, ceux qui avaient simplement vu le film répondaient correctement à la question. Mais à certains, deux jours plus tard, avant de leur donner le questionnaire, on faisait entendre un enregistrement résumant le film. On y donnait des détails vrais, mais aussi des détails faux, notamment celui selon lequel le terroriste avait utilisé un révolver, une arme qu'on ne peut confondre avec une seringue. Puis on leur donnait le questionnaire pour voir si les détails faux s'étaient ou non implantés dans leur mémoire.

Chan et LaPaglia connaissaient déjà le processus de formation et de consolidation des souvenirs : la mémoire commence par enregistrer ce qu'elle voit ou ce qu'elle entend. Puis elle le stocke. Ensuite, si la personne le décide ou bien si elle est amenée à le faire, par exemple dans le cadre d'un interrogatoire, elle va devoir puiser les informations dans son souvenir. La mémoire est ainsi réactivée (*reactivation*). Puis on entre dans une phase de récupération (*retrieval*) : la personne va interroger, creuser son souvenir pour le raconter. Et c'est alors qu'elle peut passer par une phase de réapprentissage (*re-learning*), ce qui conduit à sa consolidation. C'est ce que fait l'étudiant qui apprend une leçon : il active la mémoire de ce qu'il a entendu en amphithéâtre, il travaille sur elle pour la récupérer, puis repasse ses notes pour réapprendre : le réapprentissage est essentiel pour consolider la mémoire et transformer l'étudiant, lorsqu'il aura son diplôme, en un professionnel compétent.

Les expériences de Chan et LaPaglia autour du film d'un acte terroriste consistèrent en une séquence complexe de six expériences, avec des intervalles de temps entre les différentes phases. Certains cobayes devaient remplir le questionnaire sans avoir pris le temps nécessaire pour réactiver et récupérer la mémoire du film, tandis que d'autres étaient interrogés plus tard, avant d'auditionner l'enregistrement décrivant le scénario du film, mais après avoir réactivé et récupéré leurs souvenirs sur instruction des chercheurs. Et parmi ces derniers, certains écoutaient l'enregistrement erroné immédiatement après avoir été interrogés une première fois sur le film, d'autres plus longtemps après. Pour valider le fait que les souvenirs avaient bien été modifiés, on devait révéler à certains cobayes que certains détails étaient faux, et leur demander quelles étaient les images du film qu'ils avaient dans leur mémoire. À d'autres, on révélait qu'il y avait des différences entre le film et l'enregistrement, et ceux-là devaient répondre à des questions du type : est-ce dans le film ou dans l'enregistrement que le terroriste utilise un révolver ?

Les résultats, reposant sur des combinatoires et des études statistiques complexes, montrèrent plusieurs tendances dont trois sont particulièrement intéressantes. La première, c'est qu'une phase de réactivation et de récupération de la mémoire, lorsqu'on interroge le cobaye avant de lui faire auditionner l'enregistrement qui doit l'induire en erreur, rend le témoin beaucoup plus vulnérable à l'implantation de détails erronés (comme le souvenir du révolver). La seconde, c'est que le réapprentissage avec un enregistrement erroné conduit facilement aux illusions de mémoire s'il a lieu dans un intervalle de six heures après la phase de réactivation et de récupération. Au-delà, l'effet s'estompe. Autrement, dit, c'est dans les heures qui suivent le moment où on commence à l'interroger, lorsqu'on l'invite à réactiver et à récupérer ses souvenirs que la mémoire d'un témoin est la plus malléable et le témoin le plus manipulable. Enfin, certains témoins à qui on avait révélé les différences entre le film et l'enregistrement décrivant le scénario du film, et qui avaient gravé dans leur mémoire le faux souvenir d'une agression avec un révolver, étaient incapables de se re-projeter le film d'une agression avec une seringue ; de plus, d'autres se révélaient incapables de savoir si un élément – comme la seringue – leur avait été donné pendant le film ou pendant l'enregistrement. De là, il pouvait être conclu non seulement qu'un faux souvenir pouvait être pratiquement indélébile, mais également qu'un témoin qui avait entendu deux versions d'un même détail pouvait se trouver incapable d'en identifier la source et donc d'affirmer quelle version était la vraie.

Ainsi, un témoin dont on réactive la mémoire, qui récupère ses souvenirs, est-il malléable à ce moment précis à l'implantation de détails faux dans le souvenir d'un événement vrai. Adossé aux processus de questionnement mis en évidence par Elizabeth Loftus, une simple question d'un policier, même si le policier et le témoin sont de très bonne foi, peut donc changer un élément d'un souvenir et en particulier si ce réapprentissage, parfaitement involontaire dans le cas d'un interrogatoire, intervient dans les heures qui suivent la réactivation de la mémoire. Ce qui est le plus souvent le cas ! De plus, il semble qu'un détail faux, une fois implanté dans la mémoire d'un cobaye, puisse y devenir pratiquement indélébile. Ce qui fait que, si la mémoire d'un témoin est modifiée, elle a des chances de le rester. La mémoire n'est pas temporairement altérée : elle peut être reconstruite et consolidée sur une fausse base.

C'est à la lumière des conclusions d'Elizabeth Loftus, ainsi que des expériences de Jason Chan et de Jessica LaPaglia, que nous allons analyser les témoignages des premiers témoins de l'affaire Ranucci.

Le témoignage d'Alain Aubert

Comme nous l'avons vu plus haut, le témoignage des époux Aubert pose problème. Avant même les aveux que nous analyserons dans le chapitre suivant, le premier élément qui émerge à charge contre Ranucci, c'est le témoignage du couple qui a pris le coupé 304 en chasse après son accident au carrefour de La Pomme. C'est Alain Aubert qui parle au commissaire Alessandra pendant la pause de midi le 5 juin. C'est sur la foi de ce témoignage que le fonctionnaire de police fait ordonner la battue qui va permettre de retrouver le corps et d'identifier le suspect. C'est Alain Aubert qui, le premier, mentionne un enfant vu sur les lieux. Et c'est Aline Aubert qui fait craquer Ranucci, au début de l'après-midi du 6 juin, l'entraînant aux aveux.

Qu'ont pu voir les époux Aubert ? Leur premier témoignage est, comme nous l'avons vu, rapporté par le procès-verbal 610/1, lequel fait état d'un coup de téléphone passé par Alain Aubert à la gendarmerie dans l'après-midi du 4 juin 1974. Il est évident, puisqu'ils ont pu relever son numéro d'immatriculation, que les Aubert ont bien vu le coupé 304 de Ranucci sur la route près du carrefour de La Pomme le 3 juin, tout près du lieu de découverte du corps de la victime.

Selon ce même procès-verbal, Alain Aubert aurait rapporté aux gendarmes avoir vu le propriétaire du coupé 304 s'enfuyant dans les buissons, transportant un « paquet volumineux », et aurait pensé que ce fait pouvait avoir un rapport avec l'enlèvement dont ils avaient entendu parler à la radio. Mais selon son témoignage devant les policiers le 6 juin après-midi, après les aveux de Ranucci, Alain Aubert aurait vu l'enfant sortant du véhicule, tiré par son conducteur, et non un « paquet ». Il ne devait plus changer cette version.

Ce premier procès-verbal de gendarmerie pose un problème en forme de paradoxe. Alors que, dès le 3 juin, toutes les forces de police et de gendarmerie sont à la recherche d'un enfant potentiellement mort, si Alain Aubert avait vraiment vu un enfant sortant du véhicule le 3 juin, comment imaginer que les gendarmes aient négligemment, voire volontairement remplacé « un enfant » par « un paquet volumineux » dans le procès-verbal relatant son premier coup de téléphone, passé le 4 juin ? S'il avait parlé d'un enfant sortant du véhicule, les gendarmes n'auraient certainement pas noté un « paquet » ; seul Alain Aubert peut avoir parlé d'un paquet, et c'est la source de l'information, qui va être diffusée par les gendarmes y compris sur les médias, selon laquelle il aurait vu quelqu'un s'enfuir avec un « paquet ». Mais pour autant, si le fait évoqué par Alain Aubert dans son premier coup de téléphone à la gendarmerie peut avoir un rapport avec l'enlèvement, Alain Aubert ne peut avoir omis de mentionner immédiatement la présence d'un enfant sur les lieux, d'autant plus qu'il a parlé d'un « gosse », sans précision de sexe, à Vincent Martinez lorsqu'il est revenu sur les lieux de l'accident. Or la présence de cet enfant n'est pas mentionnée dans le procès-verbal de gendarmerie : il n'est question que d'un rapport possible entre l'accident, la fuite du conducteur fautif, et l'enlèvement de Marie-Dolorès Rambla.

Or les gendarmes ont une bonne raison de ne pas accorder beaucoup d'intérêt au témoignage d'Alain Aubert : le 4 juin, ils recherchent une Simca 1100.

La thèse de l'accusation s'est accrochée à la dernière version d'Alain Aubert, maintenue par le témoin dans les années 2000 à Gérard Bouladou : il n'aurait donné qu'un seul coup de téléphone à la gendarmerie le 5 juin, laquelle l'aurait dirigé vers le commissaire Alessandra. Il n'aurait jamais appelé les gendarmes de Roquevaire, ni de Gréasque le 4 juin et n'aurait jamais parlé que d'un enfant sortant du véhicule et non d'un Ranucci emportant un paquet : Gérard Bouladou a recueilli cette version en interrogeant directement Alain Aubert. L'ancien commandant de police offre une explication à ce fait, dénoncé par ceux qui croient à l'innocence de Ranucci comme une soi-disant variation du témoignage : furieux de découvrir le 5 juin qu'il existait depuis l'après-midi de la veille un témoignage sur un incident en rapport avec l'enlèvement, le commissaire Alessandra aurait pu demander des explications : pourquoi n'avait-il pas été prévenu plus tôt ? Le capitaine Gras aurait à son tour demandé des explications à ses hommes. Le premier gendarme contacté par téléphone par Alain Aubert n'aurait pas recueilli son témoignage téléphonique car il n'était pas de service. Et c'est ce qui aurait poussé Alain Aubert le lendemain, après l'appel à témoins lancé par la presse, à téléphoner au commissaire Alessandra. Pour se justifier devant le capitaine Gras, les gendarmes de Roquevaire se seraient raccrochés aux branches et auraient prétendu alors qu'Alain Aubert leur aurait bien parlé d'un paquet le 4 juin, alors qu'en ce 5 juin, il parlerait maintenant d'un enfant. Et non contents de modifier la déclaration d'Alain Aubert qui leur aurait d'abord parlé d'un paquet et non d'un enfant, ils auraient ajouté une déclaration à la plainte pour délit de fuite de Vincent Martinez, lequel les avait également appelés ce matin du 5 juin pour leur relater la présence du « gosse » dont lui avait parlé Alain Aubert. Ainsi les gendarmes auraient écrit de Vincent Martinez : « *Contrairement à ce qu'il avait déclaré dans sa plainte, il pensait maintenant qu'un enfant avait pu se trouver dans le véhicule tamponneur.* »

C'est évidemment une accusation dont la gravité n'avait échappé ni à Gilles Perrault, ni à Yann Le Meur : Bouladou a accusé *de facto* les gendarmes d'avoir commis un faux en écriture publique, dans le procès-verbal du coup de téléphone d'Alain Aubert, mais aussi d'avoir voulu corriger le contenu de la plainte pour délit de fuite de Vincent Martinez. Bouladou a reconnu qu'il était impensable qu'Alain Aubert n'ait pas appelé au moins une gendarmerie le 4 juin – peu importe que ce soit celle de Gréasque, d'Aubagne ou de Roquevaire. Implicitement, il reconnaissait qu'Alain Aubert ne disait pas la vérité sur la réalité de cet appel ou pour le moins que son souvenir dans les années 2000 était inexact ou tronqué. Ce qui est gênant dans cette version des faits, c'est que Bouladou était policier et non gendarme : dans cette scène, l'auteur semble avoir plaidé pour sa paroisse et présumer une bévue, ainsi qu'une falsification dans celle d'en face. Quand il affirmait dans son livre, photos des procès-verbaux des témoignages devant la police à l'appui, qu'Alain Aubert n'avait jamais changé la version de son témoignage devant la police, il avait en soi parfaitement raison. Devant la police, Alain Aubert n'avait jamais parlé du paquet volumineux. Mais dans cette affirmation isolée du contexte, Bouladou a fait l'impasse sur les dires d'Alain Aubert aux gendarmes.

De plus, si l'explication de Gérard Bouladou était exacte, cela impliquerait que, dans la soirée du mercredi 5 juin, toute la gendarmerie et en particulier les officiers auraient été au courant de la bévue, une effroyable négligence, que le capitaine Gras aurait sérieusement réprimandé ses hommes, même si organiser la battue le 4 juin n'aurait pas permis de retrouver Marie-Dolorès Rambla vivante. Aucun gendarme ne s'en vanterait. On peut évidemment imaginer, dans le contexte de sa rivalité avec la police, que la gendarmerie aurait tenu cette dernière à l'écart de cette erreur et confirmerait l'information qu'Alain Aubert leur aurait déclaré avoir vu un enfant sortir du véhicule. Or, dans la soirée du 5 juin, le capitaine de gendarmerie Maurice Gras déclare à RTL que le conducteur du coupé a été vu transportant un paquet. Le paquet ne lui pose manifestement aucun problème. Il n'a donc rien demandé à ses hommes de plus que ce qui figure dans le procès-verbal 610/1 et n'a pas fait état d'un enfant vu sortant du véhicule. Si personne ne voit en ce 5 juin de contradiction entre l'enfant et le paquet, c'est parce que chacun, y compris le capitaine Gras, peut aisément imaginer que le paquet était en réalité la fillette, qu'elle fût encore vivante ou déjà morte.

De son côté, Jean-Louis Vincent ne s'est pas hasardé à disserter sur la mention faite par les gendarmes du « paquet volumineux ». Il note simplement à juste titre qu'il est impensable qu'Alain Aubert n'ait pas signalé dès le 4 juin aux gendarmes la présence d'un enfant sur les lieux, de même qu'il est impensable que les gendarmes n'aient pas immédiatement envisagé un lien avec l'enlèvement. Sur ce point, on ne peut que lui donner raison.

Analysons maintenant le témoignage donné par Alain Aubert devant Gérard Alessandra le 6 juin. Selon le procès-verbal, son audition est ouverte à 13 heures, dix minutes après celle de son épouse, laquelle est interrogée depuis 12 h 50 par Jules Porte. Il débute ainsi :

> *La personne que vous me présentez et que vous me dites se nommer Ranucci Christian est bien celle qui était à bord du coupé Peugeot 304, couleur gris métallisé au moment où l'accident s'est produit à proximité de Peypin le 3 juin 74 vers 12 h 15. Il n'y a aucun doute possible à ce sujet.*

On note là une légère variation de l'horaire de l'accident : selon les indications qu'il avait données à la gendarmerie le 4 juin, il avait poursuivi quelqu'un « vers 12 h 30 ». Notons également que, si Alain Aubert prétend n'avoir aucun doute quant au fait qu'il reconnait la personne, il n'a pas reconnu Ranucci au tapissage si l'on en croit l'absence de procès-verbal et les articles parus dans *Nice-Matin*, *Le Soir* et *France-Soir*. Cette audition devrait donc être postérieure à la reconnaissance de Ranucci seul, devant Aline Aubert, et donc à l'aveu de Ranucci. Pourtant le procès-verbal des aveux de Ranucci n'est ouvert qu'à 14 heures, ce qui laisse penser que la reconnaissance de Ranucci par Aline Aubert a eu lieu juste avant, donc après les auditions des deux époux. Entre le tapissage négatif, ou du moins sans reconnaissance formelle si l'on en croit François Luizet de *France-Soir* qui rapporte : « *Le conducteur était bien loin de nous* », et son entrée dans le bureau du commissaire Alessandra, la mémoire d'Alain Aubert a bougé.

Sur le fait énoncé dans la phrase, à savoir que Christian Ranucci était à bord du coupé, il est évidemment parfaitement exact.

Puis Alain Aubert continue :

> *J'ai constaté qu'aussitôt après l'accident la Peugeot 304 prenait la fuite au lieu de s'arrêter. Ma femme et moi avons été outrés de ce comportement et avons aussitôt décidé de prendre en chasse le véhicule qui s'enfuyait. La poursuite a été assez mouvementée car le conducteur s'est certainement aperçu qu'il était poursuivi ; il roulait donc très vite dans cette route tortueuse. Après avoir parcouru une distance de 1 à 2 kilomètres, la 304 Peugeot s'est immobilisée au bord de la route. À ce moment je me trouvais à deux ou trois cents mètres de lui. Je l'ai rejoint quelques secondes plus tard.*

Alain Aubert n'a pas *décidé* de prendre le véhicule en chasse : c'est Vincent Martinez qui le lui a demandé. Il rectifiera d'ailleurs ce point devant Ilda di Marino. Les temps et les distances donnés sont cohérents. En l'apercevant à 200 ou 300 mètres et en roulant à 80 km/h, donc à environ 22 mètres par seconde, ce qui serait très rapide sur cette route sinueuse, il lui aura fallu environ une dizaine de secondes pour arriver à hauteur du coupé 304.

> *Au moment où je suis arrivé à hauteur de la voiture, j'ai assisté à la scène suivante : J'AI VU CET INDIVIDU TIRER PAR LE BRAS UN ENFANT QUI SE TROUVAIT A L'INTERIEUR DU VEHICULE. JE ME SOUVIENS NOTAMMENT QUE CET ENFANT PORTAIT UN SHORT OU UNE CULOTTE DE COULEUR BLANCHE. EN REVANCHE, JE DOIS VOUS DIRE QUE LES FAITS SE SONT PASSES SI RAPIDEMENT QUE JE N'AI PAS REALISE DANS CE MOUVEMENT S'IL S'AGISSAIT D'UN GARCON OU D'UNE FILLE.*

Alain Aubert a parlé à Vincent Martinez d'un « gosse », dont il ne lui a pas précisé le sexe. Il faudrait donc imaginer qu'Alain Aubert n'a effectivement pas vu si l'enfant était un garçon ou une fille. Mais Marie-Dolorès Rambla avait les cheveux longs. Si elle a vraiment été vue au moment où Alain Aubert se trouvait au même niveau que le véhicule, autrement dit à trois mètres, il est assez difficile de croire qu'Alain Aubert n'ait pas vu que l'enfant était une fille.

> *L'INDIVIDU A TIRE L'ENFANT PAR LE BRAS, L'A TIRE DANS LES BROUSSAILLES QUI BORDAIENT LA ROUTE ; A PARTIR DE CE MOMENT, JE N'AI PLUS VU L'INDIVIDU NI L'ENFANT QUI AVAIENT DISPARU DANS LES BROUSSAILLES...*
> *En ce qui me concerne, j'ai fait une cinquantaine de mètres avec ma voiture, j'ai fait un demi-tour et je me suis arrêté à nouveau à hauteur de la 304 Peugeot. Je suis descendu de voiture et j'ai entendu des*

bruits de branchages provenant de la direction où l'individu s'était enfui. Bien que je ne le voyais pas car il m'était caché, j'ai crié à haute voix à son intention : « Monsieur, revenez, vous n'avez qu'un accident matériel, n'aggravez pas votre cas en prenant la fuite. »

Alain Aubert converse ici avec un homme qu'il entend mais qu'il ne voit pas. Il n'imagine évidemment pas qu'il puisse s'agir d'un autre homme que le conducteur du coupé 304.

Cet individu m'a alors répondu les paroles suivantes : « D'ACCORD PARTEZ, JE REVIENDRAI ». Comprenant bien que cet individu n'avait aucune intention de revenir, j'ai relevé le numéro d'immatriculation de sa voiture et je suis remonté à bord de mon propre véhicule afin de communiquer ce numéro minéralogique à la personne qui avait eu l'accident de circulation et qui était restée sur les lieux (du moins, je le supposais).

Alain Aubert prétend ici être descendu puis remonté à bord de son véhicule. Il a, en fait, selon le procès-verbal 610/1 du capitaine Gras, fait le tour du véhicule et vérifié qu'il n'y avait personne à l'intérieur.

J'ai effectivement retrouvé le couple qui se trouvait à bord du véhicule accidenté et je leur ai communiqué le numéro d'immatriculation de la Peugeot 304.
(Sur demande) : ma femme n'est descendue de voiture à aucun moment
(Sur demande réitérée) : JE SUIS ABSOLUMENT CATEGORIQUE ET FORMEL, L'INDIVIDU QUI S'EST ENFUI DANS LES COLLINES A BIEN ENTRAINE AVEC LUI UN ENFANT
(Sur demande réitérée) : je ne puis vous préciser quel pouvait être l'âge de cet enfant ; je puis cependant préciser qu'il s'agissait d'un enfant qui marchait ; s'il fallait vraiment donner un âge à cet enfant, j'évaluerais celui-ci entre 7 et 10 ans.

Deux éléments attirent notre attention ici.

Le premier est qu'il faut une demande réitérée des policiers pour qu'Alain Aubert témoigne avec assurance qu'il a vu cet enfant sortant du véhicule tiré par le bras par Ranucci. Les policiers lui ont donc fait préciser et répéter ce point. Or ils ne pouvaient plus ignorer le fait dont le capitaine Gras parlait à la télévision la veille au soir lorsqu'il parlait d'un paquet, paquet dont les journalistes allaient entendre parler ce matin du 6 juin, lesquels journalistes devaient le mentionner dans leurs articles du 7 juin. Ils ont donc eu besoin de poser la question deux fois pour écarter complètement le paquet. On ne peut exclure qu'ils aient poussé Alain Aubert dans ses retranchements en lui demandant carrément s'il n'était pas sûr de ne pas avoir vu un paquet.

Un second élément surprenant est qu'alors qu'il n'a pas vu si l'enfant était un garçon ou une fille, il a été capable de lui donner un âge. Donc, bien qu'il n'ait pas vu les cheveux longs, il prétend avoir vu sa taille, ce qui est plus compatible avec la forme discernée d'un enfant dans les fourrés qu'avec un enfant vu de près.

Le lundi 10 juin, devant Ilda Di Marino, Alain Aubert maintient sa version des faits mais ajoute quelques détails supplémentaires :

> *Je maintiens intégralement la version des faits que j'ai faite devant les services de police le 6 juin 1974 dont vous venez de me donner lecture. C'est bien moi qui ai, sur demande d'un automobiliste, MARTINEZ, pris en chasse une voiture 304 Peugeot gris métallisé qui avait pris la fuite après réalisation de l'accident. Je peux dire que le conducteur de la 304 a pris la fuite à très vive allure. Trop peu occupé par la voiture elle-même, je n'ai pas regardé avec suffisamment d'attention les attitudes personnelles du conducteur pour donner des précisions à ce sujet. Dans ma poursuite, j'avais passé deux ou trois virages lorsque, sortant de l'un de ceux-ci, j'ai vu la 304 Peugeot s'immobiliser au bord de la route. J'ai vu le conducteur près de la portière côté passager ouvrir cette portière de l'extérieur, tirer par le bras un enfant, l'entraîner hors du véhicule, sauter avec lui le caniveau bordant la route, grimper dans la colline dans les fourrés. L'enfant n'a pas sauté le caniveau en premier mais à la suite du conducteur de la 304 et tiré par la main de ce conducteur. L'enfant, très jeune, 7 à 10 ans, portait un short de couleur blanche.*

Alain Aubert vient de relire, il l'affirme dès sa première phrase, ses déclarations à la police. Il donne dans ce paragraphe plusieurs détails, certainement en réponse à des questions précises : des détails sur les gestes du conducteur, le saut par-dessus le caniveau. En revanche, la mention de l'enfant tiré hors du véhicule, tiré dans les broussailles, l'âge de l'enfant et le short blanc ne sont qu'une redite par rapport au témoignage déposé le 6 juin devant les policiers. Il y également une rupture dans les détails : il voit le véhicule s'immobiliser, puis le conducteur près de la portière passager. Mais il ne voit pas le conducteur descendre et faire le tour du véhicule pour ouvrir la portière côté passager. Ce qui voudrait dire que le conducteur est sorti côté passager et qu'il a ensuite tiré la fillette, laquelle devrait dans ce cas nécessairement avoir été assise à l'arrière. Cela plaiderait pour une portière bloquée et un enfant qui n'aurait pas été vu par Vincent Martinez.

Le saut au-dessus du caniveau est un détail très précis que l'on trouve également dans les aveux de Ranucci à l'Évêché. On ne le trouvait pas dans le premier témoignage d'Alain Aubert le 6 juin. La largeur et la profondeur du fossé en question peuvent poser problème – on trouve des largeurs autour de 1,50 m et des profondeurs autour de 60 cm selon les sources. Sans prendre d'élan, ce pourrait être un fossé qu'un adulte jeune saute aisément, mais non un enfant de huit ans. Il aurait été plus facile pour un enfant de descendre dedans et de remonter de l'autre côté avec l'aide d'un adulte.

Alain Aubert prétend enfin devant Ilda Di Marino que l'enfant aurait sauté le caniveau tiré par l'homme, que l'enfant le suivait : il n'était donc pas caché par l'homme au moment en question. C'est un deuxième élément difficile à croire, puisqu'ils n'ont pas pu voir s'il s'agissait d'un garçon ou une fille.

Mais après cela, Alain Aubert ne s'est douté de rien :

> *Je n'ai pas vu l'enfant se débattre, je n'ai pas entendu l'enfant crier, mais je dois dire que lorsqu'on tire un enfant très jeune, l'enfant est emporté en quelque sorte par celui qui le tire par la main de sorte qu'il m'est impossible de me prononcer sur le point de savoir si l'enfant a suivi l'homme volontairement ou contrainte et forcé.*

Et là, Alain Aubert donne à Ilda di Marino un détail qui donne le sens de son témoignage : l'enfant n'a pas crié, donc il pouvait suivre l'adulte de manière volontaire. Il est donc là en train de justifier qu'il n'est pas coupable de non-assistance à une personne dont il ne pouvait imaginer qu'elle était en danger. La phrase « *lorsqu'on tire un enfant très jeune, l'enfant est emporté en quelque sorte par celui qui le tire par la main* » ressemble à une recherche de justification : Alain Aubert paraît se trouver en difficulté pour expliquer s'il était vraiment certain que l'enfant suivait l'homme de manière consentante ou spontanée, même si ce dernier le tirait. Il est probablement, dans cette affirmation, dans un processus d'auto-défense.

Puis c'est la conversation avec cet homme, qu'il ne peut pas voir – si l'on en croit sa première déclaration à la police à laquelle il fait référence :

> *Pour le surplus, je maintiens intégralement ma déclaration et je précise une fois de plus que j'ai invité l'homme à revenir, lui disant qu'il n'avait pas intérêt à prendre la fuite, l'accident qu'il venait de causer ayant entrainé uniquement des dégâts matériels ; et l'homme m'a répondu : « J'en suis sûr, partez, je reviendrai. »*

Si Alain Aubert a conversé avec l'homme dans les fourrés, il se trouvait donc à une distance où l'on peut se parler. Le corps sera retrouvé à 20 m de la route, à une distance où en parlant un peu fort, il est encore possible de converser, surtout dans un endroit désert et sur une route peu passante à cette heure-là. On peut supposer qu'à ce moment Alain Aubert a vu l'assassin, qu'il s'agisse de Ranucci ou d'un autre homme. Ce dialogue est parfaitement vraisemblable.

> *J'ai compris que l'homme ne reviendrait pas mais, sur les conseils de ma femme, j'ai jugé imprudent de suivre l'homme dans les fourrés car sur le moment j'ai pensé qu'il avait volé le véhicule et que par conséquent l'individu n'était pas intéressant...*

Il est très probable que la dernière phrase répond à une question de la juge lui demandant pourquoi il n'a pas suivi l'individu dans les fourrés. De plus, on note la formule « pas intéressant » : c'est une locution peu appropriée. Il serait plus cohérent de dire qu'il a jugé l'individu « potentiellement dangereux » (peut-être armé) et qu'il n'a pas voulu s'exposer. Ce serait d'ailleurs cohérent avec l'adjectif « imprudent » et le fait que sa femme aurait voulu qu'il ne prenne pas de risque, ce que cette dernière va confirmer comme nous allons le voir.

Comme nous l'avons vu au chapitre précédent, le procès-verbal 610/1, les déclarations du capitaine Gras au soir du 5 juin et les articles parus dans les journaux le 7 juin n'ont laissé aucune ambiguïté quant au fait que, jusqu'au matin du 6 juin, Alain Aubert parlait toujours d'un « paquet » et que cette mention du « paquet » ne posait de problème à personne. Ce n'est que dans l'après-midi du 6 que le « paquet » a disparu définitivement de sa mémoire, et en tout cas de ses déclarations. À ce stade, et surtout au vu des expériences de Chan et LaPaglia, nous nous garderons ici de tout jugement quant à l'intégrité d'Alain Aubert : deux jours s'étaient écoulés lorsque les policiers du SRPJ sont venus réactiver sa mémoire des faits et l'inviter à la récupérer. C'était un moment où il était particulièrement facile, par une question posée d'une certaine manière, de modifier ses souvenirs. En revanche, ses souvenirs étaient vieux de trois jours lorsqu'Alain Aubert a été soumis au même exercice dans les locaux de l'Évêché, et, de plus, ils avaient été réactivés la veille. Une modification de la mémoire d'Alain Aubert était donc *a priori* plus difficile le 6 juin que le 5 juin, d'autant que sa mémoire avait été réactivée la veille lors de la visite des policiers à Toulon.

Cependant, les écrits sont têtus : le 6 juin en milieu de journée, entre l'arrivée des Aubert à l'Évêché et leurs auditions en tant que témoins, lesquelles ont débuté à 12 h 50 et à 13 h, plusieurs journalistes présents ont bien enregistré dans les déclarations d'Alain Aubert la présence d'un paquet, paquet qui a disparu dans le procès-verbal de son témoignage. Là sont les faits indiscutables.

Le témoignage d'Aline Aubert

Si le témoignage d'Alain Aubert a varié sur le détail du paquet entre les informations reçues par la gendarmerie le 4 juin et celles qu'il signe deux jours plus tard dans les locaux de la police marseillaise, et si certains détails de son témoignage devant la police puis devant la juge sont quelque peu divergents, plus problématique encore est le témoignage d'Aline Aubert, son épouse. C'est elle qui, finalement, pousse Ranucci aux aveux en déclarant le reconnaître formellement.

Le 6 juin 1974, Aline Aubert, auditionnée indépendamment de son mari, signe à l'Évêché la déclaration suivante :

> *Le lundi de Pentecôte, c'est-à-dire le 3 juin 1974, vers 12 heures, je me trouvais à bord du véhicule de mon époux, conduit par lui-même. Nous circulions sur une route en direction de Roquevaire. Au lieu-dit « La Pomme », mon mari s'apprêtait à doubler un camion et pour ce faire a déporté son véhicule légèrement sur la gauche. En ce qui me concerne, je n'ai pas vu l'accident qui s'est produit entre deux véhicules, qui précédaient le camion. J'ai seulement vu un gros nuage de poussière et entendu un grand bruit. Cet accident s'est produit au carrefour entre les RN 96 et 8 bis.*
> *Lorsque nous sommes arrivés à hauteur de l'un des véhicules accidentés, son chauffeur a immédiatement demandé à mon mari de prendre en chasse le second véhicule, en fuite. Mon époux s'est exécuté et nous avions en point de mire un véhicule de couleur grise qui roulait à grande vitesse et nous précédait de deux ou trois virages. Nous avons parcouru environ un kilomètre et à la sortie d'un virage nous nous sommes aperçus que la voiture était arrêtée et arrivés à sa hauteur, sans descendre de notre véhicule, j'ai constaté qu'un homme avait ouvert la portière droite et tirait un enfant par le bras. J'avais la vitre baissée. L'enfant était plaqué contre l'homme et je n'ai pu voir s'il s'agissait d'une fille ou d'un garçon.*

On notera ici deux détails qui diffèrent entre la déclaration d'Aline Aubert et celle de son mari : tout d'abord, elle prétend avoir vu la 304 arrêtée au sortir d'un virage, tandis qu'Alain Aubert affirme l'avoir vue s'arrêter. Ensuite, elle a vu l'enfant plaqué contre l'homme, alors que selon son mari, l'enfant a toujours été tiré par le bras, donc le bras étendu ou plié mais non tenant l'enfant contre son propre corps.

J'ai seulement entendu l'enfant déclarer : « Qu'est-ce qu'on fait ? ». D'après l'intonation de la voix, je ne pense pas que l'enfant avait peur. A ce moment-là et très rapidement, l'homme a disparu dans les buissons avec l'enfant. Puis mon mari a fait demi-tour, il s'est arrêté à nouveau devant le véhicule, a relevé le numéro et a crié par la portière à l'adresse du chauffeur qui avait disparu « REVIENS, NE FAIS PAS L'IMBECILE, IL NE S'AGIT QUE DE DEGATS MATERIELS ».

Alain Aubert aurait donc crié *par la portière* : nous aurions là un indice qu'il ne serait pas descendu de son véhicule à ce second passage ; ce qui démentirait qu'il y soit *remonté*, comme il l'a lui-même déclaré.

Je n'ai pas entendu ce que l'homme a répondu, mais mon mari m'a fait savoir que l'individu lui avait dit : « FILEZ, JE VIENS » ; nous sommes retournés sur les lieux de l'accident et avons aidé l'autre partie en cause à remettre le véhicule accidenté sur le bas-côté de la route.
Je précise que le véhicule que nous avons pris en chasse était une 304 Peugeot, gris métal, type coupé, dont le numéro est le suivant : 1369 SG 06.
Mon mari a laissé son identité et son adresse à Monsieur MARTINEZ pour un éventuel témoignage. Je précise qu'au cours de l'échange d'identité, j'ai appris que la personne accidentée s'appelait MARTINEZ.

Aline Aubert se défend ainsi de connaître Vincent Martinez. Elle ne le connaissait pas. Il y a là probablement la marque d'une question du policier qui a dû lui demander comment elle connaissait le nom de l'automobiliste accidenté pour vérifier qu'elle n'était pas de connivence avec lui. Ce dernier point renforce le témoignage.

Nous sommes partis en direction de Roquevaire et avons en vain tenté d'appeler la gendarmerie locale.
(Sur interrogation) : la voix de l'enfant que j'ai pu entendre à travers la portière, vitre baissée est celle d'un gosse de six à huit ans. Cette voix m'a paru très fluette.
(Sur interrogation) : en fait, après réflexion, je pense que mon mari est descendu du véhicule, très peu de temps, pour demander à l'individu de revenir.

Spontanément, Aline Aubert prétendait que son mari n'était pas descendu du véhicule. Mais sur interrogation des policiers, elle n'en est plus tout à fait sûre. Les policiers ont dû réitérer la question : ils avaient donc relevé la différence avec le témoignage de son mari. C'est donc probablement Alain Aubert qui a raison. On voit clairement que les policiers ne se contentent pas d'écouter les dépositions, ils relèvent les contradictions et reposent les questions pour demander aux témoins d'être précis. Mais de ces évolutions (ici sur des détails non significatifs), on en déduit que le film des événements n'est plus très clair dans la mémoire des Aubert alors que trois jours se sont déjà écoulés.

Que des questions soient posées par Jules Porte à Aline Aubert sur des détails sur lesquels elle diverge par rapport à son mari donne également une information importante : les deux époux sont interrogés simultanément par deux policiers différents, mais leurs interrogateurs, par moments, semblent bel et bien échanger des informations sur leurs dires, pour ensuite réitérer leurs questions, avant de taper les déclarations respectives des deux témoins à la machine.

Quatre jours plus tard, le lundi 10 juin, Aline Aubert réitère l'essentiel de ses propos du 6 juin devant Ilda di Marino :

> *Je maintiens intégralement la déclaration que j'ai faite le 6 juin 1974, j'ai vu l'homme tirer un enfant après avoir ouvert la portière côté passager de la 304. L'enfant était plaqué sur l'homme.*

L'enfant était donc plaqué sur l'homme, donc plutôt devant lui. On retrouve dans cette affirmation d'Aline Aubert la différence avec la déclaration de son mari dans la description des secondes qui auraient suivi l'extraction de l'enfant de la voiture, dans laquelle, selon son mari, le conducteur aurait tiré l'enfant par le bras.

> *Ensemble, ils ont sauté le caniveau bordant la route et ont disparu dans les fourrés. Je suis sûre d'avoir entendu l'enfant dire « Qu'est-ce qu'on fait » d'une voix fluette, interrogative, mais pas du tout effrayée. Sur le moment, j'ai pensé que l'homme s'enfuyait dans la colline parce que le véhicule avec lequel il avait pris la fuite était un véhicule volé. Voyant qu'il se trouvait avec une enfant, je n'ai pas voulu que mon mari le poursuive dans la colline.*
> *Je dois dire que les faits s'étant produits pendant les vacances de Pentecôte, quand je parle de faits, je veux dire l'enlèvement, je n'ai pas, étant très occupée par mes enfants et en vacances, écouté les nouvelles, de sorte que c'est seulement le lendemain que j'ai appris qu'un enlèvement avait eu lieu. J'ai immédiatement fait le rapprochement entre l'enlèvement et l'homme et l'enfant que j'avais vus car vraiment le comportement de l'homme m'avait paru bizarre.*

Entre le moment de l'enlèvement, entre 11 h et 11 h 15, et le moment où les Aubert auraient soi-disant vu Ranucci avec un enfant « pas du tout effrayé », soit vers 12 h 15, il s'est écoulé au moins une heure.

Le mobile de l'enlèvement d'une fillette de huit ans, s'il n'est pas crapuleux, c'est-à-dire commis à dessein de recueillir une rançon, ne peut pas ne pas être sexuel et le ravisseur de Marie-Dolorès Rambla était nécessairement un pédophile. Le rapport des psychiatres qui sera inséré dans le dossier de l'instruction, on le verra plus loin, part d'ailleurs de cette hypothèse. Les partisans de la culpabilité de Ranucci sont unanimes à voir en lui un pédophile, même si le rapport d'autopsie affirme qu'il n'y a pas eu de viol. Il faut d'ailleurs nuancer cette conclusion : même s'il ne l'a pas pénétrée, l'assassin a pu soumettre ou tenter de soumettre sa victime à des attouchements ou à divers sévices sans qu'il y ait pénétration intime ; on peut imaginer que l'enfant s'est débattue, qu'elle a crié et que le ravisseur l'a tuée avant de pouvoir assouvir ses pulsions.

Ranucci a nié avoir agressé sexuellement la fillette. Très paradoxalement, s'il ne l'avait pas nié, il aurait peut-être fragilisé les accusations contre lui, à l'instar de Gaston Dominici, qui s'était auto-accusé de viol sur l'une de ses prétendues victimes alors que l'autopsie avait révélé qu'il n'y avait aucune trace de violence sexuelle.

Quand des personnes qui croient en la culpabilité de Ranucci écrivent dans des forums Internet que l'enlèvement a eu lieu vers 11 h 30, c'est non seulement faux – nous avons vu que cela ne correspond pas au témoignage de Mme Rambla – mais tendancieux : ces témoignages veulent esquiver l'incohérence entre un horaire d'enlèvement avant 11 h 15 et un enfant vivant, et non inquiet, en compagnie du même pédophile une heure plus tard. On sait en revanche que Ranucci était à Marseille le matin, qu'il est peut-être passé voir son père à Allauch dans la matinée, et qu'il était au carrefour de La Pomme vers 12 h 15. La route de Marseille au carrefour de La Pomme passe par Allauch. Coupable ou innocent, Ranucci a donc suivi, nous l'avons déjà vu, l'itinéraire de l'assassin. Mais le temps entre l'heure de l'enlèvement et l'accident au carrefour de La Pomme est plutôt long pour être parfaitement compatible avec le comportement typique d'un pédophile.

Dans son témoignage, Aline Aubert parle d'un enfant *pas du tout effrayé.* À supposer que Ranucci soit coupable et que sa victime soit encore vivante, elle viendrait en plus d'avoir un accident de voiture. Dans ce cas, il serait plus logique d'imaginer que soit elle n'ose plus parler, soit elle crie. Pour que le témoignage d'Aline Aubert soit crédible, il faudrait que, plus d'une heure après l'enlèvement, il ne soit rien passé entre une fillette de huit ans et un pédophile sujet à des pulsions sexuelles ; un pédophile seul avec sa proie, sans témoin, dans un endroit désert en dehors de la ville qu'il a dû lui falloir environ 30 ou 35 minutes pour atteindre, une proie avec laquelle il est donc resté seul et s'est arrêté entre 20 et 40 minutes en dehors de Marseille, avant de repartir. Une proie qui, malgré un accident une minute plus tôt, aurait toujours une voix *pas du tout effrayée, très fluette.* Une victime qui était partie faire un tour du pâté de maison à la recherche d'un chien, et qui une heure plus tard serait à son aise dans une garrigue déserte avec un pédophile. Il est aussi difficile d'imaginer une telle tempérance chez un pédophile qu'un tel calme chez la petite victime.

On doit ici ajouter un élément quant à la présence éventuelle d'un enfant à l'intérieur de la voiture lors de l'accident. Si la victime avait été assise à l'avant, ceinture attachée, elle aurait très probablement été vue par Vincent Martinez qui a vu le conducteur de suffisamment près pour reconnaître facilement Ranucci lors du tapissage. Vincent Martinez aurait mentionné ce point lors de son dépôt de plainte à Gréasque le 3 juin et n'aurait pas signé une plainte sur laquelle le gendarme avait noté que « le conducteur paraissait seul à bord ». Quelques jours plus tard, il n'aurait *a fortiori* certainement pas évoqué au conditionnel la possibilité que « contrairement à sa première déclaration, un enfant *avait pu* se trouver dans le véhicule ».

L'autopsie ne mentionne aucune blessure susceptible d'avoir été provoquée par un choc contre les parois de la voiture. Si la fillette avait été dans le véhicule, cela rendrait difficile à imaginer qu'elle ait été assise à l'arrière, où il n'y avait pas de ceintures à cette époque : l'enfant aurait été choquée, voire blessée, si ce n'est éjectée hors du véhicule par le tête-à-queue. Pour sortir indemne de l'accident, il aurait fallu qu'elle fût assise à l'avant, ceinture attachée. Assise à l'avant, elle aurait très probablement été vue par Vincent Martinez puisque celui-ci a eu le temps de visualiser Ranucci, et suffisamment bien pour le reconnaître deux jours plus tard au tapissage. De plus, le plancher d'un coupé est plus bas que celui d'une berline telle que la Renault 16. Enfin le tête-à-queue de Ranucci a permis à Vincent Martinez de voir le côté conducteur, puis le côté passager du coupé avant que celui-ci ne redémarre en trombe.

Si nous poursuivons l'analyse du témoignage d'Aline Aubert, nous notons après les mots « pas du tout effrayée » que la fillette aurait eu une voix « très fluette ». Quel autre adjectif que « fluette » vient à l'idée de quelqu'un qui invente ? D'un vieillard, on imagine sa voix « rocailleuse » ; d'un homme d'âge mûr, on dirait qu'il a une voix « grave » ; d'une fillette, on ne peut imaginer spontanément la voix que « fluette ». Cette affirmation ne fait qu'ajouter de la cohérence au fait qu'elle aurait été « pas du tout effrayée ». Mais elle n'est pas plus crédible.

Ensuite, toujours selon Aline Aubert, l'enfant aurait dit : « *Qu'est-ce qu'on fait ?* ». La question « qu'est-ce qu'on fait ? » prononcée avec une voix pas du tout effrayée, très fluette, est évidemment une question d'un individu serein, de quelqu'un qui se projette dans le temps. Elle peut être celle d'un enfant qui s'amuse. Mais Marie-Dolorès ne s'amuse pas : elle vient d'avoir un accident de voiture et, dans les aveux de Ranucci, elle souhaite rentrer à la maison pour déjeuner (ce qui serait parfaitement normal). Tous les mots employés par Aline Aubert, toute la structure de la phrase qu'elle prête à la fillette visent à présenter un enfant serein et à l'aise avec son ravisseur.

Enfin, à quelle distance Aline Aubert se trouve-t-elle pour entendre une voix fluette et distinguer les mots ? Si son dire était vrai, elle se serait trouvée très près. Un enfant qui demande quand est-ce qu'il va revenir, qui se plaint d'avoir mal au pied dans la garrigue serait crédible. Cette question « qu'est-ce qu'on fait ? » ressemble davantage à la réponse type de quelqu'un qui, pressé de questions, poussé dans ses retranchements, se met à imaginer un dialogue de cette circonstance. Cette question attribuée à l'enfant cherche manifestement à donner de la cohérence à la voix pas du tout apeurée et très fluette.

On a donc trois éléments dans le témoignage d'Aline Aubert : un enfant pas du tout effrayé, une voix fluette, et la question « qu'est-ce qu'on fait ». Aucun n'est convaincant. Mais tous les trois convergent vers une affirmation : selon elle, l'enfant était parfaitement serein, et donc, les époux Aubert n'avaient aucune raison d'intervenir et de faire quoi que ce soit mis à part noter le numéro de plaque. Tout le contenu du témoignage d'Aline Aubert, comme celui de son mari, vise à montrer qu'elle ne pouvait imaginer l'enfant en danger. Tout le témoignage est construit, articulé, orienté pour justifier une non-intervention.

Lors du procès, Paul Lombard attaquera Aline Aubert sur un autre détail de son témoignage, selon lequel elle aurait vu Ranucci tirer l'enfant par la portière droite, côté passager. Il faut noter que ce détail est confirmé par son mari. Ranucci serait donc sorti par la portière gauche, côté conducteur. Mais l'avocat ajoutera que la portière gauche était bloquée depuis l'accident. Gilles Perrault insiste sur ces points dans ses livres. Ranucci est lui-même à la source de ce détail qui est mentionné dans ses aveux. Ce problème de la portière bloquée est moins solide, si l'on en croit les photos du coupé dans le garage à Nice : il est garé contre un mur à gauche, ce qui laisse entendre que Ranucci, en rentrant chez lui serait bien descendu par la portière gauche. Une possibilité serait qu'elle ait été bloquée après l'accident, que Ranucci, au moment où il s'enfuyait dans les buissons n'ait pas réussi à l'ouvrir de l'intérieur, le forçant à sortir par la portière droite, mais qu'il soit ensuite parvenu à l'ouvrir en la tirant de l'extérieur ou en tordant un peu la tôle dans la champignonnière.

Auquel cas, il aurait pu garer sa voiture chez lui à Nice, portière droite contre le mur et sortir alors par la portière gauche. En revanche, quelques heures plus tôt, il n'aurait pu sortir par la portière gauche pour s'enfuir dans les fourrés, que ce soit seul ou avec un enfant.

Quoi qu'il en soit, affirmer que la portière était effectivement bloquée n'est pas nécessaire pour affirmer que de nombreux détails du témoignage d'Aline Aubert sont invraisemblables.

Un paquet qui n'innocente pas Ranucci

Comment, alors, interpréter le paquet ? Tout d'abord, rappelons qu'Alain Aubert a bien parlé dès le 3 juin à Vincent Martinez d'un enfant lorsqu'il est revenu sur les lieux de l'accident. Donc on ne peut encore une fois mettre en doute le fait qu'Alain Aubert ait ou bien vu, ou au moins aperçu ou distingué la forme d'un enfant, fût-ce dans les broussailles, ou bien encore que lui ou son épouse ait entendu la voix de cet enfant. Et compte tenu de la découverte du 5 juin, on ne peut imaginer que l'enfant en question soit quelqu'un d'autre que Marie-Dolorès Rambla. Lorsqu'il appelle la gendarmerie le 4 juin, il est donc probable qu'Alain Aubert parle spontanément et immédiatement d'un enfant. Si les gendarmes notent que le conducteur a été vu sortant de son véhicule avec un paquet, il faut suspecter non pas un faux en écriture, mais que la mention du paquet soit le résultat d'une question très précise posée par un gendarme, qui mène l'enquête de manière rigoureuse et professionnelle : le gendarme demande par exemple à Alain Aubert s'il a vu l'enfant sortir du véhicule. Et Alain Aubert, précis dans sa réponse, soutient qu'il a vu le conducteur sortir du véhicule, ou simplement s'enfuir, mais avec ce qu'il a d'abord cru être un paquet dans les bras, et que au prime abord, il n'a pas imaginé que le paquet pût être un enfant. Donc l'enfant dont il évoque la présence à Vincent Martinez a bien dû être aperçu et peut-être entendu dans les fourrés, mais non sortant du véhicule. Alain Aubert a bien vu le conducteur s'enfuyant dans les fourrés avec un objet qu'il a identifié spontanément comme un paquet, paquet qu'il a ensuite imaginé être l'enfant dont il a discerné la présence quelques instants plus tard.

Le 4 juin dans l'après-midi, la gendarmerie reçoit donc seulement l'information du fait qu'un enfant a été vu ou entendu à cet endroit avec un adulte au comportement suspect. Cela explique pourquoi des gendarmes se rendent tout de suite sur les lieux, ainsi que cela est précisé dans le procès-verbal 610/1. Mais ils s'y rendent sans ratisser les fourrés en détail et sans détecter quoi que ce soit qui permette de suspecter la présence du corps. Il faudra la battue du lendemain, beaucoup plus poussée, pour le retrouver. Ce premier déplacement des gendarmes aurait-il pu avoir lieu si Alain Aubert n'avait pas évoqué un enfant aux gendarmes ? Certainement pas. Pour qu'un rapport puisse être établi entre l'accident de La Pomme et l'enlèvement de Marie-Dolorès Rambla, sans que ce rapport soit certain, il fallait qu'un enfant fût vu ou entendu à proximité, mais non nécessairement sortant du véhicule. D'ailleurs, ainsi qu'ils l'avaient dit à Guazzone qui les avait contactés, les gendarmes, déjà informés de l'enquête de proximité de l'inspecteur Porte, recherchaient une Simca. Donc, cela laissait peu de chances que la voiture en question ait un rapport avec l'enfant recherché. Et cela explique pourquoi les gendarmes ne mettent aucun zèle à faire interpeler le conducteur du coupé 304 – qu'il va bien falloir chercher du fait qu'il y a quand même une plainte pour délit de fuite déposée contre lui. En ce 4 juin, le travail urgent, c'est l'enlèvement, pas le délit de fuite. Ils n'ont donc pas de raison de prévenir immédiatement les policiers qui, tout comme eux, recherchent une Simca. La Simca 1100 identifiée comme telle par Eugène Spinelli a fait perdre 24 heures pour retrouver la fillette.

Rien ne permet de soupçonner que les gendarmes n'aient pas agi avec une discipline militaire, avec diligence, rigueur et discernement.

En revanche, quand Alain Aubert rappelle une nouvelle fois les gendarmes le matin du 5 juin, ceux-ci l'orientent vers le commissaire Alessandra qui a pris la direction de l'enquête et qui s'est imposé, tout à fait légitimement, comme le coordinateur et le centralisateur des informations. Celui-ci, qui consacre toute son énergie depuis la veille à retrouver l'enfant, a besoin d'un soupçon tangible pour déclencher une battue. Qui dit quoi à qui ? On ne peut affirmer qu'une chose : c'est à partir du moment où Alain Aubert téléphone au commissaire Alessandra, immédiatement après Vincent Martinez, que la police capte l'information qu'un chauffard qui venait de commettre un délit de fuite se serait enfui dans la colline avec un enfant. Et cette information est suffisante pour que le commissaire Alessandra convainque la juge d'instruction, Ilda di Marino, de lancer la commission rogatoire qui lui permettra de demander au capitaine Gras l'organisation d'une battue.

En revanche, si à cet instant la police dispose sur la foi des dires d'Alain Aubert de l'information selon laquelle cet enfant aurait été vu sur les lieux, rien ne permet d'affirmer qu'elle dispose de celle selon laquelle l'enfant aurait été vu précisément sortant du véhicule. Le détail de l'enfant vu extrait du véhicule n'arrive que le lendemain.

Il est donc imprécis de décrire la variation du témoignage d'Alain Aubert comme la transformation d'un « paquet » en un « enfant ». La variation du témoignage d'Alain Aubert est un peu plus complexe qu'il n'y parait. Les Aubert ont bien vu ou entendu un enfant dans les fourrés. Alain Aubert le dit dès le 3 juin à Vincent Martinez et le confirmera à la police deux jours plus tard, affirmant même le 6 juin qu'il ne pouvait savoir s'il s'agissait d'un garçon ou d'une fille. La variation du témoignage d'Alain Aubert consiste en une transformation *d'un enfant présent sur les lieux* qui permet aux gendarmes de parler le 4 juin d'un rapport possible avec l'enlèvement – affirmation de laquelle on déduit *que le chauffeur s'est enfui dans la colline avec un enfant* – et *un adulte tirant un enfant par le bras hors du véhicule.* Le détail qui apparaît, c'est l'enfant qui sort du véhicule tiré par le bras, par le chauffeur.

De son côté, Vincent Martinez, qui a précisé dans son dépôt de plainte pour délit de fuite que le conducteur paraissait seul à bord, soutient des années après que Alain Aubert lui avait signalé avoir vu le conducteur s'enfuir « avec un gosse », qu'il n'avait lui-même pas vu dans le véhicule lors de l'accident. Il ne fait que s'affranchir de tout témoignage sur la présence d'un enfant et laisse la responsabilité de son témoignage à Alain Aubert. On comprend aisément sa réaction, ne se sentant nullement responsable d'une exécution, des années après et alors que le doute d'une erreur judiciaire n'a cessé de planer. Il se tient étranger à l'affirmation de la présence d'un enfant dans le véhicule, même s'il croit toujours en la culpabilité de Ranucci. Il l'a même confié des années plus tard à Lionel Jospin[29] alors qu'il avait été élu maire socialiste de la petite localité de Plan-d'Aups-Sainte-Baume dans le Var.

Il faut donc se ranger à l'avis de Yann Le Meur et de Gilles Perrault : il n'y a aucun doute dans le fait que, sur la base d'informations fournies par Alain Aubert, les gendarmes étaient bien informés le 4 juin que le conducteur du coupé 304 avait été vu en train de s'enfuir dans les fourrés avec un paquet volumineux, terme flou qui traduit que l'objet était mal identifié, et non de sortir de son véhicule en tirant un enfant. Contrairement à ce qu'a écrit Gérard Bouladou, il y a bien eu variation du témoignage d'Alain Aubert entre ce qu'il a communiqué aux gendarmes le 4 et ce qu'il a finalement déclaré à la police en déposant son témoignage le 6. Si Alain Aubert a toujours prétendu qu'il aurait toujours parlé d'un enfant, à moins que sa mémoire n'ait elle aussi failli, il a *a minima* menti au moins par omission : il a effectivement toujours parlé d'un enfant, dès le 3 juin ; le 4 juin, aux gendarmes, il a certainement évoqué la présence d'un enfant ; à partir du 5 juin, l'enfant en question aurait été vu s'enfuyant dans les buissons avec l'adulte ; mais ce n'est qu'à partir du 6 juin que son témoignage affirme que cet enfant a été vu sortant du véhicule, tiré par Ranucci, et que le paquet a disparu.

Seule la version du chauffeur vu s'enfuyant avec un paquet mal identifié s'accorde à la fois avec le procès-verbal 610/1 et les déclarations publiées par la presse le 7 juin. Notons qu'elle n'innocente pas Ranucci, lequel était bien sur les lieux du crime. Elle ne pose problème que parce que ce sont les époux

Aubert qui ont désigné Ranucci comme le coupable, que c'est Aline Aubert qui a fait craquer Ranucci et l'a fait passer aux aveux. Mais elle pose surtout le problème du pourquoi de ce revirement, car Ranucci pouvait très bien être accusé de meurtre en ayant été vu sortant de son véhicule avec un objet mal discerné et considéré à défaut comme un paquet, puis avec un enfant aperçu dans les fourrés.

Quel intérêt Alain Aubert aurait-il eu à changer volontairement son témoignage ? Il n'avait aucun lien ni avec la police, ni avec la gendarmerie, ni avec la famille de la victime. Ranucci pouvait très bien être coupable s'il s'était enfui avec un paquet volumineux. Il faudrait simplement supposer, soit que le paquet soit la fillette elle-même mais portée de telle manière qu'il n'aurait pu l'identifier comme telle au moment de la sortie du véhicule, soit que la fillette soit sortie et partie sur instruction du ravisseur devant lui dans les fourrés, et qu'il l'aurait poursuivie un paquet volumineux à la main, par exemple son sac Adidas. En revanche, si l'enfant a été vue par Alain Aubert sortant du véhicule en passant à son niveau, Ranucci est nécessairement le ravisseur – et évidemment le meurtrier. Donc en mettant en évidence le fait que le témoignage d'Alain Aubert sur un enfant vu sortant du véhicule est le fruit d'une évolution en deux temps, nous ne démontrons pas l'innocence de Ranucci. Elle demeure simplement une hypothèse possible.

Le pourquoi d'un témoignage mouvant

Pour expliquer l'évolution du témoignage d'Alain Aubert, Yann Le Meur émet l'hypothèse que les policiers de la Sûreté urbaine et du SRPJ, qui sont allés rencontrer les époux Aubert à leur domicile à Toulon – rencontre mentionnée dans le télégramme du 5 juin dans l'après-midi – leur aient demandé de ne plus parler d'avoir vu le conducteur sortant avec un paquet, mais d'avoir vu le conducteur sortant avec un enfant : dans ce cas, évidemment, cet enfant de sexe non identifié doit avoir été vu pas du tout effrayé et ne se doutant de rien, pour leur éviter une mise en examen pour non-assistance à personne en danger. Au-delà d'un procès d'intention à la Sûreté urbaine ou au SRPJ, dont je me tiendrai complètement à l'écart, si cela était vrai, se poserait la question de savoir pourquoi on aurait fait pression sur les Aubert pour qu'ils donnent aux policiers un autre témoignage que celui donné à la gendarmerie. Même si cet entretien sans procès-verbal chez les Aubert à Toulon est troublant, et s'il l'est d'autant plus que par ailleurs dans cette enquête, on dispose de procès-verbaux très détaillés, aucun élément ne permet d'attester formellement qu'Alain Aubert ait d'abord donné aux policiers la version qu'il avait racontée à la gendarmerie, et parlé notamment d'un paquet, puis témoigné de la seconde version : en ce milieu de journée du 5 juin, il a parlé au téléphone, aux policiers de l'Évêché, de la présence d'un homme avec un enfant. Toute la question est de savoir si l'enfant a simplement été distingué ou entendu dans les fourrés, ou bien vu sortant du véhicule.

Alain Aubert, modeste et anonyme entrepreneur de Toulon, et son épouse Aline sont devenus des décennies durant les bêtes noires de ceux qui croient à l'innocence de Ranucci. Faut-il pour autant les considérer comme des mythomanes qui changeraient leur version des faits au gré des questions pièges des interrogatoires, puis qui maintiendraient leurs dires des décennies durant ?

Les témoins qui affirment tout et son contraire sont légion dans les affaires criminelles. On le voit notamment dans les affaires familiales – on l'a vu dans l'affaire Dominici, ou dans l'affaire Grégory Vuillemin relancée en 2017. De manière générale, on voit ce genre de témoins dans des affaires dans lesquelles le groupe où se cache le criminel est connu, mais où l'ensemble du groupe, ou bien certains membres du groupe qui connaissent la vérité cachent le meurtrier. Ce constat quasi évident dans la famille Vuillemin où certains semblent bien connaître au moins le « corbeau », sinon le coupable du meurtre, s'applique également au commando corse qui a assassiné le préfet Claude Érignac, dont tous les membres se sont évertués par d'insupportables mensonges coordonnés et organisés à tenter de s'innocenter les uns les autres, sans parvenir à empêcher la justice de conclure quant à l'identité du tireur, en l'occurrence Yvan Colonna. En revanche, dans le cas des époux Aubert, nous avons des témoins qui évidemment n'ont pas pris part au crime et qui ne connaissent pas le suspect. Si leur témoignage varie, ce n'est pas de leur propre volonté pour accuser un suspect de quelque chose d'imaginaire.

Pour expliquer la variation du témoignage d'Alain Aubert, une hypothèse très simple est que des questions précises à Alain Aubert, que ce soit du commissaire Alessandra, ou encore du SRPJ, aient instillé un détail faux dans la mémoire de ce dernier, au travers d'une question dont le détail faux n'était pas l'objet de la question, à l'instar des expériences d'Elizabeth Loftus sur le piéton renversé dans un carrefour. Deux jours s'étaient écoulés lors du mystérieux entretien du 5 juin : les expériences de Chan et LaPaglia ont montré que le moment était propice à une modification de leurs souvenirs, et les expériences d'Elizabeth Loftus ont montré comment cela était possible.

Nous avons vu plus haut par les expériences de Chan et LaPaglia que la mémoire est particulièrement fragile et fortement susceptible d'être orientée et falsifiée après le rappel des faits dont on invite les témoins à se souvenir. Il y a un autre élément dans la fragilité de la mémoire, qui est l'état émotionnel, ou l'humeur des témoins au moment de l'événement. On pourrait intuitivement imaginer qu'un état de colère ou de tristesse diminue la fiabilité de la mémoire et que l'on se souvient plus facilement avec exactitude d'événements heureux.

Une étude réalisée et publiée en 2007 dans la revue *Psychological Science* par deux chercheurs français, Yves Corson et Nadège Verrier[30], a amendé cette intuition. Les deux chercheurs se sont attachés à travailler non pas sur l'influence des émotions, pas toujours faciles à susciter, mais plus précisément sur celles des humeurs sur la fiabilité de la mémoire. Les humeurs, comme les émotions, peuvent en fait être classées selon deux critères : leur « valence » (c'est-à-dire si elles sont positives, comme la joie, la sérénité ou négatives, comme la tristesse ou la colère) et leur « arousal », c'est-à-dire l'état de vigilance qu'elles supposent : un « arousal » élevé est évidemment relevé dans la joie mais aussi dans la colère, tandis que l'arousal de la tristesse ou de la sérénité sont considérés comme faibles. La constatation des deux Français est que ce n'est pas nécessairement une valence négative, mais surtout un arousal élevé qui fragilise la mémoire. Autrement dit, un sentiment de colère ou de peur rend la mémoire plus fragile et plus sensible à l'introduction d'un faux souvenir. C'est évidemment problématique pour un témoignage en justice, car on témoigne rarement de faits n'ayant pas suscité de colère ou de peur. La colère, le sentiment de révolte, la peur sont les sentiments qui dominent si l'on est témoin d'un crime.

Or quel est l'état d'esprit des Aubert lorsqu'ils prennent en chasse le coupé 304 ? Bien évidemment, même s'ils ne pensent pas un instant à un crime, ils sont, et ils le diront, outrés par l'attitude du chauffard qui vient de griller un stop, de provoquer un accident et de prendre la fuite sans savoir s'il y avait des blessés. Et c'est bien normal. Ils sont extrêmement tendus car Ranucci conduit à toute vitesse et qu'ils se demandent s'ils vont réussir à le rattraper. Interroger les Aubert quant à leurs souvenirs de leur course-poursuite avec Ranucci met leur mémoire dans un état très fragile à l'introduction de faux souvenirs.

Selon ce qu'a montré Elizabeth Loftus, c'est que sur une question du type « lorsqu'il est sorti avec l'enfant de la voiture, il a fait quoi ? » qui aurait été posée le 6 juin, une question dans laquelle l'élément perturbateur, à savoir la sortie de l'enfant du véhicule, n'aurait pas été l'objet de la question qui visait la direction prise par le fuyard, l'image de l'enfant vue sortant du coupé 304 et tirée par Ranucci peut se greffer tout à fait involontairement et inconsciemment dans la mémoire d'Alain Aubert. Dès lors, Alain Aubert a pu déclarer des années plus tard à Gérard Bouladou que, jusqu'à sa mort, il continuerait de dire qu'il a vu l'enfant sortant du véhicule même s'il ne l'a vue qu'à moitié cachée dans les buissons. Plus troublant encore, il peut même le faire en toute sincérité, même si cela est faux et si, le 4 juin, il a bel et bien parlé d'un paquet dans les bras du fuyard. On trouve le prototype de ce que la littérature autour d'Elizabeth Loftus a appelé les « mensonges honnêtes » (*honest lies*).

Dans cette hypothèse très simple, il est possible qu'aucun policier n'ait jamais eu le sentiment d'avoir influencé Alain Aubert. Ni Alain Aubert d'avoir menti. Les Aubert peuvent avoir été sincères, même si leur témoignage est faux. Si ceux qui croient en l'innocence de Ranucci accablent les époux Aubert depuis plusieurs décennies, les expériences d'Elizabeth Loftus montrent qu'on ne peut pas formellement, même sur les bases d'une position qui a bel et bien varié, considérer Alain et Aline Aubert comme des menteurs et des mythomanes. L'hypothèse que Ranucci soit innocent n'est pas incompatible avec le fait qu'Alain et Aline Aubert aient été des témoins sincères dont la mémoire aurait été, volontairement ou non, manipulée sur un détail d'une scène extrêmement rapide et vécue dans un sentiment de colère, dans un rappel de faits vieux de deux ou trois jours au moment de leurs auditions à Toulon le soir du 5 juin et à l'Évêché le 6 juin.

Affirmer que les policiers auraient volontairement modifié le témoignage des Aubert, en revanche, c'est faire un procès qui ne repose sur rien de solide et qui n'amène rien au débat sur la culpabilité ou l'innocence de Ranucci. Néanmoins, l'absence de procès-verbal de l'interrogatoire de Toulon a laissé une zone d'ombre qui ne permettra jamais d'écarter formellement l'hypothèse.

En revanche, il est tout à fait réaliste d'imaginer que les policiers ont pu soupçonner les Aubert de non-assistance à personne en danger s'ils avaient entendu l'enfant crier, et les pousser dans leurs retranchements. Ainsi voit-on le 10 juin Ilda di Marino demander à Alain Aubert pourquoi il n'a pas suivi l'homme dans les fourrés. La juge lui instille l'idée qu'il aurait pu, s'il l'avait fait, empêcher un crime atroce.

Le recul des années doit nous inviter à l'humilité par rapport à la terrible situation dans laquelle se sont malgré eux trouvés les Aubert. Les chercheurs que nous avons convoqués depuis le début de ce chapitre sont unanimes : les faux souvenirs n'épargnent aucun d'entre nous, et les fausses images, les faux sons, les fausses répliques parsèment chacune de nos mémoires. Surtout, chacune ou chacun d'entre nous est susceptible, dans des circonstances particulières, de dire un mensonge et de produire un faux témoignage et ce, en toute honnêteté intellectuelle.

La fragilité des témoignages en couple

Ayant ainsi analysé individuellement les deux témoignages d'Alain et Aline Aubert, un autre angle d'étude intéressant est l'interaction possible entre les deux époux.

Pour éclairer la constitution et l'éventuelle évolution des souvenirs au sein d'un couple, il faut convoquer de nouveau des chercheurs en psychologie. Trois chercheurs de l'Université d'Aberdeen, Fiona Gabbert, Amina Memon et Kevin Allan[31], ont procédé en 2003 à une expérience de reconstitution de souvenirs à deux. L'expérience consistait à montrer à des cobayes une courte vidéo montrant une jeune femme rapportant un livre dans la bibliothèque d'une université. Mais les cobayes étaient répartis en deux groupes qui voyaient chacun un film différent avec des détails qui ne figuraient que dans un seul des deux : ainsi, dans le premier film, la jeune femme jetait un papier dans une poubelle, on pouvait voir le titre du livre qu'elle rapportait. Dans le second, elle regardait sa montre, mais surtout elle volait un billet de banque dans un portefeuille et le mettait dans sa poche.

Quarante-cinq minutes plus tard, les participants étaient invités à répondre à un questionnaire sur la vidéo. La moitié d'entre deux devaient travailler en groupes de deux et remplir chacun un questionnaire, ceux de l'autre moitié devaient remplir ce questionnaire individuellement. Mais les groupes de deux comportaient systématiquement deux cobayes ayant visionné respectivement l'un et l'autre film, autrement dit qui devaient reconstituer ce qu'ils avaient vu en dialoguant, alors que leurs souvenirs devaient logiquement diverger.

Les résultats montrèrent que 71 % des personnes ayant travaillé à deux citaient des détails anodins qu'ils ne pouvaient avoir obtenu que de leur partenaire, et même qu'ils étaient capables d'en donner 21 en moyenne. Ils avaient donc très largement embelli leur mémoire. Et dans ces équipes de deux personnes contraintes d'échanger leurs souvenirs, 60 % de ceux qui n'avaient pas vu le vol attestaient pourtant que la fille avait bien dérobé un billet de banque et se déclaraient ensuite convaincus d'avoir vu la scène.

De cette expérience, on peut tirer la conclusion que, dans un couple, la mémoire de l'un influence celle de l'autre : la mémoire de chacun emprunte et greffe des détails qui lui sont fournis par l'autre. D'une scène de quelques secondes au terme d'une poursuite automobile d'une minute au plus, les époux Aubert doivent faire un récit détaillé trois jours plus tard. Le souvenir des détails s'en est déjà estompé. Ainsi Alain Aubert a le sentiment d'être sorti du véhicule. Aline Aubert commence par dire le contraire, puis elle n'en est plus sûre : le témoignage de son mari lui fait donc penser qu'il est peut-être sorti. Si l'un des deux époux prétend avoir vu l'enfant sortir du véhicule, après une question posée à la manière d'Elizabeth Loftus par un inspecteur, l'autre déclarera également l'avoir vu sortir du véhicule en toute honnêteté intellectuelle.

Il suffit dans ce cas qu'un seul des deux époux soit « retourné », par une question posée de la même manière que dans les expériences d'Elizabeth Loftus, et qu'il soit dès lors sincèrement convaincu que l'enfant est bien sorti du véhicule, pour que l'autre le soit également. Dans ce cas, comme les deux époux sont auditionnés séparément, par Jules Porte pour Aline et par Gérard Alessandra pour Alain Aubert, ce retournement a eu lieu entre leur arrivée à l'Évêché et le début de leurs auditions, après un probable échange avec des journalistes auxquels ils ont affirmé avoir vu le chauffeur de loin et reparlé du paquet ; et ce, à un moment où ils sont toujours ensemble.

Au final, les deux époux parlent presque d'une seule voix, tous les deux soutiennent que cet enfant est sorti du véhicule, mais on ne sait si c'est plaqué contre le ravisseur comme le prétend Aline Aubert ou bien tiré par le bras comme le prétend son mari. Les images qu'ils ont à la mémoire au moment où ils déposent leurs témoignages devant les policiers puis devant Ilda di Marino ne sont pas tout à fait concordantes, nous devrions dire non réconciliées sur ce point précis. Mais elles se sont mutuellement influencées et il est normal qu'elles convergent : la convergence du témoignage des époux Aubert illustre la conclusion des trois chercheurs d'Aberdeen.

Dans la mesure où, le 6 juin au matin, Alain Aubert parle encore aux journalistes d'un paquet, il est possible que la mémoire d'Aline Aubert ait été modifiée d'abord par une question d'un policier ; puis qu'Alain Aubert se soit aligné sur l'enfant sortant du véhicule, influencé par la mémoire de son épouse. Ou l'inverse. L'un prétend reconnaître Ranucci et l'avoir vu avec un enfant le 6 juin, l'autre restera fidèle à sa dernière version, et par là il soutient son conjoint. Alain Aubert affirme donc avoir vu l'enfant sortir du véhicule, et le paquet dont il a parlé aux gendarmes et qui aurait pu être un enfant, blessé ou mort, a disparu de sa mémoire, ou pour le moins de ses déclarations devant la police ou devant Ilda di Marino.

Mais les expériences des trois chercheurs d'Aberdeen interdisent d'affirmer que les Aubert aient été de mauvaise foi.

Reconstituer ce qu'ont vu les époux Aubert

Si l'on fait, sans l'affirmer à ce stade, l'hypothèse que Ranucci est innocent, et puisque les époux Aubert ont bien discerné la forme si ce n'est vu un enfant, cela signifie qu'ils ont vu deux hommes : s'ils ont vu Ranucci s'enfuyant avec un paquet, ils ont également vu ou entendu un homme un peu plus loin dans les buissons avec un enfant. Dans cette hypothèse, une explication simple serait que les époux Aubert, qui ont dû faire demi-tour après avoir dépassé le coupé à l'endroit où il s'était garé, ont fait deux passages à l'endroit du coupé, non loin de l'endroit où le corps sera retrouvé deux jours plus tard. Il n'y a là, à ce stade, qu'une possibilité, une hypothèse qui autorise à croire à l'innocence de Ranucci. Dans ce cas, les Aubert ont pensé spontanément que l'homme qu'ils ont vu dans les fourrés était celui qu'ils avaient vu s'enfuir quelques instants plus tôt avec un paquet.

Toujours dans le cas où Ranucci est innocent, et si les Aubert ont vu un instant dans les fourrés le vrai coupable, une question se pose : où se trouve Ranucci au moment où les époux Aubert aperçoivent le meurtrier ? Sans doute s'est-il caché dans les fourrés dans une autre direction.

Dans cette hypothèse, que penser alors du scénario proposé par Gilles Perrault et repris par Yann Le Meur, que l'assassin ait transporté sur son dos un Ranucci qu'il aurait trouvé endormi dans les fourrés jusque dans son coupé pour le conduire et l'enliser dans la champignonnière ? À première vue, que Ranucci ait été transporté endormi est difficile à imaginer. Il serait plus facile d'imaginer que Ranucci soit revenu après le départ des époux Aubert s'endormir dans son coupé, terrassé d'émotion, de fatigue, et sans doute d'alcool, et que l'assassin ait conduit le coupé avec Ranucci endormi jusqu'à la champignonnière qu'il connaissait. Ranucci ne connaissant pas les lieux ne se serait certainement pas aventuré dans un domaine marqué comme une propriété privée. Mais ceux qui ont eu à ramener un ami étudiant ou un adolescent ivre mort après une soirée arrosée le savent bien : on peut porter un individu qui a trop bu sans qu'il ait, à son réveil, le moindre souvenir de ce qui s'est passé. C'est le « trou noir ».

Si Ranucci est innocent, l'assassin est évidemment sur les lieux à 12 h 15. Et même, puisqu'il vient de Marseille, il est passé par Allauch. Il faut qu'il soit revenu rapidement pour conduire le coupé vers la champignonnière avant que Vincent Martinez ne revienne vers l'endroit que lui a indiqué Alain Aubert. Car, après avoir redressé sa carrosserie, lorsque Vincent Martinez reprend la route et arrive sur le lieu que lui a indiqué Alain Aubert, le coupé 304 a disparu. Il est donc déjà parti vers la champignonnière et probablement déjà enlisé dedans.

Les tenants de la culpabilité de Ranucci affirment qu'aucun autre véhicule n'a été vu à cet endroit par les Aubert, et notamment pas de Simca 1100. Rien ne permet de l'affirmer formellement, mais pas non plus de le nier. Mais même si les Aubert n'ont vu aucun véhicule, cela n'est pas incompatible avec le fait que Ranucci soit innocent. Si l'homme au pull-over rouge de la cité des Cerisiers est le coupable, il connaît probablement cette champignonnière comme tous les détraqués sexuels des environs. Il connaît donc très bien le vaste espace, désert, entre la RN 8bis et la champignonnière, avec ses nombreux chemins dont l'un mène à la champignonnière, ses carrefours, qui parfois s'approchent de la route, les buissons où personne ne se promène en pleine chaleur vers midi ce 3 juin. C'est un endroit idéal pour abuser sexuellement de la fillette et cacher le corps. Pourquoi aurait-il garé son véhicule sur la route, à la vue de tous les automobilistes, plutôt que prendre ces chemins déserts à ce moment-là ? Il est probable qu'il a garé sa voiture dans cet espace où personne ne va le voir. Si les époux Aubert n'ont pas vu de Simca 1100, rien n'interdit qu'une Simca 1100 puisse se trouver à proximité dans ces chemins au nord de la route.

Rappelons encore une fois qu'au vu de ces hypothèses, nous ne démontrons nullement l'innocence de Ranucci. Mais elle demeure une possibilité, nonobstant les témoignages signés par Aline et par Alain Aubert et même si leurs témoignages sont sincères et de bonne foi.

Quatre tentatives d'agression : des concordances troublantes

Plus troublants que les variations et les divergences dans les témoignages des époux Aubert sont les faits survenus dans les cités de Marseille dans les dix jours qui ont précédé l'enlèvement. Dès le 4 juin, les appels à témoins lancés par la police marseillaise débouchent sur des témoignages de faits qui évoquent la présence possible d'un pédophile récidiviste. Ces faits sont-ils réels ou bien, comme l'ont soutenu Gilbert Collard et Armand Viala, seraient-ils une machination construite par Héloïse Mathon, relayée et exagérée par Gilles Perrault ? Dans quelle mesure ces témoignages nous parviennent-ils intacts et non déformés par les tenants de la thèse de l'innocence de Ranucci ? S'ils ne sont pas parfaitement homogènes, et s'ils varient parfois eux aussi, ils présentent également des concordances. Ce sont ces témoignages que nous allons examiner maintenant.

Entre le 4 juin 1974 et le jour du procès, cinq faits suspects sont signalés comme ayant un rapport possible avec le crime.

- Le premier est rapporté par le père de Patricia et Nathalie Albertini, lesquelles ont été victimes d'attouchements de la part d'un homme vêtu d'un pull-over rouge, le 1er juin, dans la cité des Cerisiers. Ce fait a été confirmé par le témoignage de Paul Martel, gardien de la cité.

Les témoignages ont été déposés dès le 4 juin auprès de la police de Marseille. Aucune voiture ne figure dans les dépositions. Ce n'est que plus tard qu'Héloïse Mathon, ayant rencontré Paul Martel, prétendra qu'un témoin dans la cité des Cerisiers avait vu l'homme au pull-over rouge s'enfuir dans une Simca 1100. Mais cet élément, à dire vrai, ne repose que sur Héloïse Mathon. Ranucci n'est pas encore arrêté qu'on parle déjà d'un pull-over rouge, comme celui que l'on retrouvera le lendemain dans la champignonnière. On a donc deux témoins, dont l'un, celui du père, repose sur la foi de ce que ses filles lui ont raconté. Paul Martel, quant à lui, témoigne sur le profil de l'homme, donne une évaluation très précise de sa taille – entre 1,72 et 1,74 m – et certifie le fait qu'il portait un pull-over rouge.

- Dans la semaine du 27 au 31 mai, une certaine Mme Garcia, qui vient d'emménager dans la même cité des Cerisiers, se fait voler ses sous-vêtements féminins par quelqu'un qui s'est introduit par le balcon et non par la porte ; ce n'est pas une agression et on ne dispose d'aucun indice sur le voleur. C'est simplement un fait qui, juxtaposé aux autres, donne de la cohérence à l'idée d'un détraqué sexuel se livrant au fétichisme, rodant dans les cités de Marseille en cette fin mai 1974.
- Un adolescent de quatorze ans, Jean-Claude Jaglasse, toujours dans la cité des Cerisiers, a parlé de deux fillettes jouant avec un inconnu le 25 mai, lequel porte un pull-over vert et s'enfuit à bord d'une Dyane bleu ciel. Encore une fois, on décèle comme dans le témoignage d'Eugène Spinelli l'attention accordée par les habitants des cités aux inconnus.
- Mais il y a enfin et surtout les deux faits rapportés par Jeannine Mattéi, de la cité des Tilleuls, dans le témoignage qu'elle vient déposer devant Jean-François Le Forsonney en 1975, puis au procès le 10 mars 1976. C'est le témoignage le plus complet et le plus troublant, d'autant plus troublant qu'il fait référence à un premier témoignage qu'elle aurait déposé dans un premier commissariat de Marseille, dans le quartier Saint-Just, puis à un second témoignage déposé à l'Évêché. Mais à la fin de l'instruction, il n'existait plus de trace de ces témoignages dans les documents de la police, à la différence des précédents.

Jeannine Mattéi a rapporté deux faits : un homme qui approche deux fillettes, dont la sienne, en prétextant un chien noir perdu et un homme qui tente d'enlever un petit garçon aux cheveux frisés.

Selon le récit qu'en fait Jean-François Le Forsonney[32], Jeannine Mattéi lui est présentée par Héloïse Mathon au milieu de l'année 1975. Elle lui rapporte que sa fille Agnès, ainsi qu'une de ses amies, Carole Barraco, respectivement âgées de 11 et 12 ans, ont été approchées le 31 mai 1974 par un homme vêtu d'un pull-over rouge. L'homme leur aurait dit qu'il avait perdu un chien noir et aurait tenté de faire monter l'une d'entre elles dans une voiture, une Simca 1100 grise. Et le 1er juin, toujours dans la cité des Tilleuls, Jeannine Mattéi aurait vu un homme avec un pull-over rouge tenter de faire monter un garçonnet aux cheveux frisés dans sa Simca 1100. L'inconnu aurait abordé l'enfant qui se trouvait alors avec le frère de Carole Barraco. L'enfant se serait débattu, aurait refusé de monter dans la voiture, et l'homme se serait enfui. Jeannine Mattéi n'aurait pas eu le temps de lire le numéro de plaque, mais seulement que la voiture était immatriculée dans le 54 et qu'elle comportait également le chiffre 8. Son témoignage est à première vue particulièrement précis.

Le 10 mars 1976, Jeannine Mattéi confirme l'ensemble des faits à la barre de la cour d'assises d'Aix-en-Provence.

Le commissaire Cubaynes lorsqu'il évoquait le 5 juin 1974 au soir une tentative d'enlèvement par un pédophile utilisant le stratagème d'un chien noir perdu était donc bien au courant, sinon du témoignage de Jeannine Mattéi, en tout cas d'un témoignage qui lui ressemblait en tout point et surtout comportant le détail d'un chien noir. Ses propos ont été relayés dès les jours suivants dans *La Marseillaise*. Quant à Pierre Bernard, dans le *Provençal*, il mentionnait le lendemain deux faits dans une cité qu'il appelait incorrectement « La Cerisaie », le premier étant une tentative d'enlèvement sur le stratagème d'un chien noir perdu, l'autre étant une tentative d'enlèvement contre deux garçons. Le nom du lieu est faux : aucune cité n'existe sous le nom de « La Cerisaie » ce qui trahit dans la plume du journaliste une hâte à raconter des faits sans se soucier de l'exactitude des détails. Et aucun fait semblable n'a jamais été signalé dans la cité des Cerisiers où Paul Martel consignait strictement tout ce qu'il voyait ou entendait. En revanche, ces deux faits, dont on ne peut imaginer que Pierre Bernard les ait inventés à partir de rien, ressemblent étrangement à ceux décrits par Jeannine Mattéi comme survenus dans une autre cité.

La mémoire de Jeannine Mattéi

En ce qui concerne le témoignage de Jeannine Mattéi, il y a lieu d'interroger, à l'instar des époux Aubert, s'il n'y aurait pas eu évolution ou manipulation de sa mémoire, cette fois en faveur de Ranucci ; voire s'il n'y aurait pas mensonge délibéré, comme l'a soutenu Gilbert Collard lors du procès et comme l'ont laissé entendre Gérard Bouladou ou Jean-Louis Vincent. De plus, dans la description de l'homme qu'elle aurait vu, celui qui aurait tenté d'enlever le garçon aux cheveux frisés, son témoignage a varié, notamment en ce qui concerne sa taille. Ce qui est certain, c'est que lors du procès, personne n'a cru en son témoignage.

Pour en avoir le cœur net, il faut juxtaposer ce fameux témoignage avec ceux déposés après l'exécution de Ranucci par la mère de Carole Barraco, ainsi que par leur voisine, Martine Garcia.

Des témoignages que Jeannine Mattéi aurait déposés le 4 ou le 5 juin, au commissariat de Saint-Just ou à l'Évêché, il ne subsiste, comme nous l'avons vu, aucune trace. En revanche, nous disposons de sa déposition devant Suzanne Brugère, substitut du procureur de la République de Marseille, le 14 novembre 1975.

Jeannine Mattéi déclare ainsi à la fin de l'année 1975 :

> *Je ne connais pas Ranucci Christian, mais j'ai connu sa mère après le crime, aux Baumettes, où j'allais voir mon fils, tandis qu'elle-même allait voir le sien. Nous sommes entrées en conversation et je lui ai promis que je dirais ce que je savais de certains faits.*
> *Deux jours avant le crime, ma fille Agnès, âgée de douze ans, et sa camarade Carole, onze ans, avaient été victimes d'agissements de la part d'un individu qui avait cherché à les entraîner en leur disant de monter dans sa voiture pour rechercher un chien noir. Bien sûr, elles ne l'ont pas suivi. La voiture était une Simca gris métallisé. Elles me l'ont dit.*
> *Le lendemain, toujours dans mon quartier Saint-Jérôme (13ème) un individu a essayé de faire monter un enfant, un garçon âgé de cinq ou six ans, dans sa voiture. Le numéro de la voiture se terminait par un 8, département 54. Je lui ai parlé. Il m'a dit qu'il s'arrêtait. Je remarquai qu'il avait un accent méridional. La voiture était une Simca grise, normale, quatre portes, gris métallisé.*
> *J'ai déclaré ces faits au commissariat de police de Saint-Just, et ensuite à l'Évêché, au commissaire Alessandra. Ma déclaration a été enregistrée car j'ai signé.*

Que certains détails aient été rajoutés, inventés intentionnellement ou greffés par une manipulation de la mémoire est toujours possible et, comme nous l'avons vu, cela ne serait pas nécessairement intentionnel, ni de la part du témoin, ni de la part de la magistrate. Tout d'abord, il y a une imprécision de date : Jeannine Mattéi a par la suite daté l'agression sur sa fille et Carole Barraco du 31 mai : nous étions donc trois jours avant le crime, et non deux jours. On peut également mettre en doute la précision « métallisé » pour décrire la couleur. Tout le monde ne sait pas ce qu'est une couleur métallisée, surtout un enfant ; aujourd'hui généralisées, les couleurs métallisées ne l'étaient pas encore à l'époque, surtout sur les modèles d'entrée de gamme comme la Simca 1100. Le terme semble un peu technique pour faire partie du vocabulaire d'une personne immigrée qui maîtrise mal le français.

Rapprochons maintenant cette déclaration faite en 1975 avec la déclaration de Jeanne Barraco et de sa fille, recueillie par l'inspecteur Lions le 3 février 1977. À cette date, Christian Ranucci est mort depuis six mois, mais sa mère tente déjà de le faire réhabiliter et s'accroche au témoignage de Jeannine Mattéi. Pour cela, peut-être encouragée par Héloïse Mathon, Jeannine Mattéi a déposé depuis le mois de septembre une plainte, avec constitution de partie civile, au sujet de la tentative d'enlèvement dont elle pense que sa fille, ainsi que Carole Barraco ont été victimes.

Voici le témoignage de Jeanne Barraco, reçue avec sa fille par l'inspecteur Raoul Lions :

> *Après l'assassinat de la petite Marie-Dolorès Rambla, en 1974, ma fille Carole m'avait dit qu'un homme l'avait abordée alors qu'elle était en compagnie d'une amie, la nommée Agnès, dans un pré, à proximité de la cité « les Tilleuls ». En effet, ma fille et son amie, ainsi que d'autres enfants jouaient l'après-midi dans ce pré. Un homme est arrivé à bord d'un véhicule et s'était arrêté près des enfants. Ces derniers lui ont demandé ce qu'il désirait et cet individu leur avait répondu qu'il cherchait son chien. Les enfants ont répondu qu'ils n'avaient rien vu et cet homme est reparti. À ma connaissance, selon ce que m'a rapporté ma fille, l'homme n'a fait aucune proposition aux enfants, il ne les a pas invités à monter dans son véhicule, à l'un d'eux* (sic).
> *Madame Mattéi a voulu signaler ce fait au commissariat de Saint-Just. Je l'ai accompagnée. Nous avons signalé les faits, mais je ne peux dire car je ne m'en souviens plus, si le planton a enregistré notre réclamation.*
> *Pour ma part, je considère que ma fille n'a jamais été victime d'une tentative d'enlèvement et cette affaire ne m'intéresse en aucune façon. Contrairement à ce qui a été dit, je n'ai jamais déposé de plainte, seule ou en compagnie de Madame Mattéi. Je n'ai rien d'autre à déclarer.*

Ce témoignage date de six mois après la mort de Ranucci. À première vue, Jeanne Barraco s'est détachée de l'affaire, celle-ci ne l'intéresse plus guère et surtout elle ne considère pas que sa fille ait été victime d'une tentative d'enlèvement. Pourtant, elle confirme ici avoir accompagné Jeannine Mattéi au commissariat Saint-Just. Il y a donc bien en juin 1974 un témoignage, ou du moins une main courante déposée par Jeannine Mattéi et Jeanne Barraco dans un commissariat de Marseille sur un homme qui abordait des enfants en prétendant chercher un chien, même dans le cas où il n'y aurait pas eu dépôt de plainte au sens juridique du terme.

À la différence de Jeannine Mattéi, Jeanne Barraco n'est pas sûre d'avoir signé une déclaration. Elle parle notamment d'un planton, peut-être d'un policier n'ayant pas le grade lui permettant d'enregistrer un procès-verbal, tout au plus celui de remplir le registre des mains courantes. Mais s'il n'y a eu qu'une main courante, on a quand même peine à imaginer la disparition du registre en question. Enfin, si Jeanne Barraco a accompagné Jeannine Mattéi au commissariat Saint-Just, elle ne parle pas de s'être rendue à l'Évêché par exemple le 6 juin. À la différence de Jeannine Mattéi, qui prétend avoir vu un homme tenter d'enlever un petit garçon frisé, Jeanne Barraco n'a, en ce qui la concerne, pas vu elle-même de pédophile. Elle n'avait donc aucune raison d'être convoquée à l'Évêché pour un tapissage.

À quelle date doit-on situer cette déclaration au commissariat du quartier Saint-Just ? A supposer que la déposition, ou la main courante, ait été enregistrée avant le 6 juin, elle n'a pu qu'être transmise au commissaire Alessandra qui recherchait le corps et le coupable ; si elle a été déposée après, elle aurait dû être transmise à la juge d'instruction Ilda di Marino, et cette dernière, comme elle avait reçu la mère de Sandra Spinek et le père de Patrice Pappalardo, aurait reçu le témoin en question pour avoir un fait complémentaire à reprocher à Ranucci. À cette date, Jeannine Mattéi ne connaissait pas encore Héloïse Mathon et comme toutes les mères de famille de Marseille, elle avait tout intérêt à dire ce qu'elle savait. L'insistance avec laquelle Jeannine Mattéi est venue témoigner dans les années qui ont suivi devant Suzanne Brugère, puis au procès, puis en 1977, puis devant Gilles Perrault montre qu'il ne s'agit pas d'une femme qui oublie mais qui, malgré sa maladie, reste déterminée et a le courage de venir dire ce qu'elle prétend savoir. Le plus probable est donc que ce témoignage, qu'il ait fait l'objet d'une plainte ou d'une main courante, a été déposé avant le 6 juin, et que le fait ne peut pas ne pas avoir été remonté au commissaire Alessandra ainsi qu'au Commissaire Cubaynes. Donc l'information est bien passée à l'Évêché, qu'il y ait eu une seconde déposition formelle de Jeannine Mattéi dans les locaux de l'Évêché après celle au commissariat du quartier Saint-Just, ou bien une simple convocation pour tapissage.

Par conséquent, si l'existence d'un témoignage préalable déposé au commissariat Saint-Just est bel et bien confirmée par Jeanne Barraco, à défaut du dépôt d'une plainte, il faut hélas supposer que la disparition d'un témoignage de Jeannine Mattéi en deux endroits – au commissariat Saint-Just et probablement à l'Évêché – est le fruit d'une décision volontaire et concertée de la part de plusieurs personnes introduites dans la police marseillaise, si ce n'est d'au moins un policier. C'est d'autant plus grave que l'on ignore officiellement la source de l'information fournie au commissaire Cubaynes d'un pédophile utilisant le stratagème d'un chien noir, et que tout porte à croire que cette source est bien Jeannine Mattéi.

Jeanne Barraco confirme en outre que sa fille lui a parlé d'un homme qui cherchait un chien, sans mention de couleur. Sa fille Carole le confirme elle-même devant l'inspecteur Lions, dans le témoignage suivant :

> *Dans le courant de juin 1974, mais sans que je puisse donner la date exacte, je me trouvais dans un pré, à proximité de la cité « Les Tilleuls ». Je jouais en compagnie de ma camarade Mattéi Agnès et d'autres enfants beaucoup plus jeunes. À un moment donné, un homme est arrivé à bord d'une voiture grise et s'est arrêté près de nous. Nous lui avons demandé ce qu'il voulait et il a déclaré qu'il cherchait son chien. Nous lui avons répondu que nous n'avions rien vu. Cet homme est alors reparti sans demander autre chose. Il n'a jamais tenté de faire monter l'un de nous dans la voiture. C'est tout ce que j'ai à dire.*

À supposer que le témoignage de Carole Barraco soit vrai et que cette dernière n'ait subi aucune pression, même involontaire, pour formater son témoignage, elle confirme le chien perdu mais aussi la couleur grise de la voiture, sans indication de marque. On peut imaginer que l'homme soit reparti devant le grand nombre d'enfants, de l'apparition d'un adulte, et que les filles n'en aient pas été affolées, mais qu'elles se soient interrogées dans les jours qui ont suivi en entendant parler de Marie-Dolorès Rambla et du stratagème du chien noir perdu. Elles ne se seraient donc inquiétées que rétrospectivement.

Jean-Louis Vincent relève que, si ce témoignage est vrai, ce sont les deux filles qui ont abordé l'homme en lui demandant ce qu'il cherchait et non l'homme qui les a volontairement abordées.

Mais il y a là une évidence que, curieusement, Gérard Bouladou et Jean-Louis Vincent, qui ont pourtant une expérience confirmée du profilage n'ont pas relevée : un individu qui arrive en voiture sans chien, qui aborde des enfants en prétendant avoir perdu un chien n'est pas un fait anodin. Même si l'homme n'a pas incité l'une des filles à monter dans sa voiture, et qu'il n'y a pas eu juridiquement parlant tentative d'enlèvement, cet homme qui regarde des enfants n'est pas en train de chercher un chien. En le disant aux enfants, il leur ment. On a donc là une attitude type d'un pédophile à la recherche d'une proie, et qui n'hésite pas à récidiver dans ses tentatives quand les premières n'aboutissent pas parce que le contexte est risqué.

À supposer que la version de Carole Barraco soit vraie, que l'homme ait été abordé par les fillettes et non qu'il les ait abordées de lui-même, ce ne peut être que parce que cette voiture grise à l'arrêt avait attiré leur attention. Elles ont été surprises par le comportement de cet homme qui restait au volant, par exemple en les fixant. Elles viennent alors vers lui pour lui demander innocemment ce qu'il fait : et cet homme ressort le scénario qu'il a l'habitude d'utiliser pour mettre la main sur une proie : il a perdu son chien, et c'est bien triste, il est si mignon...

Tout porte donc à croire qu'il y avait bien eu, dans les jours précédant le meurtre, un pédophile dans la cité des Tilleuls, circulant dans une voiture dont Carole Barraco continue de dire qu'elle était de couleur grise, qui prétendait avoir perdu un chien, même si l'on n'est certain en toute rigueur ni de la marque de sa voiture, ni de la couleur du chien recherché, ni de la couleur du pull-over de l'individu. Rien, à ce stade, ne nous permet d'affirmer qu'il puisse s'agir de l'homme au pull-over rouge croisé par Paul Martel aux Cerisiers. En revanche, le chien perdu fait inévitablement penser au ravisseur de Marie-Dolorès Rambla.

Les témoignages de Jeannine Mattéi et de Jeanne Barraco sur ce qui est arrivé à leurs filles portent sur les mêmes faits. Mais ils divergent sur le sens donné aux souvenirs par les deux mères – qui n'est pas le souvenir d'un fait, mais le souvenir des récits que leurs deux filles leur ont rapportés. Jeanne Barraco a voulu oublier l'affaire et ne pas considérer que sa fille se fût un instant trouvée en danger. Jeannine Mattéi considère quant à elle que sa fille a bien été victime d'une tentative d'enlèvement. Nous sommes là face à un fait confirmé, d'un homme dans une voiture grise, qui observe des enfants et qui leur prétend chercher un chien. Le sens que Jeanne Barraco et Jeannine Mattéi ont chacune donné à ce fait a ensuite donné forme à leurs souvenirs, et de là à leurs témoignages respectifs. Comme nous l'avons vu dans le cas des époux Aubert, qui ont besoin de justifier le fait de ne pas être intervenus, le sens que les deux mères de la cité des Tilleuls donnent à leurs souvenirs donne forme à leurs témoignages.

Il reste enfin le témoignage de leur voisine, Martine Garcia, recueilli lui aussi par l'inspecteur Lions le 2 février 1977 :

> « *Je connais Madame Mattéi Jeannine. Cette personne était une de mes voisines à la cité où je demeure. Elle habitait dans le même bloc que moi au deuxième étage.*
> *Vous m'informez que Jeannine Mattéi a indiqué que j'aurais été témoin d'une tentative d'enlèvement d'enfant à la cité « Les Tilleuls » au cours du mois de juin 1974.*

Selon ses dires, j'aurais poursuivi un individu s'enfuyant à bord d'un véhicule après avoir essayé d'entraîner un enfant. Cela n'est pas exact et je suis prête à vous indiquer ce qui s'est passé réellement.
Au mois de juin 1974, quelques jours après l'assassinat de la petite Rambla Marie-Dolorès, je me trouvais chez Jeannine Mattéi dans le courant de l'après-midi. À un certain moment, la fille de Jeannine Mattéi, accompagnée par d'autres enfants, a fait irruption dans l'appartement. Elle était affolée, les autres enfants aussi. Ils nous ont dit qu'un individu avait tenté d'attirer dans sa voiture un petit garçon alors qu'il jouait dans le pré au-dessus de la cité. Selon leurs dires, un homme avait stoppé sa voiture à proximité du petit garçon, lui avait offert des bonbons, mais d'autres enfants survenant, l'homme avait pris la fuite à bord d'une voiture grise, sans aucune précision. Jeannine Mattéi et moi nous sommes rendues immédiatement en dehors de la cité, sur les lieux, c'est-à-dire dans le pré. Nous n'avons rien vu. Par la suite, je suis retournée dans la cité et j'ai vu qu'un fourgon de police patrouillait. Je ne sais pas qui a averti les policiers. C'est tout ce que sais sur cette affaire.
À la même époque, Jeannine Mattéi m'avait dit qu'un individu avait essayé également d'entraîner sa fille dans sa voiture. Ces propos m'avaient été rapportés par Jeannine Mattéi, mais je ne suis en ce qui me concerne témoin d'aucune tentative d'enlèvement.
Je n'ai jamais vu d'homme au volant d'une voiture prenant la fuite. »

La version de Martine Garcia, selon laquelle la fille de Jeannine Mattéi et d'autres enfants seraient rentrés à la maison, paniqués par le fait qu'un individu les ait approchés et aient tenté d'attirer dans sa voiture un petit garçon, que ce fait serait survenu dans les jours qui auraient suivi le meurtre, est de prime abord crédible : dans l'atmosphère de peur collective qui pèse sur la ville et qui a affolé enfants et parents, on peut aisément imaginer que tout le monde se méfie de tout le monde. Un inconnu approche le groupe, tente d'emmener un petit garçon dans sa voiture. Les enfants, mis en garde par leurs parents, rentrent chez eux carrément affolés. Mais à supposer que ce fait ne soit pas l'agression contre le petit garçon frisé dont a témoigné Jeannine Mattéi, ou encore, à supposer que celle-ci aurait menti devant Jean-François Le Forsonney puis au procès en le datant d'un jour antérieur au meurtre, cela n'enlève rien à la réalité d'une tentative d'enlèvement d'un petit garçon aux Tilleuls. Si la tentative d'enlèvement d'un petit garçon racontée par Martine Garcia est réelle, et que le fait est postérieur à la découverte du corps de Marie-Dolorès Rambla, il peut n'avoir aucun rapport avec l'homme roulant dans une voiture grise et cherchant un chien, signalé par Jeannine Mattéi et confirmé par Jeanne Barraco. Dans ce cas, *c'est un fait supplémentaire*, imputable ou non à l'homme signalé par Jeannine Mattéi, qui n'enlève rien à la crédibilité du fait concernant Agnès Mattéi et Carole Barraco.

De plus, Martine Garcia a elle-même confirmé à Jean-Louis Vincent que les policiers avaient demandé à des femmes de la cité des Tilleuls d'assister aux obsèques de Marie-Dolorès Rambla le 7 juin 1974. Les policiers, en ce 7 juin, cherchent le coupable d'un fait commis dans la cité des Tilleuls et vu par un habitant de la cité. Ils cherchent donc un homme qui pourrait éventuellement être complice de Ranucci qu'ils tiennent déjà pour le coupable du meurtre. Et s'il s'agit d'y reconnaître éventuellement un pédophile parmi la foule des badauds, il faut y inviter une personne qui a vu le pédophile en question. Or s'il l'on met à part Jeannine Mattéi, aucune mère de famille de la cité des Tilleuls n'a jamais prétendu avoir vu un pédophile tentant d'enlever un enfant. Jean-Louis Vincent confirme donc sur la foi de Martine Garcia que les policiers sont dès ce 7 juin au plus tard à la recherche d'un homme coupable de faits commis dans la cité des Tilleuls, et ont dépêché aux funérailles au moins une personne qui leur a prétendu avoir vu un pédophile tenter d'enlever un enfant. Il faut dans ce cas s'interroger sur l'élément qui leur fait établir un rapport avec l'enlèvement de Marie-Dolorès Rambla : serait-ce le chien noir signalé par le commissaire Cubaynes ? Ou le pull-over rouge, que Jeannine Mattéi, qui allait le mentionner lors du procès, aurait évoqué dès ce jour-là ? Quoi qu'il en soit, les policiers sont au courant le 7 juin d'une tentative d'enlèvement vue par un témoin dans la cité des Tilleuls, en plus de l'existence de l'homme au chien noir cité par le commissaire Cubaynes le 5 juin. Et après la tentative du matin de ce même 7 juin de restituer le pull-over rouge à Héloïse Mathon, ils savent que ce pull-over n'appartient pas à celui qui est inculpé depuis la veille au soir. Le 7 juin, ils sont donc au courant des deux faits dont témoignera Jeannine Mattéi l'année suivante devant Suzanne Brugère, et ces faits continuent de les intriguer. À supposer que les policiers ne fassent pas le lien entre l'homme au pull-over rouge de la cité des Cerisiers et l'homme du petit garçon frisé de la cité des Tilleuls, c'est-à-dire que le pull-over rouge ne leur ait pas été mentionné le 6 juin par Jeannine Mattéi, le vêtement a quand même été signalé par Paul Martel. Dans ce cas, le lien entre l'affaire des Tilleuls et l'affaire des Cerisiers ne leur apparaît pas comme évident.

Il faut cependant reconnaître que certains détails des faits décrits par Jeannine Mattéi ont évolué avec le temps. Son témoignage devant Suzanne Brugère ne fait que 38 lignes, ce qui est peu pour une audition qui, selon ce que Gilles Perrault a appris de Jeannine Mattéi elle-même, aurait duré deux heures. Mais surtout, dans un livre paru en 1978[33], Maurice Périsset recueille les confidences de Jeannine Mattéi. Elle prétend avoir interpelé le pédophile depuis son balcon lorsqu'il tentait d'enlever le petit garçon frisé, ce dont elle a témoigné devant Suzanne Brugère, mais aussi l'avoir revu à la sortie de l'école quelques jours plus tard. Or Jeannine Mattéi n'a pas mentionné le second détail dans son témoignage. L'a-t-elle vraiment revu ? Aurait-elle oublié de le signaler à la police et s'en serait-elle souvenue devant Maurice

Périsset ? Ou bien s'agirait-il d'un faux souvenir, d'un autre inconnu qu'elle aurait confondu ? Pour un pédophile, une sortie d'école est un lieu de prédilection, un terrain de chasse aisé. Qu'il se soit agi ou non du même homme, on peut imaginer, si elle dit vrai, que Jeannine Mattéi ait été sur ses gardes en cette sortie d'école. De plus, cet épisode de la sortie d'école est mentionné dans le *Récapitulatif* de Ranucci. Il est donc évident que cette information, qu'elle soit vraie ou fausse, est parvenue aux oreilles de Christian Ranucci alors qu'il attendait d'être fixé sur son sort. Cette information, que l'inconnu de la sortie d'école soit le pédophile de la cité des Tilleuls, qu'elle soit vraie ou fausse, est apparue du vivant de Ranucci, non dans les années qui ont suivi.

Forts de ces imprécisions, Gilbert Collard, puis des années plus tard Gérard Bouladou et Jean-Louis Vincent ont fait de Jeannine Mattéi soit une mythomane, soit une personnalité faible manipulée par Héloïse Mathon. Si Jeannine Mattéi a retrouvé le pédophile à la sortie de l'école quelques jours plus tard, elle ne semble pas en avoir parlé à Gilles Perrault lorsqu'elle l'a rencontré avec Héloïse Mathon.

Ainsi, certains détails fournis par Jeannine Mattéi dans l'un ou l'autre de ses témoignages sont sans doute faux ou liés à une imprécision de mémoire. Mais ni Jeanne Barraco ni Martine Garcia ne nient l'existence d'un homme au comportement suspect dans la cité des Tilleuls en ce début du mois de juin : elles reconnaissent l'une et l'autre avoir entendu parler par les enfants d'un chien perdu, même sans la précision que le chien était noir, et d'une voiture grise, même sans indication de marque, du moins dans les procès-verbaux. Quant à Jeanne Barraco, elle reconnait avoir accompagné Jeannine Mattéi au commissariat Saint-Just dans les jours qui ont suivi l'enlèvement de Marie-Dolorès Rambla au sujet de faits que sa fille Carole et celle de Jeannine Mattéi leur avaient rapportés. Et toutes deux ont bien confirmé avoir entendu parler d'une voiture grise, sans se souvenir d'une marque dans le cas de Carole Barraco. À la différence de Jean-Baptiste Rambla, elle avait un âge où l'on sait plus facilement reconnaître une marque.

Il faut ici se poser la question de la fidélité de la reformulation des témoignages et de leur transcription par rapport aux dires des témoins. On a vu plus haut, dans le cas du témoignage d'Eugène Spinelli, comment on a tenté de faire dire au garagiste qu'il aurait pu confondre deux modèles de voiture. Aurait-on volontairement omis de préciser la couleur noire du chien recherché lorsque les témoignages de Jeannine Mattéi et de Jeanne Barraco ont été relevés ? Si Jeannine Mattéi est un faux témoin produit par Héloïse Mathon pour tenter désespérément de sauver son fils, il y a fort à parier qu'elle a précisé à Suzanne Brugère la couleur rouge du pull-over de l'homme en question. Dans ce cas, le procès-verbal de Suzanne Brugère, puis celui de l'inspecteur Lions les ont omis. Si Jeannine Mattéi ne l'a pas spontanément mentionnée dans ses déclarations, l'un comme l'autre aurait normalement dû lui demander, dans sa description de l'homme en question, de préciser ce détail vestimentaire : aucun des deux n'a-t-il jugé utile de le faire, ou bien l'un comme l'autre ont-ils omis la réponse ? Gilles Perrault affirme que, lors de sa rencontre avec Jeannine Mattéi, celle-ci lui aurait dit que Suzanne Brugère aurait voulu lui faire dire que le pull-over était vert, et qu'elle avait dû insister pour affirmer que celui-ci était rouge. Si le fait est vrai, il faut croire non pas à une manipulation volontaire, mais plutôt que Suzanne Brugère a sans doute voulu tester la robustesse de la mémoire de Jeannine Mattéi, ce qui n'est pas choquant de la part d'un magistrat. Mais, dans ce cas, l'omission de la couleur dans le procès-verbal en devient suspecte.

Quoi qu'il en soit, il reste toujours, tache indélébile de l'affaire, la déclaration du commissaire Cubaynes, le soir du 5 juin 1974, relatée par *La Marseillaise* dans les jours suivants : il y a bien eu une tentative d'enlèvement en vue de laquelle le ravisseur a utilisé le stratagème d'un chien bel et bien noir. Tout concorde et porte à croire que Jeannine Mattéi est bien le témoin qui a, le 5 juin au plus tard, parlé aux policiers de Marseille d'un pédophile au chien noir cherchant une proie dans la cité des Tilleuls. Quant au pull-over rouge de la champignonnière, il est le 6 juin dans les locaux de l'Évêché puisque Ranucci nie en être le propriétaire. Le 7 juin au matin, les policiers s'interrogent toujours sur ce pull-over puisqu'ils tentent de le rendre à Héloïse Mathon. Donc le jour des funérailles, alors que Ranucci a avoué, les policiers recherchent toujours le propriétaire d'une telle pièce de vêtement, puisqu'il a bel et bien agressé les filles Albertini, ainsi que l'homme au chien noir de la cité des Tilleuls, avec la possibilité qu'il s'agisse du même homme.

Ce qui conforte également le témoignage de Jeannine Mattéi, c'est que, selon Jean-François Le Forsonney, c'est elle qui l'informe de la rencontre qu'elle aurait faite à l'Évêché le 6 juin d'un certain M. Martin, gardien de la cité des Cerisiers, qui lui aurait prétendu avoir déposé au sujet d'un pédophile vêtu d'un pull-over rouge. Ainsi, même à supposer, ce qu'affirme Jean-Louis Vincent, qu'elle n'ait pas vu elle-même un homme avec une Simca 1100 vêtu d'un pull-over rouge tenter d'enlever un petit garçon frisé, c'est bien Jeannine Mattéi qui permet à la défense de Ranucci et notamment à sa mère de prendre conscience qu'un pull-over rouge a été vu dans une autre cité, sur les épaules d'un pédophile passé aux gestes sur les filles Albertini. Ces faits confirment la présence de Jeannine Mattéi dans les locaux de l'Évêché le matin du 6 juin – Paul Martel y était, il l'a plusieurs fois répété et cela n'a jamais été mis en cause. Sinon, Jeannine Mattéi n'aurait jamais fait la connaissance de Paul Martel, qui vivait dans une autre cité, à plusieurs kilomètres. Et si Jeannine Mattéi n'avait pas rencontré Paul Martel, ni Héloïse Mathon, ni la défense de

Christian Ranucci n'auraient jamais été informés de l'affaire des filles Albertini qui venait d'une autre cité que celle où résidait Jeannine Mattéi. Et Paul Martel n'aurait jamais été cité comme témoin au procès. Donc tout concorde pour confirmer que Jeannine Mattéi a bien été convoquée à l'Évêché pour tenter de reconnaître en Ranucci quelqu'un qu'elle avait bel et bien vu de ses yeux, et qu'elle y a bien fait la rencontre de Paul Martel.

On peut donc aisément imaginer les choses comme suit : dans les jours qui précèdent le meurtre, un pédophile roulant dans une voiture grise se manifeste aux filles de Jeannine Mattéi et de Jeanne Barraco en prétendant chercher un chien. Il ne tente pas de les enlever, mais lorsque celles-ci entendent parler de l'enlèvement de Marie-Dolorès Rambla, elles en parlent à leurs mères. Elles ont bien vu quelqu'un qui a un comportement typique de pédophile. Quant à l'épisode du petit garçon, dont seule Jeannine Mattéi mentionne qu'il était frisé, dont personne ne connait plus le nom, il n'est pas inventé non plus. Même Martine Garcia mentionne elle aussi avoir entendu parler de ce fait à ce moment-là, ainsi que d'une voiture grise, à défaut de l'avoir vue et poursuivie.

On peut aussi être intrigué par le début du témoignage de Martine Garcia qui semble sonner comme une charge contre le témoignage de Jeannine Mattéi. Martine Garcia contredit des éléments qui ne figurent pas dans la déposition de Jeannine Mattéi fin 1975, notamment le fait qu'elle aurait poursuivi l'individu et assisté à la tentative d'enlèvement. Il faut imaginer que l'entretien avec l'inspecteur ait été orienté dès le début sur Jeannine Mattéi, non sur les faits, et que Martine Garcia ait répondu à un élément donné par le policier dans sa question. L'inspecteur aurait prêché le faux pour savoir le vrai (ce qui n'aurait rien de choquant de la part d'un enquêteur, qui cherche à piéger la personne qu'il interroge afin de tester la robustesse de son témoignage et de sa mémoire). Même dans le cas où ce détail de la poursuite de l'homme s'enfuyant en voiture serait faux, Martine Garcia ne conteste pas la réalité du fait, d'une tentative d'enlèvement dans la cité des Tilleuls, sur un petit garçon dont on ne sait en toute rigueur s'il s'agit du même que celui dont Jeannine Mattéi a prétendu qu'il avait les cheveux frisés. Dans cette cité des Tilleuls, on croise donc de toutes manières à deux reprises un pédophile, qui rode dans une voiture grise, qui approche des enfants. Dans chaque cas, sa présence est confirmée par deux témoins : par Jeannine Mattéi et Jeanne Barraco pour le premier, par Jeannine Mattéi et Martine Garcia pour le second. Jeannine Mattéi a donc cité des faits confirmés par des tiers, même s'il est légitime de s'interroger sur ce à quoi elle a elle-même assisté.

Des années plus tard, Jean-Louis Vincent a pu contacter Martine Garcia. Comme tous les protagonistes de l'affaire, elle ne souhaite plus en entendre parler. Elle a cependant accepté de lui préciser quelques faits. Elle lui affirme que les fillettes sont revenues affolées car, pendant qu'elles jouaient dans un pré, un inconnu avait tenté d'attirer un petit garçon dans sa voiture. Cet enfant pourrait-il être le petit garçon frisé dont a parlé Jeannine Mattéi ? Elle objecte que le pré en question n'était pas visible depuis l'appartement en question (l'appartement de Jeannine Mattéi était situé au-dessus du sien). Jean-Louis Vincent en conclut magistralement que Jeannine Mattéi n'a rien vu et donc que son témoignage est anéanti. Mais Martine Garcia prétend également à Jean-Louis Vincent qu'on ne pouvait pas accéder au dit pré en voiture : la voie était barrée par des plots de béton. Donc lorsque l'inconnu a tenté d'attirer l'enfant dans sa voiture, soit les fillettes jouaient tout simplement dans un pré que l'on ne pouvait approcher en voiture et au lieu de voir la tentative d'enlèvement, elles ont vu le petit garçon arriver affolé ; soit elles ont elles-mêmes été témoins du fait et, dans ce cas, elles jouaient dans un endroit accessible en voiture, donc dans un autre endroit, et qui sait, non loin des fenêtres de Jeannine Mattéi. Dans le premier cas, le petit garçon frisé est ensuite allé rapporter aux filles ce qui lui était arrivé et elles en ont été affolées. Dans le second cas, les enfants tous affolés sont rentrés précipitamment chez eux, mais rien n'interdit que Jeannine Mattéi ait vu de ses yeux la tentative d'enlèvement.

En conséquence, du récit de Martine Garcia rapporté en 2018 par Jean-Louis Vincent, on ne peut absolument pas affirmer que Jeannine Mattéi n'a rien vu. Tout au plus peut-on envisager que cette dernière ait raconté que Martine Garcia avait également vu la voiture grise, qu'elles l'auraient poursuivie ensemble, ce qui est probablement faux.

Il n'est donc pas crédible que le témoignage de Jeannine Mattéi au procès ait été inventé par amitié pour Héloïse Mathon lorsqu'elles se sont rencontrées aux Baumettes, comme le soutient toujours Gilbert Collard, ni en ce qui concerne l'homme au chien noir, ni en ce qui concerne la tentative d'enlèvement sur un petit garçon. À la réflexion, on peut penser que Gilbert Collard, lors du procès, a dû penser au scénario du film *Verdict*, d'André Cayatte, sorti deux ans plus tôt. Dans ce film, on voit une mère fusionnelle – comme on a pu imaginer que ce soit le cas d'Héloïse Mathon – incarnée par Sophia Loren, dont le fils a assassiné une jeune fille. Persuadée de l'innocence de son fils, elle décide de payer un témoin pour lui faire déposer un faux témoignage et obtenir la clémence du juge, incarné par Jean Gabin qui tient l'un de ses derniers rôles. Son fils est reconnu non coupable et acquitté. Mais lorsqu'elle vient le chercher à la sortie de la prison, celui-ci lui avoue qu'en réalité, il est coupable. Et le film s'achève sur le suicide de la mère.

Le témoignage de Jeannine Mattéi est fragile sur certains détails, mais pas sur l'essentiel. On peut certes en toute rigueur imaginer qu'Héloïse Mathon ait pu insuffler à Jeannine Mattéi la marque de la voiture de l'homme qui tentait d'enlever le petit garçon, la couleur rouge du pull-over de son conducteur pour qu'elle coïncide avec celle du pédophile de la cité des Tilleuls. Il est d'ailleurs un fait, sur lequel nous reviendrons à la fin de l'ouvrage, que quelques semaines avant l'exécution, Héloïse Mathon a tenté d'obtenir un faux témoignage de la part de Martine Garcia, à un moment où cela n'aurait plus servi à rien puisque seule une grâce présidentielle aurait pu sauver son fils. Mais le fait que la voiture de l'homme qui avait parlé avec sa fille et Carole Barraco ait été grise et que son conducteur ait fait mention d'un chien n'est pas contestable, puisque ces faits sont confirmés par Jeanne Barraco. La déclaration du commissaire Cubaynes rend très probable la couleur noire du chien soi-disant perdu par le pédophile de la cité des Tilleuls. Le pull-over rouge trouvé dans la champignonnière et reconnu plus tard par Paul Martel constitue le lien entre les attouchements sur les deux filles Albertini et l'enlèvement de Marie-Dolorès Rambla, tandis que le chien perdu constitue celui entre l'affaire de la cité des Tilleuls et le crime du 3 juin. La tentative d'enlèvement du petit garçon frisé le 1er juin est cohérente avec le fait évoqué par Martine Garcia et l'article de Pierre Bernard, nonobstant son erreur quant au nom de la cité. Même en supposant que l'épisode du petit garçon aux cheveux frisés n'eût pas été vu par Jeannine Mattéi, cela laisserait de toutes manières deux faits, celui des filles Albertini, ainsi que celui d'Agnès Mattéi et de Carole Barraco, qui seraient liés à l'enlèvement de Marie-Dolorès Rambla. Si ces liens ne sont pas aussi évidents que Gilles Perrault a pu l'écrire, il est cohérent d'imaginer qu'un seul et même homme, à l'évidence un pédophile, soit à l'origine de trois faits dont l'un s'est conclu par un crime atroce.

Et c'est sans faire de lien avec l'affaire de Jean-Claude Jaglasse et du pédophile au pull-over vert, lequel roule en Dyane, dont rien n'indique qu'il ait un rapport avec l'homme au pull-over rouge si ce n'est qu'il rodait quand même incognito dans cette même cité des Cerisiers où habitaient les sœurs Albertini. Peut-être est-ce lui, circulant dans une autre voiture, peut-être en est-ce un autre. Cela n'est pas contradictoire avec l'existence du pédophile au pull-over rouge.

Dans tous les cas, l'agresseur opère dans les cités populaires de Marseille. Cela plaide pour un coupable de condition plutôt aisée qui vient faire incursion dans des quartiers où il peut se mettre incognito en chasse et où il ne risque pas de croiser l'une de ses connaissances, ou bien pour quelqu'un qui vient de l'extérieur de la ville. Ce n'est pas sans risque : dans ces quartiers, tout le monde se connaît, et un inconnu est vite repéré, surtout s'il porte un signe sortant de l'ordinaire comme un pull-over d'un rouge criard. Dans tous les cas, il aborde deux enfants. S'adresser à deux enfants, et non pas à un enfant isolé qui sera davantage sur ses gardes, pour les spécialistes des affaires de pédophilie, est une technique qui certes a l'inconvénient de laisser un témoin vivant, mais terriblement efficace pour le pédophile qui veut assouvir ses pulsions en enlevant sa proie. Il lui est plus facile de mettre en confiance les deux enfants, et après les avoir attendris avec une histoire d'animal perdu de les séparer, en envoyant l'un d'eux regarder d'un côté, puis d'enlever l'autre. C'est la manière de procéder de cet homme qui cherche une proie dans les cités de Marseille à la fin du mois de mai 1974. Ce profil comportemental est la signature, presque une empreinte digitale, d'un suspect. Si ces témoignages sont vrais, il y a beaucoup trop de similitudes pour ne pas être tenté de croire que l'homme auquel Carole Barraco et Agnès Mattéi ont parlé ne soit pas le même que le ravisseur de Marie-Dolorès Rambla. Et que Paul Martel ait bien signalé un pull-over rouge, comme celui retrouvé dans la champignonnière est troublant. Si Ranucci est coupable, il faudrait dans ce cas que ces témoignages aient pratiquement tous été montés, ou largement déformés, pas seulement celui de Jeannine Mattéi. Cela pourrait être le cas pour l'un d'entre eux, mais cinq témoins, Albertini, Martel, Martine Garcia, Jeanne Barraco, Jeannine Mattéi, cela fait beaucoup.

Lors des séances de tapissage du matin du 6 juin 1974 à Marseille, ni Paul Martel, ni Jeannine Mattéi n'a reconnu Ranucci comme l'auteur des faits relatés, alors que Paul Martel a vu l'agresseur des Cerisiers de près. Si un seul de ces témoins avait reconnu Ranucci, à l'instar du père de Patrice Pappalardo, le témoin en question n'aurait certainement pas manqué d'être interrogé par Ilda di Marino qui aurait versé le fait au dossier en même temps que le bref enlèvement du petit niçois.

Un détail important est qu'aucun de ces témoins n'a décrit l'agresseur comme portant des lunettes, pas plus que Jean-Baptiste Rambla, ni Eugène Spinelli. Or Christian Ranucci, très myope, n'avait que 1/10e d'acuité visuelle et une myopie de 3 dioptries, ce qui signifie qu'il ne voyait pas net à plus de 33 cm. Ses verres étaient épais, comme sa monture : c'est un détail de son visage qui sautait aux yeux et qu'on ne pouvait pas ne pas mentionner. Il est difficile de croire qu'il ait enlevé ses lunettes pour tenter d'enlever la fillette comme l'a imaginé Gérard Bouladou.

Lors des séances de tapissage à l'Évêché le matin du 6 juin, les policiers avaient retiré à Ranucci ses lunettes, et n'avaient pas eu plus de succès qu'avec. De la part des policiers, avoir fait enlever ses lunettes à Ranucci le matin du 6 juin pourrait être interprété comme une tentative d'orienter le tapissage. Mais ce n'est pas pour autant qu'il faudrait leur en tenir rigueur : on peut aussi compliquer le tapissage pour le rendre plus fiable. Si un témoin reconnait sans lunettes un criminel qu'il a vu avec lunettes, cela renforce la fiabilité du résultat de l'exercice.

Bouladou a remarqué que le pédophile n'opérait que les week-ends, et il en a déduit qu'il venait de loin : le raisonnement était rapide. Disons qu'il vivait et travaillait probablement dans un autre quartier, voire dans une autre ville, mais rien n'indique qu'il venait d'une ville lointaine comme Nice. Il aurait pu d'ailleurs venir de Toulon, d'Istres, de Salon-de-Provence ou de toute autre ville ayant une base militaire. Dans les villes de garnisons, l'omniprésence d'officiers à l'esprit d'observation affuté et dotés d'un sens naturel de la vigilance est une dissuasion qui peut tempérer les appétits d'un prédateur, lequel se laisse attirer, irrésistiblement, par des quartiers populaires comme ceux de Marseille, où il peut sans risque d'être reconnu se mettre à la recherche de sa proie.

Ranucci pourrait-il être l'homme au pull-over rouge ? Pour cela, il faudrait que Ranucci, qui a avoué le 6 juin un crime commis le 3 juin, mente sur le jour de son départ, il faudrait qu'il soit déjà le 5 juin au soir en train de s'inventer un scénario pour ne pas être accusé de tentatives d'enlèvement dans les jours précédents. Or les affaires Albertini-Martel, Jaglasse et Mattéi ne ressortiront que dans le courant de l'année 1975, alors que l'instruction est terminée. Enfin, Héloïse Mathon ne sait encore rien lorsqu'elle est interrogée le 6 juin au matin par la police des tentatives d'enlèvement qui ont eu lieu dans les jours précédant le meurtre : quel intérêt aurait-elle à dire que son fils aurait quitté Nice le 2 juin plutôt que l'un des deux jours précédents ? La concordance des déclarations de Ranucci et de sa mère le 6 juin sur un départ le 2 juin rend invraisemblable un départ un ou deux jours plus tôt.

Il est donc impossible d'imaginer que Christian Ranucci puisse être le pédophile de la cité des Tilleuls, ou celui de la cité des Cerisiers. Il n'est pas l'homme que Paul Martel a vu de près, vêtu de ce pull-over rouge, vêtement que le même Paul Martel reconnaîtra en celui de la champignonnière.

En résumé, même si Jeannine Mattéi avait témoigné de faits qu'elle n'aurait pas vu de ses yeux, même si elle avait menti en prétendant avoir vu la tentative d'enlèvement du petit garçon frisé, elle témoignait de faits réels. Mettre en cause Jeannine Mattéi en tant que témoin, en tant que personne comme l'on fait Gilbert Collard lors du procès, Jean-Louis Vincent et Gérard Bouladou dans leurs ouvrages est évidemment possible, mais on ne peut mettre en cause les faits dont elle a témoigné, notamment d'un homme au chien noir et d'une tentative d'enlèvement par un homme que les policiers tentent d'identifier aux funérailles de la victime. Donc, même à supposer que Jeannine Mattéi ait menti dans la manière dont elle s'est positionnée sur les faits dans ses dépositions, même à supposer qu'elle ait rajouté des détails comme le pull-over rouge ou la Simca 1100, elle n'a pas menti quant aux faits eux-mêmes, faits dont la police avait l'information à l'Évêché dès le 5 juin et parvenus aux oreilles du journaliste Pierre Bernard, ainsi que du commissaire Cubaynes en ce qui concerne l'homme au chien noir.

La mémoire de Jeannine Mattéi était fragile, peut-être a-t-elle été manipulée sur certains détails, mais elle était solide et son témoignage était fiable sur l'essentiel.

Le véhicule de l'enlèvement : la mémoire visuelle d'Eugène Spinelli

Un autre témoin dont la mémoire de l'affaire interroge le souvenir est bien évidemment Eugène Spinelli. Le 4 juin au soir, lorsque Guazzone appelle les gendarmes pour leur relater l'affaire du véhicule enlisé dans la champignonnière, ceux-ci lui affirment qu'ils recherchent une Simca. À ce moment-là, Eugène Spinelli n'a pas encore témoigné, et les seules sources d'information quant à la marque de la voiture sont l'enquête de voisinage du matin du 4 juin, au cours de laquelle Eugène Spinelli soit a déjà parlé, soit a discuté avec les habitants du quartier en leur parlant d'une Simca 1100. Le 5 juin en fin d'après-midi, lors de sa première audition à l'Évêché, Eugène Spinelli confirme qu'il a identifié une Simca 1100.

Le 6 juin au matin, Ranucci n'a encore rien avoué. La conviction des policiers de tenir le coupable tient au pantalon taché de sang qu'ils ont découvert la veille au soir, sur la présence énigmatique de Ranucci sur les lieux pendant plusieurs heures, et sans doute au pull-over rouge dont ils pensent qu'il appartient au suspect. Mais il demeure encore de nombreux points à éclaircir si l'on veut pouvoir déférer le suspect devant un juge d'instruction. Jusqu'au matin du 5 juin, policiers et gendarmes recherchaient une Simca 1100. Le matin du 6 juin, la voiture pose problème.

Alors qu'Eugène Spinelli passe dans la matinée du 6 juin en seconde audition à l'Évêché, l'inspecteur Porte l'interroge de nouveau, puis soumet à sa signature la transcription de son propos : le garagiste reconnaît entre autres qu'il a pu confondre une Simca 1100 avec un coupé 304, parce que « c'est le même arrière ». Spinelli relit le témoignage et refuse de le signer, car le propos ne lui convient pas.

Convaincu de détenir le coupable, l'inspecteur Porte n'a pas pu ne pas poser la question le matin du 6 juin à Eugène Spinelli s'il n'était pas possible qu'il ait confondu les deux modèles. Et il faut imaginer Eugène Spinelli dans son attitude habituelle, disant qu'on ne peut être sûr de rien d'autant qu'il n'a pas prêté attention à ce qu'il voyait. Dans ce cas, c'est la transcription de son propos qui ne lui a pas convenu car elle le faisait passer pour un ignorant. Il fait donc rajouter qu'il connaît très bien les voitures et qu'il prétend avoir vu la voiture « de trois quart arrière ». Il est donc plus que précis. S'il précise qu'il l'a vue de trois quarts, c'est pour préciser qu'il en a vu l'arrière ET la face latérale, et que même si les arrières des deux modèles se ressemblent, les faces latérales sont sensiblement différentes. De plus, même si la forme générale de deux modèles est à peu près la même, le protocole de réparation, par exemple pour un choc ou un feu cassé à l'arrière, n'est jamais le même. Un carrossier qui a déjà au moins quinze années d'expérience connait les modèles sur le bout des doigts. Il a déjà touché et réparé des véhicules de ces modèles et connait les difficultés de réparation liées à la forme précise des carrosseries et de leurs équipements. La Simca 1100 est en outre, en ce début des années 1970, l'un des modèles les plus vendus en France.

À la barre du tribunal, le même Eugène Spinelli sera plus hésitant. Pourquoi ? On peut aisément imaginer l'état d'esprit d'Eugène Spinelli devant la cour d'assises : il sait que son témoignage est capital et qu'il peut innocenter un jeune homme qui conduisait quant à lui un coupé 304 et dont toute une foule, déchainée derrière lui, réclame la tête. D'où sa prudence. Mais en tant que carrossier, il est le meilleur de tous les témoins pour pouvoir faire assurément la distinction entre une Simca 1100 et un coupé 304.

Les faces arrière des deux voitures se ressemblent, et au procès, pour lever l'hypothèque de la Simca, il sera présenté aux jurés une photo de chaque modèle. Mais il est facile de créer la conviction qu'une confusion est possible si on juxtapose deux photos de l'arrière ne montrant que le galbe du coffre et la lunette. Dans ce cas, le juré ne verra pas la forme des feux arrière, qui n'ont rien à voir : longs et horizontaux pour la Simca 1100, carrés pour le coupé 304. On ne montre pas non plus, sur la face latérale, le pied milieu, qui relie le toit au plancher entre les deux portières, nettement plus épais sur la Simca 1100, ni les aérations sur le pied arrière de la Simca 1100. De plus, en hauteur, le coupé 304 mesure 16 cm de moins que la Simca 1100 et possède une silhouette et une ligne nettement plus fuselées. Dans une rue, les deux véhicules n'ont pas du tout la même allure, surtout aux yeux d'un carrossier. Aujourd'hui, une telle différence de hauteur s'observe entre le coupé et la berline d'un même modèle, ou encore entre une berline et un SUV. Même à 40 ou 50 m, c'est la différence qu'il y a entre une personne de 1,45 m, soit un enfant de dix ou douze ans, et 1,60 m, un homme de petite taille. D'un homme mesurant 1,75 m, on dira qu'il est de taille moyenne, alors que s'il mesure 1,90 m, il est qualifié d'« homme grand ». Avec un peu d'esprit d'observation, on ne fait pas d'erreur d'évaluation sur une différence de quinze centimètres de hauteur.

Pour expliquer la difficulté qu'il y a à faire croire qu'un garagiste carrossier se soit trompé en identifiant un modèle de voiture, Gérard Bouladou a émis une hypothèse : alors qu'au début de son livre, il ne mettait pas en cause le fait qu'Eugène Spinelli ait assisté à l'enlèvement sans se douter un instant de ce dont il était en train de devenir le témoin involontaire, il semblait plus loin ne plus croire à la confusion entre une Simca 1100 et un coupé 304 ; il écrivait donc qu'Eugène Spinelli aurait très bien pu voir, dix minutes avant l'enlèvement, une Simca 1100 passer prendre une fillette qui n'aurait rien à voir avec Marie-Dolorès Rambla, par exemple pour l'emmener à la plage, et ne pas voir arriver le coupé 304 de Ranucci.

En toute rigueur, c'est évidemment possible. Mais il précisait également plus loin que l'enquête de proximité avait permis d'écarter cette hypothèse : il est très probable que Jules Porte, dans l'enquête de proximité effectuée au matin du 4 juin, a interrogé les voisins pour savoir si une de leurs filles aurait quitté la cité en voiture la veille vers 11 h pour vérifier que la scène décrite par Eugène Spinelli était bien celle de l'enlèvement. En outre, un tel scénario est contradictoire avec les entretiens que le même Bouladou a enregistrés avec les témoins et qu'il a placés à la fin de son second livre. Dans le fac-similé de celui que le policier a eu avec Eugène Spinelli, ce dernier lui affirme qu'il connaissait Marie-Dolorès Rambla – comme les gens se connaissaient, au moins de vue, dans la cité Sainte-Agnès – et donc dément toute possibilité de confusion quant à l'enfant qu'il a vue, au moment où elle montait dans une Simca 1100, sans préciser s'il la connaissait de visage ou également de nom. Puis le carrossier y reprend très exactement le positionnement intellectuel qu'il a eu lors du procès, deux ans après le crime, devant une assemblée qui ne voulait pas entendre parler d'un modèle de voiture qui innocenterait l'homme dont elle voulait la tête : « On ne peut être sûr de rien ». Mais ce n'était pas tout à fait son positionnement le 6 juin 1974 au matin quand il a refusé de signer la première version du script de son témoignage. À cette date, sa mémoire des faits, l'image de la voiture et de l'homme n'avait que trois jours dans sa mémoire. Lors du procès, elle avait un peu moins de deux ans. Lors de son entretien avec Gérard Bouladou, elle en avait trente.

Dans les premiers jours de juin 1974, rien ne laisse imaginer qu'Eugène Spinelli ait pu être l'objet d'une manipulation ou d'une illusion de la mémoire qui lui aurait fait reconnaître une Simca 1100. Il faudrait, selon les schémas de création de faux souvenirs d'Elizabeth Loftus, que la mention de la Simca 1100 lui ait été donnée par quelqu'un d'autre, par un policier qui tiendrait l'information d'un tiers. Or, bien au contraire, il est lui-même à l'origine de l'information selon laquelle la voiture était une Simca 1100. Car mis à part Jean-Baptiste Rambla et lui-même, personne n'a vu la voiture du ravisseur.

Sa mémoire des 5 et 6 juin 1974 paraît d'autant plus assurée que, lorsqu'on lui présente le 5 juin le trombinoscope des détraqués sexuels connus de la police, le fameux « fichier Canonge », il extrait deux photos d'individus qui ressemblent au coupable. En ce 5 juin après-midi, le nom du suspect n° 1 est déjà identifié, mais les policiers de l'Évêché n'ont pas encore sa photo puisque celui-ci est inconnu des services de police, et qu'il n'y a pas encore de Google ou d'Internet pour rechercher un visage sur la base d'un nom... Il leur est donc impossible de faire un rapprochement. Donc les policiers demandent le lendemain à Spinelli de se présenter de nouveau à l'Évêché, cette fois pour un tapissage. On tente de lui faire reconnaître Ranucci sans succès, puis on tente de lui faire signer un témoignage où il affirme qu'il aurait pu confondre les deux modèles, ce qu'il refuse de faire. Dans l'après-midi du 6 juin, Ranucci avoue : il n'est donc plus besoin, pour la police, de vérifier si l'un des deux suspects extraits par Spinelli du fichier Canonge ne possèderait pas une Simca 1100 grise.

On peut aisément imaginer quel était l'état d'esprit d'Eugène Spinelli dans les années 2000 : comme tous les témoins involontaires de l'affaire, il ne souhaitait plus guère en parler. Il se considérait comme étranger à une histoire dans laquelle un innocent avait peut-être été exécuté. Il cherchait, ce qui est parfaitement humain, à esquiver l'idée qu'il aurait pu immiscer le doute dans la conscience des jurés s'il avait été plus sûr de lui dans ses affirmations. À l'instar des époux Aubert dont le souvenir s'est figé pour justifier leur décision de ne pas intervenir, le doute qui s'est immiscé dans le souvenir d'Eugène Spinelli évacue celui relatif à son éventuelle contribution à l'exécution d'un innocent. Lorsqu'il témoigna devant la cour d'assises, Eugène Spinelli n'avait absolument aucune raison de croire qu'un homme confondu par la police et ayant avoué devant une juge fût innocent. Il restait donc évasif sur la fiabilité de sa mémoire, alors qu'il ne l'était pas du tout dans les locaux de l'Évêché lors de son premier témoignage dans l'après-midi du 5 juin 1974. Il s'est ensuite tenu hors du débat sur l'innocence de Ranucci.

Que Jeannine Mattéi ait fait une fausse déclaration sur le modèle d'une voiture est en toute rigueur possible. Que Jean-Baptiste Rambla ait fait la confusion entre un coupé 304 et une Simca 1100, et qu'il ait prétendu avoir vu une Simca après avoir entendu l'entourage de son quartier, on peut l'imaginer aisément chez un garçon de six ans. La scène du film de Michel Drach où on le voit reconnaître dans une liasse de photos de voitures celle d'une Simca 1100 est fausse. Mais qu'Eugène Spinelli qui a déjà trente-cinq ans, donc au moins une quinzaine d'années d'expérience et qui connait parfaitement tous les modèles de voitures, qui en a touché, martelé, réparé des milliers, ait fait la confusion, est invraisemblable. Pour avoir travaillé dans l'industrie automobile pendant quinze ans, et même sans voir travaillé au contact direct de la carrosserie, je ne peux croire à une confusion de modèles : je sais que les détails de carrosserie, et notamment la forme des phares, la silhouette, qui sont encore parfaitement visibles à une distance de 50 m sont justement ce qui personnalise des modèles qui se ressemblent. Un professionnel de l'automobile observe les évolutions des modèles, ne serait-ce que dans la rue si ce n'est dans la presse. Il m'est impossible de croire qu'Eugène Spinelli ait confondu les deux modèles. Les policiers, dont l'esprit d'observation est affuté et dont l'œil est entraîné à reconnaître les modèles de voitures n'auraient jamais fait la confusion non plus.

Prêter cette confusion à Eugène Spinelli ne leur permettait que de faire coïncider le témoignage du garagiste avec la voiture de Ranucci.

On pourrait envisager la possibilité que Jeannine Mattéi ait pu insérer le détail de la Simca 1100 par sympathie pour Héloïse Mathon. Mais pourquoi aurait-elle inventé le détail du département 54 ?

Les affaires Pappalardo et Spinek : une mémoire orientée

Une analyse détaillée des éléments à charge contre Ranucci ne saurait être rigoureuse si elle n'abordait pas les affaires Pappalardo et Spinek, affaires que Ilda di Marino versa au dossier avant de transmettre celui-ci au juge Michel.

Les appels à témoins relayés par *Nice-Matin* dans les premiers jours de l'instruction, en ce mois de juin 1974, devaient conduire, comme on l'a vu, à la découverte de deux faits faisant état d'un individu suspect opérant cette fois à Nice, où habitait Ranucci, dans les mois précédant le meurtre. Rien ne permet de douter de la réalité de ces faits. La question posée est évidemment de savoir si l'auteur de ces faits était bien Ranucci, dont la photo avait été publiée par la presse dès le 7 juin.

Le premier fait remonte à la fin de l'année 1973 – on n'a pas d'indication plus précise de la date. Une fillette du nom de Sandra Spinek, qui rentrait de son cours de danse à Nice, a été suivie par un inconnu jusque dans l'escalier de son immeuble. Celui-ci s'est enfui en voyant la mère sortir de son appartement et venir au-devant de sa fille. Mme Spinek a d'abord cru reconnaître Ranucci sur les photos publiées par la presse. Mais devant la juge Ilda di Marino, elle n'en est plus très sûre. Fin 1973, Ranucci était en Allemagne où il faisait son service militaire. D'après les registres de l'armée, il a obtenu une permission pour Noël, du 24 au 26 décembre 1973. Il était présent à l'appel de sa garnison le 27 décembre. À supposer qu'il soit l'homme qui a suivi Sandra Spinek, il faudrait que cet événement ait eu lieu le 24 ou le 25 (donc la veille ou le soir de Noël) ou le 26, date à laquelle il a dû repartir. En ces jours-là, il est impensable que l'école de danse en question ait été ouverte. Gérard Bouladou a évoqué la possibilité d'une permission antérieure. Ranucci aurait pu avoir une permission de deux jours au cours du mois d'octobre ou novembre. Mais les temps de transports étant beaucoup plus longs qu'aujourd'hui, une permission de trois jours ne lui aurait pas laissé plus de temps sur place qu'un jour de week-end. Qu'il ait été présent un soir de semaine, par exemple un vendredi soir n'est pas théoriquement impossible, mais très improbable. Ce témoignage est donc bien fragile pour accuser Ranucci d'un antécédent.

Plus troublant en revanche est le cas de Patrice Pappalardo. Les faits remontent au lundi 15 avril 1974, lundi de Pâques et au mardi 16 avril, à 16 h 30, à la sortie d'une école. En ce mois de juin 1974, ils sont donc beaucoup plus récents que l'affaire Spinek. Au mois d'avril, Christian Ranucci est déjà rentré à Nice, ayant terminé son service militaire. Il ne travaille pas encore : il ne sera embauché aux établissements Cotto que le 20 mai. On peut imaginer qu'il se soit trouvé hors de chez lui à l'heure de la sortie des classes le mardi 16 avril.

C'est donc un jour de congé, le lundi 15 avril, alors qu'il joue avec ses frères, que le jeune Patrice Pappalardo est attiré par un homme qui d'abord lui offre des bonbons. Puis l'homme entraîne l'enfant dans un parking, où ils restent à parler une heure. À un moment, une voiture arrive et l'inconnu lui demande de se cacher « de peur que ce soit la police ». On a bien affaire à quelqu'un qui, même s'il ne se livre pas à des attouchements, sait que son acte est douteux et craint la police. Notons que Ranucci, au sortir de la champignonnière le 3 juin après-midi, ne manifeste aucune crainte devant Guazzone à l'idée que celui-ci appelle les gendarmes, alors qu'il a commis un délit de fuite et qu'il ne se doute probablement pas que le numéro de plaque de sa voiture a été relevé : Ranucci n'est pas le 3 juin dans la même disposition d'esprit vis-à-vis des forces de l'ordre que l'inconnu du 15 avril. Après plusieurs heures, Patrice Pappalardo est retrouvé seul. Son père fait une déclaration à la police sur la base de ce que lui a raconté son fils et dépose une main courante le soir même.

Le lendemain, mardi 16 avril, le père de Patrice Pappalardo et celui-ci vont ensemble chercher ses deux frères à la sortie de l'école. Et comme ils croisent l'inconnu de la veille, l'enfant le montre à son père en disant : « C'est le monsieur d'hier ». Le père demande alors à l'inconnu ce qu'il fait ici, et ce dernier lui répond : « Je cherche May », puis il s'enfuit en courant. Le père se lance à sa poursuite mais il perd sa trace.

Ce même 16 avril, il dépose cette fois une plainte en donnant un signalement assez précis de l'individu : 17 à 18 ans, 1,72 m environ, polo beige et pantalon clair. Comme on ne mesure pas la taille d'un homme à un centimètre près, on peut supposer que son estimation a dû être « entre 1,70 et 1,75 m ». 1,72 m est à ce moment-là la taille moyenne d'un homme en France, et c'est à peu près la taille de Ranucci (entre 1,73 et 1,75 m selon les documents). Dans les vêtements de Ranucci, on trouve bien un pantalon clair mais pas de polo beige. Enfin Ranucci, à cette époque, fait d'un avis général plus vieux que son âge : Guazzone qui a bien vu Ranucci à la sortie de la champignonnière lui donne « environ 30 ans ». Le portrait de l'individu douteux dressé le 16 avril devant les policiers ne coïncide donc pas exactement avec celui de Ranucci du fait du décalage de l'âge apparent. Le 15 juin, Ranucci est de nouveau soumis au tapissage devant le père de Patrice Pappalardo. Ce dernier déclare formellement reconnaître Ranucci comme étant l'homme qu'il a poursuivi le 16 avril. Patrice, lui, ne le reconnaît pas. Un de ses frères affirme le reconnaître.

Que vaut cette reconnaissance formelle, alors que toute la famille Pappalardo a vu dans la presse les photos de l'accusé ? Et surtout, que vaut ce tapissage où Ranucci prétend avoir été extrait de sa prison, mal rasé, mal coiffé, les vêtements fripés, pour être placé entre des fonctionnaires de police en tenue présentable ? Voilà la base sur laquelle ceux qui soutiennent la thèse de la culpabilité affirment que le père de Patrice Pappalardo a formellement reconnu Ranucci comme l'homme qui avait attiré son fils dans un parking – ce qui juridiquement parlant, est parfaitement exact.

Un fait divers intéressant mérite d'être rapporté ici. Il s'est déroulé aux États-Unis : en 1983, une femme est agressée sexuellement à Boston. Sur la base d'éléments fournis par la victime, la police arrête un certain Michael Green. Celui-ci est soumis à un tapissage au milieu de cinq autres hommes, et la victime ne le reconnaît pas. Une semaine plus tard, certaine qu'elle est de détenir le coupable, la police convoque de nouveau la victime et lui demande si elle reconnaît son agresseur sur une photo. On lui montre une photo de Michael Green au milieu de photos d'autres hommes qu'elle n'a jamais vus. Et cette fois, elle reconnaît Michael Green, qu'elle a évidemment déjà bien vu, pour le moins au tapissage. Puis nouveau tapissage : cette fois, la victime reconnaît formellement Michael Green, qu'elle vient de reconnaître sur une photo. Au procès, elle soutiendra avoir formellement reconnu l'accusé tout de suite. Michael Green est condamné à 75 années de prison. En 2010, il est innocenté par un test ADN et recouvre la liberté après 27 années passées derrière les barreaux pour un crime auquel il était étranger.

La fiabilité de la reconnaissance d'un suspect par un témoin a été mise en question par de nombreux chercheurs anglais et américains. La question avait été posée dès 1932 par le psychologue Edwin Borchard[34], qui avait étudié les cas de 65 condamnés innocents et établi une mauvaise identification du coupable comme à l'origine de l'inculpation. Plus grave : Borchard avait établi que, dans 80 % des cas, il n'y avait pratiquement aucune ressemblance entre le coupable réel et le suspect, et qu'il n'existait d'éléments de ressemblance que dans 20 % des cas. Dans les années 70, deux chercheurs anglais, R. Brandon et C. Davies, avaient effectué une étude similaire au Royaume-Uni sur 70 cas de condamnés après une mauvaise identification et finalement innocentés[35]. C'est en 2009 que l'Américain Brian Cutler a publié une synthèse des recherches sur les erreurs d'identification de suspects par des témoins[36] sur trois quarts de siècle. Autrement dit, dans la mémoire visuelle de 80 % des témoins, un visage se substitue au visage qui a été vu.

Dans cette synthèse, qui consiste en une série de publications de différents experts, le premier chapitre, signé de quatre chercheurs, donne les clés d'une mauvaise identification. Certaines sont évidentes : une durée faible de l'agression subie ou observée, par exemple, rend l'identification plus difficile ; la présence d'un élément perturbateur qui capte l'attention complique également la reconnaissance : si un agresseur utilise un révolver, la victime aura l'attention davantage captée par le révolver que par le visage de son agresseur. Mais un élément déterminant est la diffusion de photos du suspect arrêté, par exemple dans la presse : le visage vu sur une photo se greffe alors dans le souvenir de la victime ou du témoin. Le suspect est alors identifié non parce qu'il a été vu par le témoin sur le lieu du fait, mais parce qu'il a été vu tout court, fût-ce sur une photo : c'est ce qui explique ce qui est arrivé à Michael Green en 1983.

La synthèse de Brian Cutler révèle aussi, cas à l'appui, que les fausses identifications ont parfois un effet très pervers : une victime pense reconnaître son agresseur dans un tapissage. Mais il est innocenté. Puis la police arrête le vrai coupable, qui avoue, face à l'évidence. Mais au procès, la victime a beau croire en la police et en la justice, elle affirme que lorsqu'elle revoit, lorsqu'elle revit son agression, c'est le visage du premier suspect qui s'est imprimé dans sa mémoire. Pas celui du vrai coupable. Ainsi, dans notre mémoire, des éléments peuvent substituer le visage d'un suspect à celui d'un vrai coupable.

Gérard Bouladou a mis en doute la mémoire d'Eugène Spinelli ou de Jean-Baptiste Rambla qui n'avaient pas reconnu Ranucci comme étant le ravisseur du 3 juin, alors qu'ils concernaient des faits vieux de trois jours. Il a laissé entendre que la mémoire du père de Patrice Pappalardo, qui aurait vu Ranucci deux mois avant le meurtre, pouvait être fiable.

Les faits signalés dans la synthèse de Brian Cutler ne permettent évidemment pas d'affirmer péremptoirement que Ranucci n'est pas l'homme qui a emmené le petit Patrice Pappalardo dans un parking. Sur cette identification, Brian Cutler, que j'ai contacté directement et à qui j'ai exposé les faits, s'est montré très prudent. Pour lui, on ne peut pas discréditer automatiquement une reconnaissance de Ranucci sur la base d'une photo de presse – même s'il ne faut pas oublier que 80 % des témoins sont capables d'identifier formellement quelqu'un de complètement différent de l'homme qu'ils ont vu ; en revanche, l'identification de Ranucci au tapissage par le père et le frère du garçonnet, *à partir du moment où ceux-ci avaient vu la photo de Ranucci dans la presse*, ne prouve rien en soi.

Nous devons encore ici interroger l'état émotionnel des témoins au moment des faits : le petit Patrice Pappalardo, comme Eugène Spinelli, ne s'est douté de rien. Le lundi, il a passé sereinement un bon moment avec un inconnu qui lui avait offert des bonbons, il n'était donc pas dans un état d'esprit « d'arousal » élevé et il a pu sans difficulté reconnaître l'inconnu le lendemain à la sortie de l'école. Son père, en revanche, comprenant qu'il se trouvait devant le pédophile qui avait enlevé son fils la veille s'est trouvé dans un état d'arousal élevé en le poursuivant : sa mémoire est donc plus susceptible d'avoir été fragilisée.

Notons ici que l'histoire de Michael Green pourrait offrir une nouvelle lecture de la reconnaissance de Ranucci par les Aubert. Selon au moins quatre journalistes, les Aubert ont vu Ranucci au tapissage parmi quatre inconnus et ne l'ont pas reconnu, ou du moins n'ont pas été formels pour le reconnaître. Mais ensuite on les aurait conduits dans le bureau du commissaire Alessandra dans lequel Ranucci était assis : ils auraient dans ce cas été sincèrement convaincus d'avoir reconnu Ranucci. Et Alain Aubert pourrait alors affirmer de bonne foi des années plus tard qu'il avait vu Ranucci au milieu de quatre inspecteurs et qu'il l'avait reconnu tout de suite, ce qu'il a fait devant Gérard Bouladou.

Le pizzaïolo, une fausse mémoire qui surgit trente ans plus tard

Concernant la présence de Ranucci sur les lieux de l'enlèvement le matin du 3 juin, il faut reparler ici du préparateur de pizzas, Guy Rosano, qui avait travaillé ce matin-là sur le lieu de l'enlèvement. Guy Rosano, selon ses propos rapportés par la presse marseillaise le 5 juin, n'avait prêté aucune attention à ce qui s'était passé. Or celui-ci a prétendu à Gérard Bouladou, puis en 2007 à Yann Le Meur avoir vu Marie-Dolorès Rambla qui jouait sur le trottoir, et avoir vu un homme d'une vingtaine d'années appuyé sur un réverbère, avec un pantalon sombre et une veste en daim : un homme qu'il aurait par la suite formellement reconnu comme étant Ranucci après avoir vu ses photos dans la presse.

Guy Rosano n'était nullement un inconnu des habitants de la cité Sainte-Agnès. Eugène Spinelli l'a confirmé à Gérard Bouladou. Que Guy Rosano ait connu Marie-Dolorès Rambla, au moins de vue, est parfaitement vraisemblable. Le problème de Guy Rosano, c'est que, s'il avait prêté attention à Marie-Dolorès Rambla, pourquoi aurait-il dit exactement le contraire à la presse dans ses déclarations publiées le 5 juin 1974 ? À quel dessein les journalistes, qui n'avaient pas le moindre soupçon sur une erreur judiciaire à venir, auraient-ils alors travesti ses propos ? S'il avait reconnu Ranucci quelques jours après le 5 juin, pourquoi n'aurait-il pas déposé un témoignage à l'époque ? Pourquoi décrit-il, trente ans après les faits, cet homme appuyé à un réverbère comme vêtu avec les vêtements que portait Ranucci ce jour-là, tels que rapportés par la presse ?

Il est évidemment possible que Guy Rosano ait voulu avoir son quart d'heure de célébrité dès le 5 juin 1974 alors qu'il n'avait rien à dire qui puisse être utile à l'enquête – il n'a d'ailleurs parlé qu'aux journalistes et pas à la police – et avoir un deuxième quart d'heure de célébrité pour dire dans les années 2000 exactement le contraire de ce qu'il avait dit à l'époque. On ne peut que donner raison à Gilles Perrault qui qualifie ce témoignage tardif de « pitrerie ». Mais sommes-nous pour autant dans la mythomanie ? Comme Jean-Baptiste Rambla a déclaré que l'homme au chien noir avait une voiture grise, et qu'il n'a pas vu repartir la voiture, le garçonnet a donc bien vu arriver la voiture du ravisseur et l'a vu en sortir. L'homme adossé au réverbère, si l'on doit croire que Guy Rosano a vu un homme adossé à un réverbère, ce qui est très possible, n'était donc pas le ravisseur. On peut très bien imaginer que Guy Rosano ait gravé dans sa mémoire le visage de Ranucci, connu par la presse, sur le souvenir d'un homme qu'il a peut-être vu, appuyé au réverbère devant le trottoir sur lequel il préparait ses pizzas. Rien ne permet donc d'accuser formellement Guy Rosano d'insincérité.

Dans ce cas, la « pitrerie », pour reprendre le terme de Gilles Perrault est peut-être moins dans le témoignage que Guy Rosano a donné dans les années 2000 que dans la citation qu'a fait de lui Gérard Bouladou comme témoin à charge. Jean-Louis Vincent ne s'est pas risqué à l'utiliser pour défendre la culpabilité de Ranucci.

Les rumeurs d'Allauch : une mémoire égarée

En 1980, quatre ans après la mort de Ranucci, Paul Lombard reçoit une lettre de Fernande Casagerola, la sœur du père de Christian Ranucci. Dans cette lettre, elle prétend que le condamné serait passé à Allauch le matin du 3 juin et qu'il aurait tenté de rendre visite à son père. Il aurait été éconduit par la seconde épouse de celui-ci, Antoinette. Christian Ranucci venait d'avoir vingt ans et n'avait jamais revu son père depuis l'âge de trois ans : cette visite ressemblerait à celle d'un jeune homme qui se lance dans la vie, qui veut mettre de l'ordre dans son esprit et régler quelques problèmes si ce n'est quelques comptes. L'absence de son père avait été son grand problème. Un enfant qui grandit avec un parent absent peut lui être indifférent, le haïr, l'idéaliser, ou bien être animé d'un profond désir de le rencontrer. Il peut, au fil d'une enfance et d'une adolescence, passer plusieurs fois d'un sentiment à l'autre. Ainsi en est-il par exemple des enfants adoptés vis-à-vis de leurs parents biologiques. Ainsi pourrait-on facilement imaginer qu'un jeune comme Christian Ranucci ait tenté, quelques semaines après son vingtième anniversaire, quelques jours après avoir débuté dans la vie professionnelle, de rencontrer son géniteur, lequel n'avait été présent que pendant une brève période dont il n'avait plus guère de souvenirs.

En 1981, dans le cadre d'une enquête préalable à une instruction en révision, le commissaire Joseph Le Bruchec fut chargé d'enquêter sur cette mystérieuse visite. Il apprit d'abord qu'à Allauch Léopold Ranucci, grand-père du condamné et père de Jean Ranucci, faisait souvent allusion, dans un restaurant qu'il avait coutume de fréquenter et dont il était l'ami des patrons, à la visite que Christian Ranucci aurait rendue à son père le matin du 3 juin. Mais Léopold Ranucci ne pouvait plus témoigner : il était mort en 1980. Antoinette Ranucci, interrogée, nia fermement avoir vu et avoir parlé avec le fils de son mari. Elle prétendit que, si tel avait été le cas, elle ne l'aurait pas éconduit car, selon elle, Jean Ranucci cherchait depuis peu à retrouver son fils, son unique héritier, dont il n'avait aucune nouvelle, pour régler la question de sa succession qui surviendrait un jour ou l'autre. Le commissaire Le Bruchec en eut confirmation en allant interroger un notaire à Marseille, lequel lui confirma que Jean Ranucci avait bien entamé des recherches pour retrouver son fils avant le crime du 3 juin 1974. Quant à Jean Ranucci, il prétendit ne jamais avoir entendu parler de cette visite.

Interrogeant les témoins dans la petite ville, le commissaire remonta l'histoire familiale de Christian Ranucci. Son grand-père, Léopold Ranucci, était divorcé d'une certaine Marcelle Banq, avec laquelle il avait eu trois enfants : Jean, le père de Christian, Fernande, puis un troisième fils prénommé Léopold comme lui mais qui se faisait à cette époque appeler du nom de sa mère, donc Léopold Banq. Léopold Ranucci avait jusqu'à sa mort entretenu une relation très étroite avec sa fille, mais guère avec ses fils. C'est Léopold Banq qui finalement informa le commissaire que, d'après une conversation avec sa mère, la rumeur serait venue d'une voisine de Jean Ranucci, une certaine Edmonde Galaup, laquelle avait prétendu avoir vu le 3 juin en début de matinée un jeune homme sonner chez Jean et Antoinette, se présenter comme étant le fils de Jean, et être éconduit par Antoinette. Mais lors d'une conversation réunissant Léopold Banq, sa mère et Edmonde Galaup, cette dernière aurait nié avoir été témoin de cette conversation et aurait fait signe à Léopold Banq que tout cela était faux. Léopold Banq relata cette conversation au commissaire. Pourtant une autre voisine, Joséphine Nunes, devait bien confirmer la confidence d'Edmonde Galaup concernant cette visite, mais aussi que le jeune homme serait reparti dans une voiture blanche, détail incohérent avec l'hypothèse qu'il se soit agi de Christian Ranucci.

Qui croire ? La présence de Christian Ranucci à Allauch en ce matin du 3 juin est théoriquement possible. Cela impliquerait qu'Antoinette Ranucci ait menti au commissaire Le Bruchec en niant avoir parlé à son beau-fils, désormais classé comme un assassin qu'on ne saurait se vanter d'avoir rencontré, et qu'Edmonde Galaup n'ait pas voulu être impliquée et donner de témoignage dans l'affaire. Ou bien il pourrait s'agir d'un inconnu, sur le souvenir duquel Edmonde Galaup aurait figé le visage publié dans la presse de Ranucci, à l'instar d'un Guy Rosano qui l'aurait figé sur le souvenir d'un homme appuyé à un réverbère.

Rien n'a pu en être conclu.

Si le fait s'était révélé exact, Christian Ranucci se serait seulement trouvé avant dix heures du matin dans un bourg à une vingtaine de minutes en voiture du lieu d'un rapt qui a eu lieu peu après onze heures. La preuve de la présence de Christian Ranucci à Allauch en début de matinée, le 3 juin, aurait donc peut-être permis d'invalider certaines pièces du dossier d'accusation, notamment les déclarations faites par le condamné au cours de l'instruction ou lors de son procès sur son itinéraire le matin du 3 juin, mais elle ne lui fournirait pas d'alibi posthume. Tout comme l'évidence, cette fois confirmée à Joseph Le Bruchec par un témoin fiable, Daniel Moussy, de la présence de Ranucci à Marseille le soir du 2 juin, le passage de Christian Ranucci chez son père confirmerait que son emploi du temps et son itinéraire dans les quinze heures précédant le rapt ne coïncident pas avec ses déclarations. Une preuve de cette visite aurait-elle pour autant pu motiver un procès en révision ? C'est improbable. Elle aurait constitué un fait nouveau, au sens juridique du terme, mais non de nature à faire douter de sa culpabilité. Elle ne plaiderait finalement ni en faveur de son innocence, ni de sa culpabilité.

Insister sur ce qui n'est qu'une hypothèse, la transformer en conjecture alors que rien ne pourrait en être déduit ne fait qu'égarer la mémoire.

Les rumeurs posthumes : la mémoire à la dérive

Dans les années qui ont suivi la disparition de Christian Ranucci, des rumeurs ont surgi quant à sa présence et à sa participation dans un réseau pédophile. Elles continuent de circuler sur Internet. Si un jour une nouvelle instruction et une révision du procès devaient avoir lieu, elles ne pourraient pas balayer ces rumeurs d'un revers de main, mais devraient interroger leur vraisemblance. Aucun élément du dossier de l'instruction de 1974 ne vient attester, ni même supposer que Ranucci ait fait partie d'un tel réseau. Lorsque le réalisateur Yves Boisset, en 1978, a été pressenti pour tourner un film tiré du livre de Gilles Perrault, il s'est rendu à Marseille. Yves Boisset s'était toujours attaqué à des problèmes réels, sérieux, mais qu'il avait souvent traités au moyen de personnages caricaturaux : pensons au racisme dans *Dupont-Lajoie*, au militarisme dans *Allons z'enfants*, aux abus de l'armée et à la torture en Algérie dans *R.A.S.* Il s'était attaqué aussi à la collusion entre le crime organisé et les puissants : l'année précédente, en 1977, il avait tourné *Le juge Fayard dit le Shérif*, inspiré par l'assassinat du juge François Renaud, dans lequel Patrick Dewaere incarnait un juge qui finit assassiné alors qu'il enquête sur des réseaux mafieux couverts par un secrétaire d'État à l'aménagement du territoire.

Ces rumeurs sont intéressantes en tant que telles. Selon les forums internet animés par ceux qui croient en la culpabilité de Ranucci, Yves Boisset aurait été reçu par la police marseillaise qui l'aurait invité à aller rencontrer certains de leurs contacts à Martigues, lesquels contacts lui auraient révélé l'existence d'un réseau pédophile et lui auraient dit : « Quand Ranucci arrivait, les enfants s'enfuyaient. » C'est à la suite de ces entretiens que le réalisateur aurait renoncé à tourner le film, convaincu dès lors de la culpabilité de Ranucci. Michel Drach, convaincu quant à lui de l'innocence de Ranucci après la lecture des pièces du dossier, s'en est finalement chargé. Mais cette visite à Martigues, à supposer qu'elle ait eu lieu, aurait déjà été une occasion pour Yves Boisset de se pencher sur ces réseaux et sur leur collusion avec des hommes puissants. On peut imaginer que sa visite dans les locaux de la police marseillaise n'a pas dû susciter l'enthousiasme. Elle a dû faire peur.

Yves Boisset n'aura pas oublié l'affaire. En 1980, il tournera *La femme flic*. Dans ce film, le meurtre de Marie-Dolorès Rambla et la colère populaire qui a suivi seront évoqués à travers la découverte d'un réseau pédophile protégé par un colonel, et la découverte du cadavre d'une fille assassinée. On voit plus dans ce film qu'une simple évocation du crime de Bruay-en-Artois[9] en 1972. Le message tient en ceci : c'est dans des réseaux pédophiles organisés que se cachent des assassins d'enfants et ces réseaux sont protégés par des personnalités importantes. *La femme flic* aura été sa manière d'évoquer le sujet autrement que dans *Le Pull-over rouge*.

Qui pourrait être à la source, après la publication du livre de Gilles Perrault, de l'information donnée à la police selon laquelle Ranucci aurait été membre d'un réseau pédophile opérant à Martigues ? Certainement pas des parents de victimes. Pour que Ranucci eût effrayé des enfants, il lui eût fallu le temps de tisser une réputation de pédophile redoutable. Et dans ce cas, lorsque la juge Ilda di Marino avait lancé l'appel à témoins en juin 1974, appel qui avait entrainé les dépositions concernant Patrice Pappalardo et Sandra Spinek, pourquoi les parents des victimes de Martigues ne se seraient-ils pas manifestés ? Par peur de Ranucci ? Incarcéré aux Baumettes, il était désormais

---

[9] Le 6 avril 1972, le corps d'une adolescente d'origine modeste, Brigitte Dewèvre, fut retrouvé sans vie à Bruay-en-Artois (Pas-de-Calais). Un notaire et sa maîtresse furent inculpés du meurtre, et surtout livrés à une vindicte populaire, notamment de militants d'extrême-gauche qui voyaient là un meurtre commis par des bourgeois sur une personne d'origine populaire. Ils furent finalement relâchés faute de preuves ; un autre jeune s'accusa du meurtre, puis fut innocenté. L'affaire n'a jamais été élucidée.

inoffensif. Ils n'auraient pas fait le lien avec l'homme qu'ils avaient vu à Martigues ? Irréaliste : la photo de Ranucci était étalée dans toute la presse. Il est impensable qu'il ne soit pas trouvé au moins un père ou une mère pour aller déposer devant la juge et ce, dès ce mois de juin 1974.

Une autre source d'information possible serait alors des réseaux pédophiles eux-mêmes. Mais quel crédit leur accorder ? Et quel aurait été leur mobile pour diffuser cette rumeur, sinon pour dissuader policiers et juges de chercher un autre coupable dans leur milieu, dont ils auraient ainsi insinué que Ranucci faisait partie ? Comme on le voit, la source de cette rumeur a peu de chances d'être crédible.

Au-delà de la source de la rumeur, il faut en examiner le contenu. Comment Ranucci serait-il allé à Martigues ? Il a passé ces années entre Nice et Saint-Jean de Moirans. Avec Nice, l'aller-retour entre les deux villes était long de 450 km. Jusqu'au mois de mai 1974, il n'avait pas de voiture, et sa mère non plus. Pour aller à Martigues, il lui aurait fallu faire des allers-retours dans la journée, soit en train, soit en autocar avec changement à Marseille, soit accompagné en voiture. S'il est allé à Martigues, par exemple dans les derniers mois avant son service militaire, il aurait fallu qu'il y aille régulièrement pour avoir le temps de se faire une réputation. Depuis Saint-Jean de Moirans, la distance était nettement plus longue.

Enfin, quel crédit accorder à une rumeur ainsi formulée « les enfants s'enfuyaient » ? Un enfant s'enfuit devant un homme connu comme violent, mais pas devant un pédophile qui prend le temps de séduire et de mettre en confiance, comme c'était le cas du ravisseur de Marie-Dolorès Rambla. Et enfin pourquoi Ranucci, qui voyait sans cesse chez lui les enfants que gardait sa mère, aurait-il fait plus de 200 km, on ne sait par quels moyens, pour trouver si loin ce qu'il avait chez lui ? Peut-on croire qu'il aurait retenu ses pulsions chez lui et patienté des heures dans des transports en commun pour leur donner libre cours ? Pour un pédophile, c'est impossible à croire.

Cette rumeur de Martigues n'a donc aucun fondement sérieux : on ne voit pas quelle source crédible aurait pu donner l'information à la police, et elle n'est pas compatible avec ce que l'on sait de la vie de Ranucci jusqu'à ses 19 ans.

Pour conclure, ces informations ressemblent beaucoup plus à une rumeur créée au moment de la sortie du livre de Gilles Perrault qu'à un renseignement obtenu de manière légale et formelle.

On ne saurait non plus faire l'omission ici de l'affaire Jacques Dugué. Plus qu'un pédophile, Jacques Dugué était un militant de la pédophilie. Intrinsèquement pervers, impudique, il se complaisait à faire publiquement l'apologie de ses pratiques, à l'instar d'un Gabriel Matzneff récemment démasqué pour ses abus de jeunes filles. Il était même parvenu à obtenir des soutiens de personnalités publiques, parfois de premier plan, qui confondaient relations sexuelles avec des mineurs pubères, conscients de leur sexualité et consentants (comme c'était le cas dans l'affaire Gabrielle Russier[10], qui avait défrayé la chronique quelques années plus tôt) et des pédophiles pervers ayant des relations avec des enfants non conscients de leur sexualité, ce qui était bien le cas de Jacques Dugué.

Les faits concernant Jacques Dugué peuvent être résumés ainsi : à partir de 1973, il est entraîneur de l'équipe de basket des minimes de la ville de Saint-Ouen. À cette date, Christian Ranucci est domicilié à Nice et c'est cette même année qu'il part en Allemagne pour y faire son service militaire. En 1974, Dugué est condamné pour le viol de plusieurs enfants. Mais il est membre d'un réseau international. Il est de nouveau rattrapé par la justice en 1978, sur la foi d'informations en provenance des États-Unis. Il diffuse des revues pédopornographiques. Peu après, un de ses collaborateurs, un nommé Walter Sokolovski, est arrêté également, son carnet d'adresses est saisi et placé sous scellé. Nous sommes alors en 1979. Le procès-verbal d'examen du carnet atteste qu'il fourmille de noms, de prénoms et d'adresses sur le carnet lui-même et sur des morceaux de papier isolés contenus dans ce carnet. Sur l'un d'entre eux, selon le procès-verbal, figurerait le nom et l'adresse de Christian Ranucci. Le fac-similé du procès-verbal montre le nom de Christian Ranucci dans le corps du texte, au milieu de noms cités sans prénom. Il ne s'agit pas d'un rajout dans le texte. Il faut croire que les policiers ont dû remarquer ce nom puisque c'est le seul dont ils ont spécifiquement mentionné le prénom dans le procès-verbal. Mais pas l'adresse : pourquoi ? Si l'adresse avait été celle de Christian Ranucci, le jeune décapité, aurait-on omis de la mentionner ?

Sokolovski a démenti formellement qu'il se soit agi du Christian Ranucci décapité trois ans plus tôt, et affirmé qu'il s'agissait d'un Jo Ranucci, non d'un Ranucci prénommé Christian. Si cette affirmation est vraie, cela signifierait un lapsus de la part du policier chargé de la rédaction. Cette hypothèse est crédible,

---

[10] En 1968, Gabrielle Russier, professeure agrégée de lettres dans un lycée de Marseille, mère de deux enfants et divorcée, eut une liaison avec un de ses élèves âgé de 17 ans, Christian Rossi. Arrêtée, incarcérée aux Baumettes, puis libérée dans l'attente de son jugement, condamnée à 12 mois de prison avec sursis, elle se donna finalement la mort le 1er septembre 1969 avant d'être jugée en appel. Interrogé lors d'une conférence de presse au sujet de l'affaire, le président Pompidou eut cette citation, extraite d'un poème évoquant les femmes tondues à la Libération : « Comprenne qui voudra – moi, mon remords, ce fut la victime raisonnable au regard d'enfant perdu, celle qui ressemble aux morts qui sont morts pour être aimés. C'est de l'Éluard. »

tant le nom de Ranucci hantait les commissariats et les tribunaux dans les années du *Pull-over rouge*. Si elle est fausse, que ferait le nom de Christian Ranucci sur le papier d'un dealer de revues pédopornographiques de la région parisienne ? À partir de 1970, quand il a eu 16 ans, la vie de Christian Ranucci s'est écoulée entre Saint-Jean de Moirans et Nice. Il n'était pas sur Paris, ni sur Saint-Ouen à l'époque des faits reprochés à Dugué et n'a pu en être victime. A-t-il reçu par courrier de telles revues ? L'appartement d'Héloïse Mathon a été perquisitionné de fond en comble : a-t-on retrouvé une seule revue pédopornographique ? Cela aurait certainement été versé au dossier. Ou bien un pédophile aurait-il utilisé le nom d'emprunt de Christian Ranucci pour figurer dans le carnet d'adresses de Sokolovski ? Dans un tel milieu, tous les mensonges sont possibles.

Cette deuxième rumeur n'est donc guère plus fondée que la première. Juxtaposées, elles feraient de Christian Ranucci un grand voyageur, qui entre 1970 et 1973, donc entre 16 et 19 ans, à une époque où il n'y a ni téléphones portables ni Internet, ni réseaux sociaux, ni TGV et où les contacts sont beaucoup plus longs à établir qu'aujourd'hui, se rend à Martigues ou en région parisienne pour y rencontrer des pédophiles, y laisser son adresse pour se faire envoyer des revues obscènes que ni sa mère, ni la police lors de la perquisition à son domicile, n'auraient jamais trouvées. On sait que cela ne correspond pas du tout à la vie qu'il a menée pendant ses dernières années, cantonnée entre l'Isère et la Côte-d'Azur.

Enfin, il faut noter que l'information relative à l'existence de ce procès-verbal est apparue pour la première fois en 1989, dans un essai du polémiste d'extrême droite Yann Moncomble. Ce procès-verbal n'a donc intéressé que des sources peu enclines à l'objectivité. Proche du Front national, Yann Moncomble évoquait la présence de Ranucci dans le carnet d'adresses de Sokolovski non pas dans l'objectif de justifier la thèse de sa culpabilité (sur laquelle, comme tout fanatique de la peine capitale, il ne se posait pas la moindre question), mais dans celui de donner de la République l'image d'un régime dépravé qui s'accommodait de la pédophilie.

Si les affirmations de Sokolovski étaient exactes, si un Ranucci, quel que soit son prénom, avait vraiment fait partie d'un réseau pédophile, il faudrait croire à une malchance, une de plus et posthume celle-là, pour le jeune décapité.

En conclusion, les rumeurs posthumes concernant l'appartenance ou la participation de Christian Ranucci à des réseaux pédophiles, celui de Martigues comme celui de Jacques Dugué, ne reposent sur aucun fondement sérieux. De telles rumeurs témoignent d'une mémoire collective à la dérive, sans boussole, qui se crée des souvenirs au gré de ses peurs et de ses convictions : des souvenirs qui donnent sens à ce en quoi les gens ont besoin de croire.

Des certitudes dans une mémoire incertaine

Tout au long de ce chapitre, nous nous sommes volontairement tenus à l'écart du débat qui a prévalu depuis les premiers livres sur l'affaire quant à la sincérité ou à l'insincérité des différents témoins. Nous avons interrogé les témoignages sur leur contenu mais aussi sur leur sens. Si les époux Aubert ont bien vu ou entendu un enfant, il est invraisemblable qu'ils aient entendu une voix fluette demandant « qu'est-ce qu'on fait » : même s'ils n'avaient rien vu qui leur permît d'imaginer l'enfant en danger, ils devaient, une fois informés de l'horreur de ce qui s'était passé tandis qu'ils se trouvaient à proximité des lieux, se raccrocher à un souvenir qui légitimait leur non-intervention.

Il est en revanche pratiquement impossible de croire qu'Eugène Spinelli, garagiste expérimenté, expert en carrosserie, et dont la mémoire n'a été atteinte par aucun élément extérieur sur le coup de l'enlèvement, ait pu se tromper au point de répandre dans le quartier l'information que la voiture de l'enlèvement était une Simca 1100, et ce, avant même de le déclarer à la police. En revanche, lorsque deux jours plus tard les policiers ont réactivé sa mémoire des faits, si on n'a pu modifier le détail du modèle dans son souvenir, on a pour le moins instillé un doute qui a persisté.

Qui plus est, le contexte sans aucune émotion dans lequel Jean-Baptiste Rambla et Eugène Spinelli ont vu le ravisseur aurait normalement dû leur permettre de reconnaître Ranucci s'il est coupable. En revanche, la fiabilité de la reconnaissance de Ranucci par Marc Pappalardo qui avait vu ses photos dans la presse, est quasiment nulle. Un visage non vu peut se substituer dans la mémoire à un visage vu, et c'est ce qui est probablement arrivé à Guy Rosano.

Quant à Jeannine Mattéi, même dans l'hypothèse où son témoignage aurait été décoré et rectifié par Héloïse Mathon sur certains points, si ses dires ont varié sur la taille de l'individu, on ne peut lui ôter ni le fait qu'un homme ait tenté d'enlever un garçon dans la cité des Tilleuls, ni le fait qu'un homme ait parlé d'un chien noir perdu à sa fille et à Carole Barraco. Tout au plus peut-on éventuellement mettre en doute la Simca 1100 et le pull-over rouge de l'homme qui a tenté d'enlever le petit garçon frisé. Mais non la couleur grise de la voiture de l'homme qui a approché sa fille et Carole Barraco. Pierre Bernard, même s'il a complètement mélangé les deux affaires des Tilleuls et l'affaire des Cerisiers lorsqu'il les a citées le 6 juin dans son article, a cité tous les détails livrés l'année suivante par Jeannine Mattéi. Ces détails circulaient donc bien dans les couloirs de l'Évêché le 5 juin, alors que Ranucci n'était pas encore arrivé de Nice.

La mémoire humaine est incertaine. Elle rassemble des informations, mélange les vraies et les fausses, puis les propage sous formes de rumeurs. Mais un retour aux sources dans le récit des souvenirs des témoins, même au milieu de détails faux reconstitués, peut livrer des évidences si ce n'est permettre de conclure à des certitudes.

V. Des aveux construits ou la mémoire en accusation

Dans le chapitre précédent, nous avons examiné la manière dont la mémoire peut tromper des témoins sincères. Nous avons analysé les récits des témoins. Mais il faut évidemment se poser la même question quant aux récits et notamment aux aveux de Ranucci. Le premier événement qui fait passer Christian Ranucci du statut de suspect à celui de coupable, même simplement présumé pour rester sur le plan légal, ce sont bien évidemment les aveux qu'il passe devant les policiers au début de l'après-midi du 6 juin. Ils sont précis, détaillés, comme nous le verrons, et ils comportent de nombreux éléments qui correspondent à ce que l'on sait de la manière dont le crime a été commis.

Aussi, indépendamment d'éventuels détails faux qui seraient contenus dans ces aveux, on a de quoi demeurer incrédule quand on voit celui qui a avoué son crime avec autant de précisions commencer par dire à son avocat qu'il ne se souvient de rien, dire devant les psychiatres qu'il a une impression d'irréel, qu'il n'arrive pas à admettre, puis au bout de six mois, à la fin de l'instruction, commencer à nier être le ravisseur et l'assassin de Marie-Dolorès Rambla, pour enfin passer son procès et ses derniers mois à clamer son innocence : un tel cheminement doit faire penser d'abord à un déni.

Du mensonge au déni psychique : la mémoire volontairement niée

Jean-Louis Vincent convoque dans son livre[37] la psychologue Odile Verschoot dont il résume les travaux sur le déni psychique[38]. Odile Verschoot est une psychologue clinicienne intervenant en milieu carcéral auprès de prévenus et de détenus, souvent condamnés à de lourdes peines.

Le déni psychique est un processus par lequel un criminel se protège, qu'il utilise pour s'innocenter, du moins en apparence, du crime dont il est coupable. C'est un processus de négation de la mémoire, un processus de protection de l'image de soi qui consiste à se mettre à distance des faits par la négation d'une réalité palpable et présente, mais perçue comme insupportable. Ce processus est fréquemment observé dans les annales de la justice, mais pas seulement : il l'est souvent dans la vie quotidienne.

En dressant le récit de cas réels, Odile Verschoot montre que le processus de déni psychique conduit fréquemment le coupable à désigner un tiers comme le « vrai coupable ». Dans deux des cas cités dans son livre, il s'agit d'un frère. Pour l'un, criminel multirécidiviste, le coupable de substitution est un frère aîné dont la psychologue comprendra finalement qu'il est mort d'une leucémie à 12 ans, qu'il a monopolisé les soins et l'attention de ses parents pendant toute sa maladie. Des années plus tard, son frère cadet le charge de tous les maux de la terre : c'est lui qui a commis, avant de mourir, tous les crimes et délits pour lesquels il a été condamné. Un autre détenu prétend avoir accepté d'avouer un meurtre à la place de son frère, lequel est le vrai coupable, mais qui ne voudrait pas se dénoncer. Celui qui se tient dans le déni ne se contente pas de trouver un coupable de substitution, il ne s'affirme pas seulement innocent du crime dont il est accusé ou pour lequel il a été condamné : il est lui-même victime.

On peut imaginer, et c'est la thèse défendue par Jean-Louis Vincent, que Christian Ranucci se soit, dès le départ, installé dans ce processus de déni. Dans ce cas, cela expliquerait pourquoi il affirme à Jean-François Le Forsonney, dès leur première entrevue, qu'il ne se souvient de rien, mais que c'est « obligatoirement lui » parce qu'il y a les témoins, les preuves, etc., avant de nier ouvertement être coupable à partir du mois de décembre 1974. Dans ce cas, la découverte en 1975 de l'homme au pull-over rouge et du pédophile signalé par Jeannine Mattéi lui fournit, dans le schéma d'Odile Verschoot, le « coupable de substitution » qui lui permet de se laisser dériver par le courant de son déni. On peut même imaginer que la supplique de Ranucci adressée juste avant de mourir à ses avocats, de le réhabiliter, pourrait relever d'un tel processus poussé jusqu'à sa dernière extrémité. Avant lui, Landru, et plus tard Émile Buisson, l'ennemi public n° 1 dans les années 50, avaient nié leurs crimes jusque dans leurs derniers instants.

Le déni psychique a ceci de pernicieux qu'il est également contagieux. Un criminel en déni psychique peut y entrainer son entourage : Odile Verschoot cite ainsi le cas d'un pédophile ayant abusé de ses filles, lequel avait fini par entrainer son épouse dans son déni. Celle-ci ne pouvait accepter l'idée que son mari ait abusé de ses enfants. L'ainée de leurs filles avait commencé par claquer la porte du domicile familial, à sa majorité, et avait immédiatement rompu tout lien. Pour le couple, elle était donc intrinsèquement mauvaise. Puis elle était réapparue des années plus tard comme un témoin clé à charge de son père dans le procès qui opposait ce dernier à deux autres des filles du couple. Face aux accusations, le père avait commencé par nier. Il avait persisté dans ses dénégations pendant toute la durée de l'instruction avant d'avouer *in extremis* au cours de son procès, permettant ainsi à son avocate de plaider une peine allégée. Mais une fois condamné, il avait ensuite affirmé, devant Odile Verschoot, comme devant sa femme, n'avoir avoué que pour s'épargner une peine plus lourde. Face à des faits sans preuves, ce qui est souvent le cas lors de prétendus abus sexuels, le déni peut plus facilement se maintenir que pour des crimes de sang où subsistent des preuves. Car lorsque le déni d'un proche se heurte à l'évidence, la rupture devient inévitable. C'est ainsi que des proches de la journaliste Anne Sinclair avaient vainement tenté de l'alerter sur la vie réelle de son mari, Dominique Strauss-Kahn, et sur son addiction sexuelle. Elle n'y croyait pas. Elle s'était enfermée dans un déni de l'ampleur des infidélités de son époux. Le déni dura jusqu'à l'affaire du Sofitel de New York et aux révélations sur l'implication de l'ancien ministre dans des réseaux de proxénétisme, lesquelles la mirent face à la réalité et conduisirent le couple au divorce.

On peut construire un scénario semblable pour Christian Ranucci s'il est coupable : dans ce cas, incapable d'admettre son acte, il entraîne peu à peu sa mère dans son processus de déni psychique. Même si les preuves apparaissent comme irréfutables, elle doit également se protéger de la réalité. Puis la mort de son fils l'enferme dans le déni où ce dernier l'a entrainée. Toute sa vie, elle ne cessera de se battre pour convaincre l'opinion publique de son innocence. Et dans son déni, elle entraine Jean-Denis Bredin, Gilles Perrault, puis une partie de l'opinion publique dans le contexte du débat sur l'Abolition de la peine capitale, et enfin des générations de militants partisans d'une Abolition universelle. Si Ranucci est coupable, nous tenons là une preuve de l'exceptionnelle portée que peut engendrer le déni d'une seule personne.

Odile Verschoot ne se limite ni à une description clinique ni à une interprétation psychanalytique du déni. Elle creuse dans la mémoire de ses patients leurs souvenirs d'enfance pour en décrypter les origines et le mécanisme. Le déni psychique d'un crime trouve souvent son origine dans une atmosphère de déni dans laquelle le criminel a baigné dans son enfance. Il est courant chez les enfants maltraités qui sont habitués à se poser un masque, afin que leur visage ne trahisse pas leur souffrance. On l'observe parfois chez des enfants adoptés à qui l'on a caché leurs origines biologiques. On le trouve également chez des enfants nés d'un adultère qui soit finissent par comprendre la vérité mais n'osent pas poser de questions, soit s'en tiennent à l'écart, par indifférence ou ignorance, mais grandissent dans une ambiance où le secret va peser sur leur développement psychique.

Par son enfance en l'absence d'un père décrit comme violent, lequel avait blessé sa mère au couteau, on peut aisément supposer que Ranucci ait été un enfant niant le caractère hors norme du sort qui était le sien. Dans ce cas, dès le début du procès, en affirmant qu'il avait eu une enfance « parfaitement normale », refusant la perche que lui tendait le président Antona, contre l'avis qu'allaient exprimer la psychologue Myriam Colder puis les psychiatres, il allait affirmer qu'il avait eu une enfance où il n'avait manqué de rien. On pourrait voir là un signe cohérent avec l'hypothèse d'un déni : Ranucci se tiendrait d'autant plus facilement dans le déni de son crime, qu'il aurait commencé sa vie dans celui des souffrances éprouvées au cours d'une enfance instable et sans père.

Le **Récapitulatif** *de Ranucci : une recherche de cohérence dans le déni ?*

Un examen détaillé du *Récapitulatif* de Ranucci, rédigé au cours des mois d'avril et de mai 1976 plaide en maints endroits pour un déni. Le document[39], très dense, souvent confus, d'une soixantaine de pages, mérite un examen approfondi. Pendant cette phase de rédaction, le condamné est conscient qu'il va peut-être mourir – il l'écrit explicitement à sa mère dans une lettre datée du 3 avril, et il s'adresse à ceux qui le liront peut-être après sa mort. Il veut leur laisser un récit de ses derniers jours de liberté, mais aussi donner des hypothèses crédibles permettant d'expliquer ce qui a pu le conduire à une condamnation à mort en dépit du fait qu'il serait innocent.

Ranucci, qui ne peut nier s'être trouvé sur les lieux du crime au moment où celui-ci allait être commis, évoque notamment deux scénarios possibles pour expliquer comment un crime auquel il serait étranger aurait pu être commis là où il se trouvait.

Le premier scénario, c'est que le ravisseur et la victime auraient marché sur la route et se seraient enfuis au moment où il s'arrêtait à leur niveau, tandis que les époux Aubert arrivaient. Ainsi, les époux Aubert auraient vu le ravisseur et l'enfant s'enfuir dans la colline. Ils auraient donc eu la fausse impression que l'homme et l'enfant sortaient de la voiture. Dans ce cas, même si on peut admettre que Ranucci s'effondre, mort de fatigue à ce moment-là, les souvenirs d'un homme et d'une fillette auraient dû quand même demeurer en sa mémoire, à moins d'un trou noir lié à l'alcool. Mais surtout, quelle serait la stratégie du ravisseur de se promener avec sa victime le long d'une route où ils peuvent être vus ensemble par le premier automobiliste, alors que la garrigue de la colline et ses chemins déserts, dont celui qui mène à la champignonnière, lui offraient une bien meilleure cachette pour abuser d'elle ? D'autant que Ranucci soutient plus loin pour se disculper que le ravisseur connaissait très probablement la champignonnière, qu'il savait que, même s'il s'agissait d'une propriété privée bien marquée par une barrière à l'entrée, l'espace serait désert un jour férié.

Ce scénario est donc incohérent. Si Ranucci est innocent, le plus probable est que le coupable a pénétré dans la propriété privée qu'il savait déserte, qu'il a pris l'un des chemins de terre dans la garrigue. Puis il s'est aventuré dans les buissons avant de s'y égarer, puis il a marché et abouti par hasard suffisamment près de la route pour apercevoir la voiture de Ranucci. Mais il n'aurait jamais marché sur une route fréquentée avec un enfant sur lequel un avis de recherche allait rapidement paraître.

Un second scénario imaginé par Ranucci est que les Aubert auraient vu le ravisseur et la fillette s'enfuir de la Simca 1100, mais qu'en revenant, ils auraient remarqué la 304 accidentée, dont ils auraient évidemment relevé le numéro puisque c'était ce véhicule-là qu'ils recherchaient.

Mais dans ce cas, les Aubert auraient vu deux voitures. Or ils ont bien donné le numéro du coupé 304 à Vincent Martinez, et lui ont bien soutenu que le conducteur s'était enfui dans la colline « avec un gosse ». S'ils avaient vu une seconde voiture, et avant tout contact avec la police, ils auraient le lendemain dit à la gendarmerie avoir poursuivi un homme pour délit de fuite, et vu un homme sortir avec un enfant d'une autre voiture à laquelle ils n'auraient pas prêté attention et dont ils n'auraient pas relevé le numéro. Qu'ils aient mélangé dans leur souvenir deux voitures qu'ils auraient vues l'une et l'autre est invraisemblable, car c'est bien un véhicule accidenté sur son côté gauche qu'ils poursuivaient et recherchaient. Lorsque, le 4 juin, Alain Aubert téléphone pour la première fois à la gendarmerie, même s'il a parlé d'un paquet, il n'a pas parlé de deux véhicules, mais d'un seul. En ce 4 juin, Alain Aubert ne fait que signaler un fait dont il n'est pas du tout certain qu'il soit bien en rapport avec l'enlèvement. Il n'est pas encore sous le coup du traumatisme qu'il vivra le lendemain soir lorsqu'il comprendra qu'il se trouvait sur le lieu où un crime atroce était en train d'être commis. On ne peut imaginer qu'Alain Aubert soit en ce 4 juin sous le coup d'une émotion ou sous l'influence d'une quelconque pression pour témoigner dans un sens ou dans l'autre. Il indiquerait donc la présence d'une seconde voiture, laquelle figurerait dans le procès-verbal 610/1 signé le 8 juin par le capitaine Gras, et il n'associerait pas le véhicule accidenté à l'éventualité d'un rapport avec l'enlèvement. Et encore une fois, si Ranucci était innocent, il aurait mieux valu pour le ravisseur pénétrer dans la propriété privée dont il savait qu'il la trouverait déserte.

On conviendra aisément que ces deux scénarios sont invraisemblables. Mais l'explicitation de ces deux scénarios n'est pas le seul endroit où Ranucci nous égare.

Le condamné écrit par exemple qu'il n'était pas le propriétaire du couteau, qu'il n'aurait jamais possédé ou souhaité posséder de telles armes. Pourtant, il avait affirmé le contraire à Jean-François Le Forsonney quelques jours avant son procès. Quand on connait les difficultés que ce couteau posera des décennies après sa mort à la thèse de l'innocence, cette affirmation, qui est à l'évidence un mensonge, ne plaide clairement pas en sa faveur.

Beaucoup d'autres détails de son récit sont faux. Certains sont tendancieux : il prétend ainsi que les policiers l'auraient ramené de Nice à Marseille à bord d'une Mercedes. Non seulement les policiers n'ont jamais roulé en voitures de luxe (Mercedes ne développera des modèles d'entrée de gamme, plus abordables, que dans les années 90, et il s'agira alors de petites voitures), mais l'État ne fournit à l'époque pour ses fonctionnaires que des véhicules professionnels de marques françaises. La Mercedes laissera une trace dans les mémoires puisqu'on la retrouvera jusque dans *Le Pull-over rouge.*

Ranucci s'égare également en revisitant les témoignages de ceux qui ont témoigné à décharge : Paul Martel, qui a bien parlé d'un homme au pull-over rouge, aurait vu selon lui vu une Simca 1100, les filles Albertini auraient entendu parler d'un chien noir. Or on ne dispose d'aucun témoignage d'une Simca 1100 à la cité des Cerisiers – même s'il y a bien eu une rumeur – et le chien perdu n'a été rapporté que par Agnès Mattéi et Carole Barraco à la cité des Tilleuls. Cette erreur n'est peut-être pas uniquement de son fait : elle reprend l'article publié par Pierre Bernard dans le *Provençal* du 6 juin, qui avait mélangé dans son article des détails de l'affaire des deux filles Albertini avec ceux de deux affaires encore inconnues, lesquelles ressemblaient à s'y méprendre aux faits rapportés par Jeannine Mattéi.

Ranucci évoque également avoir vu peu après son incarcération quatre policiers venus l'interroger. Ils ne se seraient pas présentés comme tels, mais ils auraient eu un pistolet à la ceinture. La première question qu'ils lui auraient posée, c'est de savoir s'il trouvait normal de se trouver en prison. Il y a là une évidence : cette question est posée non pas par un policier, mais par un psychiatre qui veut pousser le prévenu à s'exprimer, qui veut le tester pour savoir s'il a conscience de la gravité de son acte. Les trois psychiatres n'avaient certainement pas de pistolet à la ceinture, tout au plus étaient-ils accompagnés par un quatrième homme, un policier chargé de leur protection qui lui, bien évidemment, en aurait eu une. Ou peut-être y avait-il seulement deux des trois psychiatres en charge de l'enquête et deux policiers, effectivement armés.

On relève dans le récit de nombreux autres détails erronés qui ne plaident ni pour son innocence ni pour sa culpabilité. Il s'agit probablement de souvenirs imprécis. Ranucci prétend avoir vu la juge Ilda di Marino pour la première fois le lendemain de ses aveux : il l'a en réalité vue dès le 6 juin au soir, donc le soir même du jour de ses aveux à l'Évêché. Il situe le moment de son accident vers 15 heures. Lorsqu'il avait été interrogé à Nice le soir du 5 juin, il le situait vers 16 heures, puis dans la nuit à l'Évêché, il le situait à l'heure exacte. Puis lors de ses aveux le 6 après-midi, il affirmait ne pas pouvoir donner l'heure exacte, sa montre étant en réparation et l'horloge de son tableau de bord ne fonctionnant plus.

Devant ces incohérences, ces imprécisions et ces inexactitudes, c'est avec scepticisme qu'il faut accueillir son récit des scènes de torture à l'évêché. La police marseillaise souffrait certes d'une sinistre réputation. Il n'est pas dans mon propos d'entrer dans ce débat tant qu'elles ne sont pas attestées par des faits ou pour le moins par d'autres témoignages. On peut évidemment envisager l'hypothèse que, dans les années ayant suivi la guerre d'Algérie, des appelés ou d'anciens officiers retournés à la vie civile et recrutés dans la police marseillaise aient eu recours à la torture, mais de là à en faire une affirmation péremptoire, il y a un fossé que je ne franchirai pas. Ce qui est certain, c'est que la police marseillaise était déjà aux prises avec une pègre et un banditisme en plein développement et qu'elle devait user de moyens de pression mentale particulièrement puissants pour faire avouer des délinquants ou des criminels singulièrement récalcitrants. Si elle a effectivement eu recours à la torture, ce serait évidemment à son plus grand déshonneur. Mais aucun témoignage convaincant n'a jamais permis d'affirmer que Jules Porte, dont l'efficacité redoutable pour faire passer les suspects aux aveux était unanimement reconnue, y ait eu recours.

Dans le récit qu'il livre sur sa garde à vue et sur les interrogatoires à l'Évêché, Ranucci prétend avoir été berné par les policiers qui lui affirmaient que des témoins l'avaient reconnu. C'était, on le sait, du pur bluff. Le seul témoin qui ait reconnu indiscutablement Ranucci au tapissage le 6 juin est Vincent Martinez. Le bluff est une tactique classique d'interrogatoire et n'a rien de choquant en soi dans une enquête criminelle. Ranucci affirme également avoir reçu plusieurs gifles lorsque les policiers ont commencé à l'interroger sur l'enlèvement. L'usage de gifles est vraisemblable. Il prétend avoir reçu des menaces au cas où il n'avouerait pas tout, des menaces d'inculpation de sa mère qu'on allait mettre en prison (les policiers avaient donc déjà connaissance de sa situation familiale), ou encore d'être tué de plusieurs balles dans le dos pour faire croire à une tentative de fuite (les policiers lui auraient dit « on l'a déjà fait »). De tels propos, qui ne laissent pas de traces physiques tant qu'ils restent au stade de la menace, ne sont pas invraisemblables.

Là où le récit interroge, c'est lorsqu'il mentionne l'usage de la « matraque Viêt-Cong », sur lequel il a interpelé le commissaire Alessandra au cours de son procès : « Et la matraque ? C'est bien vous qui la teniez la matraque ? Vous n'allez pas le nier ? » Ces répliques mot pour mot semblent émaner de quelqu'un qui a vraiment vécu les faits. En revanche, là où l'on défaille, c'est lorsqu'il évoque un supplice à l'acide versé sur le sexe, ce qu'il a également affirmé lors de son procès, fait auquel personne n'a cru.

Du récit de Ranucci, il ne peut finalement rien être conclu de tangible quant à des violences physiques que lui auraient infligé les policiers de l'Évêché. Une gifle est probable et expliquerait par exemple l'ecchymose à l'arcade sourcilière constatée par le docteur Vuillet. La matraque semble coïncider assez bien avec le ton utilisé par Ranucci lorsqu'il a été confronté au commissaire Alessandra lors de son procès, mais cela ne constitue pas une preuve : on peut en toute rigueur imaginer que Ranucci ait tiré ce récit de témoignages qu'il aurait lu sur les violences subies par les prisonniers américains pendant la guerre du Vietnam et qu'il ait bluffé lors du procès. Des brûlures à l'acide sont plus difficiles à croire.

On pourrait évidemment objecter que, si les scènes étaient vraies, Ranucci s'en serait très tôt confié à sa mère. Ce serait méconnaître le sentiment de honte que peut éprouver quelqu'un qui a souffert d'événements traumatisants ou humiliants. Il est de nombreuses familles françaises qui continuent de transmettre, de génération en génération, les souvenirs de poilus qui revenaient du front et qui, par pudeur, rechignaient à s'exprimer sur l'horreur qu'ils avaient vécue. Les survivants de l'holocauste n'ont témoigné de leurs souvenirs qu'avec beaucoup de difficulté, comme on le voit dans le film *Shoah* de Claude Lanzmann. Patrick Dils, sur lequel nous reviendrons plus loin, a mis des années à révéler les viols qu'il avait subis en prison. Les victimes de viol et d'inceste, on l'a vu récemment, peuvent mettre des années avant de se décider à parler. Le réflexe psychologique de celui qui vit un traumatisme est de l'enfouir, ce qui peut conduire à des troubles psychiques plus ou moins graves.

Et cet enfouissement de souvenirs est un élément essentiel du processus psychique du déni.

Peut-on pour autant affirmer avec certitude que Ranucci soit un criminel qui se serait enfermé dans un déni psychique ? Dans les cas signalés par Odile Verschoot, les aveux, lorsqu'ils sont survenus ont souvent, quoique non systématiquement, été prononcés sur le tard, au cours d'un procès, et dans le but économique d'écoper d'une peine plus légère. Dans bien des cas, il n'y a pas eu d'aveux du tout. Ou alors, il y a eu aveu, puis déni immédiat : le criminel avoue puis se défend immédiatement d'avoir avoué un crime, et prétend avoir avoué uniquement pour céder à la pression ou à des menaces. Souvent, le déni à l'égard du crime a été constant, il l'est resté jusqu'à ce que la praticienne interrompe le processus thérapeutique, le condamné ne supportant pas une incursion trop profonde dans sa mémoire et une pression trop forte pour le ramener dans une réalité objective. Dans d'autres cas, la praticienne a conduit des coupables à des aveux sincères, au terme d'un long processus thérapeutique à l'issue longtemps incertaine, lequel a permis d'engager les patients dans un processus d'acceptation d'eux-mêmes, de leurs zones d'ombre, de leurs faiblesses, de la réalité de leur crime, mais aussi de leur peine.

À l'inverse, il convient de remarquer que Ranucci n'a pas hésité à signaler aux psychiatres des souffrances réelles endurées dans son enfance, comme lorsqu'il s'est plaint que ses multiples déménagements l'aient empêché de nouer des relations durables. S'il s'est cantonné au déni, pendant cette phase de l'instruction, en affirmant ne se souvenir de rien, c'est uniquement vis-à-vis de son crime. Ainsi, le récit de son enfance tel que dressé dans le rapport du professeur Sutter contraste avec le ton péremptoire sur lequel Ranucci a affirmé devant la cour d'assises n'avoir manqué de rien pendant ses jeunes années. Dans ce cas, Ranucci ne se serait installé dans le déni que progressivement à partir de la fin 1974, il s'y serait tenu jusqu'à son procès – et même jusqu'à sa mort – et ce déni aurait basculé dans une organisation intellectuelle figée sur le papier dans son invraisemblable *Récapitulatif*.

En conclusion, on peut à ce stade considérer comme cohérente l'hypothèse d'un Ranucci dont l'enfance aurait été vécue dans le déni de ses manques affectifs et d'une certaine souffrance. On peut dans ce cas raisonnablement imaginer ses aveux et le début de l'instruction comme un moment où il serait sorti, pendant un bref moment de sa courte vie, de son attitude de déni, avant d'y replonger pour ne plus en sortir, jusqu'au matin de son exécution. C'est donc justement ce moment des aveux qu'il faut interroger, ce à quoi nous allons nous atteler maintenant.

La religion des aveux : l'usure des interrogatoires

Faut-il questionner la vraisemblance des aveux ? Si l'on revient aux aveux de Christian Ranucci, on peut remarquer qu'ils ont été obtenus après une soirée, une nuit et une matinée entière de garde à vue. Si cette durée pose naturellement la question de savoir si les aveux n'auraient pas été obtenus « à l'usure », elle n'est pas exceptionnelle, surtout dans l'affaire d'un crime atroce. Un infanticide, comme un crime sexuel, n'est évidemment pas un acte que son auteur avoue facilement.

Les policiers savent qu'il faut du temps pour qu'un criminel passe aux aveux. C'est tout l'art de l'interrogatoire que de mettre petit à petit le suspect en difficulté. Un inspecteur est formé pour le faire. Il sait qu'un assassin résiste souvent pendant des heures à la pression d'interrogatoires, aux privations de sommeil, de repas. Le suspect s'invente un emploi du temps, des alibis, et peu à peu s'égare dans un labyrinthe de contradictions. Et au bout de douze, vingt-quatre heures, ou parfois plus, il passe souvent, quoique pas toujours, aux aveux. En fatiguant le suspect, en le soumettant à de longs interrogatoires, en répétant les questions, la police ne fait que son travail, et le plus souvent très professionnellement et dans des conditions de stress qui peuvent être éprouvantes pour ses fonctionnaires, surtout lorsque la presse et le public exigent la découverte rapide du coupable. Le plus souvent, c'est grâce à l'usure, à la mise en œuvre d'une technique d'interrogatoire qu'elle est capable de remettre à la justice le vrai meurtrier, et c'est heureux.

Mais la police peut aussi se tromper à force d'insistance. Si elle met la main sur un innocent dont elle est convaincue de la culpabilité, elle va l'interroger pendant des heures. Et comme s'il était coupable, au bout de douze, vingt-quatre heures ou parfois plus, le suspect craque et finit par dire : « Bon allez, c'est moi, mais maintenant fichez-moi la paix ». À bout de forces, il passe des aveux complets. Dans le pire des cas, il les réitère devant le juge d'instruction, scellant son destin. Et les aveux deviennent des récits sur lesquelles plus personne n'éprouve le moindre doute. En France, plusieurs affaires telles que celles de Jean-Marie Deveaux dans les années 60 ou l'affaire Patrick Dils dans les années 80, tous deux innocentés de meurtres qu'ils avaient avoué devant la police, montrent clairement que des aveux ne constituent pas une preuve fiable à 100 %, comme nous allons le voir.

Paul Lombard, dans une anthologie des erreurs des annales judiciaires françaises, a relaté ainsi plusieurs cas de faillite de la « religion des aveux[40] ». Ainsi, lorsque Ranucci est arrêté, la justice française a encore en mémoire le cas de Jean-Marie Deveaux, treize ans plus tôt. Cela nous ramène en 1961. Jean-Marie Deveaux est à l'époque un fragile adolescent de dix-huit ans décrit comme ayant une intelligence faible, qui travaille comme apprenti dans la boucherie de ses patrons, les époux Bessard. Il est considéré comme mythomane, il affabule, s'invente des histoires d'amour, et son entourage, amusé, rentre souvent dans son jeu, l'interrogeant sur des conquêtes féminines dont tout le monde sait qu'elles n'existent pas. Le 7 juillet 1961, tandis qu'il travaille dans la boutique, on découvre dans la cave de ses patrons le corps éventré et égorgé de leur fille Dominique, âgée de 7 ans. Rien ne désigne le jeune homme comme coupable : il n'y aucune trace de sang humain sur les vêtements qu'il porte. Il n'est d'ailleurs, dans les premiers jours, même pas suspecté. Il y a non loin de là un camp de travailleurs nord-africains, où l'on cherchera l'assassin, mais en vain. Puis le 1er septembre de la même année, il est retrouvé évanoui dans la cave même où la fille de ses patrons a été assassinée deux mois plus tôt, avec des ecchymoses à la tête. Il prétend avoir été assommé et avoir vu un homme s'enfuir. Mais devant les policiers, il s'embrouille et n'arrive pas à convaincre. Les policiers finissent alors par le soupçonner, puis par l'accuser d'être le meurtrier de la fillette. Il commence par nier, puis, de plus en plus en difficulté, il s'enferme dans le mutisme. Pour savoir s'il dit vrai, les policiers le menacent de le soumettre à un sérum de vérité. Comme le jeune homme éprouve une véritable terreur des piqûres, il préfère avouer et s'accuser du meurtre plutôt que de subir une injection. Il faut moins de deux heures aux policiers pour obtenir de Jean-Marie Deveaux des aveux complets où il avoue le meurtre de la fillette.

Devant la juge d'instruction, il se rétracte, mais il est trop tard : il offre à la magistrate le parfait portrait du criminel qui se réfugie dans le déni. Un juge ne croit pas quelqu'un qui revient sur ses aveux. Le 7 février 1963, il comparaît devant la cour d'assises de Lyon. Le président du tribunal reprend une expression figurant dans ses aveux : « Vous teniez le couteau comme on désosse ? » Son avocat se fera fort d'évoquer ce détail : on ne peut pas égorger quelqu'un, trancher les artères du cou – ce que l'on fait avec un geste horizontal et rapide – avec les gestes précis que l'on effectue lorsqu'on désosse un jambon. Il y a incohérence entre le geste avoué et la forme des blessures. Mais c'est peine perdue : la religion des aveux compte de trop nombreux fidèles dans les prétoires pour qu'il soit possible de croire un jeune homme de vingt ans qui a déjà avoué et qui s'est rétracté, et qui de plus ne semble même pas comprendre ce qui se trame autour de lui. Le 8 février, il est condamné à vingt ans de réclusion criminelle. Son intelligence faible ne lui a même pas permis de comprendre le verdict : lorsqu'il l'entend, il demande à son avocat : « Alors, je sors ce soir ? »

Pendant six ans, un prêtre jésuite qui vient régulièrement lui rendre visite, le père Boyer, ainsi que son avocat André Soulier mènent une action qui progressivement porte ses fruits. Quand on lui parle d'une possible grâce, il fait savoir qu'il la refuse : ce qu'il veut, c'est une réhabilitation. En prison, sa personnalité s'est étonnamment affirmée. La grâce permettrait d'épargner la conscience des juges qui l'ont condamné, tandis qu'une réhabilitation mettrait en lumière leur erreur. Il comparaît de nouveau dans un procès en révision devant la cour d'assises de Dijon le 26 novembre 1969. Cette fois, il est innocenté. Pour avoir consenti à passer de faux aveux devant les policiers, il a passé huit ans derrière les barreaux d'une prison.

L'interrogatoire des policiers qui a fait basculer la vie de Jean-Marie Deveaux dans les annales de l'erreur judiciaire n'a pas été particulièrement long. Après quelques heures de stress d'interrogatoire, un simple traumatisme psychologique, la perspective d'une piqûre chez un adolescent qui en éprouvait une peur pathologique a suffi à le faire craquer.

Lors de l'arrestation de Ranucci, l'affaire Deveaux est encore récente dans la mémoire judiciaire. La police a également en mémoire l'affaire Dominici, jamais élucidée de manière convaincante, dans laquelle un vieil homme qui avait avoué un triple meurtre a été condamné à mort, avant d'être heureusement gracié puis libéré. C'est une dizaine d'années après la mort de Ranucci que la police puis la justice française commettront envers Patrick Dils la même erreur que pour Jean-Marie Deveaux, là aussi pour infanticide.

Patrick Dils n'a que seize ans lorsqu'il est arrêté, le 28 avril 1987. Il est soupçonné d'un double meurtre qui remonte au 28 septembre de l'année précédente, à Montigny-lès-Metz. Les victimes sont deux enfants, Cyril Beining et Alexandre Beckrich. Leur tête a été écrasée à coups de pierre au bord de la voie ferrée Paris-Metz. Depuis le double meurtre, l'enquête piétine. La police a déjà recueilli les aveux de deux suspects, dont un certain Henri Leclaire, qui sera de nouveau soupçonné vingt-cinq ans plus tard. Chacun à leur tour, ils ont été tous les deux mis hors de cause compte tenu de l'incohérence de leurs aveux. Le cliché selon lequel les policiers tiennent immédiatement pour réels des aveux passés devant eux n'est donc plus vrai dans ces années 80 et certainement pas généralisable.

Patrick Dils, lui, est très jeune. Il était sorti de chez lui le soir du crime, lequel avait été commis tout près de sa maison, afin de chercher des enveloppes timbrées dans les poubelles de la rue : il collectionnait les timbres. Arrêté en fin de journée le 28 avril, alors qu'il rentre de son travail, il se défend mal devant les policiers. Il ne passe aux aveux qu'après trente-six heures de garde à vue, le 30 avril. Comme Ranucci, il avoue son crime devant sa mère, qui lui répond qu'elle ne le croit pas et qu'il serait capable de dire n'importe quoi après une garde à vue aussi longue. Elle est, dès cet instant, persuadée qu'il a avoué à l'usure, et la vie lui donnera raison, quinze ans plus tard, hélas. Après avoir avoué devant les policiers, Patrick Dils avoue de nouveau devant la juge d'instruction. Lorsque celle-ci lui montre un éventail de pierres, il est capable de désigner les pierres du crime, détail qu'a priori seul le meurtrier peut connaître, ce qui convainc définitivement la juge d'instruction de sa culpabilité. Lors de la reconstitution, même s'il faut le guider pour le conduire à l'endroit précis où les enfants ont été retrouvés, il refait les gestes supposés du crime. Puis il se rétracte complètement. Comme Ranucci, il n'a pas conscience des conséquences que ses aveux peuvent avoir. En 1989, il est condamné à la réclusion criminelle à perpétuité. Dans son réquisitoire, l'avocat général a affirmé qu'il aurait réclamé la mort si la peine capitale n'avait pas été abolie.

De longues années s'écoulent avant qu'à la fin des années 90 émerge l'information de la présence d'un tueur en série, Francis Heaulme, sur les lieux, le jour du crime. Ce dernier est un tueur en série dont le profil comportemental est connu, et le crime de Montigny-lès-Metz ressemble beaucoup à son mode d'agir. Patrick Dils obtient un premier procès en révision en 2001 au terme duquel il est de nouveau reconnu coupable et condamné cette fois à vingt-cinq ans de réclusion. La présence de Francis Heaulme sur les lieux du crime n'a pas convaincu les jurés. Puis, en 2002, au terme d'un second procès en révision, il est reconnu innocent et libéré, non pas sur la foi de la présence du tueur en série sur les lieux mais d'une incompatibilité d'emploi du temps : il était encore sur la route avec ses parents à l'heure à laquelle le crime avait été commis. Une simple incohérence de temps de trajet. L'alibi a finalement prévalu sur les aveux. Il a passé quinze ans derrière les barreaux, maintes fois roué de coups et violé par ses codétenus, pour de faux aveux passés au terme d'un interrogatoire qui l'a épuisé, et durant lequel il a été manipulé par un commissaire qui lui avait fait croire qu'il pourrait rentrer chez lui après avoir avoué.

Dix ans plus tôt, au moment de l'exécution de Christian Ranucci, Patrick Dils aurait très probablement été condamné à mort, pour un crime dont la justice a reconnu qu'il ne l'avait pas commis. Et comme il s'agissait d'un infanticide, Valéry Giscard d'Estaing ne lui aurait pas accordé sa grâce. Il aurait donc lui aussi été guillotiné et n'aurait sans doute jamais été réhabilité[11].

Dans l'affaire de Montigny-lès-Metz, Francis Heaulme a prétendu lui-même avoir été sur les lieux et avoir vu les enfants, mais a nié les avoir tués. Sa culpabilité n'a pas pu être confirmée par les tests ADN. Il a néanmoins été condamné à la réclusion à perpétuité en mai 2017, quinze ans après la sortie de prison de Patrick Dils, trente-et-un ans après la mort des enfants. Lors de son procès en appel en 2018, il a même avoué avoir « engueulé » les enfants pour lui avoir jeté des pierres. L'intime conviction de la culpabilité de Francis Heaulme, désormais reconnue par la justice, n'est venue aux jurés que par la concomitance de sa présence sur les lieux le jour du meurtre, de ce que l'on sait de ses modes d'agir, de ses récits flous et obscurs et de sa personnalité. Mais non d'aveux clairs et précis du condamné. Si l'on ajoute Henri Leclaire, ainsi qu'une troisième personne qui avait également avoué avant d'être finalement mise hors de cause, il y a donc dans cette affaire trois innocents qui

---

[11] Par la suite, dans les dernières années du septennat de Valéry Giscard d'Estaing, la peine de mort fut abolie pour les criminels mineurs au moment des faits.

ont avoué un meurtre dont aucun n'était coupable, et un coupable extrêmement fragile psychologiquement qui n'a, quant à lui, jamais avoué.

Francis Heaulme se tient toujours dans le déni. Cette attitude est extrêmement difficile à vivre pour les familles des victimes, qui se voient ainsi privées de vérité. Certains proches des victimes continuent d'ailleurs de croire en la culpabilité de Patrick Dils.

L'affaire Dils montre qu'il est des innocents qui avouent comme il est des coupables qui n'avouent jamais. Désormais, il est des cas dans lesquels la justice a formellement reconnu qu'elle avait injustement condamné des innocents pour des meurtres dans des cas où ils avaient avoué l'avoir commis. Et il y a ainsi des cas où la police sait qu'elle s'est trompée dans l'identification de l'individu présenté à la justice comme étant le coupable après avoir obtenu des aveux.

Que retenir de ces affaires, qui ont fini par innocenter officiellement et légalement un accusé qui avait avoué devant les policiers le meurtre d'un enfant ? La police a besoin de temps pour faire passer un meurtrier aux aveux. Elle utilise des techniques de mise sous pression psychologique qui souvent portent leurs fruits. Il n'est pas dans mon propos d'émettre un jugement général sur ces techniques qui conduisent la plupart du temps, et c'est heureux, à confondre des coupables. Mais pour un innocent qui doit se défendre et qui ne comprend pas pourquoi on l'accuse de faits atroces, l'interrogatoire par la police est évidemment un moment tout aussi éprouvant. Un traumatisme, comme la perspective d'une piqûre pour Jean-Marie Deveaux, ou une prolongation sur plusieurs jours dans le cas de Patrick Dils peuvent déclencher des aveux : le suspect avoue pour qu'on le laisse tranquille. La longueur des interrogatoires épuise le suspect. Mais en avouant devant les policiers, et même si à l'instar de Jean-Marie Deveaux il ne renouvelle pas ses aveux devant le juge d'instruction, sa vie bascule. La mécanique d'une tragédie judiciaire peut alors se mettre en marche.

Immature, sans doute encore adolescent, fragile psychologiquement, qu'a donc pu éprouver Christian Ranucci au fil des heures d'interrogatoire ? La durée des interrogatoires subis par Ranucci, dès 19 h le 5 juin à Nice, puis pendant la nuit jusqu'à trois heures du matin à Marseille, puis dès le matin du 6 et jusqu'au début de l'après-midi lorsqu'il est confronté à Aline Aubert, pourrait expliquer que Ranucci, s'il est innocent, ait avoué un crime qu'il n'aurait pas commis, usé par des heures de questions sans cesse répétées. C'est d'ailleurs ce scénario dont on trouvera quelques années après sa mort le récit dans son *Récapitulatif.* L'usure aurait été sans doute d'autant plus facile à obtenir que Ranucci, en plus de la pression des questions, a dû subir le traumatisme psychologique d'un témoin qui a prétendu le reconnaître : Aline Aubert. Ce traumatisme s'ajoutait pour lui au fait d'avoir reconnu et d'avoir été découvert coupable d'un délit bien réel qu'il ne pouvait pas nier, en l'occurrence un délit de fuite. Il était donc particulièrement fragilisé et donc capable de fournir, à l'instar de Patrick Dils, des aveux « à l'usure ».

Ce que l'on sait aujourd'hui, c'est que l'aveu de faits imaginaires ne résulte pas toujours d'une usure.

Dans chacun des cas que nous venons de décrire, celui de Jean-Marie Deveaux ou celui de Patrick Dils, les accusés ont d'abord avoué devant les policiers, puis se sont finalement rétractés face aux juges d'instruction auxquels ils ont été présentés, immédiatement pour le premier, beaucoup plus tardivement pour le second. Christian Ranucci, sans la défense d'un avocat, a quant à lui réitéré ses aveux devant le docteur Vuillet, puis devant la juge Ilda di Marino, puis quelques jours plus tard devant Myriam Colder, la psychologue, et enfin devant les psychiatres. Trois mois après, il évoquait dans une lettre à sa mère, « le cas probable de sa culpabilité ». S'il est innocent, son cas n'est donc pas comparable aux cas de Jean-Marie Deveaux ou de Patrick Dils que nous venons d'évoquer. Réitérant ses aveux dans le bureau de la juge d'instruction, dans le calme d'un palais de justice au terme de près de vingt-quatre heures dans un commissariat trépidant, rien au premier abord ne permettrait de douter de la véracité de tels aveux. Les aveux seraient sincères, conformes à la réalité, et Ranucci serait coupable, ce qui impliquerait que tous les éléments à décharge soient liés à des imprécisions de souvenirs des témoins, voire de témoignages intentionnellement faux comme on l'a souvent évoqué dans le cas de Jeannine Mattéi.

Les expériences de Porter et Shaw : des criminels imaginaires

Par ses recherches et ses interventions dans les médias, Elizabeth Loftus, que nous avons convoquée au chapitre précédent, avait montré qu'il était possible d'implanter dans la mémoire d'un cobaye le souvenir d'avoir vécu des faits totalement imaginaires. Nous avons vu que des processus inhérents à la mémoire humaine peuvent largement expliquer l'évolution du témoignage d'Alain Aubert.

Mais peut-on persuader quelqu'un qu'il a commis un crime imaginaire ? La manipulation de la mémoire peut-elle fabriquer un faux criminel ? Là encore, il y a un pas que l'on n'oserait franchir.

Aujourd'hui convaincu de son innocence, Gilles Perrault a supposé que l'on ait pu instiller à Ranucci des détails du crime, dont il se serait peu à peu laissé convaincre. À première vue, et surtout à qui n'a jamais subi d'interrogatoire, même en tant que témoin, la thèse paraît invraisemblable.

Comment, si cela est possible, peut-on carrément persuader un innocent qu'il a commis un crime ? Le processus de création des faux souvenirs peut-il mener à ce genre de fausses auto-accusations ? C'est la question à laquelle se sont attelés deux autres psychologues : Stephen Porter (de l'université de British Columbia, au Canada) et Julia Shaw (de l'université de Bedfordshire, au Royaume-Uni).

Porter et Shaw sont partis du constat que, selon des études conduites aux États-Unis sur des condamnés innocentés par une analyse ADN, un tiers d'entre eux avaient avoué avec force détails un crime dont on avait fini par prouver qu'ils ne l'avaient pas commis. C'est cette terrifiante statistique qui, dans le sillage des expériences d'Elizabeth Loftus, les a conduits à soumettre des cobayes à l'expérience de fabrication de faux souvenirs, cette fois afin de les convaincre non plus d'un fait anodin comme celui de s'être perdus dans un centre commercial, mais à tenter de carrément les persuader qu'ils avaient commis un crime totalement imaginaire. Les études de Porter et Shaw ont fait l'objet d'une publication en 2015 dans la Revue *Psychological Science*[41]. En 2016, Julia Shaw a dévoilé l'ensemble de sa théorie sur la fausse mémoire dans un best-seller traduit en dix-huit langues[42]. Puis, en 2018, les deux psychologues ont légèrement corrigé leur première publication, uniquement dans le calcul des statistiques, sans que cela ne modifie leurs conclusions.

La technique utilisée par Porter et Shaw a suivi un protocole similaire à celui de l'épisode du centre commercial dans les expériences de Loftus et Pickrell. Elle a consisté à recruter des cobayes volontaires, sans leur décrire l'expérience qu'ils allaient subir. Soixante candidats ont finalement été retenus. Autour de Porter et Shaw, une équipe s'est renseignée sur chacun d'eux, sur leur enfance, sur leur jeunesse auprès notamment de leurs parents ou de proches, puis les a convoqués pour une série de trois entretiens. Au cours de ces entretiens, ils ont été interrogés sur deux faits de leur vie, deux moments intenses en émotions : pour le premier, un événement réel, qu'il s'agisse d'un deuil, d'un exploit, d'une peur mémorable, et pour le second d'un acte cette fois complètement inventé. Afin de savoir s'il était plus facile d'implanter le souvenir d'un crime imaginaire qu'un autre type de faux souvenir, ils ont été répartis en deux groupes de trente individus. Dans le premier groupe, l'événement imaginaire était un crime, une agression, un vol ou un braquage à main armée. Dans le second, l'événement imaginaire était un événement traumatisant – du type de ceux qu'on ne peut *a priori* pas oublier – qui pouvait être un accident avec blessure, l'attaque d'un chien, ou la perte d'une grosse somme d'argent, mais non un crime.

Dans chacun des deux groupes, les cobayes ont suivi le même protocole. Ils ont d'abord été interrogés sur l'événement vrai ; on leur a donné quelques détails qui avaient été préalablement fournis par leurs parents ou par leurs proches, pour leur montrer que l'on savait des choses sur eux. C'est une mise en condition qui a permis de placer les individus dans une situation où ils se sont sentis dominés, mais mis en confiance. Pour ce premier fait, les cobayes ont évidemment donné et confirmé les détails qui avaient été donnés aux praticiens, en ont fourni d'autres, au fur et à mesure qu'ils les ont cherchés dans leur mémoire ou qu'on les leur a suggérés. Pour le second fait, c'est-à-dire le crime imaginaire pour le premier groupe ou le traumatisme, tout aussi imaginaire, pour le second groupe, ils ont commencé évidemment par nier. Puis, par petites touches, alors que le processus de domination avait été mis en place par les souvenirs révélés sur le premier fait, on leur a instillé des détails réels, comme l'établissement scolaire ou universitaire qu'ils fréquentaient au moment du crime dont on leur avait donné la date, leurs amis, leur petit(e) ami(e) de l'époque, en même temps que des détails inventés du crime ou de l'événement traumatisant selon leur groupe. Beaucoup d'entre eux ont peu à peu été convaincus que le second fait était réel au fur et à mesure qu'ils se trouvaient poussés dans leurs retranchements. À la fin de l'expérience, la majorité d'entre eux ont affirmé s'en souvenir et nombre d'entre eux ont même été capables de donner une multitude de détails sensoriels, bien évidemment tous faux, mais dans la direction suggérée et déterminée à l'avance par l'interrogateur.

À l'issue de la dernière rencontre, il leur a été avoué à la fin de l'entretien que le premier événement était vrai et que le second événement était faux. On leur a alors demandé s'ils avaient eu conscience du fait que l'événement dont ils parlaient était faux, s'ils avaient le sentiment d'en avoir un souvenir réel ou bien s'ils avaient simulé leur anxiété et joué un rôle en en livrant des détails imaginaires. On imagine évidemment que cette expérience a dû être éprouvante pour les cobayes, même si Julia Shaw a tenu en fin d'expérience à prendre le temps de les assurer que tout était faux et de leur expliquer le but et la méthode suivie pour l'expérience.

En fonction de leurs réponses, on a pu classer les cobayes de chacun des deux groupes, selon deux critères :

- D'une part, ceux qui ont été capables de donner 10 détails, voire nettement plus, ou sentiments relatifs à l'événement faux, face à ceux qui en ont donné moins de 10, voire pas du tout ; on a donc séparé les candidats selon la richesse et la précision de leurs faux souvenirs ;

- D'autre part, ceux qui ont sincèrement cru à la réalité de l'événement imaginaire et ceux qui ont feint d'y croire, voire qui l'ont nié jusqu'au terme du dernier entretien.

En combinant ces deux critères, les positionnements psychologiques des cobayes ont donc pu être classés en quatre catégories :

1. La fausse mémoire : il s'agit des cobayes qui ont cru sincèrement à la réalité de l'événement imaginaire et qui ont pu donner et décrire plus de 10 détails ou sentiments liés à cet événement ;
2. L'acquiescement : c'est le cas des cobayes qui ont cru à la réalité de l'événement en donnant moins de dix détails, parfois en n'en donnant ou en n'en confirmant aucun ;
3. La conformité : elle concerne les cobayes qui, à l'usure, ont fini par avouer l'événement et donner de nombreux détails, mais sans y croire (c'est ce que l'on a observé pour Jean-Marie Deveaux ou Patrick Dils) ;
4. L'absence de fausse mémoire : cette dernière catégorie rassemble les cobayes qui n'ont pas cru à l'événement imaginaire qui leur était présenté, et qui ont soit nié tout en bloc jusqu'à la fin de l'entretien, soit ont avoué parfois avec seulement quelques détails, mais sans y croire.

Les résultats ont été stupéfiants. Tout d'abord, l'analyse de Porter et Shaw a montré une grande homogénéité des résultats entre le groupe des « crimes imaginaires » et le groupe des « traumatismes imaginaires ». Dans les deux groupes, les pourcentages des quatre sous-groupes sont pratiquement identiques.

Mais c'est le second résultat, à savoir la proportion de chaque sous-groupe de cobayes qui est le plus troublant :

- 75 % des cobayes ont été classés comme ayant créé une « fausse mémoire », ou pour être précis 21 sur 30 soit 70 % dans le groupe du crime imaginaire, et 24 sur 30 soit 80 % dans le groupe du traumatisme imaginaire. Ce qui signifie qu'en trois entretiens de quarante minutes il est possible de persuader 70 à 80 % des individus non seulement qu'ils ont commis un crime ou vécu un traumatisme imaginaire, mais aussi de le leur faire avouer avec moult détails ; l'écart entre 70 et 80 % semble en toute rigueur montrer qu'il est certes un peu plus facile de persuader quelqu'un d'un traumatisme que d'un crime imaginaire ;

- 10 % des candidats ont été classés comme « acquiesçant », c'est-à-dire qu'ils ont reconnu et se sont sincèrement souvenus d'un crime ou d'un traumatisme imaginaire, tout en ne livrant que peu ou pas de détails, affirmant qu'ils n'en avaient pas de souvenirs précis ;
- 10 % des candidats ont été classés comme « conformes », c'est-à-dire qu'ils ont reconnu un fait auquel ils n'ont pas cru, mais ont donné beaucoup de détails dans la direction suggérée par l'interrogateur ;
- Seuls 5 % des candidats ont soit nié jusqu'au bout, soit ont acquiescé sans y croire au fait imaginaire mais en ne donnant que peu, voire pas de détails.

Autrement dit, il est pratiquement aussi facile d'implanter dans la mémoire de quelqu'un le film du faux souvenir d'un crime imaginaire que celui d'un simple traumatisme, comme celui utilisé par Loftus et Pickrell de s'être perdu dans un supermarché. On peut aussi bien faire avouer à quelqu'un qu'il a braqué une banque que lui faire raconter qu'il a été attaqué par un pitbull. Un individu peut livrer autant de détails imaginaires sur un accident qu'il n'a pas vécu qu'un suspect peut avouer de détails imaginaires sur un hold-up qu'il n'a pas commis.

Cette étude a donc montré expérimentalement comment des innocents reconnus comme tels avaient pu non seulement passer des aveux complets, mais également se persuader d'avoir commis un viol ou un meurtre avant d'être, souvent après des années de prison, innocentés par des tests génétiques.

Au XVIIIe siècle, Cesare Beccaria avait fustigé l'inefficacité et l'inutilité de la torture en ce sens que, non seulement elle prenait par principe le risque de punir un innocent qu'on n'avait pas encore jugé, mais également que la résistance à la torture ne résidait pas dans l'innocence ou la culpabilité du suspect mais dans sa seule résistance physique : « *On a là un moyen sûr pour absoudre les scélérats robustes et pour condamner les innocents faibles*[43]. » Ce que montrent les expériences de Porter & Shaw, c'est qu'il n'est point nécessaire de recourir à la torture physique pour arracher de faux aveux. Débattre pour savoir si la police marseillaise a torturé Ranucci ou non n'apporte rien à la recherche de la vérité. Porter et Shaw montrent que la pression mentale peut conduire quelqu'un non seulement à avouer un crime qu'il n'a pas commis, mais même, chez les trois quarts des individus, à le convaincre sincèrement qu'il l'a effectivement commis et, qui plus est, à implanter dans sa mémoire le synopsis complet d'un acte imaginaire.

L'interrogatoire de Christian Ranucci à la lumière de Porter & Shaw

La question qui se pose maintenant est celle de savoir si le processus d'interrogatoire que subit Ranucci les 5 et 6 juin 1974 aurait permis, s'il est innocent, de lui créer un faux souvenir conforme aux expériences de Porter et Shaw.

En milieu policier, judiciaire ou du renseignement, l'interrogatoire est généralement conduit en questionnant d'abord le témoin ou l'accusé sur des faits réels et neutres, dont l'interrogateur connaît la réponse, pour observer les réactions de l'interrogé : l'interrogateur étudie attentivement les mouvements du corps, les expressions du visage qu'il exécute inconsciemment lorsqu'il dit la vérité. Les joueurs de poker les plus habiles maîtrisent cette technique d'observation qui leur permet de détecter si leur adversaire bluffe, et savent quant à eux rester impassibles pour ne pas laisser transparaître, selon les cartes qu'ils ont en mains, leur assurance ou leur inconfort. Puis on va entraîner l'interrogé sur un terrain plus inconfortable, le pousser dans ses retranchements pour en venir au crime dont il est suspecté : en observant ses réactions, on peut alors le faire vaciller, supposer qu'il ment et le lui dire, ce qui le déstabilise, et finalement le conduit à l'aveu.

Cette technique d'interrogatoire n'a rien de choquant en soi : elle a permis de conduire de nombreux criminels à avouer des crimes bien réels. Elle n'est pas critiquable de manière générale, ce qui permet au commissaire Alessandra, ainsi qu'à Mathieu Fratacci et à Gérard Bouladou d'être de bonne foi quand ils affirment qu'ils croient aux aveux de l'accusé et qu'ils ne lui ont pas été extorqués sous la torture (du moins pas tels que décrits dans le sujet à caution *Récapitulatif*). On peut imaginer les policiers de Marseille, ou la plupart d'entre eux, comme étant de bonne foi, même si Ranucci est innocent.

Dans le cas de Ranucci, sommes-nous dans le cas d'une création d'une « fausse mémoire » selon la terminologie de Porter et Shaw, c'est-à-dire d'un innocent qui croit en son crime et qui en donne de nombreux détails – ou bien son état psychologique est-il celui d'un coupable qui s'efforce de nier jusqu'au moment où, empêtré dans ses contradictions, il soulage sa conscience et confesse ce qu'il a commis ?

Envisageons, sans l'affirmer pour autant, le cas de son innocence. Face aux détails du crime dont il prétend n'avoir aucun souvenir et qui lui sont progressivement révélés, Ranucci a deux points de vulnérabilité. D'abord, il a un trou dans sa mémoire, sans doute a-t-il tout simplement dormi profondément, il a peut-être un trou noir comme on l'observe parfois chez certaines personnes lorsqu'elles ont bu trop d'alcool. Choqué après son accident dans les heures qui ont suivi, il a tout oublié jusqu'à son réveil sur la banquette arrière de sa voiture dans le noir de la champignonnière, et avant sa rencontre avec Mohammed Rahou. Interrogé sur ce qui s'est passé pendant ce laps de temps, il n'a pas de souvenirs réels sur lesquels s'appuyer, lesquels lui permettraient d'opposer une résistance psychologique à la pression de détails imaginaires qui lui sont martelés sur ce que les policiers le soupçonnent d'avoir fait pendant ces heures : avoir tué la fillette, caché le corps, puis le couteau, avoir changé de vêtements, s'être lavé, etc. Mais il a également commis juste avant cet intervalle de temps un délit bien réel, en l'occurrence un délit de fuite après un accident de voiture, délit qu'il a assez facilement avoué. Le fait réel sur lequel on va l'interroger en mélangeant des détails réels avec des détails supposés du meurtre de Marie-Dolorès Rambla est facile à trouver, culpabilisant pour lui car il s'agit d'un délit pour lequel il risque déjà une condamnation. De plus, ce fait a eu lieu juste avant le crime qu'on cherche à lui imputer. Il offre un cas particulièrement favorable à ce qui est avant l'heure une expérience de Porter et Shaw. De plus, Porter et Shaw ont convaincu plus de 80 % de leurs cobayes qu'ils avaient commis un crime imaginaire en trois entretiens de quarante minutes, dont 70 % avec de multiples détails. Avant de passer aux aveux après les accusations d'Aline Aubert, Christian Ranucci a été interrogé pendant au moins deux heures à Nice, puis deux heures pendant la nuit, au moins trois heures le matin du 5 juin soit trois fois plus de temps que les cobayes de Porter et Shaw.

Il n'est pas utile de supposer que Ranucci ait été giflé, voire qu'il ait reçu quelques coups de matraque, qu'on lui ait martelé le crâne avec la technique de la « matraque Viêt-Cong » et qu'il se soit agi de brutalités non inexistantes. Le processus décrit par Porter et Shaw montre que des faux aveux peuvent être générés par un interrogatoire sans gifles et sans matraques, simplement si l'on mélange des souvenirs réels et des faits imaginaires. C'est même l'hypothèse la plus simple que l'on puisse dresser à ce stade si Ranucci est innocent : les inspecteurs du commissaire Alessandra étaient inconscients du fait, décrit expérimentalement et cliniquement des années plus tard, que l'on peut générer de faux souvenirs dans la mémoire d'une personne interrogée et convaincre sincèrement un innocent qu'il a commis un crime.

À Nice, puis à Marseille, on interroge Ranucci d'abord sur son accident avec délit de fuite, un fait qu'il reconnaît et pour lequel il donne un mobile parfaitement vraisemblable : il a tenté de fuir pour éviter d'avoir une prime d'assurance augmentée. Dans la nuit, il finit par donner la bonne heure de l'accident (vers 12 h 30 et non pas vers 16 h comme lors de son premier interrogatoire à Nice). Mais les policiers qui l'interrogent, et qui ont déjà trouvé en ce soir du 5 juin un pantalon taché de sang lui appartenant, ont évidemment une autre idée : il aurait commis le délit de fuite pour cacher une enfant qu'il aurait enlevée. Une fois l'interrogatoire sur le délit de fuite terminé, on l'interroge sur un fait dont il n'a, s'il est innocent, aucun souvenir : un enlèvement suivi d'un crime.

Il n'est pas nécessaire d'imaginer qu'il a eu un moment d'amnésie après son accident. Cela n'a pas, du reste, convaincu les psychiatres, formés à la reconnaissance des signes d'amnésie. Ce que montrent les expériences de Porter et Shaw, c'est que cette hypothèse d'amnésie est inutile si l'on veut envisager l'innocence de Ranucci. Il suffit que les policiers l'interrogent en même temps sur son délit de fuite, fait réel et indubitable, et sur un crime hypothétique, pour lui instiller progressivement les détails de l'enlèvement et du crime, y compris du lieu de l'enlèvement, en les mélangeant à des détails réels de l'accident et de sa fuite dont il a le souvenir conscient. Il était bien sur les lieux, il est bien passé à Marseille, il était bien dans la champignonnière. Et le corps de la victime a été retrouvé tout près. Face à cette technique, Ranucci ne peut résister, s'il est innocent, à la mécanique de création des faux souvenirs. Ainsi pourra-t-on lui faire dessiner le plan d'un lieu dont on lui a montré les photos, lui faire dessiner la voiture si on lui parle du petit frère qui a déclaré que la voiture s'était garée devant les garages, lui montrer une photo comprenant le petit muret qu'il dessinera sur le plan, puis lui faire avouer avoir caché un couteau dans le tas de fumier.

S'il s'agit de faux souvenirs, cela explique un certain nombre de détails que Ranucci va donner et qui ne correspondent pas du tout aux conclusions de l'enquête. C'est ce qui nous amène à examiner maintenant le contenu des aveux.

Les aveux de Christian Ranucci : à la recherche de ses souvenirs

L'aveu lui-même précède le procès-verbal. Lorsqu'on lit des aveux, on ne lit pas la déclaration verbale mot pour mot de l'accusé ou du témoin : le récit dressé dans le procès-verbal est toujours la réécriture de la main d'un policier, d'un gendarme ou d'un juge, d'un récit oral, souvent imprécis et parfois incohérent, en une liste de faits. La liste de faits avoués est le fruit de déclarations spontanées mais aussi, souvent, de réponses à des questions posées par l'interrogateur. Il n'y a là rien non plus d'intrinsèquement immoral ou de critiquable, de la part d'un fonctionnaire mandaté pour dresser le procès-verbal, à réaliser cette démarche de reformulation – sauf évidemment, si elle est faite de manière tendancieuse.

À la lecture du procès-verbal des aveux de Ranucci, il est légitime de se poser la question de ce que Ranucci a effectivement dit spontanément et de ce qui lui a été suggéré après avoir avoué – d'autant plus que le matin même, l'inspecteur Porte a tenté de faire signer à Eugène Spinelli dans sa déposition qu'il était possible qu'il ait confondu l'arrière d'une Simca 1100 avec celui d'un coupé 304 ; ce qu'Eugène Spinelli, à la relecture, nous l'avons vu, a refusé de signer. Convaincu comme tous les policiers de la culpabilité de Ranucci depuis la découverte du pantalon ensanglanté, l'inspecteur Porte procède en posant les questions qui lui permettront de vérifier si tous les détails établis peuvent coïncider avec ce qu'il sait du crime ou de l'accusé, et si les détails contradictoires ne peuvent pas trouver leur source dans une imperfection du souvenir.

Pour cela, livrons-nous à une lecture critique du déroulé des aveux devant les policiers, tel qu'il est rapporté dans ce procès-verbal d'audition. Il est dactylographié par ou sous la supervision de l'inspecteur Jules Porte, et il est signé de Ranucci. À première vue, il est accablant, en particulier pour les détails concernant le crime, et ce d'autant plus que Ranucci a confirmé les faits devant la juge d'instruction Ilda di Marino. Si de nombreux éléments sont à l'évidence des détails réels, donnés par Ranucci, on peut souvent y discerner des détails qui sont des ajouts ou pour le moins des reformulations typiquement policières.

Le récit des aveux débute ainsi :

Je préfère libérer ma conscience et vous dire tout ce qui s'est passé. En effet, je ne suis pas un salaud et je réalise à peine comment j'ai pu agir de la manière qui est la suivante.

Les policiers savent bien que le passage aux aveux est paradoxalement pour le suspect un moment de soulagement. Sous la pression d'un interrogatoire interminable, contraint de cacher quelque chose qu'il a commis, empêtré dans des mensonges dont il ne se sort plus, la pression intérieure devient progressivement insupportable pour le criminel. L'expression « libérer ma conscience » n'est pas celle d'un pédophile, ni une expression de quelqu'un dont le niveau d'éducation est limité (le seul diplôme de Ranucci est le BEPC, aujourd'hui le Brevet des Collèges qu'il a obtenu l'année de ses 17 ans). C'est une expression réglementaire utilisée par les policiers pour démarrer un procès-verbal d'aveux.

L'expression « je ne suis pas un salaud », quant à elle, a plusieurs fois été attribuée à Ranucci par ceux qui l'ont interrogé : c'est ainsi que Jean-François Le Forsonney, dans le récit qu'il livre de sa première rencontre avec l'accusé, rapporte que celui-ci l'aurait ainsi supplié : « *Dites-leur que je ne suis pas un salaud.* » Elle est donc très probablement de lui.

Le déroulé des aveux commence dans la nuit qui précède le meurtre :

J'ai passé la nuit de dimanche à lundi dans mon véhicule. J'avais garé ma voiture dans un chemin de campagne situé non loin de Salernes dans le Var. Je me suis réveillé assez tard, je me suis mis au volant de ma voiture et j'ai pris la direction d'Aix-en-Provence par des petites routes.

Ranucci déclare avoir passé la nuit à Salernes. Or il l'a passée à Marseille. Il le dira lors de son procès, et ce fait sera surtout confirmé des années plus tard par Daniel Moussy, le témoin de son accrochage le 2 juin au soir, suite à un chien qui avait traversé la rue devant ses phares. Dans la mesure où il avoue avoir commis un enlèvement à Marseille, pour quelle raison déclarerait-il avoir dormi à Salernes ?

On peut à ce stade envisager deux hypothèses. La première serait que, comprenant très tôt qu'il est accusé d'un enlèvement à Marseille, il a sans doute cherché pendant les premières heures de son interrogatoire à s'inventer une nuit loin de Marseille, pour nier s'y être rendu, avant de passer aux aveux. Les policiers n'auraient pas inventé une nuit à Salernes en particulier, plus qu'à Allauch, à Aix-en-Provence ou dans une autre localité. En revanche, Ranucci connaît bien Salernes, puisque c'est l'endroit où la famille de Monique, sa première petite amie, avait une maison. Il est donc à l'évidence faux de croire que les policiers lui aient « fait passer » la nuit à Salernes, comme il le soutiendra lors de son procès et comme cela figure dans son *Récapitulatif*. En conséquence, lorsqu'il passe aux aveux, Ranucci ne cherche qu'à rester cohérent avec ce qu'il a prétendu pendant la nuit précédente en disant avoir passé la nuit à Salernes. Dans cette hypothèse, la nuit soi-disant passée à Salernes, dans une localité que Ranucci connait bien, plutôt qu'ailleurs, et notamment à Marseille, est un détail faux donné par Ranucci soit de sa propre initiative, soit sur réponse à la question d'un policier lui demandant pendant les premières heures de sa garde à vue le lieu où il avait passé la nuit.

Une deuxième hypothèse serait que les policiers lui aient demandé ce qu'il avait fait pendant le week-end. Il est passé à Salernes. La mention de la ville de Salernes, encore une fois, ne peut venir que de Ranucci. Dans ce cas, les policiers orientent volontairement la question pour savoir s'il n'y aurait pas passé la nuit, pensant qu'il l'a passée à Marseille à la recherche d'une proie. Il répond positivement, et les policiers qui soupçonnent un mensonge l'observent pour voir comment il réagit quand il ment. Ils feignent de croire à l'hypothèse d'une nuit à Salernes pour faire monter progressivement la pression et lui faire avouer sa présence à Marseille. Puis le lendemain, lors des aveux, voulant rester cohérent, Ranucci maintient sa nuit à Salernes.

Il indique également qu'il aurait pris la direction d'Aix-en-Provence, qui se trouve bien sur la route vers Marseille en venant de Salernes. Il est évidemment possible que la veille du rapt, il se soit arrêté à Salernes pour en repartir vers Marseille en passant par Aix-en-Provence – il le mentionne d'ailleurs dans son *Récapitulatif.* Dans ce cas, il décrit bien son itinéraire aller.

> *Je ne peux vous donner de précision sur les horaires car ma montre est en réparation et celle du tableau de bord de ma voiture ne fonctionne plus.*

De même que pour la nuit à Salernes, détail sur lequel il a menti, Ranucci cherche là encore probablement à rester cohérent avec ses déclarations de la veille, alors qu'il avait d'abord situé son accident vers 16 h lors de son premier interrogatoire à Nice, avant de donner l'heure exacte à l'Évêché, preuve qu'il savait au moment de l'accident l'heure qu'il était en réalité. On ne peut pas encore ici nier une éventuelle amnésie – il faudra pour cela le rapport des psychiatres – mais il est déjà déraisonnable de l'imaginer sur la base de cette simple confusion d'horaires.

Puis on arrive à Marseille :

> *Je suis arrivé à Marseille et j'ai pensé retrouver un camarade de l'armée qui se nomme Benvenutti et qui demeure avenue Alphonse Daudet, n° 51.*

A-t-il vraiment cherché à voir ce Maurice Benvenutti ? On peut légitimement se poser la question, qu'il soit coupable ou innocent. Une possibilité serait que, découvrant son carnet d'adresses sur lui en le fouillant, les policiers aient repéré la présence d'une relation qui habitait près du lieu de l'enlèvement, et qu'ils aient utilisé le nom de cette personne pour lui faire reconnaître d'abord qu'il avait une relation dans le quartier, puis qu'il était passé dans le quartier, étape sur le chemin de ses aveux. Ils lui ont probablement demandé s'il était effectivement passé chez ce Maurice Benvenutti (beaucoup de citadins n'avaient pas le téléphone à l'époque, et les délais d'installation en 1974 se comptaient au moins en mois si ce n'est en années). La réponse a sans doute été négative. Si elle avait été positive, on aurait posé la question à ce Maurice Benvenutti ou à ses proches quant au passage de Ranucci dans le quartier, ce qui aurait constitué un témoignage accablant contre lui. Or on a préféré tenir pour preuve de sa connaissance du quartier le croquis du lieu de l'enlèvement, sur lequel nous reviendrons plus loin, plutôt qu'un passage supposé chez son camarade de régiment.

Ranucci raconte ensuite l'approche des enfants :

> *Sans trop connaître Marseille, j'ai donc garé mon véhicule et je pensais aller me promener à pied. À un moment, j'ai remarqué deux enfants jeunes qui jouaient devant une cité. Je me souviens exactement de l'endroit, je peux cependant vous dire que cette rue était assez étroite et qu'elle n'était pas bordée d'arbres. Après avoir regardé les enfants pendant quelques minutes je les ai abordés. J'avais garé mon véhicule à 10 m de l'endroit où jouaient les enfants. Il y avait un petit garçon auquel j'ai donné cinq ou six ans, qui avait les cheveux courts. Il y avait également une petite fille qui semblait un peu plus âgée, peut-être sept ou huit ans. Elle était vêtue de clair : un pull-over et un pantalon court.*

Devant la juge Ilda di Marino, quelques heures plus tard, Ranucci ne parlera pas d'un pull-over (la victime n'en portait certainement pas ce jour-là, compte tenu de la température estivale) mais d'une « espèce de chemisette » et d'un short dont il a oublié la couleur. Or celui-ci était blanc, une couleur que l'on n'oublie pas facilement. Ranucci donne beaucoup de détails, mais à quatre ou cinq heures d'intervalle, ses souvenirs varient fortement alors qu'il s'agit de détails qui ne sont pas accablants pour lui.

Si Ranucci est coupable, il est très possible que pendant sa nuit et sa matinée de garde à vue, tous les détails de l'enlèvement lui aient été donnés pour observer les réactions sur son visage et en espérant le faire craquer. C'est encore une technique policière, qui peut soutenir le suspect dans sa progression vers le moment où il avouera. On a peut-être montré à Ranucci des articles de journaux, des photos de l'enfant et de son frère, et même du lieu de l'enlèvement pour tester sa réaction. S'il est innocent, il a mémorisé peu à peu tous les éléments qui lui permettront de faire des aveux conformes à ce que les policiers connaissent des circonstances de l'enlèvement.

On note enfin ce détail que la rue n'était pas, selon son récit, bordée d'arbres. La formulation de la phrase à la forme négative suggère qu'il y a là sans doute la réponse à la question d'un policier lui demandant de décrire la rue, et lui posant explicitement la question de savoir s'il y avait des arbres. Selon lui, il n'y en avait pas. Il y avait pourtant un platane, dont différents auteurs ont discuté de la taille et de l'importance, lequel a attiré l'attention de Gilles Perrault. Cet arbre sera d'ailleurs absent de son croquis. De plus, cet arbre était toujours présent sur la photo figurant dans le livre de Gérard Bouladou. Il était très difficile de ne pas le remarquer.

Ranucci approche alors les enfants et leur parle :

> *Je me suis approché de ces enfants et je leur ai demandé s'ils avaient vu une bête. Je ne me souviens pas très bien des termes que j'ai employés et je pense qu'il s'agissait de chien ou de chat. Le petit garçon est parti de son côté pour rechercher la bête, je suis resté sur les lieux en compagnie de la fille.*

Cette description de la rencontre est évidemment à première vue accablante pour Ranucci par rapport à ce qu'a raconté Jean-Baptiste Rambla. Là encore, des récits de la manière dont l'enlèvement s'est déroulé ont pu lui être faits pendant les premières heures d'interrogatoire pour tester sa réaction. Mais on sait que Ranucci avait une affection particulière pour les chats. Il en avait deux chez lui, Gipsy et Mickey, et il en parle souvent dans ses lettres à sa mère. S'il est innocent, on lui a certainement parlé du stratagème d'un chien perdu. Dans ce cas, il reconstruirait sa mémoire des faits en introduisant des animaux qu'il affectionne. Le chien noir perdu ressemblait à une tactique bien rodée, tandis que Ranucci ici hésiterait à parler aux enfants d'un chien ou d'un chat.

On remarque également dans cet extrait une certaine passivité de Ranucci : il affirme que le petit garçon *est parti* de son côté. Il ne précise pas qu'il lui a *demandé de partir* de son côté. Alors qu'on est encore loin du crime, Ranucci livre ici un détail où il participe peu à la scène, alors qu'un pédophile, habile manipulateur, en domine évidemment tous les faits et gestes. Il semble observer les faits de loin.

Nous en arrivons alors au plan de Ranucci et à la partie des aveux propres à l'enlèvement.

> *Les souvenirs me reviennent et je suis en mesure de vous dessiner le plan des lieux. Je m'exécute.*

Quelle serait l'utilité pour les policiers ici de faire dire à Ranucci que « les souvenirs lui reviennent » ? Pour les policiers, Ranucci était parfaitement conscient et responsable de son crime ; il s'en souvenait parfaitement pendant les heures durant lesquelles il a nié. Donc la mention des « souvenirs qui reviennent » est très probablement une idée, si ce n'est une phrase, déformée ou non, de Ranucci en cet instant où il passe aux aveux. Cela montre qu'il a prétendu pendant des heures ne se souvenir de rien. À aucun moment, il ne s'est inventé d'emploi du temps imaginaire entre un crime commis vers 12 h 30 et sa sortie de la champignonnière vers 16 h le 3 juin, comme le ferait un criminel qui se construit plus ou moins adroitement un alibi.

On peut penser qu'à ce stade des aveux, le dessin est déjà fait, du moins pour ce que Ranucci en a effectivement exécuté (nous verrons plus loin pourquoi il est difficilement pensable que Ranucci en soit le seul auteur et qu'il n'ait pas été retouché). Par ailleurs la mention « je m'exécute » doit être interprétée au sens d'exécuter un ordre, comme il a dû souvent le faire au cours de son service militaire. Cela veut donc probablement dire « j'obéis à vos ordres ». Même si Ranucci est, du moins en partie, l'auteur du dessin, même s'il l'a signé et même si c'est bien lui qui a écrit les quelques détails y figurant, il l'a fait sur injonction des policiers et non de manière spontanée. Cette demande des policiers est une pratique professionnelle. Ils font leur métier, ils veulent s'assurer que les aveux sont réels. Et ils auront des raisons de le croire, y compris jusqu'à aujourd'hui.

Comme vous pouvez le constater sur ce plan, que je viens de vous dessiner de ma main, ...

L'inspecteur Porte veut décidément insister sur le fait que le plan est de la main de Ranucci. Aurait-il peur de ne pas être cru ?

... les enfants jouaient sur le trottoir qui longeait une rue en pente, devant un immeuble situé à gauche, en bas de la rue. Les enfants étaient sur le trottoir situé en face de l'immeuble. À cet endroit la rue forme un léger virage. Le petit garçon est parti en direction du haut de la rue pour chercher l'animal, nous nous trouvions tous les trois à hauteur de ma voiture sur le même trottoir.

On peut noter la locution « En face de l'immeuble » : Ranucci, s'il se réfère au plan, pense probablement plutôt « devant l'immeuble », et non sur le trottoir opposé. La mention du virage et de l'itinéraire suivi par Jean-Baptiste Rambla sont des détails qui figurent explicitement sur le plan.

Quand nous fûmes seuls, la petite et moi, je lui ai proposé de monter en voiture pour aller nous promener. J'ai formulé cette offre à deux reprises car la première fois elle a hésité. Finalement elle a accepté, je suis monté le premier dans la voiture, je lui ai rabattu le siège avant et la petite a pris place à l'arrière.

Ranucci raconte avoir fait monter la fillette à l'arrière. C'est ce que ferait quelqu'un qui protège l'enfant qu'il transporte, pas un pédophile qui a priori voudrait instinctivement tenir sa victime au plus près possible de lui, à portée de ses mains baladeuses. Mais Eugène Spinelli, même s'il affirme ne pas avoir prêté attention à la scène, a enregistré beaucoup de détails : il affirme que la fillette a pris place sur le siège avant. Cela renforce d'ailleurs la thèse selon laquelle la voiture était une Simca 1100, et plus précisément une Simca à quatre portes : dans un coupé, elle serait rentrée de toute manière par l'unique porte latérale, et il aurait été plus difficile à Spinelli, à moins d'y faire très attention, de voir si la fillette restait devant ou passait à l'arrière.

Ranucci prétend également que la fillette a hésité avant de monter : un non-pédophile imagine évidemment qu'un enfant résisterait, aurait une appréhension avant de monter dans la voiture d'un inconnu. Or, pour Eugène Spinelli, la fillette est montée spontanément, sans hésiter. Le ravisseur de Marie-Dolorès Rambla savait s'y prendre avec les enfants pour les mettre très rapidement en confiance. Sur ce détail, le récit montre plutôt que Ranucci ne donne pas de lui le profil du manipulateur expérimenté, lequel n'éprouve aucune appréhension à mentir à un enfant.

Je précise que la porte côté conducteur de ma voiture est bloquée, ce qui m'a obligé moi-même à monter par le côté passager. Je me trompe, la porte n'était pas bloquée à ce moment-là, je suis monté par le côté gauche.

Ranucci ne peut se souvenir être monté par la portière droite, puisque la portière gauche, côté conducteur n'est pas encore bloquée – si jamais elle l'a vraiment été après l'accident, ce qui n'est pas certain à 100 %. Ranucci est clairement dans une phase de confusion, en train de reconstituer ce qu'ont pu être ses gestes et de leur donner de la cohérence. Même s'il est coupable, il est en train de reconstruire son souvenir. Et il se trompe. Il rectifie donc :

C'est seulement après l'accident que la portière gauche a été bloquée.

Que la portière ait été effectivement bloquée ou non, le choc a dû modifier la géométrie des tôles au niveau de la ligne de contact entre le bord de la portière et le pied milieu de la carrosserie. Il faut imaginer, encore une fois, que l'ouverture de la portière gauche était *a minima* plus difficile, et que dans la situation d'urgence où il se trouvait après l'accident, Ranucci ait préféré sortir par la portière droite, qu'il soit coupable ou innocent.

L'interrogateur lui a sans doute posé la question de la position de la voiture, d'où cette précision :

J'avais garé mon véhicule l'arrière face à l'immeuble.

Le détail du véhicule garé l'arrière face à l'immeuble est conforme au plan qu'il a exécuté. Mais ce n'est pas la réalité, car Eugène Spinelli, de l'endroit où il se trouvait, un peu plus haut sur la pente de l'impasse d'Albe, n'aurait pas pu le voir. Et encore moins voir la fillette monter à bord par la portière droite, laquelle serait opposée à l'impasse d'Albe. Le véhicule devant les garages est en revanche conforme aux mots employés par le petit Jean-

Baptiste Rambla. Cela montre simplement qu'en cet entretien, des idées suggérées par les policiers se posent dans le récit si ce n'est dans la mémoire de Ranucci. Ranucci dans ce détail a cherché à donner une cohérence aux souvenirs qu'il est en train, s'il est coupable, de reconstituer, et s'il est innocent, de construire par le mécanisme décrit par les psychologues que nous avons convoqués plus haut.

Si ce détail n'est pas compatible avec ce que l'on sait de l'enlèvement, il ne montre pas l'innocence de Ranucci qui pourrait laisser des détails faux ou approximatifs dans le récit d'un crime réel.

Par ailleurs, garer son véhicule face à l'arrière demande de faire une manœuvre, plus longue que celle qui consiste à se garer en marche avant. Cette manœuvre permet en revanche de repartir plus vite. C'est par exemple une règle de sécurité dans les sites industriels à risques, ceux qui sont dits « classés Seveso » de manière à permettre, en cas d'accident industriel grave, d'évacuer le personnel le plus rapidement possible en minimisant le nombre de manœuvres et en désencombrant plus rapidement les parkings. Cette manière de se garer traduit la structure mentale de quelqu'un qui organise, gère son temps et prépare les tâches à venir. Cela peut être aussi une démarche d'un pédophile qui manœuvre pour anticiper une fuite ou une évacuation rapide. Pour que l'arrière de la voiture soit dans le champ de vision d'Eugène Spinelli, le ravisseur a garé sa voiture dans l'impasse d'Albe l'avant dans le sens de la descente, donc dans le sens qui lui permettait de quitter rapidement les lieux sans faire une manœuvre de demi-tour, laquelle lui aurait fait perdre un précieux temps pendant lequel il aurait pu être vu. Le ravisseur a consciemment ou instinctivement organisé l'éloignement rapide de sa victime.

Marie-Dolorès est donc maintenant dans la voiture. La phase de l'enlèvement est terminée. Notons qu'à ce stade Ranucci n'a donné que des détails que les policiers connaissaient déjà, et qui avaient été repris dans la presse, ainsi que des détails faux (comme la position de la voiture). Il n'a donné aucun détail que seul le ravisseur pouvait connaître.

Ranucci poursuit alors son récit :

> *Je suis parti devant moi et je me suis éloigné du centre-ville. Après avoir traversé la banlieue, j'ai emprunté une route en virages, elle montait. Après avoir roulé une dizaine de kilomètres au plus sur cette route, j'ai arrêté la voiture sur un espace situé à droite de la route. L'endroit ne m'a pas paru très vaste. Je me souviens également avoir traversé une petite agglomération.*

Plusieurs détails sont bien réels dans ce paragraphe. D'abord, la RN 8bis est une route très sinueuse. Ensuite, la petite agglomération qui se trouve sur le parcours entre Marseille et le carrefour de La Pomme est Allauch, où habite son père. Il prétend de plus avoir roulé une dizaine de kilomètres : la distance entre le lieu de l'enlèvement et le centre-ville d'Allauch est de 9 kilomètres environ.

Gérard Bouladou a cité un élément à charge lors de la reconstitution du crime le 24 juin : après être passé dans la cité Sainte-Agnès, le fourgon cellulaire a pris la direction du carrefour de La Pomme. Comme le chauffeur hésitait, Ranucci aurait de lui-même indiqué aux policiers la direction à prendre par la rocade du Jarret. Même si Ranucci est innocent, il se souvenait, trois semaines après son incarcération, de l'itinéraire qui menait au carrefour de La Pomme, et donc au lieu du crime. Ce détail de Gérard Bouladou contraste avec ce dont Jean-François Le Forsonney a fait le récit. Selon l'avocat, Ranucci est resté totalement passif et n'a fait pendant toute cette journée que répondre à des questions fermées.

Une évidence s'impose : même si Ranucci est innocent, il a fait le même chemin que le ravisseur : Marseille – Allauch – La Pomme, et en suivant la RN 8bis.

Ranucci a passé la nuit à Marseille, on le sait, et il est peut-être passé chez son père à Allauch en début de matinée. S'il est innocent, on peut imaginer qu'il a repris la route qui mène au carrefour de La Pomme. Mais il ne précise pas le nom de la petite agglomération. Chercherait-il à cacher, par exemple parce qu'il ne voudrait pas le dire à sa mère, cette tentative de revoir son père ? On peut l'imaginer, car son éventuelle visite à son père ne sera portée à la connaissance de ses avocats que des années après sa mort. S'il est coupable, la source du témoignage d'une visite à son père indique que cette visite aurait eu lieu en début de matinée : après être passé par Allauch, il serait donc redescendu à Marseille pour enlever la fillette. Puis il serait de nouveau passé par Allauch avec la fillette, cette fois évidemment sans s'y arrêter, mais se serait arrêté un peu plus loin :

> *Quand nous nous sommes arrêtés la petite est descendue de la voiture et s'est assise au bord de la route, j'ai allumé une cigarette et nous avons parlé. Pendant le voyage nous avons parlé ; je lui ai posé diverses questions sur ses conditions de vie.*

Le terme « conditions de vie » est un terme un peu sociologique qui fait plus partie du vocabulaire d'un enquêteur que de celui d'un jeune homme comme Ranucci. On peut imaginer que le policier cherche, d'une part, ce qui serait tout à fait normal, à lui faire donner un détail des conditions de vie de la victime, que seul le ravisseur pourrait connaître, le prénom d'une poupée, celui de sa meilleure amie de classe, des détails de l'appartement où elle vivait. De telles questions ont certainement été posées à Ranucci. Si Ranucci avait donné un tel élément, il serait nécessairement coupable. Mais aucun détail de ce type n'est mentionné dans les aveux. D'autre part, enquêter sur les conditions de vie est une démarche qu'un ravisseur peut avoir pour savoir s'il pourra demander une rançon et de quel montant. Les policiers peuvent se demander, ce qui serait légitime, si le crime n'aurait pas eu un mobile crapuleux plutôt que sexuel. Et ils lui ont probablement posé la question sur ce qu'il savait des « conditions de vie » de la victime.

Quand elle a vu que nous nous éloignions de la maison, la petite a dit qu'il était l'heure du repas. Je l'ai rassurée en lui disant que j'allais la ramener chez elle. Nous ne nous sommes arrêtés que quelques minutes à l'endroit indiqué.

Cette halte de quelques minutes assis au bord de la route avec la fillette n'est pas dans la démarche habituelle d'un pédophile. Pourquoi la mentionnerait-il ? Jules Porte a dû interroger Ranucci pour résoudre la contradiction entre un enlèvement peu après onze heures et un accident entre une heure et une heure quinze plus tard à un endroit qui n'est distant que d'une trentaine ou d'une quarantaine de minutes. Il a donc dû poser la question à Ranucci de savoir s'il ne se serait pas arrêté en route, et cette halte a permis d'expliquer la durée anormalement longue entre l'enlèvement et l'accident. Mais si Ranucci est coupable, cette halte au cours de laquelle il a discuté avec la fillette a duré entre 30 et 45 minutes. Pour un pédophile, c'est une tempérance hors norme, et surtout un lieu incohérent, au bord d'une route, plutôt que dans un lieu désert le week-end. Et ce n'est pas une halte de « quelques minutes ».

Ranucci prétend alors que la fillette lui a demandé à ce moment de remonter à l'avant et qu'il a accédé à sa demande :

Quand nous sommes repartis la petite est montée à l'avant, c'est elle qui l'avait demandé.

Chaque parent sait que les enfants aspirent à devenir grands. Être autorisé à s'asseoir sur le siège avant est un signe que l'enfant ressent comme une attestation du fait qu'il a grandi. Aujourd'hui, à l'exception des sièges de nourrissons positionnés le dos à la route, il est interdit de faire asseoir un enfant de moins de dix ans sur le siège passager avant, mais cette interdiction n'était pas encore en vigueur en 1974. Ranucci évoque là une demande de la fillette, très courante chez un enfant.

Un autre problème est qu'une fillette de 8 ans assise à l'avant aurait normalement dû être vue par Vincent Martinez.

On arrive, en effet, au carrefour de La Pomme :

À partir de ce moment, nous avons dû rouler encore une dizaine de kilomètres. À un moment je suis arrivé à un stop et la route débouchait sur une autre plus importante. C'est à cet endroit qu'a eu lieu l'accident. J'ai démarré en seconde vitesse sans voir arriver un véhicule sur ma gauche, j'ai été atteint à la portière gauche, j'ai senti que mon véhicule était déporté.

On retrouve ici son affirmation selon laquelle il aurait respecté le stop puis aurait calé en repartant en seconde vitesse. Il cherche à se disculper d'une contravention, le non-respect d'un signal de priorité, alors qu'il reconnaît un délit (de fuite) et un crime (enlèvement et meurtre). Et il cherche surtout à rester cohérent avec ses premières déclarations concernant son accident, au début de son premier interrogatoire, la veille, à Nice.

Puis il décrit la fuite fatale :

Je ne sais pas trop bien dans quelle direction je suis reparti. J'ai senti une forte odeur de brûlé et j'ai compris que je ne pourrais rouler très longtemps dans ces conditions, le pneu qui frottait contre l'aile faisait un bruit d'enfer. J'étais affolé et je ne me rendais pas compte que quelqu'un me suivait. Je me suis enfui pour deux raisons : d'abord parce qu'on pouvait penser que j'avais grillé le stop, et ensuite à cause de la présence de la petite fille dans la voiture. J'ai roulé quelques centaines de mètres environ, puis je me suis arrêté. J'ai garé la voiture sur le bord de la route. Ma portière s'étant bloquée à la suite de l'accident, j'ai ouvert la portière côté passager. J'ai laissé descendre la petite fille et je l'ai suivie.

Tout comme pour le moment de l'enlèvement, où il admet finalement être entré dans sa voiture par la porte côté conducteur, Ranucci est en recherche de cohérence. Il a laissé la petite sortir d'abord, puis l'a suivie. Si elle était assise sur le siège avant, il ne pouvait en effet sortir avant elle. Il ne l'a pas tirée par le bras comme l'ont prétendu les époux Aubert.

Mais malgré l'accident, la fillette n'a pas peur :

Je ne me souviens pas que la petite fille ait eu peur des suites de l'accident et elle n'a pas manifesté le désir de retourner chez elle.

La petite fille qui vient d'avoir un accident ne manifeste pas le désir de retourner chez elle. C'est étonnant car, quelques lignes plus haut, elle disait qu'il allait être l'heure du repas, et Ranucci prétendait l'avoir rassurée en lui disant qu'il allait la ramener chez elle. On doit s'interroger sur ce qui a bien pu la rassurer alors que Ranucci était lui-même affolé : un enfant ne reste pas serein à côté d'un adulte affolé.

Il ne reste plus à Ranucci qu'à livrer sa version des quelques instants dont les Aubert seront les témoins :

> *La petite fille a sauté un caniveau ; j'ai également sauté ce caniveau. J'ai pris la main de la petite fille et nous avons parcouru une courte distance et nous nous sommes retrouvés en haut du talus. Je vous précise que j'ai dû aider la petite à grimper le talus. J'ai dû la tirer, par la main.*

Le caniveau, ou plutôt le fossé en question – transformé depuis en piste cyclable – aurait eu selon les sources à cet endroit environ 60 cm de profondeur et entre 1 m et 1,50 m de large. Ce n'est pas *a priori* un fossé qu'un enfant de huit ans saute spontanément, si jamais il le saute tout court, sauf s'il est particulièrement vigoureux et sportif. Ce saut est cohérent avec le témoignage des Aubert, mais pose un problème par rapport à l'âge de l'enfant. Ce qui tend à dire qu'elle n'a pas sauté par-dessus mais plutôt sauté dedans puis grimpé de l'autre côté. Ranucci le confirme par la suite : elle a sauté d'abord, mais il a dû la tirer par la main de l'autre côté. Les policiers le lui font préciser :

> Question : - *Pourquoi l'avoir tirée par la main ?*
> Réponse : - *Pour l'aider à monter le talus...*

Arrêtons ici le film de l'instant. La voiture s'arrête. La fillette sort de la voiture, sereine, donc sans se précipiter. Puis Ranucci sort lui aussi, affolé. La fillette ne va certainement pas sauter spontanément dans le fossé : elle ne peut le faire que sur injonction de Ranucci. Finalement, elle saute dans le fossé ; Ranucci, plus grand, saute directement de l'autre côté sur le talus. Puis il la tire vers le haut. Et alors seulement, tous les deux s'enfuient dans les fourrés. J'invite ici le lecteur à imaginer une telle scène, même dans la précipitation : il est difficile d'imaginer un film qui durerait moins de cinq à six secondes, plus de temps qu'il n'en faut pour distinguer un garçon d'une fille. Or les Aubert prétendent avoir vu l'homme tirer un enfant par la main au moment où ils passaient à proximité du véhicule. Il est difficile de croire qu'ils n'ont pas le temps de noter que l'enfant a les cheveux longs et qu'il s'agit d'une fille, surtout s'ils notent quand même qu'elle porte une chemise et un short blancs.

À quel moment la fillette s'inquiète-t-elle ? Ranucci le précise en poursuivant ainsi son récit :

> *...la petite n'a pas manifesté de signes d'inquiétude, je l'affirme. Arrivés sur le talus, l'enfant s'est mise à crier, elle ne voulait plus me suivre, elle devait être effrayée suite à l'accident.*

Si Ranucci est coupable, elle a eu un accident, la voiture a fait un tête-à-queue, puis est repartie en trombe avant de s'arrêter. Et voilà la fillette qui sort d'une voiture accidentée très tranquille, et ce n'est qu'une fois dans les fourrés qu'elle commence à s'affoler du fait qu'elle a eu un accident : Ranucci est depuis le début de ses aveux dans une attitude où il dit qu'il ne voulait pas la tuer, qu'il n'est pas un salaud. Il veut accrocher le meurtre, qu'il prétend maintenant avoir commis, à la panique de la fillette. Ce meurtre est commis dans les fourrés. Donc, dans ce récit, la petite fille est sortie calme de la voiture, conformément au témoignage d'Aline Aubert, et elle n'a paniqué qu'une fois montée dans la colline.

Même si Ranucci est coupable, il est impensable que la fillette soit sortie « calme » et qu'elle se soit ensuite « mise à courir » dans les fourrés juste après l'accident de voiture. Nous l'avons déjà vu lorsque nous avons analysé le témoignage des époux Aubert. Il faut dans ce cas envisager soit un Ranucci acquiesçant laconiquement à des affirmations données par les policiers, attitude que notera Jean-François Le Forsonney tout au long de l'instruction, soit un scénario de création de faux souvenirs, dans lequel le témoignage d'Aline Aubert a instillé à Ranucci des détails qu'il est en train de créer dans sa mémoire. Mais dans ce cas, ce faux souvenir à lui seul, et limité à ce détail, n'en ferait pas un innocent et ne présagerait pas que ses aveux fussent faux en ce qui concerne le crime. Seule la vision d'un enfant calme et serein décrite par Aline Aubert n'est pas vraisemblable.

De toutes manières, si la fillette crie, cela ne dure pas longtemps. Ranucci poursuit ainsi :

> *Je l'ai empêchée de crier en lui serrant le cou avec ma main gauche.*

Un détail qu'on ignore aujourd'hui, c'est de savoir si Ranucci était gaucher ou droitier. Héloïse Mathon l'était, ce qui donne au moins 25 % de chances que Ranucci l'ait été également, davantage si son père l'était lui aussi. S'il est innocent, il s'est construit des faux souvenirs dans lesquels il utilise probablement sa main la plus forte pour serrer le cou de l'enfant, et ce serait en l'occurrence sa main gauche ; puis, échouant à la faire taire, il sortirait le couteau de sa poche la même main.

S'il est coupable, cette affirmation tend également à en faire un gaucher.

Or la majorité des blessures ont été, selon le rapport d'autopsie, portées au côté gauche, plus particulièrement dans la région mastoïdienne, c'est-à-dire à l'arrière de l'extrémité de la mâchoire, tout près du lobe de l'oreille. Ce sont des coups portés latéralement, de la droite vers la gauche, donc très probablement par un droitier.

Puis c'est la scène du meurtre proprement dite :

> *L'enfant se débattait, je vous précise que tout est confus dans ma mémoire parce que les choses se sont passées très vite. J'ai pris un couteau automatique qui se trouvait dans la poche de mon pantalon. J'ai ouvert ce couteau en appuyant sur le bouton et j'ai frappé la petite à plusieurs reprises. À partir de cet instant, je n'ai plus rien vu et je ne savais plus ce que je faisais. Je ne me souviens pas de ce que j'ai fait du corps, je ne sais pas si je l'ai traînée par terre.*

Ranucci prétend qu'il avait un couteau automatique dans sa poche. Le couteau automatique, on le verra plus tard, lui appartenait et il est possible qu'il l'ait eu dans sa poche.

Mais Ranucci affirme ne pas se souvenir de ce qu'il a fait du corps, s'il l'a trainé par terre. Or le corps a bien été trainé par terre. Les policiers ne peuvent pas ne pas lui avoir posé la question. Devant une réponse négative, cela donne une transcription non pas simplement par « je ne sais pas », mais « je ne sais pas si je l'ai trainée par terre ».

Ranucci offre néanmoins des souvenirs de ces instants :

> *Je me souviens cependant que j'ai arraché des branches, plus précisément des épineux avec lesquelles j'ai recouvert le corps, je garde encore sur mes mains des piqûres et des coupures des épines et je vous les montre.*

Dans la phrase précédente, Ranucci soutenait ne pas se souvenir de ce qu'il avait fait du corps. Puis il se rappelle dans la phrase suivante l'avoir recouvert de branchages. De plus, au début de sa garde à vue, il prétend que les piqûres et les coupures qu'il présente aux bras sont liées aux branches d'épineux qu'il a mises sous ses roues pour tenter de dégager sa voiture dans la champignonnière. Et on sait qu'il a effectivement arraché des branches d'épineux dans ce but, puisque cela a été confirmé par Mohammed Rahou.

Ce qu'il prétend ici est cohérent, s'il est innocent, avec une création de faux souvenirs : auquel cas, les policiers en l'interrogeant sur ses blessures l'ont progressivement convaincu qu'il avait effectivement caché lui-même le corps avec des branchages, comme lorsque Porter et Shaw associaient des détails réels de la vie de leurs cobayes à celui du crime qu'ils étaient, un temps, censés avoir commis. S'il est innocent, il n'est pas en train d'avouer à l'usure : il s'est persuadé, il se persuade qu'il est le coupable par le processus de Porter et Shaw.

Puis il évacue les lieux :

> *Je suis retourné sur la route après avoir remis le couteau dans ma poche si mes souvenirs sont exacts. Je me suis remis au volant de ma voiture, et après un parcours je me suis engagé dans la piste qui donne accès à la galerie.*

Ranucci s'est remis au volant. Devant la juge Ilda di Marino, il sera plus précis sur ce passage : il déclarera être reparti après avoir tué la fillette, avoir conduit sa voiture jusqu'à l'entrée de la champignonnière pour tenter de réparer sa voiture, où à force de patiner, elle est partie en arrière. Or, dans la champignonnière, la galerie est en courbe et la voiture ne peut pas avoir simplement glissé, elle a été conduite et même peut-être en marche arrière. De plus, à moins qu'il n'ait connu le chemin de la champignonnière, il ne pouvait savoir qu'il existait un endroit pour réparer sa voiture discrètement en dehors de la route et notamment changer la roue. Donc il est probable que, dans ce cas, il aurait réparé sa voiture sur place après le départ des Aubert.

Mais ces souvenirs sont cohérents avec ce qu'il pense qu'il ferait s'il était dans cette situation : il est possible que nous soyons là clairement dans une mémoire « reconstructive ».

Pour un policier informé de l'accident de La Pomme et de l'enlisement dans la champignonnière, ce scénario est le premier qui vient à l'esprit : il s'enfuit et va réparer sa voiture dans un endroit désert, où il pourra se laver et changer de vêtements. Si ce scénario était vrai, pourquoi Ranucci n'aurait-il pas dit à Rahou et Guazzone qu'il réparait sa voiture et que celle-ci, à force de patiner avait glissé dans la galerie ? Pourquoi dirait-il la vérité aux policiers, alors qu'il a inventé devant Rahou et Guazzone qui ne lui veulent aucun mal, le stratagème loufoque d'un pique-nique à côté d'un tas de fumier, au lieu de leur dire simplement qu'il réparait son véhicule, et qu'il s'est enlisé à force de patiner ? Le récit de Rahou et Guazzone sur leur rencontre avec Ranucci quand il sort de la champignonnière est vrai, tandis que le récit de Ranucci devant les policiers est probablement un récit artificiellement construit pour être cohérent. Pas plus que pour pique-niquer, Ranucci ne se serait mis à côté d'un tas de fumier pour réparer sa voiture.

S'il est coupable, Ranucci a volontairement conduit la voiture dans la champignonnière. S'il est innocent, c'est le meurtrier qui l'a conduite dans l'endroit, et Ranucci se réveille quelques heures plus tard, complètement perdu dans la champignonnière, ne sachant pas où il est, ainsi qu'il l'affirme dans son *Récapitulatif.* Il invente le pique-nique devant Rahou et Guazzone, pour trouver une explication qu'il est incapable de donner. Puis devant les policiers, il se construit un récit cohérent dans lequel il s'installe à l'entrée de la champignonnière non plus pour pique-niquer mais pour réparer sa voiture.

On notera ici la formule « si mes souvenirs sont exacts », que Ranucci utilise après avoir affirmé avoir remis le couteau dans sa poche. On voit mal comment cette locution pourrait être le fait des policiers qui préfèrent des témoignages sûrs. La locution est très probablement de Ranucci, qui n'est pas très sûr de ce qu'il a fait, ce qui peut être cohérent avec la thèse de faux souvenirs.

Puis Ranucci se débarrasse du couteau :

> *Le long de cette piste se trouve une espèce de place où est étalée de la tourbe. C'est à cet endroit que je me suis débarrassé du couteau. Je l'ai jeté à terre et j'ai donné un coup de pied dedans.*

Ranucci prétend avoir poussé le couteau dans le fumier avec le pied. Yann Le Meur affirme que ce détail doit être faux : il n'y avait pas de trace de pied et le fumier à cet endroit était dur. Nous débattrons plus loin de ce détail, moins net qu'il n'y paraît, même en l'absence d'empreinte de chaussure. Notons simplement que « pousser le couteau avec le pied », c'est la première chose qui vient à l'esprit de quelqu'un qui n'imagine pas faire un geste violent avec le couteau, à un moment où, sous la pression de l'interrogatoire, il n'imagine pas la répulsion que provoque l'odeur du fumier qui peut conduire l'intéressé, au contraire, à le jeter en pichenette.

On passe ensuite directement à la sortie de la champignonnière :

> *J'ai déjà expliqué dans ma précédente déclaration la façon dont je suis sorti de la champignonnière.*

Les policiers lui présentent alors le pull-over rouge :

Sur interrogation : - *Vous me présentez un pull de couleur rouge qui a été saisi par les gendarmes de Gréasque. Ce vêtement n'est pas ma propriété, je ne l'ai jamais vu.*

Puis, probablement sur injonction, Ranucci nie avoir violé la fillette :

Je vous affirme que je n'ai pas violé cet enfant ni procédé à des attouchements impudiques.

À cette heure, les policiers ne disposent pas encore des résultats de l'autopsie qui montrera qu'il n'y a pas eu d'atteinte sexuelle. Il est donc normal que la question lui soit posée pour éventuellement le mettre en difficulté ultérieurement si l'autopsie devait le contredire.

Ilda di Marino interrogera Ranucci sur la raison qui l'a conduit à enlever la fille plutôt que le garçon. Elle veut lui faire avouer ce qui est une évidence : le mobile sexuel du rapt. À cette époque, les sanctions judiciaires sont plus sévères en cas d'agression sexuelle sur mineur si l'agresseur est homosexuel, et l'homosexualité est en général une circonstance aggravante. Aujourd'hui, ces différences ont été abolies fin 1981 sur proposition du garde des Sceaux, Robert Badinter (mais dans l'onde de choc médiatique de l'Abolition de la peine de mort, cette mesure est passée pratiquement inaperçue). De plus, la pédophilie est une pathologie aujourd'hui considérée par les psychiatres comme indépendante de l'orientation sexuelle : un pédophile a avant tout envie d'un enfant, qu'il soit garçon ou fille. Si l'on doit croire le témoignage de Jeannine Mattéi, l'homme qui a sévi le 1er juin dans la cité des Tilleuls a tenté d'enlever un petit garçon frisé après avoir approché la veille Agnès Mattéi et son amie Carole Barraco. Si c'est bien le même homme, peu lui importe le sexe de sa victime.

En ce milieu des années 1970, les préjugés homophobes sont d'autant plus tenaces que l'on en est généralement inconscient : le concept d'homophobie n'existe même pas dans l'imaginaire collectif (sauf dans la communauté homosexuelle bien sûr). On confond souvent, voire on assimile les concepts de pédophilie, de « pédérastie » et d'homosexualité. D'un pédophile, on dit improprement qu'il est « homosexuel », tandis qu'un enseignant dont on dit qu'il est homosexuel, que cela soit vrai ou faux, peut susciter la crainte ou des plaisanteries des parents d'élèves parce qu'on imagine qu'il est davantage susceptible de toucher à des enfants ou à des adolescents.

Puis l'entretien se conclut en demandant à Ranucci quel était le mobile de son crime :

> Question : *Pourquoi l'avoir enlevée ?*
> Réponse : *Je ne sais pas, je voulais l'emmener promener.*
> Question : *Pourquoi ne pas l'avoir ramenée avant, quand elle l'a demandé ?*
> Réponse : *Je comptais le faire. Tout s'est troublé dans mon esprit à partir de l'accident, je suis incapable de vous en dire davantage.*

« Tout s'est troublé dans mon esprit à partir de l'accident, je suis incapable de vous en dire davantage. » Le contenu de cette phrase, si on l'isole de tout ce qui précède, est vrai. Ranucci n'exprimera jamais de souvenir précis et cohérent avant sa sortie à pied de la champignonnière.

Des aveux qui ne prouvent pas la culpabilité

Que tirer de cette lecture des aveux passés devant les policiers ? On trouve dans le récit de Ranucci beaucoup de détails qui sont de vrais détails de l'enlèvement (la conversation avec les enfants, le chien qui n'est plus qu'une bête…) qui peuvent être de vrais souvenirs s'il est coupable, mais qui ont également très bien pu lui être instillés pendant les heures d'interrogatoire s'il est innocent ; des détails faux et reconstitués (la voiture garée devant les garages, en marche arrière) et qui rendent crédible non seulement la thèse que le récit de Ranucci devant les policiers comporte une série de faux souvenirs, mais également l'idée que Ranucci se soit réveillé dans la champignonnière complètement perdu, ignorant l'endroit où il se trouvait et quelle heure il était. On ne trouve aucun détail intime de la vie de Marie-Dolorès Rambla que seul le ravisseur aurait pu connaître, comme son jeu préféré ou le prénom d'une amie.

Le processus décrit par Porter et Shaw permet d'imaginer à la fois que Ranucci soit innocent et le fait qu'il ait avoué le crime à sa mère. Selon Porter et Shaw, il peut en même temps être innocent et être en cet après-midi du 6 juin, réellement persuadé d'être un assassin. Même si Ranucci est innocent, on peut tenir pour vrais les récits de Gérard Bouladou et de Mathieu Fratacci sur les aveux de Ranucci et notamment à sa mère, aveux qu'il lui aurait ensuite confirmés en prison si l'on en croit un surveillant des Baumettes qui écoutait les parloirs et qui s'est confié à Gérard Bouladou : parce que, dans ce cas, en cet après-midi du 6 juin et dans les semaines suivantes, Christian Ranucci était réellement persuadé d'avoir tué la fillette. Héloïse Mathon a sans doute mis quelques jours avant de croire à sa culpabilité, mais après quelques semaines, elle n'avait plus aucune raison d'en douter.

Si Ranucci est innocent, plutôt qu'à une amnésie, dont nous verrons dans le rapport des psychiatres pourquoi elle est très peu probable, on peut penser à un coup de fatigue suivi d'un sommeil profond après le choc émotionnel de l'accident et consécutif à l'état d'ébriété dans lequel il se trouvait. Il faut alors imaginer qu'après son délit de fuite, après s'être enfui dans les buissons sous les yeux des époux Aubert, ou bien Ranucci serait retourné à son véhicule garé au bord de la route, où il se serait endormi pour plusieurs heures, sans se rendre compte que son véhicule avait été rapidement conduit par le meurtrier dans la champignonnière pour l'y enliser ; ou bien, seconde hypothèse défendue par Yann Le Meur et Gilles Perrault, il se serait endormi dans les fourrés après avoir emporté son sac Adidas, et l'assassin l'aurait transporté endormi sur son dos, endormi d'un sommeil rendu particulièrement profond par une nuit blanche et une consommation d'alcool poursuivie le matin-même. Nous avons vu plus haut que cette hypothèse n'est pas du tout impossible en état d'alcoolémie élevée.

Les hommes du commissaire Alessandra ont travaillé professionnellement – ce qui ne veut pas dire que leur technique était infaillible – en interrogeant longuement Ranucci sur son accident, avant de l'interroger sur le crime dont il était soupçonné. Mais en travaillant de la sorte, les expériences de Porter et Shaw montrent qu'ils ont également pu entraîner Ranucci dans un processus de création de faux souvenirs, processus inconnu dans les années 70 puisque les revues de psychologie n'ont décrit le phénomène que dans les années 90, et même seulement en 2015 en ce qui concerne la création des souvenirs de crimes imaginaires. Les résultats issus des expériences de Porter et Shaw ne démontrent pas en soi l'innocence de Ranucci. Ils ne font que rendre parfaitement possible la thèse de Gilles Perrault d'un Ranucci traumatisé par les interrogatoires, et dans la mémoire malmenée duquel se construisent peu à peu, au cours des longues heures passées à l'Évêché, les faux souvenirs d'un assassinat qu'il n'a pas commis et qui l'enferment dans la conviction qu'il est le meurtrier tant recherché.

Dans ce cas, s'il était innocent, Ranucci n'avait plus qu'à dire à son avocat, Jean-François Le Forsonney, « c'est o-bli-ga-toi-re-ment moi ». Il n'avait plus qu'à plaider l'amnésie devant la juge d'instruction Ilda Di Marino, et à parler de son crime d'une manière qui lui était, selon ses avocats, totalement étrangère. Et ces aveux, cette manière de parler de son crime allaient alors aggraver son cas : il allait apparaitre à la juge d'instruction comme complètement détaché de son crime. Ce crime lui était étranger. Évidemment : si ces souvenirs lui avaient été fabriqués, si ce n'étaient pas les siens, comment pouvait-il alors prendre pleinement conscience de son crime ? Comment pouvait-il affirmer autre chose que des impressions diffuses, exemptes de sentiments, étrangères à son ressenti ? Détaché de l'horreur, il se donnait l'image de quelqu'un totalement incapable d'empathie, c'est-à-dire exactement celle du pédophile que le public cherchait à voir en lui. Il devenait alors facile à Armand Viala, lors du procès, de soutenir qu'il était « entièrement responsable de son crime » devant un public indigné par l'attitude de l'accusé, et un jury qui aurait d'autant plus de difficulté à ne pas demander la mort. Ainsi allait fonctionner l'irrésistible mécanique de la tragédie.

En revanche, si Ranucci est coupable, la thèse défendue par Bouladou sur l'état psychologique de Ranucci lors de son procès reste cohérente et viable : Ranucci aurait fait des efforts désespérés pour se persuader qu'il n'était pas coupable, qu'il était un homme normal, ce que font souvent les grands criminels, même lorsqu'ils plaident coupable. Pensons à Thierry Devey-Oglou, dans les années 2000, qui après avoir assassiné une étudiante dans le RER D de plus de vingt coups de couteau, au motif qu'elle lui avait refusé une relation sexuelle, se présentait au début de son procès dans cet euphémisme qui fait frémir : « Je suis juste un peu timide avec les filles » !

Un plan presque parfait

C'est encore à la lumière des résultats des expériences de Porter et Shaw que nous pouvons maintenant analyser le plan du lieu de l'enlèvement dessiné par Ranucci. Il faut reconnaître qu'il y a de quoi être convaincu par ce plan dont les policiers affirment que Ranucci l'a exécuté seul après ses aveux. À première vue, tout y est, et les mots, l'écriture et la signature qui sont bien celles de Ranucci forcent la conviction qu'il en est le seul auteur.

Tout d'abord, Ranucci ne peut avoir eu seul l'idée de dessiner librement ce croquis, il l'a fait sur injonction des policiers. Faire dessiner un plan à un suspect est un procédé policier, destiné à vérifier que l'interpelé est bien le coupable recherché. Que les policiers aient demandé à Ranucci de dessiner le plan du lieu de l'enlèvement n'a rien de choquant en soi.

J'inviterai ici le lecteur à une simple recherche Google pour retrouver le plan en question, protégé par l'autorité judiciaire mais largement consultable sur Internet ; par ailleurs on trouve même facilement un calque du plan exécuté par Ranucci superposé au cadastre.

La ressemblance du schéma avec le plan des rues est frappante. À moins qu'on ne lui ait montré des photos, on est évidemment en droit de se demander comment Ranucci pourrait ne pas connaître ces lieux. Ranucci a de toutes manières erré dans les rues de Marseille. On sait qu'il s'est trouvé dans le quartier de l'opéra. Mais surtout son ancien compagnon de régiment, Maurice Benvenutti, s'il est vraiment passé le voir, n'habitait qu'à 600 m du lieu de l'enlèvement.

- La « rue qui monte », l'impasse d'Albe, fait un angle léger avec la rue Sainte-Agnès, qui part vers la gauche. On le voit sur le cadastre, on devine le début de la rue Sainte-Agnès sur le plan de Ranucci avec un angle un peu plus accentué que dans la réalité (mais il n'en montre que le début).
- L'angle de l'impasse d'Albe avec la continuation vers la droite de la rue d'Albe est également correct (la rue d'Albe oblique à cet endroit). Les orientations sont bien respectées. Presque trop bien.
- La proportion largeur/longueur de l'immeuble, sur un croquis brouillon et imprécis, est exactement la proportion sur le cadastre, avec une longueur égale à peu près à 3,5 fois la largeur ; il est quasiment impossible qu'il s'agisse d'une coïncidence.
- En outre, si l'on observe la forme de la voiture, on note que le rectangle est presque carré. Ranucci aurait donc dessiné un rectangle parfaitement dans les proportions pour un immeuble dont il n'a vu qu'une extrémité et un rectangle quasi-carré pour la voiture, alors qu'une voiture en plan devrait logiquement être dessinée avec une longueur égale au moins au double de sa largeur.
- Deuxième détail concernant la voiture : alors que les proportions et les angles sont parfaits, ou peu s'en faut, pour l'immeuble et les rues, la taille de la voiture est très grande par rapport à l'immeuble, devant lequel il y a la place de trois garages. A-t-il vraiment vu cet immeuble en face de sa voiture, en d'autres termes, était-il capable de donner la taille de cet immeuble ? Ranucci aurait un sens des proportions inné pour dessiner l'immeuble, mais dessinerait une voiture dont la longueur serait égale à la moitié de l'immeuble. C'est un autre élément qui peut mettre en doute qu'il se soit trouvé sur les lieux.

Ranucci dessine sa voiture garée devant les garages en bas de l'immeuble. Or il est évidemment interdit et surtout imprudent, particulièrement pour un pédophile, de stationner la voiture à cet endroit pour risquer d'avoir à la déplacer devant un témoin adulte qui devrait sortir la sienne. Un pédophile prendrait-il le risque de se garer là où une voiture peut surgir à tout moment et le surprendre ? En plus, nous l'avons vu, cela ne correspond pas au témoignage d'Eugène Spinelli selon les déclarations duquel la voiture était garée en bas de l'impasse d'Albe. Et surtout, comme Eugène Spinelli le déclarera dans les années 2000 à Gérard Bouladou, Guy Rosano était justement sur la petite esplanade devant les garages, avec sa camionnette, en train de préparer ses pizzas. Le ravisseur a sans doute trouvé plus discret de se garer dans l'impasse d'Albe, en dehors de la vue du pizzaïolo, occupé à sa tâche. Même s'il est coupable, Ranucci n'a jamais garé sa voiture à cet endroit. S'il est innocent, c'est un détail qui lui a été instillé par les policiers en lui disant par exemple : « On le sait : le petit frère nous a dit que tu avais garé la voiture devant les garages. » Dans ce cas, c'est un détail que l'on a gravé dans sa mémoire conformément aux expériences de Porter et Shaw.

Gérard Bouladou a noté que les deux informations pourraient être vraies, que Ranucci aurait pu déplacer son véhicule, qu'il n'aurait noté que le premier endroit sur son plan et fait monter la fillette dans le deuxième endroit. Pourquoi un pédophile, tout entier envahi par ses pulsions perdrait-il ce temps ?

Cette erreur sur le plan, évidemment, ne fait pas de Ranucci un innocent : Ranucci peut être coupable, ne pas se souvenir très bien de l'endroit où il avait garé sa voiture car son esprit était occupé par ses pulsions, et la dessiner à un endroit qui lui a été suggéré par les policiers. Mais que Gérard Bouladou imagine cette manœuvre donne une grille de lecture de l'ancien commandant de police : il tient les aveux obtenus lors d'un interrogatoire policier pour 100 % fiables.

Après les angles et les proportions, un examen du graphisme fournit d'autres éléments troublants :

- Les traits du bas du rectangle figurant l'immeuble sont droits, fermes, et notamment le trait du devant de l'immeuble, au-dessus de la voiture. Ils sont prolongés vers le haut par d'autres traits, non rattachés ; le trait marquant l'extrémité haute de l'immeuble, ainsi que les traits latéraux supérieurs sont courbes, sinueux ; ils sont de plus retouchés par des traits plus droits et moins fermes – ce qui tend, d'un point de vue graphologique, à montrer que deux personnes différentes les ont dessinés ; que la personne qui a dessiné les traits du haut n'est pas celle qui a dessiné sa voiture et les traits du bas. La personne qui a dessiné les traits du haut serait-elle une personne qui se débrouille pour que le plan corresponde à celui du cadastre ?
- On voir les mots IMMEUBLES et RUE inscrits en majuscules, d'une écriture d'abord presque droite qui penche de plus en plus sur la droite (notamment à partir du deuxième M de IMMEUBLES) jusqu'à la fin du mot, alors que les autres mots sont écrits d'une écriture scripte qui penche uniformément et légèrement à gauche (une écriture

homogène, certainement d'une seule personne, dans les mentions « Voiture », « direction prise par le garçon » et « qui monte » sur l'impasse d'Albe). Ce changement de graphisme dans l'écriture, à la différence des variations précédemment évoquées dans les traits n'est pas un signe certain que deux personnes différentes auraient pu écrire respectivement les mots en majuscules et ceux en minuscules. Mais c'est un signe qu'il y a probablement eu au moins deux phases différentes dans l'exécution du dessin et de ses légendes. De surcroit, on observe que le mot RUE s'arrête au même niveau que le trait droit de la façade sud (sur la droite du plan) de l'immeuble, tandis que la mention « qui monte » est bien de l'écriture scripte de Ranucci (c'est la même écriture que celle de tous les fac-similés qui ont été publiés de ses courriers, notamment ceux à sa mère).

Il est impensable que Ranucci ait dessiné ce plan d'une seule traite devant des policiers silencieux se contentant de le regarder : il y a eu un arrêt et des suggestions, voire des questions, sinon des rajouts d'une autre main. Cela est confirmé par le fait qu'à ce changement de graphisme se superpose un changement de direction : « IMMEUBLES » et « RUE qui monte » sont écrits à 90° de la mention « Direction prise par le garçon » et « voiture ». La feuille de papier a donc été tournée pendant l'exécution du plan.

Enfin, une analyse de l'écriture de Ranucci, même si la graphologie n'est pas une science exacte, permet de tirer quelques indices :

- En graphologie, la zone des hampes (partie des lettres qui montent au-dessus de la ligne, comme dans les lettres l, h, k, b, d, ou t) représente les besoins intellectuels, spirituels, tandis que la zone des jambages (en-dessous de la ligne, donc comme dans les lettres g, j, p, ou q) est celle qui représente les besoins du corps, y compris, mais non exclusivement, les besoins sexuels. Les seuls jambages observables, le q de « qui monte » et le g de « garçon » sont d'une longueur et d'une forme bien proportionnée avec le reste de l'écriture. Des jambages plus importants et au graphisme tourmenté seraient plus cohérents avec un détraqué sexuel. Or ce n'est pas le cas ici, alors que Ranucci est bien l'auteur de ces lignes scriptes. L'écriture cursive que l'on voit ici n'est pas l'écriture type d'un déséquilibré ni d'une personne souffrant de troubles psychiques d'ordre sexuel.
- Selon certains spécialistes, une caractéristique d'écriture révélant des troubles de la personnalité, et notamment concernant la sexualité, consiste en des écartements irréguliers entre les lettres. En dehors du mot « monte » sur l'impasse d'Albe, qui est coupé entre les deux

syllabes, on ne trouve pas ce type de caractéristique sur l'écriture de Ranucci.

- On trouve aussi chez les détraqués sexuels des écritures bien proportionnées mais « mécaniques », celle de l'individu qui cherche à contrôler chacun de ses gestes et à paraître ce qu'il n'est pas, par exemple une écriture faite de petits traits droits qui dessinent un parcours trop régulier, trop constant. On la trouve dans l'écriture de Marc Dutroux, le terrible pédophile des Ardennes belges. L'écriture est comme un visage. On peut sourire, rire, faire la moue, une grimace, être en forme ou fatigué, avoir les yeux cernés, ou forcer les traits, mais c'est toujours le même visage. Dans une écriture volontairement contrefaite, une personnalité reste en général reconnaissable au graphologue.
- Il reste enfin un point sur lequel on ne tranchera pas ici : l'écriture de Ranucci est légèrement inclinée à gauche. Ce fait peut refléter certains traits de personnalité ; chez un droitier, elle peut être interprétée comme une volonté, comme une capacité à maîtriser ses émotions et ses pulsions ; mais elle peut aussi être tout simplement la marque d'une écriture de gaucher et, dans cas, l'interprétation ne pourra pas être exactement la même. C'est pourquoi une analyse graphologique est d'autant plus rigoureuse que l'analyste sait au préalable si le scripteur est gaucher ou droitier. Comme on l'a vu plus haut, du fait qu'Héloïse Mathon était gauchère, il y a au moins 25 % de chances que Christian Ranucci l'ait été aussi. Que Christian Ranucci ait été gaucher serait incohérent avec le fait que les coups mortels aient été portés majoritairement au côté gauche de la victime, donc par une main droite. Que Ranucci ait été droitier entrainerait plutôt, au regard de son écriture, une personnalité qui maitrise ses émotions, non de quelqu'un qui commet un crime dans un instant de panique. Si la graphologie n'est pas une science exacte, elle pose quand même un problème pour la culpabilité de Ranucci.

Ce plan est donc loin d'être convaincant à 100 %. On est alors en droit de douter au sujet du petit muret en bas à droite de l'immeuble sur le plan, que la thèse de l'accusation mentionne souvent comme preuve irréfutable de la culpabilité de Ranucci : est-ce vraiment lui qui l'a dessiné ? L'a-t-il dessiné seul, sans aucune indication, sans qu'on lui montre les photos du lieu parues dans la presse ? Ce muret est entouré de deux ovales non terminés, comme si l'on voulait souligner sa présence : est-ce vraiment Ranucci qui a dessiné ce muret ? Et surtout l'a-t-il vraiment dessiné de sa propre initiative, alors qu'il oublie un platane beaucoup plus important de l'autre côté de l'impasse d'Albe ?

Faire « palper » à un suspect des éléments d'un crime qu'il a effectivement commis est une technique d'interrogatoire pour que celui-ci soit littéralement assiégé par les images de son crime et le faire passer aux aveux. Au sujet de la position de la voiture garée devant l'immeuble, comme sur la mention « direction suivie par le garçon » il est légitime de supposer, si Ranucci est innocent, et à la lumière des expériences d'Elizabeth Loftus et de Porter & Shaw, qu'il avait comme tout citoyen lu les détails de l'enlèvement dans la presse, ou bien tout simplement que ces détails lui avaient été donnés par les policiers lors de l'interrogatoire, et que le faux souvenir lui en aurait été instillé pendant sa garde à vue.

Il est bien évident que Ranucci a exécuté une partie du plan, mais il est probable que celui-ci a ensuite été complété, on ne sait ni par qui ni quand. Aujourd'hui, une expertise graphologique pourrait l'affirmer et ce plan serait en toute rigueur retiré du dossier.

Ce plan, présenté aujourd'hui par l'accusation comme l'une des preuves les plus irréfutables du crime n'était que presque parfait. Il comporte plusieurs signes, même si on ne peut l'affirmer avec certitude, de manipulation de preuve, et se révèle beaucoup trop suspect pour prouver formellement que Ranucci se soit un jour trouvé sur les lieux.

Le passage aux faux aveux : le clavier piégé de Kassin et Kiechel

Nous avons vu au chapitre précédent que les expériences de Loftus et Pickrell ont montré comment il est possible d'implanter dans la mémoire d'un individu le souvenir d'un événement qui ne s'est jamais produit. Nous venons de voir que les expériences de Porter et Shaw ont montré comment persuader quelqu'un qu'il a commis un crime imaginaire. Mais cela ne permet pas pour autant d'expliquer le passage aux aveux. On pourrait imaginer qu'un innocent, qui peu à peu se persuade de sa culpabilité, résiste longtemps aux accusations qui sont portées contre lui pour échapper au châtiment. Ranucci a ainsi tenu dix-neuf heures sans rien avouer. Quel est l'élément déclencheur qui conduit alors quelqu'un à passer à de faux aveux ?

Avant Porter & Shaw, deux autres psychologues s'étaient penchés non pas sur la fiabilité de la mémoire, mais sur ce qui conduit quelqu'un à avouer quelque chose qu'il n'a pas fait : Saul Kassin et Katherine Kiechel avaient ainsi publié en 1996 les résultats d'une expérience particulièrement révélatrice[44]. Il s'agissait d'alerter des cobayes qu'ils étaient en danger de commettre une faute puis de leur faire avouer qu'ils l'avaient effectivement commise. Les résultats avaient fait l'objet d'une publication en mai 1996, encore une fois dans la revue *Psychological Science*.

L'expérience, très simple, était présentée aux cobayes non pas comme une expérience sur la mémoire mais comme un test de leurs réflexes et de leur rapidité de frappe à la dictée. On leur fournissait un ordinateur, et il leur était demandé de taper des caractères spéciaux sous la dictée. Mais on les avait prévenus que l'ordinateur comportait un bug, et qu'une frappe sur la touche « ALT » bloquerait complètement la machine. À l'époque, en 1996, les ordinateurs étaient plus gros, plus lourds et surtout plus fragiles. Les crashes d'ordinateurs entrainaient plus souvent la perte de données. Aussi faire avouer à quelqu'un qu'il avait causé une panne fatale à un ordinateur en appuyant sur une touche était beaucoup plus culpabilisant qu'aujourd'hui.

En réalité, les ordinateurs utilisés pour l'expérience étaient programmés pour se bloquer complètement à partir d'un certain moment. C'était le moment choisi pour accuser le cobaye d'avoir appuyé par erreur sur la touche « ALT » et de voir s'il allait avouer un fait imaginaire.

Kassin et Kiechel avaient constitué deux groupes de cobayes d'une trentaine de personnes. Dans le premier groupe, les cobayes n'étaient surveillés, pendant l'expérience, que par l'expérimentateur qui se chargeait lui-même de les accuser d'avoir appuyé sur la touche « ALT » et d'observer leur réaction. Dans le second groupe, juste avant la panne, un inconnu, en réalité complice de l'examinateur, arrivait à un moment dans la salle et, au moment de la panne, il prétendait lui-même avoir vu le cobaye enfoncer la touche fatale. Afin de discerner si d'autres facteurs permettaient d'influencer les réactions, il y avait à l'intérieur de chaque groupe quinze personnes auxquelles les caractères étaient dictés lentement, et quinze personnes auxquelles la dictée était effectuée à vitesse plus rapide.

Le résultat fut sans appel. D'abord, 69 % des cobayes étaient prêts à signer de faux aveux. Sur ces 69 %, 28 % reconnurent après l'expérience avoir été réellement persuadés qu'ils avaient effectivement appuyé sur la touche déclenchant le crash, et 9 % d'entre eux avouèrent des détails tels que les touches qu'ils avaient frappées auparavant ou celle associée à la touche « ALT ». Ces résultats préfiguraient ce que Porter et Shaw devaient montrer une vingtaine d'années plus tard.

Mais le résultat le plus tangible au regard de l'affaire Ranucci fut l'écart entre le groupe de ceux qui étaient accusés par l'examinateur et ceux accusés par le complice inconnu : les 69 % qui signaient une déclaration reconnaissant qu'ils avaient causé la panne de l'ordinateur et la perte de toutes les données n'étaient que 50 % dans le premier groupe, dans lequel ils étaient accusés par l'homme qui dictait les caractères, mais 95 % dans le groupe où ils étaient accusés par une personne ayant fait irruption dans la scène. Les 29 % qui avouaient avoir été réellement persuadés d'avoir appuyé sur la touche interdite n'étaient que 6 % dans le premier groupe et 55 % dans le groupe où un témoin extérieur les avait accusés. Enfin, les 9 % de cobayes à avouer des détails imaginaires comme les touches qu'ils avaient frappées avant la touche « ALT » appartenaient tous au groupe où ils avaient été accusés par l'inconnu complice de l'examinateur, dont ils représentaient 19 %, et même 35 % de ceux qui, à l'intérieur de ce groupe, avaient effectué le test de dictée à vitesse élevée, autrement dit dans des conditions de stress intense.

De cette expérience, Kassin et Kiechel devaient déduire que l'intervention d'une personne extérieure à la scène, apparemment indépendante de la scène, contribuait à provoquer le passage aux aveux et convainquait les cobayes qu'ils avaient bel et bien fait ce dont on les accusait. Par ailleurs, la pression exercée par la vitesse de dictée augmentait, dans chacun des deux groupes, le taux de ceux qui signaient leur déclaration d'aveux comme celui de ceux qui se persuadaient réellement d'avoir commis une fatale faute de frappe.

Or quelles sont les circonstances qui déclenchent le passage aux aveux de Ranucci ? En début d'après-midi le 6 juin, cela fait dix-neuf heures qu'il est en garde à vue. Il a été interrogé pendant une partie de la nuit, puis de nouveau entre 9 h et 12 h. Les policiers ont bluffé en prétendant que des témoins l'avaient reconnu – ce qui était faux à l'exception de Vincent Martinez. Il a donc été soumis à un stress intense comme ceux des cobayes de Kassin et Kiechel qui doivent écrire des caractères en dictée rapide. Et en début d'après-midi, c'est Aline Aubert, qui n'a évidemment pas participé aux interrogatoires, qui surgit dans la scène.

Ranucci ne la connait pas, il ne l'a jamais vue. Voilà qu'alors qu'il est épuisé par dix-neuf heures d'interrogatoire, de bluff, de pressions psychologiques, une inconnue lui prétend avec assurance et énergie qu'elle l'a vu s'enfuir dans la colline avec un enfant qu'il est accusé d'avoir tué. S'il est innocent, Aline Aubert est bien en train de le convaincre qu'elle l'a bien vu avec un enfant comme si elle l'avait vu appuyer sur la touche « ALT » du clavier de Kassin et Kiechel.

Il n'en faut pas plus pour faire craquer Ranucci et enclencher la tragédie qui va le conduire à la mort. Même si les expériences de Kassin et Kiechel n'allaient être pratiquées que vingt ans plus tard, les policiers savaient sans doute d'expérience que l'irruption d'un témoin inconnu était un moyen d'accentuer la pression sur un suspect : si on ne peut pas l'affirmer, on ne peut pas exclure non plus que la scène ait été montée volontairement par les policiers qui auraient voulu en finir.

Conclusion

Au terme de ce chapitre, nous avons donc non seulement vu qu'il est possible de persuader quelqu'un qu'il a commis un crime et comment, mais également qu'il est possible de le lui faire avouer et de lui faire donner de nombreux détails. Mais ce qui frappe surtout, c'est la proportion d'individus sur lesquels les expériences de Porter et Shaw ont donné le résultat redouté : au bout de trois entretiens de quarante minutes, il est possible d'obtenir tous les détails d'un crime imaginaire chez près des trois quarts des personnes interrogées. À ceux-là, il faut encore ajouter ceux qui passent aux aveux sans être convaincus, ceux qui se persuadent qu'ils ont commis un crime sans pouvoir en donner de détails. Ces derniers, dans des cultures judiciaires où l'aveu reste la preuve reine, ne pourront pas échapper à une condamnation, voire même dans les pays qui la pratiquent encore à une condamnation capitale. Enfin, nous avons vu comment l'accusation d'une personne étrangère au protocole faisait passer les cobayes à l'aveu et facilitait la confession de détails imaginaires.

Toutefois, en convoquant ici les psychologues qui ont réalisé ces expériences, nous ne pouvons prétendre avoir montré l'innocence de Ranucci. Au vu de ce que l'on sait du mode opératoire des expériences de Porter et Shaw, et du protocole d'interrogatoire subi par Ranucci dans les locaux de l'Évêché, on peut seulement affirmer que toutes les conditions étaient on ne peut mieux réunies pour générer, chez un éventuel innocent, le faux souvenir d'un crime. Et de par les expériences de Kassin et Kiechel, l'accusation d'Aline Aubert qui a déclenché le passage de Ranucci aux aveux était un élément trop fort pour qu'il pût, y compris s'il était innocent, opposer un temps encore une quelconque résistance à la pression qui l'étouffait.

Ce que nous avons montré, c'est que ni les aveux de Ranucci devant les policiers, ni ceux devant Ilda di Marino, ni ceux devant Myriam Colder ou le docteur Vuillet, ni ses récits devant les psychiatres, ni même ses aveux devant sa mère n'interdisent de penser que Ranucci puisse être innocent : parce qu'il pouvait être à la fois innocent et réellement persuadé, le 6 juin et dans les semaines qui allaient suivre, d'avoir commis un crime.

Des aveux constituent évidemment un signe : mais au lieu d'en faire une pièce accusatoire d'une fiabilité indiscutable, l'accusation doit au contraire les interroger en eux-mêmes quant aux conditions dans lesquelles ils ont été obtenus, quant aux questions précises auxquelles ils ont répondu et quant à leur cohérence avec ce que l'on sait des faits. Refuser de faire des aveux le texte sacré d'une religion qui s'imposerait à la justice est d'autant plus légitime que les recherches entreprises par des psychologues au cours des dernières décennies ont clairement mis la mémoire humaine en accusation.

VI. La mémoire manipulée : Les preuves du crime étaient presque parfaites

Nous avons vu dans les deux chapitres précédents comment les souvenirs peuvent être modifiés, consciemment ou non, comment la mémoire peut falsifier des témoignages à l'insu de ceux qui les portent, comment elle crée des victimes imaginaires et comment elle peut persuader des individus qu'ils ont commis un crime qu'un tiers a imaginé à leur place. Les expériences de Porter et Shaw autorisent l'hypothèse que le contenu précis des aveux, ainsi que le plan dessiné de sa main dans les locaux de la police de Marseille soient le fruit de faux souvenirs, instillés à Christian Ranucci au cours de sa nuit puis de sa matinée de garde à vue, comme l'avait déjà soutenu Gilles Perrault. Les travaux d'Elizabeth Loftus rendent possible que les époux Aubert, sous la pression qui régnait à l'Évêché le 6 juin, aient été de bonne foi en déposant des témoignages largement contradictoires avec ce que la presse a retenu de leurs déclarations préalables.

Mais la mémoire collective s'est accrochée à d'autres éléments de l'affaire. À charge contre Ranucci, on sait qu'il existe des pièces à conviction à première vue accablantes, notamment le couteau et le pantalon. À charge contre l'enquête, et non à décharge contre Ranucci, il y a aussi beaucoup d'omissions. Il y existe aussi des pièces à conviction à décharge, et notamment le pull-over rouge qui a laissé son nom à l'affaire. Ce sont ces omissions et ces pièces à conviction que nous allons examiner maintenant.

Une première omission : l'heure du décès demeure officiellement inconnue

Si les époux Aubert ont vu l'enfant vivante, l'heure du décès devrait être postérieure ou égale à 12 h 15. Or celle-ci n'est pas estimée dans le rapport d'autopsie. Et surtout, l'autopsie pratiquée sur la victime ne mentionne pas l'examen d'un éventuel bol alimentaire. Cette omission est incroyable pour une autopsie pratiquée dans le cadre d'une affaire criminelle. Relève-t-elle de l'incompétence, d'une faute inexcusable ou d'une omission volontaire ? Ou bien cet examen a-t-il été pratiqué, mais ses résultats auraient-ils été passés sous silence en raison d'une incohérence avec l'emploi du temps de Ranucci ? Cet examen confronté à l'emploi du temps de la victime et à l'heure de son petit-déjeuner aurait dû permettre de donner une fourchette de son heure de décès.

Passé un laps de temps que l'on évalue en général entre 3 et 4 heures, le transit du bol alimentaire dans l'estomac est terminé. Si de la nourriture avait été retrouvée dans l'estomac de la victime, et si celle-ci avait déjeuné vers 8 h 30 du matin par exemple, son estomac à 12 h 15 aurait dû être vide. Tandis que si son estomac avait contenu encore les restes d'un bol alimentaire, cela aurait plaidé plutôt pour un décès avant midi, donc un décès qui, combiné avec un départ de la cité Sainte-Agnès au plus tard à 11 h 15, aurait plutôt eu lieu vers midi, donc probablement avant l'accident de Ranucci : dans ce cas, les époux Aubert auraient aperçu dans les fourrés non pas un adulte avec un enfant vivant, mais un enfant mort dans les bras de son ravisseur – et n'auraient évidemment pas entendu sa voix.

On ne peut faire là qu'une hypothèse. Cette omission ne plaide ni en faveur de la culpabilité ni en faveur de l'innocence de Ranucci. Elle plaide simplement à charge contre l'enquête qui aurait dû tester la cohérence entre l'heure du décès et l'heure de l'accident.

Jean-Louis Vincent citant un médecin légiste affirme que l'état de décomposition dans lequel le cadavre a été retrouvé le 5 juin était bien cohérent avec un décès deux jours plus tôt ; cela rend vaine l'hypothèse soulevée par Gilles Perrault dans *L'ombre de Christian Ranucci,* selon laquelle l'assassin aurait pu garder sa victime vivante jusqu'au 4 juin. Un décès le 3 juin reste l'hypothèse de base, que Ranucci soit coupable ou innocent. De plus, un pédophile conservant sa victime vivante pendant vingt-quatre heures aurait certainement abusé d'elle.

Le chien et le pull-over rouge

Après cette omission invraisemblable dans un rapport d'autopsie, un deuxième problème est celui de la première pièce à conviction trouvée sur les lieux du crime : le pull-over rouge, que les gendarmes découvrent le 5 juin dans la champignonnière. Or les 4 et 5 juin, il a été signalé à la police trois cas de pédophiles en chasse dans les jours qui précèdent le crime. Au moins pour Paul Martel et les filles Albertini, les témoignages ont fait état d'un homme vêtu d'un pull-over-rouge. Ce pull-over retrouvé dans la champignonnière a été le fil conducteur de la première enquête de Gilles Perrault.

Aucun document, aucun auteur n'a contesté qu'un pull-over rouge a bien été retrouvé par les gendarmes dans l'après-midi du 5 juin dans la champignonnière, et le procès-verbal 610/2 précise l'heure de cette découverte, en l'occurrence 15 h 20. En revanche, Gérard Bouladou comme Jean-Louis Vincent ont affirmé qu'aucun document n'indique que Dirol, le chien mis sur la piste, a reniflé ce pull-over. Ce détail ne figure effectivement pas sur le procès-verbal qui relate comment l'animal a remonté la piste sur la route et a conduit les gendarmes à proximité du corps. S'il a été oublié, c'est encore une négligence. Si on ne lui a pas fait renifler le pull-over rouge, qu'a-t-on fait renifler à ce chien qui va bel et bien suivre une piste ? Des vêtements appartenant à la victime ? Rien ne mentionne que les gendarmes soient passés chez les Rambla pour prendre un vêtement qu'elle aurait porté récemment.

Le fait que Dirol ait reniflé le pull-over rouge a été affirmé, d'une part, par l'auteur du livre signé de Mathieu Fratacci[45] – même si son récit ne fournit que peu de détails et si ce dernier affirme que le chien n'a pas suivi de piste après avoir flairé le vêtement – et, d'autre part, quelques années plus tard par le commissaire Alessandra lui-même, qui en avait été informé. Ce dernier a certainement eu en direct l'information que le chien était remonté sur la route jusqu'au niveau du corps et au-delà. Aucun autre objet, et surtout aucun autre vêtement ou « O.P. » (objet personnel) susceptible de servir de pièce à soumettre au flair d'un chien, n'est entre les mains des policiers le 5 juin lorsque l'animal est mis en piste à 15 h 40.

Jean-Louis Vincent affirme qu'à l'époque les chiens pouvaient renifler le terrain, les accidents, tous les endroits où la personne recherchée aurait pu marcher. C'est vrai. Mais une pièce de vêtement est un objet infiniment plus précieux, qui garde mieux que tout autre empreinte de pas ou trace dans la boue les marques olfactives de celui qui l'a porté. Gérard Bouladou ou Jean-Louis Vincent ont démenti que l'on aurait donné le vêtement au chien. Cela n'est effectivement pas écrit. Représentons-nous donc les gendarmes qui trouvent une pièce de vêtement dans une champignonnière où un véhicule suspect a été vu enlisé, à proximité de l'extrémité des traces de roues, où l'on se demande si on ne va pas trouver le cadavre d'un enfant, et qui disposent d'un chien de gendarmerie dressé pour le suivi d'une piste. Lorsqu'un maître de chien arrive sur les lieux d'une enquête, sa première question est en général de demander quels sont les indices d'une présence humaine. Il peut s'agir de traces de pas, de traces de pneus, d'ustensiles de cuisine, etc., mais rien ne vaut un vêtement qui a été en contact avec un corps. Peut-on imaginer un seul instant qu'un gendarme maitre de chien sensé, professionnel ne fasse pas renifler ce pull-over à son animal? Cela revient à le soupçonner d'incompétence. D'autant que le lieu de découverte de ce pull-over est directement signalé comme point de départ dans le procès-verbal 610/2, qui précise que le chien est mis en piste « à partir de la galerie où le pull-over rouge a été découvert ». Ce qui donne un lieu plus que précis comme point de départ du chien : c'est bien la piste du propriétaire du pull-over rouge que l'on demande au chien de suivre. Quant à Ilda di Marino, avant de quitter les lieux le 5 juin au soir, elle mentionne dans son procès-verbal qu'il lui a été indiqué qu'un pull-over rouge a été trouvé « à proximité de l'extrémité des traces de roues ». Trois procès-verbaux, celui de la juge d'instruction, celui du maître de chien et celui du capitaine Gras convergent donc unanimement pour attester que l'endroit précis de la découverte du pull-over rouge est le lieu où le véhicule a été immobilisé puisque l'extrémité des traces de roues en témoigne. C'est ce lieu précis qui sert de point de départ pour mettre le chien en piste : peut-on vraiment croire que le maître de chien ne lui aurait pas donné ce pull-over à renifler ? Les gendarmes ne pouvaient pas ne pas faire de lien entre le pull-over et le véhicule, donc avec son propriétaire.

La littérature varie en ce qui concerne la durée de rémanence de la marque olfactive d'un individu sur un chemin, et il est difficile de conclure objectivement sur ce point. Mais les ouvrages consultés semblent converger vers le fait que c'est en-deçà de six heures après son passage qu'un chien peut suivre efficacement la marque olfactive laissée par un homme ; entre six et vingt-quatre heures, le suivi est plus difficile et va dépendre des conditions atmosphériques ; au-delà de vingt-quatre heures, la marque olfactive laissée par un homme est quasi impossible à suivre, même pour un chien dressé à cet effet. C'est ce qu'affirmait notamment une thèse de doctorat de vétérinaire sur les chiens de la Gendarmerie nationale, soutenue par Monique Hestin en 2002[46] et qui récapitulait les connaissances que l'on avait à l'époque, ainsi que les protocoles employés jusqu'alors par les maîtres de chiens. De plus, un temps chaud (ce qui est le cas en ce 5 juin), un sol dur et sec (ce qui est également le cas ce jour-là dans le chemin qui va de la route à la champignonnière, et encore plus sur la route elle-même) favorisent une dispersion rapide des effluves laissés par un homme. Le maître de chien note ces circonstances dans son procès-verbal, en précisant qu'il s'agit de facteurs défavorables. Si le chien suit une piste, c'est celle d'un homme qui a effectué le trajet à pied au plus tôt le matin même du mercredi 5 juin et peut-être même en milieu de journée, donc peu avant l'arrivée des gendarmes ; la marque olfactive est déjà atténuée ou discontinue.

En 1985, dans le cadre de l'enquête préliminaire à une demande en révision, le capitaine Gras déclarera avoir retrouvé ce 5 juin 1974 le coupé 304 dans la galerie et avoir fait renifler les sièges du coupé au chien. Faire renifler les textiles des sièges du coupé au chien n'aurait pas été une mauvaise idée, mais cette affirmation n'est pas un mensonge, c'est carrément une énormité. Dans l'après-midi du 5 juin, le coupé 304 est à Nice, où les policiers iront le récupérer dans le parking de la résidence où habite Christian Ranucci. Ensuite, comme tout officier de gendarmerie, le capitaine Gras sait parfaitement qu'un chien de gendarmerie obéit avant tout aux instructions de son maître de chien : même à supposer que le coupé eût été dans la champignonnière ce jour-là, ce n'est pas lui qui aurait fait renifler les sièges de la voiture à l'animal. L'animal n'aurait pas compris ce qui lui était demandé. On se demande comment le capitaine Gras a osé faire une affirmation aussi grossièrement fausse et on a du mal à imaginer une simple trahison de la mémoire.

La marque olfactive que Dirol se met à suivre le conduit d'abord sur le chemin de l'entrée de la champignonnière à la route. Il ne s'échappe pas dans les fourrés, ne fait pas le tour du tas de fumier : il suit le chemin de terre. Puis arrivé sur la route, il prend sur sa gauche vers le carrefour de La Pomme. Selon le procès-verbal, il marche en tout 1,2 km. Il dépasse le niveau du lieu où le corps de la victime va être découvert, puis on l'y ramène. Il s'immobilise. Pourquoi Dirol est-il ramené en arrière ? On pourrait imaginer que, puisqu'à cette heure-là, les gendarmes sont affairés autour du corps de la fillette, le maître de chien a jugé inutile de continuer la route.

C'est méconnaître la manière de travailler d'un maître de chien qui ne doit surtout pas influencer son animal. En outre, après avoir dépassé le point de la route au niveau du corps de la victime, le maître de chien aurait pu être dans l'expectative de voir si Dirol n'allait pas monter dans les fourrés vers le lieu de découverte du corps. Un maître de chien forme un tandem avec son animal : il a appris à l'observer et à le connaître. Lorsque celui-ci commence à hésiter, et à montrer de nets signes d'égarement, il doit le ramener en arrière au dernier point où il a constaté que le chien était orienté pour voir s'il reprend la piste ou pas. Et s'il reste immobile, c'est le signe que la piste s'arrête, que la marque olfactive qu'il a suivie ne va pas plus loin. C'est le but de la manœuvre qui consiste à ramener Dirol en arrière : puisqu'il a perdu la trace, on le ramène au dernier endroit où il suivait clairement une piste pour voir s'il recommence à chercher dans une autre direction. Dirol ne monte pas dans les fourrés, et ne monte pas jusqu'au corps de la victime. Donc si le chien a bien reniflé le vêtement, le propriétaire du pull-over rouge a refait à pied le chemin de la champignonnière au point de la route au niveau du corps, par exemple pour vérifier que rien n'était visible depuis la route, mais sans remonter jusqu'au corps de la victime. Il l'a refait quelques heures avant l'arrivée des gendarmes. Il avait donc un motif particulier de faire ce trajet, de revenir à un endroit précis, mais de ne pas remonter jusqu'au corps (pour ne pas y laisser d'empreinte de chaussure par exemple). Il n'avait pas besoin d'aller plus loin sur la route que le point au niveau du corps. Donc le propriétaire du pull-over rouge avait clairement le 5 juin une raison de s'intéresser à cet endroit et de ne pas s'engager dans les fourrés.

Même si l'on devait supposer, ce que tiennent pour vrai ceux qui croient à la culpabilité de Ranucci, que le pull-over rouge n'a pas été reniflé par le chien, ce dernier a bien suivi une piste parcourue par un homme qui a fait, quelques heures avant, à pied, le trajet qui va de la champignonnière au point de la route au niveau de la découverte du corps. La piste était déjà difficile à suivre (le chien a parcouru 1,2 km en 40 minutes, ce qui est particulièrement lent). Cet homme pourrait-il être un des gendarmes présents sur place, appelé à 15 h 45 lors de la découverte du corps ? C'est impossible : non seulement le gendarme en question n'aurait eu aucune raison de ne pas remonter jusqu'au corps, mais en plus, la piste suivie par le chien aurait dans ce cas été très nette. Dans ce cas, comme le signale justement Jean-Louis Vincent, le chien aurait marché plus vite qu'un piéton, il aurait fallu retenir la laisse et il n'aurait probablement pas mis 40 minutes à refaire le trajet.

Nous atteignons là une objection majeure de Gérard Bouladou et Jean-Louis Vincent. Pour montrer la culpabilité de Ranucci, ils veulent détacher ce pull-over de l'affaire. Le premier affirmait que le chien n'avait donné aucun résultat, le second a écrit qu'on ne peut pas en déduire que le chien ait suivi une piste précise. Mais encore une fois, et toujours selon la thèse de doctorat vétérinaire[47] de Monique Hestin, un chien qui suit une marque olfactive, surtout si elle est rendue discontinue par les vapeurs d'échappement sur la route et affaiblie par la chaleur sèche n'avance pas linéairement dans une direction et sans discontinuer en tirant son maître. Il sent des marques, cherche la suivante autour de lui. Et en aucun cas le maître de chien ne doit faire le moindre geste pour l'influencer : si le chien semble perdu et hésiter dans toutes les directions, il le ramène en arrière. Si le chien repart, la piste continue, et ainsi de suite, jusqu'à ce que le chien s'immobilise complètement, marquant alors la fin de la piste. Selon Monique Hestin, contrairement à ce qu'ont affirmé Gérard Bouladou ou Jean-Louis Vincent, un chien de gendarmerie ne progresse pas *systématiquement* linéairement sur une route à une vitesse supérieure à celle d'un piéton qui devrait le retenir – leur objection semble faire appel chez leurs lecteurs aux images que l'on a des chiens de bande dessinée, des Milou ou des Idéfix qui conduisent très vite à l'indice, au malfaiteur, au sanglier ou au légionnaire romain recherché. Et encore une fois, le maître de chien conclut son procès-verbal par la mention « orienté », ce qui signifie que quelque chose portant une marque olfactive a bien permis au gendarme de mettre le chien en piste.

Tout confirme donc la thèse affirmée par Yann Le Meur selon laquelle un homme a fait le trajet qui mène de l'endroit où le pull-over a été retrouvé, donc l'endroit où la voiture a été immobilisée, jusqu'au point de la route au niveau du corps de la victime, et qu'il a dû faire ce trajet le matin même du 5 juin. Dans ce cas, ce ne peut pas être Ranucci qui s'est rendu à son travail les 4 et 5 juin.

Selon le procès-verbal de gendarmerie, comme selon celui dressé par Ilda di Marino, et comme selon Jean-François Le Forsonney, le pull-over était indemne de toute moisissure ; il était certes sale mais neuf : lorsqu'il a été découvert, il avait probablement été abandonné depuis peu de temps, même si rien ne permet de dire qu'il y ait été déposé après le 3. Ranucci, quant à lui, à partir du soir du 3 juin, était à Nice et ne devait quitter la ville que le 5 juin au soir.

Yann Le Meur évoque la possibilité que les gendarmes aient été présents dès le matin du 5 juin, et que le propriétaire du pull-over se serait approché de la champignonnière sans pouvoir récupérer son vêtement. C'est théoriquement possible, mais peu probable. Les gendarmes ont tenu des procès-verbaux rigoureux de tout ce qu'ils ont fait. Si une première inspection de la galerie avait eu lieu le matin même du 5 juin, elle aurait été mentionnée dans un procès-verbal, au moins le procès-verbal 610/1, dans lequel le capitaine Gras fait état d'une première inspection des gendarmes dans les environs du carrefour de La Pomme l'après-midi du 4 juin. De plus, la piste part de la champignonnière et suit la route : un homme a donc fait le trajet depuis la galerie du pull-over rouge au fond de la champignonnière jusqu'à la route et jusqu'au niveau du lieu où le corps a été retrouvé. Il a donc garé sa voiture entre les deux points, et fait le trajet aller et retour avant de repartir.

Gérard Bouladou a soutenu que le pull-over rouge n'avait rien à voir avec l'affaire, en vertu du fait que les passages de voitures auraient largement eu le temps d'effacer toute trace olfactive sur la route entre le 3 et le 5 juin. Son raisonnement serait correct si l'on était certain que ce pull-over rouge s'était trouvé dans la champignonnière le 3 juin, et que son propriétaire n'était pas repassé sur la route entre le 3 et le 5 juin.

Dans le cas où Ranucci est innocent, et où le coupable serait l'homme au pull-over rouge, on peut maintenant se demander si, en laissant son pull-over dans la champignonnière, le meurtrier n'aurait pas commis un oubli imprudent.

Il se trouve que le chemin qui mène à la champignonnière comporte deux embranchements. Des chemins partent dans plusieurs directions. L'entrée du tunnel est difficile à trouver. De plus, la barrière à l'entrée stipule qu'il s'agit d'une propriété privée. Pour un assassin qui ne connaît pas les lieux, il faudrait être fou pour s'enfoncer dans un terrain appartenant à un propriétaire pouvant surgir à tout moment, où il peut se trouver une maison, des bâtiments. Or cette propriété privée-là n'est qu'un terrain désert conduisant à une ancienne galerie de mines reconvertie en lieu de culture de champignons. C'est un endroit discret un jour férié, qui plus est connu des détraqués sexuels.

Si Ranucci est coupable, qu'il doit changer de vêtements et réparer sa voiture accidentée, il doit connaître parfaitement les lieux. Or Ranucci ne possède sa voiture que depuis quelques semaines. Ce lieu n'est accessible qu'en voiture. Il ne saurait donc être venu en ces lieux qu'accompagné. Il faudrait donc croire qu'il serait membre d'un réseau pédophile, ou qu'il ait eu un complice, thèse que le commissaire Alessandra a envisagée. Or, nous l'avons vu au chapitre précédent, la première hypothèse ne repose sur aucun fondement sérieux. Il est donc très improbable que Ranucci ait été, avant le 3 juin 1974, familier des lieux.

Le fait d'avoir conduit la voiture en marche arrière et de l'avoir enlisée fait, en revanche, penser à une mise en scène. On peut aisément imaginer que, compte tenu de la réputation de cette champignonnière, un détraqué sexuel ait été familier de la galerie. Si Ranucci est innocent, le meurtrier a probablement conduit lui-même le coupé 304 pour l'immobiliser à proximité du lieu du crime et détourner d'autant plus facilement les soupçons sur Ranucci. En laissant un vêtement qui n'appartient pas à Ranucci, il pourrait faire échouer sa manipulation.

Mais si Ranucci est innocent, on pourrait aussi imaginer que, le 5 juin, alors que l'on commence à parler dans la presse des affaires de la cité des Cerisiers, le meurtrier soit revenu à la champignonnière en laissant volontairement le pull-over rouge à proximité de l'endroit où le véhicule a été retrouvé enlisé. Ainsi, il laisserait accuser Ranucci d'être le propriétaire d'un pull-over rouge aperçu dans les journées précédentes sur les épaules d'un individu suspect rodant dans les cités de Marseille. Il n'est donc pas acquis que la présence du pull-over rouge soit le fruit d'une imprudence ou d'un oubli : elle peut aussi s'inscrire dans un dessein manipulatoire.

Oubli imprudent ou manipulation délibérée ? Il n'est pas possible de trancher. La seule certitude est que, pour qu'une trace olfactive parte de la galerie et arrive au point de la route au niveau de la découverte du corps, un homme est passé dans cette galerie à l'endroit où le pull-over a été découvert et a marché jusqu'à proximité du corps quelques heures avec la battue des gendarmes.

Dans les forums Internet qui plaident en faveur de la culpabilité de Ranucci, en dehors de l'affirmation la plus répandue comme quoi Dirol n'aurait suivi aucune piste, on trouve deux hypothèses délirantes : la première est que Dirol aurait été tiré sur le chemin ; la seconde, qu'il aurait suivi la marque olfactive d'un gendarme sur les lieux depuis quelques heures et qui aurait fait le chemin. C'est accuser son maître de chien d'une incompétence pitoyable.

On ne peut donc pas mettre en doute que le chien a bien suivi une marque olfactive entre la champignonnière et un point de la route à proximité du corps, laissée par un homme au plus tôt le matin du 5 juin. Il devient impossible de mettre en doute le rapport entre le pull-over rouge, ou pour le moins, le lieu où le vêtement avait été trouvé, l'extrémité des traces de roues – donc l'endroit où le véhicule a été immobilisé, et le meurtre de Marie-Dolorès Rambla.

Le pull-over rouge est à tel point embarrassant que le commissaire Alessandra, interrogé lors de la première demande de révision du procès en 1979, a formulé trois hypothèses à son sujet.

La première hypothèse du commissaire Alessandra est qu'il n'aurait aucun rapport avec l'affaire. À cet instant de l'après-midi du 5 juin, où Ranucci travaille à Nice pour la dernière fois de sa vie et n'a encore rien avoué, la présence d'un pédophile au pull-over rouge dans les cités de Marseille est déjà connue des policiers par la déposition de Paul Martel le 4 juin. Il faut se rendre à l'évidence que la découverte du pull-over rouge dans la champignonnière est pour les gendarmes une découverte autant capitale qu'inquiétante alors qu'ils redoutent le pire, c'est-à-dire découvrir le corps sans vie de la victime. Et cette hypothèse est contradictoire avec la piste suivie par le chien, fait confirmé par Gérard Alessandra lui-même.

Pour que Ranucci soit coupable, la deuxième hypothèse du commissaire Alessandra est que le pull-over rouge aurait appartenu à Ranucci.

On peut concéder à Gérard Bouladou que Ranucci n'aurait pas détesté le rouge, contrairement à ce que sa mère a déclaré aux policiers et plus tard à Gilles Perrault. Il y en avait sur les sièges de sa 304. Yann Le Meur concède d'ailleurs qu'il y a une nuance entre détester et ne pas aimer une couleur : on peut s'accommoder, dans une voiture d'occasion que l'on n'a choisie que sur un critère de prix, de la présence d'une couleur que l'on écarte dans le choix d'un vêtement. Au crédit de Gérard Bouladou, un camarade de régiment de Ranucci, Alain Rabineau, s'est souvenu dans les années 2000 d'avoir vu Ranucci avec un pull-over rouge, un peu trop grand pour lui, tricoté par sa mère, à col et sans boutons sur l'épaule. On peut évidemment douter de l'exactitude de souvenirs vieux de 35 ans. Mais même si la mémoire d'Alain Rabineau est correcte, celui-ci a certifié, au vu des photos du dossier, que le pull-over rouge de la champignonnière n'était pas celui que portait parfois Ranucci.

Paul Martel, en revanche, a reconnu le pull-over rouge retrouvé dans la champignonnière comme étant semblable à celui porté par l'homme qu'il avait vu dans la cité des Cerisiers : il était boutonné sur l'épaule. Plus grave : dans les jours qui ont suivi l'inculpation de Ranucci, Paul Martel a été sollicité pour visiter un établissement de personnes handicapées psychiques pour voir s'il y reconnaîtrait l'homme au pull-over rouge. On lui a présenté toutes les personnes internées. Le résultat a été négatif. Cela montre que, même après l'arrestation de Ranucci, le pull-over rouge continuait d'intriguer les hommes du commissaire Alessandra.

À première vue, rien n'interdirait donc de penser que le pull-over retrouvé dans la champignonnière ait appartenu à Ranucci et que son « horreur du rouge » ait été exagérée, voire complètement inventée. Rien n'interdit de penser qu'il ait possédé lui aussi un pull-over rouge plutôt à col et sans boutons, si l'on en croit Alain Rabineau. Si le vêtement trouvé dans la champignonnière lui avait appartenu, on pourrait imaginer que Ranucci ait enfilé son pull-over dans la galerie, où il faisait frais. Mais pourquoi Ranucci, à quelques jours de son procès où il espère être innocenté, soutient-il devant son avocat Jean-François Le Forsonney que le couteau automatique, pièce à conviction autrement plus dangereuse pour lui, lui appartient bien, tandis qu'il persiste à affirmer que ce pull-over ne lui appartient pas ? Nier être le propriétaire du pull-over rouge serait-il une tactique de la part de Ranucci ? Si Ranucci voulait se construire un alibi solide, il nierait dans ce cas avoir été le propriétaire ET du couteau ET du pull-over. Tandis qu'il prépare sa stratégie de défense quelques jours avant son procès, voilà Christian Ranucci qui continue devant son avocat de soutenir ce qu'il a dit aux policiers deux ans plus tôt, le 6 juin 1974, après avoir avoué.

S'il avait été le propriétaire du pull-over, il n'aurait eu aucun motif en cet après-midi du 6 juin de le cacher, alors qu'il ne pouvait cacher s'être trouvé dans la champignonnière où ce pull-over avait été retrouvé. S'il en avait été le propriétaire, il aurait été logique à cet instant qu'il dise aux policiers : « Je l'ai oublié », sans que cela n'aggrave quoi que ce soit pour lui, alors qu'il venait d'avouer un crime atroce.

Le 6 juin 1974, les policiers de l'Évêché étaient probablement convaincus que Ranucci et l'homme de la cité des Cerisiers n'étaient qu'un seul et même individu. Ayant testé Ranucci sur ce point, puis ayant feint le lendemain de vouloir rendre le pull-over à sa mère, leurs doutes devaient s'estomper : celle-ci avait confirmé que ce pull-over n'appartenait pas à son fils, alors qu'elle ne savait rien de son lieu de découverte, ni de l'importance de l'objet. Pour les policiers, l'affaire de la cité des Cerisiers, bien réelle, semblait présenter de moins en moins de rapport avec l'affaire Rambla, à moins que la première ne soit le fait d'un complice de Ranucci.

Il est donc impensable que le pull-over retrouvé dans la champignonnière ait appartenu à Ranucci. Horreur du rouge ou pas, ce pull-over appartenait de toutes manières à quelqu'un d'autre. Que ce pull-over soit retrouvé dans une champignonnière proche du lieu de découverte du corps reste troublant quand on pense au pédophile au pull-over rouge qui a agressé les filles Albertini le 1er juin.

La troisième hypothèse du commissaire Alessandra, c'est que le pull-over rouge aurait appartenu à un complice de Ranucci. C'est théoriquement possible. Et c'est l'hypothèse la plus intéressante, car elle montre que le commissaire Alessandra, qui est toujours demeuré convaincu de la culpabilité de Ranucci, accepte l'hypothèse d'un pédophile au pull-over rouge, qui ne serait pas Ranucci, qui serait lié à l'affaire, qui serait par exemple le pédophile de la cité des Cerisiers, mais qui serait complice de Ranucci. Donc : on aurait eu raison de condamner Ranucci, même si aurait dû exécuter son complice avec lui.

Mais si ce pédophile au pull-over rouge existait bien, sur quelle base prétendrait-on qu'il était complice de Ranucci – et que Ranucci serait donc impliqué dans le meurtre de Marie-Dolorès Rambla – au lieu de prétendre que ce pédophile était le vrai meurtrier, qu'il aurait détourné les soupçons sur Ranucci, endormi, mort de fatigue après une nuit et un début de matinée arrosés après son accident ? Qu'est-ce qui permet de faire un lien entre Ranucci et l'homme au pull-over rouge ? Si Ranucci était dans un processus de déni tel que ceux décrits dans les récits d'Odile Verschoot, le coupable de substitution ne serait-il pas trivial à trouver et tout de suite, dès ses dénégations à la fin de 1974 ? Or cet homme au pull-over rouge n'apparait dans le dossier Ranucci qu'au mois de juin 1975, lorsque Jeannine Mattéi parle de ce qu'elle a vu aux Tilleuls, ainsi que de sa rencontre avec Paul Martel, gardien de la cité des Cerisiers. Pourquoi Ranucci, s'il est coupable, ne clamerait-il pas son innocence en reconnaissant dès décembre 1974, voire dès son arrestation qu'il était impliqué dans l'affaire, mais que celui dont il était le complice était l'assassin, en donnant son nom et des détails pour le retrouver ? Pensons ici à la tactique de Buffet devant les assises de Troyes en 1972 : il reconnut le meurtre du gardien de la prison de Clairvaux, mais non celui de l'infirmière, pour laisser la cour imaginer que Bontems, son complice dans sa tentative d'évasion, aurait été celui qui avait porté les coups mortels. La cour ne le crut d'ailleurs pas, Bontems ne fut pas reconnu coupable de meurtre, seulement de complicité, ce qui ne lui épargna pas la guillotine.

En résumé, le commissaire Alessandra commet ici la faute de raisonnement qui consiste à dire que, puisque Ranucci était coupable, alors il était complice de l'homme au pull-over rouge. En un mot, il aurait été coupable parce qu'il était coupable.

Aucune des trois hypothèses du commissaire Alessandra ne s'avère vraisemblable. La thèse de l'existence du pédophile au pull-over rouge est malheureusement pratiquement inattaquable. L'homme au pull-over rouge ne peut pas avoir été une invention d'un Gilles Perrault, écrivain politiquement marqué à gauche qui aurait rencontré Héloïse Mathon et qui aurait voulu attaquer la personne de Valéry Giscard d'Estaing. Elle n'est pas une invention de Paul Martel. Ni d'Héloïse Mathon qui aurait pu rechercher un faux témoignage pour disculper son fils et trouver une Jeannine Mattéi bienveillante ou facilement manipulable pour en attester. Ni de Jeannine Mattéi, qui aurait voulu aider Héloïse Mathon par amitié. Il y a bien eu un homme avec un pull-over rouge qui a agressé sexuellement au moins deux enfants – au moins les deux filles Albertini – dans une cité de Marseille dans les jours qui ont précédé le meurtre, même si l'on n'est pas certain qu'il s'agisse du même homme que celui signalé par Jeannine Mattéi. Un pull-over rouge avec des boutons sur l'épaule vu par un gardien de cité des Cerisiers sur les épaules d'un pédophile a été reconnu par le même gardien de cité comme celui retrouvé dans la champignonnière, ce qui établit un lien avec le meurtre de Marie-Dolorès Rambla. Et ce pull-over rouge n'appartenait pas à Ranucci.

Tels sont les faits qui s'imposent, aujourd'hui, à notre analyse.

L'arme qui a donné la mort

Si le pull-over rouge n'a pas constitué, dès le début de l'enquête, une pièce à conviction convaincante pour l'accusation, il n'en est pas de même pour le couteau automatique, présenté lors du procès comme l'arme du crime.

Quelques jours avant le procès, lorsque Jean-François Le Forsonney vient parler avec Ranucci pour peaufiner une stratégie de défense, Ranucci lui affirme que le couteau lui appartient. Ranucci est à ce moment dans la confidence, et ajoute qu'il souhaite ne pas mentir. Lors du procès, sous la pression de l'accusation et des témoins qui l'accablent, il niera être le propriétaire du couteau : il semble clair que la première version, donnée dans des circonstances neutres dans lesquelles il espérait être acquitté était la bonne, et que la seconde est un mensonge, posé dans une tentative désespérée de faire face à une accusation qui s'acharne à démontrer sa culpabilité, ainsi qu'à demander sa mort. Il faut donc conclure, en juxtaposant ces deux attitudes, que ce couteau automatique appartenait bien à Ranucci. Gilles Perrault et

Yann Le Meur se rejoignent d'ailleurs sur ce point. Il a été courageux de la part de Jean-François Le Forsonney de le reconnaître et de conseiller à Ranucci de ne pas mentir, car il savait que ce couteau pèserait lourd dans l'accusation.

Mais ce couteau automatique pose plusieurs problèmes. Certains sont anodins, d'autres plus troublants.

Un premier problème est que le procès-verbal qui relate sa découverte mentionne la présence de sang sur la lame et non sur le manche. Selon le procès-verbal, le couteau a été retiré du fumier avec une pince. Il est stipulé dans le procès-verbal qu'il n'y avait pas de trace de terre sur le manche, alors que la présence de sang sur le manche aurait dû laisser des traces de terre. Lors du crime, le sang aurait dû gicler à la fois sur la lame et sur les mains du meurtrier, donc également sur le manche. On n'en trouve, selon le rapport du docteur Vuillet, que dans les interstices : ce qui voudrait dire que le meurtrier a essuyé le manche, mais qu'il a négligé d'essuyer la lame.

De là, deux hypothèses peuvent être avancées. Première hypothèse : le couteau est bien l'arme du crime, et le meurtrier, qu'il s'agisse ou non de Ranucci, a essuyé le manche et oublié d'essuyer la lame. Dans ce cas, ce pourrait être pour ne pas laisser d'empreintes digitales sur le manche, ce qui est son souci principal. Une deuxième hypothèse est que, s'il ne souhaitait pas laisser d'empreintes digitales, il ne voyait pas d'inconvénient à ce que l'on y trouve du sang, désignant ainsi le couteau, en cas de découverte à proximité de l'endroit où l'on aurait dû retrouver le coupé 304 enlisé, comme l'arme du crime.

Mais un deuxième problème est que l'autopsie affirme que les coups de couteau ont atteint le canal vertébral entre les 3e et 4e vertèbres cervicales, donc plutôt au milieu du cou. Or, toujours selon l'autopsie, les coups ont été donnés majoritairement dans la région dite mastoïdienne, à l'arrière et un peu en-dessous de l'articulation de la mâchoire, près des oreilles. J'invite ici le lecteur à mettre un doigt sur cette zone, et un autre doigt vers le milieu du cou, ou à sentir ses vertèbres en touchant l'arrière du cou pour rechercher la position de la 3e et de la 4e : la direction pointe assez nettement vers le bas.

C'est à Yann Le Meur que l'on doit d'avoir identifié le problème. Les coups ont très probablement été portés de haut en bas (ce que l'on peut imaginer aisément d'un adulte debout face à un enfant et plus grand que lui, se tenant devant lui, ou d'un adulte à genoux sur un enfant maintenu couché à terre, en levant le bras et en l'abattant vers le bas). Si les coups avaient été portés de bas en haut, ce sont plutôt les deux vertèbres supérieures, sous la base du crâne, qui auraient été atteintes. Or, d'après un expert en armes blanches cité par Yann Le Meur, ils n'ont donc pu être portés par un couteau automatique, pour lequel le geste le plus immédiat consiste à dégager la lame en appuyant sur le bouton et à porter les coups de bas en haut, quelle que soit la position du meurtrier au moment où il porte ses coups.

Cette analyse pourrait être parfaitement fiable si une cartographie complète des coups et une analyse de la direction des coups portés avait été réalisée. Cela n'est malheureusement pas le cas. Yann Le Meur relève là encore une omission hors norme de l'autopsie qui n'a pas vérifié, ou qui en tout cas a omis d'établir un diagnostic quant à la compatibilité entre la lame du couteau et les blessures constatées sur le cou. Cet examen aurait permis d'établir une conclusion très précise quant à la direction des coups. C'est malheureusement une négligence grave : lors du procès de Buffet et Bontems, en 1972, c'est justement cet examen qui a permis d'établir que Bontems n'avait pas porté de coups mortels. Après l'absence d'analyse du bol alimentaire, cela fait un nouvel élément qui décrédibilise l'autopsie.

Yann Le Meur en conclut que le couteau automatique, qui s'est trouvé être la pièce à conviction la plus accablante lors du procès, n'est pas l'arme qui a donné la mort à la fillette. Je nuancerai cette hypothèse. Ce qui est fortement probable, si l'on doit croire que les coups ont été portés de haut en bas, c'est que contrairement à ce que prétend Ranucci dans ses aveux, ce couteau n'a pas été sorti d'une poche pour frapper immédiatement la victime dans un instant de panique, car alors on constaterait des coups nettement de bas en haut. Yann Le Meur évoque entre autres hypothèses que le coupable, qui ne serait pas Ranucci, aurait trouvé le couteau, serait ensuite retourné frapper le corps sans vie de la victime et y aurait laissé du sang. C'est ce qui nous conduit à une autre hypothèse pour expliquer la présence de sang sur la lame et non sur le manche : si le couteau de Ranucci a été planté dans le corps de Marie-Dolorès, cela peut être après le crime, peu de temps après la mort de l'enfant et pas pour les coups fatals portés avec un autre couteau. Cela serait donc cohérent avec le scénario que l'enfant soit morte très rapidement, et que des coups supplémentaires d'arme blanche aient été portés avec le couteau de Ranucci dans le corps de la fillette déjà morte depuis peu de temps.

Il resterait enfin un dernier scénario : que la fillette ait été assommée mais non achevée par les premiers coups de pierre. Selon l'autopsie, ce ne sont pas les coups de pierre qui ont donné la mort. Et dans ce cas, on peut imaginer que l'assassin trouve, soit dans la poche de Ranucci endormi, soit dans la voiture, le couteau automatique. Il déploie la lame, prend le manche comme il le ferait avec un opinel et va achever la fillette à coups d'un couteau qu'il a pris le temps d'ouvrir. Dans ce cas, le couteau est bien l'arme du crime, mais tenue à la manière d'un couteau classique et non utilisée immédiatement après ouverture dans un moment de panique.

La direction des coups ne montre pas rigoureusement que le couteau n'est pas l'arme du crime. Mais elle exclut pratiquement que, si Ranucci est coupable, il l'ait tuée dans un moment de panique conformément à son récit. Donc, sur ce point particulier, même s'il est coupable, ses aveux sont faux, comme sur la position de la voiture garée devant les garages. Si le couteau est l'arme du crime, les coups de couteau portés ne sont pas le fruit de la panique. Ils peuvent en revanche faire partie d'une mise en scène, en particulier si Ranucci est innocent.

Enfin, il subsiste un troisième problème, qui a attiré l'attention de Gilles Perrault et plus tard de Yann Le Meur : où et quand le couteau automatique est-il retrouvé ? Le procès-verbal des objets saisis le 5 juin dans le coupé 304 de Ranucci par les policiers et de ceux saisis sur les lieux du crime par les gendarmes mentionne déjà ce couteau automatique : serait-il déjà entre les mains des policiers ? Le 6 juin, 17 h 30 est l'heure à laquelle l'inspecteur Porte commence à rédiger un procès-verbal en ce sens. À cette heure-là, le 6 juin, les policiers de Marseille seraient donc en possession d'un couteau automatique que tout indique comme étant l'arme du crime. Toutefois, selon le procès-verbal du capitaine Gras du 7 juin, c'est le 6 juin à 17 h 30 que les gendarmes commencent à chercher le couteau dans le tas de fumier, sur commission rogatoire, et ils ne le trouveront que près de 2 h plus tard, à 19 h 25.

Que le couteau ait été retrouvé le 5 dans le tas de fumier lors de la battue du capitaine Gras avec la poêle à frire, avant et sans les aveux de Ranucci, et que les recherches aient pris 2 heures dans l'après-midi du 5 serait une explication. Si elle était vraie, seule la date serait fausse dans le procès-verbal du capitaine Gras (ce serait donc le 5 et non le 6 juin) et ses hommes auraient bien mis deux heures à le retrouver, ce qui ne serait pas une mauvaise performance, sans autre indication, alors qu'à ce moment Ranucci n'a encore rien avoué. Cette éventualité a laissé croire à certains que le 6 juin, après être passé aux aveux, Ranucci n'aurait indiqué le lieu de cache du couteau que sur les suggestions du policier déjà au courant de l'endroit où le couteau aurait déjà été retrouvé.

De fait, la date de découverte du couteau est confirmée par le procès-verbal 610/5 d'un autre gendarme, l'adjudant Monnin, procès-verbal clos à 20 heures le 6 juin. Deux gendarmes, lesquels ont certes travaillé ensemble, rédigent chacun un procès-verbal concordant avec celui de l'autre. Deux gendarmes qui rédigent deux procès-verbaux presque simultanément (ce qui tend à faire croire qu'ils ne sont pas concertés) et qui convergent vers la même conclusion doivent donc nous ranger à l'affirmation de Gérard Bouladou : le couteau est bien retrouvé le 6 juin en fin d'après-midi, et l'inspecteur Porte a mis en tête de son procès-verbal l'heure à laquelle il a commencé à rédiger celui-ci, non l'heure à laquelle il l'a clos.

Mais alors, cela implique-t-il un lien entre le lieu de découverte du couteau et les aveux de Ranucci ? Ranucci a signé dans l'après-midi des aveux dans lesquels il déclare s'être débarrassé du couteau en le poussant dans le fumier avec son pied. Si les procès-verbaux du capitaine Gras et de l'adjudant Monnin sont vrais, et donc que le couteau a bien été retrouvé le 6 juin vers 19 h 25, doit-on admettre que c'est suivant les instructions de Ranucci, qui leur aurait donné des précisions sur l'endroit, qu'ils ont alors retrouvé le couteau ?

C'est la thèse de l'accusation, reprise par Gérard Bouladou et par Jean-Louis Vincent, et rien à première vue ne permettrait de la mettre en doute. Dans ce cas, Ranucci aurait donné un détail que lui seul pouvait connaître, ce serait nécessairement lui qui aurait caché le couteau dans le fumier.

Dans ce cas, comme la battue commence à 17 h 30, le temps mis pour trouver le couteau par les gendarmes, lesquels sauraient déjà exactement où chercher est long s'ils ont déjà les indications de Ranucci. Les gendarmes sont en liaison avec la police par téléphone (par l'intermédiaire d'un gendarme, car les deux corps des forces de l'ordre n'utilisent pas les mêmes fréquences). Mais ce qui est plus suspect, c'est le récit qu'en a fait des années plus tard le commissaire Alessandra, qui a expliqué que Ranucci avait fini par fournir un « élément décisif » ayant permis de retrouver « immédiatement » le couteau. Cet élément décisif aurait été, selon Gérard Bouladou, la proximité d'un petit muret de pierre, et il aurait permis de découvrir le couteau « immédiatement ». Si cette affirmation était vraie, cet élément n'aurait donc pu être donné aux gendarmes que peu de temps avant 19 h 25. Or, à partir de 17 h 45, Ranucci est examiné par le docteur Vuillet. Et à partir de 18 h 30, il est dans le bureau de la juge Ilda di Marino où il va réitérer ses aveux. Les policiers closent leurs entretiens avec Ranucci à 17 h et n'ont plus aucune possibilité de contact avec lui à partir de 17 h 45. À partir de cette heure, Ranucci ne peut plus donner aux policiers le moindre « élément décisif ». Tout ce que l'on sait si l'on s'en tient à ses aveux, c'est qu'il aurait caché le couteau dans le fumier. La précision donnée par le commissaire Alessandra semble peu fiable.

À cette incohérence s'ajoute celle, plus troublante encore, et confirmée par Guazzone, que les gendarmes auraient commencé leurs recherches non pas dans le fumier, où Ranucci avait prétendu aux policiers avoir caché le couteau, mais dans les fourrés des environs, avant de se diriger vers le tas de fumier. Cela impliquerait le fait que la police n'aurait même pas donné aux gendarmes l'information du tas de fumier, information qu'elle possède déjà à 17 h 30, et qu'elle n'aurait donné que peu avant 19 h 25 l'indication du petit muret de pierre, qui aurait permis la découverte. Donc les gendarmes sur place dès 17 h 30 n'auraient eu que plus tard l'information que le couteau était caché dans le fumier. Ils auraient fouillé dans le tas de fumier pendant une à deux heures avant qu'on ne leur donne cette information du petit muret de pierre.

Pourquoi les policiers, qui ont depuis le milieu de l'après-midi, d'après les aveux de Ranucci, l'information du couteau caché dans le fumier mettent-ils autant de temps à donner les bonnes informations aux gendarmes ? Cela voudrait donc dire que la police aurait laissé la gendarmerie chercher dans un endroit où elle savait qu'elle ne trouverait rien : pourquoi ?

À la rigueur, on pourrait imaginer que Guazzone ne confonde dans son témoignage le souvenir d'une première recherche dans les fourrés avec la poêle à frire le 5 juin – car celle-ci était déjà là le 5 juin – et une seconde recherche avec le même outil le 6 juin : dans ce cas, il ne resterait que le problème du temps de deux heures nécessaire pour retrouver le couteau dans le fumier, ainsi que celui d'une information selon laquelle la mention du petit muret de pierre aurait été donnée par la police vers 19 h 15 pour que le couteau soit découvert « immédiatement ».

À ce stade, au vu des deux procès-verbaux de l'adjudant Monnin et du capitaine Gras, il est certes clair que le couteau a été retrouvé le 6, dans le tas de fumier dans lequel Ranucci avait avoué en milieu d'après-midi l'avoir caché, mais sans plus d'indications précises. En revanche, la manière dont la police a prétendu des années plus tard avoir guidé les gendarmes vers la découverte du couteau ne s'accorde ni avec les faits, ni avec les horaires de la battue.

Si Ranucci est innocent, ces faits sont compatibles avec trois hypothèses : la première, c'est que Ranucci, découvrant que son couteau est ensanglanté, s'en trouve perturbé au point qu'il s'en débarrasse dans la première cache qu'il peut trouver : évidemment, il n'y a rien de mieux que le pestilentiel tas de fumier que personne n'osera fouiller avant longtemps. La deuxième, c'est que le meurtrier ait caché lui-même le couteau dans le fumier et que Ranucci, lorsqu'on lui demande ce qu'il en a fait, mentionne ce tas de fumier comme le lieu de la cachette car c'est le lieu le plus évident pour y cacher une ferraille, d'autant qu'il sert de décharge. Et dans ce cas, ce serait une terrible coïncidence. La troisième, assez effrayante, est que quelqu'un, informé dès l'après-midi des affirmations de Ranucci, ait mis le couteau dans le fumier à un endroit précis. Cela impliquerait donc que l'assassin, qui ne serait pas

Ranucci, aurait un lien avec la police, ou aurait un complice qui aurait un lien avec la police, voire serait policier lui-même, donc là où on le rechercherait le moins. Nous reviendrons dans l'avant-dernier chapitre sur cette hypothèse qu'on ne peut évidemment soulever avec légèreté : elle relève d'un scénario de film de Hitchcock ou de roman d'Agatha Christie.

Pour que Ranucci soit innocent, il faut envisager l'une de ces trois hypothèses. Nous y reviendrons dans l'avant-dernier chapitre.

Si l'on met de côté ce couteau automatique, il reste enfin l'Opinel trouvé dans la voiture. Compte tenu de l'orientation très probable des coups, un meurtre avec un couteau de ce type est plus facile à envisager qu'un meurtre au couteau automatique. Mais ce n'est pas sur ce couteau que l'on a retrouvé du sang. Donc cet Opinel, même s'il a intrigué les policiers lorsqu'ils l'ont découvert, n'a aucun rapport avec le crime. C'est un couteau comme tous les randonneurs en ont dans leur sac à dos.

Un pantalon problématique

Avec le couteau, l'autre pièce à conviction apparemment accablante est le pantalon taché de sang. On peut aisément comprendre pourquoi les policiers, en trouvant ce pantalon au soir du 5 juin, ont été immédiatement convaincus que celui qui n'était encore qu'en garde à vue était bien l'assassin qu'ils recherchaient. Le rapport des docteurs Ollivier et Vuillet mentionne que le sang a été répandu sur le pantalon de l'extérieur. Il n'est donc pas dû à des plaies aux jambes survenues lors de l'accident de La Pomme comme Ranucci l'a prétendu lors de son procès.

Les photos du pantalon figurant dans le dossier d'instruction sont en noir et blanc. Si elles sont protégées par l'autorité judiciaire, elles sont largement disponibles sur Internet et accessibles sans retouches par une simple recherche Google. Je me bornerai à y inviter le lecteur ; il convient de regarder les photos du devant et du derrière du pantalon, et il est facile de faire le lien avec le rapport du 11 juillet 1974 des docteurs Ollivier et Vuillet qui mentionne :

- *« Quelques taches de sang de groupe A sont relevées :*
  - à la jambe gauche au-dessous de la braguette,
  - à la jambe droite au voisinage de la poche,
  - à la jambe droite, à la hauteur de la face interne de la cuisse.
- *Quelques taches sont observées « à l'intérieur de la poche droite sur le devant ».*

Les photos retraitées pour souligner les taches de sang en rouge sur la photo en noir et blanc, que l'on voit dans les livres de Gérard Bouladou, puis en 2018 dans celui de Jean-Louis Vincent, montrent des taches infiniment plus étendues que la description faite par le docteur Vuillet. De plus, la photo retraitée par Jean-Louis Vincent montre beaucoup plus de taches que celle des livres de Gérard Bouladou, les taches y descendent jusqu'aux mollets – (ce qui ne correspond pas au rapport des docteurs Ollivier et Vuillet) et sont de formes nettement différentes : ces photos retouchées sont peu crédibles.

Du sang présent sur le pantalon, on n'a déterminé que le groupe sanguin, soit le groupe A. On a noté dans le dossier de l'instruction qu'il s'agissait du groupe sanguin de la victime. Ce n'est qu'au cours du procès que Paul Lombard a révélé qu'il s'agissait également du groupe sanguin de Christian Ranucci. Aujourd'hui, une analyse ADN permettrait d'établir s'il s'agissait du sang de Marie-Dolorès Rambla. L'ADN, marqueur génétique des espèces vivantes et des individus était connu depuis les années 1950, mais les analyses génétiques n'étaient pas encore pratiquées en médecine légale ni dans les enquêtes pénales. En revanche, on savait déterminer le signe du Rhésus associé au groupe sanguin : celui-ci n'est pas signalé dans le document des docteurs Ollivier et Vuillet : y aurait-il là un problème, par exemple, que le signe du Rhésus de la victime ait été de signe opposé à celui du sang retrouvé sur le pantalon ? Le pantalon ayant été détruit, on ne le saura jamais. On sait aujourd'hui, de par sa carte de groupe sanguin, que Christian Ranucci était de Rhésus négatif, donc de groupe A-, un groupe relativement rare. La grande majorité des individus de groupe A sont de Rhésus positif. Si c'était le cas de la victime, on ne pourrait conclure fermement à l'innocence de Ranucci en l'absence du pantalon, mais cela rendrait suspecte l'omission de la mention du Rhésus.

Examinons maintenant les taches elles-mêmes. Pour cela, nous nous référerons aux photos originales non retraitées. Même en noir et blanc, les taches y sont bien visibles.

Tout d'abord, il y a la position des taches. En dehors de la poche droite (sur le côté), le sang a coulé essentiellement sur l'intérieur des cuisses et sous la braguette. Les taches à l'entrejambe sous la braguette sont notamment visibles sur les photos de l'avant mais également de l'arrière du pantalon. Les taches sont donc bien localisées, essentiellement sur l'intérieur et beaucoup moins sur l'extérieur, à l'exception de la poche : il y a moins de sang devant, là où celui de la victime aurait normalement dû gicler.

On sait, si l'on se réfère au rapport d'autopsie du docteur Vuillet, que c'est la section d'une artère carotide qui a entrainé la mort de l'enfant. Il faudrait donc, si Ranucci avait porté ce pantalon pendant le meurtre, que le sang jailli de la carotide ait giclé uniquement le long d'une ligne verticale, à l'intérieur, à l'entrejambe, en épargnant pratiquement le devant. Pour les médecins que j'avais initialement consultés, c'était difficile à imaginer. De plus, le sang de la victime jaillissant surtout des plaies au cou aurait dû gicler vers le haut, inonder la chemise, et le pantalon essentiellement sur sa partie haute, jusqu'à la ceinture : or les taches ne commencent qu'au niveau de l'entrejambe. Enfin, les taches sont visibles sur les photos avant et arrière du pantalon, ce qui confirme la thèse d'un écoulement de sang atteignant le pantalon le long d'une ligne verticale correspondant avec l'entrejambe et limitée au-dessous de la braguette : c'est curieux par rapport à l'hypothèse d'artères crachant du sang devant le corps.

Mais l'élément le plus troublant est la forme des taches. En 2019, Philippe Esperança, expert en médecine légale de l'Institut de recherche criminelle de la Gendarmerie nationale (IRCGN), a publié un traité d'analyse, très didactique, des tâches de sang sur les scènes de crime[48]. L'IRCGN est un bureau d'experts qui interviennent en assistance de la justice et qui délivrent, entre autres, des analyses morphologiques des taches de sang, en vue de comprendre le déroulé des faits ; ils peuvent, lorsqu'il y a plusieurs complices, déterminer le rôle de chacun d'eux dans les gestes meurtriers. Lors d'une étude sur la base de photos, plusieurs personnes participent à la détermination du tracé des taches de sang.

Philippe Esperança structure son analyse des taches de sang en les reliant à quatre grandes familles de phénomènes susceptibles de les créer :

- Les phénomènes passifs, qui comprennent, entre autres, ceux dans lesquels le sang coule goutte à goutte, laissant des traces plus ou moins circulaires, ou elliptiques, ou ceux dans lesquels l'écoulement va jusqu'à imprégner un linge, avec des taches larges et de forme quelconque, souvent irrégulière ; c'est le type de taches que l'on trouve sur l'oreiller d'un enfant qui a saigné du nez pendant la nuit ;
- Les phénomènes actifs, lorsque le sang est expulsé à plus ou moins grande vitesse, par exemple après un coup violent, une blessure par arme à feu ou bien la rupture d'une artère, qui peut être provoquée par un objet contondant ; le sang est expulsé dans un cône, les taches sont de taille beaucoup plus petite, ou bien de grandes taches sont entourées de nuages de taches de très petite taille. Ce sont typiquement les taches que l'on trouve sur les scènes de crime ;
- Les phénomènes transférants lorsque les taches observées proviennent du transfert de sang d'un autre objet vers l'objet ou le vêtement

examiné ; la surface de l'objet utilisé pour transférer le sang peut être bougée ou glissée sur la surface étudiée, ce qui laissera des traces ;

- Les phénomènes altérants qui sont ceux par lesquels une tache va s'effacer partiellement ou se modifier soit avec le temps, soit au moyen d'une action volontaire.

En appliquant la méthode présentée par Philippe Esperança aux taches que l'on voit sur les photos du pantalon, en utilisant l'atlas que le gendarme dresse au chapitre 5 de son livre, les taches des catégories relevant de phénomènes actifs se révèlent malheureusement exclus. L'arbre d'analyse détaillé dans le chapitre 6 de son livre, appliqué aux taches de l'entrejambe du pantalon aboutit soit à des taches d'imprégnation, clairement issues de phénomènes passifs, ou bien à un phénomène de transfert. A supposer que ces taches soient issues d'un phénomène de transfert, il faudrait qu'un linge imbibé de sang frais ait été mis en contact avec le pantalon de Ranucci sous l'entrejambe et aux genoux, ce qui rend la manipulation compliquée à réaliser - à moins d'une manipulation volontaire de quelqu'un qui aurait voulu transférer du sang sur le pantalon de Ranucci afin de le faire accuser. Mais le plus probable est que l'on a affaire à des taches d'imprégnation, autrement dit de sang qui a coulé goutte à goutte mais en abondance. L'entrejambe étant marqué par les taches les plus importantes, lesquelles ne semblent pas avoir coulé le long des jambes, mais plutôt du devant vers le derrière le pantalon, le plus probable est que le sang a coulé alors que le propriétaire du pantalon se trouvait en position assise, cuisses à l'horizontale, et saignait abondamment du nez ou de la bouche, à la verticale de son entrejambe.

Les taches relevées sur le pantalon ne correspondent pas du tout à celles générées par une artère carotide tranchée : propulsé à grande vitesse, le sang aurait formé des taches de formes plus régulières, les grandes taches seraient entourées de myriades de taches plus petites, le sang aurait alors été diffusé dans des cônes ou des portions de cône permettant de préciser la position du meurtrier au moment où ont été portés les coups mortels.

Le plus probable est donc que l'on a affaire à des taches issues d'un phénomène passif, obtenues par imprégnation. Cette explication correspondrait parfaitement, même si ce n'est pas une preuve, avec l'accident de scooter évoqué par Héloïse Mathon, accident que Christian Ranucci aurait eu au moment de ses vingt ans. Selon sa mère, après son accident de scooter, Ranucci aurait abondamment saigné du nez et de la bouche. Le sang serait donc tombé au milieu de son pantalon, à l'entrejambe, et entre les jambes. Il faut remarquer que la tache du haut, à l'entrejambe, est presque symétrique, ce qui laisserait penser que le sang aurait coulé au milieu et que le frottement des jambes aurait établi une certaine symétrie pour obtenir une tache de type « papillon », issue du frottement d'une tache passive sur l'autre côté du pli d'un vêtement (ajoutant un phénomène de transfert à un phénomène passif). Enfin, pour les taches présentes au niveau et à l'intérieur de la poche, on peut aussi aisément imaginer le geste naturel qui aurait consisté pour Ranucci à porter la main à son nez, puis à essuyer la main ensanglantée dans sa poche ou bien à y prendre un mouchoir. Il y aurait là un scénario tout à fait cohérent. On devrait dans ce cas trouver dans les poches des taches de transfert. La disparition du pantalon ne permettra malheureusement jamais de le confirmer.

La forme et la position des taches ne sont donc pas compatibles avec le crime, mais compatibles avec les affirmations d'Héloïse Mathon.

Certains sites favorables à la thèse « culpabiliste » disent que Héloïse Mathon aurait affirmé que Ranucci portait ce pantalon en rentrant de son week-end. Pourquoi aurait-il porté ce pantalon taché de sang à ce moment, en rentrant chez sa mère alors que Rahou et Guazzone signalent qu'il était en tenue « impeccable » ? À supposer qu'il se soit changé avant de rencontrer Rahou et Guazzone, pourquoi se serait-il rechangé avant d'arriver à Nice, au risque, s'il était coupable, de se présenter devant sa mère avec un pantalon inondé du sang du crime et d'éveiller des questions ? Il est donc évident que Ranucci ne pouvait porter ce pantalon en arrivant à Nice le soir du 3 juin.

Par ailleurs, aucune tache de sang n'a été relevée dans la voiture. Aujourd'hui, des techniques plus poussées permettraient d'en découvrir des traces. Mais elles n'existaient pas en 1974. Enfin Ranucci n'aurait pu tuer la fillette sans souiller sa chemise. À supposer que Ranucci soit coupable, il faudrait imaginer qu'il se soit débarrassé des vêtements du crime, qu'il les ait enlevés pour les laisser quelque part sur la route en rentrant de Nice. Pourquoi aurait-il jeté une chemise et en revanche laissé ce pantalon taché de sang dans la voiture ? Certes, certains criminels commettent des bévues, et Armand Viala s'est fait fort de le rappeler lors de son réquisitoire.

Il y enfin une dernière question. Où ce pantalon, pièce majeure de l'accusation, a-t-il été retrouvé ?

Ce pantalon apparaît sur le procès-verbal comme ayant été retrouvé par les policiers dans le coffre de la voiture. Héloïse Mathon, de son côté, a prétendu que ce pantalon ne quittait pas le garage et que Ranucci aurait porté ce pantalon lors de son accident de scooter. Il pourrait avoir été retrouvé dans le garage, ce qui serait compatible avec la fouille systématique conduite le soir du 5 juin dans le garage de Ranucci. Disons même que les affirmations d'Héloïse Mathon confirment qu'il est logique que le soir du 5 juin la police soit en possession du pantalon, et donc en mesure de demander à Ranucci d'expliquer les taches de sang qui y sont présentes, indépendamment de l'endroit précis où ce pantalon a été trouvé.

Des années plus tard, Françoise Briquet, l'assistante de Jean-Denis Bredin, lequel instruisait une requête préalable à un procès en révision, a découvert que la ligne supérieure d'une des pages du procès-verbal de l'inspecteur Porte ne passait pas à la photocopie : elle était trop haute et sortait des marges. Le contenu de cette ligne est justement « un pantalon de couleur sombre ». Après cet élément, la personne qui a tapé le procès-verbal est allée à la ligne, en laissant quatorze espaces blancs, alors que tout le reste du paragraphe indique que cette personne n'est jamais allée à la ligne entre deux objets de son inventaire : cela donne deux indices que la ligne a été rajoutée après.

Des années plus tard, lors de l'examen d'une demande de procès en révision déposée par sa mère et ses avocats, le procès-verbal a été expertisé. Jean-Louis Vincent est longuement revenu sur cette expertise. Il n'a pas été possible de savoir s'il s'était écoulé beaucoup de temps entre la frappe de cette ligne et celle du reste du document. Rien ne prouve formellement qu'une machine à écrire différente ait été utilisée, ce qui aurait pu se voir par la taille des caractères, leur épaisseur ou l'encre utilisée.

Le pantalon est donc un vêtement sur lequel du sang a coulé. En ce qui concerne cette anomalie d'un rajout du pantalon sur la liste des objets saisis dans la voiture, le fait que sa découverte ait été notifiée à Ranucci dans la nuit du 5 au 6 juin montre que la police était bien en possession de ce pantalon dès le soir du 5 juin, dès la saisie du véhicule dans son garage à Nice. Là est la seule certitude. Qu'il ait été retrouvé dans le garage et non dans le coffre de la voiture n'est qu'une possibilité, et ne constituerait pas un fait qui pourrait innocenter Ranucci. Mais peu importe le lieu de découverte du pantalon. La forme et la position des taches montrent qu'il n'était pas porté par l'assassin au moment du crime. Malheureusement, l'analyse morphologique des traces de sang, pratiquée aux USA depuis les années 50 n'est arrivée en France que dans les années 90.

Pourquoi une pièce à conviction en apparence aussi accablante révèle-t-elle autant d'anomalies ?

Les preuves du crime étaient presque parfaites

Que reste-t-il à ce stade des preuves accablantes de la culpabilité de Ranucci ? Après des témoignages mouvants et des aveux incertains, des omissions invraisemblables dans une autopsie, un bol alimentaire non examiné et un groupe sanguin incomplet, sans signe de Rhésus : un pantalon certes taché de sang mais qui selon les méthodes d'analyse d'un expert de la Gendarmerie nationale n'aurait rien à voir avec le crime ; un couteau avec lequel le crime peut difficilement avoir été commis, en tout cas pas tel que décrit par Ranucci dans ses aveux ; un pédophile qui errait dans les rues de Marseille dans les jours précédant le meurtre avec un pull-over rouge, mais qui ne serait pas le meurtrier de Marie-Dolorès Rambla, tandis qu'un pull-over rouge qui n'appartenait pas à Ranucci a été retrouvé près des lieux du crime ; l'idée que ce pull-over ne soit pas celui du pédophile ou bien qu'il n'ait rien à voir avec le crime, même s'il est retrouvé à un endroit d'où un chien va suivre une piste et mener les gendarmes non loin du corps de la victime ; ou l'hypothèse d'un pédophile qui serait complice de Ranucci mais que Ranucci, qui craint pour sa vie, ne dénoncerait pas comme le meurtrier.

Voilà les éléments matériels sur ou malgré lesquels on a accusé, condamné à mort et finalement exécuté un jeune homme de vingt-deux ans. Les indices étaient abondants et invitent à la modestie : en première approche, on ne pouvait pas envisager l'hypothèse de l'innocence de Ranucci. Que la police et la justice aient suspecté dès l'après-midi du 5 juin le conducteur du coupé 304 impliqué dans l'accident du carrefour de La Pomme relève presque du bon sens. Que ces soupçons se soient transformés en conviction le soir lors de la découverte du pantalon était quasiment inévitable. Mais analysés dans le détail, aucun de ces éléments ne tient parfaitement. La tragédie réside dans l'écart entre l'abondance de ces preuves et ce que l'on tire aujourd'hui des mêmes preuves. Pourquoi ces preuves, si accablantes en première approche, se sont-elles toutes révélées suspectes quand on les a analysées de près ?

La thèse de l'accusation a présenté pendant des décennies à la mémoire collective le pantalon et le couteau comme des preuves irréfutables. Une analyse poussée montre qu'elles étaient beaucoup plus fragiles qu'on ne le croyait. On a manipulé la mémoire collective de l'affaire : les preuves du crime n'étaient que presque parfaites.

VII. La mémoire d'un jeune homme en question

Christian Ranucci n'a pas laissé une trace mais plusieurs traces dans la mémoire des vivants. Ceux qui l'ont connu avant le 3 juin 1974 ont gardé de lui l'image d'un jeune homme chez qui rien ne laissait présager qu'il commettrait un jour un crime odieux. Ceux qui ont été en contact avec lui après le 3 juin 1974 n'ont, pour la plupart, vu en lui qu'un criminel qui avouait puis qui s'enfermait dans le déni – à l'exception de ses avocats, de sa mère, qui ont d'abord cru à son crime avant de commencer, un à un, à croire à son innocence. Chez ses derniers, il a laissé l'image d'un jeune homme révolté par son destin et qui le fut jusqu'au moment de mourir.

Pour discerner qui était Christian Ranucci, il faut s'interroger pour savoir si, de ce que l'on sait de lui, de son psychisme, s'il avait vraiment le profil d'un criminel, et en particulier d'un pédophile. Au cours de notre examen critique des souvenirs des témoins, de ses aveux puis des pièces à conviction, nous ne sommes pas rentrés en profondeur dans son profil psychologique. Il nous faut analyser ce que l'on en sait, avec la prudence qui nous rappelle que ni la psychologie, ni la médecine ne sont des sciences exactes et qu'aucune preuve certaine ne pourra en être tirée. Nous avons vu au chapitre III comment les psychiatres, durant l'instruction, voulant notamment explorer la possibilité d'une maladie psychiatrique et juger de la possibilité de l'amnésie, avaient déjà exploré l'enfance et le passé de l'accusé. Nous reviendrons dans ce chapitre sur leur rapport.

Jusqu'au 3 juin 1974 : un adolescent turbulent et fragile, un jeune homme gentil et réservé

Dans les jours qui suivent l'arrestation de Christian Ranucci, Ilda di Marino charge un enquêteur de conduire une enquête de personnalité. C'est un enquêteur professionnel assermenté auquel les juges d'instruction peuvent avoir recours conformément à la procédure pénale. Cet homme s'appelle Henri Boucher. Il va interroger ceux qui ont connu Ranucci pendant ses vingt premières années.

Le résumé dans lequel l'enquêteur livre ses conclusions est plutôt neutre par rapport au profil de Christian Ranucci :

> *La personnalité de l'inculpé est apparue toujours normale, dans tous les actes de la vie courante depuis son tout jeune âge. Son comportement habituel n'a jamais attiré l'attention. Intelligent et ouvert, il semblait armé pour réussir à se créer une bonne situation dans l'avenir.*
> *Il est indéniable que l'absence d'autorité paternelle pendant sa jeunesse et son adolescence a nui à sa formation d'adulte, mais aucune mention d'un dérèglement quelconque n'est apparue dans ses rapports avec ses camarades d'étude et de régiment, avec son professeur, dans son entourage immédiat et dans la vie courante.*

Les avis des enseignants qui ont connu Ranucci décrivent un parcours scolaire sans relief, plutôt médiocre, mais sans problème aigu de discipline. Un chef d'établissement qui l'a connu entre ses huit et dix ans dans le VIIIe arrondissement de Paris évoque « *un élève moyen, les observations de son dossier mentionnant* assez bien *en conduite,* médiocre *en travail et* très paresseux ». Un autre, nommé Raymond Petit, qui l'a connu en classe de 4e à Voiron, classe qu'il a d'ailleurs redoublée, déclare :

> *Je retiens de ce garçon qu'il était peu intéressé par les études. Le travail scolaire semblait lui peser. D'un caractère assez entier, il lui est arrivé d'avoir une attitude violente vis-à-vis de ses camarades. Il paraissait par ailleurs bien livré à lui-même en dehors de l'école.*

Le petit Christian Ranucci est donc sans doute de ces élèves non dénués d'intelligence dont on écrit sur le bulletin la formule usuelle « pourrait faire mieux ». Sans père mais souvent également éloigné de sa mère, c'est un enfant puis un adolescent souvent laissé à lui-même qui ne connait que la discipline des internats des établissements catholiques. C'est sans doute un enfant qui souffre de la solitude, peut-être moqué pour sa situation familiale dans des établissements où il peut être exclu de certains groupes « de bonne famille », et qui, peu sûr de lui, peut parfois occasionnellement se battre avec ses camarades. Fort heureusement, tous les adolescents qui se battent avec des camarades ne donnent pas quinze coups de couteau à une fillette de huit ans ; mais la relecture de cette phrase des années plus tard conduit inconsciemment à faire un lien entre un caractère turbulent à l'adolescence et le crime.

Puis vient le temps pendant lequel sa mère tient le bar Rio Bravo à Saint-Jean de Moirans. Un garde municipal, René Clot, qui a connu le jeune homme ainsi que sa mère, ne se souvient de rien de particulier :

Pendant le court laps de temps pendant lequel j'ai connu cette famille, je puis dire que le jeune Christian ne s'est pas fait remarquer spécialement ; il ne semblait pas avoir de mauvaises fréquentations ; je ne l'ai connu que comme écolier ; sa mère semblait se désintéresser de lui ; elle était souvent absente, confiant son établissement à des employés ; Christian faisait un peu ce qu'il voulait ; je n'ai jamais eu à intervenir pour quoi que ce soit.

À Nice, au cours Camus où il va terminer sa brève scolarité et passer son BEPC, il ne laisse pas non plus de souvenirs particuliers. Samuel Ritz, directeur de l'établissement à l'époque, n'a pas grand-chose à dire qui permette de déceler un futur assassin :

Durant son séjour chez moi il n'a fait l'objet d'aucune remarque défavorable, ni de ma part, ni de la part des autres professeurs. Quant à ses camarades, hommes ou femmes, ils ne se sont jamais plaints de lui [...]. Jamais je ne l'aurais cru capable de commettre une telle action.

À côté de ces témoignages sans histoires, excepté quelques bagarres avec des camarades, ceux qui l'ont connu à domicile au Rio Bravo évoquent des faits plus problématiques. Ainsi, une voisine nommée Antoinette Pellat déclare :

Il avait un caractère difficile, surtout avec sa mère ; il y avait souvent des disputes entre eux. Cet enfant devait souffrir du manque de présence de sa mère ; il en paraissait complexé, il ne se liait pas, il restait toujours seul et n'avait aucun camarade ; durant ses vacances ou ses moments de loisirs, je ne l'ai jamais vu s'occuper sérieusement. Au début il était gardé par une vieille cousine (je ne me souviens plus de son nom). Il était très agressif et même méchant avec elle. Un jour je l'ai même vu la pousser à terre et la frapper avec sa savate.

Et une autre voisine évoque non pas une cousine mais une tante, qui serait la sœur de Mme Mathon. Les témoignages n'étant pas très précis, on ne peut exclure qu'il s'agisse de la même personne. Mais cette seconde voisine donne une explication à ce comportement décrit cette fois non comme violent mais grossier : cette tante avait un problème avec l'alcool.

Christian était livré à lui-même ; il faisait ce qu'il voulait. Au début (il devait avoir environ huit ans), il était gardé par la sœur de Madame Mathon. Celle-ci s'adonnait à la boisson et Christian réagissait en conséquence, lui répondant notamment en termes grossiers.

Sa mère le gâtait à sa manière en lui apportant tout ce qu'il voulait. À quinze ans, elle lui avait offert une carabine qu'il avait constamment avec lui ; il tirait sur tout (les oiseaux, les boites de conserve et même dans ma porte). Plus on lui demandait de cesser, plus il continuait en nous narguant.

On voit donc un jeune Christian Ranucci qui semble laisser peu de souvenirs en classe, tout au plus quelques bagarres, mais être plus turbulent à la maison, dans son milieu familial. Nous aurions donc un de ces enfants qui souffrent et qui manifestent davantage leur souffrance chez eux qu'en dehors de leur cadre familial, tentant en société d'offrir le masque de quelqu'un d'impassible en taisant leurs émotions. Et celles-ci rejaillissent dans des moments plus intimes. Mais Ranucci n'est encore dans ces années qu'un enfant, puis qu'un adolescent.

Lorsqu'il arrive au seuil du service militaire, et qu'il décide d'effectuer une préparation militaire, il offre le même portrait qu'au lycée. Le directeur de la préparation militaire qui l'a connu en 1971 déclare :

Ce garçon n'a laissé aucun souvenir particulier. De type effacé, assez indécis mais discipliné, il aurait dû faire beaucoup d'efforts pour réussir. Timide, émotif, assez renfermé, il ne se liait pas, et je ne lui connais aucun camarade avec lequel il sortait. Il était du genre impénétrable.

Christian Ranucci offre donc une image de jeune garçon assez solitaire et introverti, mais émotif. Rien ne laisse présager un crime atroce. Pas plus que dans ses derniers mois à Nice, avant et après son service militaire. Sa mère garde des enfants, et une mère de famille, qui lui en a confié deux, déclare :

Il était bien élevé, pas effronté du tout et pas entreprenant. Personnellement, je le trouvais timide au point qu'il me laissait toujours seule avec sa mère lorsque j'arrivais et que je parlais et qu'il se trouvait là. Il allait toujours dans sa chambre.
Mes enfants ne m'ont jamais rapporté qu'il ait eu à leur égard des mots ou des gestes déplacés. Bien au contraire, ils l'aimaient bien. Il jouait avec eux et s'occupait d'eux d'une façon tout à fait normale. Lorsque j'ai appris ce qui s'est passé, j'ai été sidérée.

Un ami d'Héloïse Mathon, qui l'a reçue en compagnie de sa femme plusieurs fois à dîner, et avec Christian, ne peut pas non plus croire ce qui s'est passé :

En ce qui concerne le fils Christian, je puis vous dire qu'il avait toute ma confiance. Il était gentil, agréable à converser, pas effronté du tout et d'une correction parfaite à tout point de vue. D'ailleurs, ma femme le considérait un peu comme son fils. Je ne lui connais aucune relation féminine ou masculine, il ne m'a jamais parlé de rencontres hommes ou femmes ; il était très réservé sur ce point ; d'ailleurs, je ne l'ai jamais vu en compagnie d'une jeune fille ou d'un jeune homme.

La négation d'une relation avec un jeune homme, à une époque où l'homosexualité est encore un tabou, laisse supposer que l'enquêteur aura envisagé que Ranucci ait pu être homosexuel, qu'il a posé explicitement la question, et recherché là un signe éventuel de pédophilie. Encore une fois, on voit là une trace du raccourci entre homosexualité et pédophilie que l'on faisait facilement à l'époque.

Un examen médico-psychologique peu convaincant

C'est donc ce parcours d'un jeune homme de vingt ans apparemment sans histoire, élevé sans père, souvent dans des internats, qui va se trouver sous la loupe et le scalpel d'une psychologue, d'un médecin et de trois psychiatres. Examinons donc maintenant le rapport médico-psychologique établi par le docteur Vuillet et la psychologue Myriam Colder.

Nous soussignés,
Madame Myriam Colder, psychologue, expert près les tribunaux, domiciliée à Marseille [...] ;
Docteur François Vuillet, médecin légiste, expert assermenté près les tribunaux et la Cour, Assistant au Laboratoire Interrégional de Police Scientifique de Marseille, domicilié à Marseille [...].
En exécution d'une ordonnance de Mademoiselle Ilda di Marino, juge d'instruction au Tribunal de Grande Instance de MARSEILLE, en date du 7 juin 1974, relative à l'information suivie contre Christian RANUCCI des chefs de

ENLÈVEMENT DE MINEURE DE MOINS DE 15 ANS
HOMICIDE VOLONTAIRE

A l'effet de :
- *Procéder à l'examen médico-psychologique de l'inculpé*
- *Relever les aspects de sa personnalité tant au point de vue physique que moral ou psychique*

On note ici l'ambivalence de la rédaction du second point : la personnalité peut-elle avoir un rapport avec le physique de l'inculpé ? C'est certes une préoccupation des psychiatres qui ont recherché une cause physiologique – ou esthétique telle qu'une marque sur le corps ou le visage – à un trouble de la personnalité de Ranucci pouvant expliquer le meurtre. Une disgrâce corporelle peut certes entraîner un caractère introverti, une difficulté à communiquer avec les autres qui peut bloquer le sujet dans son désir d'une vie affective et sexuelle harmonieuse. Mais la recherche d'un lien entre un aspect de la personnalité et une caractéristique physique fait aussi penser à une époque où il était commun de poser sur un type racial le stéréotype d'une personnalité. Ces stéréotypes d'ailleurs n'ont pas complètement disparu.

- *Fournir tous renseignements sur sa constitution physique, son niveau d'intelligence, ses tendances et penchants, son caractère, son comportement sur le plan individuel, familial et social, et son aptitude au travail.*

Avons personnellement accompli la mission à nous confiée le 11 juin 1974 et jours suivants à la Prison des Baumettes où nous nous sommes rendus et exposons, ci-après, le résultat de nos observations et nos conclusions.

DECLARATIONS DE L'INTERESSE
Christian RANUCCI est né le 6 avril 1954 à Avignon.
Répondant à nos questions, il nous précise qu'il est agent technique commercial et depuis quelques semaines représentant en matériel thermique.
L'étude de ses antécédents médicaux nous apprend qu'outre les maladies infantiles banales, il a eu dans l'enfance une primo-infection et a séjourné dans une maison de repos dans la région de Grenoble.
Il a présenté une otite moyenne suppurée bilatérale récidivante. Actuellement, il entendrait moins bien, surtout les sons aigus.
En 1971, il a été victime d'un accident de la circulation : son vélomoteur a été heurté par une voiture, il a perdu connaissance peu de temps et présentait une fracture de la clavicule gauche qui a évolué vers la guérison et pour laquelle il ne bénéficie d'aucune pension.
Pendant son service militaire, il a été hospitalisé l'été 1973 à Trèves pour une affection fébrile avec adénopathie mal précisée.

On trouve là l'infection que Ranucci appellera « empoisonnement de sang », et qui intriguera également les psychiatres.

EXAMEN PHYSIQUE :
Il s'agit d'un sujet pesant 72 kg et mesurant 1 m 75. Il ne subsiste aucune séquelle de la fracture de la clavicule. Appareil pulmonaire : les poumons respirent normalement. Appareil digestif : dentition en

bon état. Rate et foie de dimensions normales. Tension artérielle 13 ½-8. Bruits du cœur normaux. Appareil génito-urinaire : sans particularité. Système nerveux : réflexivité ostéotendineuse normale. Organes des sens : myopie bilatérale corrigée par des verres. Le sujet entend correctement au cours des conversations.

Le docteur Vuillet s'arrête là. Christian Ranucci n'a rien d'anormal pouvant expliquer une frustration ou un traumatisme ayant affecté sa personnalité. Il n'a pas débordé de ses compétences et ne donne aucune interprétation de ses entretiens.

La psychologue, quant à elle, prendra beaucoup plus nettement parti, comme nous allons le voir.

EXAMEN PSYCHOLOGIQUE :
Christian Ranucci, né le 6 avril 1954 à Avignon, est fils unique.
Il a trois ou quatre ans lorsque ses parents divorcent, depuis il vit avec sa mère et n'a plus aucun contact avec son père.
Madame Ranucci, craignant que son ex-mari ne tente de lui enlever son fils, déménage fréquemment, plusieurs fois par an même, vendant et rachetant chaque fois un commerce (bar-restaurant) qu'elle gère tantôt seule, tantôt avec l'aide de son fils. De ce fait, Christian Ranucci a poursuivi sa scolarité dans différentes villes, Paris, Grenoble, Nice pour les séjours les plus longs et dans de multiples établissements. En 1968, il restera en pension dans l'Yonne pendant un an et obtiendra son B.E.P.C. en 1971. Il se décrit comme un élève assez turbulent, peu attiré par le travail scolaire mais capable, avec un peu d'application, d'obtenir de bons résultats.
Il déplore que la fréquence de ces déménagements ne lui permette aucune amitié et aucune relation féminine suivie.

Le premier point que Myriam Colder évoque, c'est une enfance sans père, qui va être sa clé de lecture de la vie de Christian Ranucci.

Ne trouvant pas de situation à la fin de ses études, il aide sa mère dans son commerce puis devance l'appel : d'avril 1973 à avril 1974, il effectue son service militaire à Wittlich en Allemagne. Depuis son retour et jusqu'à son arrestation, il est représentant en matériel thermique. Il aime ce métier qu'il trouve pourtant difficile car exigeant des connaissances techniques.

Ranucci a donc effectué des études courtes. Mis devant un matériel technique complexe, il est probable qu'il n'avait pas tous les outils cognitifs pour comprendre rapidement le fonctionnement de tous les produits qu'il était amené à vendre. Ce qui pose la question de son démarrage dans la vie : était-il le 3 juin 1974 dans un état d'esprit où il éprouvait une peur inconsciente, voire une angoisse latente de ne pas arriver à s'élancer dans sa vie d'adulte, comme c'est le cas de beaucoup de jeunes ? Cela pourrait expliquer le désir d'une nuit arrosée dans les bars à Marseille, ou un accident de voiture avec faute.

> *Il déclare ne pas avoir d'antécédents judiciaires.*
> *Christian Ranucci est un jeune homme de vingt ans, inquiet, courtois dans ses rapports avec autrui, très soucieux de coopération et désireux, dit-il d'être compris.*
> *Son vocabulaire est assez riche et précis, le débit verbal saccadé, irrégulier, témoigne d'une angoisse latente.*

L'angoisse latente perçue par Myriam Colder peut être interprétée de deux manières : Myriam Colder l'interprète certainement comme un état quasi-permanent et l'une des causes du crime. Cette angoisse, si Ranucci est coupable, est parfaitement cohérente avec un esprit très organisé, l'organisation extrême de la vie pratique ayant pour but de pallier l'angoisse de l'imprévu, justement parce que l'imprévu peut lui faire perdre tout contrôle, par exemple dans un accident de voiture. On peut imaginer qu'Héloïse Mathon, vivant dans l'angoisse d'être retrouvée par son ex-mari, ait transféré cette angoisse sur son fils. Mais cela peut aussi, si Ranucci est innocent, être une angoisse pour l'avenir, notamment s'il a pris conscience de la peine qu'il encourt.

> *S'exprimant en abondance, le sujet se livre pourtant très peu, principalement pour les faits qui lui sont reprochés et dont il dit ne plus garder de souvenirs ; il se considère physiquement responsable mais pas moralement, car dit-il, il n'a à aucun moment prémédité son acte. Il semble à l'heure actuelle refouler au maximum les souvenirs les plus traumatisants pour l'équilibre de sa personnalité. Cet outil parait être le fait d'un réflexe auto-défensif inconscient et pas seulement d'un système de défense...*

Myriam Colder connait bien les profils des criminels et est familière de ce type de comportement. Beaucoup affirment ne se souvenir de rien : c'est une tactique de criminel qui veut se faire passer pour fou ou bien en état de démence au moment des faits pour échapper à une peine. La mission des psychiatres sera de déterminer si le sujet cherche à simuler une folie ou une amnésie.

... bien qu'il semble au premier abord suspect eu égard à des aptitudes intellectuelles homogènes, situées dans une bonne moyenne :

À la W.A.I.S. : QI global = 112
QI verbal = 115
QI performance = 107

Et eu égard à des qualités de mémoire, de vigilance et de concentration de pensée.

L'intelligence de Ranucci est attestée non seulement par le fait que les chiffres soient assez nettement supérieurs à 100, mais également par celui qu'il n'y a pas de gros écart entre son QI verbal et son QI performance, autrement dit entre son intelligence pratique et sa capacité à s'exprimer. Un grand écart entre les deux peut entrainer une souffrance profonde – lorsque le sujet ne parvient pas à exprimer les fruits de son intelligence pratique – et peut parfois, heureusement rarement, entraîner un comportement criminel. Sur ce point encore, Ranucci n'a pas de disposition particulière à devenir un criminel.

Puisque Ranucci est classé comme intelligent, on peut envisager l'hypothèse que ses aptitudes intellectuelles homogènes et dans une bonne moyenne ont pu pousser la psychologue à penser que son amnésie était un système organisé et réfléchi de défense, et non pas un simple réflexe auto-défensif, donc non réfléchi. Mais s'il est innocent, on peut imaginer aisément qu'un réflexe auto-défensif soit naturel pour quelqu'un qui s'est accusé d'un crime monstrueux, après un processus de création de faux souvenirs.

Une émotivité latente est sans incidence sur le rendement intellectuel et sur les mécanismes de pensée pour autant qu'ils puissent s'appuyer sur des connaissances.

On trouve là une émotivité que constateront également les psychiatres. Mais cette émotivité ne perturbe pas pour autant ses capacités, donc pas son discernement. On voit là poindre ce qui sera l'arme la plus terrible de l'avocat général, Armand Viala : la pleine responsabilité de Ranucci quant au crime qu'il aurait commis et surtout le fait qu'il l'aurait commis de sang-froid.

Dans les situations inhabituelles à retentissement affectif profond, le sujet est dérouté et susceptible de conduites assez irrégulières et mal adaptées.
Son insertion sociale en particulier exige un hypercontrôle constant de son instabilité, d'une intolérance à la monotonie et aux contraintes.
Mais c'est le domaine affectif et sentimental qui reste le plus problématique pour le sujet, qui, privé d'autorité virile, ne parvient pas à se dégager de l'influence maternelle – mère dont il fait un

portrait élogieux – mais qu'il rend inconsciemment responsable de ses difficultés à s'affirmer, à se viriliser et de son manque à être général. D'où des relations fils-mère teintées de sadomasochisme, à la fois infantiles, exigeantes, exclusives et par ailleurs dominées par une profonde rancune.

À cet endroit, Myriam Colder s'approche de ce qui sera sa thèse : Ranucci aurait au fond de lui-même détesté sa mère et commis un matricide symbolique en assassinant un enfant. Notons que, dans ce cas, il ne s'agirait pas d'un meurtre à caractère sexuel. Ranucci aurait enlevé Marie-Dolorès Rambla non pour satisfaire un appétit pédophile, mais dans le but inconscient d'assassiner sa mère. On ne voit pas pourquoi il aurait assassiné une fillette de huit ans dans un moment de panique après un accident de la route : il s'en serait plutôt pris à une femme d'âge mûr. Une éducation sans père et une relation mère-fils ambiguë a certes été évoquée lors de nombreux procès de tueurs en série, mais il s'agissait surtout de tueurs qui avaient tué des femmes adultes.

Une vive agressivité est vécue au travers de la perception des images parentales : une image féminine victime de la violence du père et une image paternelle (d'après les récits qui lui ont été faits) fortement dévalorisée, ressentie comme violemment agressive et dangereuse.
Entre ces deux pôles, le sujet ne parvient pas à construire une affectivité harmonieuse : seule l'image maternelle est acceptée partiellement comme modèle d'identification, mais le sujet lutte contre une image féminine introjectée et par là même contre sa propre féminité.
La crise de l'adolescence rendant inopérante les mécanismes de défense de l'enfance a accentué le malaise du sujet dont la sexualité demeure immature, mal orientée, fortement problématique à l'heure actuelle.

Ranucci a été élevé essentiellement par sa mère. C'est, d'après tous les psychologues, une source de fragilité. On peut facilement imaginer qu'il est immature, entre autres sur le plan affectif et sexuel – ce qui n'est pas rare à vingt ans, y compris chez des jeunes élevés par leurs deux parents biologiques. Mais Ranucci a grandi dans la crainte d'être enlevé par son père, et le chemin de son enfance est celui d'une fuite de son père. Il a donc une mauvaise image de son père, que seule sa mère peut lui avoir donnée. On pourrait penser aujourd'hui à un cas d'aliénation parentale, cas aujourd'hui courant dans les divorces, où l'un des deux parents peut mettre un acharnement obsessionnel et psychologiquement dangereux à détruire le lien entre l'enfant et l'autre parent, quand ce n'est pas persuader l'enfant qu'il a été maltraité.

La psychologie n'est pas une science exacte. Sur son profil psychologique, on ne peut dresser ici que des hypothèses et jauger leur vraisemblance. Être immature, comme on l'est souvent à vingt ans ne conduit évidemment pas nécessairement à la pédophilie. L'immaturité peut créer chez les jurés l'impression de quelqu'un qui n'est pas certain de son identité, de son orientation sexuelle. Christian Ranucci passe pour très affectueux auprès des enfants que garde sa mère. « Très affectueux avec les enfants » est un trait de caractère qui peut évidemment être un indice de tendance pédophile, mais qui constitue le plus souvent un palliatif à la privation d'affection paternelle dont le sujet a souffert, sans que cette affection ne dérive vers une demande sexuelle. Rien dans le dossier, aucun témoignage ne laisse penser que Christian Ranucci ait été dépourvu d'empathie, trait caractéristique des pédophiles, même si c'est l'image qui est ressortie de son comportement pendant son procès. Les pédophiles qui tuent leurs victimes sont le plus souvent des hommes qui ont grandi dans un environnement très instable, certes souvent sans la sécurité d'un père et qui ont souvent été l'objet de violences, notamment familiales, quand ils n'ont pas été abusés sexuellement pendant leur enfance. Dans ce cas, ils reproduisent à l'âge adulte ce qu'ils ont subi. Mais il n'a jamais été affirmé ni même supposé que Ranucci ait été l'objet de violences, encore moins de violences sexuelles.

Nous avons vu plus haut le cas de Jérôme Carrein, guillotiné un an après Ranucci en 1977 pour un meurtre assez semblable à celui de Marie-Dolorès Rambla. Né en 1939, abandonné par son père peu après sa naissance, maltraité, marié à dix-huit ans avec une jeune fille avec laquelle il aura eu cinq enfants, il n'a pas eu de modèle paternel qui le rende capable, une fois adulte, d'assumer sa pleine responsabilité d'époux et de père.

Tout aussi instable que celui de Jérôme Carrein a été le milieu dans lequel a grandi Jean-Laurent Olivier, surnommé l'étrangleur de Montlevon, dernier décapité du général de Gaulle. Né en 1944 dans l'Aisne, il a été abandonné par sa mère très jeune et confié à l'assistance publique. À l'instar de Jérôme Carrein, il commence à travailler à l'âge de quinze ans, comme ouvrier agricole dans une ferme. Mais il a aussi des ambitions familiales : à dix-huit ans, il se marie, au même âge que Jérôme Carrein, avec l'une des filles de la ferme dont il aura un enfant. Il a également des ambitions professionnelles : il prend des responsabilités et entend bien un jour diriger la ferme. À la différence de Jérôme Carrein, oisif et sans profession, Jean-Laurent Olivier est quant à lui un bourreau de travail, levé avant tout le monde et toujours couché tard dans la nuit. Mais comme Jérôme Carrein, il est lui aussi parfois en proie à des pulsions qu'il ne parvient pas à contrôler. Alors qu'il a vingt-trois ans, le 17 juin 1967, il aperçoit Pierrette et Lucien Demarle, deux enfants qui le connaissent bien, âgés de douze et dix ans. Il emmène Lucien dans un bois et l'étrangle, puis revient, prend Pierrette avec lui, la viole et finalement l'étrangle elle aussi. Devant les policiers, puis devant ses juges, il prétendra ne pas savoir ce qui l'a pris, être en proie à une puissance plus forte que lui, laquelle le pousse à tuer. Lors de son procès, le principal enjeu est de déterminer son degré de responsabilité. L'un des médecins experts a des doutes car il a relevé des signaux suspects sur son électro-encéphalogramme, lesquels pourraient être le signe de lésions associées à des troubles psychiatriques.

Mais la justice passe outre l'expertise médicale. Il est condamné à mort le 7 septembre 1968 et, quelques semaines avant de quitter le pouvoir, le général de Gaulle refuse sa grâce. Il est guillotiné le 11 mars 1969. Un examen de sa tête réalisé *post mortem* établira la présence dans son cerveau de lésions pouvant expliquer des accès incontrôlés de violence : il n'aurait pas dû être reconnu comme responsable de ses actes. Il y a donc eu erreur de la justice, même s'il n'y a pas eu erreur judiciaire. Mais Jean-Laurent Olivier est mort.

Dérapage macabre : la justice qui tue ne s'est pas contentée de décapiter un meurtrier, elle a carrément utilisé sa tête pour faire des recherches scientifiques qui, de surcroît, ont montré qu'elle s'était trompée... Pire : elle avait prévu l'autopsie avant l'exécution. Il subsistait tellement de doutes sur la personnalité de l'accusé que la justice avait décidé de procéder à des vérifications une fois qu'aurait été exécutée sa décision de lui donner la mort !

L'enfance de Jérôme Carrein et de Jean-Laurent Olivier, où ils ont tous les deux connu la violence, une carence affective et la maltraitance, n'a rien de commun avec l'enfance, à laquelle il a certes manqué un père, de Christian Ranucci. L'un et l'autre ont voulu fonder une famille très tôt, comme pour construire ce qui leur avait manqué. L'un et l'autre ont tragiquement échoué avant de basculer dans l'extrême violence.

L'abandon ou la maltraitance pendant la toute petite enfance, et notamment dans les premiers mois, peuvent créer ce que les psychologues appellent un *trouble de l'attachement*. La théorie de l'attachement, que l'on doit notamment au pédopsychiatre anglais John Bowlby qui l'a explicitée dans les années 1960[49], a fait l'objet de nombreuses publications dans les décennies qui ont suivi. On observe des troubles de l'attachement dans les familles de cas sociaux, mais aussi parfois chez des enfants adoptés qui ont été maltraités pendant leurs premiers mois ou leurs premières années avant de rencontrer leurs parents adoptifs. Auquel cas, ils ne parviennent pas à s'attacher à leur famille d'accueil ou d'adoption. L'enfant qui n'a pas appris dès ses premiers mois à faire confiance à un adulte qui lui donne de l'affection devient incapable de nouer une relation de confiance avec autrui, et de là incapable de respecter une règle, notamment un interdit, que lui impose un adulte : ne pas voler, ne pas violer, ne pas tuer. Les interdits de base ne s'implantent pas. Et parfois, c'est le crime. Des individus qui ont souffert de ce manque sont nombreux dans les prisons et cela a incontestablement été le cas de Jérôme Carrein comme de Jean-Laurent Olivier.

Ranucci, quant à lui, a certes été privé de père, mais ce n'est pas suffisant pour en faire un criminel. D'abord, il a pu tout de suite nouer une relation de confiance avec un adulte, à savoir sa mère, qui lui a donné les interdits qui s'imposaient, certes sans occuper la place symbolique du père. Jean Ranucci, pendant la brève période où il a élevé son fils, ne l'a pas maltraité (si cela avait été le cas, Héloïse Mathon en aurait certainement témoigné et cela aurait figuré dans le dossier de l'instruction). Ranucci, quoique peu diplômé – il avait eu son BEPC avec deux ans de retard, l'année de ses dix-sept ans – avait effectué son service militaire ; il s'était fait embaucher comme représentant de commerce. Sa trajectoire était celle d'un homme jeune, encore immature, mais qui semblait bien parti pour s'insérer dans la société.

La relation amoureuse qu'il avait eue à seize ans n'avait pas du tout laissé à sa petite amie l'impression d'avoir eu affaire à un pervers, tout au plus était-ce une relation adolescente précoce. Il avait recherché l'amour chez une fille un peu plus âgée que lui à l'époque (elle avait dix-neuf ans), ce qui n'est pas cohérent avec l'hypothèse de penchants pédophiles. C'est ce qu'il faut retenir des déclarations de Monique M'Bodj lors de son audition le 15 juin 1974 :

> *Nous avons sympathisé et flirté ensemble. Je reconnais même que j'ai eu des rapports sexuels avec Christian pendant trois mois environ. Ce jeune homme m'a toujours paru normal. J'estime même qu'il est très intelligent. Il a toujours été très gentil avec moi. Je ne l'ai jamais vu en colère.*
> *Il n'a jamais eu des exigences sexuelles anormales. Il était donc très normal. J'étais assez « attachée à lui ». Malgré qu'il avait trois ans de moins que moi, nous avons ébauché des projets de mariage. Ceux-ci sont restés sans suite. En effet, après les vacances scolaires, j'ai rejoint mon domicile à Marseille et depuis je ne l'ai plus revu [...].*

Il faut ajouter que cette jeune fille était métisse, donc classée comme de couleur : un amour interracial était encore, dans les années 70, un autre sujet de scandale, pas seulement aux États-Unis (comme on le voit dans le film *Devine qui vient diner ce soir*, de Stanley Kramer). À noter également que le dossier d'instruction affirmait aussi que sa mère avait une préférence « pour les gens de couleur », comme s'il s'agissait d'une relation suspecte. Au moment de l'affaire, Christian Ranucci aurait eu une liaison avec une femme mariée, plus âgée, habitant dans la même résidence. Dans l'état d'esprit de l'époque, c'était encore une relation scandaleuse qui pouvait faire penser à l'affaire Gabrielle Russier. Dans sa vie affective, Ranucci s'était largement affranchi des conventions de son époque. Du coup, tout ce que l'on savait de cette partie de sa vie allait devenir objet de scandale et l'idée d'un penchant pédophile allait s'imposer plus facilement dans l'imaginaire des juges. Personne ne déduirait aujourd'hui que quelqu'un aurait un penchant pédophile parce qu'il aurait entretenu une liaison avec une femme plus âgée.

Dans l'ambiance dominante très homophobe de l'époque, on peut imaginer que cela a joué contre lui et que derrière la sexualité « mal orientée » évoquée par Myriam Colder, on a voulu insinuer une tendance homosexuelle, qui passait alors, nous l'avons vu plus haut, pour une perversion associée à une dangerosité et que l'on associait souvent à la pédophilie. Christian Ranucci était un être fragile psychologiquement, immature sexuellement. Aujourd'hui, sa vie sexuelle, pour ce que l'on en sait, n'aurait pour l'opinion générale rien de choquant, tout juste un peu précoce, et ne saurait être mise en relation avec un crime à caractère sexuel. Pas plus que d'une liaison avec une jeune fille de couleur ou avec une femme plus âgée, aucun psychiatre ne ferait aujourd'hui de raccourci pour déduire d'une tendance homosexuelle que quelqu'un est pédophile.

La conviction de Yann Le Meur est que, privé d'affection paternelle, inondé d'affection maternelle, Christian Ranucci se rêvait inconsciemment le père protecteur des enfants que gardait sa mère, et qu'en s'occupant d'eux il leur donnait l'affection dont il avait manqué. Mais sans jamais exprimer, ni en paroles ni en gestes, de demande sexuelle. Cette conviction est parfaitement cohérente avec tous les témoignages déposés par ceux qui avaient connu Ranucci avant le 3 juin 1974.

Immature affectivement, sexuellement, mais comme on l'est souvent à cet âge, avec un père violent avec son épouse, rapidement absent pour le meilleur mais aussi pour le pire, une mère peut-être possessive, voire fusionnelle dont on lui dira pendant l'instruction qu'elle se serait prostituée à un moment de sa vie, cela ne suffit pas à faire de lui un assassin. En revanche, cette histoire familiale tourmentée, passée par des moments douloureux et marquée par des carences affectives, a contribué à faire de lui un être fragile et surtout, le moment venu, un coupable idéal.

Myriam Colder achève alors son raisonnement pour expliquer le crime :

> *Ce malaise aggrave une vive agressivité latente, auto-défensive, très contrainte et très refoulée, mais susceptible de se manifester de manière explosive et incontrôlée sous l'effet d'une forte émotion qui rend alors inopérants les mécanismes de contraintes habituels. Après quoi, lucide, intelligent, le sujet retrouve la maîtrise de soi.*

Avec ce que Myriam Colder explique ici, la juge d'instruction, les jurés pourront comprendre pourquoi Christian Ranucci est apparu très calme face à Rahou et Guazzone, lesquels ne pouvaient pas imaginer ce qui venait de se passer, surtout lorsque Guazzone a parlé d'appeler les gendarmes et que l'inconnu qu'il avait en face de lui ne lui paraissait nullement inquiet.

La psychologue et le médecin peuvent ainsi clore leur rapport :

CONCLUSIONS :
L'examen médico-psychologique de l'inculpé Christian Ranucci permet de répondre ainsi aux questions énoncées dans l'ordonnance de notre mission, à savoir :

1) *Qu'il s'agit d'un sujet jeune, de bonne constitution, atteint de myopie, présentant par ailleurs un bon état général ;*
2) *Qu'il possède de bonnes aptitudes intellectuelles ;*
3) *Que privé de l'autorité paternelle dont l'image est ressentie comme agressive et ressentant vis-à-vis de sa mère des sentiments teintés de sadomasochisme, il n'a pu construire une vie affective et sentimentale harmonieuse, sa sexualité demeurant immature et mal orientée ;*
4) *Qu'il s'hypercontrôle, refoulant une agressivité et un sadisme accentués par l'angoisse et susceptibles de s'extérioriser sous l'effet d'une très forte émotion.*

C'est peut-être dans la dernière phrase que se situe le point le plus dur : même s'il parvient le plus souvent à refouler ses pulsions, Ranucci est décrit comme agressif mais également comme sadique, ce dont on déduit qu'il s'agit de quelqu'un qui trouve de la jouissance à agresser et à faire le mal. C'est ce que l'on reprochera, cette fois à juste titre, à Hamida Djandoubi, le dernier guillotiné de la République, un an après la mort de Ranucci.

Du rapport de Myriam Colder émergera, lors du procès, l'image inquiétante d'un criminel qui a agi de sang-froid, donc de ceux à qui on a le plus de mal à trouver des circonstances atténuantes.

L'avis des psychiatres : un rapport d'experts pour écarter toute idée de folie

Après le rapport médico-psychologique, le rapport d'expertise psychiatrique mérite une attention particulière. Autant les conclusions du rapport de Myriam Colder, essentiellement interprétatives, peuvent sembler expéditives, celui des trois psychiatres – donc trois médecins – nettement plus poussé, révèle maints détails intéressants.

Ce rapport comporte deux types d'information : d'une part, il relate des entretiens avec Ranucci dont il analyse le ton et les paroles et, d'autre part, il reprend et analyse des expertises médicales.

En ce qui concerne les expertises médicales, dans un langage souvent inaccessible au profane et que nous nous emploierons à décortiquer, nous nous interrogerons sur leur pertinence par rapport à l'enjeu de l'enquête, mais surtout sur leurs conséquences quant au destin de Christian Ranucci : au-delà de l'aspect médical des conclusions, il importe de discerner comment un magistrat, comment un juré peut recevoir et interpréter ce rapport, et quelle conviction il peut en tirer quant à la sentence pour laquelle il doit se prononcer.

Les comptes rendus des entretiens des psychiatres avec Ranucci peuvent ainsi être abordés selon plusieurs grilles de lecture. Tout d'abord, ils nous livrent une analyse des faits décrits et du langage de Ranucci dans les semaines qui suivent ses aveux. Nous verrons ainsi s'il est possible par endroits de discerner des signes de « faux souvenirs », suite aux études que nous avons vues dans les chapitres IV et V qui expliqueraient pourquoi Ranucci, s'il est innocent, aurait avoué un crime qu'il n'aurait pas commis. Deuxièmement, le récit qu'en font les médecins, la manière dont ils le rédigent permettent de saisir l'impression qui va s'en dégager, laquelle est susceptible d'influencer les juges et plus tard les jurés lorsque les mêmes psychiatres livreront leur analyse devant la cour d'assises ; troisièmement, ils permettent de comparer la personnalité qui se dégage à celle de criminels et notamment de pédophiles – les psychiatres sont quant à eux partis du postulat de base que Ranucci était coupable et ne se sont à nul moment posé la question de son éventuelle innocence.

On a beaucoup reproché aux psychiatres, de même qu'à Myriam Colder, d'avoir abondé dans le sens de la culpabilité de Ranucci. C'est méconnaître la procédure judiciaire : le psychiatre mandaté par une autorité judiciaire doit répondre à des questions précises sur ordonnance d'un juge d'instruction. Si le juge a des doutes sur la culpabilité d'un suspect, il peut poser comme question de savoir si l'histoire ou le profil psychique de celui-ci est propice à un acte criminel. Dans ce cas, le psychiatre abondera dans un sens ou dans l'autre. Dans le cas qui nous intéresse ici, et surtout pendant l'été 1974, personne ne doute de la culpabilité de Ranucci – et dans les premiers mois de l'instruction, Ranucci lui-même, s'il est innocent, est probablement convaincu lui-même de sa culpabilité, victime du syndrome des faux souvenirs. Toute l'interrogation des psychiatres n'est point de savoir s'il est coupable, mais s'il est responsable, quelle conscience il a de son acte et quel jugement rétrospectif il porte sur l'acte qu'il a commis. De ce strict point de vue-là, Ilda di Marino fait un travail rigoureux : elle pose des questions précises.

Le rapport débute, comme d'usage, par la présentation des intervenants et de leur mission.

> *Nous soussignés,*
> *Mr le Professeur SUTTER, service Hôpital de la Timone*
> *Dr G. CARDAIRE, demeurant à Marseille (...) et*
> *Dr H. FIORENTINI, demeurant à Marseille (...) Experts près les Tribunaux,*
> *En exécution d'une Ordonnance en date du 17 juin 1974 de Melle DI MARINO, Juge d'instruction à Marseille à l'effet de procéder à l'examen mental du nommé RANUCCI Christian inculpé d'homicide volontaire après enlèvement de mineure, actuellement détenu à la prison des Baumettes et répondre notamment aux questions suivantes :*
> *1) L'examen du sujet révèle-t-il chez lui des anomalies mentales ou psychiques ? Le cas échéant les décrire et préciser à quelles affections elles se rattachent.*
> *2) L'infraction qui est reprochée au sujet est-elle ou non en relation avec de telles anomalies ?*
> *3) Le sujet présente-t-il un état dangereux ?*
> *4) Le sujet est-il accessible à une sanction pénale ?*
> *5) Le sujet est-il curable ou réadaptable ?*
> *6) Le sujet était-il en état de démence au sens de l'article 64 du Code Pénal au moment des faits ?*
> *Serment préalablement prêté, avons procédé à son examen après nous être rendus à plusieurs reprises à la prison des Baumettes à partir du 7.7.74. et consignons le résultat de nos constatations dans le présent rapport fait en honneur et conscience.*

Une erreur de date apparaît ici : le premier entretien n'a pas eu lieu le 7 juillet mais le 7 juin. C'est cette date qui revient dans la suite du rapport, avec la mention « quatre jours après les faits ». Pourtant l'ordonnance d'Ilda di Marino de procéder à un examen psychiatrique de Ranucci est, quant à elle, datée dans le même document du 17 juin. En fait, par une première ordonnance du 7 juin, les docteurs Cardaire et Fiorentini ont été chargés d'examiner Ranucci ; puis compte tenu de la criticité du cas de Ranucci, une seconde ordonnance datée du 17 juin a demandé au professeur Sutter de se joindre à eux.

Après cette présentation et le détail de la requête, les trois médecins psychiatres passent au résumé des faits :

> *Le 3 juin 1974, RANUCCI Christian enlevait la jeune RAMBLA Marie Dolorès, âgée de 8 ans, et, après avoir parcouru un long trajet en*

voiture, et à la suite d'une banale collision qui provoquait sa poursuite, l'entraînait dans des buissons et lui portait des coups mortels. Le rapport d'autopsie concernant l'enfant mentionne : une contusion de la voûte crânienne avec quatre enfoncements, des plaies contuses à la tête, des blessures par arme blanche perforante et tranchante du type couteau, au nombre de 15, localisées à la région mastoïdienne gauche et au cou ayant entraîné la mort par coupure de la carotide primitive droite. Il n'y avait pas de traces de violences au niveau de la région génitale.
L'auteur de l'enlèvement et de l'homicide était appréhendé le 5 juin et, après quelques réticences, reconnaissait les faits. Il était incarcéré à la maison d'arrêt des Baumettes à Marseille. Lors de la reconstitution l'inculpé se plaignait d'amnésie au moment de l'action homicide.

Dans ce récit, il n'y a rien que du factuel. Ranucci a avoué, mais au moment de la reconstitution, le 24 juin, il a déclaré ne se souvenir de rien en ce qui concerne son acte. Le mot « amnésie » a probablement d'abord été utilisé par les psychiatres, même si Ranucci l'a sans doute utilisé ensuite. Mais il sonne de manière particulière en étant évoqué à la fin du paragraphe. Un des objectifs des psychiatres va être d'établir si Ranucci, qui prétend ne pas se souvenir des faits, simule une amnésie, ce que font souvent des criminels qui soit s'enferment dans le déni, soit tentent de se faire passer pour en état de démence au moment de leur crime. Mais on n'envisagera à aucun moment le fait qu'une absence de souvenirs puisse signifier qu'il est innocent.

Ce n'est pas un mythe de policier que de prétendre que les détenus, dans le confinement d'une prison, se donnent les uns aux autres des trucs à dire, ou à ne pas dire, échangent quant à la conduite à tenir pendant les interrogatoires. Ce n'est pas non plus un mythe qu'il y ait des avocats qui fassent des recommandations dans le même sens à leurs clients. L'interrogation des psychiatres et d'une juge d'instruction à ce stade de l'enquête quant à l'amnésie de Ranucci est parfaitement légitime. Même s'ils n'y croient guère, il peut subsister un doute que l'expertise a pour objet de lever.

Les psychiatres passent ensuite au curriculum vitae de Christian Ranucci :

RANUCCI Christian est né le 6 avril 1954 à Avignon, de Jean Martin et MATHON Héloïse. Son père travaillait comme chauffeur-livreur lorsqu'il se maria en 1952 avec MATHON Héloïse. Après la naissance de Christian les époux vinrent habiter Toulon, où Jean Martin RANUCCI travailla aux établissements Chaffer. Sa femme ne travaillait pas et s'occupait du ménage. Rapidement le climat familial se détériora ; le père n'en précise pas les raisons ; la mère déclare

que son mari était « très instable au travail » : c'est elle qui demanda le divorce.
C'est au cours de la procédure que RANUCCI père se livra à des coups et blessures sur sa femme « pour avoir été bafoué » déclare-t-il (il la blessa au visage avec un couteau) et il fut poursuivi pour ce fait.
Le divorce fut prononcé, RANUCCI père ne revit plus ni sa femme ni son fils. Les renseignements portés sur son compte sont défavorables car il fut poursuivi pour vol en 1966 et en 1967.
L'enfant avait trois ans lorsque ses parents se séparèrent et cinq ans au moment du divorce. Mme Ranucci quitta Toulon et résida dans différentes villes. On retrouve son passage à Paris, Grenoble, Chambéry, Voiron et Nice et dans d'autres localités. Elle tient à diverses reprises des débits de boissons dont elle était propriétaire exploitante, notamment à Charenton et à Grenoble ; elle fut également gérante d'une agence matrimoniale à Nice. On note dans le dossier « qu'elle n'a jamais exercé de profession salariée et que ses activités n'ont pu être exactement définies ». Pourtant Madame semble avoir toujours été pécuniairement à l'aise. Elle ne se remaria pas et poursuivit l'éducation de son enfant.

Plusieurs faits sont évoqués ici, mais non interrogés. Non pas que les psychiatres auraient pu ne pas être interpelés par les faits, mais simplement parce qu'interpréter ces faits ne fait pas partie des questions posées par Ilda di Marino. On peut cependant en relever trois qui créent la première impression de l'inculpé :

- Le nombre de déménagements vécus par Ranucci pendant son enfance, dont on sait que cela a perturbé sa scolarité.
- Le coup de couteau porté par Jean Ranucci au visage d'Héloïse Mathon. Il faudrait nuancer l'impact psychologique de cette blessure : Ranucci n'a pas vu lui-même son père blesser sa mère au couteau ; il a en revanche vu le visage ensanglanté de sa mère.
- L'absence du père pendant toute l'enfance et l'adolescence de Christian Ranucci, qui était déjà la clé de lecture de Myriam Colder. On savait déjà et on sait encore mieux aujourd'hui quelles séquelles et quelle déstructuration peut causer chez un adulte l'absence de père pendant la première partie de la vie. Dans le cas de Ranucci, on aurait pu interroger ici la relation de l'inculpé avec sa mère, laquelle a manifestement cherché à couper toute relation entre Ranucci et son père, et sans doute donné à l'enfant une très mauvaise image de son père.

L'impression qui ressort de cette description est celle d'une enfance et d'une adolescence dans un milieu chaotique, non seulement par le nombre de déménagements mais aussi parce que ses parents étaient eux-mêmes deux personnalités fragiles, entre un père condamné pour coups et blessures puis pour vol et une mère à la vie instable – voire qui se serait prostituée. Ce dernier fait n'est en toute rigueur pas évoqué ici, mais une éventuelle infidélité de la mère pendant la période où les parents vivaient ensemble est évoquée en précisant qu'il s'agit d'une hypothèse émise par le père. Elle pourrait être à l'origine du sentiment du père d'avoir été « bafoué ».

Ces premiers éléments contrastent avec la suite qui donne une image plutôt ordinaire, si ce n'est rassurante :

> *Ranucci Christian fréquenta d'abord l'école maternelle de Grenoble ; sa mère s'étant rendue à Paris, il suit les cours d'une école communale de 1960 à 1962. Pendant les années scolaires de 1963 à 1965, on retrouve l'enfant à l'école communale de Charenton (où Mme Mathon exploitait un débit de boissons dénommé « Le Provençal »). Il est considéré comme un élève moyen.*
> *Entre 1965 et 1966, il est inscrit dans une école privée « Les Verrières » à Pontigny l'Abbaye (Yonne), puis en 1966, Mme Mathon quitte Paris pour venir s'installer à Grenoble ; elle résidait plus exactement à la « Patinière » et à St Jean de Moirans. Le jeune Christian suit des cours dans une école privée (Les Frères St Joseph à Voiron) de 1966 à 1968. L'année scolaire de 1968/1969 est poursuivie à Paris, dans la même institution privée.*
> *Durant son séjour à St Jean de Moirans, elle fait l'acquisition d'un local et y crée un bar-restaurant nommé « Rio-Bravo ». Cette affaire périclite ; elle ferme l'établissement en 1967 et n'en reprend l'exploitation qu'en 1963.*

On note là une erreur typographique, sans grand intérêt : la reprise de l'exploitation a dû avoir lieu en 1968 ou 1969. On relève également une imprécision en ce qui concerne l'institution privée : s'il passe de Saint-Jean de Moirans à Paris, il ne peut pas rester dans *la même* institution privée.

> *Dès 1970, Mme MATHON se rend à Nice : Christian est inscrit au cours privé Camus, en classe de 3eme et en juin 1971 il réussit à l'examen du BEPC. À Nice sa mère s'occupe pendant deux ans d'une agence matrimoniale dont le siège était situé à son domicile personnel.*

Christian Ranucci poursuit sa scolarité dans des écoles privées catholiques. Certains voient aujourd'hui dans la mention de ce fait une allusion aux scandales de pédophilie qui ont été signalés dans les écoles chrétiennes, et que cette mention aurait pu accréditer que Ranucci serait devenu pédophile parce qu'il avait connu des pédophiles dans sa jeunesse. Ce n'était certainement pas l'intention des auteurs du rapport : les scandales de pédophilie dans l'Église catholique et dans l'enseignement sont restés silencieux jusque dans les années 1990 aux États-Unis et jusqu'aux années 2000 en France. Dans les années 1970, ils avaient lieu, hélas, mais ils étaient inconnus du grand public et n'étaient que rarement révélés.

L'impression qui se dégage de cet extrait est plutôt qu'Héloïse Mathon attache de l'importance à la qualité de l'éducation de son fils. Ensuite, le fait que Christian Ranucci semble pressé de faire son service militaire est plutôt hors norme dans sa génération. Il suit une préparation puis devance l'appel, ce qui pendant un an le sépare de sa mère.

> *Durant son passage au cours Camus, RANUCCI est noté comme un bon élève, intelligent et tout à fait normal. Son Directeur, après son succès au BEPC, lui avait conseillé de rester jusqu'au baccalauréat ; il ne voulut pas poursuivre et, sorti de l'école, il n'eut aucune spécialisation professionnelle.*
> *Le 13 novembre 1971, il se fait inscrire à la Préparation militaire à la Caserne Aurore à Nice, désirant contracter engagement par devancement d'appel.*

Notons qu'on omet de dire que pendant les deux années qui lui restent avant son service militaire, il va aider sa mère en faisant le service dans un bar qu'elle possède loin de Nice. Il n'est donc ni oisif ni inactif.

> *Il passe des tests à Tarascon et est reconnu apte. Bien qu'ayant suivi des cours de préparation, il ne se présente pas à l'examen et n'obtient pas de brevet : il y est noté comme élève très moyen, discipliné, assez effacé, indécis, timide, émotif et assez renfermé.*

Le portrait qui est fait ici n'est pas de Ranucci lui-même mais issu de ses instructeurs militaires. Ranucci y apparaît comme discipliné mais fragile. C'est un portrait très militaire qui le classe comme un soldat qui sera discipliné et sans doute zélé, mais peu capable de prendre des responsabilités, encore moins un commandement. Sous la plume d'un militaire, cela ne signifie rien de plus qu'il n'a pas le profil pour devenir officier.

> *A l'issue de sa préparation militaire, il retourne à Grenoble où il tient le restaurant le « Rio Bravo » de septembre 1972 à mars 1973.*

Parvenu à l'âge du service militaire, et grâce à sa préparation, il est affecté en avril 1973 en Allemagne. Il obtient le grade de caporal et doit être hospitalisé trois fois pour « une intoxication de sang » (?). Il est libéré le 5 avril 1974.

Ses études achevées, puis après la fin de sa préparation militaire, Christian Ranucci qui sert dans le restaurant de sa mère n'est donc certainement pas en permanence avec elle. Sa relation avec sa mère a pu être fusionnelle dans sa petite enfance, mais il trouve là une bonne opportunité pour commencer à s'en émanciper. Il semble ici prendre des responsabilités. Puis il part en Allemagne pendant un an pour y faire son service militaire, pendant lequel il obtient le grade de caporal. On ne pouvait pas espérer moins pour un garçon ayant fait une préparation militaire. Quant à cette énigmatique « intoxication de sang », c'est sans doute une traduction littérale de l'allemand « Blutvergiftung » qui désigne de manière générale une infection, pouvant aller jusqu'à la septicémie. Les psychiatres, médecins eux-mêmes ont supposé une infection sans doute sévère, soignée aux antibiotiques. Le docteur Vuillet a parlé d'une « adénopathie », et le terme revient plus loin dans le rapport.

Christian Ranucci n'est pas inactif, il s'insère et travaille, il connaît l'amour à cette époque avec Monique M'Bodj. Il n'y a rien dans cet itinéraire qui préfigure le déracinement qui conduira Jérôme Carrein au crime que nous avons évoqué plus haut. En revanche, s'il est coupable, son parcours ressemblerait plus à celui de Jean-Laurent Olivier, qui s'émancipe professionnellement, et même familialement, avant de basculer dans le crime.

Revenu à Nice il reste quelque temps sans emploi, mais grâce à une annonce se fait embaucher aux établissements COTTO (grossistes en matériel de chauffage et air conditionné) le 19 mai 1974. Le 20 mai il va suivre un stage technico-commercial à Sorgue, organisé par l'usine S.O.M.Y. ; le 24 mai 1974 il retourne à Nice et du 27 mai au 31 mai travaille soit au dépôt soit en effectuant des livraisons soit en accompagnant le représentant en titre. Les 4 et 5 juin il était revenu reprendre son poste à Nice.

Son casier judiciaire porte la mention « néant ».

Christian Ranucci a donc mis six semaines pour trouver un emploi salarié. On peut imaginer qu'il a fait les petites annonces et passé des entretiens de début avril à mi-mai. Il y a certainement une erreur de date : le 19 mai 1974 était un dimanche. Il a peut-être signé son contrat le vendredi 17. Le lundi 20, il commence son travail par une formation et revient à Nice pour commencer ses tournées en clientèle le vendredi 24. Comme souvent depuis le début de l'enquête, les dates ne sont pas relues.

Ranucci apparait donc, au terme de ce curriculum vitae, comme quelqu'un qui, malgré sa personnalité fragile, vient de parvenir à l'âge adulte, commence à s'émanciper de sa mère, et semble plutôt bien parti pour s'insérer dans la société, fût-ce à un niveau de qualification modeste, au moment précis où le nombre de chômeurs s'envole (la crise du pétrole a commencé à la fin de l'année 1973) et où les jeunes non qualifiés commencent à avoir des difficultés à décrocher leur premier emploi. Le parcours scolaire, ainsi que le parcours professionnel commençant de Christian Ranucci sont à première vue ceux de quelqu'un qui s'insère normalement dans la vie adulte.

Les médecins psychiatres livrent ensuite leur récit des entretiens avec Ranucci.

> *- EXAMEN –*
>
> *L'inculpé Ranucci Christian a été examiné à plusieurs reprises, soit séparément par l'un ou l'autre des experts, soit par deux d'entre eux. Le premier examen date du 7 juin 1974, soit 4 jours après les faits ; le dernier examen se place le 30 septembre 1974.*
> *Durant les divers interrogatoires l'inculpé s'est montré calme, correct, se prêtant aux questions. On n'a pas relevé de période d'excitation ni de dépression particulière. Il est bien orienté dans le temps et dans l'espace, conscient et lucide. Ses capacités d'expression, de compréhension et de discernement sont intactes ; il a pu être valablement interrogé sur les divers points qui constituent habituellement l'entretien psychiatrique : antécédents pathologiques, curriculum vitae, faits ; nous ferons remarquer cependant que l'on a relevé une moins bonne coopération, voire une certaine réticence, lors de l'interrogatoire portant sur les faits et la passation d'un test (T.A.T.).*

À supposer qu'il soit coupable, la réticence de Ranucci à parler de son crime est parfaitement logique. Nous nous trouvons face au cas très classique d'un criminel qui se ment à lui-même et s'enferme dans le déni psychique. C'est la thèse de Gérard Bouladou et de Jean-Louis Vincent.

Ranucci évoque sans difficultés une enfance secouée par le divorce de ses parents et de nombreux déménagements, mais sans incidents graves. Une difficulté à passer du récit de sa vie, dans lequel il peut se donner une bonne image de lui-même, celle de quelqu'un qui a fait face à des manques, voire à des souffrances, à un face-à-face avec la réalité de son acte est normale chez un criminel.

En revanche, on peut aussi bien imaginer qu'innocent, Ranucci doive aller puiser des détails dans une mémoire manipulée dans laquelle se sont greffés de faux souvenirs, et qu'il n'y parvienne qu'avec difficulté, voire pas du tout. Nous avons vu dans les résultats des expériences de Porter et Shaw que certains cobayes se persuadaient d'avoir commis un crime, mais parfois sans être capables d'en donner ou d'en confirmer le moindre détail. S'il est innocent, il convient, pour comprendre ses réticences, de se mettre dans la peau d'un jeune homme sans histoires qui doit d'un seul coup parler d'un crime atroce qu'il aurait commis.

La suite du rapport complète le curriculum vitae dressé plus haut.

> *Le premier entretien nous a paru essentiel pour la suite des investigations. Dirigé d'abord vers une étude des antécédents et du curriculum vitae, il se déroule facilement. L'attitude est correcte, déférente, le ton, quoique assez monotone, est normal. Ranucci s'explique brièvement et objectivement sur sa profession (agent technique commercial, représentant, dira-t-il) qui l'oblige à des déplacements dans la région du Var. Il précise qu'il a trouvé cette place après être resté quelque temps sans emploi. La parole est douce, sans heurt ; il déclare qu'il a effectué son service militaire par devancement d'appel... « pour en être débarrassé » dans un corps « motorisé » basé en Allemagne : il précise qu'il fut chef d'équipe puis radio tireur.*

Un détail dans le récit de Ranucci est qu'il a devancé l'appel pour être débarrassé de ses obligations militaires. Il n'a pas passé son examen suite à sa préparation militaire : il ne sera donc certainement pas un militaire de carrière (le rapport ne le précise pas, mais il a simplement raté un train, ce que l'on peut interpréter comme un acte manqué). En devançant l'appel, Ranucci semble plutôt vouloir organiser sa vie. Faire son service militaire plus tôt que prévu est un moyen de pouvoir s'insérer plus vite dans la vie active. Ne faisant pas d'études, il n'a rien à gagner à attendre. C'était d'ailleurs une recommandation de bon sens des forces armées au temps de la conscription. Elle figurait explicitement dans la brochure de renseignements que l'on donnait aux jeunes qui venaient se faire recenser, dans le premier mois du trimestre de leur dix-huitième anniversaire : même si un report d'incorporation jusqu'à vingt-deux ans était un droit, il était recommandé de caler une date de départ au service en fonction du parcours d'études en cours ou envisagé, plutôt que repousser par procrastination une année attendue souvent avec appréhension.

> *L'inculpé nous renseigne alors sur un épisode pathologique survenu en Allemagne au cours de son service militaire, qui nous permet*

d'orienter les questions vers l'exploration des antécédents pathologiques. À propos de cet événement médical, Ranucci précise qu'il fit un séjour hospitalier de trois mois ayant nécessité, semble-t-il, une antibiothérapie intensive. Le diagnostic de cette affection ne peut être fermement apporté : fièvre, éruption cutanée, adénopathies – selon l'inculpé – semblant se rapporter à un état infectieux, qui d'ailleurs ne détermina aucune complication.

Un peu plus haut, nous avions appris que, pour cet épisode d'infection, Ranucci avait été hospitalisé trois fois ; ici on parle de trois mois. Il y a donc une erreur typographique à l'un ou l'autre endroit. Si l'on traduit l'allemand « Blutvergiftung » par septicémie, on peut supposer un épisode infectieux assez grave.

Parmi les autres antécédents, il faut mentionner des maladies infantiles (rubéole, rougeole, scarlatine (?) varicelle), appendicectomie à l'âge de 8 ans.

Deux traumatismes ont retenu notre attention.

- *RANUCCI déclare qu'à l'âge de 8 ans il fit une chute dans la cour de l'école et qu'il perdit connaissance ; il n'aurait pas été immédiatement hospitalisé ; ce n'est qu'ultérieurement qu'il aurait subi un examen électroencéphalographique, lequel aurait été rassurant et n'aurait pas entraîné de traitement particulier.*
- *A l'âge de 15 ans il fut victime d'un accident de la route, alors qu'il se trouvait à Voiron ; il se trouvait en mobylette lorsqu'il fit une chute et dut être hospitalisé durant 24 heures. Il aurait été pratiqué des examens radiographiques notamment de l'épaule gauche ; ceux-ci auraient montré un déplacement sternoclaviculaire, sans fracture, de même qu'il n'est pas fait mention de lésion osseuse du crâne. Un nouvel électroencéphalogramme se serait révélé normal. L'accident aurait entraîné un repos global d'une dizaine de jours et n'aurait pas entraîné de séquelles immédiates. Celles-ci semblent s'être révélées – du moins dans l'hypothèse d'une relation avec cet accident – plus tard par des évanouissements, des malaises mal précisés, sans perte de conscience durable ni manifestation convulsive.*

Ces troubles méritent d'être signalés car ils firent l'objet d'une observation hospitalière dont nous avons pris connaissance et que nous reproduirons – dans l'essentiel – plus loin.

L'examen médico-psychologique parlait d'une fracture de la clavicule – autrement dit une fracture, laquelle aurait été sans séquelle. En revanche un déplacement sternoclaviculaire est comme son nom l'indique un déplacement d'os, ce n'est pas la même chose. Il semble à la lecture du rapport que les psychiatres soient plus précis que le docteur Vuillet, lequel s'est peut-être contenté d'écouter Ranucci et de noter ses dires, et que l'inculpé, ayant eu un « déplacement sternoclaviculaire », cliniquement constaté comme tel, l'ait traduit par une « fracture de la clavicule ».

Ce n'est pas, cependant, le point important de ce passage. Les psychiatres recherchent dans ces accidents un éventuel traumatisme crânien qui aurait pu avoir des séquelles cérébrales, et par la suite des conséquences psychiatriques pouvant expliquer un comportement criminel.

Leur conclusion tombe au paragraphe suivant :

> *En fait, il apparaît bien qu'il n'eut jamais de troubles susceptibles d'être rapportés à des manifestations épileptiques. L'inculpé répond aussi qu'il ne se livra jamais à des fugues conscientes ni inconscientes ni à des réactions intempestives de l'humeur et du caractère. Il serait par ailleurs sobre, ne consommant de boissons alcoolisées qu'à de rares occasions et fumerait moins d'un paquet de cigarettes par jour. Il ne se serait jamais adonné à l'abus de stupéfiants.*

On ne trouve dans l'histoire de Ranucci ni crise de violence, ni ce qu'on appelle « crise clastique » lorsqu'un enfant se met à casser des objets autour de lui. Par ailleurs, il n'a pas été fait état d'une addiction aux stupéfiants. Cela est confirmé par le fait qu'il n'a jamais été pris en état de manque pendant ses premières semaines en prison. En revanche, Gérard Bouladou a interprété la présence d'une seringue hypodermique dans sa voiture comme la possibilité qu'il ait pris une toute première dose de drogue dure dans la nuit du 2 au 3 juin, sans que cette prise lui donne le temps de devenir toxicomane. Il est à ce titre dommage que l'on n'ait pas effectué d'analyse de sang lors de son arrestation, ce qui permettrait de trancher quant à cette hypothèse.

Une question mérite d'être posée : est-ce à lui qu'appartenait cette seringue ou simplement l'avait-il utilisée une seule fois ? Ou appartiendrait-elle à quelqu'un qui a pénétré dans la voiture ? On sait qu'il est courant que les pédophiles droguent leurs victimes avant de les violer. Que Ranucci soit coupable ou innocent, on pourrait imaginer en toute rigueur que cette seringue ait eu pour objet de droguer un enfant. Mais dans ce cas, Ranucci aurait-il jeté le flacon de drogue à injecter et non la seringue ?

En fait, il faut plus probablement rapprocher la découverte de cette seringue de la caisse d'ampoules d'injection de médicaments remise par Héloïse Mathon à l'inspecteur Moschetti à Nice le 13 juin : Ranucci a sans doute dérobé ces médicaments à l'infirmerie de la caserne où il effectuait son service militaire ainsi que le matériel, en vue d'éventuels malaises, pour se les injecter selon ses besoins. Jean-Louis Vincent émet cette hypothèse sur la base des médicaments découverts. Nous y reviendrons.

Puis le rapport donne les derniers éléments : la myopie et les antécédents médicaux, avant d'aborder le style de vie de l'inculpé.

> *RANUCCI porte des lunettes de myope : cette myopie fut découverte à l'école, alors qu'il était âgé d'une dizaine d'années. Sur ses parents, nous obtenons peu de renseignements. Il n'a pratiquement pas connu son père et n'a plus rien su de lui. Sa mère, actuellement âgée de 52 ans, présenterait des signes d'arthrose ; elle n'aurait jamais manifesté de troubles psychiques.*
> *Sur sa vie, ses goûts, son activité extra-professionnelle, RANUCCI apporte quelques éclaircissements : « Je ne lis pas beaucoup.. dit-il... j'aime les documentaires, les livres parlant de science... je n'ai pas pratiqué de sport de compétition mais j'ai fait de la natation et un peu de football à l'école... j'apprécie les copains mais j'en ai peu... je sors avec eux, je vais au cinéma... j'ignore le théâtre... j'éprouve le besoin parfois de me retrouver seul... cela vient par intermittences, mais je tiens à préciser que je ne dédaigne pas la compagnie... j'ai eu quelques relations féminines, peu durables... j'ai eu des rapports sexuels à l'âge de 16 ans... je reste quelque temps, puis on se quitte et on ne se voit plus... »*

Ranucci évoque ici sa relation avec Monique M'Bodj, la petite amie qu'il a eue quand il avait seize ans. Les éléments qui sont transcrits par les psychiatres ne donnent rien ici qui laisse présager un comportement pédophile : c'est un adolescent qui a des relations sexuelles un peu précoces pour l'époque, instable sentimentalement, mais somme toute un adolescent plutôt ordinaire.

Les psychiatres abordent ensuite le récit de son crime.

> *L'inculpé en vient aux faits : « Je n'ai pas compris ce qui s'est passé » déclare-t-il en préambule, mais sans montrer de trouble. Puis il enchaîne : (et nous transcrivons intégralement ses propos) « j'avais décidé de partir en week-end... je n'avais pas de but précis... j'étais seul... je suis passé un peu partout... la première nuit j'ai couché à*

Salernes dans la voiture... je voulais voir du pays (sous-entendu « que je ne connaissais pas »)... il y a une rivière à Salernes...

Ranucci rajoute le détail de l'existence d'une rivière à Salernes. Il s'y est arrêté (il donne même des détails dans son *Récapitulatif* avant de venir passer la nuit à Marseille). Il semble ici vouloir légitimer par un détail vrai l'élément faux de la nuit à Salernes, comme pour rester cohérent avec son premier récit devant les policiers de l'Évêché.

> *... ensuite je me suis dirigé vers Aix et avant d'y parvenir j'avais pris de petites routes... d'Aix à Marseille... puis je me suis dit « tiens je vais dire bonjour à un copain ». J'ai garé la voiture et ai essayé de trouver un coin... j'ai aperçu des enfants et là j'ai eu envie de balader deux enfants, une petite fille et un petit garçon... j'ai pris avec moi la petite fille... je comptais me balader une heure... puis on a continué à rouler... et à un moment donné la fillette m'a dit qu'elle voulait rentrer car elle avait faim. Je lui ai donc dit que nous allions rentrer... puis il y a eu le stop... une voiture m'est rentrée dedans... j'ai accéléré car j'avais reçu le choc... La portière était enfoncée. J'ai accéléré et je sentais que j'étais poursuivi... après quelques centaines de mètres je me suis arrêté... j'ai aperçu un talus... j'ai dit à la fillette de descendre... je l'ai aidée à monter le talus avec moi... il y avait des buissons... à ce moment-là elle s'est mise à crier... je l'ai empêchée de crier en la prenant par le cou. Après je ne sais trop (à cet instant du récit l'inculpé marque une certaine pause et son visage exprime le trouble, les mots venant alors par de courtes phrases)... oui j'ai dû la frapper, je l'ai frappée, j'ai cogné la tête par terre... puis j'ai utilisé un couteau automatique que j'avais depuis un an... (il interrompt son récit, montre du désarroi et reprend sur sollicitations)... j'ai trouvé des branchages... je suis allé très loin... j'ai changé la roue » ...*

Ranucci refait ici le récit qu'il a fait aux policiers. Le rythme devient saccadé, traduit par les psychiatres par l'omniprésence des points de suspension dans le script du rapport. On sent le malaise et comme pour la réticence à faire les tests, cela peut aussi bien révéler le malaise d'un coupable face à la réalité de ses actes que l'errance d'un innocent qui s'est forgé le faux souvenir d'un crime. On relève ici quelques différences avec ce qu'il a déclaré aux policiers à l'Évêché :

- Il ne parle plus de la ruse de l'animal perdu.
- Il ne parle pas non plus de ce « petit bourg » (Allauch, où il se serait rendu le matin pour tenter de rencontrer son père (?) et de cet arrêt où, selon ses aveux devant les policiers, il aurait conversé avec la fillette).

- Il prétend avoir senti qu'il était poursuivi.
- Il prétend avoir cogné la tête de la fillette par terre alors que devant les policiers, il pense que la fillette s'était cognée. On sait que la réalité est différente : la fillette a malheureusement eu la tête déformée à coups de pierres.

Dans cette transcription des propos de l'inculpé, on a par moments l'impression que Ranucci se remémore non pas un événement, mais le récit d'un événement, celui qu'il a déjà fait devant les policiers à l'Évêché. Et il a toujours un problème avec le fait d'avoir frappé la tête à coups de pierre. S'il est innocent, on peut concevoir qu'il a l'habitude de manier un couteau automatique et qu'il parvient à se visualiser en l'employant sur une personne ; mais en revanche, frapper la tête d'un enfant à coups de pierre ne lui vient pas à l'esprit. S'il est innocent, on n'a pas réussi à lui instiller ce faux souvenir, alors qu'on a réussi à le convaincre qu'il a bien enlevé la fillette et qu'il l'a effectivement tuée à coups de couteau.

Puis Ranucci poursuit son récit :

> *Je me suis embourbé dans une champignonnière... Personne ne m'a aidé à sortir... j'ai tout essayé... Finalement je suis allé chercher de l'aide puis on m'a dépanné... on m'a fait boire une tasse de thé... ensuite je suis rentré à Nice, chez moi... je n'ai été arrêté qu'après avoir repris mon travail... »*

Ranucci revient ici à la réalité, et cite des éléments qu'il n'avait pas donnés aux policiers comme le thé avec Rahou après que sa voiture a été sortie de la champignonnière.

> *(Sur demande) Je me souviens de ce qui s'est passé... je n'ai pas perdu la mémoire... seulement je n'arrive pas à admettre.*
> *(sur demande) Pensez-vous que vous deviez vous constituer prisonnier ?*
> *Je le pensais mais je ne parvenais pas à réaliser, j'étais comme bloqué... tout cela est comme une vision, des images...*

Parler de « vision », « d'images » peut être le signe d'un criminel qui ne parvient pas à faire face à son acte, voire d'un « tuyau » que lui aurait recommandé un autre détenu pour se faire passer pour schizophrène, avec peu de chances de succès. Mais cela peut être aussi chez un innocent le signe de faux souvenirs, d'images fausses créées dans sa mémoire qui s'estompent avec le temps.

> *(Sur demande) Et l'accident ?*

L'accident m'a surpris... j'ai accéléré...
(Sur demande) Pourquoi ? Par crainte qu'on découvre que vous aviez enlevé la fillette ou bien parce que vous aviez cogné contre une voiture ?
- *Oui, peut-être, l'une ou l'autre hypothèse est la bonne...*
(Sur demande) : vous étiez poursuivi ?...
- *Je ne me suis pas trop rendu compte qu'on me poursuivait...*

On a là un détail qui contredit ce qui est dit dans le paragraphe précédent. Ranucci prétend dans le même récit « avoir senti qu'il était poursuivi », puis « ne pas s'être trop rendu compte qu'il était poursuivi ».

(Sur demande) Vous vous êtes arrêté ?
- Je me suis arrêté peut-être pour réparer...

Devant les policiers, Ranucci a prétendu avoir réparé la voiture après avoir tué la fillette. S'il n'est pas coupable, on sait néanmoins qu'il s'est enfui dans les fourrés. On sait par ailleurs, de par le témoignage de Henri Guazzone le 5 juin devant les gendarmes, que celui-ci a vu lui-même Ranucci déformer la carrosserie accidentée de sa voiture pour empêcher le frottement de la tôle contre la roue.

(Sur demande) Et alors qu'avez-vous fait ?
- J'ai aidé la petite à grimper... quelques pas plus loin il y avait des buissons. Parvenu en haut la petite s'est mise à crier... je l'ai prise à la gorge et lui ai mis la main sur la bouche... je m'en souviens... je l'ai frappée pour qu'elle se taise... j'ai sorti le couteau...
(Sur demande)
- Non je l'ai frappée à coups de couteau mais sans penser que ces actes me libéreraient... ça allait vite... j'ai laissé la fillette à l'endroit où je l'ai frappée...

Nous avons ici un détail qui ne correspond pas à la description de la scène de crime : l'assassin n'a pas tué la fillette exactement là où il l'a laissée. Il l'a trainée en la tirant par le bras gauche dans un endroit où cacher son corps avant de le recouvrir de branchages. Cela est attesté par les longues griffures sur le corps, le bras gauche levé et le bras droit le long du corps.

J'ai coupé alors des branchages et je l'ai recouverte...
(Sur demande) Non je n'ai pas éprouvé de soulagement... j'ai fait cela pour qu'on ne la voie pas...

Ranucci nie avoir éprouvé un soulagement. Cette question de la part d'un psychiatre vise à évaluer l'évolution de l'état psychologique de l'inculpé au cours de son crime, et notamment si une fois le crime commis, il se serait apaisé. Il nie avoir ressenti tout apaisement, pas même après avoir dissimulé le corps.

> *(Sur demande) Non je ne l'ai pas touchée, je ne me suis livré à aucune action sexuelle....*
> *(Sur demande) Comment était l'enfant dans la voiture ?*
> *- Elle avait l'air contente... Lorsqu'elle m'a demandé de la ramener chez elle, je lui ai donné un bonbon...*

Le bonbon, avalé juste avant la mort, aurait pu être confirmé par l'analyse du bol alimentaire et ce serait accablant pour Ranucci. Mais comme nous l'avons remarqué plus haut, fait hors norme dans les annales judiciaires, il n'y a pas d'analyse du bol alimentaire dans le dossier d'instruction. Ni de sac de bonbons dans la voiture, alors qu'on y a découvert un paquet de biscuits de la marque Brun, preuve que Ranucci n'y avait pas fait le ménage.

> *A cet instant, Ranucci déclare « je me sens mal » mais il continue à répondre aux questions. « Je n'ai pas eu de relations homosexuelles... j'ai fait un an d'armée et j'ai eu des amis, avec lesquels je faisais quelques virées... je me masturbe peu... le couteau ? Je l'ai sur moi car je m'en sers comme d'un outil (sic)... quant au fouet je l'ai fait avec des lacets de l'armée, comme un scoubidou... j'ai de l'affection pour ma mère qui est très gentille, sincère, altruiste... De caractère je serais un peu impulsif... »*
> *Durant les autres entretiens, qui se situent plus de 15 jours après ce dernier, RANUCCI montre d'égales dispositions de coopération à l'égard de l'interrogatoire portant sur les antécédents et le curriculum vitae. Ses déclarations se superposent sensiblement à celles faites précédemment ; cependant il allègue une amnésie des faits.*

Plus le temps passe, plus Ranucci allègue ne plus se souvenir de rien. Et ce n'est qu'à la fin de l'instruction qu'il commencera d'abord à simplement envisager la « possibilité de son innocence », puis à se déclarer innocent.

> *L'ultime entretien permet de retenir des contradictions d'attitude que nous croyons devoir exposer. RANUCCI affirme qu'il a, en effet, gardé le souvenir de la date des événements ; il sait et s'en souvient – qu'ils se sont produits le 3 juin 1974, qu'il fit l'objet d'un interrogatoire de la part de la gendarmerie le 5 juin, qu'il vit le juge d'instruction le 6 juin et qu'enfin il fut examiné par un premier expert environ 4 jours après les faits. Notre entretien du 7 juin est donc bien localisé chronologiquement.*

Les souvenirs de son accident, de son arrestation, de son interrogatoire par les policiers sont bien exacts. Il n'a aucune raison de les oublier.

Parlant de son voyage, il fait d'abord remarquer qu'il s'arrêta à Salernes « pendant quelques heures pour boire, casser la croûte, visiter le village et la rivière... cela vers 17 heures à 18 heures... » puis devant de successives questions et sollicitations relevant les erreurs ou les dérobades, il reprend, assez étonnamment : « je leur ai dit que j'étais parti le samedi, en fait, en réfléchissant, et en m'en tenant à la version officielle (sic) je n'ai fait que passer à Salernes mais je n'y ai pas dormi... oui je m'en souviens... »

Ranucci évoque ici une « version officielle ». Tout se passe maintenant comme s'il récitait une leçon apprise. En ce qui concerne Salernes, si c'est une ville qu'il a spontanément mentionnée lors de ses aveux et que, si l'on en croit son *Récapitulatif* il y est effectivement passé dans l'après-midi du 2 juin, on commence à percevoir ce qui sera révélé lors de son procès : il n'a pas passé la nuit à Salernes, mais à Marseille, où il avait déclaré aux policiers le soir du 5 juin ne jamais s'être rendu, avant d'avouer le lendemain s'y être rendu et y avoir enlevé la fillette.

Par ailleurs, il a toujours soutenu être parti le 2 juin, le dimanche, et non pas le samedi, comme il prétend ici l'avoir dit aux policiers. Sa mère l'a confirmé le 6 juin aux policiers. Or le samedi était le 1er juin, donc le jour où l'homme au pull-over rouge était aux Cerisiers : les policiers, qui détenaient le pull-over rouge, auraient-ils tenté de lui faire dire qu'il était parti le 1er juin, supposant qu'il était l'agresseur des filles Albertini ? Puis se seraient-ils ravisés lorsque sa mère leur avait confirmé que son départ datait du dimanche après-midi ?

Question : nous ne vous demandons pas de répondre selon la version officielle mais bien en conformité avec ce qui s'est passé... ce que vous avez ressenti... quels sont vos souvenirs...
Réponse : oui je me souviens et je leur ai même dit que je me souvenais... je tiens à vous dire qu'habituellement il ne m'arrive pas d'oublier... je me souviens d'avoir abordé la petite fille et de l'avoir emmenée dans ma voiture ; un copain habitait ce quartier... j'étais à pied.... les enfants étaient plusieurs à jouer...

Nous avons ici un détail surprenant : Ranucci sous-entend qu'il y aurait eu plus de deux enfants. C'est impossible : il y aurait eu alors un autre témoin que Jean-Baptiste Rambla à cet instant, que l'on aurait certainement retrouvé si c'était un enfant du quartier. Donc ce détail est faux. De surcroît, il prétend qu'il était à pied. Or le ravisseur avait garé la voiture sur le lieu où les enfants jouaient. C'est donc incohérent avec le récit de Jean-Baptiste Rambla qui a vu arriver la voiture du ravisseur : si le garçonnet ne l'avait pas vue en train d'arriver et de se garer, il n'aurait vu le ravisseur ni arriver ni partir. Dans ce cas, il n'aurait pas pu affirmer que la voiture était grise.

Ensuite le phrasé de Ranucci pose une autre question : il se souvient avoir dit qu'il se souvenait à l'époque. Cela est parfaitement conforme à un scénario de faux souvenirs : il aurait eu dès le 6 juin un souvenir faux mais construit d'un crime qu'il n'avait pas commis. Quelques semaines ou quelques mois après, il ne se souvient plus, mais il se rappelle « *leur avoir dit qu'il se souvenait* » ! Et la phrase suivante *« je tiens à vous dire qu'habituellement il ne m'arrive pas d'oublier* » sonne comme une confirmation que cet oubli est anormal et plaide pour des faux souvenirs.

> *... je les ai regardés jouer un instant... j'ai bavardé avec eux... puis je les ai amenés balader... je me souviens aussi de l'accident... je ne croyais pas que c'était si tard... après l'accident le « type » m'a arrêté et m'a dit « ne faites pas l'idiot » en me voyant partir sur le talus avec la fillette... et je lui ai répondu « j'arrive tout de suite ».*

Là, le récit de Ranucci décroche. Il les emmène balader : prétendrait-il les emmener tous les deux ? Puis il se souvient de l'accident. Quelqu'un lui dit de ne pas faire l'idiot : c'est évidemment d'Alain Aubert dont il est question. Mais à l'Évêché, il a répondu ne pas avoir eu le sentiment d'être poursuivi, et il n'a donc pas pu en toute cohérence exprimer le souvenir d'avoir été en conversation avec quelqu'un, qui lui aurait demandé de revenir pour dresser un constat amiable. Ranucci est-il la personne à laquelle Alain Aubert a demandé de revenir ? Cette invitation à revenir a bien été adressée à quelqu'un par Alain Aubert, qui a cru sincèrement avoir affaire au conducteur du véhicule accidenté. De plus, les époux Aubert ont témoigné devant la juge, et évoqué ce bref échange. Dans le cas où il est innocent, ce n'est peut-être pas avec Ranucci qu'Alain Aubert a eu cette conversation, mais avec le meurtrier aperçu à travers la végétation épaisse. Ranucci a eu connaissance du récit de cette conversation lors de la confrontation avec les Aubert, puis ce récit s'est gravé dans sa mémoire brouillée.

> *« Après je ne me souviens pas de ce qui s'est passé avec l'enfant...*
> *Question : vous avez répondu au premier expert que vous vous en étiez souvenu ?*
> *Réponse : actuellement je ne m'en souviens pas... »*
> *Pendant cet interrogatoire on note à nouveau l'attitude embarrassée et troublée de l'inculpé.*
> *La passation du « Thematic Aperceptive Test » conduit à enregistrer des réponses (planches 13 G, 3 GH, 4, 8 GH, 13 HF, blanc) dont*

l'inadéquation et le laconisme, chez un jeune homme par ailleurs de niveau mental correct et non démuni d'imagination, témoignent d'une réticence volontaire.

Les difficultés de Ranucci à parler du crime et sa réticence quant au passage du test T.A.T. peuvent aussi bien être le signe de sa culpabilité que de son innocence. Dans le contexte de l'instruction, elles confortent la thèse de la culpabilité, celle d'un criminel qui cherche à donner les « bonnes réponses », celles qui donneront une bonne image de lui. Mais s'il est innocent, il peut avoir peur de donner des réponses qui feraient de lui un criminel. Lus dans un contexte de recherche de la vérité quarante ans après, elles interrogent. Comme nous l'avons vu plus haut à travers l'expérience d'Éric Dupond-Moretti, la peur de l'innocent est plus grande que celle du coupable.

A l'issue de l'examen psychiatrique, un examen somatique complet, à la fois clinique et anthropométrique, a été pratiqué. Les mensurations ont donné les résultats suivants : taille 174,5 cm. Poids : 69 kg. Envergure : 181 cm (...). Couleur des yeux : marron clair. À l'inspection on note une cicatrice opératoire d'appendicectomie. La pilosité est nettement d'implantation masculine. La peau est mince. Les organes génitaux sont normalement constitués.

Nous notons ici que Ranucci est décrit ici comme un homme viril, n'ayant aucune marque qui pourrait laisser penser à ce que l'on appelle aujourd'hui les sexes « indéterminés » qui ont depuis fait irruption dans le débat politique, et dont on pourrait déduire un trouble identitaire, le sujet n'étant sûr ni d'être un homme, ni d'être une femme. Ces particularités, qualifiées à cette époque d'« anomalies » sont déjà bien connues cliniquement. Notons également qu'il ne pèse que 69 kg au lieu de 72 devant le docteur Vuillet : il a maigri en prison.

*L'auscultation cardio-pulmonaire est normale. Tension artérielle : 11,5-7. Foie dans les limites normales. Rate ni percutable ni palpable. Les masses musculaires des membres et du tronc sont bien développées. L'examen neurologique s'est révélé normal. Les caractères anthropométriques ne permettent pas de classer le sujet dans un type somato-psychique particulier. L'indice céphalique appartient à un brachycéphale (16*100/19) 84. Morphologiquement, le biotype est assez harmonieux médioligne, avec une certaine prédominance des caractères athlétiques et respiratoires.*

Cet examen corporel très exhaustif ne vise pas à associer à Ranucci un ensemble de chiffres, mais à rechercher des signes physiques de dysfonctionnement neurologiques ou physiologiques qui pourraient expliquer son crime. Si certaines pathologies neurologiques ont des signes visibles, il est précisé que « les caractères anthropométriques ne permettent pas de classer le sujet dans un type somato-psychique particulier ». Il ne souffre pas du tout de tension artérielle. Bien proportionné, musclé, c'est un homme qui ne présente *a priori* aucune caractéristique apparente susceptible d'être à l'origine d'un complexe.

Mais c'est évidemment son système nerveux qui doit être expertisé. Ranucci va être soumis à une série de tests pour mesurer dans quelle mesure une émotion, un stimulus ou une excitation quelconque accélère ou ralentit son rythme cardiaque. Par exemple, une compression des globes oculaires ralentit normalement les battements du cœur.

> *Le réflexe oculo-cardiaque a été recherché le 27.9.74. Pouls minute : 109 ; compression des globes oculaires durant une minute : pouls à 99 ; pouls après la compression : 104.*
> *Ce qui ne suppose ni une sympathicotonie ni une vagotonie constitutionnelle.*

Le système nerveux est une organisation complexe, une juxtaposition de réseaux avec des rôles différents. L'un d'eux, le système nerveux sympathique permet d'accélérer le rythme cardiaque, de contracter les muscles, d'accélérer les flux sanguins, et par exemple de permettre un effort physique intense ou de réagir en cas de danger ou de stress. La sympathicotonie pourrait donc expliquer le stress intense qui va pousser Ranucci à commettre son crime. À l'inverse, la vagotonie désigne une hyperexcitabilité du système nerveux parasympathique, qui lui, au contraire, modère le rythme cardiaque, calme la personne mais aussi, lorsque ce système est trop activé, peut provoquer des évanouissements. Les psychiatres ont peut-être recherché là la cause d'une possible amnésie. Mais ils n'ont rien trouvé : sur ce plan comme sur tous les autres, Ranucci est un homme parfaitement normal.

Toutefois, Ranucci est quelqu'un qui cherche à se contrôler et qui, pour son équilibre nerveux, prend des médicaments. C'est ici qu'il faut faire le rapprochement avec les ampoules remises par sa mère, à son domicile, le 13 juin 1974 à l'inspecteur Moschetti. On y trouve des seringues hypodermiques et des médicaments injectables par voie hypodermique : strychnine, caféine, atropine et Equanil. Les trois premiers sont des stimulants du système nerveux, tous les trois sont injectables par voie hypodermique. L'Equanil est en revanche un anxiolytique. L'atropine a la particularité d'être utilisé comme antidote aux gaz de combats, type sarin ou VX : c'est un médicament que l'on trouve évidemment dans les casernes. Ainsi se trouve confortée la thèse que Ranucci avait dérobé des médicaments dans l'infirmerie de la caserne où il était militaire en Allemagne. Que Ranucci ait cherché à se soigner lui-même pour ses évanouissements intempestifs, à une époque où l'automédication était peu répandue, serait cohérent avec cette pathologie, ainsi qu'avec son caractère très organisé. Et cela explique facilement la présence de la seringue hypodermique dans sa voiture. L'explication de Jean-Louis Vincent sur ce point est convaincante, même si l'on ne peut en déduire que Ranucci soit un criminel en puissance.

Les investigations complémentaires qui suivent vont confirmer, sinon accentuer le diagnostic, s'il est possible d'utiliser ce mot de « normalité ». Nous en livrons ici le compte-rendu intégral. Le langage étant inaccessible à une personne n'ayant pas fait d'études de médecine, nous en expliciterons le contenu et le sens immédiatement après.

> *Des investigations complémentaires nous ont paru indispensables. Elles comprennent :*
> *1) Un examen électroencéphalographique pratiqué le 12.7.74, du laboratoire de neurobiologie de Mr le Professeur GASTAUT. Les résultats ont été interprétés par Mr le Professeur GASTAUT : (...) « Absence de toute anomalie focalisée ou diffuse. Hyperpnée sans effet. Stimulation Lumineuse Intermittente : entraînement bilatéral. Conclusions : tracés normaux ».*
> *2) Un examen électroencéphalographique effectué le 11.10.74 dans le même service et interprété dans les mêmes conditions : (...) « L'activation cardiazolique est effectuée à raison de l'injection de 1 cc d'une solution à 5 % toutes les 30 secondes. Les tracés ne sont pas modifiés jusqu'à l'injection du 10e cc environ, puis ils se ralentissent progressivement (...) sans que survienne le moindre paroxysme évocateur d'une comitialité. L'activation est interrompue après l'injection de 20 cc du produit, après laquelle on injecte 10 mg de valium qui font réapparaitre le rythme alpha en 30 secondes seulement.*
> *Conclusion : les tracés de repos sont normaux, l'activation cardiazolique est normale. Absence de tout caractère électroclinique de comitialité. »*
> *3) Des radiographies du crâne ont été pratiquées le 12.7.74 dans le service de neuroradiologie vasculaire du C.H.U. de la Timone et interprétées par Mr le Prof. G. SALAMON. Crâne standard (face et profil) : aucune anomalie n'est visible au niveau du squelette crânien.*
> *4) Dans le même esprit de recherche, nous avons demandé des examens radiologiques du crâne avec contraste gazeux. L'inculpé s'est refusé à cet examen (dont attestation signée par Mr le Prof. SALAMON à la date du 12.12.74).*

Christian Ranucci est soumis à un test d'« activation cardiazolique », un test qui était une spécialité du professeur Gastaut dont il est question dans l'article. Il s'agit d'exciter le patient pour observer ce qui se passe dans son cerveau au moyen d'un électroencéphalogramme, et d'expliquer éventuellement des comportements anormaux ou criminels sous le coup d'une émotion violente. Cette excitation peut être exercée par des signaux lumineux (des flashs par exemple, ce que l'on voit dans le premier examen), acoustiques (des bruits de détonation) ou bien par des moyens médicamenteux dans le second test. On cherche ainsi à savoir si l'émotion de l'accident n'aurait pas pu provoquer un comportement propice à un meurtre. Mais dans ce test, rien n'apparaît. Ranucci est émotif, mais normal, et une excitation particulière ne fait rien apparaître d'anormal dans son cerveau. On n'observe pas non plus de comitialité, c'est-à-dire pas d'épilepsie.

Le professeur Gastaut avait même étudié sur certains de ses patients les relations entre certains « grapho-éléments », c'est-à-dire des formes de courbes particulières apparaissant sur les électrocardiogrammes et des personnalités affectivement immatures ou des agressivités refoulées, ce que l'on pourrait évidemment suspecter dans le cas de Ranucci. Mais dans le cas présent, aucun signal de ce type n'est détecté sur l'inculpé par le médecin.

En faisant procéder à ces examens, il est probable que les psychiatres, et même Ilda di Marino, aient eu présent à la mémoire le cas de Jean-Laurent Olivier, évoqué précédemment, et de ses lésions cérébrales constatées *post mortem* qui expliquaient ses accès de violence. Si Christian Ranucci doit être envoyé à la guillotine, à une époque où son utilisation fait débat, il faut éviter autant que possible que l'on ne découvre ensuite que le jeune homme n'aurait pas dû être exécuté.

Le rapport poursuit avec un examen ophtalmologique.

> *5) Un examen ophtalmologique a été effectué par le Dr BRUNEL ophtalmologiste expert, le 12.7.74. « Myopie simple bilatérale, de l'ordre de 30 motilité normale ; FO normaux... »*

Comme ni Jean-Baptiste Rambla, ni Eugène Spinelli n'ont mentionné que le ravisseur portait des lunettes, il a été vérifié que Christian Ranucci était bien myope, qu'il avait bien besoin de lunettes et qu'il ne les aurait pas ôtées pour l'enlèvement. Et cela a été confirmé. Jeannine Mattéi n'a pas non plus parlé de lunettes dans sa description de l'homme tentant d'enlever un petit garçon frisé. Ni Carole Barraco pour l'homme qui restait dans sa voiture mais qui prétendait chercher un chien – plus précisément un chien noir, les déclarations du commissaire Cubaynes faisant foi quant à la couleur de l'animal soi-disant recherché. Cette incohérence ne fragilisera pas la conviction des jurés.

> *Nous avons d'autre part pris connaissance des témoignages qui figurent dans le dossier d'instruction, et notamment, des faits concernant le précédent comportement de RANUCCI. Le rapport d'examen médico-psychologique a fait également l'objet d'une étude attentive (sujet examiné par le Dr VUILLET, médecin légiste, et Mme COLDER, psychologue, les 14 et 20 juin 1974).*
> *Enfin le 23.7.74 l'un de nous s'est rendu à l'hôpital Pasteur dans le service du Dr OLLIER pour obtenir des renseignements sur l'accident dont fut victime l'inculpé le 28.3.70.*
> *Observations : accident du 28.3.70 ; accident de vélomoteur renversé par une voiture ; chute sur l'épaule gauche ; pas de perte de connaissance ; fracture de la clavicule gauche au 1/3 externe, par la suite rien à signaler.*
> *Sujet examiné le 18.1.71 : depuis un mois se plaint de rétrécissement du champ visuel, de vertiges tous les 3 jours. Rien dans les antécédents (...).*

On note qu'ici on parle de nouveau explicitement d'une fracture de la clavicule constatée par un médecin hospitalier, non plus d'un déplacement sternoclaviculaire sans mention de fracture comme plus haut.

> *Dans une lettre du 18.2.72, le Dr OLLIER répondait au Dr CAMUS alors médecin traitant des RANUCCI, elle contenait les renseignements suivants : troubles d'allure psychogénétique, rétrécissement du Champ Visuel, sensations lipothymiques. L'examen neurologique est négatif ; terrain vagotonique, labilité émotionnelle modérée. (...)*

Deux détails nous intéressent dans ce dernier paragraphe.

Le premier, c'est que Ranucci souffre de troubles d'« allure psychogénétique », donc d'origine psychique. Pour les psychiatres chargés de déterminer si Ranucci a une part de responsabilité dans son acte, cela induit l'idée que c'est le psychisme de Ranucci qui influe sur son état physiologique, et non l'inverse. D'où la déduction que s'il se trouve dans un état physique particulier, hyperexcité, s'il devient violent, c'est son psychisme et non une anomalie cérébrale qui peut l'expliquer. La « normalité » physiologique de Ranucci, et donc sa responsabilité pleine et entière dans le crime dont il est accusé, ne cesse de se confirmer.

Le second détail important est le « terrain vagotonique » qui, comme on l'a vu plus tôt, correspondrait donc à un système nerveux parasympathique facilement excitable. La formule ici employée semble contredire l'analyse pratiquée précédemment dans laquelle il n'y avait ni sympathicotonie, ni vagotonie. L'examen de 1972 concluait plutôt à une légère vagotonie, ce qui pourrait expliquer des évanouissements intempestifs. D'autre part, en 1971, un électroencéphalogramme avait identifié chez Ranucci un type d'onde courant chez les enfants et les adolescents, mais également dans les états de somnolence ou d'hypnose, les ondes thêta signalées dans le paragraphe suivant :

Un examen EEG du 19.2.71 donnait les résultats suivants : « conclusion : discrète surcharge thêta, entraînement à la Stimulation Lumineuse Intermittente ».

Les examens s'arrêtent là. Les trois psychiatres peuvent maintenant, sur la foi des résultats, débattre pour répondre aux questions posées par Ilda di Marino.

- DISCUSSION -

Les données de l'examen telles qu'elles viennent d'être exposées ne font apparaître chez Christian RANUCCI aucune symptomatologie évocatrice d'une affection psychiatrique caractérisée.

La conclusion est affichée dès le départ. D'un point de vue psychiatrique, Christian Ranucci est normal, et ce diagnostic va être étayé par les paragraphes qui suivent :

L'examen clinique s'accorde parfaitement aux tests psychologiques pour éliminer tout retard intellectuel et toute détérioration acquise : l'intelligence est normale dans son niveau général comme dans sa structure. Chez un garçon de 20 ans qui se livre à un acte effroyable que rien ne laissait prévoir, on pense immédiatement à un début de schizophrénie. Nous avons eu constamment ce diagnostic présent à l'esprit et nous n'en avons jamais constaté le plus discret symptôme.
Le contact psychologique s'établit facilement, il n'y a aucun trouble du cours de la pensée, aucune idée délirante, aucune impression de transformation corporelle, aucune hallucination. L'affectivité est bien modulée et la lettre de RANUCCI à sa mère, datée du 18 juin 1974, ne montre aucune altération de ses sentiments. Parmi ceux qui l'ont approché, aucun ne fait état d'un changement survenu dans sa personnalité. Les tests projectifs enfin, pratiqués à l'occasion de

l'examen médico-psychologique, ne font apparaître aucune anomalie d'ordre psychotique.

Pas d'hallucinations, pas d'idées délirantes, une communication saine s'établit, ce qui ne laisse pas imaginer le moindre trouble psychotique : un début de schizophrénie qui pourrait épargner à Ranucci de passer devant un tribunal est plus que jamais exclu.

De plus, dans l'hypothèse où une telle infraction pouvait représenter la porte « d'entrée médico-légale » d'une schizophrénie, la longue observation à laquelle nous avons jugé indispensable de soumettre l'intéressé, aurait dû permettre de percevoir l'éclosion des signes nucléaires de cette affection : ce qui n'a nullement été le cas.
Nous n'avons pareillement pu mettre en évidence aucune névrose organisée. Il n'y a ni obsession, ni phobies, ni symptômes de névrose d'angoisse ni de névrose de caractère. RANUCCI n'est pas davantage un hystérique : on ne découvre pas chez lui le théâtralisme, la suggestibilité, la tendance à intéresser et à séduire l'interlocuteur et, ni dans son passé ni dans son état actuel, on ne peut déceler de manifestations de « conversion somatique » telles que paralysies, cécité ou surdité transitoire, crises névropathiques ou délires épisodiques.

On ne trouve pas chez Ranucci de théâtralisme ou de tendance à vouloir séduire son interlocuteur. C'est surprenant pour un pédophile dont le talent est justement déployé à séduire un enfant.

Nous devons cependant revenir sur l'hystérie en étudiant le fonctionnement de la mémoire. RANUCCI ne présentant pas d'affection psychiatrique actuelle, nous devons nous demander s'il n'a pu au moment des faits, présenter un état pathologique qui aurait pu disparaître par la suite. Examinant cette nouvelle éventualité nous nous trouvons tout d'abord confrontés avec les manifestations d'amnésie alléguées par RANUCCI.
Au cours des multiples examens auxquels les experts l'ont soumis, Christian RANUCCI a plusieurs fois changé d'attitude, comme il l'a fait au cours de l'instruction. Lors d'un premier entretien avec le Dr FIORENTINI, le 7 juin 1974, il se montrait capable de se remémorer les faits de façon très satisfaisante, aussi bien pour ce qui a trait à l'enlèvement de la petite Marie-Dolorès, qu'en ce qui concerne l'accident d'auto puis le meurtre de la fillette, ce qui correspond aux aveux détaillés faits le 6 juin, successivement à l'inspecteur Porte et à Melle le Juge DI MARINO.

Par la suite, tant que l'entretien portait sur son passé et en général sur des faits étrangers au crime, il se montrait un peu timide, mais assez confiant et spontané, sans réticence apparente. Aucune lacune amnésique n'apparaissait, le contact psychologique était normal et satisfaisant. Par contre, ainsi qu'il l'avait fait le 24 juin, lors du transport sur les lieux, il déclarait avoir oublié tout ce qui se rapportait au meurtre de la fillette, alors que ses souvenirs demeuraient assez précis en ce qui concerne l'enlèvement, jusques et y compris la collision de son véhicule avec celui de Mr MARTINEZ. Il disait aussi n'avoir aucun souvenir de ses aveux alors qu'il se remémorait très exactement l'ordre de succession et la date de ses diverses dépositions. Dès que l'on abordait ce chapitre, son attitude changeait radicalement : visiblement mal à l'aise, il feignait de ne pas comprendre les questions pour gagner du temps et ses hésitations, ses silences traduisaient de pénibles efforts pour faire le tri entre ce qu'il convenait de dire ou de ne pas dire.

Ranucci, même s'il ne s'est pas encore rétracté lorsqu'il voit les psychiatres pour la dernière fois, a donc évolué dans son discours. Le 7 juin, nous sommes au lendemain de ses aveux. S'il est coupable, nous devons en déduire qu'il a réitéré ses aveux avant de tomber petit à petit dans le déni. S'il est innocent, il a été implanté dans sa mémoire le faux souvenir d'un crime imaginaire par le processus décrit par Porter et Shaw ; puis ce souvenir devient de plus en plus flou, jusqu'à disparaître.

Le 30 septembre 1974, nous avons fait subir à RANUCCI le « Thematic Aperceptive Test » de MURRAY, qui consiste en une série de dessins où figurent des personnages dont le sujet examiné doit imaginer l'histoire. Il a manifesté une forte opposition à ce test visiblement inquiet de ce qu'il pouvait révéler et n'a donné que des réponses laconiques et conventionnelles. Cette attitude n'est pas celle d'un amnésique qui a perdu la mémoire d'une période de son existence. Elle traduit de toute évidence une allégation d'amnésie, autrement dit une amnésie simulée.
L'amnésique authentique n'est ni réticent ni méfiant. Il évoque certains souvenirs et ne parvient pas en évoquer d'autres, mais il ne cherche pas à donner le change et ne montre point d'embarras. D'ailleurs non seulement RANUCCI déclare avoir oublié la période du meurtre mais il dit également avoir oublié ses aveux à l'inspecteur, au Juge et à l'un des experts.
On devrait alors conclure à une amnésie s'étendant sur plusieurs jours, mais on constate par ailleurs que tous les faits survenus pendant cette période sont parfaitement remémorés. Aucune atteinte psychiatrique ne saurait rendre compte d'une amnésie à la fois aussi

élective et aussi durable sauf peut-être l'hystérie, mais, si tel était le cas, le sujet ne se montrerait ni inquiet ni troublé lorsque l'entretien aborderait les faits : « la belle indifférence », la sérénité des hystériques ont été soulignées par tous les auteurs, et d'ailleurs, comme nous l'avons dit plus haut, l'examen psychiatrique ne nous a permis de constater aucun symptôme de cette névrose. L'hystérie ne pouvant être retenue, d'autres diagnostics doivent être envisagés.

Ranucci se souvient de son accident, mais pas de son meurtre : les psychiatres sont convaincus de détenir un indice des plus fiables que son amnésie est simulée. On en déduit donc que si Ranucci déclare ne pas se souvenir de certains faits, c'est qu'il ment. Pour les psychiatres qui ne doutent nullement de sa culpabilité, Ranucci cherche à cacher certains faits relatifs à son crime, ou encore il se ment à lui-même. Les deux cas sont fréquents en criminologie. Si Ranucci est coupable, son cas est un exemple type de déni en construction.

Mais s'il est innocent, ne lui reviennent tout simplement à la mémoire que les événements qu'il a effectivement vécus. Dans ce cas, il peut ne plus retrouver les faux souvenirs qui se sont créés dans sa mémoire lors de sa garde à vue et qui se sont extériorisés lors de ses aveux devant l'inspecteur Porte. S'il affirme avoir également oublié ses aveux à l'inspecteur, au juge ou à l'un des experts, il faut se rendre à l'évidence qu'il cherche à se lancer volontairement dans l'affirmation d'une amnésie. Pris dans une instruction au terme de laquelle il sait qu'il risque la mort, il ment. Ainsi, le 30 septembre, trois mois après son arrestation, il se contredit par rapport à son souvenir « d'avoir dit aux policiers qu'il se souvenait ».

Les psychiatres poursuivent alors leur analyse :

On pouvait penser à une ivresse alcoolique mais rien, dans ce que nous savons de RANUCCI et de son emploi du temps, ne s'accorde à cette hypothèse.

Ranucci, ainsi l'a-t-il reconnu lors de son procès, avait bu plus qu'il n'est raisonnable pendant la nuit du 2 au 3 juin et même le matin du 3 juin. Il l'a redit au tribunal. Mais cela n'est pas évoqué ici. Il reste dans une version fausse où il passe la nuit à Salernes et où il n'atteint Marseille que dans la matinée ; l'alcool du petit matin du 3 juin qu'il évoquera lors de son procès est absent du récit dressé ici.

Une seringue ayant été trouvée dans sa voiture, peut-on penser qu'il était toxicomane et se trouvait sous l'effet d'une injection trop forte ou dans un état de besoin ? Si RANUCCI avait été un toxicomane,

sans doute l'aurait-il confessé à un moment ou à un autre et l'enquête l'aurait certainement établi. Enfin l'incarcération n'a fait apparaître aucun stigmate d'une toxicomanie, aucune manifestation d'un état de besoin.
Pas davantage on ne peut retenir l'hypothèse d'une confusion mentale infectieuse ni avant ni après les faits. RANUCCI n'a jamais présenté le moindre signe d'infection.
Un diagnostic mérite d'être plus longuement discuté : c'est celui d'épilepsie ; il existe en effet des paroxysmes épileptiques dits « psychomoteurs » au cours desquels le sujet peut se livrer à des actes violents, parfois meurtriers, dont il perd ensuite le souvenir. Certes nous avons établi que l'amnésie alléguée par RANUCCI n'était pas authentique, mais on connaît l'existence, exceptionnelle il est vrai, de crises d'épilepsie dites « conscientes et mnésiques ». D'autre part, nous savons que RANUCCI a été victime, à l'âge de 15 ans, d'un traumatisme crânien et l'épilepsie peut apparaître après un tel traumatisme. Certes l'accident parait avoir été sans gravité, ne pas avoir entraîné de perte de connaissance, mais par la suite RANUCCI aurait présenté quelques malaises avec évanouissement. Apparus tardivement, ils ne reflètent pas la symptomatologie classique des séquelles comitiales post-traumatiques. Un électroencéphalogramme pratiqué le 19 février 1971 par le Docteur OLLIER (Hôpital Pasteur, à Nice) ne montrait aucune anomalie évocatrice d'épilepsie. La note écrite par ce médecin le 18.2.72 à l'intention d'un confrère ne faisait pas état d'une épilepsie, et après un traitement banal et non spécifique, d'assez courte durée, les malaises disparaissent définitivement.
Recherchant chez l'inculpé toutes les manifestations ayant pu revêtir une allure paroxystique, nous avons appris de lui que, dans son enfance, depuis l'âge de 10 ans, il aurait présenté un petit nombre de fois, des pertes de conscience soudaines, sans phénomènes prémonitoires, entrainant la chute ; on ne lui a pas dit si, une fois par terre, il présentait des secousses ou d'autres manifestations motrices. Lorsqu'il revenait à lui, il se sentait « bien » et non pas fatigué comme après une crise comitiale. Il n'y a jamais eu de blessure provoquée par la chute, jamais de miction ni de morsure de la langue.

Ce paragraphe contient l'information ferme que Ranucci n'est pas épileptique, ce que l'on aurait pu craindre suite à son accident de vélomoteur et aux troubles qu'il a manifestés ensuite. Et il exclut ces crises d'épilepsie rares au cours desquelles le malade peut commettre un crime et ne pas s'en souvenir par la suite.

D'autre part, il rapporte que parfois, au moment de s'endormir, il éprouve un malaise étrange, avec accélération du courant de la pensée, sans perte de conscience ni mouvements anormaux, auquel il met fin en se levant.
Cette description évoque des phénomènes de mentisme et non pas des paroxysmes épileptiques. Malgré l'absence de manifestations cliniques d'épilepsie nous avons demandé des explorations complémentaires. Les radiographies du crâne sont normales. L'électroencéphalogramme également. Pour plus de sûreté, nous avons demandé au Professeur GASTAUT de pratiquer un électroencéphalogramme avec activation ; il s'est révélé normal.

Le mentisme, ou défilement d'idées rapides, peut survenir dans des périodes de fatigue ou de tension nerveuse. Il est fréquent chez des personnes névrosées. On l'observe également chez des schizophrènes. Mais toutes ces pathologies, si elles ont été suspectées un temps, ont été écartées plus haut.

Nous avons aussi demandé une encéphalographie gazeuse mais RANUCCI a refusé de s'y soumettre. C'était son droit, d'autant que cette exploration est relativement pénible et peut même, de façon tout à fait exceptionnelle il est vrai, entraîner des accidents sérieux. Il n'y a pas lieu de le déplorer outre mesure. Si nous nous étions en effet décidés, après de longues hésitations à demander cet examen afin de disposer d'un bilan paraclinique exhaustif, il est à peu près certain qu'il ne nous aurait apporté aucun élément nouveau : l'encéphalographie gazeuse ne détecte que des lésions assez importantes et il n'y a pratiquement aucune chance pour qu'une telle anomalie soit demeurée sans traduction neurologique (rappelons que l'examen clinique, de ce point de vue, est absolument normal, radiologique et surtout électroencéphalographique).
Ainsi il apparait que RANUCCI est indemne de toute maladie mentale, actuellement en évolution et qu'il n'a pas été atteint de façon transitoire, d'une affection psychiatrique passagère ou intermittente qui aurait pu se manifester au moment des faits et modifier son comportement et commander ses actes indépendamment de sa volonté.
Nous sommes donc amenés à accorder une attention toute particulière à la personnalité de l'intéressé. RANUCCI a vécu ses trois premières années entre des parents qui se disputaient et se battaient.
Son père, homme violent, trois fois condamné, n'est pas intervenu dans son éducation après la dissolution du mariage. L'enfant a certainement subi une carence d'autorité éducative, sa mère, par crainte d'être à nouveau menacée par son ancien mari, dit-elle,

changeait souvent de domicile et d'emploi, s'absentant souvent et ne put certainement pas assurer pleinement son rôle d'éducatrice.

Les changements intempestifs de domicile, la peur permanente d'être retrouvée par son ex-mari et l'instabilité des emplois qu'elle a occupés ont évidemment été éprouvants pour Héloïse Mathon et pour Christian Ranucci. Ce dernier a effectivement souffert de la carence d'une présence paternelle. Mais de là à dire que sa mère n'a pas pu assurer son rôle d'éducatrice, il y a un pas franchi hâtivement. On peut penser à Héloïse Mathon faisant les démarches pour inscrire son fils dans des établissements privés par exemple et y sacrifiant une partie non négligeable de ses revenus modérés et irréguliers.

Il apparaît ensuite des signes d'une adolescence difficile. On peut imaginer qu'elle l'a été, chez un adolescent privé de père.

A l'en croire, cependant, son fils se montra toujours un enfant doux et docile, connaissant seulement quelques difficultés scolaires explicables par l'instabilité familiale et les fréquents changements de résidence. Cependant l'enquête de personnalité, complétée par les dépositions de quelques personnes l'ayant connu pendant son séjour dans la région de Grenoble, établit que pendant une période au moins de son adolescence, il se montrait agressif, tirait à la carabine sur les cibles les plus diverses, faisait des scènes à sa mère, narguant et même battant la parente qui le gardait en l'absence de cette dernière, donnait au voisinage l'impression d'être un garçon solitaire et complexé.
Au service militaire, s'il était peu zélé et même « antimilitariste », il paraissait assagi et n'eut pas d'ennuis disciplinaires. Il fit deux séjours à l'hôpital pour des affections mal identifiées et y déroba des médicaments divers, sans but précis, semble-t-il. Avec ses camarades, ses rapports étaient faciles mais demeuraient assez superficiels : il ne se confiait à personne et sortait seul (souvent de façon clandestine) disant seulement au retour qu'il s'était bien amusé, mais ne donnant aucun détail.
Démobilisé, il avait trouvé un emploi dans une maison de matériel thermique ; pendant les quelques semaines qui s'écoulèrent avant son arrestation, il se montra attentif, sérieux et paraissait devoir donner satisfaction.
Du point de vue sexuel, il dit avoir eu, depuis l'âge de 16 ans, plusieurs aventures passagères avec des filles de son âge ; le témoignage de l'une d'elles ne révèle rien d'anormal. Il nie toute expérience homosexuelle.
Existe-t-il chez RANUCCI un attrait sexuel particulier pour les enfants ? Divers faits permettent de le penser, tout en invitant à croire

que cette tendance n'est peut-être pas clairement consciente. C'est ainsi qu'il témoigne d'un intérêt très vif pour des enfants que sa mère a en garde : il leur parle, les amuse, les aide à manger, mais rien ne permet de penser qu'il n'a jamais eu à leur égard un comportement répréhensible ou même équivoque.

On note qu'il n'y a dans le dossier d'instruction aucun témoignage qui permette de faire état d'un comportement équivoque de Ranucci avec les enfants, notamment ceux confiés à la garde de sa mère. Ces faits ont été recherchés, mais non trouvés. De plus, le témoignage de Monique, sa première petite amie, évoqué plus haut, laisse entendre une sexualité qui n'avait rien de pathologique et encore moins de violent ou de pervers.

Deux faits semblent plus significatifs, bien qu'ils soient niés par RANUCCI et n'aient pu être établis en toute certitude. Une fois il aurait suivi et tenté de rejoindre dans son escalier une fillette de 10 ans. Une autre fois il aurait entrainé un enfant de 4 ans dans un parking souterrain mais se serait borné à lui raconter des histoires et à lui donner des bonbons sans se livrer sur lui à la moindre entreprise sexuelle. On doit donc considérer comme nous y invite l'examen médico-psychologique, que RANUCCI, garçon à la personnalité mal structurée et à l'affectivité immature, a encore une sexualité « mal orientée », ce qui ne peut être tenu pour pathologique chez un adolescent.

Ranucci a avoué un meurtre et un crime qui le rendent passible de la peine de mort, mais il continue de nier toute implication dans les affaires Spinek et Pappalardo. Il est précisé ici que ces deux faits n'ont jamais pu être établis en toute certitude, et qu'il y a donc un doute, surtout pour le premier, survenu alors que Ranucci était normalement en Allemagne. Les trois psychiatres doivent donc être informés que même si ces deux faits ont été portés au dossier, les éléments ne sont pas concluants pour l'en inculper. Pourtant, parce qu'ils sont versés au dossier de l'instruction, même s'ils ne sont pas l'objet de l'instruction, ils sont considérés comme véridiques, analysés, et cités pour confirmer les conclusions du rapport et affirmer que Ranucci avait des tendances pédophiles.

Nous touchons là une énorme faiblesse du rapport psychiatrique : dans le dossier, on dispose d'une part de témoignages sur des faits avérés qui n'ont pas paru significatifs pour conclure à une tendance pédophile, et d'autre part de témoignages sur des faits supposés, mais qui eux sont significatifs, qui ont permis d'y conclure. Donc le rapport conclut qu'une tendance pédophile s'était manifestée avant le crime, mais uniquement sur la base de faits supposés ! Lors du procès, aucun doute ne sera évoqué pour l'affaire

Pappalardo, alors que comme nous l'avons vu au chapitre IV, l'identification de Ranucci par Marc Pappalardo comme l'homme qui aurait enlevé son fils n'avait pratiquement aucune valeur. Cette démonstration que Ranucci aurait manifesté une tendance pédophile avant le crime est alors extrêmement douteuse, et les jurés ont établi leur diagnostic psychiatrique sur la base de témoignages particulièrement fragiles.

Les dénégations de Ranucci dans les affaires Spinek et Pappalardo autorisent l'hypothèse d'une création de faux souvenirs dans le cas des aveux concernant le meurtre de Marie-Dolorès Rambla, tandis que pour les affaires Spinek et Pappalardo, Ranucci n'a pas subi le martelage de questions et la confusion entretenue avec le souvenir de faits réels qui auraient pu le conduire à des faux souvenirs.

Le rapport poursuit avec la séquence des états émotionnels par lesquels Ranucci serait passé lors de son crime. Il part du diagnostic général de Myriam Colder, et les psychiatres appliquent ce diagnostic à ce qui se serait passé le 3 juin :

> *L'examen médico-psychologique décrit en outre l'émotivité du sujet comme « mal contrôlée » dans les situations inhabituelles à retentissement affectif profond. Il a permis de déceler une vive agressivité latente, auto-défensive, très contrainte et très refoulée mais susceptible de se manifester de manière explosive et incontrôlée sous l'effet d'une forte émotion.*
> *A la lumière de cette analyse, nous devons maintenant tenter de reconstituer la succession des états psychologiques pendant le déroulement des faits pour lesquels il doit être jugé. Tout d'abord l'enlèvement de Marie-Dolorès. L'enfant est âgée de 8 ans. RANUCCI la rencontre alors qu'il erre encore dans Marseille à la recherche, dit-il, d'un ami de régiment. Il use aussitôt d'un subterfuge pour éloigner son jeune frère et la fait monter dans sa voiture.*
>
> *Il parait évident qu'il veut se livrer sur elle à des entreprises d'ordre sexuel et pourtant il l'a toujours nié. Même encore durant le cours de cette longue promenade, coupée d'un arrêt, il semble qu'il n'ait eu aucun geste équivoque. Ce comportement peut être rapproché de l'épisode du parking souterrain. Tout se passe comme si Ranucci au moment de passer à l'acte, hésitait et ne pouvait se décider.*

Pour affirmer qu'« il parait évident qu'il veut se livrer sur elle à des entreprises d'ordre sexuel », les psychiatres ne se fondent pas sur les aveux de Ranucci, mais sur une évidence plus large : le mobile de l'enlèvement d'une fillette de huit ans, s'il n'y a pas de mobile crapuleux de s'en prendre à cet enfant plutôt qu'à un autre (par exemple, pour extorquer une rançon à des gens riches) ne peut être que sexuel, qu'il soit conscient ou inconscient. Le ravisseur de Marie-Dolorès Rambla est nécessairement un pédophile. Notons que si le terme de « pédophile » est quasiment inusité ou en tout cas inconnu du grand public à l'époque, on sait déjà très bien ce qu'est un pédophile.

> *Un dernier scrupule d'ordre moral le retient-il ? Ou est-ce seulement un manque d'audace et de décision ? On ne saurait le dire mais il paraît certain que Ranucci, pendant que se livre en lui ce combat, ne peut manquer d'être dans un état de tension émotionnelle considérable. Cet état est accru par le fait que l'enfant comme il l'affirme – manifestait une certaine impatience – en réclamant à son ravisseur son retour auprès des siens pour le repas de midi. Il semble donc que sa jeune victime risquait déjà à cet instant d'avoir, au moindre incident, des réactions plus fortes, auxquelles il pouvait difficilement s'opposer.*

On a là le diagnostic d'un psychiatre en cohérence avec ce qui a été dit sur son système nerveux. Ranucci se trouve en prise avec une grande nervosité en raison d'un conflit entre un scrupule et une pulsion.

> *Sans doute son trouble est-il pour une grande part à l'origine de la collision avec la voiture de Mr MARTINEZ ; mais aussi cet accident va encore accroître dans des proportions considérables l'intensité de l'émotion.*
> *RANUCCI, dans ses premières dépositions, explique sa fuite précipitée par le fait qu'il espérait ainsi se soustraire aux conséquences légales de l'accident et que surtout il craignait d'être dans une situation particulièrement critique s'il apparaissait que sa jeune passagère avait été enlevée par lui.*
> *La fuite sur la route est trop rapidement interrompue pour donner à la vague émotionnelle le temps de refluer. Une roue frotte contre la carrosserie endommagée, il faut s'arrêter et aussitôt le voilà rejoint par les poursuivants. Il réussit à les éloigner en promettant de revenir sur les lieux de l'accident mais il fuit à pied avec l'enfant. Celle-ci d'abord étonnée (« qu'est-ce qu'on fait » demande-t-elle) prend peur et se met à crier.*

À supposer que la question « qu'est-ce qu'on fait » ait été mentionnée par Ranucci dans son récit devant les psychiatres, nous sommes encore là dans le portrait d'une fillette qui pose une question neutre, avec cette voix décrite comme très fluette dans le témoignage d'Aline Aubert. Il est en fait légitime de se demander si la source de cette information donnée aux psychiatres est

Ranucci lui-même : c'est plus probablement le script du témoignage des époux Aubert.

Les psychiatres disposent en outre du récit des aveux à l'Évêché, comme on va le voir dans les lignes qui suivent. Et du coup, dans un tragique enchaînement, le récit de Ranucci devant les policiers prend valeur d'authenticité :

> *On peut ici, pensons-nous, tenir pour authentique le récit que RANUCCI fit à l'inspecteur Porte le 6 juin : « Je l'ai empêchée de crier en lui serrant le cou avec ma main gauche... l'enfant se débattait... je vous précise que tout est confus dans ma mémoire parce que les choses se sont passées très vite... j'ai pris un couteau automatique qui se trouvait dans la poche de mon pantalon... j'ai ouvert ce couteau en appuyant sur le bouton et j'ai frappé la petite à plusieurs reprises... à partir de cet instant je n'ai plus rien vu et je ne savais plus ce que je faisais... ».*

La suite consiste en une description assez technique du processus qui conduit des émotions à la libération des pulsions et à l'acte :

> *L'émotion, portée au paroxysme, submerge la conscience et libère les instincts les plus primitifs ; dans un tel état la pulsion sexuelle dont nous avons établi qu'elle était certainement présente, bien que tenue en respect, peut se transformer en pulsion de meurtre.*

On peut se demander dans la première phrase s'il n'y aurait pas là une confusion entre instinct et pulsion. Un grand nom français de la psychanalyse, Jacques Lacan, avait enseigné que l'allemand *Trieb*, concept à la base des théories de Freud, autrichien et germanophone, devait en psychanalyse être traduit en français par *pulsion*, et non pas par *instinct*. L'instinct sexuel, instinct que nous partageons avec tous les êtres vivants est présent en chacun de nous à tout instant. La pulsion est ce qui peut être contenu. La pulsion sexuelle, quand elle se libère, ce n'est pas toujours – et heureusement ! – de manière violente, puisque ce peut être de manière acceptée et librement consentie par deux partenaires.

Rappelons que si la psychiatrie est un domaine de la médecine, la psychanalyse consiste en l'analyse d'un récit et en son interprétation. Les psychiatres utilisent ici des termes qui peuvent avoir un sens en psychiatrie comme en psychanalyse. Mais on ne peut dire qu'ils s'écartent ici de leur domaine : ils doivent expliquer ce qu'ils ont compris de la mécanique qui a poussé l'inculpé au geste qu'il leur a avoué.

Les psychiatres passent ensuite du processus qui libère les pulsions à la question de sa conscience et surtout de son souvenir.

> *Il est donc certain que, lorsqu'il tua l'enfant et s'acharna sur elle, RANUCCI était en proie à un état émotionnel intense, que les premiers coups portés ont accru, rendant confus le souvenir de la fin de la scène. La question se pose dès lors de savoir si un tel état de dérèglement émotionnel est pathologique. Elle ne peut recevoir qu'une réponse négative. L'émotion est un phénomène normal. Tout homme y est sujet. Dans l'immense majorité des cas, elle peut être maintenue sous le contrôle de la volonté, au moins jusqu'à un certain point puisque couramment on entend regretter des propos ou des gestes commis sous l'empire de l'émotion.*
>
> *Dans le cas présent, un concours de circonstances a provoqué une accumulation d'émotions successives.*
>
> *Si, au terme de cette accumulation, l'inculpé a littéralement perdu le contrôle de ses actes, il pouvait, aux stades précédents, mettre fin à cette escalade, d'abord en ramenant plus tôt l'enfant chez elle, puis en s'arrêtant au moment de l'accident, acceptant alors de prendre ses responsabilités, ce dont il n'avait pas le courage, enfin en répondant à l'invite de Mr AUBERT qui l'avait rejoint sur la route.*
>
> *Sans doute peut-on dire que l'examen psychologique a décelé chez RANUCCI une émotivité supérieure à la moyenne. Elle demeure cependant dans les limites de la normale. Les données cliniques permettent en effet de penser que nous ne nous trouvons pas en présence d'un sujet marqué par une émotivité maladive.*
>
> *Les tests, la lecture des faits montrent qu'il est capable après les moments de désarroi – de se dominer, et de se défendre.*
>
> *RANUCCI demeure, à travers les successifs entretiens, lucide et vigilant. Il n'y a chez lui nul indice d'un état anxieux durable. Nous dirons aussi que le réflexe oculo-cardiaque est normal, ne s'orientant ni vers une vagotonie ni vers une sympathicotonie. La tension émotionnelle nous parait ici un élément singulier, inhabituel, mais non anormal.*

On a là des propos surprenants. Le « dérèglement émotionnel » qui a conduit Ranucci à tuer un enfant n'est pas pathologique. Ranucci a une émotivité supérieure à la moyenne, mais dans les limites de la normale. Il s'agit là d'une conclusion de praticien, de professionnel qui a testé l'émotivité du sujet qui lui est présenté en entretien. Et pourtant, cette émotivité soi-disant dans les limites de la normale lui fait commettre un meurtre atroce après un banal accident de la route alors qu'il est en fuite : heureusement, tous les hommes dont l'émotivité est « supérieure à la moyenne mais dans les limites de la normale » ne se permettent pas, après un accident de voiture, de donner quinze coups de couteau à un enfant.

Il n'y a pas lieu ici de critiquer cette affirmation en soi : les psychiatres affirment qu'un homme normal est capable, dans des circonstances exceptionnelles, de commettre un crime atroce. Le professeur Sutter l'affirmera au procès, en réponse à une question de Paul Lombard. Une telle affirmation a même été tout récemment soutenue par Julia Shaw, que nous avons déjà convoquée pour ses travaux sur la mémoire[50] : n'importe qui, dans des circonstances exceptionnelles, est capable de commettre un crime. Ce type d'affirmation, évidemment, a de quoi effrayer : il peut susciter chez les jurés un sentiment de peur d'eux-mêmes et accroître la peur de l'individu qu'ils doivent juger.

Mais l'affirmation suivante va les rassurer.

> *Sans doute aussi peut-on rappeler que, du fait d'une éducation défectueuse, il a gardé une personnalité immature, une conscience morale mal intégrée et sans vigueur.*

Nous avons là une terrible affirmation. Si un homme normal peut commettre un crime atroce, Ranucci a commis un crime parce que sa conscience morale était mal intégrée du fait de son éducation défectueuse. Celle-ci ne lui a pas permis de faire les bons choix, de contrôler ses pulsions. Donc, conscience morale mal intégrée, il aurait commis un crime sans trouver son acte véritablement mauvais. Ranucci serait alors, et cela conforterait les conclusions de Myriam Colder, sadique et pervers, indifférent au mal commis. Le comportement de Ranucci lors de son procès, odieux et étranger au crime, confortera les jurés dans ce sentiment. Mais ceux-ci pourront être rassurés par de bonnes explications : puisqu'ils ont, eux, reçu une bonne éducation, ils ont une solide conscience morale et ils ne commettront jamais de crime. Ils peuvent donc en déduire qu'ils peuvent légitimement condamner à mort.

> *De telles particularités sont malheureusement fréquentes. Elles constituent des traits de personnalité que l'on peut prendre en considération pour comprendre le mécanisme psychologique des faits, mais elles ne peuvent être considérées comme des anomalies pathologiques.*
> *En conséquence en nous référant aux termes de la 2eme question posée dans notre mission il n'y a aucune relation à admettre entre les actes et les anomalies.*
> *Il n'était pas, au moment du détournement de la mineure et au moment de l'homicide volontaire, en état de démence au sens de l'article 64 du Code Pénal.*

De ce fait on peut estimer – en restant dans le domaine psychiatrique qui est le nôtre – que l'inculpé ne présente pas d'état dangereux, puisqu'il n'est pas justiciable d'une thérapeutique ni d'une mesure de placement. Il nous parait accessible à une sanction pénale car il est capable de comprendre la valeur de ses actes et d'en apprécier les conséquences pénales. Enfin sa réadaptabilité peut être envisagée. Le jeune âge, l'absence d'antécédents « légaux », le bon niveau intellectuel représentent des éléments favorables dans la perspective d'une réinsertion sociale éventuelle.

Les formules sont factuelles et, comme insiste bien le rédacteur, limitées au domaine psychiatrique : dire que l'inculpé ne présente pas « d'état dangereux », c'est dire qu'il n'est jamais dans un état où sa conscience serait altérée et dans lequel il pourrait commettre un crime sans en être conscient, comme le ferait un schizophrène ou une personne en état de démence. Il n'était pas dans cet état de démence prévu par l'article 64 du Code pénal qui peut classer l'inculpé comme non justiciable, mais devant être interné et soigné en psychiatrie. Ce qui ne veut pas dire « pas dangereux » au sens profane : sous le coup de l'émotion d'un accident de voiture, il est quand même capable, selon un rapport qui ne pose pas la question de sa culpabilité, de massacrer une fillette de huit ans.

Mais le corollaire de telles conclusions, c'est qu'il est passible de la sanction prévue par la loi. Et en 1974, cette sanction, c'est la décapitation, alors qu'il est estimé réadaptable, parce qu'il est jeune, qu'il a un bon niveau intellectuel et qu'il n'a aucun antécédent judiciaire. Le Conseil supérieur de la magistrature aura des arguments pour recommander à Valéry Giscard d'Estaing de gracier l'accusé.

Le rédacteur peut alors conclure son rapport selon la règle en répondant point par point aux questions posées aux trois experts par Ilda di Marino :

CONCLUSIONS –

1) L'examen psychiatrique de l'inculpé RANUCCI Christian ne révèle aucune anomalie mentale ou psychique.
2) Sans objet.
3) Il ne présente pas d'état dangereux au sens psychiatrique du terme.
4) Il est accessible à une sanction pénale.
5) Il peut être considéré comme réadaptable.
6) Il n'était pas en état de démence au moment de l'enlèvement et au moment de l'homicide, au sens de l'article 64 du Code Pénal.

Fait à Marseille le 10 décembre 1974
MR le Professeur SUTTER - Dr CARDAIRE – Dr FIORENTINI

Réadaptable, mais accessible à une sanction pénale, donc à la mort. Que pouvait peser l'idée même de sa réadaptabilité face à un public et à un jury qui, sur la base du même rapport, risquaient bien d'en déduire que Ranucci avait tué sa victime sans rien y trouver de mal, et donc qu'il était un monstre ?

Un profil qui demeure énigmatique

Le rapport des trois psychiatres a été très critiqué par les tenants de l'innocence parce qu'il ne mettait pas en question la culpabilité de l'accusé. C'est oublier que le doute sur la culpabilité de Ranucci ne s'est posé que plus tard, et que les questions posées par Ilda di Marino étaient simplement destinées à vérifier s'il était responsable d'un crime considéré comme établi. Face à un crime aussi effroyable, elle ne pouvait évidemment pas omettre de pousser aussi loin que possible cette vérification. Les examens neurologiques ont été poussés très loin, afin de ne pas refaire l'erreur commise dans la condamnation de Jean-Laurent Olivier. Ils étaient donc tout à fait pertinents par rapport aux questions posées par la justice, dont la culpabilité de Ranucci ne faisait pas partie.

Mais en concluant sur une absence d'anomalie neurologique ou psychique, on ne pouvait qu'en déduire que l'accusé ne pouvait pas être en état de démence, qu'il était pleinement responsable de son crime et que son amnésie était simulée. Ainsi, toutes les fois où Ranucci affirmerait ne se souvenir de rien, ou clamerait son innocence, on en déduirait qu'il se tenait dans la simulation, dans le déni et il aggraverait son cas. L'hypothèse de faux souvenirs ne pouvait être envisagée : les thèses d'Elizabeth Loftus n'en étaient qu'à leurs balbutiements, tandis que les expériences de Porter et Shaw n'allaient être pratiquées que dans les années 2010.

Au début de l'instruction, le cas de Christian Ranucci posait un problème en raison du fait que l'accusé prétendait ne se souvenir de rien. Il fallait donc vérifier si son amnésie était simulée ou non, et donc analyser le récit qu'il ferait de son crime et la manière dont il allait en parler. Encore une fois, Ranucci continuait d'avouer son crime, de dire aux psychiatres qu'il l'avait effectivement commis, nonobstant son incapacité à en donner des souvenirs. Et les psychiatres, professionnels, devaient finalement écarter l'hypothèse de l'amnésie.

Un autre élément n'est pas abordé dans ces rapports alors qu'il est important en criminologie. Il existe des criminels désorganisés, soit parce que leur intelligence ne leur permet pas d'organiser leur fuite ou de construire leurs alibis, soit parce qu'ils sont tout simplement immatures et désordonnés. Ils sont en général faciles à identifier et à interpeler. C'était par exemple le cas de Jérôme Carrein, confondu quelques heures seulement après son crime. À l'opposé, on rencontre des criminels organisés, qui planifient leur temps, prévoient une fuite. Ce sont en général des gens très ordonnés dans leur vie de tous les jours. Les organisations criminelles et terroristes recherchent ce type de profil. Michel Fourniret, parangon de l'ignominie, sur lequel nous reviendrons, s'est révélé un cas extrême d'organisation criminelle, et c'est sans doute ce qui lui a permis de commettre des crimes en série pendant des années sans être repéré. Or Ranucci était, de ce que l'on sait de lui, quelqu'un de très organisé dans sa vie personnelle. Comme nous l'avons vu plus haut, il avait devancé l'appel pour s'affranchir au plus tôt de ses obligations militaires. Partant pour son service militaire, il avait laissé à sa mère les notices d'utilisation de tous les équipements électriques de sa maison. Avant son procès, il avait demandé des vêtements sur mesure avec un luxe invraisemblable de précisions sur ses mensurations, allant jusqu'à préciser la forme des pointes de ses chaussures. Il organisait tant sa vie matérielle que son parcours de vie.

Si Ranucci est coupable, il faut croire que ses émotions ont terriblement altéré ses capacités d'organisation. Sinon, comment pourrait-il conserver dans le coffre de sa voiture un pantalon taché de sang, mais non une chemise également maculée dont il a dû se débarrasser ? Cela conforte l'hypothèse que le pantalon n'est pas celui du crime, que nous avons déduite de la forme et de la position des taches. Pourquoi irait-il enliser sa voiture dans la boue d'une champignonnière à proximité du lieu de son crime, et tenter de l'en sortir, plutôt que de s'enfuir au loin et prétendre se l'être fait dérober ? Autant de points qui ne démontrent pas formellement son innocence, mais qui rendent son profil personnel incohérent avec l'assassinat qu'on lui attribue. À ceci s'ajoute le calme olympien dont il fait preuve devant Rahou et Guazzone : s'il est un criminel organisé qui a été débordé par ses émotions au moment du crime, lequel par exemple n'aurait pas effacé ses traces de pas, il semblerait alors que ses émotions soient complètement retombées et qu'il soit de nouveau capable de s'organiser : pourquoi se débarrasse-t-il du couteau, mais pas du pantalon ? Et où jette-t-il sa chemise ensanglantée ? Son profil très organisé, s'il est coupable, aurait dû lui permettre de se construire des alibis beaucoup plus solides. S'il est coupable, il faut croire que son ébriété l'a empêché de fuir.

Mais une énigme subsiste : c'est l'écart qui apparait entre une absence totale d'anomalie, une émotivité élevée mais normale, et l'horreur du crime : le rapport des psychiatres laisse donc penser que pour un criminel qui commet un acte aussi effroyable, le profil de Ranucci peut révéler une tendance au sadisme. Il confirmerait donc le rapport psychologique de Myriam Colder. Pourtant, aucun témoin n'a entrevu de comportement manifestement sadique chez lui, et notamment, selon l'enquête de personnalité d'Henri Boucher, il n'a jamais volontairement fait souffrir un enfant. Pas non plus de tendance à la manipulation comme on le voit chez les pédophiles ou de propension à la mythomanie, pas de propos énigmatiques et alambiqués non plus : même s'il n'arrive pas à en exprimer les détails, il continue d'avouer explicitement son crime.

Il n'a donc pas le profil type du pédophile manipulateur qui invente une histoire de chien perdu pour abuser d'une fillette.

Chez les jurés, ce portrait a probablement validé l'impression de sadisme et forgé la conviction de la préméditation du crime. Ce portrait est incohérent avec les aveux qui traduisaient un crime non prémédité commis sous le coup de la panique, et incohérent avec l'enquête de personnalité sur le passé du condamné qui avait vu un adolescent émotif et parfois bagarreur, sans doute par manque d'assurance, mais non un sadique.

Pour conclure, même si encore une fois ni la psychologie, ni la psychiatrie ne sont des sciences exactes susceptibles de dresser une démonstration rigoureuse de l'innocence ou de la culpabilité de Ranucci, on peut simplement affirmer que juxtaposé aux aveux, considérés comme réels, et à l'enquête de personnalité d'Henri Boucher, le rapport des psychiatres échoue à donner de Ranucci le portrait type d'un délinquant sexuel ou d'un pédophile manipulateur.

Ranucci et son rapport avec Dieu

Une dernière question qu'il est intéressant de poser au terme de cette investigation dans le psychisme du condamné est celle du rapport de Christian Ranucci avec la foi chrétienne dans laquelle il avait été élevé.

On sait d'après l'enquête que Christian Ranucci avait pendant plusieurs années été scolarisé dans des établissements privés catholiques, et qu'il avait fait sa « communion solennelle » aujourd'hui appelée « profession de foi ». Il avait donc reçu une éducation chrétienne. Cela n'en fait bien sûr ni un innocent ni un coupable. Il aurait pu être à la fois croyant et pédophile, à la fois croyant et meurtrier. Si, en 1974, le scandale des prêtres pédophiles n'avait pas encore éclaté, on se souvenait dans les milieux judiciaires de l'affaire de l'abbé

Desnoyers[12] et de ses détails atroces. La foi chrétienne la plus sincère ne constitue nullement une thérapie contre les pulsions sexuelles ou meurtrières.

Le 25 août 1974, alors qu'il n'a pas encore commencé à parler de son innocence, mais qu'il nie déjà se souvenir de son crime, il écrit dans une lettre à sa mère au sujet d'une certaine Katy, qui « *parle de Dieu dans chacune de ses phrases* » et veut lui apporter l'Évangile :

> « *J'ai bien envie de lui écrire que Dieu ne doit pas exister, sinon dans son imagination. Moi qui n'ai rien fait contre quiconque, je suis là comme ça, du jour au lendemain, avec aussi ce deuil douloureux.* »

La formulation de la phrase laisse entendre que Ranucci a cru en Dieu pendant une partie de sa vie, mais qu'au regard de la situation dans laquelle il se trouve maintenant, il est traversé par le doute voire tenté par l'incroyance. Si l'on connait bien des cas de personnes devenues croyantes ou qui ont redécouvert la foi de leur enfance après un malheur, une dépression, un épisode alcoolique, voire après un crime, les épreuves de la vie peuvent aussi éloigner des croyants de la foi. C'est apparemment ce que traverse Christian Ranucci à la fin de son premier été en prison.

Dans son *Récapitulatif*, lorsqu'il raconte ses espoirs au moment de la découverte de l'homme au pull-over rouge et de la rencontre de sa mère avec Jeannine Mattéi, il écrit :

> « *Je remerciai Dieu. Je voyais la fin de mes épreuves et de celles de ma mère.* »

Après sa condamnation, alors que sa mère prie pour lui et le lui fait savoir dans ses lettres, il adresse le 8 juin un courrier à la presse au sujet de son pourvoi en cassation rédigé ainsi :

> « *Mon innocence est là, indestructible et largement étayée par des preuves et des témoignages, aussi je me contenterai de réaffirmer solennellement devant Dieu et devant les hommes que je suis étranger à cette affaire.* »

---

[12] En 1956, Guy Desnoyers, prêtre du diocèse de Nancy, avait tué une jeune fille avec laquelle il avait eu une liaison et qu'il avait mise enceinte ; puis il avait extrait l'enfant de l'utérus avant de le tuer lui aussi, mais non sans avoir pris le temps de le baptiser. Il échappa de peu à la peine capitale : il semble qu'il n'ait dû les circonstances atténuantes qu'à son statut de prêtre, et que les jurés n'aient pas osé envoyer à la guillotine un homme d'Église.

On sait que, pendant cette période, l'aumônier de la prison vient régulièrement le voir. On ne saura jamais ce qu'ils ont pu échanger, mais Ranucci semble revenir à une certaine religiosité.

Le matin de son exécution, Paul Lombard lui propose de se confesser. Parvenu dans l'antichambre de la cour où a été dressée la guillotine, lorsque l'aumônier s'approche et lui propose de prier avec lui, Ranucci l'écarte et lui répond « *Négatif !* ». Comment interpréter ce refus ? Héloïse Mathon, après l'exécution a commenté le refus de se confesser de son fils comme une preuve de son innocence : « *Il n'en avait pas besoin.* » Cette affirmation n'est évidemment pas conforme à la doctrine chrétienne qui prétend que tout homme a besoin de la confession, qu'il soit criminel ou saint, que le pécheur est un débiteur qui n'a pas de quoi rembourser, qui considère insolvable celui doit cinquante autant que celui qui doit cinq cents pièces d'argent. Le saint comme le criminel a besoin de la Grâce. De plus, on pourrait aussi bien penser que s'il est coupable, il refuse la confession comme un moment de vérité où il devrait, s'il est toujours croyant, avouer son crime et en demander le pardon, à l'instar d'un Roger Bontems qui s'était confessé avant de mourir.

Dans ses derniers instants, Christian Ranucci refuse le verre de rhum que lui proposent les gardiens, refuse l'aumônier de la prison, mais accepte une cigarette que lui tend Jean-François Le Forsonney. Il semble, en cet instant, refuser tout ce qui lui est proposé par l'institution judiciaire, et ne consentir qu'à ce que lui offre quelqu'un qui s'est battu contre cette justice qui va le mettre à mort. Pendant les minutes entre son réveil et sa mort, il ne parle pratiquement qu'à ses avocats, les suppliant de le réhabiliter. En somme, il se peut qu'il refuse l'aumônier parce que c'est celui de la prison.

Élevé dans la foi chrétienne, Ranucci ne semble pas avoir montré dans ses dernières années de signes marqués de pratique religieuse ou de spiritualité. Durant les dernières semaines de sa courte vie, les lettres qu'il recevait de sa mère témoignent que celle-ci était quant à elle en proie à une spiritualité particulièrement intense, quasiment mystique. Dans l'une de ses dernières lettres, Ranucci a affirmé « devant Dieu et devant les hommes » être « étranger à cette affaire ». Mais devant la mort, il a refusé les sacrements.

Un parcours spirituel, qu'il soit linéaire ou chaotique, ne saurait livrer d'indice probant de l'innocence ou de la culpabilité d'un condamné. Mais rien n'obligeait Ranucci, dans une lettre à sa mère, à proclamer son innocence « devant Dieu et devant les hommes ».

Conclusion

Au vu des témoignages issus de l'enquête de personnalité, ceux qui l'avaient connu avant le 3 juin 1974 avaient gardé de Christian Ranucci l'image d'un jeune garçon réservé, effacé, intelligent mais peu sûr de lui, ne mesurant pas les risques de la vie notamment en voiture, et en manque affectif. Si quelques témoins ont fait part de bagarres à l'école, voire de coups sur une tante alcoolique, il semble clair qu'aucun signe avant-coureur ne laissait présager que Ranucci fût un sadique, qui pût un jour commettre un crime atroce. On a fait le lien entre son père violent puis absent et un défaut de structuration morale consécutif à l'absence de père. Un individu fragile qui serait devenu criminel par accident : telle est la thèse que soutient aujourd'hui Jean-Louis Vincent. Tel est le souvenir que Christian Ranucci a laissé à la mémoire des policiers qui l'ont interrogé.

Mais les experts sont surtout partis du postulat que Christian Ranucci était coupable pour trouver une explication à son crime en la cherchant dans son enfance et son éducation, et c'est ainsi que la psychologue s'est orientée vers une interprétation psychanalytique des faits, donnant de Ranucci l'image d'un sadique qui aurait inconsciemment détesté sa mère et qui aurait volontairement commis un matricide symbolique. Les psychiatres, qui ont quant à eux recherché une pathologie neurologique ou psychiatrique, n'ont rien trouvé : ils ont décrit un garçon parfaitement normal ; émotif mais avec une émotivité dans les limites de la normale ; et quand même capable après un banal accident de voiture de tuer une fillette de quinze coups de couteau. Si son émotivité était normale, les jurés risquaient d'en déduire que ce n'était donc pas sous le coup de la panique qu'il avait tué. Partant de l'hypothèse de sa culpabilité, les psychiatres ont *de facto* laissé s'imposer chez les jurés la conviction d'un Ranucci pervers et sadique, agissant avec préméditation. Et rendu impossible les circonstances atténuantes.

Sur la foi des expertises psychiatriques, l'accusation ne parvient pas à trancher sur le profil de Ranucci : jeune garçon fragilisé par la vie qui serait devenu criminel par un mauvais concours de circonstances, ou bien sadique pervers qui enlève un enfant avec le dessein conscient de le violer au risque de devoir le tuer ? Les policiers ont gardé la première hypothèse à la mémoire, la psychologue et les psychiatres ont, par leurs rapports, et peut-être malgré eux, orienté les jurés vers la seconde. Tiraillée entre des aveux considérés comme le parfait récit de la réalité et les rapports médicaux, la thèse de l'accusation ne fournit pas de conclusion probante.

L'accusation a laissé la mémoire du jeune homme en question.

En revanche, si Ranucci est innocent, on comprend aisément pourquoi les experts l'ont trouvé parfaitement normal, avec une émotivité certes supérieure à la moyenne mais « dans les limites de la normale », et comment ils en sont donc venus à construire cette hypothèse de « conscience morale mal intégrée et sans vigueur » pour expliquer ce qui l'aurait conduit à un crime atroce et commis en pleine conscience. Le constat est tragique : aux yeux des jurés, l'innocence d'un accusé, loin de les faire douter, peut aggraver son profil de coupable.

VIII. Certitudes et zones d'ombre : la mémoire inachevée

Au fil des quatre chapitres que nous venons de clore, nous nous sommes attaché à remettre en question et à pousser dans leurs retranchements les évidences. Nous avons vu que les aveux de Ranucci peuvent avoir été le fruit d'une création de faux souvenirs ; que le couteau n'est probablement pas l'arme du crime et que le pantalon taché de sang n'est certainement pas celui du crime ; que pour un pédophile, la personnalité de Ranucci est atypique. Nous avons vu en outre que les témoignages des époux Aubert sont incohérents quant à l'enfant sortant de la voiture et illustrent surtout le besoin de se libérer d'un terrible sentiment de culpabilité de ne pas être intervenus ; que la précision du souvenir d'Eugène Spinelli est difficile à attaquer ; que l'homme au pull-over rouge n'est pas une invention de la défense ; que l'homme au chien noir de la cité des Tilleuls n'était pas une invention de Jeannine Mattéi.

Mais face à l'évidence que Ranucci se trouvait bien sur les lieux du crime, le jour et à l'heure à laquelle un enfant a été aperçu ou entendu dans les fourrés avec un adulte par les Aubert, face à l'évidence que cet enfant était bien Marie-Dolorès Rambla dont allait retrouver le corps à proximité immédiate, peut-on pour autant, de bonne foi, affirmer l'innocence de Ranucci ?

L'hypothèse de la culpabilité de Ranucci

Pour reconstituer un scénario selon lequel Ranucci est coupable, il faut commencer par supposer qu'il reste à Nice jusqu'au 2 juin. Le fait est confirmé par sa mère dès le 6 juin au matin, à un moment où elle ignore encore tout du contexte du crime. Il n'est donc certainement pas le satyre au pull-over rouge qui agresse les filles Albertini le 1er juin, date confirmée par leur père mais également par Paul Martel, ni l'homme au chien noir qui aborde les filles de Jeannine Mattéi et de Jeanne Barraco le 31 mai, si l'on en croit la date fournie par Jeannine Mattéi.

Ranucci est à Marseille dès le soir du 2 juin, et il y passe la nuit. Dans la soirée du 2 juin, il a un accrochage à cause d'un chien qui traverse devant ses phares. Il s'enivre. Le lendemain matin, il boit encore dans les environs du

Vieux Port. Il est compliqué, mais non impossible, qu'il soit passé à Allauch, entre Marseille et le carrefour de La Pomme, pour tenter de voir son père le matin du 3. Il faut évidemment écarter l'hypothèse invraisemblable où il serait passé chez son père, qu'il espérait voir, avec la fillette attendant dans sa voiture. S'il est passé voir son père, il faudrait qu'il soit monté à Allauch le matin puis redescendu à Marseille, ce qui reste théoriquement possible, étant donné qu'il ne faut qu'une vingtaine de minutes pour se rendre d'Allauch à la cité Sainte-Agnès.

Dans ce scénario, Ranucci enlève Marie-Dolorès Rambla entre 11 heures et 11 heures 15, prend avec elle la route qui, par Allauch, mène au carrefour de La Pomme. En chemin, du côté d'Allauch, il s'arrête longuement en route pour fumer et parler avec la victime : il faut qu'il s'arrête pour discuter entre vingt et trente minutes pour que son accident ait lieu vers 12 h 15. On n'imagine pas qu'il s'arrête à Allauch en pleine ville s'il est pédophile, mais plutôt dans un endroit désert où il pourrait évidemment, si ses pulsions prennent le pas sur ses scrupules, violenter la fillette ou se livrer à des attouchements. Puis il repart. Après l'accident, ne pouvant continuer sa route en raison de la roue qui frotte contre la carrosserie déformée, il s'arrête, sort de sa voiture et emmène la fillette dans les fourrés. Mais il est aperçu par les époux Aubert. Il ne peut assouvir ses pulsions sexuelles sur la fillette. Il veut l'empêcher de crier avec une main sur la bouche car il sait que des témoins sont présents et susceptibles de l'entendre, mais ne pouvant la maîtriser, il la tue, peut-être après l'avoir assommée à coups de pierres. Il cache le cadavre sous les branchages puis, au lieu de s'enfuir, il va cacher sa voiture un long moment dans la champignonnière où l'on retrouvera un pull-over rouge, pull-over qui ne lui appartient pas et qui n'a pas de rapport avec l'affaire.

Il se débarrasse du couteau dans le tas de fumier encore frais en raison des pluies des jours précédents, après en avoir essuyé le manche qui ne portera donc aucune empreinte digitale, mais en oubliant d'en essuyer la lame. Dans les chaudes journées qui suivent, le fumier se tasse, effaçant la trace du pied, enfonçant le couteau de vingt centimètres, puis sèche.

Pour tenter de dégager sa voiture enlisée dans la champignonnière, Ranucci va arracher des branches d'épineux. Mais ses roues continuent de patiner. Il se change de pantalon et de chemise. Il conserve son pantalon dans le coffre de sa voiture mais se débarrasse de sa chemise on ne sait où – peut-être le fera-t-il sur le chemin du retour. Il peut donc en vêtements impeccables aller chercher Rahou et Guazzone pour ramener sa voiture à la surface.

Un inconnu, sans doute familier du lieu, très isolé, laisse trainer un pull-over rouge dans la champignonnière.

Arrêté à Nice, Ranucci comprend tout de suite pourquoi on l'arrête. Mais il est surpris de n'être interrogé que sur son accident. Il ne sait pas qu'il s'agit là d'une tactique policière pour le mettre en difficulté. Quand il comprend qu'on l'arrête bien pour le crime qu'il a commis, il se disculpe d'une présence à Marseille, il s'invente une nuit à Salernes et passe sous silence la nuit arrosée à laquelle il s'est adonné. Le lendemain matin, il continue de nier, même quand on lui dit que des témoins l'ont reconnu. Mais devant Aline Aubert, en début d'après-midi, la pression émotionnelle est trop forte. Il craque et il avoue ses actes.

Comprenant peu à peu qu'il ne peut échapper à la peine de mort, il sombre alors dans le déni. Peut-être conseillé par des codétenus, il s'invente une histoire qu'il résumera deux ans plus tard dans son *Récapitulatif.* Il lui faut plusieurs mois pour se déclarer innocent. Mais il ne convainc personne, pas même Jean-François Le Forsonney, du moins jusqu'à l'irruption de Jeannine Mattéi. Lorsque celle-ci fait irruption dans l'enquête, l'homme au pull-over rouge lui fournit le coupable de substitution idéal pour consolider son déni. La cour d'assises ne s'y trompe pas et refuse de croire à son innocence. Pas de remords, pas de circonstances atténuantes. C'est la mort.

Telle est, dans ses grandes lignes, le scénario qui s'est figé dans la mémoire des policiers de Marseille et de ceux qui croient à la culpabilité de Ranucci.

Ce scénario, à première vue cohérent pose évidemment plusieurs difficultés. Pour Jean-Louis Vincent, comme pour Gérard Bouladou, elles peuvent toutefois être résolues.

Nous aurions tout d'abord un Ranucci pédophile qui s'arrête pendant vingt ou trente minutes au bord de la route avec sa victime, puis qui reprend la route, au lieu de l'emmener tout de suite dans un endroit désert : c'est encore une fois beaucoup de tempérance pour un jeune homme qui va, dans l'heure qui suit, commettre un crime atroce. Ranucci serait un pédophile hésitant, alors que le témoignage d'Eugène Spinelli, qui a vu la fillette monter sans hésiter dans la voiture, plaide pour un pédophile expérimenté, sûr de lui et récidiviste.

La seconde difficulté de ce scénario est d'y insérer le pull-over rouge. On doit imaginer que celui-ci n'aurait aucun rapport avec l'affaire. Mais le procès-verbal du maître de chien atteste que l'animal a été mis en piste, et donc qu'on lui a bien fait flairer quelque chose qui se trouvait à l'endroit où le pull-over rouge a été découvert. On sait également que c'est à ce même endroit que le véhicule avait été immobilisé, à proximité de l'extrémité des traces de roue. Les gendarmes font donc immédiatement un lien entre le pull-over et le véhicule. Et même si le maître de chien avait eu l'idée de soumettre autre chose au flair de son animal, voire même si celui-ci n'avait suivi aucune piste, le pull-over a bien été retrouvé à l'endroit où le véhicule a été immobilisé : impossible d'imaginer qu'il n'y ait pas un rapport entre ce pull-over et le véhicule de Ranucci.

Le pull-over aurait-il dans ce cas appartenu à Ranucci ? Alors qu'il venait d'avouer son crime, Ranucci a nié en être le propriétaire. Le lendemain, sa mère qui n'était au courant de rien a nié que ce pull-over lui appartînt. Donc il est impossible d'envisager cette hypothèse.

Si Ranucci est coupable, il faut donc que le pull-over rouge retrouvé à l'endroit précis où son coupé a été immobilisé ait appartenu à un complice de Ranucci. Dans ce cas, le problème est de comprendre pourquoi après être passé près d'un chemin qui conduit à une discrète champignonnière et à un maquis sauvage où il pourrait incognito se livrer sur la fillette à tous les sévices imaginables, pourquoi continue-t-il tranquillement sa route vers le carrefour de La Pomme pour prendre la direction d'Aix-en-Provence. Donc on en arrive à cette contradiction : s'il est coupable, s'il a la fillette à ses côtés, il ne doit pas connaître la champignonnière, il ne connaît pas les chemins qui se perdent dans le maquis avec ses buissons dans lesquels il serait tranquille, et dans lesquels on a retrouvé la petite victime.

Pour que Ranucci ait un complice, il faut imaginer, comme des rumeurs l'ont affirmé, qu'il ait tissé un réseau dans la région de Marseille avant son service militaire, à un moment où il n'avait pas de voiture et ne pouvait donc pas découcher en allant aussi loin. Le problème est de comprendre pourquoi Ranucci, qui ment en niant son crime, ne dénonce-t-il pas ce complice comme étant le véritable assassin ? Dans un processus psychique de déni, un complice ferait un coupable de substitution bien plus convaincant qu'un mystérieux satyre au pull-over rouge tiré d'un sac un an après les premiers aveux. S'il est son complice, pourquoi ne donne-t-il pas le nom de cet énigmatique homme au pull-over rouge ?

Si le pull-over rouge appartient à une tierce personne, il peut aussi bien appartenir à un complice de Ranucci qu'à quelqu'un se trouvant à proximité lors de l'accident au carrefour de La Pomme, mais n'ayant aucun lien avec Ranucci.

Pour que Ranucci soit le ravisseur, il faut évidemment que la voiture de l'enlèvement soit le coupé 304. Une confusion de modèles entre un coupé 304 et une Simca 1100 est facilement envisageable pour Jeannine Mattéi (dans son cas, on peut même faire l'hypothèse que le modèle de la voiture soit un mensonge, un détail ajouté dans son témoignage à l'instigation d'Héloïse

Mathon sur un modèle de voiture) ; *a fortiori* pour Jean-Baptiste Rambla. Comme on l'a vu, on peut accepter l'affirmation de Gérard Bouladou sur le fait que Jean-Baptiste Rambla aurait entendu parler d'une Simca 1100 par les rumeurs qui circulaient dans le quartier, qu'il aurait ensuite intégré le nom de la marque et l'aurait donnée aux journalistes. Quand on lui a demandé de montrer la voiture du ravisseur dans la cour de l'Évêché, Jean-Baptiste Rambla aurait selon certains montré une Simca Chrysler, modèle qui dans la forme et la taille n'avait rien à voir ni avec une Simca 1100 ni avec un coupé 304 ; selon d'autres, il aurait montré une Ford... On a certainement exagéré en faisant de lui un fin connaisseur des voitures. Si le garçonnet a montré dans la cour de l'Évêché qu'il savait reconnaître les véhicules de la marque Simca et donc associer le nom d'une marque à une forme de voiture, cela ne signifie pas pour autant qu'il ait mémorisé le véhicule du ravisseur comme étant une Simca 1100.

On doit donc s'accorder avec Gérard Bouladou et Jean-Louis Vincent sur le fait que les déclarations de Jean-Baptiste Rambla ne confirment pas le témoignage d'Eugène Spinelli. Mais il y a justement Eugène Spinelli. Une confusion entre les deux modèles est beaucoup plus difficile à croire pour un professionnel de l'automobile : un carrossier fait tout de suite la différence entre deux modèles mêmes proches, même à une distance de 50 mètres. La simple différence de la forme des carrosseries, des portes, des phares est un détail que n'importe quel salarié de l'industrie automobile voit au premier coup d'œil et surtout sans y penser. Pour avoir travaillé quinze ans dans l'automobile, je le sais d'expérience et l'idée d'une confusion me paraît aberrante d'autant plus que la différence de hauteur entre les deux modèles est d'une quinzaine de centimètres.

Donc il faut examiner l'hypothèse évoquée par Gérard Bouladou dans certaines de ses pages, hypothèse selon laquelle Spinelli aurait vu une fillette, qui n'aurait pas été Marie-Dolorès Rambla, monter dans une Simca 1100, mais n'aurait pas assisté au véritable enlèvement. Mais ce scénario est contradictoire avec ce que le même Eugène Spinelli raconte au même Gérard Bouladou dans les années 2000 : il prétend qu'il connaissait Marie-Dolorès Rambla. Il confirme également dans le même entretien qu'il n'avait jamais vu l'inconnu en question dans le quartier, ce qui confirme qu'il connaissait bien de vue les habitants de son quartier, ce qui rend difficile une confusion quant à l'enfant. Rappelons ici que l'enquête de proximité réalisée le 4 juin au matin par Jules Porte a certainement écarté cette possibilité : il est invraisemblable que l'inspecteur, enquêteur chevronné n'ait pas questionné les voisins de la cité pour savoir si une autre fillette ne serait pas partie vers 11 heures à bord d'une Simca 1100.

Si Ranucci est coupable, il devient évident que le couteau automatique retrouvé dans le tas de fumier est l'arme du crime. Que le couteau automatique soit l'arme du crime n'est évidemment pas invraisemblable, même si l'absence de sang sur le manche du couteau automatique et surtout la direction probable des coups portés, qui ne sont pas ceux d'un couteau automatique, sont deux problèmes qui interrogent. Il faut plutôt penser que Ranucci a assommé sa victime à coups de pierre, et porté ensuite des coups de haut en bas avec un couteau qu'il a pris le temps d'ouvrir et de changer de position dans la main.

Quant au pantalon, ce n'est pas le pantalon du crime. Donc il faudrait qu'il y ait un autre pantalon que l'on n'aurait pas retrouvé. Ce n'est pas impossible, mais cela complexifie le schéma de déshabillage et de rhabillage de Ranucci. On peut imaginer dans ce cas que Ranucci a abandonné sa chemise et le pantalon du crime sur le chemin du retour.

Le chien noir et le commissaire

Pour que Ranucci soit coupable, il faut, soit que les faits suspects des cités des Tilleuls et des Cerisiers pendant les jours précédant le meurtre soient faux, soit qu'ils concernent un autre pédophile portant un pull-over rouge. On ne voit pas pourquoi les témoignages de Paul Martel et du père des filles Albertini, recueillis le 4 juin, seraient intentionnellement faux. Il faut donc que le pédophile au pull-over rouge n'ait rien à voir avec l'enlèvement de Marie-Dolorès Rambla, et donc que le pull-over rouge retrouvé dans la champignonnière ne soit pas le pull-over du pédophile de la cité des Cerisiers. Là encore, on peut en envisager l'hypothèse, soutenue par Gérard Bouladou et aujourd'hui par Jean-Louis Vincent. Mais Paul Martel a noté plus que la couleur rouge du pull-over de l'homme qui a agressé les filles Albertini : il a également noté qu'il avait des boutons sur l'épaule, comme celui de la champignonnière.

Il y aurait encore le témoignage de Jeannine Mattéi. Le chien noir, si le détail est exact, ressemble trop à une signature. Il faut alors pour que Ranucci soit coupable que tout ou partie du témoignage de Jeannine Mattéi soit faux, et qu'au moins le détail du chien noir ait été inventé, par exemple par Héloïse Mathon qui le lui aurait suggéré. C'est théoriquement possible, et Gérard Bouladou comme Jean-Louis Vincent se sont tenus à cette hypothèse. Rappelons que le second a cité à l'appui Martine Garcia à qui Héloïse Mathon, au début de l'été 1976, donc après le procès, et alors que seule une grâce présidentielle pouvait sauver la vie de son fils, aurait par l'intermédiaire de Jeannine Mattéi proposé 2 000 francs si elle acceptait de faire un faux témoignage. Notons qu'indépendamment de la culpabilité ou de l'innocence de Ranucci, cette tentative de corruption de témoin est très vraisemblable. Jean-Louis Vincent, qui a pu contacter Martine Garcia, le confirme. On imagine facilement que, désespérée par la situation de son fils et le danger de mort qu'il encourrait, Héloïse Mathon ait tenté de soudoyer un témoin. On peut même également imaginer que Jeannine Mattéi, par solidarité avec Héloïse Mathon, en ait eu l'idée seule ou en ait pris l'initiative.

Dût-on reprocher à Héloïse Mathon d'avoir tenté d'acheter un faux témoignage ou d'avoir acheté l'introduction de détails faux dans le témoignage de faits réels, il resterait les déclarations du commissaire Cubaynes du 5 juin 1974 au soir. C'est ici que le navire de l'accusation et de la thèse de la culpabilité de Ranucci percute un iceberg.

Le 5 juin au soir, alors que Ranucci avait déjà été arrêté à Nice mais qu'il n'avait pas encore avoué, le commissaire Cubaynes évoquait, dans une interview accordée à Jean-Noël Tassez de *La Marseillaise,* une tentative d'enlèvement d'enfant dans laquelle le pédophile avait utilisé le mobile d'un chien noir perdu. L'article de *La Marseillaise* affirmait que « Ranucci n'en était pas à son coup d'essai ». Enfin, l'article publié le 6 juin par Pierre Bernard dans *Le Provençal* insérait un chien noir dans l'affaire Albertini et déplaçait de la cité des Tilleuls à celle des Cerisiers (dont il déformait le nom en l'appelant « La Cerisaie ») la tentative d'enlèvement sur deux garçons. Il mélangeait les affaires et ne vérifiait pas ses informations avec précision. Mais il confirmait l'information qu'un individu étrange prétendait bien à des enfants qu'il cherchait un chien noir perdu dans les rues de Marseille, ainsi qu'une tentative d'enlèvement sur deux garçons, quelques jours avant que les enfants Rambla ne soient eux aussi sollicités pour rechercher un chien noir. La police était donc en ce soir du 5 juin 1974 au courant d'un témoignage, très probablement de Jeannine Mattéi elle-même, soit en toute rigueur d'un témoin qui avait vu un pédophile qui ressemblait beaucoup trop dans sa technique au ravisseur de Marie-Dolorès Rambla. Plus qu'une technique, le stratagème du chien noir perdu était une signature. Policier chevronné, le commissaire Cubaynes était certain le soir du 5 juin que cet homme au chien noir était Ranucci, que le commissaire Alessandra était en train de ramener de Nice.

Même à supposer que ce témoin n'ait pas été Jeannine Mattéi – on peut toujours à la grande rigueur l'imaginer, puisque ce témoignage a disparu – l'existence d'un témoignage dans lequel il est fait mention du stratagème du chien noir perdu serait confirmée par le commissaire Cubaynes et par Pierre Bernard. Pourquoi un témoignage bien réel, puisque porté à la connaissance du commissaire qui pilotait les opérations de recherche, aussi troublant, a-t-il complètement disparu de deux commissariats de Marseille, à Saint-Just et à l'Évêché ? Et pourquoi apparaitrait-il précisément dans la bouche de Jeannine Mattéi un an plus tard si ce n'était elle qui avait rapporté les faits un an plus tôt à la police ? Pourquoi Jeannine Mattéi avait-elle été invitée aux funérailles de la victime par la police (rappelons encore que Martine Garcia a confirmé à Jean-Louis Vincent que les policiers avaient bien demandé à certaines mères de la cité des Tilleuls de venir assister aux funérailles), si ce n'est pour y reconnaître un homme qu'elle avait bel et bien vu de ses yeux ? Comment ne pas se rendre à l'évidence, s'il faut en croire Jean-Louis Vincent citant Martine Garcia, qu'un pédophile avait été clairement vu par un témoin, tentant de passer aux actes dans la cité des Tilleuls et que ce pédophile, pendant les jours du 5 au 7 juin, intéressait énormément l'Évêché ?

Que le commissaire Cubaynes ait parlé dès le soir du 5 juin devant les journalistes d'un pédophile utilisant, plusieurs jours avant l'enlèvement de Marie-Dolorès Rambla, le subterfuge d'un chien noir perdu dans une tentative d'enlèvement, et que ses propos aient été rapportés par la presse écrite, voilà ce qui continue de confirmer aujourd'hui, près d'un demi-siècle plus tard, que sur le point précis du chien noir perdu, le témoignage de Jeannine Mattéi était vrai, même si cette dernière aurait pu rajouter, par exemple sur demande d'Héloïse Mathon la marque Simca, le modèle de la voiture ainsi que le pull-over rouge. Cela rend pratiquement inattaquable la piste de l'homme qui a abordé Carole Barraco et Agnès Mattéi, avec le même stratagème du chien perdu, dont la presse et le commissaire Cubaynes ont précisé qu'il était de couleur noire.

Mais il y a plus grave. L'authenticité et la véracité du témoignage de Jeannine Mattéi, au minimum sur le détail du chien noir perdu, ont un corollaire : ce témoignage a été volontairement détruit, celui-là et pas les autres, notamment pas ceux de Paul Martel et de Jean Albertini, ni celui de Jean-Claude Jaglasse et de son inconnu « chochotte » avec un pull-over vert, celui que l'avocat général Viala a utilisé pour démolir la plaidoirie de Maître Lombard. Ces témoignages-là ont quant à eux bien survécu dans les archives de la police, notamment le dernier.

Alors que les témoignages de Jean Albertini, de Paul Martel et de Jean-Claude Jaglasse ont bien survécu, le témoignage qui a disparu des commissariats marseillais est justement celui dans lequel le pédophile utilisait le stratagème d'un chien noir, chien bel et bien noir évoqué par le commissaire Cubaynes le 5 juin au soir, chien bel et bien noir cité le 6 juin dans la presse écrite. Tout porte donc à croire qu'il y a eu destruction volontaire et coordonnée d'une déposition critique pour l'accusation : pourquoi ?

Nous avons vu que les articles parus dans la presse pendant la semaine du crime interdisaient de penser qu'Alain Aubert n'aurait pas parlé d'un « paquet assez volumineux », ou d'un colis... Les articles parus dans la même presse dans les mêmes jours interdisent également d'imaginer que les faits relatés par Jeannine Mattéi et la présence d'un homme au chien noir soient faux. Ces articles, cités abondamment par Yann Le Meur et Gilles Perrault, peuvent toujours être consultés sur les réseaux sociaux. Les sites et forums qui soutiennent la culpabilité de Ranucci les ignorent purement et simplement. Gérard Bouladou a considéré comme « pas sérieux » – avec raison – l'article de Pierre Bernard dans *Le Provençal*, dans lequel ce dernier donne un nom de cité erroné et mélange les affaires des Tilleuls et des Cerisiers. Mais il n'a pas interrogé l'origine des informations, ce qui lui a interdit d'interroger pourquoi un policier comme le commissaire Cubaynes considérait le 5 juin comme évidente l'implication de Ranucci dans une autre affaire d'enlèvement avec le stratagème du chien noir. Ces informations n'ont pas surgi de l'imagination d'un journaliste : si certains éléments sont erronés, ils sont le résultat de la déformation de détails bien réels donnés sur des faits également bien réels.

L'hypothèse d'un second homme

Toutes les incohérences de la thèse de l'accusation peuvent en revanche être résolues si l'on fait l'hypothèse, très simple, de la présence d'un second homme dans les fourrés, vers 12 h 15, le 3 juin 1974, vaguement aperçu par les époux Aubert, et qui a caché sa voiture, une Simca 1100, à proximité de cette champignonnière qu'il connait bien, comme tous les amateurs de parties fines et les détraqués sexuels de la cité phocéenne. Avec cette hypothèse, tout devient cohérent.

Entre l'affaire Albertini et le meurtre de Marie-Dolorès Rambla, le pull-over rouge est le point commun ; entre l'affaire d'Agnès Mattéi et Carole Barraco d'une part, et le meurtre de Marie-Dolorès Rambla d'autre part, le stratagème du chien perdu orientent clairement vers un seul et même coupable, même si la couleur rouge du pull-over n'a pas été confirmée par Jeanne Barraco dans sa déposition. On en arrive rationnellement à la thèse d'un même pédophile pour les trois affaires. Ce pédophile utilisait parfois le stratagème d'un chien noir, ou simplement d'un chien perdu pour apitoyer les enfants et les manipuler. Il abordait toujours les enfants par deux. Il tentait d'en éloigner un et d'enlever l'autre. L'homme qui a laissé son pull-over rouge dans la champignonnière où la voiture de Ranucci a été vue enlisée, et qui a donc laissé le 5 juin une marque olfactive, suivie par un chien, entre la champignonnière où le pull-over rouge a été retrouvé et le point de la route au niveau de la découverte du corps est donc un bon candidat pour être l'auteur des trois affaires Albertini, Mattéi et évidemment Rambla.

Vingt ou trente minutes avant Ranucci, le ravisseur a pris la direction d'Allauch avec sa Simca 1100, puis il a continué vers Peypin. Il s'est arrêté à l'entrée du chemin qui conduit à la champignonnière et au dédale de chemins dans le maquis alentour afin de se trouver seul avec sa proie. C'est une propriété privée, un panneau l'indique à l'entrée, mais elle est déserte le week-end. Ce n'est donc pas une demeure où l'on risque de rencontrer quelqu'un, et il le sait, à la différence de Ranucci qui ne connaît pas les lieux, du moins tant que l'on se tient à distance de la maison des Rahou, à plus d'un kilomètre de l'endroit où Ranucci a arrêté son véhicule accidenté. Le ravisseur est entré dans la propriété, s'est éloigné, et plutôt qu'aller dans la champignonnière où il pourrait croiser d'autres personnes qui voudraient s'y ébattre, il a pris des chemins dans une autre direction. Il a fait sortir la fillette, mais il s'est égaré et s'est retrouvé très près de la RN 8bis.

Tout comme Patrick Dils qui, douze ans plus tard, cherchera furtivement des timbres dans des poubelles à proximité du lieu et le soir même où Francis Heaulme tuera deux enfants à Montigny-lès-Metz, en haut d'un talus, Christian Ranucci est lui aussi en bas d'un talus, tout proche du lieu où un crime atroce va être commis. Il vient d'avoir un accident de voiture et a commis un délit de fuite. Comprenant qu'il ne peut rouler longtemps avec son pneu qui dégage une odeur de brûlé, il s'arrête à proximité du lieu où le ravisseur se trouve avec sa victime. Voyant arriver la voiture des Aubert, il s'enfuit, emportant sans doute son sac Adidas, vers le haut du talus, là où on l'on retrouvera deux jours plus tard le corps de la fillette.

Les époux Aubert le voient de loin transportant son sac, son « paquet assez volumineux », font demi-tour, puis ils devinent nettement la forme d'un homme dans les fourrés, donc le ravisseur, avec celle d'un enfant. Ou bien ils les entendent. Et ils ne peuvent penser que l'adulte soit un autre homme que le conducteur de la 304. Sans doute des gitans qui ont volé une voiture… Même si l'enfant se trouve en compagnie d'un voleur de voiture, ils ne peuvent que spontanément penser que cet enfant est bien celui du voleur, ou bien son frère ou sa sœur. Ils ne peuvent imaginer un instant ce qui va se produire. Alain Aubert tente de convaincre l'homme de revenir, lui dit qu'il n'y a que des dégâts matériels. Mais le ravisseur qui réalise qu'il s'est égaré trop près de la route se cache et leur demande de partir. Il assomme sa victime à coups de pierre. Peut-être donne-t-il quelques premiers coups d'un couteau qu'il a sur lui.

Les Aubert ne peuvent comprendre ce qui se passe et ne réagissent pas. Le lendemain, ils comprendront qu'ils ont peut-être été témoins d'un fait en relation avec l'enlèvement dont parlent alors la presse et la radio. Mais interrogés par le SRPJ le mercredi soir, ils seront harcelés de questions sur le fait qu'ils ne sont pas intervenus, alors qu'on a retrouvé, sur le lieu qu'ils ont eux-mêmes signalé, le cadavre de l'enfant. Ils seront accablés. Ils prétendront le lendemain avoir entendu l'enfant parler d'une voix pas du tout apeurée, très fluette, et dire « et maintenant qu'est-ce qu'on fait ? » pour étayer leur conviction que l'enfant ne semblait pas en danger.

À l'Évêché, les journalistes qui interrogeront Alain Aubert noteront dans leurs articles qu'il continue de parler d'un paquet assez volumineux. Puis dans l'après-midi, Aline et Alain Aubert prétendront avoir vu Ranucci tirant l'enfant de la voiture, avoir vu l'enfant de près, mais pas d'assez près pour savoir si l'enfant était un garçon ou une fille… Ce témoignage mouvant, avec ses incohérences, les dédouanera de tout soupçon de non-assistance à personne en danger, et surtout les déculpabilisera psychologiquement.

Le meurtrier doit parachever son crime. Deux scénarios sont possibles, peut-être davantage, entre lesquels nous ne pourrons trancher. On peut imaginer que Ranucci, une fois la voiture des Aubert partie, revient à son véhicule et s'endort profondément. Le meurtrier découvre la voiture avec un inconnu endormi à l'intérieur. Ou bien, second scenario, envisagé par Yann Le Meur et Gilles Perrault, le meurtrier a découvert Ranucci endormi dans les fourrés, assommé par la nuit arrosée qu'il a passée à Marseille, ou par son flacon de whisky achevé pour l'occasion après l'accident, et il l'a transporté sur son dos jusqu'à sa voiture, comme on transporte un jeune qui a trop bu, et qui a un trou noir à son réveil.

Pour ce manipulateur, dans les deux cas, la voiture de Ranucci est une opportunité de détourner les soupçons sur son propriétaire. Il traine le corps de Marie-Dolorès Rambla jusqu'à proximité du véhicule. Il enlève une chaussure avec laquelle il marque peut-être une empreinte de pas isolée, sans laisser les siennes, faisant attention aux endroits où il marche, puis il la jette entre la route et le creux où il laisse le corps. Dans la voiture où Ranucci est endormi, il trouve le couteau. Les vêtements couverts de sang, il en met sur la lame du couteau. Ou bien il retourne donner quelques coups dans le corps sans vie de la victime. Il rétracte la lame et essuie le manche pour ne pas y laisser ses empreintes.

Il conduit la voiture où Ranucci dort profondément jusqu'au chemin qui mène à la galerie, relève la barrière de la propriété privée dont il sait qu'elle est déserte en ce jour férié et enlise la voiture dans la champignonnière pour qu'on la retrouve le lendemain. Il pense qu'il faudra l'intervention des forces de l'ordre pour l'en dégager et qu'on l'y retrouvera ainsi à proximité des lieux du crime. Le 5 dans la matinée, il va vérifier si la voiture est toujours dans la galerie. Il ne la trouve pas. Il retourne alors à pied par le chemin de terre puis par la route jusqu'au niveau de l'endroit où il a laissé le corps. Puis il repart, dans sa Simca 1100, qu'il a garée quelque part entre les deux. En passant dans la champignonnière, il a laissé son pull-over rouge. Et sur le chemin, il a laissé sa marque olfactive qui permettra au chien d'aller de la galerie au point de la route à la verticale du lieu de découverte du corps. Dans l'après-midi, sa trace n'est plus aussi nette. Le chien suivra une piste mais lentement et en hésitant. Il faudra souvent le ramener en arrière avant qu'il ne s'immobilise, indiquant la fin de la piste : tout près du corps.

Le soir même Ranucci est arrêté. Comme celui-ci a dormi dans l'après-midi du 3, épuisé par une nuit d'ivresse, il n'a aucun souvenir de l'après-midi auquel se raccrocher pour expliquer ce qui s'est passé entre 13 h et 17 h. Au long de l'interrogatoire, par le processus décrit par Porter et Shaw, se constitue peu à peu dans sa mémoire un film détaillé de l'enlèvement et du meurtre. Il y intègre les éléments qui lui sont martelés, ceux qui figurent dans la presse. Quant à Alain Aubert qui déclare le matin du 6 aux journalistes de l'Évêché qu'il a vu Ranucci s'enfuyant avec un paquet, sa mémoire est désorientée, soit par une question d'un policier posée de la même manière que dans les expériences d'Elizabeth Loftus, soit par les affirmations de sa femme dont la mémoire a été désorientée. À partir d'un moment précis de cette journée du 6, il portera, comme sa femme, le souvenir sincère d'avoir vu un enfant sortir du véhicule tiré par Ranucci. Et au début de l'après-midi du 6, Ranucci est persuadé qu'il est le ravisseur et l'assassin. L'irruption d'Aline Aubert dans la pièce, ses accusations lancées à sa face le font craquer. Il fait donc des aveux en y intégrant des éléments faux, comme la position de la voiture sur le schéma. Complètement persuadé qu'il est l'assassin, il l'avoue à sa mère. Puis il avoue devant le docteur Vuillet. Puis il avoue devant Ilda di Marino. Puis il avoue devant Myriam Colder, la psychologue. Puis il avoue devant les psychiatres. Gilbert Collard pourra lors de sa plaidoirie rappeler cette longue série d'aveux. Il faut six mois à Ranucci pour que les faux souvenirs s'estompent et qu'il se convainque qu'il n'est pas l'assassin. Mais l'instruction est alors terminée et la justice ne croit en rien d'autre qu'un processus de déni. Le reste ne relève plus que de la fatalité.

Cette hypothèse d'un second homme résout toutes les impasses auxquelles nous conduit celle de la culpabilité de Ranucci. Je partage donc aujourd'hui avec Gilles Perrault, Yann Le Meur, Jean-Denis Bredin la conviction que Christian Ranucci était innocent.

Christian Ranucci a eu la même malchance que Patrick Dils, celle de se trouver sur un talus, sur les lieux d'un crime atroce au moment où celui-ci a été commis. Après Marie-Dolorès Rambla, il a été la deuxième victime d'un criminel diabolique, assez manipulateur pour enlever un enfant sans le forcer, puis orienter volontairement la police sur une victime providentielle, jusqu'à ce que celle-ci devienne le sujet d'une impitoyable tragédie que permettait la justice qui tuait.

Telle est mon intime conviction.

La problématique du couteau

Cependant, il reste un dernier problème. Ranucci prétend avoir caché le couteau dans le tas de fumier et, selon deux procès-verbaux de gendarmerie, celui-ci est bien retrouvé par les gendarmes le 6 juin à 19 h 30. Le capitaine Gras et l'adjudant Monnin rédigent leurs procès-verbaux chacun de leur côté, avec leurs propres mots. Les deux documents ne se contredisent pas, ils sont même souvent redondants et se confirment l'un l'autre. Leurs auteurs ne se sont donc probablement pas concertés et tous deux concordent sur le fait que la battue a duré environ deux heures, entre 17 h 30 et 19 h 30.

Nous avons vu qu'il n'est pas possible que Ranucci ait donné aux policiers au dernier moment, après 19 heures, une indication permettant de retrouver immédiatement le couteau, puisqu'il n'était plus à l'Évêché. L'information que ce détail aurait été la proximité d'un petit muret de pierre est une affirmation donnée des années plus tard par le commissaire Alessandra. Elle n'a été consignée par aucun procès-verbal.

Pour innocenter Ranucci, une hypothèse qui court sur les réseaux sociaux est que le couteau aurait d'abord été retrouvé le 5 juin au soir, lors de la première battue puis réintroduit par les policiers le 6 dans le fumier avant le début de la seconde battue pour qu'on le retrouve à l'endroit indiqué par Ranucci. Il y aurait dans ce cas une forfaiture gravissime et volontaire de la part d'un fonctionnaire de police ou de gendarmerie. À supposer que cette hypothèse soit vraie, cela signifierait que le couteau, dès le soir du 5, est entre les mains des gendarmes. Dans ce cas, les gendarmes n'auraient pas de raison de ne pas le transmettre à l'Évêché avec le pull-over rouge. Pourquoi les policiers ne montreraient-ils pas à Ranucci le couteau pour lui faire confirmer que c'est bien le sien, comme ils lui montrent le pull-over rouge ? Et que ce couteau est bien celui qu'il a utilisé ? On pourrait évidemment imaginer que le couteau a déjà été remis au docteur Vuillet pour déterminer s'il a pu être à l'origine des coups portés (ce qu'il a omis dans son autopsie d'ailleurs). Mais dans ce cas, il n'est pas crédible que le couteau soit ensuite récupéré, alors qu'il est entre les mains d'un médecin ou d'un autre expert, par un inconnu qui le déroberait et irait le replanter dans le tas de fumier. Donc en cette fin d'après-midi du 6 juin, le couteau n'est pas à l'Évêché. Il est soit encore entre les mains de l'assassin, soit déjà dans le tas de fumier. Mais il ne saurait être entre les mains des policiers qui mandateraient ensuite quelqu'un pour le déposer quelque part.

Qui plus est, si le couteau est retrouvé le 5, ce ne peut être que par les hommes du capitaine Gras. Si l'affirmation est vraie, cela signifie que l'on renvoie les mêmes hommes et le même capitaine le 6 pour retrouver une seconde fois le même couteau. Donc si l'hypothèse que le couteau a été retrouvé le 5 et remis dans le fumier le 6 est vraie, cela signifie que les gendarmes sont complices des policiers dans la forfaiture. Donc que le capitaine Gras est complice du commissaire Alessandra dans la forfaiture ! Que l'Évêché ait organisé une forfaiture est déjà une accusation grave, que la gendarmerie et la police, connues pour leur méfiance réciproque, aient été complices dans une telle forfaiture, encore une fois sans mobile, n'est pas crédible. De plus, le capitaine Gras commandait la gendarmerie d'Aubagne au moment des faits, et était donc, par sa couverture territoriale, légitime pour aller chercher un corps ou un couteau sur la commune de Peypin. Le commissaire Alessandra n'a pas fait appel à un officier de son choix, avec lequel il aurait pu être complice, pour aller fouiller le fumier. Les recherches du corps ont été confiées à la brigade de gendarmerie du lieu du crime.

L'hypothèse d'un couteau retrouvé le 5, replanté puis retrouvé de nouveau le 6 est donc invraisemblable. La diffusion de ce type de rumeur est très préjudiciable à la manifestation de la vérité.

On peut ici dresser plusieurs hypothèses parfaitement compatibles avec l'innocence de Ranucci, mais entre lesquelles il n'est plus possible de trancher. Cela restera une zone d'ombre de l'affaire.

Une première hypothèse, on l'a vu, c'est que Ranucci découvre en se réveillant que son couteau automatique est taché de sang. On ne sait s'il l'a dans sa poche ou bien dans sa voiture. Il ne comprend pas mais il a peur. Comme il est très organisé, ne comprenant pas ce qui s'est passé, il préfère s'en débarrasser. Il va planter le couteau dans le seul endroit où il pense qu'on l'oubliera longtemps : dans le tas de fumier qui sert de décharge, plein de ferrailles. Lorsque deux jours plus tard les policiers lui demandent ce qu'il en a fait, il peut alors leur donner la simple indication du tas de fumier, voire même donner des indications sur l'endroit précis comme le petit muret de pierre sans que l'inspecteur Porte ne mentionne ce détail en tapant son procès-verbal. Mais à supposer qu'il ait donné le détail du petit muret de pierre, on doit dans ce cas s'interroger sur le temps écoulé entre la fin de l'interrogatoire de Ranucci et l'heure de découverte du couteau par les gendarmes.

Une autre possibilité que nous avons également envisagée est que l'assassin ait caché le couteau lui-même dans le fumier, bien en profondeur pour qu'on ne l'y retrouve pas. Ranucci, dans ce cas n'a aucune idée de l'endroit où le couteau peut bien se trouver. Mais lorsque les policiers lui demandent où est le couteau, il donne la première cachette qui lui vient à l'esprit : le tas de fumier, qui est aussi une décharge et un tas de ferraille, mais sans donner le détail du muret de pierre. Il prétend alors qu'il a poussé le couteau d'un coup donné avec sa chaussure, premier geste qui lui vient à l'esprit. Cette hypothèse est possible.

Ces deux hypothèses sont infiniment plus crédibles qu'une forfaiture des policiers et des gendarmes : elles avaient d'ailleurs été envisagées par Gilles Perrault dans *Le pull-over rouge*.

Mais nous pouvons faire une troisième hypothèse.

Héloïse Mathon a reçu un jour, longtemps après la mort de son fils, une lettre anonyme lui affirmant que l'assassin de Marie-Dolorès Rambla était une personnalité protégée vivant à Toulon. Par personnalité protégée, il faut donc entendre un notable, pédophile, bien introduit chez les serviteurs de l'État et peut-être dans la police, ce qui ne veut pas dire policier lui-même et qui ne signifie nullement que la police soit au courant de sa vie cachée de pédophile. Il a conservé le couteau, ou bien il l'a caché quelque part. Le 5 juin en fin de matinée ou en milieu de journée, il est revenu sur les lieux pour voir si la voiture était toujours dans la champignonnière, en laissant la trace olfactive que va suivre le chien. Le soir, il sait qu'un suspect a été arrêté à sa place. Bien introduit, il s'informe par une de ses connaissances, policier, journaliste, de l'évolution de l'enquête et des interrogatoires. Le 6 juin en début d'après-midi, il est informé que Ranucci a avoué. Il peut alors poser à un contact la question de savoir si l'arme du crime a été retrouvée. On l'informe, ainsi que tous les journalistes, que le coupable a avoué l'avoir cachée dans le fumier à l'entrée de la champignonnière. Cela lui laisserait une heure ou deux pour aller le planter délicatement dans le fumier avant l'arrivée sur place des hommes du capitaine Gras.

À partir du moment où la manipulation qui a eu lieu autour du crime est évidente, toute manipulation concernant le couteau devient possible. Mais cette manipulation n'implique que l'assassin lui-même. L'appréhension que l'on peut avoir à imaginer une telle machination est légitime. Elle est tellement énorme qu'on a peine à l'envisager. Mais appréhende-t-on l'idée qu'un homme puisse violer un enfant ? Le tuer ? Pourquoi se refuser à imaginer qu'un criminel qui risque la peine de mort ne prenne pas tous les risques – y compris celui de tomber sur les gendarmes pour achever sa manipulation (il pourrait d'ailleurs repartir avec le couteau pour le planter ailleurs, où il ne serait jamais retrouvé) ? La tactique du manipulateur, c'est justement d'utiliser une piste que personne, et en particulier ceux qui vivent de manière honnête et intègre, n'osera imaginer. Cette hypothèse ne nous apparaît comme impossible que parce que nous n'en sommes pas capables. Qui aurait imaginé, jusqu'au 22 novembre 1963, qu'un déséquilibré manipulé oserait tirer sur le président Kennedy ? Qui, jusqu'au 11 septembre 2001, aurait imaginé qu'un kamikaze soit assez fou pour précipiter un avion de ligne sur un gratte-ciel ? Qui, enfin, aurait imaginé les diaboliques manipulations d'un Michel Fourniret ?

Venons-en maintenant à Fourniret. Roger Maudhuy[51] a montré comment l'ogre des Ardennes avait agi pour orienter les recherches vers des faux coupables tout désignés, un jour en tuant près d'Auxerre sur les terres d'Émile Louis, un jour avec les méthodes de Francis Heaulme, un jour en déposant un corps dans un camp militaire pour orienter les recherches vers l'adjudant Chanal, le tueur du camp de Mourmelon. Fourniret, sur lequel nous reviendrons plus loin, indépendamment du fait qu'il puisse être ou ne pas être le meurtrier de Marie-Dolorès Rambla, est la preuve vivante de l'existence de tueurs machiavéliques et capables de monter une machination imparable contre un Christian Ranucci.

Et à partir du moment où il y aurait une telle manipulation concernant le couteau, on peut imaginer une manipulation identique pour le pull-over rouge. Sachant par la police ou simplement par la presse qui s'affaire à l'Évêché qu'un homme vêtu d'un pull-over rouge a été signalé par Paul Martel dans la cité des Cerisiers (le témoignage de Paul Martel est déposé le 4 juin), le meurtrier revient le 5 juin avant l'arrivée des gendarmes déposer son pull-over rouge à l'extrémité des traces de roues du coupé 304 dans la galerie. Pour cela, il se gare entre la galerie et le point de la route au niveau du corps. Il va déposer son pull-over, puis fait un aller-retour sur la route jusqu'au niveau du corps. Et les preuves seront presque parfaites, presque, puisqu'il laissera une marque olfactive dont les traces seront assez nettes pour orienter un chien de gendarmerie dans l'après-midi. On moulera les traces de roues, mais non les traces de pas. C'est dommage pour l'enquête.

Cette troisième hypothèse en ce qui concerne le couteau n'est évidemment qu'une possibilité. La vérité ne sera jamais connue. Nous sommes là en face de ce qui demeurera à jamais une zone d'ombre de l'affaire.

Nous avons vu plus haut que Patrick Dils, innocenté du double meurtre de Montigny-lès-Metz avait pourtant officiellement reconnu les pierres avec lesquelles les deux victimes avaient été assassinées par Francis Heaulme. Cet élément avait pesé très lourd dans le dossier. Il a encore pesé lors du second procès de Patrick Dils, lorsque sa condamnation a été abaissée à vingt-cinq ans de réclusion et en tout cas plus lourd que le fait que l'on savait déjà que Francis Heaulme était sur les lieux le soir du crime.

On avait écrit que Patrick Dils était nécessairement coupable parce qu'il avait reconnu les pierres du crime, un détail qu'*a priori* seul l'assassin pouvait connaître, et pourtant, il était innocent.

La thèse de l'accusation s'accroche, et on peut la comprendre, au fait que Ranucci ait désigné lui-même l'endroit précis où il avait caché le couteau. Il a évidemment désigné le tas de fumier lors de ses premiers aveux. Lors de la reconstitution, il aurait désigné lui-même l'endroit précis, quoique ses avocats aient affirmé qu'un petit fanion planté dans le fumier donnait une indication – ce sur quoi nous ne conclurons pas ici. Dans le dossier, c'est le seul fait que l'on puisse, à première vue, attribuer à l'assassin et que seul l'assassin aurait pu connaître. Si l'on veut chercher qui est l'assassin de Marie-Dolorès Rambla, il faudrait chercher d'autres faits tout aussi troublants dans des affaires sinon reconnues comme des erreurs judiciaires, du moins se heurtant à des invraisemblances telles qu'il soit permis de douter de la décision de justice.

À partir du moment où il apparaît des contradictions majeures, des interrogations béantes entre signes à première vue certains de la culpabilité et incohérences flagrantes dans le dossier, il faut suspecter une manipulation, donc que Ranucci était innocent. Telle est aujourd'hui mon intime conviction.

Le scénario du crime

Que conclure au terme de cette étude ? Que peut-on affirmer ? Peut-on encore douter et de quoi ? Que sait-on et que ne saura-t-on jamais ? Si un certain nombre d'évidences s'imposent, plusieurs points resteront inexpliqués. Nous pouvons néanmoins dresser l'inventaire suivant, qui n'a pas vocation à être exhaustif, mais qui résume l'affaire dans ses grandes lignes :

1) Les époux Aubert ont soit aperçu, soit entendu, et en tout cas clairement discerné d'une manière ou d'une autre la présence d'un enfant sur les lieux. Si tel n'était pas le cas, ils n'auraient signalé la présence d'un enfant ni à Vincent Martinez, ni aux gendarmes ; ils n'auraient pas eu de raison de faire de lien entre ce qu'ils avaient vu et l'événement dont ils avaient entendu parler dans les médias.

2) Le 3 juin, les époux Aubert ont vu Ranucci s'enfuir, peut-être sortir de son véhicule, mais avec un paquet assez volumineux, sans doute son sac de sport et sans discerner à ce stade un enfant. La cohérence des propos tenus par le capitaine Gras le soir du 5 juin montre qu'il est au courant du témoignage faisant mention d'un « paquet volumineux ». Les Aubert n'ont pas vu cet enfant sortir du véhicule. Alain Aubert a confirmé la présence du paquet aux journalistes le matin du 6 juin à l'Évêché. À l'un d'eux, il a même soutenu qu'il n'imaginait pas dans un premier temps qu'il se fût agi d'un enfant.

3) L'enfant vue sortant du véhicule peut être le fruit d'une manipulation de la mémoire des Aubert et n'est pas nécessairement un mensonge délibéré. Au vu des psychologues que nous avons convoqués, nous savons comment de faux détails peuvent être implantés dans un vrai souvenir, et comment de faux souvenirs peuvent être créés *ex nihilo*. Rien ne permet d'affirmer formellement que cette manipulation soit intentionnelle de la part des policiers.

4) Les époux Aubert n'ont pas senti que l'enfant était en danger. Ils ne pouvaient en aucun cas imaginer ce qui allait se produire, et ont certainement été accablés d'apprendre ce qui s'était passé lorsque les policiers du SRPJ sont venus les interroger à Toulon le 5 juin.

5) Les témoignages des époux Aubert sont construits pour mettre en relief le fait que l'enfant n'était visiblement pas en danger, sur une recherche instinctive et légitime d'alibi pour ne pas être accusés de non-assistance à personne en danger.

6) En ce qui concerne l'enfant, on ne peut croire que les époux Aubert aient entendu une voix fluette. On ne peut pas croire un instant qu'un enfant entre les mains d'un pédophile depuis une heure pose d'une voix « fluette » une question naïve telle que « et maintenant qu'est-ce qu'on fait ? ». On peut se poser la question de savoir si la fillette n'était pas déjà morte, par exemple portée dans les bras. Dans ce cas, les époux Aubert auraient distingué sa forme mais ne l'auraient pas entendue. Ce que les époux Aubert ont réellement vu ou entendu demeurera une zone d'ombre de l'affaire.

7) Le témoignage de Jeannine Mattéi n'est pas fiable à 100 %. Il a varié avec le temps, notamment quant à la description physique de l'homme qui a tenté d'enlever un petit garçon. La présence d'une Simca 1100 et celle d'un pull-over rouge sur les épaules du pédophile en question ne sont attestées que par Jeannine Mattéi : elles ne sont pas certaines et on ne peut pas complètement exclure, en toute rigueur, qu'elles aient été suggérées par Héloïse Mathon.

8) Les deux faits rapportés par Jeannine Mattéi – l'homme au chien noir qui approche sa fille et celle de Jeanne Barraco, ainsi que la tentative d'enlèvement d'un petit garçon frisé sont en revanche incontestables.

- Un témoignage faisant état d'un pédophile appâtant ses victimes avec le stratagème d'un chien noir perdu a bien été déposé le 4 ou le 5 juin et porté à la connaissance du commissaire Cubaynes.
- Il est impensable que Jeannine Mattéi ait eu seule l'idée, rapportée à Jean-François Le Forsonney, de se rendre aux obsèques de Marie-Dolorès Rambla dans l'hypothèse où elle y apercevrait le pédophile qu'elle aurait vu tenter d'enlever le petit garçon frisé. Les policiers étaient, au jour de l'enterrement, en recherche d'un complice éventuel, ou d'un autre pédophile. Ils avaient bien demandé à des habitantes de la cité des Tilleuls d'assister aux obsèques, puisque ce fait a été confirmé par Martine Garcia à Jean-Louis Vincent : une mère de famille de cette cité avait donc bel et bien vu un pédophile qu'elle pensait pouvoir reconnaître.
- Aucune mère de famille de la cité des Tilleuls autre que Jeannine Mattéi n'a signalé avoir elle-même vu un pédophile.
- La réalité d'une tentative d'enlèvement par un homme approchant deux garçons est confirmée par l'article de Pierre Bernard du 6 juin, même s'il s'est trompé sur le nom de la cité. La police était donc informée le 5 juin d'une tentative d'enlèvement qui correspond à celle rapportée par Jeannine Mattéi.
- Les auditions de Martine Garcia, de Jeanne et de Carole Barraco, si elles ne convergent pas sur tous les détails avec ceux fournis par Jeannine Mattéi, confirment néanmoins que les faits ainsi que le stratagème du chien perdu sont réels et qu'ils se sont déroulés dans la cité des Tilleuls.

9) La disparition du témoignage de Jeannine Mattéi, alors que ceux de Jean-Claude Jaglasse – qui n'avait peut-être aucun rapport avec l'affaire – et ceux de Paul Martel et de Jean Albertini avaient bien été conservés, est beaucoup trop lourde de conséquences pour être le fait d'un hasard ; il faut donc malheureusement croire à un tri sélectif des dépositions et à une manipulation volontaire d'un inconnu opérant dans les locaux de la police marseillaise. Cet inconnu a fait disparaître un élément trop précis permettant d'innocenter Ranucci, et ce, dans deux endroits différents, à l'Évêché ainsi qu'au commissariat de Saint-Just. Rien ne permet de désigner le responsable ni le commanditaire de cette disparition. On pourrait imaginer que

Jeannine Mattéi se soit simplement déplacée à l'Évêché sans qu'un témoignage soit enregistré, conformément à ce qu'a supposé l'inspecteur Porte dans sa réponse à Suzanne Brugère. Mais compte tenu du fait que les témoignages de Jean-Claude Jaglasse, de Paul Martel et du père des filles Albertini ont été conservés, compte tenu du fait que la mention du chien noir est remontée au commissaire Cubaynes, cela rend invraisemblable que l'Évêché ait négligé d'enregistrer par écrit la déposition de Jeannine Mattéi.

10) Le pull-over rouge retrouvé dans la champignonnière n'appartenait pas à Ranucci.

11) Le pull-over rouge, et donc son propriétaire, ont bien un rapport avec l'affaire. Deux procès-verbaux, celui du capitaine Gras et celui du maître de chien mentionnent une piste suivie au départ de la galerie, l'un « de la galerie où l'on a découvert le pull-over rouge », l'autre de « la galerie où le véhicule avait été immobilisé ». Le procès-verbal dressé par Ilda di Marino avant de quitter les lieux le 5 juin mentionne la découverte d'un pull-over rouge « à proximité de l'extrémité des traces de pneus », donc de l'endroit où le véhicule avait été immobilisé. Le mystérieux propriétaire de ce pull-over, qui n'était pas Ranucci, s'est donc trouvé à un moment à l'endroit précis où la voiture de Ranucci s'était trouvée immobilisée.

12) La piste de l'homme au pull-over rouge, auteur de l'agression des filles Albertini dans les jours ayant précédé le meurtre, a retenu tout l'intérêt des policiers jusqu'à ce que Ranucci passe aux aveux. Les policiers ont bien convoqué Paul Martel à l'Évêché le 6 juin pour savoir s'il allait reconnaître Ranucci puisque c'est là qu'il a croisé Jeannine Mattéi, et que sans cette rencontre, ni Héloïse Mathon, ni les avocats de Ranucci n'auraient jamais eu vent des faits survenus aux Cerisiers. Les déclarations de Paul Martel sur l'homme au pull-over rouge n'ont jamais été mises en doute par quiconque.

13) Il est invraisemblable que le chien mis en piste dans la champignonnière le 5 juin ait reniflé autre chose que ce pull-over, même si ce détail a été omis du procès-verbal 610/2, ainsi que du rapport du maître de chien. Le chien a remonté en hésitant une piste qui n'était plus très nette, allant de l'entrée de la Champignonnière au point de découverte du corps sur la RN 8bis. Il a légèrement dépassé ce point avant d'y être ramené et de s'immobiliser, indiquant au maître de chien que la piste s'arrêtait à cet endroit. En toute rigueur, même à supposer que le gendarme maître de chien ait été incompétent au point de préférer des traces de roues à un linge suspect, un inconnu est allé de cette galerie où le coupé 304 avait été enlisé, en partant de ce point où le pull-over rouge a été retrouvé jusqu'au point de la route

à la verticale de l'endroit où le corps était dissimulé. Il a parcouru ce trajet dans les heures qui ont précédé la découverte du corps, le 5 juin au matin au plus tôt. Il savait donc qu'il y avait quelque chose à l'endroit où le corps a été retrouvé.

Cet inconnu n'était pas l'un des gendarmes présents sur les lieux. Si c'était le cas, sa trace olfactive aurait été beaucoup plus nette et le chien l'aurait suivie beaucoup plus facilement.

14) Le plan des lieux de l'enlèvement exécuté par Ranucci dans les locaux de la police est trop suspect pour avoir été exécuté de mémoire librement et par lui seul. L'interrogatoire lui a donné suffisamment de détails pour que le croquis soit assez proche de la réalité des lieux. Des photos du lieu de l'enlèvement, qui figuraient dans la presse, lui ont probablement été montrées pour activer sa mémoire. Les détails dont on peut être certain qu'ils sont de lui sont :

- le bas des immeubles au croisement de la rue d'Albe et de l'impasse d'Albe (traits droits et fermes) ;
- la voiture – qu'il n'a pas pu garer à l'endroit indiqué ;
- les légendes et commentaires écrits – mais ceux-ci ont probablement été écrits en plusieurs fois compte tenu du changement de graphisme et d'orientation.

Le petit muret n'a pas été entouré deux fois par Ranucci.

15) Les aveux de Ranucci sont un cas d'école de création de faux souvenirs. Le processus décrit cliniquement dans les expériences de Porter et Shaw a été facilité par le fait qu'on pouvait le fragiliser d'abord en lui reprochant un délit de fuite parfaitement réel, puis par son absence de souvenirs de l'après-midi du 3 juin ; les expériences de Porter et Shaw montrent qu'il s'agit là d'un phénomène hélas facile à reproduire, donc probablement courant.

16) Le pantalon taché de sang qui a servi de pièce à conviction n'a rien à voir avec le crime. La forme et la localisation des taches ne correspondent pas à celle d'une artère carotide tranchée. Il est parfaitement possible que ce pantalon ait été retrouvé dans le garage de Christian Ranucci et non dans le coffre de sa voiture, même s'il était bien entre les mains de la police le soir du 5 juin, et même si le rajout du pantalon à la liste des objets saisis dans la voiture peut, en toute rigueur, être le fruit d'un oubli et d'une réintroduction de la feuille de papier dans la machine à écrire.

On ne saura jamais avec certitude ni de quelle manière le pantalon a été rajouté au procès-verbal de l'inspecteur Porte, ni si ce rajout a été fait intentionnellement pour rattraper une erreur ou insérer un détail faux. Cela demeurera une zone d'ombre de l'affaire.

17) Le kidnappeur a bien utilisé une Simca 1100. Rien ne permet de mettre en doute le premier témoignage d'Eugène Spinelli, qui avait au moins quinze ans de métier et plusieurs milliers de réparations de carrosseries à son actif. La différence de hauteur entre les deux modèles est trop importante et le fait qu'il ait vu la voiture de trois quarts arrière et non simplement de derrière rendent ce type d'erreur invraisemblable chez un professionnel de la carrosserie automobile. Par ailleurs, aucun élément n'a été donné à Eugène Spinelli entre le 3 et le 5 juin, date de son premier témoignage, qui permette de supposer que l'on ait induit, comme dans les expériences d'Elizabeth Loftus, sa mémoire en erreur en y substituant l'image d'un coupé 304 par celle d'une Simca 1100.

    Ce serait même plutôt l'inverse. Selon les expériences d'Elizabeth Loftus, une question formulée telle que « lorsque l'enfant est montée dans le coupé 304, est-elle montée sans résister ? » aurait pu modifier la mémoire d'Eugène Spinelli en sens inverse et transformer dans sa mémoire une Simca 1100 en coupé 304. Cela n'a pas été le cas, mais cela a suffi à immiscer un léger doute dans sa mémoire, suffisant pour qu'il puisse déclarer au procès, puis trente ans plus tard devant Gérard Bouladou, qu'« on ne peut être sûr de rien ».

18) Le couteau automatique a bien été retrouvé dans le fumier le soir du 6 juin par les gendarmes, même si le procès-verbal de l'inspecteur Porte a laissé croire qu'il avait été retrouvé le 5. L'idée parfois évoquée qu'il ait été retrouvé le 5, remis à la police qui serait revenue le remettre dans le fumier le 6 n'aurait pas de mobile. En outre, elle supposerait non pas une forfaiture de la police, mais une forfaiture concertée de la police et de la gendarmerie.

19) Ce couteau qui a longtemps été la plus redoutable pièce à conviction contre Ranucci lui appartenait bien, mais il n'est sans doute pas l'arme qui a donné la mort à la victime. Ou bien, et je m'écarte là de l'une des thèses de Yann Le Meur, il est possible qu'il ait été utilisé par l'assassin, mais dans ce cas une fois la victime immobilisée, par exemple assommée à coups de pierres. La direction des coups portés selon les conclusions de l'autopsie ne permet pas qu'elle ait été sortie brutalement d'une poche pour porter immédiatement les coups mortels, comme le relate Ranucci dans ses aveux. Le mode opératoire de l'assassin est une zone d'ombre de l'affaire

20) Ranucci était un jeune homme fragile, immature, psychologiquement et sexuellement, mais non pédophile. Il était pour la justice un

coupable idéal. Ce n'était ni un mythomane, ni un manipulateur mais simplement un jeune garçon peu apte à se défendre, ce qui est courant avec des enfants élevés sans présence paternelle.

Même en poussant dans leurs retranchements les plus profonds les hypothèses que Gilles Perrault avait évoquées dès son premier livre en 1978, même en mettant en cause la fiabilité des témoins à décharge et en rendant leur intégrité aux époux Aubert, même en se tenant à distance des critiques faites quant aux méthodes de la police marseillaise, on ne peut que conclure que l'homme au pull-over rouge de la cité des Cerisiers, l'homme au chien noir de la cité des Tilleuls et le ravisseur et assassin de Marie-Dolorès Rambla ne sont qu'un seul et même homme.

Et il ne s'agissait pas de Christian Ranucci.

Telle est mon intime conviction.

Gérard Bouladou : une enquête à charge contre les gendarmes, avec des lacunes

Tout au long de cette étude, nous avons convoqué Gérard Bouladou et Jean-Louis Vincent dans nos analyses comme devrait le faire un juré : comme des témoins, des experts, des inspecteurs que l'on devrait présumer rigoureux et respectables. Ils ont, avec leurs convictions, participé à la construction de la mémoire que l'on conserve de Christian Ranucci.

Gérard Bouladou s'est fait loisir de relever des incohérences et des détails faux dans les livres de Gilles Perrault, et parfois avec raison. Il y a certes dans les livres de Gilles Perrault quelques détails faux. Que Gilles Perrault termine son *Pull-over rouge* en disant que la tête coupée rebondit deux fois, c'était sans doute vrai sous la Révolution, mais cela ne l'était plus : depuis longtemps, un aide du bourreau, que l'on surnommait le « photographe », se tenait derrière la lunette pour attraper la tête par les oreilles et la déposer dans le panier. De plus, les avocats n'ont pas vu la tête de Ranucci tomber. Deux d'entre eux, Paul Lombard et Jean-François Le Forsonney ont détourné la tête, et le dernier, André Fraticcelli, a vu l'exécution de derrière (c'est lui qui a rapporté le détail macabre de la tête qui rebondit à Gilles Perrault). Ils ont en revanche peut-être entendu le couperet rebondir plusieurs fois sur les ressorts destinés à amortir le choc, une fois la tête tranchée.

Que Gilles Perrault prétende dans son dernier ouvrage sur l'affaire *L'ombre de Christian Ranucci* que le jeune homme flottait dans le pull-over rouge quand on le lui a essayé, c'est également faux : c'est un détail du film de Michel Drach, alors que Ranucci n'a pas passé ce pull-over. Rien n'aurait pu en être conclu : Ranucci mesurait 1,75 m, il était donc de taille moyenne, et les témoins qui ont vu l'homme au pull-over rouge, notamment Paul Martel, n'ont pas donné d'estimation de taille sensiblement différente. Si Ranucci avait flotté dans le pull-over rouge, celui-ci ne pourrait donc pas être celui du pédophile de la cité des Cerisiers. Que ce détail relaté par Gilles Perrault soit faux ne change rien à l'évidence que ce pull-over n'appartenait pas à Ranucci.

Des détails cités par la défense, comme celui selon lequel la portière gauche du coupé aurait été bloquée par l'accident qu'il a eu le jour où le crime a été commis, sont également sujets à caution.

Mais aucun de ces détails ne permet de refaire de Ranucci un coupable et l'enquête de Gilles Perrault reste robuste sur l'essentiel.

Avec rigueur, ce dont on peut lui savoir gré, Bouladou a corrigé le livre de Mathieu Fratacci. Mathieu Fratacci était, dit-il, un de ces collaborateurs que l'on rêve d'avoir, toujours volontaire pour faire une filature, enquêter incognito dans un milieu hostile et difficile. Mais ce n'était pas un écrivain. Son livre n'a été publié qu'après sa mort tragique dans un accident invraisemblable : sur le tarmac d'un aéroclub, il a été décapité par une hélice d'avion. Son livre, s'il l'a peut-être inspiré, n'est pas de sa main. Il est de la main d'un policier, dont Bouladou donne même le nom.

Bouladou prend chaque élément à décharge de Ranucci pour en donner une explication tirée par les cheveux afin de justifier la culpabilité. Sa thèse, prise dans sa globalité n'est pas vraisemblable. Selon lui, les gendarmes auraient entendu Alain Aubert parler d'un enfant sortant du véhicule, mais auraient menti pour se justifier de ne pas avoir donné l'alerte en soutenant que le témoin avait parlé d'un paquet, paquet dont Alain Aubert a pourtant parlé aux journalistes présents à l'Évêché le matin du 6 juin ; ils seraient des falsificateurs qui auraient corrigé le témoignage en commettant un faux en écriture publique pour transformer l'enfant en paquet volumineux – on peut se demander si Bouladou n'a pas soupçonné la présence de ripoux dans la gendarmerie, comme il y en a peut-être eu, par moments, dans la police marseillaise ; le maître de chien serait un incompétent qui ne demanderait pas quels sont les « Objets Personnels » trouvés en arrivant à la champignonnière ou qui n'aurait pas l'idée de faire renifler une pièce de vêtement retrouvé à l'endroit où le véhicule suspect a été immobilisé ; ou encore les gendarmes qui auraient entre les mains un vêtement suspect n'auraient même pas l'idée de le signaler au maître de chien. Le policier prête, peut-être inconsciemment d'ailleurs, un manque total de professionnalisme à la gendarmerie.

Plus loin, Bouladou a prétendu que l'homme au pull-over rouge de la cité des Cerisiers ne pouvait pas être le ravisseur de Marie-Dolorès Rambla car le premier mesurait entre 1,72 m et 1,74 m (selon Paul Martel, lequel l'a vu de très près) tandis que selon Eugène Spinelli le ravisseur mesurait 1,80 m. Or Ranucci mesurait 1,73 ou 1,75 m selon les sources, et pourrait donc selon cette logique être l'homme au pull-over rouge de la cité des Cerisiers, mais ne pourrait pas être l'homme vu par Eugène Spinelli : flagrante contradiction de raisonnement.

Toujours selon Gérard Bouladou, l'homme au pull-over rouge pourrait même être Ranucci s'il était parti deux jours plus tôt de Nice, et tôt de son travail le vendredi 31 mai pour être à Marseille en début de soirée ; dans ce cas, cela voudrait dire que Paul Martel se serait trompé en ne reconnaissant pas l'homme au pull-over rouge qu'il avait vu de près cinq jours plus tôt ; tandis que le père de Patrice Pappalardo aurait été infaillible en reconnaissant quelqu'un qu'il avait vu un mois et demi plus tôt, en bref, on ne se trompe que quand on ne reconnaît pas Ranucci ; Ranucci aurait pu garer sa voiture devant les garages conformément à son plan (devant la camionnette de Guy Rosano, toujours cité par Gérard Bouladou comme témoin, et dont la position est confirmée à la fin de son livre par Eugène Spinelli !), puis déplacer sa voiture (pour quoi faire ?), ce qui l'aurait mise en bas de l'impasse d'Albe, dans le champ de vision d'Eugène Spinelli ; ou encore Spinelli aurait pu voir une fillette qui n'était pas la victime monter dans une Simca 1100, et ne pas voir le véritable enlèvement alors que le carrossier a affirmé dans les entretiens à la fin du même livre qu'il connaissait la fillette, comme tout le monde dans le quartier ; Ranucci aurait enlevé ses lunettes, ce qui expliquerait pourquoi Eugène Spinelli ou Jean-Baptiste Rambla n'ont pas signalé que le ravisseur en portait, puis les aurait remises une fois dans sa voiture, alors que sa vue ne lui permettait pas de distinguer si Jean-Baptiste Rambla avait bien disparu après s'être éloigné ; Gérard Bouladou avait présenté Guy Rosano à Yann Le Meur, alors que le témoignage du pizzaïolo était démenti par ses déclarations relatées par la presse à l'époque.

Gérard Bouladou a noté, avec raison, que Madame Rambla avait vu les enfants à 11 h 05 le 3 juin, mais non qu'elle avait vu Jean-Baptiste seul dix minutes plus tard. Il faut cette omission pour autoriser l'hypothèse d'un enlèvement aux environs de 11 h 30, davantage compatible avec un Ranucci qui arrive au carrefour de la Pomme aux environs de 12 h 15.

Pris isolément, certains de ces faits seraient intellectuellement possibles ; pris ensemble, ils font plutôt penser à un acharnement à recoller les morceaux d'une accusation qui a clairement volé en éclats.

Un autre passage dans lequel le propos de Bouladou est partial, c'est lorsqu'il affirme que l'attitude de Ranucci lors de la reconstitution du meurtre, le 24 juin 1974, lors de laquelle l'accusé affirmait ne se souvenir de rien, lui aurait été dictée par ses avocats dans le but de pouvoir nier son meurtre. Cette idée a dû germer chez Gérard Bouladou en pensant à la reconstitution du meurtre du petit Philippe Bertrand par Patrick Henry : Robert Badinter avait conseillé à l'accusé de ne pas refaire les gestes du crime. Mais Robert Badinter n'avait nullement conseillé à Patrick Henry de nier son crime ou de déclarer n'en avoir aucun souvenir. Les récits des avocats de Ranucci portent à croire qu'ils étaient, autant qu'Héloïse Mathon, persuadés de la culpabilité de Ranucci en ce mois de juin 1974. Le récit de l'instruction dressé par Jean-François Le Forsonney ne laisse aucun doute quant au fait qu'après avoir eu l'impression d'avoir affaire à un coupable énigmatique, il n'a commencé à timidement envisager l'innocence de Ranucci qu'au moment de l'irruption de Jeannine Mattéi. Jusqu'au milieu de 1975, jusqu'à cette rencontre d'Héloïse Mathon avec Jeannine Mattéi à la prison des Baumettes, il n'avait guère de stratégie pour défendre son client lorsque viendrait le procès. Que le bâtonnier Émile Chiappe ait recommandé à Ranucci de ne pas faire les gestes du crime devant les photographes est tout à fait possible ; qu'il lui ait demandé d'affirmer ne se souvenir de rien et en pleurant n'est pas crédible.

Tout le récit de Jean-François Le Forsonney est le récit d'un homme qui doute, hanté par le souvenir d'un jeune homme qu'il n'a pas pu sauver, terrible échec dont il a tiré des leçons pour toute sa carrière d'avocat. Ce n'est pas le récit d'un polémiste. Après avoir pris les gendarmes pour des débutants ou des incompétents, Gérard Bouladou a aussi accusé les avocats de Ranucci d'être des manipulateurs complices de leur client. Dans les milieux mafieux marseillais, il y a certainement eu de très bons pénalistes aptes à faire acquitter des coupables évidents, mais on n'a jamais écrit que cela était le cas du jeune Jean-François Le Forsonney.

Gérard Bouladou est décédé en avril 2019 d'une longue maladie. Sa mémoire de fonctionnaire de police qui a consacré sa vie à protéger ses concitoyens demande le respect. Comme dans tout débat de justice d'un pays démocratique, sa parole, son expertise de policier et ses objections doivent être écoutées et analysées sans parti-pris. Je le rejoins pour écarter certaines rumeurs douteuses, telle l'hypothèse d'un couteau retrouvé le 5, replanté et retrouvé une seconde fois le 6 dans le fumier. Mais je ne peux adhérer à sa conclusion.

Jean-Louis Vincent : un examen pour réhabiliter la police

Après un proche de Mathieu Fratacci et Gérard Bouladou, c'est un troisième policier, un commissaire en retraite, Jean-Louis Vincent, qui a pris en 2018 la relève dans le parti de l'accusation. Il a la plume plus légère et l'écriture plus fluide que Gérard Bouladou. Il connait bien, lui aussi, la police de la région de Marseille : au cours de sa carrière, il a été en poste à Vitrolles, à la Seyne-sur-Mer, à Marseille même, ainsi qu'à l'aéroport de Marseille-Provence à Marignane. Tout comme Gérard Bouladou, l'hypothèse que la Police nationale ait pu être à l'origine d'une erreur d'arrestation, et que cette erreur ait abouti à la mort d'un jeune homme l'a hanté et sa motivation a été de s'assurer que ses collègues inspecteurs de Marseille avaient bien déniché le bon coupable. Il prétend mener son enquête avec une rigueur de policier avec un ton qui se veut dépassionné. À ce sujet, il montre qu'il connait bien l'histoire de l'Abolition et qu'il rejette sans ambiguïté la peine capitale, position courageuse pour un fonctionnaire qui a été en poste dans plusieurs municipalités tenues un temps par le Front national. On sent à la lecture que le contexte a évolué depuis *Le pull-over rouge* : l'ouvrage de Gilles Perrault était écrit en plein débat sur l'Abolition et son retentissement, au-delà de l'affaire, ne pouvait épargner le monde politique. Jean-Louis Vincent évite certains pièges dans lesquels Gérard Bouladou est tombé (comme la citation d'un témoignage aussi peu fiable que celui de Guy Rosano). Il cite *in extenso* la plupart des pièces du dossier, y compris les témoignages de ceux qui avaient connu Ranucci avant le 3 juin 1974, les laissant ainsi à la réflexion de ses lecteurs.

On doit malheureusement regretter des omissions de détails pourtant essentiels, comme celle, encore une fois de la conclusion du rapport du maître de chien « ORIENTE ». Il ne trace pas les informations qui se propagent bel et bien dans l'Évêché le 5 juin sur cet individu rodant dans les cités de Marseille, abordant les enfants par deux et les attendrissant avec une histoire de chien perdu. De surcroît, il ne peut esquiver, sur la foi du témoignage de Carole Barraco, la présence d'un homme en voiture qui regarde des enfants et leur parle d'un chien perdu, sur la couleur grise de la voiture utilisée. Enfin, s'il relève les variations dans les dires de Jeannine Mattéi, il évacue trop vite celles d'Alain Aubert. Il évacue les déclarations d'Alain Aubert que la presse publie le 7 juin, dans lesquelles le témoin parle encore d'un paquet dont il « ne pouvait se douter qu'il s'agissait d'un enfant », il balaye celles selon lesquelles les époux Aubert n'auraient pas reconnu Ranucci au tapissage, en se demandant où les journalistes sont allés les chercher. La réponse est pourtant évidente : plusieurs d'entre eux les ont bel et bien trouvées à l'Évêché.

Enfin, en convoquant Martine Garcia, il marque deux buts contre le camp de l'accusation. Il pense ainsi avoir montré que Jeannine Mattéi n'a pas assisté à la tentative d'enlèvement du petit garçon frisé puisque le pré où la scène se serait déroulée n'était pas visible de ses fenêtres. Mais si l'on en croit ce témoignage tardif de Martine Garcia, on doit seulement conclure que les fillettes qui étaient rentrées chez elles affolées après la tentative d'enlèvement d'un petit garçon ne pouvaient avoir vu la scène dans le pré où elles prétendaient se trouver à ce moment-là, puisque, toujours selon la même Martine Garcia, ce pré était inaccessible aux voitures ! Donc Martine Garcia se contredit. À moins que les fillettes ne se soient trouvées dans un autre endroit, duquel elles auraient pu voir la Simca 1100 et le garçonnet aux prises avec l'homme qui tentait de l'y faire monter, mais dans ce cas, elles ne pouvaient se trouver dans le pré inaccessible aux voitures que Martine Garcia a gardé à la mémoire, et donc rien n'interdit que la scène de tentative d'enlèvement se soit produite sous la fenêtre de Jeannine Mattéi. Si Martine Garcia est sincère, il y a là la marque claire d'un faux souvenir résultant d'une confusion d'images.

Enfin et surtout, Martine Garcia a confirmé à Jean-Louis Vincent que des policiers avaient demandé à des personnes de la cité des Tilleuls d'assister aux obsèques de Marie-Dolorès Rambla. Il confirme donc qu'au moins une personne de cette cité avait vu un homme que les policiers espéraient trouver aux obsèques. Qui, sinon Jeannine Mattéi, qui est venue témoigner devant un tribunal hostile, a pu venir assister à ces obsèques, et dans quel but, si ce n'est d'y reconnaître un homme qu'elle avait vu et identifié comme un pédophile ? Jeannine Mattéi ressort du livre de Jean-Louis Vincent comme un témoin encore plus fiable, du moins sur l'essentiel, que dans ceux de Gilles Perrault.

Si Jean-Louis Vincent a raison de citer les variations des témoignages de Jeannine Mattéi, que ce soit sur sa taille, ses vêtements ou sur le pédophile qu'elle aurait revu présent à la sortie de l'école, il échoue à faire de Jeannine Mattéi un témoin sans intérêt qui n'apporterait pas des éléments essentiels.

On relève également dans le livre de Jean-Louis Vincent une partialité en ce qui concerne les témoins. Non seulement dans la différence de traitement entre témoins à charge, dont il explique les incohérences lorsqu'il y en a, et les témoins à décharge, qu'il accuse systématiquement de malhonnêteté consciente, mais surtout et sans doute moins consciemment dans le traitement de l'anonymat : il a tenu à respecter celui de Martine Garcia, témoin à charge de l'accusation qui tend à décrédibiliser Jeannine Mattéi ; en revanche, il n'a pas respecté celui du père des filles Albertini qui avait témoigné sur le pédophile au pull-over rouge. Il a utilisé son vrai nom.

Julia Shaw, dans son étude *The Memory illusion*, que nous avons souvent convoquée, s'est penchée sur la conception de la mémoire dans la police britannique. Elle a relevé que la majorité des policiers qu'elle a interrogés ont de la mémoire cette conception rigide de « caméra vidéo » que nous avons critiquée dès le chapitre 4, et que ceux-ci sont demeurés hermétiques à l'idée d'une manipulation inconsciente. Autrement dit, dans la logique qui domine dans la police britannique, toute variation de témoignage est consciente et intentionnelle, et un faux témoin est nécessairement malhonnête. L'écriture et les convictions de Jean-Louis Vincent confirmeraient-elles, tout au long de son livre, que la constatation de Julia Shaw chez les bobbies vaudrait également pour certains policiers français ?

Tactiquement, Jean-Louis Vincent ne cite le livre de Yann Le Meur que dans sa bibliographie, laissant à Gilles Perrault le monopole de la défense de Ranucci. Il évite ainsi de répondre aux apports de Yann Le Meur à l'enquête, et esquive les objections de ce dernier quant à l'incohérence entre l'utilisation d'un couteau automatique et la direction des coups portés à la victime.

Le livre de Jean-Louis Vincent se veut une réhabilitation du travail de la police, sans avoir l'angélisme de l'auteur du livre signé de Mathieu Fratacci. Il juge invraisemblable que Ranucci ait été torturé à l'acide, mais il ne nie formellement ni la gifle du commissaire Alessandra, ni le bluff qui a consisté à faire croire à Ranucci qu'il avait été reconnu par des témoins.

Jean-Louis Vincent dresse également un inventaire aussi détaillé que critique des dossiers constitués pour la réhabilitation de Ranucci, et permet de mieux comprendre pourquoi les demandes ont échoué. Pour obtenir le procès en révision d'un détenu incarcéré, lorsqu'il n'y a pas de fait nouveau, une tactique de pénaliste est de faire invalider des pièces accusatoires – notons qu'elle est souvent utilisée à mauvais escient par des pénalistes qui veulent faire libérer des accusés bel et bien coupables. C'est à ce type de procédure que se sont attelés Jean-Denis Bredin et Jean-François Le Forsonney pendant plusieurs décennies. Dire que contrairement à ce qu'il déclare dans ses aveux, Ranucci a passé la nuit non pas à Salernes mais à Marseille, tend à faire porter le doute sur ses aveux, ou sur le procès-verbal de ses aveux. Dire que le pantalon taché de sang a été rajouté sur le procès-verbal de l'inspecteur Porte après la clôture du document – que le fait soit réel ou non – invaliderait le procès-verbal en question, mais il n'empêcherait pas qu'un pantalon taché de sang a bien été retrouvé chez un jeune homme qui était sur les lieux du crime à l'heure où il a été commis ; ce point d'interrogation ne suffit donc pas pour faire naître le doute quant à la culpabilité de Ranucci. En revanche, les méthodes d'analyse de Philippe Esperança le permettent aujourd'hui.

Les avocats posthumes de Christian Ranucci ont donc utilisé un processus purement judiciaire, ils ont recherché des failles dans la procédure pénale, cherché à invalider des pièces ou des procès-verbaux pour déclencher un procès en révision. Si Ranucci avait vécu, on aurait pu, sur ces bases, casser le jugement et déclencher un second procès. Mais quel est l'intérêt lorsque l'accusé est mort, *a fortiori* exécuté ? Un procès en révision n'a plus d'intérêt que pour les vivants, pour lesquels il faut surtout donner des éléments permettant de donner à des jurés l'intime conviction que le condamné était innocent. Les arguments qui s'attaquent à la procédure judiciaire sont utiles pour obtenir le procès en révision d'un détenu incarcéré. Lorsque le détenu est mort, il faut changer les convictions. L'intérêt d'un procès en révision posthume est de faire éclater la vérité, non de vérifier si la procédure pénale a été rigoureusement respectée – même si l'on est en droit de s'interroger sur ce point dans le cas de l'affaire Ranucci.

Jean-Louis Vincent affirme qu'il n'y aura jamais de révision du procès. C'est méconnaître l'évolution des sociétés, de leurs codes, de leurs pratiques, de leurs techniques d'investigation, mais aussi de leurs intérêts. Nul ne peut affirmer avec certitude que les techniques d'investigation ne remettront pas en cause les affirmations de l'enquête, que des analyses linguistiques, psychologiques ne se pencheront pas sur les témoignages et les aveux pour y discerner le vrai du faux. Les études d'Elizabeth Loftus, ainsi que les expériences de Porter et Shaw étaient inconnues en 1976. Lors de la dernière demande de procès en révision en 1992, on ne connaissait les expériences d'Elizabeth Loftus qu'aux États-Unis, et les expériences de faux aveux de Porter et Shaw n'avaient pas encore été pratiquées. Il faudra sans doute rapprocher l'affaire Ranucci d'autres cas réels et semblables pour que le doute fissure encore plus les certitudes de ceux qui croient en la culpabilité de Ranucci. Les annales judiciaires américaines révèlent d'ailleurs, dans les États qui pratiquent encore la peine de mort, de nombreux cas de criminels qui avouent leur crime devant les policiers, avant de se rétracter et de clamer leur innocence jusque dans la chambre d'exécution. Ils ne sont certainement pas tous innocents, mais comment croire, au terme de cette étude, qu'ils soient vraiment tous coupables ?

Faute d'un procès en révision, Ranucci pourrait être réhabilité comme Joseph Lesurques, l'innocent guillotiné de l'affaire du courrier de Lyon. La justice n'a jamais reconnu formellement son innocence, même si elle a guillotiné plus de personnes qu'il n'y a eu de meurtriers. Elle a rendu ses biens à la famille de Joseph Lesurques, reconnaissant implicitement mais non légalement son erreur. Les historiens ont donné au supplicié une célébrité posthume à laquelle il n'avait jamais pensé. Christian Ranucci devra-t-il se contenter du même destin posthume ?

L'affaire Dreyfus a montré que les chercheurs de vérité ne peuvent se contenter d'une grâce : ce qu'ils veulent, c'est la proclamation de la vérité. La grâce accordée à Dreyfus en 1899 fut une mesure politique : il fallut attendre 1906 pour qu'il fût réhabilité et réintégré dans l'armée. Charles Péguy avait dénoncé toute sa vie, et jusque dans ses dernières années, alors qu'il avait retrouvé la foi catholique et qu'il s'était même rapproché de certains antidreyfusards[13], le caractère politique et insuffisant de cette grâce. Christian Ranucci étant mort, il ne saurait y avoir de grâce ou de décision politique : seule une décision de justice, posthume, pourra rendre à Christian Ranucci la mémoire que l'on doit garder de lui.

Le livre de Jean-Louis Vincent conduit, comme ceux de Gérard Bouladou, à acquitter la police et la justice au bénéfice du doute. Mais en procédant de la sorte, on met en lumière que c'est Christian Ranucci qui a été condamné à mort et exécuté au risque du doute.

Des égarements dans les thèses innocentistes

On trouve sur la toile de nombreux forums et sites Facebook dans lesquels s'expriment des internautes convaincus de l'innocence de Ranucci. Si je partage leurs convictions, si je les rejoins sur l'essentiel du dossier, je me trouve toutefois, au terme de cette enquête, en désaccord avec eux sur quelques points.

Le premier point, soutenu d'ailleurs par Yann Le Meur, est que le déplacement du SRPJ à Toulon en fin d'après-midi le 5 juin aurait « retourné » les époux Aubert, pour les contraindre à dire qu'ils avaient vu l'enfant sortant du véhicule, sous la menace d'une inculpation pour non-assistance à personne en danger.

On sait que, dès la nuit du 5 au 6 juin, les policiers ont fait pression sur Ranucci en lui prétendant qu'il avait été vu sortant du véhicule avec un enfant. Cela est attesté par ses dénégations rapportées par le procès-verbal de son audition de la nuit : « *Vous me prétendez que des témoins m'auraient vu sortir de mon véhicule avec un enfant…* ». Mais les déclarations d'Alain Aubert aux journalistes le 6 juin et publiées le 7 juin montrent qu'Alain Aubert, dans le cas où il aurait effectivement été « retourné » par la police, ne l'était pas encore le matin du 6 juin. Ce mystérieux déplacement du SRPJ du 5 juin a peut-être modifié la mémoire des époux Aubert, mais il n'a pas enlevé la présence du paquet volumineux, même si la police ne parlait dès l'après-midi du 5 que d'un enfant. En revanche, il est bien certain que les époux Aubert ont eu peur d'être convaincus de non-assistance à personne en danger. Donc si les époux Aubert ont été « retournés » par les policiers de l'Évêché le 6 juin, avant

[13] Notamment Maurice Barrès, qui prévoyait son élection à l'Académie française

les aveux de Ranucci – l'audition d'Aline Aubert a été ouverte, selon le procès-verbal, à 12 h 50 et celui de son mari à 13 h – ce retournement a pour but d'accentuer la pression sur Ranucci en permettant à Aline Aubert de lui dire qu'elle le reconnait et qu'elle l'a vu tirer un enfant par le bras. On peut d'ailleurs imaginer que les policiers aient pu lui demander de jouer cette scène de reconnaissance, même en lui précisant que cette manœuvre est une tentative pour le faire craquer : c'est une technique pour mettre un suspect sous pression.

Mais dans tous les cas, le paquet n'a disparu de la mémoire des Aubert que le 6 juin, après leurs échanges avec des journalistes.

Le télégramme envoyé par la DDPU dans l'après-midi du 5 affirme que la Sûreté urbaine est partie pour Toulon accompagnée d'inspecteurs du SRPJ. On peut imaginer que le commissaire Alessandra en a fait partie. Ce serait évidemment logique, tant la Sûreté urbaine a joué, dans l'enquête, le premier rôle. À première vue, c'est possible car non incompatible avec les horaires : le télégramme en question mentionnant que le corps a été découvert, il a donc été envoyé postérieurement, c'est-à-dire après 15 h 45. Le commissaire Alessandra et Ernest Ott peuvent par exemple partir avec le SRPJ à 16 h pour Toulon, interroger les époux Aubert entre 18 h et 20 h et se trouver ensuite dans la soirée à la Sûreté urbaine de Nice pour prendre Ranucci en charge, d'autant que le départ de la Sûreté urbaine de Nice s'est fait vers 23 h. Mais il devient difficile pour eux de revenir de Toulon à Marseille pour repartir ensuite pour Nice dans un tel laps de temps. Quant à Jules Porte, il est à 17 h à l'Évêché pour enregistrer le témoignage d'Eugène Spinelli, vers 18 h 30 chez les Rambla, puis à 19 h sur les lieux du crime avec Pierre Rambla pour la reconnaissance du corps. Il est impossible qu'il ait participé au déplacement de Toulon.

Un autre point important où je me trouve en désaccord avec certains de ces forums, c'est sur le fait que les policiers auraient « fabriqué » un coupable, donc volontairement orienté les recherches sur Ranucci, ce qui conduirait presque à supposer qu'ils auraient connu le vrai coupable. Nous nous trouverions donc dans une ambiance où certains policiers connaîtraient le coupable et accuseraient volontairement un innocent.

C'est tout d'abord négliger comment on en vient à identifier Ranucci. Il est le propriétaire d'un coupé qui a été vu par les Aubert dans un endroit où l'on vient de retrouver le corps de la victime, puis son coupé a été vu enlisé dans une champignonnière à proximité des lieux du crime. Les Aubert, comme Henri Guazzone ont relevé son numéro de plaque, et les gendarmes connaissent son nom et son adresse depuis la veille puisqu'il est mis en cause dans un accident avec délit de fuite. Qu'Ilda di Marino demande son interpellation immédiate dès la découverte du corps est une décision qui tombe complètement sous le sens.

Imaginons maintenant que la police connaisse le vrai coupable, qu'elle connaisse l'homme au pull-over rouge. On devrait donc imaginer une ambiance similaire à celle du film d'Elio Petri, *Enquête sur un citoyen au-dessus de tout soupçon*, où Gianmaria Volonte incarne magistralement un haut fonctionnaire, officier de police italien, qui assassine sa maîtresse. Ses collaborateurs, comprenant très rapidement ce qui s'est passé, se mettent à le couvrir, tandis que lui, dans un jeu aussi cynique que pervers, accumule les indices qui plaident contre lui. Dans le cas de l'affaire Ranucci, on pourrait imaginer que certains policiers seraient au courant, d'autres non. D'autres pourraient être les dindons de la farce qu'un réseau politico-mafieux, qui sait tout, laisse enlisés sur une fausse piste.

Ce qui contredit cette hypothèse, c'est la demande de la police faite à des femmes de la cité des Tilleuls d'assister aux obsèques de Marie-Dolorès Rambla le 7 juin. Le 7 juin, les policiers sont encore à la recherche de l'homme qui a été vu dans cette cité, sans savoir s'il s'agit également de l'homme au pull-over rouge de la cité des Cerisiers. Si les policiers connaissaient déjà le coupable le 6 juin, et donc s'ils avaient volontairement livré à la justice un Ranucci qu'ils sauraient innocent, ils n'auraient pas besoin de se rendre aux obsèques avec des témoins pour appréhender un homme dont ils sauraient déjà qu'il est le coupable. Ils le laisseraient courir. Le 7 juin, même si Ranucci a avoué devant eux, les policiers recherchent toujours l'homme de la cité des Tilleuls, même si pour eux, le meurtrier de Marie-Dolorès Rambla est sous les verrous. Si l'homme de la cité des Tilleuls a utilisé le subterfuge du chien noir, les policiers peuvent imaginer que Ranucci appartient peut-être à un réseau pédophile organisé.

Enfin, on trouve souvent la thèse d'un couteau retrouvé le 5, remis dans le fumier par les policiers et retrouvé de nouveau le 6. Comme nous l'avons vu, cette hypothèse impliquerait une forfaiture coordonnée entre le commissaire Alessandra et le capitaine Gras, entre policiers et gendarmes. Je ne peux y croire. Soutenir cette position est faire un procès purement politique aux forces de l'ordre dans leur ensemble, ce à quoi je me refuse catégoriquement.

En résumé, sur la base des interrogations autour du déplacement du SRPJ à Toulon et sur la découverte du couteau, on voit parfois dans l'enquête policière des 5 et 6 juin une forfaiture volontaire de la police marseillaise. Pour moi, la participation de la Sûreté urbaine au déplacement de Toulon n'est pas un indice suffisant pour conclure en ce sens. Si troublante soit l'absence de procès-verbal de ce premier interrogatoire des Aubert, la persistance d'Alain Aubert à parler d'un paquet le matin du 6 juin et l'invraisemblance d'une forfaiture de la police en coordination avec la gendarmerie sont très insuffisantes pour envisager une forfaiture volontaire.

Telle est, à ce jour et avec les éléments dont nous disposons, mon intime conviction.

Tout au long de cette étude, je me suis volontairement tenu à l'écart de certaines polémiques concernant la Sûreté urbaine marseillaise. Non pas que ma conviction soit que les hommes du commissaire Cubaynes aient été irréprochables. Il y a incontestablement eu une faute gravissime dans les locaux de la police lors de la redécouverte, en 1975, de l'affaire de Jeannine Mattéi et de la disparition de son témoignage. Et il y a eu une deuxième faute, encore plus grave, dans la communication du témoignage de Jean-Claude Jaglasse à Armand Viala lors du procès pour lui permettre de mentionner un pull-over vert après la plaidoirie de Paul Lombard. Seul un policier peut avoir eu connaissance de l'existence de ce témoignage, et donc l'avoir transmis à l'avocat général.

Je ressens, en revanche, le devoir de m'abstenir du moindre jugement sur des fonctionnaires qui, les 5 et 6 juin 1974, travaillaient dans une ambiance de stress extrême et sous une pression médiatique et administrative exceptionnelle. Je ne jugerai pas non plus des témoins confrontés à une réalité qui les dépassait. Cela vaut également en ce qui concerne le retournement d'Alain Aubert. Le 6 juin au matin, Alain Aubert parlait toujours d'un paquet dont il a prétendu ensuite ne plus se souvenir. Là est le fait incontestable. Ce retournement n'a pas pu avoir lieu le 5 mais le 6 juin. Les expériences d'Elizabeth Loftus ainsi que celle de Chan et LaPaglia ne permettent pas de conclure formellement si ce retournement est dû à une question qui aurait induit les Aubert en erreur ou bien d'une manœuvre intentionnelle des policiers, destinée à préparer Aline Aubert à accuser Ranucci afin de le faire craquer. Cela restera une zone d'ombre. Les conclusions formelles que l'on trouve sur certains forums sur Internet, dans un sens ou dans l'autre, procèdent d'interprétations politiques sur le rôle de la police et non d'une recherche exigeante de la vérité.

Une personnalité protégée ?

L'hypothèse que la police ait connu l'assassin et qu'elle ait volontairement détourné les soupçons sur un innocent doit donc être abandonnée. Mais cela n'écarte pas pour autant la possibilité d'un assassin qui serait une personnalité protégée, en apparence bien sous tous rapports et ayant des relations dans la police, sans que celle-ci ne soit consciente de ses penchants pédophiles.

Peut-on imaginer que l'assassin ait été un policier lui-même ? On sait que le métier de policier attire des gens qui sont tentés par la violence et qui voient dans l'uniforme un moyen de contrôler leurs pulsions : on a observé, ces dernières années, que de nombreux jeunes qui avaient basculé dans le radicalisme musulman avaient tenté d'entrer dans la police ou dans l'armée, mais que leur candidature avait été refusée. Saluons ici les services de recrutement des forces de l'ordre, ils ont bien fonctionné, car l'uniforme n'aurait pas apaisé leurs pulsions ! Il a été largement révélé ces dernières décennies que la prêtrise, dans l'Église catholique, attirait parfois, hélas, de jeunes hommes sujets à des pulsions pédophiles qui se persuadaient que le sacrement de l'ordination sacerdotale et le port de l'aube les délivreraient de leurs penchants, voire, pour les plus pervers, leur fourniraient une justification pseudo-théologique à des pulsions sciemment assumées. Là aussi, une folie pure. Chacun sait qu'il existe des policiers ripoux. Pourquoi un pédophile n'aurait-il pas caché son jeu en s'engageant dans la police ou même dans la gendarmerie ou un autre corps militaire ? Il suffit de penser au cas récent de Nordahl Lelandais[14].

Une analogie s'impose avec l'affaire Dreyfus. Très tôt après la condamnation du capitaine en 1894, l'état-major s'inquiète du manque de preuves. Le commandant Picquart est chargé de trouver d'autres éléments pour accabler Dreyfus, au cas où naitraient les soupçons. Antisémite comme le sont tous ses collègues, il parait être un officier fiable pour s'acquitter de cette tâche. Mais au lieu de découvrir d'autres preuves contre Dreyfus, il met la main sur une lettre signée du commandant Esterhazy, et dont l'écriture est exactement la même que celle du fameux bordereau sur la base duquel Dreyfus a été condamné. De plus, il s'aperçoit que les fuites de secrets militaires continuent, que c'est toujours la même écriture, alors que le soi-disant auteur du premier bordereau, qui croupit dans sa prison guyanaise n'est plus en situation d'écrire à qui que ce soit. La réaction de son supérieur est connue : « Si vous vous taisez, personne n'en saura rien ». Comprenant qu'Esterhazy est un espion, qu'il est le véritable auteur du bordereau, tout l'état-major s'acharne dans une obstination suicidaire à produire de fausses preuves contre Dreyfus et à défendre Esterhazy, alors qu'il le sait traître à sa patrie ; pour la forme, Esterhazy est même jugé, et acquitté au terme d'un procès arrangé d'avance, par des officiers dont Zola écrira qu'ils ont commis

[14] Nordahl Lelandais, gendarme, a été arrêté en 2017 pour le meurtre d'une fillette de huit ans en Isère. Il est soupçonné de plusieurs autres meurtres antérieurs et attend, en 2021, d'être jugé.

« le crime juridique d'acquitter sciemment un coupable ». Et Esterhazy, tricheur que rien n'arrête, continue en plein scandale à vendre des secrets militaires à l'Allemagne pour payer ses dettes, sûr qu'il est de son immunité. Mais à trop jouer avec la vérité, l'état-major finit par se perdre : une des pièces utilisées contre Dreyfus se révèle être l'assemblage de deux feuilles à carreaux, dont les quadrillages ne sont pas exactement de la même couleur : le faux est cette fois trop évident et son auteur, le commandant Henry, se suicide. La stratégie du camp culpabiliste s'effondre et la révision devient inévitable. Ce qui n'empêche pas, en 1899, lors du second procès de Dreyfus, qu'un juge militaire, cité par Jean-Denis Bredin[52] déclare publiquement que, même s'il a la preuve de l'innocence de Dreyfus, il votera quand même la culpabilité et ce, pour ne pas entacher l'honneur de l'Armée...

Il est des témoins qui, par principe, refusent de témoigner contre la grande maison qui les héberge.

Que l'assassin ait eu ou non des relations dans la police, il est malheureusement clair que la police marseillaise a été, dans les années qui ont suivi le crime, prise de doute et qu'elle a tout fait pour les effacer. La disparition du témoignage de Jeannine Mattéi rend cette thèse évidente. À y regarder de près, le scénario de l'affaire Ranucci ressemble à s'y méprendre à celui de l'affaire Dreyfus. Jean-Denis Bredin décortique dans son enquête comment l'état-major en est venu à soupçonner Dreyfus d'être l'auteur du bordereau, car il n'y est pas arrivé sans une investigation qui a progressivement conduit à l'infortuné capitaine. C'est seulement quand, par déductions successives, le soupçon se referme sur un petit groupe dont Dreyfus a fait partie que celui-ci est identifié. C'est seulement à ce moment que, comme il est juif et que le commandant Picquart vient de rédiger un mauvais rapport à son sujet, il fait un coupable idéal. Après avoir établi une vague ressemblance d'écriture, le dossier semble bouclé. Mais les preuves semblant bien minces, l'état-major, convaincu de la culpabilité de Dreyfus, ne résiste pas à la tentation de produire des pièces fausses qui vont lui être fatales quelques années plus tard. À Marseille, les policiers de l'Évêché savent dès le 6 juin que tout n'est pas net, qu'il y a bien un homme au pull-over rouge à la cité des Cerisiers, qu'il y a bien un homme au chien noir à la cité des Tilleuls, aussi triche-t-on un peu, on rajoute le pantalon taché de sang dans la liste des objets trouvés dans la voiture et non dans le garage. Quand le personnage d'Esterhazy se profile dans l'Affaire Dreyfus, l'Armée a la même réaction que l'Évêché lorsque surgit Jeannine Mattéi : elle étouffe la piste. L'Armée mute, puis elle arrête le commandant Picquart comme l'Évêché fera disparaître la déposition de Jeannine Mattéi et communiquera à Armand Viala le témoignage de Jean-Claude Jaglasse avec le pull-over vert.

On a recollé les morceaux du dossier en un puzzle incomplet qui révèle en fait un crime maquillé par un criminel diabolique : le maquillage du crime était presque parfait.

À la recherche de l'assassin de Marie-Dolorès Rambla

Puisque l'assassin de Marie-Dolorès Rambla n'est pas Ranucci, il est sinon probable ou du moins possible qu'il ait récidivé. On pourrait passer en revue les criminels sexuels des vingt années qui ont suivi et enquêter pour savoir si l'un d'eux aurait possédé une Simca 1100 grise. Comment ne pas penser à l'assassin jamais retrouvé du petit Vincent Gallardo, enlevé et noyé près de Toulon quelques jours avant la mort de Ranucci ?

Rien n'interdit non plus de penser à des criminels connus, mais les rumeurs qui courent sur les réseaux sociaux s'égarent trop souvent. Michel Fourniret serait-il convaincant ? Après son arrestation, enquêteurs belges et français se sont posé la question de son implication dans de nombreuses disparitions – plus de dix ans après son arrestation, on ne sait encore sans doute pas tout de son palmarès macabre. Et la presse belge a commencé à évoquer l'affaire Ranucci. Rassemblant des photos prises lors du procès à Aix-en-Provence, elle a trouvé au premier rang un homme qui ressemble beaucoup à Fourniret.

L'hypothèse qu'il se soit agi de Fourniret a été rapidement démentie par des mesures anthropométriques et notamment la forme de son menton. Cependant, un livre publié en 2018 par un journaliste, Oli Porri Santoro[53], *Le Fils de l'Ogre*, a reposé la question. Le journaliste, aidé du fils unique de Michel Fourniret et de Monique Olivier, a tenté de transmettre au sinistre tueur des Ardennes les photos de cet inconnu du procès Ranucci, qu'ils ont surnommé « Esaü ». Une première tentative s'est soldée par un échec : les photos ont apparemment été censurées par l'administration pénitentiaire qui ne tenait curieusement pas à ce qu'elles parvinssent à Fourniret. Mais une deuxième tentative, où la tête du personnage a été isolée, a réussi. Fourniret a prétendu se reconnaître – ou du moins, comme il en a l'habitude, il a utilisé des termes alambiqués conduisant à penser qu'il se reconnaissait.

La parole de Fourniret est, c'est le moins qu'on puisse dire, sujette à caution. Même si l'on devait émettre l'hypothèse de la présence de Fourniret au procès Ranucci, il subsiste cependant un élément qui rend difficile de penser qu'il ait été lui-même le ravisseur : il est petit de taille, entre 1,65 et 1,69 m selon les sources. Or Eugène Spinelli qui a vu le ravisseur de 40 à 50 m lui donnait environ 1,80 m. À une telle distance, on peut accepter une erreur d'estimation de l'ordre de 5 cm, plus difficilement de 10 cm, mais certainement pas de l'ordre de 15 cm, qui est la différence entre un homme « de petite taille » et un homme « de taille moyenne ». Paul Martel, qui lui a donné entre 1,72 et 1,74 m, l'a vu de suffisamment près pour écarter un homme de petite taille. Fourniret ne fait donc pas un candidat très crédible pour être l'homme aperçu par Eugène Spinelli. On pourrait tout juste envisager sa participation à un réseau mafieux, et peut-être à un réseau qui aurait protégé le ravisseur.

L'effrayante carrière de tueur en série de Fourniret a souvent conduit à en faire un coupable possible pour de nombreuses affaires inexpliquées. Mais c'est là aussi une solution de facilité. S'il est bien certain que laisser décapiter un innocent à sa place pour un meurtre qu'il aurait lui-même commis n'aurait posé aucun problème à Fourniret, rien de tangible ne permet, du moins pour le moment, d'envisager qu'il soit l'homme au pull-over rouge. S'il avait possédé une Simca 1100 grise immatriculée dans le 54, le rapprochement serait troublant. Mais, selon Gérard Bouladou, qui a dû consulter des archives préfectorales, il conduisait à l'époque une Peugeot 304. Donc *a priori* ni la taille ni la voiture ne coïncident. Sur sa présence à Marseille à l'époque des faits, il faudrait interroger son épouse d'alors, une certaine Nicole Clerget, apparemment toujours en vie en 2019. Il faudrait également interroger Monique Olivier, sa dernière épouse : selon des sources malheureusement non confirmées, elle aurait déclaré aux policiers belges qui l'avaient arrêtée que Fourniret lui aurait un jour affirmé : « Ranucci, c'est moi », et cette déclaration serait à l'origine de la recherche de Fourniret sur les photos du procès Ranucci. Un examen du dossier belge de Monique Olivier serait indispensable pour trancher définitivement sur la piste Fourniret.

Gérard Bouladou a noté que le bourreau des Ardennes s'est intéressé à des filles plus âgées, vierges mais pubères, et qu'en 1974 il n'avait pas encore commencé à assassiner ses victimes. Mais sa mise en examen fin 2019 dans l'affaire Estelle Mouzin est venue fracasser cette thèse : si l'assassin d'Estelle Mouzin est bien Fourniret, le premier argument de Gérard Bouladou tombe complètement : Michel Fourniret est un cas exceptionnel et terrifiant, un prédateur sexuel à la fois attiré par des jeunes filles pubères et pédophile. Notons que dans l'affaire Estelle Mouzin, Fourniret aurait avoué à Monique Olivier avoir repéré deux fillettes qu'il avait déjà approchées (donc le même mode opératoire de pédophile organisé et récidiviste que pour Jean-Baptiste et Marie-Dolorès Rambla). Le soir de sa disparition, Estelle Mouzin s'étant engagée seule dans la sente sombre de Guermantes qui conduisait à sa maison, Fourniret n'aura pas eu besoin de séparer les deux fillettes avec une histoire de chien perdu.

L'hypothèse Fourniret n'en demeure pas moins très fragile, et semble surtout être le fruit d'emballements et de rumeurs non confirmées.

On serait tenté de penser à Francis Heaulme, lui qui a fait condamner à sa place Patrick Dils qui a passé injustement quinze ans derrière les barreaux. Même si le sinistre palmarès du « routard du crime » comporte plusieurs meurtres qui ressemblent à celui de Marie-Dolorès Rambla, il n'avait que quinze ans en 1974, ne conduisait pas et ne peut pas être un ravisseur décrit par Eugène Spinelli comme ayant environ 30 ans. On a parfois pensé à Pierre Bodein, dont le parcours à partir de 1969 à sa première sortie de prison est très chaotique. Il était né dans une communauté nomade, les Yéniches, dont certains membres auraient pu participer au pèlerinage des gitans des Saintes-Maries-de-la-Mer. Là encore, rien ne permet de soutenir sérieusement cette hypothèse plus qu'une autre. Notons qu'elle n'est pas cohérente avec le profil d'un assassin au-dessus de tout soupçon, notable peut-être bien introduit dans la police et personnalité protégée.

Les dossiers à explorer, hélas, ne manquent pas. Si nous faisons l'hypothèse, fort possible, que l'assassin de Marie-Dolorès Rambla a récidivé, il faudrait rechercher un autre crime atroce, commis sur un enfant, dans la région de Marseille, à la fin des années 70 ou au début des années 80. Or les annales judiciaires de Marseille ont malheureusement la mémoire d'une autre affaire qui ressemble beaucoup à celle sur laquelle nous venons de conclure.

Une autre affaire marseillaise

En 1991, Gilbert Collard tient une conférence de presse à Châteauroux au cours de laquelle il s'exprime en ces termes : *« Ce verdict de condamnation, de terrible condamnation a été prononcé dans un contexte qui n'est pas acceptable, de passion, d'émotion, de violence verbale presque.* » Une ambiance ainsi décrite a un air de déjà vu... Mais Gilbert Collard ne s'exprime pas ce jour-là sur le procès des 9 et 10 mars 1976 au cours duquel il a exhorté Ranucci à s'exprimer. Il donne en cet instant son opinion sur une autre affaire, l'affaire Marletta, qui s'est abattue elle aussi sur la ville de Marseille, huit ans après le meurtre de Marie-Dolorès Rambla.

Cette seconde affaire dépasse en horreur la première. Elle lui ressemble trop pour qu'on ne s'y attarde pas quelque temps, même si elle n'est pas l'objet de cet ouvrage.

Tout a commencé le jeudi 10 juin 1982, vers 18 heures, lorsque Christelle Bancourt, une jeune fille de douze ans rentre au foyer du Bois-Fleuri. C'est un foyer pour enfants en difficulté où elle a été placée par la DDASS avec sa sœur jumelle, Chantal, car leur mère ne peut s'occuper seule de ses cinq enfants depuis le décès de leur père. Petite de taille, elle fait plus jeune que son âge.

Vers 18 h 20, elle quitte le foyer, seule, pour se rendre chez un dentiste dont le cabinet est situé à 400 mètres du foyer. On ne la reverra pas vivante. Sa disparition est signalée à l'Évêché le soir vers 21 heures. Le dentiste ne l'a pas vue.

Le 17 juin, des employés d'une entreprise de nettoyage qui prennent leur service dans un parking souterrain découvrent, horrifiés, un sac contenant le tronc d'une fillette sous un escalier. Ils alertent la police. Les soupçons se sont orientés dès la veille vers un ancien éducateur du foyer, Christian Marletta. Il a 31 ans. Il a travaillé quelques mois au foyer à partir de 1979, avec sa femme Dalila. Puis ils ont eu un enfant et Christian a quitté le foyer, ne pouvant assurer à la fois les gardes de nuit et une charge de famille. Son casier judiciaire est vierge. Il était, lorsqu'il travaillait au foyer, très apprécié de ses supérieurs. Marié, père de famille, il vient d'acheter une ferme dans le Lot. Sa situation est donc très satisfaisante, il est installé dans la vie, et rien ne laisse présager un drame. Il est beaucoup plus mûr que Ranucci et de surcroît n'a pas connu de difficultés pendant son enfance : il a grandi dans une famille de trois enfants, et ses parents s'entendaient bien. Bref, une enfance et une adolescence heureuses et sans histoires.

Christian Marletta est passé au foyer le jour de la disparition. Il connaissait bien les deux sœurs Bancourt. Et surtout, la sœur jumelle de la victime l'avait, l'année précédente, accusé d'attouchements, avant de se rétracter devant la direction du foyer. Il n'y a même pas eu dépôt de plainte. Aucun autre enfant n'a jamais témoigné contre lui. Marletta est un éducateur sans doute autoritaire et parfois craint par les enfants. Le jour supposé des faits, les enfants venaient de visionner le film *Les risques du métier*, dans lequel Jacques Brel incarne un instituteur accusé calomnieusement d'abus sexuels par deux de ses élèves. Notons que le film ne montre pas un pédophile, qu'il ne montre aucun acte de pédophilie, mais seulement des enfants qui accusent calomnieusement leur enseignant et assistent aux conséquences que cela va avoir pour lui.

Le 16 juin, les policiers convoquent alors Christian Marletta qui ne se dérobe pas et se rend de son plein gré à l'Évêché. Les inspecteurs l'interrogent, le mettent en garde à vue. Le lendemain, après la découverte du tronc, ils emmènent le suspect à la morgue du Pharo pour tester sa réaction face au tronc retrouvé. Christian Marletta semble bouleversé – qui ne le serait – mais il n'avoue rien. Il est ramené à l'Évêché. Là, les policiers tentent un coup de bluff en lui montrant le sac qui a contenu le tronc retrouvé : sans doute pensant qu'on a dû y retrouver ses empreintes digitales, il avoue avoir tué et découpé la fillette.

Christian Marletta passe ses premiers aveux : il serait passé au foyer ce jour-là et aurait proposé à la fillette de l'emmener chez le dentiste en vélomoteur. Mais elle serait tombée, il l'aurait emmenée chez lui pour la soigner. C'est chez lui qu'elle aurait paniqué, puis il l'aurait étranglée et démembrée. Mais il nie l'avoir violée. Il évoque donc un accident banal, puis un moment de panique qui l'aurait conduit à un crime atroce, mais sans attouchement sexuel. Il reconnaît avoir emmené la fillette alors qu'il n'avait aucune mauvaise intention, puis il s'accuse d'un crime qu'il aurait commis dans un instant de panique, aveux qui, sur le fond, ressemblent à s'y méprendre aux faux aveux de Ranucci. Les policiers lui demandent de les emmener à l'endroit où il a déposé le sac. On l'emmène alors dans le parking et il est capable de montrer l'endroit précis où le sac a été déposé, apportant un élément qu'*a priori* seul l'assassin peut connaître. Plus précisément, le seul qui puisse connaître l'endroit est celui qui a effectivement déposé le sac, et c'est bien Christian Marletta, mais en toute rigueur, ce n'est pas nécessairement celui qui a tué la personne dont on a retrouvé le tronc.

Et Marseille, encore une fois, bascule dans l'horreur. Elle sait qu'on n'exécutera pas le nouveau monstre, puisque la peine capitale a été abolie l'année précédente. Cela n'empêche pas les cris, les graffiti qui demandent la mort. Il est une frange de la population, toujours aussi versatile, qui n'a pas encore fait son deuil de la guillotine, malgré le doute que l'affaire Ranucci continue, en ces années-là, de faire planer sur la ville.

Les policiers demandent alors à Christian Marletta ce qu'il a fait de la tête et des membres. Il prétend les avoir déposés dans les rochers qui soutiennent la digue de la plage de la Pointe-Rouge. Les policiers lui demandent alors de les y accompagner. Accompagnés de plongeurs, de maitres-chiens, les policiers se rendent à la Pointe-Rouge. Mais leur déplacement n'est pas discret. De nombreux journalistes les accompagnent. Ils informeront toute la population de la ville que les autres morceaux du corps ont été déposés à cet endroit, entre les anfractuosités des rochers.

Toute la digue, chaque interstice entre les rochers est fouillé de fond en comble, soumis au flair des chiens, le fond de la mer est inspecté par les plongeurs. En vain. La mer et ses courants ont dû tout emporter. Mais en ce début d'été, chaque jour, et surtout le week-end, la plage est noire de monde. Le dimanche 27 juin, un baigneur retrouve dans l'eau un bras et une jambe. Le samedi 3 juillet, un autre baigneur y retrouve l'autre bras et l'autre jambe. Il ne manque plus que la tête, qu'un plongeur retrouve accrochée à un rocher le dimanche 11 juillet et qui permet l'identification de la victime. On a donc en toute rigueur retrouvé chaque partie du corps à l'endroit où Marletta a déclaré l'avoir déposée, à chaque fois le week-end, dans un secteur qui a pourtant été bien ratissé après les aveux de l'inculpé.

Comme Ranucci, Marletta réitère ses aveux, devant le procureur de la République, puis devant les psychiatres, lesquels vont conclure à l'absence totale de pathologie, à une lancinante préoccupation d'ordre sexuel qui s'est brutalement manifestée, sans signe avant-coureur, à l'âge de 31 ans. Ils ont déjà vu le cas.

Mais un point aurait déjà de quoi intriguer : c'est chaque week-end, avec une ponctualité remarquable, qu'une mer qui n'a pratiquement pas de marées et qui a tout emporté rend une partie du corps de la victime à l'endroit précis où elle a été déposée. Chaque week-end, la foule des baigneurs qui occupe tout l'espace de la Pointe Rouge découvre une partie du corps, mais il faut trois trouvailles pour que le corps soit complet. En semaine, alors que la plage est déjà bondée en raison des congés d'été, on ne retrouve rien. Il n'est point besoin d'être titulaire d'un doctorat en océanographie pour s'étonner d'une pareille régularité.

Le 5 juillet, Christian Marletta revient sur ses aveux. L'autopsie a révélé que le décès remontait à un moment situé entre au plus tôt le 13 juin et au plus tard le 15. Ce qui signifie que le meurtrier a gardé sa victime avec lui pendant plusieurs jours, et l'autopsie montre qu'il l'a violée. Or, à ces dates, Christian Marletta était en déménagement à Cahors puisqu'il était en train d'acheter une ferme dans le Lot, et son alibi sera confirmé. Il se rétracte et nie maintenant avoir tué la victime. Il prétend qu'il a découvert chez lui le corps sans vie de la jeune fille. Craignant qu'on ne lui attribue le crime, il a démembré le cadavre et déposé le tronc dans le parking et les autres parties du corps à la Pointe-Rouge, alors que l'on a déjà retrouvé les quatre membres. Puis quelques semaines plus tard, il revient encore pour corriger sa rétractation : il n'a pas découvert le corps chez lui, ne l'a pas démembré, mais a reçu un message lui disant qu'il devait se débarrasser de ce qu'il trouverait sur sa mobylette, faute de quoi il arriverait la même chose à sa femme et à son enfant. À la suite de quoi il a découvert sur sa mobylette le sac contenant le tronc, et pris de panique, il est allé le déposer sous l'escalier d'un parking. Mais il n'a jamais vu la tête et les membres...

Pour ses avocats, Christian Marletta a été victime d'une manipulation. Si tel est le cas, et nous ne trancherons pas ici sur ce sujet, l'assassin le connaissait et connaissait le foyer. L'assassin était suffisamment familier du foyer pour savoir que Christian Marletta avait été accusé d'attouchements par un enfant, et il était probablement passé au foyer le 10 juin pour savoir que Marletta y était également passé. Il a déposé le tronc sur la mobylette de l'inculpé, mais conservé les autres parties du corps. Puis, après que la presse a révélé que les autres parties avaient été déposées à la Pointe-Rouge, il a déposé chaque week-end, par exemple de nuit, une partie du corps. La manipulation est diabolique.

Mais évidemment personne n'y croit. La religion des aveux a encore de trop nombreux adeptes, surtout lorsque l'accusé revient sur une première rétractation en changeant une seconde fois son récit. Les experts psychiatres feront de lui le même portrait qu'à Ranucci. Très intelligent, manipulateur, il n'est pas fou, même s'il a commis un acte fou, comme le disait de Ranucci le professeur Sutter à la barre des témoins le 9 mars 1976. Pour l'accusation, Marletta a simplement parfaitement nettoyé son appartement de sorte qu'on n'y retrouve aucune trace de sang. Il est condamné à la réclusion criminelle à perpétuité le 17 mars 1985. Le Père Guy Gilbert, le charismatique « curé des loubards », qui sait parler aux pires criminels, obtenir leur confession et leur donner le pardon que lui autorise son ministère, lui rendra visite à Fresnes. Il en sortira bouleversé d'avoir vu quelqu'un accusé d'un crime atroce et qui hurle son innocence. Il préfacera l'unique livre consacré à l'affaire[54]. Christian Marletta quant à lui ne sortira de prison qu'en 2006, et basculera dans l'anonymat. Il n'a jamais commis de crime depuis.

L'innocence de Marletta n'a jamais été reconnue par la justice. À ce stade, et sans avoir fait une investigation aussi poussée que celle que nous avons conduite sur Ranucci, nous pouvons simplement affirmer que le cas de Christian Marletta est troublant. Comme Christian Ranucci avant lui avait désigné l'endroit où il avait caché le couteau, comme Patrick Dils quelques années plus tard avait désigné les pierres ayant servi à écraser les deux victimes de Francis Heaulme, Christian Marletta a désigné l'endroit où il aurait abandonné les restes du corps et on les y a bien retrouvés, mais dans des circonstances qui sont parfaitement compatibles avec son innocence. On peut tenir pour certain que c'est bien lui qui a déposé le tronc sous l'escalier du parking. Mais compte tenu des recherches entreprises avec plongeurs et maîtres-chiens qui n'aboutissent à rien, puis des découvertes des restes les week-ends, que Christian Marletta ait déposé lui-même les autres parties du corps à la Pointe-Rouge est difficile à croire. Comme il croupissait aux Baumettes depuis plusieurs semaines, il est plus facile d'imaginer qu'une autre personne soit allée les déposer à chaque fois le week-end, informée par la presse des déclarations de Marletta. Et pourtant Christian Marletta a bien désigné les lieux sur lesquels ces restes ont été retrouvés.

Si Marletta est innocent, on voit aisément quel stratagème a utilisé le meurtrier, et on peut imaginer le sentiment d'horreur qui a dû s'emparer de Marletta en découvrant le tronc d'une fillette chargé sur sa mobylette.

La plus simple explication pour que Ranucci, innocent, ait lui-même désigné l'endroit où il avait déposé le couteau, serait qu'il l'ait trouvé sur lui, ensanglanté et qu'inquiet, ne comprenant pas ce qui s'était passé, il s'en soit lui-même débarrassé en le plantant dans le fumier et en le poussant avec son pied. Se réveiller d'un sommeil profond, trouver sur soi, dans une de ses poches, un couteau bien à soi mais ensanglanté : qui ne serait complètement déstabilisé par une telle découverte ?

Que Christelle Bancourt ait été assassinée par le même pédophile que Marie-Dolorès Rambla n'est que pure hypothèse qui ne repose que sur le lieu et la nature du crime, et si Marletta est innocent, d'un talent diabolique à détourner les soupçons sur un coupable de substitution. L'éclairage que l'affaire Marletta apporte à l'affaire Ranucci, c'est qu'en 1982 il s'est reproduit à Marseille une affaire criminelle, plus atroce encore que l'affaire Ranucci, qu'un homme qui avait donné des informations dont on pensait que seul l'assassin pouvait les connaître a été condamné, alors que plusieurs faits troublants semblent montrer qu'il était peut-être innocent. Christian Ranucci n'avait pas d'alibi : il était sur les lieux du crime dont il a été accusé à l'heure où celui-ci a été commis. Christian Marletta quant à lui avait un alibi : sa présence dans le Lot, confirmée par des témoins, dans les jours présumés du décès tels qu'estimés par l'autopsie. D'un côté de la balance, un alibi que la justice ne peut contester ; sur l'autre plateau, des aveux. Les aveux ont prévalu sur l'alibi dans la conviction des jurés qui ont condamné Marletta.

Au moins Patrick Dils et peut-être Christian Marletta ont été accusés d'un crime qu'ils n'avaient pas commis et ont pourtant pu donner des éléments qu'*a priori* seul l'assassin pouvait connaître. Comme pour Christian Ranucci, les preuves du crime soi-disant de Patrick Dils n'étaient que presque parfaites. Patrick Dils n'a pas été victime d'une manipulation : Francis Heaulme en était bien incapable. Marletta quant à lui, s'il est innocent, a été victime d'une manipulation diabolique, et il faut envisager une manipulation aussi diabolique pour Christian Ranucci.

Une question peut venir nous hanter. Au fur et à mesure que s'allonge la liste des victimes de Fourniret, des femmes écrivent sur Internet qu'elles ont été agressées par lui à Marseille à l'époque de l'affaire Ranucci. Si elles pensent l'avoir reconnu sur photo, on sait, comme pour le témoignage de Marc Pappalardo, qu'une telle reconnaissance est sujette à caution, même si ces femmes peuvent être sincères. Mais ce serait autre chose si elles l'avaient connu et si elles se souvenaient de son nom. Par acquis de conscience, il conviendrait de poser la question aux membres du personnel du Foyer du Bois Fleuri encore vivants s'ils connaissaient le nom de Michel Fourniret...

Un assassin dans les méandres de réseaux politico-mafieux

Yann Le Meur, dans son livre, évoque les ballets roses et autres parties fines que fréquentaient souvent les élus, dont certains connaissaient probablement la champignonnière. L'assassin serait-il un proche d'un élu ? J'ai reçu personnellement, sans le solliciter, un témoignage de ces soirées très particulières en Provence dans ces années-là. Un de mes anciens collègues, aujourd'hui retraité, qui devait avoir environ vingt à vingt-cinq ans à cette époque, a évoqué avec moi il y a quelques années ces parties fines dans la Provence des années 70, pour y avoir une fois été invité et y avoir retrouvé « toute la ville à poil : le maire, le député, les élus, le médecin, tout le monde... ». J'épargnerai au lecteur les détails cocasses de ces confidences non sollicitées... Je ne lui ai pas demandé le nom précis de la ville (il s'agit d'une localité des environs de Marseille) et, en conséquence, je ne puis laisser la lectrice ou le lecteur associer à ce récit le nom d'une personnalité connue. Mais que des élus de Provence aient fréquenté ce type de soirées à cette époque est bien réel – de tels faits ne se limitant ni à cette époque, ni à la Provence.

Peut donc être ressortie cette fameuse lettre anonyme reçue à la fin des années 70 par Héloïse Mathon, qui lui affirmait que l'assassin de Marie-Dolorès Rambla était une personnalité protégée vivant à Toulon. Sur la ville du port militaire régnait Maurice Arreckx, ce maire qu'on surnommait « le parrain », que ses pratiques financières ont finalement conduit en prison, et dans l'entourage duquel figurait l'un des parrains du milieu, Jean-Louis Fargette, mort assassiné dans les années 90. Le nom de Maurice Arreckx fut cité par ailleurs dans l'enquête sur l'assassinat en 1994 de Yann Piat. Cette dernière, députée élue d'abord sous l'étiquette Front national, s'en était séparée pour rejoindre l'UDF et l'entourage de Philippe de Villiers. Au moment de sa disparition, elle était devenue en quelques années la figure de proue de la lutte contre la corruption en Provence.

L'hypothèse de la lettre reçue par Héloïse Mathon est crédible. Le milieu toulonnais des années 70 serait une zone de recherche intéressante.

Pédophile récidiviste, manipulateur, pervers, homme ayant peut-être suffisamment de relations pour être couvert, double personnalité et peut-être même en 1974 citoyen au-dessus de tout soupçon, délinquant sexuel connaissant les lieux de parties fines dans les environs de Marseille, venant d'une autre ville, peut-être toulonnais venant chercher des proies à Marseille pour ne pas être reconnu. Homme de réseaux. Environ trente ans en 1974 selon Eugène Spinelli, donc soixante-quinze ans en 2020 s'il vit toujours, de taille moyenne. Très organisé. Connaissant bien la champignonnière et sachant qu'elle était déserte les week-ends. Sans doute connu des hommes qui vivaient autour de la champignonnière, peut-être de Mohammed Rahou, pour y revenir sans susciter d'étonnement un jour de semaine le mercredi matin et laisser une marque olfactive que suivrait un chien le mercredi après-midi. Et comme il faut imaginer, hélas, que quelqu'un capable du crime du 3 juin 1974 ait récidivé, qu'il ait pour le moins agressé sexuellement d'autres enfants sans nécessairement leur donner la mort, quelqu'un qui aurait traîné par la suite un lourd passif judiciaire.

Voilà le portrait que l'on peut dresser de l'inconnu qui a enlevé et donné la mort à Marie-Dolorès Rambla, plongé une famille dans l'horreur avant de l'associer au scandale autour d'un jugement controversé. Ce n'est pas Christian Ranucci. Faute de l'avoir proclamé, la justice française a laissé de cette affaire la mémoire inachevée.

IX. Mémoire et vérité, un devoir pour l'éternité

En quête de mémoire et de vérité

Christian Ranucci repose maintenant depuis près d'un demi-siècle au cimetière Saint-Véran en Avignon. Marie-Dolorès Rambla repose au cimetière Saint-Pierre de Marseille, ainsi que son père. Héloïse Mathon est morte en 2013, après avoir mené pendant des années un combat résolu et impressionnant de dignité pour la réhabilitation de son fils, jusqu'à ce que la maladie et la vieillesse ne voilent sa mémoire. Les policiers, les gendarmes, qui ont conduit l'enquête et les recherches dans les premiers jours de juin 1974 ne sont pour la plupart plus là pour témoigner. Les témoins qui ont vu l'homme au pull-over rouge non plus. La mémoire des témoins s'efface au fur et à mesure de leurs disparitions, et il ne reste à la mémoire des vivants que les récits qu'ils nous ont laissés. Jean-Baptiste Rambla, en prison, n'a que les imprécis souvenirs du petit garçon qu'il était alors.

Sur la tombe de Christian Ranucci se trouve une inscription en russe que l'on peut traduire par « Mémoire éternelle » en dessous de son nom écrit en caractères cyrilliques. Christian Ranucci pourrait risquer une deuxième mort : celle de l'oubli. Sa mort tragique ne hanterait plus que ceux qui se sont passionnés pour l'affaire, qu'ils croient ou non à sa culpabilité. Car l'affaire Ranucci appartient aujourd'hui à l'histoire : non pas seulement à l'histoire judiciaire, mais à l'histoire tout court.

Lorsque vient le doute sur une affaire judiciaire, la première réaction des services de l'État est de tenter de l'étouffer, par raison d'État, en le balayant d'un revers de main et en imposant de trop fragiles certitudes. Valéry Giscard d'Estaing déclara être choqué de la sortie du *Pull-over rouge*. Mais plus on tente d'enterrer une affaire, plus elle renait. Ce fut le cas pour l'affaire Dreyfus : plus l'état-major de l'armée s'agrippait à la thèse de la culpabilité, plus le scandale gagnait en ampleur. Parfois la vérité éclate, ce fut le cas pour l'affaire Calas, pour l'affaire Dreyfus, et aux États-Unis pour l'affaire Sacco et Vanzetti. Toutes ces erreurs sont finalement passées par quatre phases : le temps de l'erreur elle-même (le procès et la condamnation), le temps du doute, le temps de la polémique et le temps de la vérité lorsque celle-ci devient évidente et qu'elle s'impose sinon à la justice, du moins à l'opinion publique et de là à la mémoire collective.

Dans le cas de l'affaire Ranucci, le temps du doute a été initié par Gilles Perrault. Puis le troisième temps, le temps de la polémique est venu avec le film de Michel Drach. Nous y sommes encore. La raison d'État, nous le verrons, s'oppose encore à la révision du procès.

Quand le doute menace de se diluer dans l'oubli, il se heurte au souhait que nous, vivants, faisons pour nos défunts, celui de reposer en paix. Cette indicible espérance que les morts reposent en paix touche à notre nature humaine. C'est ce que l'on appelle accomplir son deuil : retrouver la paix dans l'espérance que le défunt a trouvé ou retrouvé la sienne.

Que devient alors cette espérance quand on pense aux défunts de la famille Rambla, et d'abord à la jeune victime, Marie-Dolorès, sauvagement assassinée par un homme dont on a très tôt envisagé qu'il ne s'agissait pas de celui que l'on a présenté comme son ravisseur et son meurtrier ? Que reste-t-il de cette espérance quand on fait mémoire de son père, Pierre Rambla, disparu en 2013, qui a dû pendant des années faire face au scandale, comme s'il avait une quelconque part de responsabilité dans la condamnation à mort de quelqu'un sur qui a plané, deux ans à peine après son exécution, le doute de l'innocence ? Comment espérer quand on pense au terrible destin de Jean-Baptiste Rambla, le petit frère, traumatisé à vie par l'enlèvement dont il fut témoin et par la mort de sa sœur, lesté d'un terrible sentiment de culpabilité d'avoir survécu, tantôt culpabilisé par son entourage de ne pas avoir désigné Ranucci au tapissage et d'avoir ainsi permis au doute de s'immiscer dans l'opinion, tantôt culpabilisé par d'autres d'être responsable de la mort de Ranucci, comme s'il avait une quelconque part de responsabilité dans la tragédie ? Cette espérance est-elle possible quand on pense à Christian Ranucci ? Ses dernières paroles avant de mourir, « *Réhabilitez-moi !* » rapportées par ses avocats qui l'avaient accompagné dans ses derniers instants, nous empêchent à nous vivants de nous sentir en paix lorsque nous faisons mémoire de son tragique destin, comme de celui de la petite victime. Impossible, lorsque l'on s'est intéressé une fois à cette affaire, de l'oublier. Le mystère qui règne autour est trop lourd, les répliques du séisme de l'exécution continuent inexorablement de secouer.

Certes, peu nombreux sont ceux en ce début de troisième millénaire à qui l'affaire Ranucci continue de parler. Quels enjeux y a-t-il et pourquoi continuer de se tenir à l'écoute de cette affaire déjà vieille de près d'un demi-siècle ? Dans le débat politique, les polémiques au mieux amusent, au pire fatiguent. Mais dans tous les cas elles ne débouchent guère sur des conclusions, encore moins sur des consensus. D'où la tentation de la lassitude, à moins d'être lecteur passionné de romans d'Agatha Christie, ou prisonnier d'une voyeuriste addiction aux faits divers : pourquoi s'intéresser à une affaire qui appartient à l'histoire et dont la plupart des acteurs sont aujourd'hui disparus, notamment les proches du jeune décapité ?

Si l'affaire Ranucci a toujours des raisons de se rappeler à notre mémoire, c'est parce qu'elle continue de nous parler.

L'affaire Ranucci continue de nous parler parce que nous avons tous été un jour ou l'autre victime d'une injustice. Que ce soit de violence ou d'un pickpocket, de maltraitance ou simplement d'une punition non méritée, d'une rumeur calomnieuse et diffamatoire ou encore d'un licenciement abusif, la possibilité d'une erreur judiciaire dans un passé proche, de mémoire humaine, qui aurait conduit à la mort d'un innocent opère un transfert inconscient de nos sentiments sur un autre, un disparu qui aurait été victime de ce que l'on a peine à imaginer. Le doute qui n'a cessé de planer sur la culpabilité d'un jeune garçon guillotiné parle à notre inconscient.

L'affaire Ranucci continue également de nous parler parce que la quête de la vérité est inhérente à notre nature humaine. L'homme religieux, tout autant que le philosophe, le savant ou l'historien exercent sur nous une fascination, parfois admirative, parfois mêlée à un sentiment de rejet. Le policier, le détective ou le juge ne sont que leurs disciples inavoués. On fait aujourd'hui usage des avancées de la science, par exemple de l'utilisation de l'ADN pour résoudre des énigmes criminelles de l'histoire : on sait ainsi aujourd'hui que l'enfant du Temple, le corps d'enfant retrouvé dans la prison du Temple à Paris était très probablement Louis XVII, le fils de Louis XVI et de Marie-Antoinette, couple royal guillotiné ; on sait en Angleterre que les deux petits squelettes retrouvés à la Tour de Londres étaient bien ceux des enfants d'Edouard IV, assassinés sur ordre de leur oncle, le terrible Richard III. Des doutes, des énigmes, des soupçons qui ont fasciné et parfois hanté les esprits de générations d'historiens, dans certains cas pendant des siècles ont été éclaircis ou résolus. Même si l'historien est moins populaire que l'auteur de roman policier, les lecteurs de l'un et de l'autre sont mus par cette même quête de vérité, que ce soit dans l'histoire ou dans la fiction. La vérité, pour les Grecs de l'Antiquité, était étymologiquement ce qui était destiné à être dévoilé. L'affaire Ranucci porte une part de mystère, lequel a fait de nous des chercheurs d'une vérité à dévoiler.

Au-delà de la quête de la vérité, indépendamment du fait que notre enquête ait conclu à l'innocence de Ranucci, se pose la question du fonctionnement de la justice et du message qu'elle renvoie à la société. Lorsque la vérité proclamée dans un procès est sans cesse remise en cause, ce qui est le cas dans le procès Ranucci, elle laisse un sentiment de trahison. Nous avons analysé au chapitre III comment l'affaire est passée d'un simple fait divers à une tragédie judiciaire. Il nous revient maintenant d'en analyser le pourquoi.

Une tragédie grecque

Erreur judiciaire, j'ai exprimé ma conviction à ce sujet, l'affaire Ranucci est également une *tragédie* judiciaire. Jacqueline de Romilly, la grande helléniste, a fait observer que si les comédies grecques comme celles d'Aristophane sont aujourd'hui quelque peu oubliées, les mythes tragiques, eux, traversent les époques. Ainsi les tragédies grecques d'Eschyle, de Sophocle et d'Euripide nous parlent d'autant plus qu'elles ont inspiré jusqu'au siècle dernier d'autres œuvres à Sartre, Anouilh ou Giraudoux.

Dans les tragédies grecques, c'est en tentant d'y échapper que les héros provoquent le destin auxquels ils sont promis. Tout s'y enchaîne, chaque erreur apportant son malheur, chaque malheur entrainant une nouvelle erreur jusqu'à l'accomplissement du destin. Ainsi, Œdipe. Son père a entendu à Delphes l'oracle de la Pythie, laquelle lui a annoncé que son fils tuerait son père et épouserait sa mère. Œdipe est donc abandonné par ses parents, Laïos et Jocaste. Mais il est recueilli par Polybe et Mérope qui l'élèvent à Corinthe comme leur propre fils. Devenu adulte, Œdipe s'entend dire qu'il ne serait pas le véritable fils de Polybe et Mérope. Pour en avoir le cœur net, il va lui aussi consulter la Pythie à Delphes, mais obtient pour seule réponse qu'il tuera son père et épousera sa mère, la réponse que la même Pythie a donnée naguère à son père biologique. Il choisit donc de ne pas retourner à Corinthe, pour ne pas prendre le risque de tuer involontairement Polybe, son père adoptif, qu'il tient pour son père aimant ; mais en chemin, il se dispute avec un inconnu et finalement le tue. Cet inconnu n'est autre que Laïos, roi de Thèbes, son père biologique. Puis il rencontre le Sphinx, envoyé par Héra pour venger le crime et qui terrorise la ville de Thèbes. Œdipe donne la bonne réponse à la célèbre énigme que nous avons tous à la mémoire. Le monstre, dont la destinée était de mourir dès que serait résolu l'un de ses problèmes, se jette des remparts de Thèbes, ou d'un rocher selon les sources. Thèbes accueille alors Œdipe en héros, lui offre le trône de roi de la Cité et comme épouse Jocaste, la veuve de Laïos : c'est-à-dire sa propre mère. C'est en voulant échapper à l'oracle qu'Œdipe a provoqué sa réalisation.

L'affaire Ranucci est une tragédie parce qu'elle semble avoir été le fruit de cette même mécanique. Christian Ranucci se trouve par hasard le 3 juin sur les lieux d'un crime. Il a bu et s'endort, permettant à l'assassin de mettre sur pied une manipulation qui va le désigner comme suspect. Il vient d'avoir un accident et des témoins ont relevé son numéro de plaque. Il a eu un accident de scooter quelques mois plus tôt et a laissé un pantalon taché de sang dans son garage ou dans sa voiture. La police marseillaise, sûre de détenir le coupable, le soumet à une pression psychologique à laquelle il ne peut résister et qui, surtout, modifie sa mémoire et le persuade pour plusieurs mois qu'il est le coupable. Émile Pollak n'est pas à son bureau lorsque sa mère vient le solliciter pour prendre la défense de son fils. Paul Lombard s'engage dans l'affaire à reculons et délègue le suivi de l'instruction à un jeune diplômé inexpérimenté de vingt-quatre ans. Quelques semaines avant le procès, le crime et l'arrestation de Patrick Henry suscitent un débat virulent sur la peine de mort. En arrivant à son procès, Christian Ranucci espère convaincre ses jurés de son innocence. Mais en insultant devant l'assistance les policiers qui l'ont poussé aux aveux, en répondant avec insolence aux magistrats, il apparaît odieux, indifférent au crime dont on parle, sans empathie et présente aux jurés le parfait profil du coupable. Totalement apathique, avec ses yeux de poisson mort, il ne peut susciter l'empathie, encore moins la conviction qu'il est le garçon gentil, réservé, ainsi décrit par beaucoup de ceux qui l'ont connu avant le 3 juin 1974. Les avocats respectent la procédure pénale et ne préparent pas Jeannine Mattéi à témoigner tandis que le commissaire Alessandra arrive à la cour d'assises avec les époux Aubert, et qu'Armand Viala prépare un coup fourré après la fin de la plaidoirie de Paul Lombard. Et à la fin du mois de juillet, alors que le recours en grâce de Christian Ranucci a atterri sur le bureau du président de la République, un petit garçon est enlevé et tué près de Toulon.

Si l'affaire Ranucci est une tragédie, ce n'est donc pas seulement parce que l'intrigue a conduit à la mort un jeune homme dont il a très tôt été envisagé l'hypothèse qu'il était peut-être innocent.

L'affaire Ranucci est aussi une tragédie qui a perduré pour les deux familles, celle de la victime et celle du condamné. Mue au plus profond de son être par son désir de réhabiliter son fils, Héloïse Mathon n'a jamais pu faire son deuil. Disparue en 2013 à quatre-vingt-dix ans sans avoir vu la réhabilitation ni même un procès en révision de son fils, sa vie n'a plus été à partir de 1976 qu'un interminable calvaire. La famille de la victime, les parents, les frères et la sœur de Marie-Dolorès Rambla n'ont jamais pu faire leur deuil non plus. Sur cette famille frappée par un crime atroce a pesé pendant des décennies non pas le poids du doute (les Rambla n'ont jamais douté de la culpabilité de Ranucci), mais le joug d'un scandale qui la dépassait et dans lequel elle n'avait aucune part de responsabilité. Pierre Rambla a fait dans sa triste vie l'amère expérience de la versatilité de la vindicte populaire, la même qui le soutint et qui cria un jour « *À mort ! À mort !* » contre un jeune homme accusé d'être l'assassin de sa fille, et qui l'insulta quelques années plus tard, en l'accusant d'être complice de l'exécution d'un innocent. Comment ne pas comprendre que cette famille brisée par l'atrocité d'un crime odieux n'ait jamais supporté l'idée même d'évoquer des doutes quant à la culpabilité de Ranucci ?

Le poids du scandale et l'ombre du soupçon ont également pesé et pèsent encore sur des policiers, des gendarmes, des juges, des magistrats, des jurés qui ont été acteurs de cette tragédie. De Pierre Grivel, de Jules Porte, de Gérard Alessandra, on a oublié tous les criminels qu'ils ont arrêtés, tous les trafiquants qu'ils ont confondus, les vies qu'ils ont bel et bien épargnées, les services qu'ils ont bien rendus à l'État et à la population de leur ville : dans notre mémoire collective, l'affaire Ranucci leur colle à la peau, on ne se souvient d'eux que comme s'ils n'avaient travaillé que pendant la tragique semaine du 3 au 7 juin 1974. Pour Ilda di Marino, le constat est le même. Pierre Michel, mu par le désir de se dégager de cette affaire, s'est engagé avec une énergie hors du commun contre la French Connection, au point qu'il l'a payé de sa vie. Dans la mémoire collective, Paul Lombard a plutôt mieux tiré son épingle du jeu. Sa biographie est riche de causes célèbres et gagnées, de nouvelles jurisprudences, aussi l'affaire Ranucci, ses hésitations au démarrage de l'affaire et la date beaucoup trop tardive à laquelle il est intervenu ne sont que la tache qui gâche le tableau. Sur les réseaux sociaux, parmi ceux qui croient à l'innocence de Ranucci, il est vivement critiqué pour son échec à sauver la vie de son client. Mais le souvenir du 28 juillet 1976 l'a hanté jusqu'à son dernier souffle. Sans oublier Valéry Giscard d'Estaing, sur lequel nous reviendrons plus loin.

Mais n'est-il pas facile de refaire l'histoire, avec le recul de quatre décennies ? Ancien avocat lui-même, Gilles Perrault, dès 1978 reconnaissait sans ambages qu'il est plus aisé d'analyser une affaire *a posteriori* dans le calme d'un bureau d'écrivain que dans le stress de procès multiples à préparer, d'une opinion publique guidée par la haine, et qu'il est plus facile de parler d'une affaire devant des journalistes que devant un prétoire déchainé.

À la tragédie d'une enfant assassinée et d'un jeune homme décapité à vingt-deux ans s'est ajoutée une tragédie pour l'institution judiciaire. Un doute lancinant continue de rôder dans les prétoires et parfois dans les facultés de droit dès que l'affaire vient aux paroles. Apparu en 1978 lors de la publication du premier livre de Gilles Perrault, il est revenu en 1981, lorsque Robert Badinter, lors de son discours à l'Assemblée nationale pour défendre l'Abolition, s'est exprimé sur l'affaire. Le doute est encore revenu lors du premier procès de Michel Fourniret, lorsqu'il a été évoqué la possibilité de sa présence à Marseille et de son implication dans le meurtre imputé à Ranucci. Il est revenu lorsque Jean-Baptiste Rambla a été condamné à son tour en 2008 pour le meurtre de sa patronne à dix-huit ans de prison. Il est revenu au cours de l'été 2017 lorsque le même Jean-Baptiste Rambla, qui avait bénéficié d'une libération anticipée, a été pour la seconde fois arrêté et mis en examen pour le meurtre, dans des conditions atroces, d'une jeune femme à Toulouse. Il est revenu fin 2020 lors de la disparition de Valéry Giscard d'Estaing, puis il a plané quelques semaines plus tard à la cour d'assises de Toulouse, pendant tout le procès au terme duquel Jean-Baptiste Rambla a été cette fois condamné à la réclusion criminelle à perpétuité. Tous ceux qui ont tenté de clore le débat sur le destin de Ranucci, puis sur sa culpabilité, n'ont en définitive fait qu'attiser le doute. Le projet de Jean-Louis Vincent d'effacer tout doute sur l'affaire était beaucoup trop ambitieux : même si nous concluons à l'innocence, il reste des zones d'ombre qui ne seront jamais élucidées. Ceux qui ont envoyé Ranucci à la guillotine, de Jules Porte qui recueillit ses aveux à Valéry Giscard d'Estaing qui lui refusa la grâce, en passant l'avocat général Armand Viala qui requit la peine capitale ou les jurés qui la lui accordèrent, pouvaient-ils imaginer l'éternel débat que cette affaire allait susciter ?

La justice a ceci de paradoxal qu'elle est là pour réparer les erreurs, corriger les injustices. Lorsqu'elle fonctionne de manière équitable, elle est capable de les réparer toutes, ou presque. Il n'y a que les siennes qu'elle rechigne à examiner. Lorsqu'elle est ébranlée par une affaire comme l'affaire Ranucci, elle ne peut s'en défaire. Certains tentent de clore le débat, mais ce faisant, ils le ravivent, et la tragédie se poursuit, inexorablement inachevée. La justice française garde la mémoire de l'affaire Ranucci comme une tumeur qui encombre le corps et qu'on ne se résout ni à extirper, ni même à passer au scanner pour savoir si elle ne serait pas dangereuse. Mais en se maintenant dans le déni, elle n'empêche pas la mémoire de travailler.

Les tragédies sont éternelles. Elles ne cessent de nous parler. L'affaire Ranucci continuera de nous parler.

La mécanique d'une tragédie judiciaire

Nous sommes face au cas d'une manipulation diabolique et d'une malchance extrême. Un délit de fuite et un véhicule enlisé à proximité de l'endroit où l'on découvre le corps de la victime : comment ne pas soupçonner le conducteur d'être l'assassin ? Un jeune homme immature qui fait des aveux complets, même incohérents, après avoir été accablé par un témoin qui prétend le reconnaître formellement, comment ne pas y croire ? Les policiers de Marseille qui ont entendu Ranucci n'étaient ni des débutants inexpérimentés, ni tous des « ripoux » ou des tricheurs. Ils avaient l'expérience du banditisme, du trafic de stupéfiants, des affaires de mœurs ; ils savaient comment faire passer aux aveux les individus qu'ils ratissaient, des menteurs professionnels, des mythomanes, des psychopathes, des délinquants sexuels, des gangsters, des pervers. Ils savaient, comme la juge d'instruction Ilda di Marino, qu'il n'est point en matière criminelle de dossiers parfaits, d'enquête où tout coïncide. Alors même si tout ne coïncidait pas, on pourrait recoller les morceaux et faire quelques hypothèses, notamment celles qu'ont faites Gérard Bouladou ou Jean-Louis Vincent. Malgré le cas de Jean-Marie Deveaux, on considérait encore à l'époque que des aveux constituaient une preuve irréfutable, et Paul Lombard était l'un des plus ardents à dénoncer cette « religion ».

Ilda di Marino, comme toute juge d'instruction, voyait passer sur son bureau de nombreux dossiers, des enquêtes compliquées qui demandaient des contre-enquêtes, des dizaines de témoignages, d'expertises, de contre-expertises. Elle devait interroger des criminels qui la menaçaient, défendus parfois par des avocats véreux, virtuoses dans l'art de faire libérer pour vice de procédure un truand dangereux. Le tragique destin du juge Pierre Michel montre que juge d'instruction n'était pas un métier sans risque en Provence dans ces années-là. L'affaire Ranucci était pour elle une enquête facile, même trop facile. Un inculpé passif qui se laisse mener au fil des questions, un avocat jeune et inexpérimenté, des indices à peu près concordants, du moins à première vue. Alors au lieu d'interroger la cohérence des faits et des témoignages, elle a demandé des tests, une enquête médicale, psychologique, neurologique et psychiatrique des plus complètes qui n'a rien décelé d'anormal et donc permis d'affirmer que l'inculpé était « guillotinable ».

L'affaire Ranucci s'est présentée à la juge un peu comme un de ces examens dont le sujet parait évident, que tous les candidats traitent avec aisance, où les plumes glissent sans peine sur des copies que chacun rend avec la conviction confiante d'avoir réussi l'épreuve, pour découvrir ensuite que l'on n'a pas vu le piège de l'énoncé ou la subtilité de la démarche à suivre, et au terme desquels la plupart des candidats obtiennent une note médiocre. Pourquoi aurait-elle jugé utile de passer du temps sur le dossier Ranucci ? À quoi cela aurait-il servi de recevoir l'accusé plus de cinq ou six fois, ou de recevoir les témoignages des deux témoins de l'enlèvement, le petit Jean-Baptiste Rambla ou Eugène Spinelli ? Dossier d'apparence facile, enquête poussée sur le profil de l'accusé mais superficielle sur les faits, décisions rapides : tragédie judiciaire.

Plus subtil, le juge Pierre Michel aurait-il pu éviter la tragédie ? Lorsqu'il reprit le dossier début 1975, Jeannine Mattéi ne s'était pas encore manifestée. Pierre Michel avait en tout cas eu ce mérite de constater qu'il avait affaire à un dossier mal ficelé, avec beaucoup d'incohérences. Il l'avait carrément qualifié de « dossier de m… ». Mais pour lui, trop d'indices accablaient Ranucci et sa conviction était celle de la culpabilité. Il n'a pas jugé pertinent d'arrêter la machine judiciaire.

Ce que Jean-François Le Forsonney a appris de ce qui fut pour lui une cruelle première expérience d'assises, c'est que l'innocence doit se gagner à l'instruction. Au procès, c'est beaucoup plus difficile. Le procès, c'était trop tard : l'opinion des magistrats était faite. Ou alors, il fallait garder un argument massue pour démolir tout le dossier au dernier instant. Jusqu'à sa disparition prématurée en 2009, il a été tourmenté par le fait que son apprentissage soit passé par cette affaire et que la tête d'un jeune homme ait été le prix payé. Pour un Ranucci désespéré clamant son innocence dans la colère, aucun argument ne pouvait convaincre face à un public qui ne pouvait imaginer un instant l'erreur judiciaire. La peine prévue pour un enlèvement d'enfant suivi de meurtre, c'était la mort. Armand Viala était dans son rôle, fût-il rendu sanglant par le Code pénal de l'époque, lorsqu'il rappela dans son réquisitoire que telle était la loi. Face à un président de la République naïf et sujet à des fragilités qu'il refusait de s'avouer à lui-même, la tentation était trop forte de ne pas couvrir du masque de la raison d'État le besoin inconscient de plaire. Faute de convictions abolitionnistes robustes, gracier Ranucci dans les jours suivant le meurtre du petit Vincent Gallardo ne lui était point possible. Ainsi le chef de l'État a-t-il laissé l'irrésistible mécanique de la tragédie judiciaire suivre son cours.

Les problématiques soulevées par l'affaire Ranucci

L'affaire Ranucci continue de nous parler, quarante ans après l'Abolition, parce qu'elle présente la justice face à quatre problèmes, indépendants du fait que la justice pratique ou non la peine de mort :

a) *La genèse des fausses convictions* : le risque d'erreur dans la reconstitution des faits, plus largement que le risque d'erreur judiciaire, c'est-à-dire d'erreur dans l'identification du coupable (et d'autant plus critique, évidemment, que la sentence est capitale) ;
b) *La manipulation de l'opinion et des foules* au moyen du lynchage médiatique, aujourd'hui attisé par les réseaux sociaux – cette manipulation n'est pas propre aux affaires criminelles, on le voit par exemple lors de campagnes orientées contre un candidat lors d'une élection ;
c) *La fragilité du juge* qui décide sous l'influence de la pression de la foule ;
d) *La raison d'État* qui ne veut pas remettre en cause la chose jugée, quelles que soient les circonstances dans lesquelles celle-ci a été jugée.

Surnageant au-dessus de ces problèmes, dans un monde où plusieurs dizaines de pays la pratiquent encore, s'ajoute évidemment le principe même de la peine de mort, celui de l'exécution d'un criminel, dans le cas où sa culpabilité semble établie de manière irréfutable – ce qui était bien en apparence le cas au matin du 28 juillet 1976.

La genèse des fausses convictions

Ce que nous a montré l'affaire Ranucci, c'est que les policiers, qui ne disposaient que du temps d'une garde à vue pour conclure, devaient en arriver très vite à une conviction de la vérité. Or, on le sait, stress et pression du temps sont souvent facteurs d'erreur. Et s'il y a risque d'erreur dans l'identification du coupable, cela signifie qu'il y a également risque d'erreur dans la reconstitution des faits, risque inhérent à toute enquête criminelle.

Le juge ne saurait prendre de décision judiciairement juste si l'enquête qui lui est présentée comporte des erreurs dans la reconstitution des faits, même si la police lui a livré le vrai coupable. Car l'erreur dans la reconstitution des faits ne conduit pas toujours à l'erreur judiciaire, c'est-à-dire lorsque cette reconstitution conduit à attribuer les faits à quelqu'un qui n'est pas celui qui les a commis. Même quand la reconstitution des faits conduit au vrai coupable, elle peut se tromper simplement sur les circonstances du drame, atténuer ou aggraver la lecture des faits, et conduire à une condamnation trop indulgente ou trop sévère. Le risque d'erreur est évidemment plus critique lorsque la justice pratique la peine de mort : comme le rappelait Victor Hugo, « une peine irréversible suppose une justice infaillible ».

Les grandes erreurs judiciaires de l'histoire, celles qui sont connues et établies, que ce soit l'affaire Calas, l'affaire du courrier de Lyon, l'affaire Sacco et Vanzetti appartiennent à un passé suffisamment lointain de notre imaginaire, pour que nous soyons tentés d'adhérer à l'idée que les techniques scientifiques d'enquête permettent aujourd'hui de garantir l'infaillibilité de la justice. Du moins serait-ce le cas dans notre pays, à défaut de l'être partout dans le monde. Mais les faits ne sont jamais intégralement reconstitués sur des bases scientifiques et rationnelles. Il y a toujours au moins un ou plusieurs témoignages. Les témoignages peuvent converger entre eux, les preuves matérielles peuvent converger entre elles, mais témoignages et preuves matérielles peuvent ne pas converger. Lorsque preuves et témoignages ne convergent pas, il faut suspecter soit la manipulation des preuves, soit celle des témoignages, soit que les témoignages soient faux – que ce soit intentionnellement ou non – ou simplement biaisés. Ou tout cela à la fois.

Ainsi, dans les pays où l'on condamne à mort, on ne condamne pas, loin s'en faut, uniquement sur la base de faits : on condamne aussi et souvent sur la base de *témoignages de faits*, avec des biais et des préjugés qui orientent le jugement : ainsi le témoignage d'un homme a légalement plus de valeur que celui d'une femme, ou le témoignage d'un musulman plus de valeur que celui d'un non-musulman dans les pays islamiques ; celui d'un blanc a non pas légalement mais psychologiquement plus de poids que celui d'un noir dans le sud des États-Unis, ou celui d'un Anglo-saxon plus de poids que celui d'un Latino au Texas. Le témoin comme l'accusé oriente l'enquête, l'instruction, ainsi que la sentence, non pas seulement par ce qu'il dit, mais par ce qu'il est. Dans le cas de l'affaire Ranucci, les époux Aubert, par leur apparence, leur tenue vestimentaire et leur aisance, étaient infiniment plus crédibles que Jeannine Mattéi. Pour compléter une expression proverbiale, on pourrait dire que si l'habit ne fait pas le moine, il fait le témoin.

Peut-on croire, dans une affaire criminelle, à une certitude absolue de la culpabilité d'un accusé dans un pays disposant de techniques scientifiques d'investigation ? Les partisans du rétablissement de la peine capitale répondraient sans hésiter par l'affirmative. Mais ce serait méconnaître la nature humaine. D'abord, ce serait négliger les risques, importants dans certains pays, de corruption de juges, de policiers, d'experts, et ignorer la tentation qui peut surgir à tous les échelons de l'enquête de falsifier des résultats ou de masquer des preuves. Nous y reviendrons plus loin lorsque nous aborderons la raison d'État. Ensuite, parce que pour un esprit manipulateur, ce que sont tous les pédophiles et en particulier l'assassin de Marie-Dolorès Rambla, la création de fausses preuves pour détourner l'accusation sur un tiers fait partie des outils du jeu : comme nous l'avons évoqué plus haut, Michel Fourniret en a largement abusé. Ranucci étant innocent du crime pour lequel il a été exécuté, le vrai meurtrier a volontairement enlisé la voiture du condamné non loin du lieu du crime pour qu'elle soit vue à proximité des lieux du crime. Marie-Dolorès Rambla a été enlevée et assassinée par un manipulateur diabolique.

Aujourd'hui, on pratique couramment des tests ADN dans les enquêtes criminelles. Dans le cas de Christian Ranucci, l'une des principales pièces à conviction était le pantalon taché de sang dont on a supposé qu'il s'agît du sang de la victime. Nous avons vu qu'il est tout à fait possible, sans que plus rien ne permette de l'affirmer, qu'il se soit agi du sang de Ranucci. Aujourd'hui, un test ADN permettrait de trancher. Mais on peut très bien imaginer, à l'ère des tests ADN, un criminel commettant un meurtre avec le vêtement de quelqu'un d'autre sur lequel on retrouverait l'ADN du propriétaire, qui pourrait être accusé, ou bien un criminel qui verserait du sang sur les vêtements de quelqu'un d'autre. Les techniques modernes d'investigation n'empêchent donc pas les manipulations : elles les rendent plus compliquées.

Il y a enfin, ce que l'on a appelé la « religion des aveux ». Dans la police, comme dans la justice, que quelqu'un puisse avouer un crime qu'il n'a pas commis demeure impensable pour beaucoup. L'histoire judiciaire a retenu des cas précis de condamnés qui avaient avoué un crime avant qu'il ne soit prouvé, parfois par des analyses d'ADN, que le crime avait été commis par un tiers : nous avons vu quels mécanismes conduisent quelqu'un à s'accuser de faits imaginaires. S'il n'avait avoué au bout de dix-neuf heures de garde à vue sous la pression d'Aline Aubert, il aurait probablement fini par craquer, comme avant lui Jean-Marie Deveaux, ou comme après lui Patrick Dils, d'autant plus facilement que sa probable période de sommeil le 3 juin après-midi ne lui permettait pas de se raccrocher à des souvenirs réels. Ce que les cas avérés de faux aveux – reconnus juridiquement comme tels dans les affaires de Jean-Marie Deveaux et de Patrick Dils – révèlent, c'est qu'au-delà d'une durée qui doit se situer aux environs de trente-six heures d'interrogatoire, il faut une résistance surhumaine pour résister à la tentation d'en finir. Le cas de Patrick Dils montre même que, dans les cas où il ne s'est pas convaincu lui-même de sa culpabilité, celui qui s'est accusé une première fois devant les policiers peut de nouveau s'accuser devant le juge, voire se livrer à une reconstitution totalement imaginaire, et même parfois aller jusqu'à donner des éléments que seul le coupable devrait *a priori* connaître.

Dans un livre publié quelques années après l'exécution de Ranucci[55], Paul Lombard cite le cas d'un avocat, dont il ne donne pas le nom, défendant devant un président de la République la grâce d'un adolescent accusé de meurtre et clamant son innocence. Et le président de lui répondre : « Vous oubliez qu'il a avoué. » Évoque-t-il dans ces lignes son propre entretien avec le président Giscard d'Estaing dans lequel il sollicitait la grâce pour Christian Ranucci ? Paul Lombard est mort et nous ne le saurons jamais. Quoi qu'il en soit, cette « religion des aveux » comme preuve irréfutable, a toujours rassemblé et rassemble encore de nombreux adeptes, comme elle en avait au temps de l'Inquisition.

La manipulation des foules : les emballements médiatiques

Le risque d'erreur judiciaire n'est pas uniquement lié à la fragilité des témoignages ou aux approximations d'une enquête, fussent-ils le fruit de la manipulation d'un pervers : il est aussi fortement augmenté par l'opinion publique.

Ainsi, avant d'être condamné par la justice, Christian Ranucci l'était déjà par l'opinion publique. Il fut condamné à mort quatre ans après le procès de Claude Buffet et de Roger Bontems et, dans les deux cas, le jugement fut prononcé dans un prétoire dont le public avait hurlé « *À mort ! À mort !* » et applaudi l'annonce du verdict à la sortie du tribunal. Lors du procès de Patrick Henry en 1977, la police avait d'ailleurs été sollicitée à l'avance pour le cas où la sentence ne serait pas capitale, pour contenir la réaction de la foule de Troyes. Avant l'énoncé du verdict, des cars de CRS s'étaient positionnés à la sortie du tribunal pour contenir d'éventuels débordements. On peut aisément imaginer la réaction déchaînée qui aurait été celle de la foule à Aix-en-Provence en ce 10 mars 1976 si le jury avait accordé les circonstances atténuantes, encore plus si la plaidoirie de Paul Lombard avait convaincu les jurés de l'innocence de Ranucci. Sans doute des précautions similaires avaient-elles été prises. Nul autre procès que celui de Ranucci n'aura mieux illustré la formule de Moro-Giafferi, accoutumé à défendre des criminels prétendus indéfendables et qu'il avait souvent, de Landru à Weidmann, accompagnés à l'échafaud : « L'opinion publique est une putain qui tire le juge par la manche pour obtenir la tête de l'accusé. »

Il est commun d'accuser les médias : je préfère écrire qu'ils sont à notre image et à notre ressemblance, pour le meilleur quand ils recherchent la vérité, pour le pire lorsqu'ils formatent l'opinion ou étanchent une soif aussi inavouable qu'impudique de scandale, apaisant les égarements d'un voyeurisme que chacun garde plus ou moins secret. Le journaliste n'a de qualités et de défauts que ceux de celui ou celle qui consent à le lire ou à l'écouter, et chacun de nous participe non seulement de la diffusion de l'information mais aussi de sa création.

En 1976, les chroniqueurs judiciaires étaient déjà souvent opposés à la peine de mort. Beaucoup avaient constaté que la guillotine n'était que le mauvais numéro d'une loterie qu'il fallait une part de chance pour ne pas décrocher. Bons ou mauvais avocats, bons ou mauvais coupables, ils savaient que les prétoires étaient aussi des scènes de théâtre où chacun avait un rôle à jouer. Ils savaient que ce que l'on y applaudissait n'était pas la qualité du scénario, mais la performance des interprètes.

Dans la décision de prononcer une sentence, capitale ou non, il y a toujours une part subjective qui fait de l'accusé un coupable plus ou moins crédible aux yeux de l'opinion publique. Anarchistes et immigrés italiens devant les juges anglo-saxons d'une Amérique puritaine, Sacco et Vanzetti étaient nécessairement coupables. Aujourd'hui, des accusés sont soupçonnés d'être des criminels parce qu'ils sont noirs, indiens, latinos, dans le sud des États-Unis, chrétiens en pays musulmans, musulmans en pays de tradition chrétienne, parce qu'ils appartiennent à une ethnie considérée comme un peuple de pervers, de voleurs ou d'assassins, ou de blasphémateurs, qu'ils deviennent alors objets d'un emballement médiatique qui rend toute clémence impossible parce qu'incommunicable.

Les réseaux sociaux sont aujourd'hui le lieu de la haine, celui où certains se montrent sous leur jour le moins présentable et déposent les déjections les plus pestilentielles de leurs pensées. Il y a de quoi être choqué par le ton employé, dans les sites ou les pages de réseaux sociaux, par certains de ceux qui croient en la culpabilité de Ranucci : on y trouve souvent, loin du style mesuré de l'enquêteur qu'est Jean-Louis Vincent dans son livre, la haine des partis extrémistes, des affirmations et parfois des schémas sans aucun support, une argumentation où la répétition tient lieu de dogme, un vocabulaire digne d'un discours de religieux fondamentaliste ou de propagande d'un régime totalitaire. Certains y déversent leurs idées les plus basses, leurs fantasmes les plus abjects, leurs insultes les plus obscènes. Quand ils sont favorables à la peine de mort, cela ne les empêche pas de citer Gérard Bouladou, le médiatique Gilbert Collard et depuis peu Jean-Louis Vincent, lesquels y sont hostiles, de manière affirmée pour les deux derniers.

En 1976, la manipulation des foules qui crée une opinion unanime n'était pas un phénomène nouveau. Dans l'Antiquité, en Palestine, le droit talmudique prescrivait que lorsque le tribunal juif, le Sanhédrin, prononçait une sentence votée à l'unanimité, l'accusé était acquitté et libéré. Et lorsqu'une sentence capitale était prononcée, elle devait être confirmée le lendemain. Les juges juifs qui avaient conçu ces lois avaient dû avoir l'intuition qu'une opinion unanime était trompeuse et qu'une sentence capitale méritait le temps de la réflexion. Les jurés d'Aix-en-Provence n'étaient pas cadrés comme l'étaient les juges juifs de l'Antiquité. L'unanimité ne faisait que renforcer leur conviction. Leur sentence n'avait pas à être confirmée.

La fragilité du juge : Valéry Giscard d'Estaing, juge ultime de Christian Ranucci

S'il est évident que la pression de la foule a exercé une influence sur les jurés, elle a également influencé la décision du juge ultime, Valéry Giscard d'Estaing, de refuser d'accorder la grâce au jeune condamné.

Comme pour tout personnage complexe au bilan évidemment contrasté, il est de nombreuses lectures possibles de la carrière politique de l'ancien chef de l'État – c'est le propre de la liberté d'expression inhérente à la vie démocratique et c'est heureux. Valéry Giscard d'Estaing, qui vient de nous quitter, a joué un rôle important dans la construction de l'Union européenne, dans la création du Système monétaire européen avec Helmut Schmidt, laquelle a préfiguré la création de l'Euro. La construction européenne, sur fond d'amitié franco-allemande (né en Allemagne, il parlait couramment la langue de Goethe) aura été l'un des principaux fils conducteurs de sa carrière politique, même après son départ du pouvoir. On a souvent admiré ses talents de pédagogue qui savait ne pas être pédant. On s'est aussi amusé de ses embardées maladroites, par exemple lorsqu'il parlait en conseil des ministres de porter le SMIC à 3 500 francs parce que c'était « ce qu'il donnait à ses enfants comme argent de poche[56] ».

Mais quelle que soit la lecture que l'on fasse de la vie de l'ancien président, le sang de Christian Ranucci est resté et restera immanquablement une tache rouge, indélébile, sur sa biographie. L'exécution de Ranucci est restée ce qu'elle était déjà, y compris pour la plupart de ceux qui croient en sa culpabilité : une erreur, non pas une erreur judiciaire mais une erreur tout court. Une faute.

« Sincère, naïf, fragile », ainsi tenait en trois adjectifs le portrait que Pierre Viansson-Ponté, journaliste, chroniqueur, analyste méticuleux et fin psychologue des personnalités politiques, dressait de Valéry Giscard d'Estaing dans les années 70[57].

Le président fut sincère au point de s'exprimer sans détours, des années plus tard, sur le pourquoi de cette décision qui fut la sienne. Dans son livre de mémoires en trois tomes, *Le pouvoir et la vie*, l'ancien président de la République affirme avoir pris sa décision de refus de gracier Ranucci à la lecture d'une lettre manuscrite de la mère de la victime, qui le suppliait de ne pas s'opposer à l'exécution. Et qu'il avait « laissé la justice suivre son cours », et rien d'autre, sans mesurer le poids politique de sa décision.

Valéry Giscard d'Estaing fut naïf de croire que l'on ne condamne que des gens coupables. Il fut naïf au point de ne pas être conscient que les lettres qui étaient dirigées vers son bureau étaient soigneusement sélectionnées. Avait-il lu également la lettre naïve que lui avait adressée Christian Ranucci, depuis sa prison, et dans laquelle il clamait son innocence et lui demandait la grâce ? Selon Paul Lombard, le président avait, quand ce dernier le reçut à l'Élysée, une parfaite connaissance du dossier Ranucci ou du moins, devrait-on préciser, dans la version qu'on avait bien voulu lui en donner, que l'on peut avec le temps imaginer biaisée, voire tronquée. Cette décision de refuser la grâce à Christian Ranucci met en lumière ce sentiment d'infaillibilité qui ronge bien des hommes d'État dans des moments critiques et les entraîne dans des imprudences. Ce sentiment est d'autant plus dangereux qu'il est projeté sur les autres par celui qui l'éprouve pour lui-même : du haut de sa fonction, Valéry Giscard d'Estaing a cru, le 26 juillet 1974, en l'infaillibilité de la justice.

Il fut fragile de céder à la pression populaire : la décision du président montre mieux que toute autre cette fragilité qui pousse les hommes d'État, sous la pression populaire, à céder à la démagogie. Incorrigible satisfait de soi – comme le sont beaucoup d'hommes politiques de tous bords –, il y était sans doute plus vulnérable que quiconque.

D'une décision prise sur le coup d'une émotion, son septennat qui aurait pu être le premier d'une abolition de fait, sans parler d'être celui d'une abolition de droit, accorda finalement sa dernière prolongation à la peine de mort en France.

Le député gaulliste parisien Pierre Bas, abolitionniste déclaré de longue date et qui vota la loi Badinter en 1981, prêtait à Valéry Giscard d'Estaing l'intention de maintenir la peine de mort par attachement à son droit de grâce, ce privilège régalien hérité de l'Ancien Régime. Il est clair que ce droit de grâce était pour le président élu en 1974 un droit discrétionnaire et qu'il ne devait pas mettre en cause la « chose jugée ». C'était lui, et lui seul qui devait décider de la vie ou de la mort d'un condamné et selon des critères qui n'appartenaient qu'à lui. Si l'on en croit sa fille aînée, Valérie-Anne, il aurait passé des coups de téléphone pour vérifier s'il y avait effectivement un doute sur la culpabilité de l'accusé. Peu lui importaient donc les doutes que pouvait tenter de lui transmettre un Paul Lombard quant aux zones d'ombre du dossier Ranucci.

Invité à la télévision à l'occasion du trentième anniversaire de son élection, en 2004, l'ancien président, sur présentation d'une photo de Ranucci, évoqua l'affaire avec des éléments complètement faux et mélangea des détails concernant Ranucci avec des éléments relatifs à l'affaire Patrick Henry. Il déclara ainsi que l'assassin avait cherché sa victime à la sortie de l'école. Il ajouta qu'il portait un pull-over rouge… Il laissa dans cette assurance et cette satisfaction de soi dont on le connaissait coutumier une impression particulièrement pitoyable à ceux qui connaissaient bien les deux dossiers.

De la manière qu'il a eue jusqu'à la fin de sa vie d'évoquer la peine de mort, on sent trop bien qu'il cherchait à justifier ce dont il avait compris à l'évidence que l'histoire lui tiendrait rigueur.

De plus, dans les dernières lignes de son livre *Le Pouvoir et la Vie,* le lecteur ne peut que constater son insincérité sur la peine de mort. L'ancien chef de l'État avait terminé ses mémoires en évoquant trois dossiers urgents confiés à François Mitterrand lors de sa passation de pouvoirs le 21 mai 1981 : le troisième de ces dossiers concernait le recours en grâce d'un condamné à mort. Valéry Giscard d'Estaing avait indiqué à son successeur que le Conseil supérieur de la magistrature avait recommandé l'exécution à l'unanimité, ce qui parait-il était très rare, et que l'exécution aurait normalement dû avoir lieu. Le président de la République pouvait, s'il le souhaitait, s'aligner sur la recommandation du conseil, mais son droit de grâce restait discrétionnaire. Il aura échappé à la mémoire de Valéry Giscard d'Estaing, pendant qu'il écrivait ces dernières lignes, que dans le cas de Ranucci, la recommandation du conseil en question avait été la grâce, et qu'il ne l'avait pas suivie.

Le condamné en question, celui dont le Conseil supérieur de la magistrature avait recommandé l'exécution s'appelait Philippe Maurice. Le récit du président ne cite pas le nom du condamné, mais Philippe Maurice était à cette date le seul condamné à mort dont le pourvoi en cassation avait été rejeté et donc le seul dont le recours en grâce fût parvenu sur le bureau du président de la République : c'était bien de lui qu'il s'agissait. Il avait tué un veilleur de nuit puis, avec un complice, deux gardiens de la paix. Des crimes odieux. Après sa condamnation, il avait tenté de s'évader avec la complicité d'une avocate qui lui avait procuré une arme, dont il s'était servi pour blesser grièvement un gardien de prison. L'avocate fut évidemment immédiatement radiée et lourdement condamnée. Dans le couloir de la mort, Philippe Maurice avait donc fortement aggravé son cas. Mais Valéry Giscard d'Estaing s'est obstiné à écrire dans ses mémoires que le condamné avait tué un enfant. Mensonge délibéré doublé de bluff, ou panne de mémoire involontaire ? En d'autres termes, s'agit-il d'une contre-vérité machiavélique ou freudienne ? Ce troisième et dernier tome de mémoires n'a été publié que dans les années 2000. L'unique témoin de cet entretien, François Mitterrand, n'était plus là pour commenter le récit.

Quelques jours seulement après sa prise de fonctions, le président nouvellement élu reçut les avocats de Philippe Maurice et la grâce fut annoncée immédiatement. Le condamné, absolument indéfendable, ne dut son salut qu'à la conviction abolitionniste de principe du nouveau président. Intellectuel brillant, Philippe Maurice est aujourd'hui historien, auteur d'une thèse de doctorat sur la famille en Gévaudan au XVe siècle et biographe français de référence de Guillaume le Conquérant, après avoir été dans sa jeunesse un meurtrier puis s'être racheté de ses crimes pendant de longues années de détention. Les notices biographiques qui figurent sur ses livres n'omettent pas son passé criminel.

En achevant ces mémoires sur ce détail, Valéry Giscard d'Estaing est demeuré hélas inaccessible à l'idée qu'il se serait grandi en reconnaissant la possibilité d'une double erreur personnelle, celle de ne pas avoir gracié

Ranucci, et celle de ne pas avoir mis un terme à la peine de mort en France. De plus, ce détail fait apparaître sa pratique de la grâce présidentielle comme une loterie dont il aurait fait tourner la roue : Philippe Maurice ne devrait pas la vie à sa mansuétude, mais à un calcul politique visant à fragiliser la popularité de son successeur, dans un espoir déraisonné de reprendre un pouvoir dont il mit des années à faire le deuil. Le refus du président sortant de décider sur le sort de Philippe Maurice n'est qu'une illustration de plus que la peine de mort était bien une loterie.

Dans l'une de ses lettres à sa mère, Ranucci avait écrit : « *À la loterie de la vie, j'ai tiré le numéro du malheur sans avoir acheté de billet* ». Nous pouvons dire que, dans son cas, la loterie de la vie aura révélé la peine de mort comme une loterie.

L'histoire a retenu le nom de Valéry Giscard d'Estaing comme celui d'un pionnier de la construction de l'Union européenne, de l'instauration de l'union monétaire, de la consolidation de l'amitié franco-allemande, d'une modernisation de l'économie, du droit des entreprises, de la majorité à dix-huit ans. Mais elle a retenu qu'il a accroché à sa propre boutonnière le déshonneur d'être le dernier homme d'État en Europe de l'Ouest à avoir appliqué la peine capitale, alors que l'Europe a fait de l'Abolition une loi universelle.

La raison d'État

Au-delà de l'honneur de l'ancien chef de l'État, il y a la raison d'État, une conception machiavélienne de l'État selon laquelle le souverain se devrait de se montrer paré de toutes les vertus, sans nécessairement les détenir, pourvu que cette apparence lui permette de se maintenir au pouvoir.

Pourquoi les pièces à conviction du procès de Ranucci ont-elles aujourd'hui disparu ? Encore une fois, un test ADN sur le pantalon de Christian Ranucci permettrait aujourd'hui de savoir si le sang est bien celui de Marie-Dolorès Rambla. Il n'y aurait point besoin d'exhumer la victime, puisqu'il suffirait de comparer des ADN du sang prélevé avec celui d'un de ses frères, toujours vivants. Le couteau a également disparu. La disparition de ces pièces à conviction ne peut pas être le fait du hasard, elle est nécessairement le fruit d'une décision. Mais alors que, depuis quarante ans, le doute n'a cessé de hanter les milieux judiciaires, une telle décision apparaît bien abrupte. On a des raisons de croire que cette décision a été prise par quelqu'un qui souhaitait que la justice ne s'y intéressât plus. L'affaire Ranucci a ceci qu'elle ne laisse jamais indifférent quelqu'un qui s'est penché sur le dossier. Un magistrat, un fonctionnaire a peut-être eu peur à l'époque du *Pull-over rouge* que quelqu'un recherchât la vérité.

Si la disparition des pièces à conviction de l'affaire Ranucci était un fait isolé, ce pourrait être un malheureux cas exceptionnel. Mais la disparition, évoquée ces derniers mois de pièces relatives à l'enquête sur l'affaire Robert Boulin, pièces qui contredisent la thèse du suicide du ministre de Valéry Giscard d'Estaing montrent qu'il s'agit là d'une pratique courante. Pourquoi des pièces à conviction ont-elles également disparu dans l'affaire des disparus de l'Isère, une dizaine d'enlèvements d'enfants dans les années 80 et au début des années 90, dont beaucoup n'ont jamais été retrouvés ? Y aurait-il un rapport trop évident avec le meurtre de Marie-Dolorès Rambla ? Des personnalités protégées que l'on aurait voulu épargner ? Qui a enlevé et fait disparaître le petit Ludovic Janvier, en 1983, en lui demandant de l'aide pour rechercher un chien perdu ?

Deux raisons peuvent être invoquées : la première, évidente, est que la justice, et ce n'est certainement pas une caractéristique propre à celle de la France, n'aime pas que l'on prouve qu'elle s'est trompée. Le fiasco de l'affaire d'Outreau a montré la crise morale qu'une erreur judiciaire peut produire chez les magistrats. La seconde, beaucoup plus troublante, c'est la loi du silence qui étouffe la classe politique. Dans les années qui ont suivi mai 68, les orgies sexuelles étaient devenues courantes dans les milieux politiques et artistiques, et on sait d'après les confessions de Daniel Cohn-Bendit que des enfants y étaient parfois invités. Que ces orgies aient attiré des pédophiles, que certains d'entre eux aient été susceptibles d'avoir des pulsions meurtrières est très probable. Pourquoi la pédophilie, qui n'épargne ni l'Église catholique, ni l'Éducation nationale, aurait-elle épargné le monde politique ? Les milieux mafieux de la Côte-d'Azur, milieux dont le proxénétisme était une branche d'activité fort rentable, étaient tout à fait capables, même à leur insu, d'attirer puis de protéger un pédophile.

C'est un fait indéniable que la raison d'État aura encore pesé sous Valéry Giscard d'Estaing.

Les démocraties ne sont pas immunisées contre le pouvoir étouffant de la raison d'État. Dans un régime démocratique demeurent la liberté de laisser la place au doute et la légitimité d'une recherche exigeante de la vérité. Le débat contradictoire, on a trop souvent tendance à l'oublier, est le lieu même où se vit la démocratie, à l'intérieur comme à l'extérieur des palais de justice.

Même dans une Europe qui a fait de l'Abolition une loi universelle, la vague populiste qui affecte certains pays, et en particulier le nôtre, ravive parfois la mémoire d'une époque où la démagogie pouvait légalement conduire à la mise à mort d'un homme, et éventuellement d'un innocent. De la démocratie athénienne du siècle de Périclès à l'Allemagne de Weimar, en passant par une Amérique passée quatre ans sous la férule d'un incontrôlable Donald Trump, l'histoire a montré que les démocraties sont des édifices fragiles : il convient de ne jamais l'oublier. Les menaces qui pèsent sur les démocraties nous invitent à nous tenir sur nos gardes : un retour de la peine de mort, serait-il éphémère, ne sera jamais complètement exclu.

Une affaire qui parle pour une abolition universelle

L'affaire Ranucci pose donc le problème du risque d'erreur dans la reconstitution des faits, de la manipulation des foules, de la fragilité du juge, et de la raison d'État. Mais dans une France où la dernière exécution capitale remonte à plus de quarante années, elle rappelle à la mémoire de l'humanité la question essentielle de la peine de mort, dans un monde où elle n'a pas encore disparu, dans un monde où les couloirs de la mort, à l'évidence, ne sont pas remplis que de coupables.

Comme on l'a vu lors du débat au Parlement de septembre 1981, le rejet inconditionnel de la peine capitale est une conviction qui traverse les courants politiques (y compris d'ailleurs à l'extrême droite, comme on a pu le voir avec les prises de position réitérées de Gilbert Collard). C'est une conviction que je partage avec Yann Le Meur ou Gilles Perrault, et même Jean-Louis Vincent, quelles que soient par ailleurs nos convictions respectives sur d'autres sujets.

À supposer que Ranucci fût coupable et la justice infaillible, fallait-il pour autant l'exécuter ? À cette question, les nostalgiques de la guillotine répondraient par l'affirmative. Ils objectent, non sans raison, qu'un meurtrier a toutes les chances de récidiver et qu'il faut « sauver des vies ultérieures », arguant qu'un condamné à perpétuité finit presque toujours par être libéré. L'affaire Buffet-Bontems, d'une certaine manière, validerait leur argument : Buffet avait tué avant d'être condamné et avait récidivé au sein de la centrale de Clairvaux. Mais quel paradoxe que celui de croire qu'une justice serait infaillible pour statuer sur la culpabilité d'un accusé, mais courrait par contre le risque de se tromper quand il s'agirait de statuer sur la remise en liberté d'un homme toujours dangereux ! L'humilité, l'histoire enseignent qu'aucune institution, aucun être humain n'est infaillible. Le rêve d'infaillibilité, c'est le mirage, vieux comme l'humanité, de l'homme qui se prend pour l'égal de Dieu.

À la question de savoir s'il fallait exécuter Ranucci, le conseil supérieur de la magistrature, saisi de la demande de grâce de Ranucci, avait d'ailleurs répondu par la négative. Sans se poser la question de sa culpabilité, tant elle leur paraissait évidente, les magistrats avaient estimé au vu du dossier que, compte tenu de son jeune âge, de l'absence de précédent, la justice pouvait faire pour Ranucci le projet d'un très long séjour en prison, suivi d'une libération conditionnelle, puis d'un retour à une vie civile qui eût été à jamais marquée par une dette payée à la société. Le raisonnement du conseil supérieur de la magistrature était donc qu'il pouvait lui être donné une seconde chance, tout comme celui des psychiatres qui l'avaient estimé « réadaptable ».

Un criminel qui a tué peut récidiver. Libéré, il peut devenir un simple délinquant que l'on doit emprisonner de nouveau, à l'instar de Patrick Henry[15]. Mais il peut devenir un Philippe Maurice, historien et écrivain. Ou encore devenir un José Giovanni, criminel condamné à mort dans sa jeunesse, puis libéré et devenu par la suite réalisateur de cinéma, et qui devait, dans la foulée de l'affaire Buffet-Bontems, évoquer la question de la guillotine dans son film *Deux hommes dans la ville* en 1973. On y voit Jean Gabin, policier devenu éducateur, tenter de réinsérer dans une vie civile normale un malfaiteur qui vient de sortir de prison, incarné par Alain Delon. Mais le destin s'acharne sur celui-ci : il perd sa femme dans un accident de voiture, puis ses anciens amis du Milieu le retrouvent. Et pour son malheur, il croise le chemin d'un policier qui a déjà eu affaire à lui, un inspecteur incarné par Michel Bouquet, qui le surveille comme Javert son Valjean en guettant le moment favorable pour l'arrêter de nouveau. Excédé, l'ancien malfaiteur tue le policier. Cette fois, il est condamné à mort et guillotiné. Dans les dernières images du film, après les images du couperet qui tombe juste devant la caméra sur la tête d'Alain Delon, Jean Gabin marche seul dans la rue, devant le mur d'une prison. Et l'on entend la voix rocailleuse de ses dernières années prononcer ces mots : « Derrière ces murs, j'ai vu une machine qui tue. » Le tournage de ce film a sans doute été pour le réalisateur une thérapie qui lui a permis d'exorciser de vieux démons.

Épargner la vie de quelqu'un qui a commis un crime, fût-il atroce, c'est parier pour lui sur le meilleur plutôt que sur le pire. C'est une vision de l'homme. C'est parier que la société peut être réconciliée, même dans le deuil de la victime, sans qu'il soit besoin de supprimer une seconde vie. C'est une vision de la communauté des hommes. Cesare Beccaria, grand juriste italien du XVIIIe siècle, premier avocat de la cause de l'Abolition, non seulement

[15] Patrick Henry, condamné à la réclusion criminelle à perpétuité en 1977, avait bénéficié d'une libération conditionnelle en 2001. Il a été réincarcéré en 2002 après avoir été pris en flagrant délit de trafic de cannabis et n'est ressorti de prison que quelques semaines avant sa mort en 2017.

celle de la peine capitale mais aussi de la torture et des châtiments inhumains, jugeait que les traces psychologiques d'un crime se calment avec le temps. Il était partisan d'une peine de travaux forcés à perpétuité. La torture était pour lui inhumaine et la peine de mort totalement inutile.

Que l'accusé soit coupable ou non, la peine de mort est l'aboutissement d'une mécanique, cette mécanique sacrificielle décrite par l'anthropologue René Girard[58], que Yann Le Meur cite à bon escient : lorsqu'une foule est prise d'une angoisse collective, elle ne s'apaise que si elle se livre à un sacrifice humain sur une victime unanime qui correspond le mieux à ses stéréotypes, qu'elle peut considérer comme la cause de son angoisse : c'est ce que l'on désigne en reprenant dans le langage moderne et profane le terme biblique de *bouc émissaire*. La foule cherche un coupable, mais inconsciemment elle s'oriente vers le plus faible qu'elle puisse trouver, le plus différent possible de l'image qu'elle a d'elle-même. Elle se nourrit d'une haine attisée et entretenue aujourd'hui dans des réseaux sociaux où personne ne sait comment l'endiguer. Le besoin de sacrifice rend la foule inaccessible à tout raisonnement, à toute analyse. Et quand cette foule a trouvé sa victime, c'est l'immolation. C'est le sort fait à l'âne par La Fontaine dans *Les animaux malades de la peste*, l'une de ses plus célèbres fables. Épargner la vie d'un criminel, c'est poser un interdit sur le rite du sacrifice du bouc émissaire. C'est une vision anthropologique.

La foule qui assistait au procès les 9 et 10 mars 1976, indignée – et avec raison – face à l'horreur du crime, éprouvait aussi le besoin pervers d'un sacrifice pour calmer sa colère. Elle a cru en la culpabilité de Ranucci parce qu'elle avait besoin d'y croire, parce qu'elle avait envie d'y croire. C'est à cette envie malsaine qu'Armand Viala a répondu en livrant le témoignage de Jean-Claude Jaglasse avec son homme au pull-over vert pour démolir la plaidoirie de la défense et tout soupçon de doute.

Valéry Giscard d'Estaing, chaque fois qu'il était interrogé sur l'affaire Ranucci, n'avait de cesse de justifier sa décision en affichant sa conviction que la peine de mort était dissuasive. Dans les mois qui ont précédé la campagne présidentielle de 2017, certains politiciens ont également pris position pour un rétablissement de la peine de mort pour les terroristes kamikazes. Au-delà de l'absurdité intellectuelle du raisonnement (un kamikaze qui réussit n'est plus en état d'être condamné…), comment la perspective d'une sentence capitale dissuaderait-elle des fanatiques qui n'ont d'autre dessein, dans leur délire morbide, que celui d'être transportés vers un paradis où ils sont attendus par 72 vierges ? Le spectacle ahurissant du français Zacharias Moussaoui, condamné à perpétuité aux États-Unis pour son implication dans les attentats du 11 septembre 2001 au terme d'un procès où il avait tout fait pour être condamné à mort, est un parfait exemple de l'inefficacité de la peine capitale. La dissuasion exercée par la peine de mort est un leurre si l'on pense à ceux qui voient leur exécution comme leur martyre.

En septembre 1981, pour convaincre les parlementaires de l'inefficacité de la peine capitale, Robert Badinter devait livrer aux députés qui allaient voter l'Abolition un argument particulièrement puissant. Il avait compris que la peine de mort n'avait aucun pouvoir dissuasif le jour où il avait appris que, dans la foule dont il avait croisé les regards à Troyes, en juin 1972, et qui criait sa haine, demandant la mort pour son client Roger Bontems et pour Claude Buffet, il y avait un jeune garçon qui n'avait pas vingt ans, et qui n'était autre que Patrick Henry. Merle et Vitu, auteurs en 1967 d'un Traité de droit criminel de référence, affirmaient que sur 250 pendus de l'histoire judiciaire anglaise, 170 d'entre eux avaient, une fois dans leur vie, assisté à une pendaison.

La peur de la mort, disait Robert Badinter dans son discours devant l'Assemblée nationale, n'a jamais dissuadé personne d'aller jusqu'au bout de ses passions : si la peur de la mort dissuadait toujours, disait-il, il n'y aurait ni militaires, ni sportifs de haut niveau. Aujourd'hui, la peur de la mort ne dissuade, et c'est heureux, ni de respectables militaires accomplissant leur devoir et leur vocation dans les plaines de l'Irak, les dunes du Mali ou les montagnes de l'Afghanistan, ni des gendarmes qui risquent et parfois paient de leur vie pour sauver des otages comme on l'a vu en 2018 avec le sacrifice du lieutenant-colonel Arnaud Beltrame. Elle ne retient pas non plus les navigateurs solitaires, ni les alpinistes les plus audacieux de vivre des passions estimables au risque de disparaître parfois tragiquement et prématurément. Des navigateurs tels qu'Éric Tabarly, Loïc Caradec ou Gerry Roufs, de grands alpinistes comme Lionel Terray, Louis Lachenal ou Nicolas Jaeger ne vécurent-ils pas que pour une passion dont ils savaient qu'elle était susceptible de les conduire à cette fin qui fut la leur, et pour eux la plus belle ? Comment cette peur de la mort dissuaderait-elle des esprits malades d'aller jusqu'au bout de leurs passions meurtrières ?

Si la peine de mort continue de reculer dans le monde, il est aussi des leaders populistes qui réclament son rétablissement. Le combat pour une Abolition universelle est loin d'être terminé. Les rapports d'Amnesty International et des diverses associations de promotion des droits de l'homme montrent que la peine capitale est encore en vigueur – au moins dans le Code pénal, sans être nécessairement pratiquée – dans près d'un pays sur deux, dont seulement deux États démocratiques développés (le Japon et les États-Unis). Elle a dans de rares cas été rétablie, comme récemment aux Philippines par le mafieux président Duterte dont la jeunesse de gangster est connue. Elle est souvent pratiquée comme en France sous l'Ancien Régime pour de simples délits (en Chine, plus de 60 délits sont passibles de la peine de mort, dont certains ne sont en France passibles que de la correctionnelle) ; elle est pratiquée pour des motifs de mœurs (adultère, relation homosexuelle entre adultes consentants dans les pays du Golfe et en Iran), pour des motifs religieux (au Pakistan, le fait pour un chrétien de boire de l'eau à une source où s'abreuvent des musulmans est considéré comme un blasphème et passible à ce titre de la peine capitale, comme on a pu le voir dans le cas d'Asia Bibi) ; elle est enfin parfois appliquée pour des motifs politiques dans des régimes non démocratiques. On doit ajouter que dans certains pays, même si elle est abolie en pratique, elle peut être pratiquée non pas légalement mais sous la forme d'assassinat politique sans qu'il y ait procès : pensons à l'assassinat de la journaliste Anna Politovskaïa en Russie. Il est donc bien des pays où l'on condamne à mort pour des délits qui, chez nous, seraient jugés en correctionnelle, ou encore pour des actes qui seraient parfaitement légaux, voire faisant partie du jeu démocratique en Europe occidentale.

Les jurys, les juges qui condamnent à mort pour des motifs de mœurs, de blasphème sont en fait marqués par ce que l'historien des religions Jean Delumeau avait identifié comme *la peur de soi*[59]. Elle était omniprésente dans les procès de l'Inquisition comme elle l'est encore aujourd'hui à l'évidence dans les régimes théocratiques. L'inquisiteur qui condamnait un hérétique avait peur de découvrir l'hérésie en lui, comme les juges d'un tribunal islamique sont hantés par la peur de ne pas être de bons musulmans s'ils optent pour la clémence. Beaucoup d'accusés sont exécutés chaque année non pas parce qu'ils sont homosexuels, adultères, opposants politiques, mais simplement soupçonnés de l'être par des gens qui ont peur de l'être eux-mêmes, et qui ont donc, en fait, avant tout peur d'eux-mêmes.

Dans les erreurs judiciaires, le condamné est toujours un coupable qui correspond aux stéréotypes de la justice qui le condamne, la confortant ainsi dans ses préjugés : femme dans une armée d'hommes, face à un tribunal ecclésiastique exclusivement masculin et obsédé par la recherche de sorcières dans le cas de Jeanne d'Arc ; protestant dans le cas de Calas dans une France d'après la révocation de l'Édit de Nantes ; juif dans le cas du capitaine Dreyfus, promu dans un état-major profondément antisémite, dans une France traumatisée par la défaite de 1870 et recherchant partout des traîtres et des espions ; anarchistes et immigrés dans le cas de Sacco et Vanzetti face à une Amérique puritaine et anglo-saxonne ; jeune, affectivement et sexuellement immature dans le cas de Ranucci, dans une Marseille marquée quelques années plutôt par l'affaire Gabrielle Russier. Citons le cas, que nous ne développerons pas ici, d'Omar Raddad, immigré maghrébin condamné pour le meurtre de Ghislaine Marchal, et qui a réclamé des tests ADN pour pouvoir être innocenté (on sait aujourd'hui que son ADN était absent de l'inscription « Omar m'a tuer » en lettres de sang retrouvée à côté de la victime, ce qui plaide pour son innocence). Innocent ou coupable, ce n'est pas ici l'objet du débat, il faisait un coupable idéal. Et s'il est innocent, le véritable assassin en aura profité.

Sur des coupables idéaux, les faux témoignages sont particulièrement dévastateurs. Combien de condamnés à mort sont exécutés sur un simple témoignage que personne ne peut vérifier, parce qu'un de leurs ennemis personnels, un rival de travail, un enfant pressé de toucher son héritage les a dénoncés ? Combien se retrouvent sur le banc des accusés pour avoir été dénoncés par les coupables eux-mêmes, comme le fut dans la Rome antique le jeune Roscius d'Amérie, qui ne dut son salut qu'à l'opiniâtreté et au talent oratoire d'un Cicéron ? Personne n'oserait prétendre que la peine de mort n'est pratiquée qu'après une enquête minutieuse et la mise en évidence, la certitude de la culpabilité de l'accusé.

Au-delà de la France d'après l'Abolition, l'affaire Ranucci peut et doit parler à tous les États qui pratiquent encore la peine de mort, particulièrement lorsqu'elle est prononcée sur la foi d'un simple témoignage non vérifiable.

Enfin, « *personne ne sait ce qu'est la mort, ni même si elle n'est pas pour l'homme le plus grand des biens* ». Ainsi parlait Socrate, rapporté par Platon, à ses juges pour leur montrer l'absurdité de leur sentence. Que signifie alors l'expression « mériter la mort » dans une humanité où chacun est destiné à quitter un jour la vie, ou à remettre sa vie terrestre entre les mains de Dieu s'il est croyant ? La vie humaine a une fin, pour les plus grands criminels de l'histoire comme pour les saints de toutes les époques, pour les pendus du procès de Nuremberg et leurs chefs suicidés, pour tous les dictateurs de Staline à Pinochet, comme pour les Albert Schweitzer, les Abbé Pierre, les Dom Helder Camara, ou les Mère Teresa.

Enfin, cela pourra paraître étrange, voire choquer, mais on peut même affirmer que la vie d'un grand criminel a une utilité dans la mémoire de l'humanité. Si Michel Fourniret avait été exécuté à l'issue de son procès en 2008, il n'aurait jamais avoué en 2019 le meurtre de la petite Estelle Mouzin. Peut-être en avouera-t-il d'autres, avant que la maladie d'Alzheimer dont il souffre ne dilue sa mémoire. Et que dire du sergent Franz Suchomel, complice de la mort de 700 000 juifs au camp de Treblinka, qui vécut assez longtemps après ses années de prison pour être piégé par Claude Lanzmann dans *Shoah* et détailler devant une caméra cachée tout le fonctionnement du camp d'extermination, parlant ainsi à son insu à toutes les générations futures, interdisant tout doute sur la réalité des crimes du National-socialisme allemand ?

Pourquoi réviser le procès Ranucci

On ne saurait pour autant réviser le procès Ranucci dans le simple but de montrer le bien-fondé de l'Abolition.

L'Abolition est l'objet d'une conviction qui n'a pas besoin de la révélation d'une erreur judiciaire. Ce qui nous a interrogés au travers de cette affaire, c'est la mécanique qui a conduit à une erreur, puis à une tragédie judiciaire. La guillotine y a certes joué un rôle : elle l'a même accélérée. En avoir fait un objet de musée qui ne tranchera plus jamais de têtes n'a pas seulement écarté le risque d'erreurs fatales : elle a fait disparaître des abords des tribunaux, y compris lors de procès de tueurs en série, ces foules hystériques qui criaient : « À mort ! À mort ! » L'Abolition a posé un interdit et a rétabli la dignité dans les prétoires. Lorsque la police arrête un criminel, si odieux soient les faits qui lui sont reprochés, la presse peut s'indigner, compatir à la douleur des victimes, mais elle s'abstient désormais de réclamer une justice « expéditive ». Une peine de mort que l'on tarde à retirer d'un Code pénal incite la justice, par opinion publique interposée, à être expéditive, à hisser la question de la peine au-dessus de celle de la culpabilité de l'accusé. La peine de mort accroit le risque d'erreurs judiciaires.

La conviction de l'innocence de Ranucci, aujourd'hui largement partagée parmi ceux qui s'intéressent à l'affaire, se heurte évidemment à ceux qui continuent de croire que Ranucci était un manipulateur, qui aurait manipulé ses avocats jusque devant la guillotine et des générations après lui. Mais il y a, entre ces deux camps, la foule de tous ceux qui ne connaissent que quelques détails de l'affaire, ou qui croient en connaître, et qui doutent. Comme nous l'avons vu, beaucoup de fausses informations ont circulé, d'un côté comme de l'autre, sans qu'un tri ne soit jamais fait de manière légale et officielle.

La conséquence, c'est que le doute plane toujours dans les palais de justice. Lors de l'instruction préalable au procès de Michel Fourniret, la question est revenue : n'aurait-il pas été à Marseille vers le 3 juin 1974 ? L'enquête n'a point permis de l'affirmer. Mais après avoir soupçonné, puis condamné Christian Ranucci, on risque de soupçonner une foule de délinquants sexuels bien vivants. L'affaire Ranucci, si elle n'est pas révisée, continuera d'empoisonner les prétoires pendant des décennies encore. Le meurtrier de Marie-Dolorès Rambla est un délinquant sexuel qui a probablement récidivé, peut-être est-il aujourd'hui en prison pour une longue peine. Peut-être est-il l'auteur d'un crime demeuré inexpliqué, la disparition de Ludovic Janvier, ou un autre… Peut-être est-il libre, tandis que la vieillesse aura avec le temps calmé ses pulsions sexuelles et meurtrières. Peut-être est-il protégé par intérêt politique par des politiciens véreux. Peut-être est-il mort, par exemple du Sida comme beaucoup de délinquants sexuels, sans regrets, ni s'être jamais confié à personne.

L'hypothèse selon laquelle il aurait récidivé nous fait revenir à la mémoire l'affaire Marletta. Ranucci étant innocent, Marletta, qui avait vingt-trois ans en 1974, pourrait être, s'il est coupable du crime pour lequel il a été condamné, un candidat crédible pour être l'homme au pull-over rouge. À l'inverse, si Marletta est innocent, le meurtrier de la petite Christelle Bancourt fait quant à lui un bon candidat : le choix d'une victime de même apparence (Christelle Bancourt faisait, dit-on, nettement plus petite que son âge), le choix d'un homme sur les lieux de son crime, ce qui lui permet de mettre quelqu'un d'autre en position de suspect. Il peut repérer Marletta sortant du foyer, partant sur son vélomoteur et le suivre pour connaître son adresse, tandis qu'il a la jeune fille dans sa voiture. Il garde sa victime plusieurs jours chez lui. Il sait que Marletta a été accusé d'attouchements par la sœur de Christelle Bancourt, ce qui permet de le localiser : le coupable est un homme qui connaît bien le personnel du foyer. Et il s'organise pour faire payer quelqu'un à sa place. Une révision du procès Ranucci pourrait également entraîner celle du procès Marletta.

Pour que la question de la culpabilité de Ranucci cesse de hanter les prétoires à chaque fait divers, pour que la justice puisse travailler dans la sérénité nécessaire au discernement de la vérité, il serait temps de reprendre sérieusement l'enquête, de cerner qui est le kidnappeur et le meurtrier de Marie-Dolorès Rambla, de comprendre par quels mécanismes on en est arrivé à une erreur qui s'est achevée tragiquement, à la prison des Baumettes, à 4 h 13 du matin, un 28 juillet 1976.

Réviser par devoir de mémoire

Le développement récent des sciences de la décision a permis de comprendre par quelles mécaniques des entreprises, des équipes, des gouvernements pouvaient commettre des erreurs de discernement ou de décision parfois tragiques. Cela a été mis en lumière dans le cas d'accidents d'avions, soit lorsque pilote et copilote raisonnent de la même manière et commettent ensemble la même erreur, soit lorsque le copilote n'ose pas signaler ou même supposer que son supérieur ait commis une erreur. On a constaté des phénomènes semblables dans des accidents de haute montagne, où une cordée s'engage à l'unanimité dans un passage que chacun de ses membres sait dangereux. On s'est posé la même question devant des injustices terrifiantes, comme dans celle de la fausse affaire d'espionnage de Renault en 2011, où trois cadres de Renault avaient été publiquement accusés d'espionnage et lynchés devant les médias à partir du moment où un Carlos Ghosn, que personne n'osait contredire, en avait décidé ainsi. On a pu analyser comment un gouvernement tout entier adhère à une fausse information et prend une décision calamiteuse, dont le meilleur exemple est la décision prise par le gouvernement Bush d'envahir l'Irak en 2004, processus décrit dans le récit de Bob Woodward[16], dans son livre *Plan d'Attaque*[60].

Une révision permettrait de comprendre la mécanique des erreurs judiciaires, qui ne sont au départ que des erreurs collectives.

C'est une mécanique dans laquelle tout le monde pense et raisonne de la même manière, et qui ne peut se terminer que sur une erreur, mais surtout une erreur résultant d'une décision prise à l'unanimité. Dès lors, la mécanique est celle d'une tragédie judiciaire dont rien ne permet plus d'éviter le dénouement. En réponse à la sortie du livre *Le pull-over rouge*, de Gilles Perrault, le garde des Sceaux Alain Peyrefitte et Valéry Giscard d'Estaing avaient souligné qu'il y avait huit « verrous » entre une arrestation et une exécution. Mais dès lors que ces verrous fonctionnent de la même manière, non seulement chacun suppose que le verrou précédent a fonctionné correctement, mais de plus tous sont soumis à la même pression et sujets à la même démagogie. Peu importe le nombre de verrous : parce qu'ils ne se remettent pas en cause mutuellement, ils aboutissent tous à la même conclusion. On peut attester du fait qu'il y avait bien huit verrous, mais ceux-ci s'ouvraient tous avec la même clé.

Mais parce que le débat, la confrontation des idées sont le lieu même de la démocratie, ce serait l'intérêt de la démocratie française que de réviser le procès. Réviser le procès impliquera de vaincre des résistances. Et l'on peut s'attendre à ce qu'elles soient tenaces si ce n'est menaçantes. D'abord, nous l'avons vu, il y a eu, de son vivant, l'honneur de Valéry Giscard d'Estaing et les pressions exercées par son entourage. Sa récente disparition n'éteindra sans doute pas les pressions politiques, celles qui viendront du côté obscur du monde parlementaire, avec des personnalités considérées comme respectables dont on découvrira qu'elles fréquentaient les ballets roses. On sait que ces ballets roses ont attiré des hommes politiques. Les dernières affaires d'orgies ou d'agressions sexuelles (Dominique Strauss-Kahn, Denis Baupin parmi les plus célèbres jusqu'aux scandales ayant éclaté à l'automne 2017) montrent que nombreux sont les politiques qui ne maîtrisent pas leur sensualité et qui ont profité de leur notoriété jusqu'à un passé récent pour s'en absoudre. Ensuite, il y aura sans doute des résistances dans la police, notamment la

---

[16] Bob Woodward est très connu aux États-Unis pour avoir été l'un des deux journalistes à l'origine du scandale du Watergate, lequel a abouti à la démission du président Richard Nixon en 1974. Il est incarné par Robert Redford dans le film qu'Alan Pakula a consacré à l'affaire en 1976, *Les hommes du président*.

police marseillaise, laquelle, pas plus que l'armée française de l'époque du capitaine Dreyfus, ne souhaite que l'on mette en lumière une erreur, même vieille de près d'un demi-siècle. Et dans la police, même s'il faut se rassurer en se disant que 99 % des policiers sont des fonctionnaires honnêtes, loyaux à leurs concitoyens, fidèles à leurs devoirs et qu'ils méritent notre confiance, il y a aussi quelques policiers ripoux qui se sont faufilés entre les mailles du recrutement d'une institution pour laquelle ils n'étaient pas faits, et qui sont la raison d'être de l'IGPN. Enfin, plus dangereuses seront les résistances obscures du « Milieu » où le véritable assassin s'est peut-être caché pendant des décennies, s'il n'a pas été emprisonné plus tard après avoir récidivé. Il faut s'attendre en outre, comme pour l'affaire Dreyfus, à ce que les enquêtes ne soient émaillées par une abondante production de faux, perturbant les débats.

Et il y aura, évidemment, les proches de la victime, qui ont droit au respect et à la justice, terriblement éprouvés par un crime atroce, marqués par un deuil qu'ils n'auront jamais accompli, victimes de l'échec perpétuel d'une justice qui avait trop tardé à abolir la peine capitale. Il faut penser à eux, en sachant que la vérité leur sera, il faut le comprendre et l'accepter, insupportable à entendre.

La proclamation de la vérité n'est jamais une tâche aisée. Dans le cas de l'affaire Ranucci et dans les temps troublés que nous traversons, où les forces de l'ordre sont soumises à rude épreuve, la vérité peut sembler inopportune. Mais elle est là, destinée à être dévoilée. Comme l'Abolition en 1981, elle exigera du courage politique. Du reste, y a-t-il un moment propice à la proclamation d'une vérité ? Le jeune docteur Schweitzer, à Lambaréné, dans les années 1920, avait eu cette réflexion : *« La vérité n'a pas d'heure, elle est de tous les temps, même et surtout lorsqu'elle nous apparaît inopportune. »* Il était convaincu de la réalité du devoir pour les Occidentaux d'aller soulager les souffrances des peuples qu'ils avaient colonisés, tout en étant bien conscient que, dans une Europe dévastée par la guerre, le moment pouvait sembler mal choisi pour proclamer cette vérité. Ma conviction est que cette réflexion sur le statut de la vérité s'applique parfaitement au cas de Christian Ranucci.

Le temps écoulé permet de prendre de la distance et donne à la mémoire collective l'opportunité de situer l'affaire Ranucci dans son contexte. C'est une tragédie provençale, dans le sillage d'une récente décolonisation et son cortège de rapatriés d'Afrique du Nord, harkis et pieds-noirs hantés par le souvenir de la guerre d'Algérie, d'une France dont les villes s'entourent de cités de béton où germe la criminalité, de politiciens véreux qui nouent des pactes avec des réseaux mafieux, dans un milieu sordide où le proxénétisme côtoie le trafic de stupéfiants et le business des casinos, ceci dans une France post-mai 68 où certains élus poussent la liberté sexuelle jusqu'à la pédophilie, sous le regard de médias qui prennent de plus en plus de pouvoir et peuvent parfois façonner une pensée unique qui n'est qu'une interdiction de penser. Christian Ranucci, jeune homme de vingt ans, fragile et immature, s'est trouvé au carrefour de tous ces réseaux, de tous ces conflits, de toutes ces transformations, de tous ces paradoxes. Il est évident que c'était trop pour lui. Face à une police qui devait balayer ses doutes en recollant des témoignages et des faits qui ne coïncidaient pas tout à fait, face à un jury sous la pression d'une opinion publique manipulée, son sort ayant été livré à un président de la République aux convictions fragiles, rien ne pouvait arrêter la tragédie judiciaire. Alors que tous les pays d'Europe de l'Ouest avaient aboli la peine de mort, au moment où elle était en passe de l'être aux États-Unis (l'Amérique a depuis, hélas, fait machine arrière en reprenant les exécutions à partir de 1976), l'exécution de Ranucci est intervenue à un moment où la question de l'Abolition était posée en France. La mort de Christian Ranucci a donc plus que toute autre été l'exécution de trop.

Au sujet de la peine de mort, Valéry Giscard d'Estaing aurait souhaité que le Parlement se « saisisse de cette question » au moment opportun, c'est-à-dire à un moment où un débat sur la question ne ferait pas courir de risque politique. En Allemagne, en Italie, l'Abolition n'avait pas suscité de remous : la peine de mort évoquait trop les dictatures dont on s'efforçait de tourner la page. En Espagne, après la mort du général Franco, elle allait être abolie très rapidement, facilement, et pour les mêmes raisons. En Grande-Bretagne, elle avait fait suite à la révélation d'une erreur judiciaire. En France, en revanche, elle avait été utilisée largement et hâtivement pendant l'épuration qui avait suivi la Libération de 1944. Elle n'évoquait pas les mêmes souvenirs. Elle ne pouvait être abolie qu'au terme d'un combat politique qui ferait face aux peurs collectives suscitées par les crimes les plus odieux. Ce combat comportait des risques.

Face à l'horreur du crime dont Marie-Dolorès Rambla avait été victime, et surtout dans le contexte de l'assassinat du petit Vincent Gallardo la semaine précédant son exécution, l'annonce d'une grâce, d'une condamnation commuée en réclusion à perpétuité de Christian Ranucci eût signifié une abolition de fait. C'eût été, de la part de Valéry Giscard d'Estaing, un acte de courage politique parce qu'il eût révélé une solidité intérieure reposant sur des convictions fermes. Sa décision de laisser la guillotine en service a, au contraire, révélé une fragilité de démagogue. Elle l'a associé à la tragédie, l'obligeant, face aux accusations, à se défendre en invoquant des arguments de raison d'État. Et c'est cette même raison d'État qui rechigne, aujourd'hui, à revenir sur « la chose jugée ».

Aujourd'hui, dans le camp de ceux qui croient en la culpabilité de Ranucci, le commissaire Alessandra ou Jean-Louis Vincent estiment qu'il n'aurait pas dû être exécuté. C'était aussi l'opinion de Gérard Bouladou. Et Gilbert Collard, l'avocat de la famille Rambla, toujours convaincu de la culpabilité du condamné, fait cavalier seul contre la peine de mort au Rassemblement national dont il est député apparenté et dont il a bien peu de chances d'être entendu des électeurs. Déjà abolitionniste au moment du procès Ranucci, l'affaire lui a montré qu'une exécution, loin de réparer le crime, peut au contraire déclencher une polémique qui ne cesse plus avec le temps.

À défaut d'un consensus sur une erreur judiciaire, il semble bien qu'il y ait aujourd'hui consensus pour reconnaître que la condamnation de Ranucci a été une erreur tout court. Même si cela ne saurait satisfaire ceux, dont je fais partie, qui sont convaincus de son innocence, c'est déjà une victoire posthume pour Christian Ranucci.

Cette affaire a fortement impacté la vie, la mémoire et parfois orienté la carrière de tous ceux qui l'ont vécue de près, tant elle a été traumatisante : pour la police marseillaise, si sollicitée dans les temps troublés que traverse aujourd'hui la cité phocéenne, sur qui pèse au mieux le soupçon d'avoir été expéditive, au pire d'avoir monté un coup et surtout détruit des documents à décharge comme le témoignage de Jeannine Mattéi ; pour les avocats de Ranucci qui n'ont jamais oublié ses derniers mots « Réhabilitez-moi », notamment pour Jean-François Le Forsonney qui a écrit dans ses mémoires que toute sa carrière a été influencée par cette affaire qui lui a collé à la peau ; pour les époux Aubert, témoins involontaires d'un crime et prisonniers dans la mémoire collective d'un témoignage qui a contribué à une exécution ; pour Geneviève Donadini, jurée d'assises que rien ne disposait à écrire un livre et qui s'est résolue quarante ans après à témoigner de son vécu de cette affaire qui continue de la hanter ; pour Ilda di Marino, la juge d'instruction dont on dit qu'elle sombra dans la dépression et qu'elle ne se remit jamais de cette affaire. Mais que sont ces traumatismes à côté de celui d'Héloïse Mathon, la mère qui a perdu tragiquement son fils unique, sali à jamais, ainsi que celui de la famille Rambla, qui n'a jamais pu faire son deuil de la petite Marie-Dolorès ? Et notamment celui de Jean-Baptiste, le petit frère traumatisé à six ans devenu tueur en série et maintenant condamné à la réclusion à perpétuité ? La mémoire de la famille Rambla a elle aussi été guillotinée.

Christian Ranucci ne devait pas mourir. Et pour ceux dont je fais partie qui rejettent inconditionnellement la peine capitale, il faudrait ajouter : même s'il avait été coupable. Les révisions de procès sont un fait rare et jamais en France, depuis la Révolution, un condamné à mort exécuté n'a été officiellement réhabilité. La réhabilitation de Christian Ranucci par la justice serait donc une première retentissante.

Nous avons vu combien la mémoire est à l'image des hommes : on croit en sa puissance, mais elle est parfois fragile, malléable, elle peut être orientée, manipulée et parfois, trahir celui qui l'utilise. Les trahisons de la mémoire, celle d'un accusé comme celle de témoins participent de cette fragilité humaine. Elles peuvent, parfois, provoquer le déclenchement d'une tragédie. Mais notre mémoire est aussi ce qui nous permet de faire mémoire : faire mémoire consiste à faire revivre dans le présent le souvenir de quelqu'un ou d'un événement. Faire mémoire est un acte essentiellement collectif. Un faire-mémoire collectif est ce qui permet à une communauté de se réconcilier avec son passé. C'est ce qui s'accomplit lors de procès de criminels de guerre, on l'a vu notamment pendant ceux de Klaus Barbie ou de Paul Touvier, et il est extrêmement dommageable pour la mémoire collective qu'un haut fonctionnaire du régime de Vichy comme René Bousquet ait été assassiné avant d'être jugé par un tribunal républicain[17]. Un faire-mémoire collectif construit et entretient une mémoire collective. C'est un devoir de citoyen républicain. La tragédie judiciaire que constitue l'affaire Ranucci est déjà gravée dans la mémoire de la démocratie et de la justice. Mais elle demeure un abcès jamais percé.

L'avocat général Armand Viala, avant de clore son intervention dans laquelle il avait réclamé la mort pour Ranucci, avait évoqué la présence de Marie-Dolorès. « *Et puis il y a là, debout près de moi Marie-Dolorès. Elle est là, Ranucci, elle vous regarde.* » Elle nous regarde aussi, nous qui écrivons, qui nous passionnons pour cette affaire. Je partage cette conviction, comme celle que Christian Ranucci lui aussi nous regarde. Présents à notre mémoire de vivants, tous les deux nous regardent, ils regardent ceux qui écrivent des vérités, ceux qui expriment des doutes, ceux qui échafaudent des hypothèses, comme ceux qui se complaisent dans la médiocrité des contre-vérités, des polémiques, de la mauvaise foi, ou qui se laissent happer par la lâcheté des conclusions hasardeuses et des mensonges délibérés.

Il faut réviser le procès Ranucci. Parce que l'affaire Ranucci est le fruit de trahisons de la mémoire : des trahisons passives, parce que la mémoire grave imparfaitement les souvenirs, mais aussi des trahisons actives, parce qu'on peut, que ce soit intentionnellement ou non, la manipuler. Parce que ne pas réviser le procès Ranucci, c'est laisser notre mémoire, la mémoire individuelle de chacun d'entre nous, mais aussi la mémoire collective anesthésiée par de telles manipulations. Parce que l'affaire Ranucci doit nous permettre de comprendre comment notre mémoire fonctionne, s'égare parfois, ou se

---

[17] René Bousquet, secrétaire général de la police sous le régime de Vichy, mit la police française à disposition des forces d'occupation allemandes pour organiser la rafle du Vélodrome d'Hiver en juillet 1942 et plusieurs autres rafles en zone sud. Inculpé de crimes contre l'humanité, il fut assassiné par un déséquilibré en 1993, avant la fin de l'instruction.

trompe, parfois dramatiquement lorsque cela survient devant la justice. Parce qu'elle nous montre comment nous construisons et comment nous devons construire, pour la robustesse du régime républicain, notre mémoire collective. Parce qu'il faut le dire à tous les pays qui pratiquent encore, selon l'expression de Robert Badinter, la « justice qui tue ». De par le monde, il y a eu et il y a d'autres Christian Ranucci dans les couloirs de la mort. Il faut réviser le procès Ranucci pour faire connaître au monde le fonctionnement de notre mémoire, la mécanique des témoignages mouvants, celle des aveux que l'accusé construit sur des faux souvenirs, et des preuves presque parfaites qui conduisent des innocents à la mort.

Depuis le siècle des Lumières, la raison d'exister de la justice a cessé d'être l'expression du pouvoir d'un souverain, fût-il un Bourbon ou un Frédéric II, fût-il monarque absolu ne détenant son pouvoir que de Dieu ou despote éclairé en perpétuelle quête de sagesse profane. La justice n'offre pas seulement une réparation aux victimes, elle ouvre également à la communauté des hommes le champ insoupçonné d'une réconciliation, communauté dont ces victimes font partie tout autant que l'accusé. Une peine, s'agisse-t-il d'un très long emprisonnement dans le cas d'un crime odieux, permet de faire ce travail. Une affaire comme l'affaire Ranucci offre la démonstration tragique et trop évidente qu'une exécution ne constitue nullement une réparation : elle est même l'échec le plus radical de la peine de mort. Seul un dévoilement convaincant de la vérité au travers d'un procès équitable permet le démarrage du travail de deuil et de réconciliation d'une société. Dans le cas de Christian Ranucci, ce travail est à refaire.

Car plus encore que celle de Christian Ranucci, retranché des vivants à l'âge de l'espérance, la mémoire de Marie-Dolorès Rambla, enlevée aux siens à l'âge de l'innocence, mérite mieux que des fausses certitudes, des polémiques, des propos extrémistes ou des apologies abjectes de la justice qui tue : elle mérite qu'on établisse la vérité sur cette affaire dans la dignité, dans le cadre formel d'un palais de justice.

Pour l'honneur de la justice comme pour la robustesse de la démocratie et du régime républicain, si menacés par la houle populiste dans les temps troubles que nous traversons, il importe de se battre pour obtenir une révision du procès autant que de demeurer à l'écoute de cette affaire. Cette affaire n'a pas fini de parler aux citoyens que nous sommes, voire aux jurés d'assises qu'ont été ou que seront un jour certains d'entre nous.

Qu'une enquête en révision aboutisse à la demande d'un second procès.

Que l'on croise le fichier des cartes grises de Simca 1100 dans le département 54 dans les années 60 et jusqu'en 1974 avec celui des délinquants sexuels. Que l'on vienne relire au procès le rapport d'autopsie et qu'il y soit fait mémoire des derniers instants de la petite victime. Que des experts spécialistes de la mémoire humaine se succèdent à la barre pour commenter les témoignages mouvants du dossier. Que des graphologues y fassent l'expertise du plan dessiné par Ranucci. Qu'un maître de chien de gendarmerie vienne dire s'il est pensable qu'on ne fasse pas renifler à un animal un pull-over suspect avant de le faire partir du lieu où ce pull-over est découvert. Que ce maître de chien donne son interprétation du rapport du gendarme. Que des médecins s'expriment au sujet des rapports médico-psychologique et psychiatrique. Qu'un gendarme de l'Institut de recherche criminelle de la Gendarmerie nationale vienne commenter la forme des taches sur le pantalon. Que l'on insère dans le dossier des jurés les fac-similés des journaux de la semaine du 3 au 7 juin, ceux dans lesquels Alain Aubert parlait d'un paquet, ceux dans lesquels le commissaire Cubaynes informait la presse de la présence de cet homme au chien noir dont Jeannine Mattéi devait parler un an plus tard. Que des médecins viennent dire ce que l'on sait comme ce que l'on ignore d'une mort par décapitation. Que des avocats engagent leur joute oratoire, et qu'ils fassent mémoire de la passion vécue par Christian Ranucci. Que des jurés d'une génération qui n'a connu ni la colonisation, ni la peine de mort, débattent.

Que la vérité soit proclamée, pour notre mémoire collective, celle du temps où la justice tuait non à la réflexion, mais toujours sous le coup d'une émotion collective qui s'exprimait en vindicte populaire. Tel est notre devoir de mémoire envers les deux victimes de cette affaire et pour les générations qui doivent se battre pour une Abolition universelle. Et que cette vérité soit sans cesse rappelée parce que, comme le dit dans sa prière le vieil Elhanan, le héros survivant de la Shoah de *L'Oublié* d'Elie Wiesel, sans cet acte qui consiste à faire mémoire, à rappeler aux générations futures ce qui est advenu, « *la vérité devient mensonge car elle ne prend que le masque de la vérité* ». C'est la raison d'être de ce livre, comme de ceux de Gilles Perrault. La vérité a vocation à être gravée dans la mémoire.

Que l'on fasse aux expériences de Porter et Shaw la publicité qu'elles méritent. Que l'analyse que nous venons de conclure serve de base à de nouvelles investigations, sur d'autres dossiers suspects – il n'en manque pas dans les annales judiciaires des États du sud des États-Unis. Que l'on proclame çà et là la vérité, qu'il y a eu d'autres erreurs capitales. Que l'on fasse mémoire de tous les innocents condamnés à mort et exécutés. Que la mention « innocent » soit gravée sur leurs sépultures, lorsqu'ils en ont une.

Pour Christian Ranucci comme pour Marie-Dolorès Rambla, pour tous les innocents victimes de la peine de mort comme pour les victimes dont ils ont été accusés du meurtre, puissent Mémoire et Vérité s'imposer comme devoirs à nous et aux générations futures. Pour l'éternité. Pour ne pas laisser la Mémoire guillotinée.

INDEX DES PRINCIPAUX PERSONNAGES LIÉS À L'AFFAIRE

ALBERTINI Jean (pseudonyme, utilisé par Gilles Perrault comme par Yann Le Meur) : témoin. Père de famille de la cité des Cerisiers à Marseille, ses deux filles, Patricia et Nathalie sont victimes d'attouchements par un homme vêtu d'un pull-over rouge le 1er juin.

ALESSANDRA Gérard : policier. Né en 1935 à Constantine en Algérie. En poste à Marseille en 1969 lors de l'affaire Gabrielle Russier. En 1974, il est le chef de la section criminelle Nord de la Sûreté urbaine de Marseille. Il a pris connaissance du dossier le 4 juin au matin. Une fois Ranucci interpelé par la police de Nice, il fait partie des policiers qui le ramènent à Marseille dans la soirée du 5 juin. Il supervise l'interrogatoire qui va conduire Ranucci aux aveux le lendemain et recueille le témoignage d'Alain Aubert. Attaqué par Ranucci lors du procès, lequel l'accuse de l'avoir torturé et matraqué, il traite Ranucci de « monstre », faisant directement allusion à Patrick Henry, arrêté quelques semaines plus tôt à Troyes pour l'assassinat du petit Philippe Bertrand.

Des années plus tard, il a fini par accepter la possibilité de l'existence et même de l'implication de l'homme au pull-over rouge dans l'affaire, mais en affirmant qu'il pourrait être un complice de Ranucci, dont il n'a jamais douté de la culpabilité.

ANTONA Jacques : magistrat. Il préside la cour d'assises d'Aix-en-Provence lors du procès de Christian Ranucci, les 9 et 10 mars 1976. Au cours du procès, il menace Jeannine Mattéi, témoin de la défense, de l'inculper pour faux témoignage. Après le procès, il écrit au garde des Sceaux Jean Lecanuet pour recommander l'application de la peine capitale. Il est présent à l'exécution au matin du 28 juillet 1976.

ARDUIN Roger : journaliste. Travaillant pour la station de radio *Europe 1*, il est l'un des trois journalistes qui entourent Héloïse Mathon les 6 et 7 juin à Marseille. Il réalise la première interview d'Héloïse Mathon avec Paul-Claude Innocenzi, avec lequel il conduit Héloïse Mathon d'abord chez Émile Pollak, avant de la présenter finalement à Paul Lombard. Il assiste au procès.

AUBERT Alain : témoin. Entrepreneur à Toulon. Témoin de l'accident au carrefour de La Pomme entre Christian Ranucci et Vincent Martinez le 3 juin, il prend Ranucci en chasse. Il découvre son coupé 304, dont il relève le numéro de plaque. Ayant constaté la présence d'un enfant sur les lieux, il appelle la gendarmerie le 4 après-midi, puis le commissaire Alessandra le 5 vers midi. Il est interrogé chez lui par le SRPJ le 5 en fin d'après-midi, dépose un témoignage à l'Évêché le 6 après-midi, puis devant Ilda di Marino le 10. Il vient témoigner au procès. Les variations de son témoignage entre le 4 et le 6 juin sur la présence d'un paquet volumineux dans les mains de Ranucci sont l'un des principaux arguments de la thèse de l'innocence.

AUBERT Aline : témoin. Épouse du précédent. Elle prétend reconnaître Ranucci et l'avoir vu sortir de son véhicule avec un enfant lorsqu'elle est mise en face de lui seul le 6 juin en début d'après-midi. C'est cette reconnaissance qui pousse Christian Ranucci aux aveux. Dans son témoignage, elle donne une description très précise de la voix de l'enfant et de ses mots, qu'elle décrit comme parfaitement sereine après un accident de voiture et une course-poursuite automobile. Elle vient témoigner au procès, mais son témoignage est vivement attaqué par Paul Lombard.

BANQ Léopold : oncle du condamné, fils de Léopold Ranucci. Il témoigne lors de l'enquête entreprise en 1981 sur les rumeurs quant à la présence de Christian Ranucci à Allauch le matin du 3 juin 1974.

BANQ Marcelle : grand-mère du condamné. Épouse de Léopold Ranucci, dont elle est divorcée à l'époque des faits. Elle a informé son fils Léopold des rumeurs quant à la présence de Christian Ranucci à Allauch le matin du 3 juin 1974 et cité Edmonde Galaup, voisine de son fils Jean Ranucci, comme la source de l'information et comme témoin oculaire du fait.

BARRACO Carole (prénom usuel utilisé par sa mère, son premier prénom étant Anne-Marie selon l'état-civil) : témoin. Amie d'Agnès Mattéi, la fille de Jeannine Mattéi. Les deux fillettes rencontrent le 31 mai 1974 un inconnu au volant d'une voiture grise, lequel leur prétend avoir perdu un chien pour les amadouer. Auditionnée au début de 1977 dans le cadre d'une enquête consécutive à une plainte de Jeannine Mattéi, elle dément que l'inconnu les ait invitées à monter dans sa voiture.

BARRACO Jeanne : témoin. Mère de Carole Barraco. Elle prétend avoir accompagné Jeannine Mattéi au commissariat après le rapt de Marie-Dolorès Rambla pour raconter les faits que lui a confiés sa fille Carole. Auditionnée en 1977 par la police, elle ne considère pas que sa fille ait été formellement victime d'une tentative d'enlèvement.

BENVENUTTI Maurice : camarade de régiment de Christian Ranucci. Il demeure à Marseille, à 500 m du point de l'enlèvement de la victime. Dans ses aveux devant la police, Ranucci déclare être venu à Marseille pour le retrouver au cours du week-end, le 3 juin 1974.

BERNARD Pierre : journaliste. Dans *Le Provençal*, le 6 juin 1974, il rapporte l'agression des filles Albertini, ainsi qu'une tentative d'enlèvement contre deux garçons, lesquelles seraient survenues dans la cité des Cerisiers. Il a en réalité mélangé des détails relatifs à l'agression contre les filles Albertini à la tentative d'enlèvement dont Jeannine Mattéi prétend avoir été témoin, ainsi qu'à celle dont Agnès Mattéi prétend avoir été victime.

BOISSET Yves : réalisateur de cinéma, né en 1939. Sollicité pour tourner un film sur la base du livre de Gilles Perrault *Le Pull-over rouge*, il y aurait renoncé après avoir été informé de rumeurs selon lesquelles Ranucci aurait été membre d'un réseau pédophile.

BOUCHER Henri : enquêteur. Assermenté, il est mandaté par Ilda di Marino dans les premiers jours de l'instruction pour conduire une enquête de personnalité sur l'enfance et la jeunesse de l'accusé.

BOULADOU Gérard : policier et auteur. Auteur de deux ouvrages (le second reprenant largement le premier) dans les années 2000 où il s'évertue à démontrer la culpabilité de Ranucci et à dénoncer des lacunes ou des imprécisions dans les enquêtes de Gilles Perrault. Décédé en avril 2019.

BREDIN Jean-Denis : avocat et écrivain, membre de l'Académie française. Né en 1929, demi-frère de l'avocat Philippe Lemaire qui avait défendu Roger Bontems aux côtés de Robert Badinter, lequel a longtemps été son associé. Membre du parti radical de gauche et militant abolitionniste dans les années 70. Défenseur de plusieurs victimes d'erreurs judiciaires présumées ou supposées (notamment de la famille de Guillaume Seznec[18]), il est l'auteur d'un ouvrage de référence sur l'affaire Dreyfus[61]. Il s'exprime publiquement dès l'exécution de Ranucci, affichant sa déception quant à la décision du président de la République. Sollicité par Héloïse Mathon, il attire l'intérêt de Gilles Perrault sur l'affaire. Avocat posthume de Christian Ranucci, il dépose avec Jean-François Le Forsonney trois demandes de révision entre 1978 et 1991, toutes rejetées.

---

[18] Guillaume Seznec, entrepreneur de Morlaix, fut condamné aux travaux forcés à perpétuité en 1924 et déporté au bagne de Cayenne pour le meurtre d'un élu du Finistère, Pierre Quémeneur, dont le corps ne fut jamais retrouvé. Le condamné clama toute sa vie son innocence. Neuf demandes de révision de son procès ont été rejetées.
J'ai moi-même rencontré en Bretagne une femme qui avait connu un prêtre, ancien aumônier du bagne de Cayenne, lequel prétendait avoir bien connu le bagnard. Selon cette femme, l'aumônier était formel : Seznec était innocent.

BRIGNONE Charles : policier. À l'époque des faits, il travaille au SRPJ de Marseille. Avec l'inspecteur Porte, il accompagne Pierre Rambla le soir du 5 juin 1974 pour l'identification du corps de la victime.

BRUGERE Suzanne : magistrate. En 1975, elle est substitut du procureur de la République. Saisie fin 1975 par Jean-François Le Forsonney du témoignage de Jeannine Mattéi, elle reçoit cette dernière, l'interroge, puis la renvoie devant les policiers qui ne trouvent pas trace de son témoignage.

CANONGE Raoul : policier. Inspecteur divisionnaire de la section criminelle Nord de Marseille, il interroge Héloïse Mathon le 6 juin et lui rend les clefs de la voiture, qu'elle ne peut conduire. Il est également le signataire de l'un des deux procès-verbaux de la deuxième saisie du coupé 304 (l'autre étant de l'inspecteur Poli, de Nice) – mais le sien comporte deux erreurs de date.

CARDAIRE G. : médecin, psychiatre. Il est l'un des trois psychiatres ayant interrogé Ranucci lors de l'instruction. Il est avec le docteur Fiorentini l'un des deux rédacteurs possibles du rapport d'expertise psychiatrique de Ranucci, le principal signataire, Jean Sutter, ayant déclaré l'avoir cosigné sans avoir participé à sa rédaction.

CASAGEROLA, Fernande : tante du condamné, sœur de son père Jean Ranucci. Elle écrit en 1981 à Paul Lombard pour lui affirmer que le condamné serait passé à Allauch le matin du 3 juin, pour tenter de voir son père qu'il n'avait pas revu depuis l'âge de trois ans. La démarche de Fernande Casagerola justifiera l'enquête que conduira le commissaire Le Bruchec pour faire la lumière sur la présence éventuelle de Ranucci à Allauch dans les heures ayant précédé le crime.

CHARDON Christian : journaliste. Travaillant pour le magazine *Détective*, il est l'un des trois journalistes qui entourent Héloïse Mathon les 6 et 7 juin à Marseille. Le vendredi 7 juin, il reconduit Héloïse Mathon à son domicile à Nice, avec le coupé 304 de Ranucci. Il le conserve dans la soirée et le lui rend le lendemain matin.

CHEVALIER Marcel : bourreau de la République. Adjoint de 1re classe d'André Obrecht lors de l'exécution de Christian Ranucci, auquel il succède ensuite officiellement en tant que chef exécuteur des arrêts criminels à la fin de 1976. Il ne dirigera que deux exécutions, les deux dernières de l'histoire de la République française, l'année suivante.

CHIAPPE Émile : avocat. Bâtonnier de Marseille, il assiste Ranucci au début de l'instruction. Il reçoit Jean-François Le Forsonney avant que celui-ci ne rencontre Ranucci pour lui expliquer pourquoi Paul Lombard le missionne pendant la phase de l'instruction. Il est présent lors de la reconstitution du crime, le 24 juin 1974.

COLDER Myriam : psychologue. Elle interroge Ranucci pendant l'instruction et cosigne avec le docteur Vuillet le rapport médico-psychologique. Elle dépose au procès.

COLLARD Gilbert : avocat. Il travaille en 1976 pour Émile Pollak, grand avocat marseillais connu comme abolitionniste. Avocat de la partie civile lors du procès, il démolit le témoignage de Jeannine Mattéi et la thèse de l'homme au pull-over rouge en la présentant comme une invention de la défense. Mais il refuse de demander la mort. Devenu très médiatique, il siège aujourd'hui comme député apparenté Rassemblement national à l'Assemblée nationale. Il est resté hostile à la peine de mort, ce qu'il était en 1976. Il a affirmé en 2016 que, si Marine Le Pen, dans le cas où elle aurait été élue présidente de la République en 2017, avait proposé le rétablissement de la peine capitale, il aurait voté contre.

CUBAYNES Jacques : policier. Commissaire central, chef de la Sûreté urbaine de Marseille en 1974. C'est lui qui coordonne les recherches de la victime jusqu'au 5 juin. Le soir du 5 juin, il communique l'information qu'un pédophile a déjà tenté dans les jours précédents d'enlever un enfant en abordant deux enfants et en prétextant la perte d'un chien noir. Sa déclaration est reprise le jour suivant dans le quotidien *La Marseillaise*.

DARMANGEAT Hubert : gendarme. Lieutenant de gendarmerie à Nice, c'est lui qui interroge Ranucci en premier sur son accident au carrefour de La Pomme, son délit de fuite, et lui notifie son placement en garde à vue avant de le remettre entre les mains de la Sûreté urbaine de Nice.

DI MARINO Ilda : magistrate, juge d'instruction. Première juge d'instruction chargée de l'affaire dès le lendemain de l'enlèvement de l'enfant, elle se rend sur les lieux du crime dès la découverte du corps. Le lendemain soir, elle reçoit Ranucci en comparution immédiate et clôt l'instruction à la fin de l'année 1974, après seulement cinq auditions de l'inculpé, trois sur les faits, et deux sur sa personnalité. Le dossier sera ensuite transféré au juge Pierre Michel. Décédée en 2011, on a prétendu qu'elle était devenue dépressive et qu'elle ne se serait jamais remise de cette affaire.

DIROL : chien de la Gendarmerie nationale. Amené sur les lieux du crime le 5 juin 1974, il est mis sur une piste et la suit de la champignonnière à un point de la RN 8bis à proximité du lieu de découverte du corps. Mais il n'a pas permis la découverte du corps.

DONADINI Geneviève : jurée. Diplômée en mathématiques, mère de famille sans profession au moment du procès. Désignée comme jurée d'assises lors de la session au cours de laquelle Ranucci est condamné à mort, elle est à l'époque convaincue de la culpabilité de Ranucci. Elle publie en 2016 *Le Procès Ranucci, témoignage d'un juré d'assises*, où elle livre un récit du procès, raconte l'impact que celui-ci a eu sur sa vie. Elle a été maire d'une commune de Provence.

DRACH Michel : réalisateur de cinéma (1930-1990), époux de l'actrice Marie-José Nat. Convaincu de l'innocence de Ranucci après un examen du dossier, il tourne en 1979 le premier film consacré à l'affaire, *Le Pull-over rouge*, film controversé, comportant plusieurs faits ou détails faux et dans lequel l'acteur qui incarne le ravisseur n'est pas celui qui tient le rôle de Ranucci. Son objectif semble surtout avoir été d'attirer l'opinion sur la problématique de la peine de mort encore en vigueur.

FIORENTINI H. : médecin, psychiatre. Souvent cité dans les milieux psychiatriques comme un expert de la récidive et des tueurs en série. Il est l'un des trois psychiatres ayant interrogé Ranucci lors de l'instruction. Il vient témoigner au cours du procès. Il est avec le docteur Cardaire l'un des deux rédacteurs possibles du rapport d'expertise psychiatrique de Ranucci.

FRATACCI Mathieu : policier. Il travaille à la section criminelle Nord de la Sûreté urbaine de Marseille et est présent aux interrogatoires de Ranucci dans la nuit du 5 au 6 et le 6 juin 1974. Sur les photos prises à l'Évêché le 6 juin 1974, où l'on voit Ranucci menotté encadré par deux policiers, c'est lui que l'on voit à gauche de Ranucci, la cigarette à la bouche. Décédé accidentellement en 1993, avant la publication d'un livre signé de lui, mais selon Gérard Bouladou écrit en réalité par l'un de ses collègues.

FRATICELLI André : avocat. Avec Jean-François Le Forsonney et Paul Lombard, l'un des trois avocats de Christian Ranucci. Convaincu qu'il n'est pas réaliste de plaider l'innocence, partisan de plaider les circonstances atténuantes, il siège dans le tribunal aux côtés de ses confrères lors du procès des 9 et 10 mars 1976, mais il ne plaide pas.

GALAUP Edmonde : témoin. Voisine de Jean Ranucci, père du condamné, à Allauch, elle serait, selon une autre voisine et selon Marcelle Banq, grand-mère du condamné, à l'origine de la rumeur selon laquelle Christian Ranucci se serait rendu à Allauch le matin du 3 juin pour y rencontrer son père.

GARCIA Martine (pseudonyme utilisé par Jean-Louis Vincent à la demande de l'intéressée) : témoin. Citée par l'accusation après la mort de Christian Ranucci. Voisine de Jeannine Mattéi à Marseille dans la cité des Tilleuls, elle a prétendu avoir été approchée par celle-ci après le procès pour faire un faux témoignage innocentant Ranucci, contre la somme de 2 000 francs, ce qu'elle aurait refusé. En 2018, Jean-Louis Vincent la cite affirmant que depuis l'endroit où elle habitait, Jeannine Mattéi n'aurait pas pu voir la tentative d'enlèvement du petit garçon frisé, mais ses affirmations sont incohérentes.

On ne doit pas la confondre avec une autre Mme Garcia, de la cité des Cerisiers, qui s'est fait dérober des sous-vêtements féminins en train de sécher sur sa terrasse, pendant la semaine précédant le meurtre.

GISCARD D'ESTAING Valéry : président de la République (1974-1981). Après avoir fait part lors de sa campagne électorale de 1974 de son aversion profonde pour la peine de mort, il décide, le 26 juillet 1976, de ne pas sauver de la guillotine Christian Ranucci. Deux autres exécutions capitales auront lieu avant la fin de son mandat. Souvent interrogé jusqu'à la fin de sa vie sur le fait de ne pas avoir mis fin à la peine de mort en France, il n'a jamais exprimé le moindre regret quant à sa décision, ni le moindre doute sur la culpabilité de Ranucci. Dans les années 2000, il a néanmoins présidé la commission chargée d'établir une constitution pour l'Union européenne, dont l'article 7 garantissait l'ensemble des droits prévus par la Convention européenne des droits de l'homme (CEDH), laquelle convention consacrait l'Abolition de la peine de mort dans toute l'Union (la constitution a été refusée par la France lors du référendum de 2005). Décédé en 2020.

GRANDMOUGIN Gilles : policier. Il enregistre la plainte de Pierre Rambla le 3 juin à l'Évêché lorsque celui-ci vient faire part de la disparition de sa fille.

GRAS Maurice : gendarme. À l'époque des faits capitaine de gendarmerie, il dirige la battue de l'après-midi du 5 juin 1974 au cours de laquelle le corps de la victime est retrouvé. Il signe le 8 juin 1974 le procès-verbal 610/1 qui mentionne le paquet volumineux qu'aurait signalé Alain Aubert. Le 6 juin, il dirige encore la battue qui permet la découverte du couteau automatique et signe un procès-verbal du déroulement des opérations. Interrogé en 1985, lors d'une enquête préalable à un procès en révision, il prétend avoir mis le chien en piste en lui faisant renifler la voiture de Ranucci, selon lui retrouvée dans la champignonnière le 5 juin (ce qui est complètement faux). Décédé en 2013.

GRIVEL Pierre : policier. Inspecteur de la section criminelle Nord de la Sûreté urbaine à Marseille. C'est lui qui interroge Jean-Baptiste Rambla le 4 juin. Il participe à l'interrogatoire de Ranucci dans la nuit du 5 au 6 juin et le matin du 6 juin. Il est présent lors de la reconstitution du crime le 24 juin où il est menotté à Ranucci. Décédé en 2008.

GUAZZONE Henri : témoin. Ancien gendarme reconverti dans le civil, entrepreneur agricole, il accepte de tirer la voiture de Ranucci avec son tracteur en dehors de la champignonnière où elle est enlisée, le 3 juin en fin d'après-midi. Il téléphone le lendemain à la gendarmerie pour parler de cet incident qu'il trouve bizarre. Dans un premier temps, la gendarmerie n'accorde pas d'importance à sa déclaration car le véhicule qu'il mentionne, une Peugeot 304, n'est pas celui recherché à ce moment-là.

IBARS Jean-Marc : policier. À l'évêché, c'est lui qui interroge Jean-Claude Jaglasse sur l'inconnu au pull-over vert de la cité des Cerisiers, ainsi qu'une certaine Mme Garcia, de la même cité, à qui on avait volé des sous-vêtements féminins une semaine avant le crime.

INNOCENZI Paul-Claude : journaliste, auteur prolixe de romans policiers mais aussi de littérature érotique, sous le nom de Jacques de Saint-Paul. Travaillant pour *Le Provençal*, il est l'un des trois journalistes qui entourent Héloïse Mathon les 6 et 7 juin à Marseille. Il réalise la première interview d'Héloïse Mathon avec Roger Arduin, avec lequel il conduit Héloïse Mathon d'abord chez Émile Pollak, avant de la présenter finalement à Paul Lombard. Il avait couvert l'affaire Cartland l'année précédente.

JAGLASSE Jean-Claude : témoin. Adolescent (quatorze ans à l'époque des faits) de la cité des Cerisiers à Marseille. Le samedi 25 mai, un peu plus d'une semaine avant le meurtre, il a vu deux fillettes en train de jouer avec un inconnu qui portait un pull-over vert et qui s'est enfui à bord d'une Dyane bleu ciel. Son témoignage est cité par l'avocat général Armand Viala à la fin du procès, après la plaidoirie de la défense, pour mentionner un pull-over vert et discréditer la thèse de l'homme au pull-over rouge.

LE BRUCHEC Joseph : policier. Commissaire. En 1981, lors de la deuxième requête en révision du procès de Christian Ranucci, il enquête sur la présence de Christian Ranucci à Allauch le matin du 3 juin 1974. Il interroge Jean Ranucci, ses proches ainsi que plusieurs de leurs relations, sans pouvoir en tirer de conclusion formelle.

LE FORSONNEY Jean-François : avocat. Né au Maroc, sa famille s'installe à Marseille à la fin de la guerre d'Algérie. Diplômé en 1973, il travaille en 1974 dans le cabinet de Paul Lombard. Il a alors vingt-quatre ans. Il assiste Christian Ranucci tout au long de l'instruction, sans l'assistance de Paul Lombard, mais au début avec celle du bâtonnier Émile Chiappe. Avec Paul Lombard et André Fraticcelli, il accompagne Ranucci à son exécution au matin du 28 juillet 1976. Il publie en 2006 *Le fantôme de Ranucci, ce jeune condamné qui me hante,* chez Laffont. Décédé prématurément en 2009, à 59 ans.

LE MEUR Yann : auteur. Cadre commercial achats dans une grande entreprise française. Il entreprend dans les années 2000 sa propre enquête en rencontrant plusieurs des protagonistes de l'affaire, mais aussi Gérard Bouladou. Il prend en 2012 la présidence du comité pour la révision du procès. Il reprend intégralement tout le dossier, et signe en 2013 chez L'Harmattan une enquête qui conclut à l'innocence de Ranucci. Il conforte les thèses initiales de Gilles Perrault concernant l'homme au pull-over rouge, pousse plus loin que ce dernier l'analyse des témoignages des époux Aubert et de leurs variations, mais le principal apport de son ouvrage est que le caractère automatique du couteau est incohérent avec la direction des coups portés, ce dont il conclut que celui-ci ne peut être l'arme du crime.

LIONS Raoul : policier. Inspecteur divisionnaire, il est chargé fin 1976 et début 1977, après l'exécution de Ranucci, d'une enquête consécutive au dépôt de plainte par Jeannine Mattéi pour tentative d'enlèvement sur sa fille Agnès. Il interroge Jeannine Mattéi, Jeanne Barraco et sa fille Carole, ainsi qu'une de leurs voisines, Martine Garcia, sans en tirer de conclusions. L'affaire est classée sans suite.

LOMBARD Paul : avocat. Principal avocat de Christian Ranucci lors du procès, il a débuté sa carrière auprès d'Émile Pollak. Il n'intervient pas au cours de l'instruction pendant laquelle il confie à Jean-François Le Forsonney le soin d'assister Ranucci. Quelques jours avant le procès, il convoque des journalistes pour leur annoncer qu'il va plaider l'innocence. Sa défense magistrale est anéantie par l'intervention de l'avocat général Armand Viala lequel, contrairement aux règles de l'institution judiciaire, intervient après lui. Décédé en janvier 2017.

MARIANI : policier. Inspecteur divisionnaire au commissariat du quartier Saint-Just à Marseille. Jeannine Mattéi prétend avoir fait une déposition le 4 ou le 5 juin 1974 devant cet inspecteur pour la tentative d'enlèvement dont sa fille Agnès aurait été victime avec son amie Carole Barraco. Il a dû, en toute logique, aiguiller Jeannine Mattéi vers le commissaire Alessandra à l'Évêché.

MARNET Gérard : magistrat. Substitut du procureur de la République, il est présent à l'Évêché le soir du 5 juin lors de l'arrivée de Ranucci.

MARTEL Paul : témoin. Gardien d'immeuble de la cité des Cerisiers à Marseille. Il a vu de près l'homme au pull-over rouge avant qu'il n'agresse les filles Albertini, mais il n'a pas reconnu Ranucci comme étant cet homme lors du tapissage. Cité par la défense lors du procès. Il a affirmé que le pull-over rouge de l'homme vu dans la cité des Cerisiers était boutonné sur l'épaule, comme celui trouvé dans la champignonnière.

MARTINEZ Vincent : témoin. Vingt-six ans en 1974 et à cette date surveillant dans un établissement scolaire, il est au volant du véhicule qui percute celui de Christian Ranucci au carrefour de La Pomme le 3 juin 1974. Il demande aux époux Aubert de le prendre en chasse. Il n'a pas distingué en ce qui le concerne de passager dans la voiture de Ranucci. Il croit toujours à la culpabilité de Ranucci et ne met pas en cause le témoignage des époux Aubert. Il a été maire de la commune de Plan-d'Aups-Sainte-Baume dans le Var, dans les années 2000.

MATHON Héloïse : mère du condamné (1922-2013). Elle se sépare de Jean Ranucci, père du condamné, quand leur fils Christian a trois ans, et le divorce est prononcé deux ans plus tard. Elle l'élève donc seule, ainsi qu'un autre enfant, Gilbert, placé chez elle par la DDASS jusqu'à l'âge de douze ans, âge auquel il a été rendu à sa famille biologique. Après le 28 juillet 1976, elle ne cesse de clamer l'innocence et de demander la réhabilitation de son fils. Atteinte de la maladie d'Alzheimer, elle décède en mars 2013.

MATTÉI Jeannine : témoin. Mère de famille de la cité des Tilleuls, d'origine polonaise, rescapée des camps de la mort, mariée à un Français, elle prétend avoir été témoin le 1er juin d'une tentative d'enlèvement d'un garçonnet aux cheveux frisés par un inconnu. Convoquée à l'Évêché le 6 juin, elle ne reconnaît pas Ranucci comme étant cet homme. Elle affirme également que, le 4 juin, sa fille Agnès lui aurait révélé qu'elle et une de ses amies auraient été victimes d'une tentative similaire le 31 mai par un homme prétendant avoir perdu un chien noir. Citée par la défense lors du procès d'Assises, s'exprimant mal en français, son témoignage est démoli par l'avocat de la partie civile, Gilbert Collard. Après l'exécution de Ranucci, elle dépose une plainte avec constitution de partie civile pour tentative d'enlèvement sur sa fille Agnès, classée sans suite. Ses témoignages ont varié sur certains détails, notamment sur la taille de l'homme qu'elle aurait vu et les vêtements qu'il portait, mais non sur l'essentiel des faits.

M'BODJ Monique : témoin. Sœur de Gilbert, l'enfant élevé dans ses premières années par Héloïse Mathon jusqu'au jour où celle-ci a dû le rendre à sa mère biologique. Elle a été la petite amie de Christian Ranucci lorsque celui-ci avait seize ans. Venue assister au procès, elle lui a écrit dans ses derniers mois pour l'assurer de son amour.

MICHEL Pierre : magistrat, juge d'instruction (1943-1981). Il reprend au début de 1975 le dossier de l'instruction de Ranucci à la suite d'Ilda di Marino. Convaincu de sa culpabilité, il est présent le matin de l'exécution. Ayant instruit le dossier de la French Connection, un réseau de trafiquants de drogue dans les années 70, il est assassiné en 1981.

MONNIN Maurice : gendarme. Adjudant à la date des faits. Il rédige et signe un procès-verbal affirmant qu'une seconde battue a permis la découverte du couteau le 6 juin, cohérent avec un procès-verbal similaire et rédigé séparément par le capitaine Gras.

MOSCHETTI André : policier. Inspecteur divisionnaire de la Sûreté urbaine de Nice, il interroge Héloïse Mathon à son domicile le 13 juin 1974 dans le cadre de l'enquête. Héloïse Mathon lui confie une caisse de médicaments et de seringues, l'ensemble ayant vraisemblablement été dérobé à la caserne où Ranucci avait fait son service militaire en Allemagne.

MOUSSY Daniel : témoin. Marseillais, il a rencontré Ranucci à Marseille le soir du 2 juin 1974 lors de son accrochage en voiture à cause d'un chien qui avait traversé la rue. Son témoignage ne sera connu que plusieurs années après la mort de Ranucci.

MURATET Georges : cheminot, retraité de la SNCF. Étranger aux milieux judiciaires mais passionné par l'affaire, il a présidé le Comité pour la révision du procès jusqu'en 2012. Auteur de romans et de plusieurs ouvrages sur le transport ferroviaire.

OBRECHT André : bourreau de la République (1899-1985). Neveu du bourreau Anatole Deibler (1877-1939), et cousin du successeur de celui-ci, Jules-Henri Desfourneaux (1877-1951). Recruté comme aide par son oncle dès 1922, il succède à Jules-Henri Desfourneaux en 1951 en tant que chef-exécuteur des arrêts criminels. C'est lui qui dirige l'exécution et met à mort Christian Ranucci le 28 juillet 1976. C'est la 322e et dernière exécution de sa carrière. Ses mémoires seront publiées après sa mort en 1989[62].

OTT Ernest : policier. Sous-brigadier, membre de la section criminelle Nord de la Sûreté urbaine de Marseille à l'époque des faits. Il fait partie des policiers qui vont chercher Christian Ranucci à Nice pour l'amener à Marseille et qui l'interrogent dans la nuit du 5 au 6 juin 1974, puis le 6 juin. Il ramène le coupé 304 de Nice à Marseille le 10 juin.

PANZANI Alex : journaliste. Il travaille pour *La Marseillaise* et *L'Humanité*. Après l'enlèvement, il réalise une interview de la famille Rambla et note que le petit Jean-Baptiste parle d'une Simca 1100.

PAPPALARDO Éric : témoin. Frère de Patrice Pappalardo (voir ci-dessous), niçois. Deux mois après que son petit frère a été attiré par un inconnu dans un parking, il prétend reconnaître Ranucci comme étant cet homme.

PAPPALARDO Marc : témoin. Père de Patrice Pappalardo (voir ci-dessous), niçois. Le lendemain du jour où son fils a été attiré par un inconnu dans un parking, à la sortie des classes, ce dernier reconnaît l'homme de la veille et lui affirme « c'est le Monsieur d'hier ». Le père se lance à la poursuite de l'inconnu, mais perd sa trace. Convoqué en juin par Ilda di Marino, il prétend reconnaître Ranucci comme étant l'homme qu'il a poursuivi deux mois plus tôt.

PAPPALARDO Patrice : témoin. Frère d'Éric et fils de Marc Pappalardo, il est âgé de quatre ans en 1974. Le lundi de Pâques de cette année, deux mois avant le rapt de Marie-Dolorès Rambla, un inconnu l'attire avec des bonbons alors qu'il est avec son frère, et l'emmène dans un parking de Nice. Retrouvé le soir même, il ne se plaint d'aucun sévice, mais raconte que l'homme lui a demandé de se cacher de peur de voir arriver la police. Le lendemain, à la sortie des classes, il reconnaît l'inconnu et le signale à son père. Confronté deux mois plus tard à Ranucci après l'inculpation de ce dernier, il ne le reconnaît pas comme étant l'inconnu avec lequel il a parlé.

PERRAULT Gilles : auteur. Né en 1931, auteur de nombreux ouvrages à caractère politique, touchant souvent à la Résistance ou aux droits de l'homme. Mis au courant des zones d'ombre de l'affaire Ranucci par Jean-Denis Bredin, il se rend à Marseille où il rencontre et interroge tous les protagonistes de l'affaire. Il publie le premier livre consacré à l'affaire en 1978, *Le pull-over rouge*. Il est aujourd'hui fermement convaincu de l'innocence de Ranucci. Son dernier livre consacré à l'affaire, *L'ombre de Christian Ranucci*, a été publié en 2006. Il a connu et souvent rencontré Héloïse Mathon.

POLI Antoine : policier. Inspecteur divisionnaire de la Sûreté urbaine de Nice. Il dresse le procès-verbal de la seconde saisie du coupé 304, le 10 juin 1974.

POLLAK Émile : avocat (1914-1978). Avocat marseillais de renom, ancien défenseur de Gaston Dominici, militant de l'Abolition avec Robert Badinter dans les années 70, il est absent de son bureau lorsqu'Héloïse Mathon et deux journalistes viennent le solliciter pour assurer la défense de Ranucci. Ceux-ci se tourneront alors vers Paul Lombard, par défaut. La famille Rambla le contacte pour prendre sa défense, mais il leur fait savoir qu'il refusera de plaider la mort et surtout, il déclare au moment de l'arrestation de Patrick Henry qu'il accepterait de le défendre s'il le lui demandait. C'est finalement son jeune collaborateur de l'époque, Gilbert Collard, qui sera l'avocat de la partie civile. Il s'éteint en 1978, sans avoir vu l'Abolition, mais après avoir encouragé Robert Badinter à « continuer le combat ».

PORTE Jules : policier. Inspecteur divisionnaire de la section criminelle Nord de la Sûreté urbaine à Marseille. Il rapporte au commissaire Alessandra. Il conduit dès le matin du 4 juin l'enquête de proximité dans le quartier des Chartreux. Avec le commissaire Charles Brignone, du SRPJ, il accompagne Pierre Rambla, le père de la victime, sur le lieu de la découverte du corps pour l'identification le soir du 5 juin. Il participe à l'interrogatoire de Ranucci dans la nuit du 5 au 6 juin et le matin du 6 juin. Il enregistre le témoignage d'Eugène Spinelli le 6 juin au matin et tente de lui faire signer une déclaration attestant qu'il aurait pu confondre une Simca 1100 avec un coupé 304. Il recueille le témoignage d'Aline Aubert, puis les aveux de Christian Ranucci dans l'après-midi du 6 juin. À la demande de Suzanne Brugère, il reçoit Jeannine Mattéi fin 1975, mais prétend ne pas avoir retrouvé de témoignage déposé quant aux affaires de la cité des Tilleuls.

RABINEAU Alain : témoin. Camarade de régiment de l'accusé pendant son service militaire en Allemagne. Dans les années 2000, il a raconté que Ranucci lui avait proposé de l'accompagner pendant son week-end à Marseille. Il a affirmé que Ranucci avait un pull-over rouge, mais à col et sans boutons, à la différence de celui retrouvé dans la champignonnière. Il a décrit Ranucci comme un individu instable et parfois imprévisible, et il croit à sa culpabilité.

RAHOU Mohammed : témoin. Ouvrier agricole travaillant pour Henri Guazzone. Appelé à l'aide par Ranucci pour extraire sa voiture de la champignonnière le 3 juin, il fait appel à son chef afin que ce dernier utilise son tracteur.

RAMBLA Pierre : père de la victime. Immigré d'origine espagnole, natif d'Archidona en Andalousie. Ouvrier-boulanger de métier à l'époque des faits. Après la publication du *Pull-over rouge*, de Gilles Perrault, il a dû faire face à un scandale public, son entourage et parfois des anonymes lui reprochant d'avoir fait exécuter un innocent. Il a dû abandonner son métier de boulanger, ayant déclaré une allergie à la farine. Plus de trente ans après le meurtre de sa fille, il a eu la douleur, en 2008, de voir son fils condamné pour le meurtre de sa patronne, dans le même tribunal que celui où il avait assisté, trente-deux ans plus tôt, à la condamnation à mort de Christian Ranucci. Il décède en 2013, sans avoir jamais eu de doutes quant à la culpabilité du condamné.

RAMBLA Jean-Baptiste (appelé Jean dans la plupart des publications consacrées à l'affaire) : frère de la victime, il a six ans et est en train de jouer avec elle lorsqu'ils sont abordés par le ravisseur le 3 juin 1974. Il ne reconnait pas Ranucci lors du tapissage. En 2008, il est condamné à dix-huit ans de réclusion criminelle pour le meurtre de sa patronne Corinne Beidl, dont il avait dissimulé le corps dans son jardin, cadavre retrouvé plus de sept mois après le crime. Il a bénéficié de circonstances atténuantes, ses avocats ayant rappelé combien il avait été marqué par le poids de l'affaire Ranucci pendant son enfance. Condamné modèle, il bénéficie d'une remise de peine en 2016. En réinsertion, il est arrêté de nouveau à Toulouse en août 2017 pour un second meurtre, cette fois celui d'une jeune femme de vingt et un ans, pour lequel il est condamné le 17 décembre 2020 à la réclusion criminelle à perpétuité.

RAMBLA Marie-Dolorès : la victime (1966-1974). Elle porte le même prénom que sa mère. Enlevée le 3 juin 1974 à Marseille peu après 11 h, son corps est retrouvé deux jours plus tard dans l'après-midi par les gendarmes. Repose au cimetière Saint-Pierre de Marseille.

RANUCCI Antoinette : belle-mère du condamné, seconde épouse de son père Jean Ranucci. Selon un témoignage non confirmé, elle aurait ouvert la porte de sa maison à Allauch à Christian Ranucci en début de matinée le 3 juin et elle l'aurait éconduit. Elle a nié le fait par la suite.

RANUCCI Christian : le condamné (1954-1976), natif d'Avignon, condamné à mort le 10 mars 1976 et exécuté le 28 juillet 1976. Inhumé au cimetière Saint-Véran en Avignon.

RANUCCI Jean : père du condamné, décrit comme un homme violent. Héloïse Mathon, la mère du condamné, se sépare de lui alors que Christian Ranucci a trois ans et qu'elle élève en outre un autre enfant, Gilbert, lequel lui a été confié par la DDASS. C'est à ce moment qu'il la blesse au visage d'un coup de couteau. Jean Ranucci n'a jamais revu son fils par la suite. Il a été interrogé lors de l'instruction. Il a nié en 1981 avoir été informé d'une visite de son fils le matin du 3 juin à Allauch.

RANUCCI Léopold : père de Jean Ranucci, grand-père du condamné. Il avait reçu l'information selon laquelle Christian Ranucci serait passé voir son père dans la matinée du 3 juin à Allauch et l'a souvent évoquée jusqu'à sa mort. Décédé en 1980, avant l'enquête du commissaire Le Bruchec sur la réalité de cette visite.

ROSANO Guy : témoin. Préparateur et vendeur de pizza à l'époque des faits. Le matin du 3 juin, il est sur les lieux de l'enlèvement. Dans les jours qui suivent, il déclare aux journalistes ne pas avoir fait attention à ce qui se passait autour de lui. Dans les années 2000, il déclare le contraire à Gérard Bouladou ; il déclare avoir vu Marie-Dolorès Rambla, avoir vu Ranucci appuyé sur un réverbère et l'avoir reconnu dans les jours suivants quand il aurait vu sa photo dans la presse, retournement qualifié par Gilles Perrault de « pitreries ».

SALERIO Jean : gendarme, maître de chien de la Compagnie d'Arles. Appelé en renfort sur les lieux de la battue le 5 juin, il arrive avec son animal avant la découverte du corps et met celui-ci en piste. Son procès-verbal omet de mentionner l'objet reniflé par le chien au départ de la piste. Décédé prématurément en 1985.

SOULEZ LARIVIERE Daniel : avocat. Il est l'un des trois avocats qui déposent, avec Jean-Denis Bredin et Jean-François Le Forsonney, les demandes de révision entre 1979 et 1991.

SPINELLI Eugène : témoin. Garagiste-carrossier, il a trente-cinq ans, soit probablement entre quinze et vingt années d'expérience au moment des faits. Il est témoin de l'enlèvement le 3 juin. Il sera cité au procès par la défense de l'accusé. Gilles Perrault prétend qu'il lui a soutenu des années plus tard qu'il a bien vu la fillette monter dans une Simca 1100 et non dans un coupé 304. Contacté par Gérard Bouladou, il est plus évasif et admet la possibilité qu'il se soit trompé, comme il l'avait fait lors du procès.

SPINEK Marthe : témoin. Mère de Sandra Spinek (voir ci-dessous). Lors de l'arrestation de Ranucci, elle croit d'abord reconnaître l'inconnu qui a suivi sa fille à la fin de l'année précédente ; mais confrontée à Ranucci, elle n'en est plus sûre. Le témoignage de Marthe Spinek est beaucoup plus fragile que celui de Marc Pappalardo pour accabler Ranucci, d'autant plus que celui-ci était en Allemagne à l'époque des faits, où il faisait son service militaire.

SPINEK Sandra : témoin. Fille de Marthe Spinek, âgée de sept ans à la fin de l'année 1973, lorsqu'elle est suivie jusqu'à chez elle en rentrant d'un cours de danse par un inconnu que l'on a soupçonné, l'année suivante, d'être Ranucci.

SUBERCAZE : gendarme. De la brigade de gendarmerie de Gréasque, il reçoit la plainte de Vincent Martinez le 3 juin après son accident avec l'accusé. Présent dans la champignonnière lors des investigations du 5 juin, au cours desquelles il a découvert le pull-over rouge.

SUTTER Jean : médecin, psychiatre, titulaire de la chaire de psychiatrie de la faculté de médecine de Marseille. Il a été sollicité en renfort alors que l'instruction était déjà ouverte depuis plusieurs semaines, compte tenu de la complexité apparente du cas de Ranucci. Il a signé le rapport d'expertise psychiatrique du dossier de l'instruction, mais il a déclaré plusieurs années plus tard à Gilles Perrault ne pas en avoir été le rédacteur.

TALLET : magistrat. Procureur de la République adjoint, il dirige l'exécution de Ranucci aux Baumettes le matin du 28 juin 1976.

TASSEZ Jean-Noël : journaliste. De *La Marseillaise*, il interroge le commissaire Cubaynes le soir du 5 juin. L'interview publiée le 6 juin révèle la présence, quelques jours avant le meurtre, d'un homme approchant des enfants dans Marseille avec le stratagème d'un chien noir perdu, ce qui correspond au témoignage de Jeannine Mattéi et qui confirme le fait relaté par Pierre Bernard dans *Le Provençal*.

VIALA Armand : magistrat. Avocat général lors du procès en assises les 9 et 10 mars 1976. Il n'a été assigné comme avocat général que peu avant le procès et n'a donc disposé que de peu de temps pour étudier le dossier. Il viole la règle judiciaire en intervenant après la plaidoirie de la défense. Il écrit au garde des Sceaux Jean Lecanuet pour recommander l'application de la peine capitale. Il est absent lors de l'exécution, avec un motif particulier : il vient de perdre un fils du même âge que le condamné.

VINCENT Jean-Louis : policier, auteur. Il publie en avril 2018 une dernière enquête à charge contre Christian Ranucci, *Affaire Ranucci, du doute à la vérité*. Il reprend les thèses de Gérard Bouladou et admet formellement l'existence de l'homme au pull-over rouge qu'il considère comme étranger à l'affaire. Il dresse un historique exhaustif des demandes de révision et des enquêtes lancées dans leur cadre, notamment sur la visite de Christian Ranucci à Allauch le matin du 3 juin. Son livre fait une large place à des extraits des procès-verbaux et il reconnait çà et là les négligences et les lacunes de l'enquête policière et de l'instruction. Il dresse un inventaire très fouillé des théories souvent fantaisistes qui ont tourné autour de l'affaire et notamment sur des forums internet ; mais il comporte plusieurs omissions sur des points clefs de l'affaire.

VUILLET François : médecin. Médecin légiste, il exécute l'autopsie de la victime. Il examine également Christian Ranucci à la fin de sa garde à vue, avant qu'il ne soit présenté à la juge d'instruction. Il démentira formellement que Ranucci ait eu sur son corps des traces de torture ou de sévices lors de son interrogatoire par les policiers, même s'il note une ecchymose à côté de l'œil. Il affirmera à Gérard Bouladou que Ranucci lui a avoué son crime, ce qui est cohérent avec le syndrome des faux souvenirs.

REMERCIEMENTS

Qu'il me soit permis d'exprimer ici ma gratitude envers tous ceux qui ont soutenu mon projet et m'ont accompagné dans sa rédaction.

Merci à Mariane et Martine qui ont accepté d'être des relectrices neutres de cet ouvrage et pour les corrections qu'elles m'ont suggérées. Merci à Anne de m'avoir fait bénéficier de son talent de relectrice professionnelle et de tous ses précieux conseils de rédaction.

Merci également à mes parents. J'ai une pensée pour mon père qui n'aura lu que les premières esquisses de cette étude, mais qui avait pu me faire part de ses premières observations pendant ses derniers mois de vie. Je suis triste qu'il n'ait pas pu voir ce projet achevé, tout comme mon oncle Jean, qui avait tant faim et soif de justice dans ce monde, et à qui ce livre est dédié.

J'ai périodiquement été accompagné pendant ces années d'écriture par Anne et Nicolas, qui m'auront assisté de leurs expertises de praticiens lorsque j'avais besoin de comprendre certains détails et surtout comment raisonne et pense un médecin. Ils m'ont affectueusement rappelé que j'étais ingénieur de formation, que la médecine n'était pas une science exacte et que des rapports médicaux ne constituaient pas des preuves. L'expertise de psychiatre d'Amaury m'a également éclairé. Il va bien entendu de soi que les analyses et les conclusions que je tire du dossier médical et de l'expertise psychiatrique de Christian Ranucci n'engagent que moi.

J'ai tenté de joindre nombre des psychologues cités dans ce livre, mais Brian Cutler, l'expert des tapissages et des reconnaissances visuelles, est le seul qui m'ait répondu. Qu'il soit ici remercié pour les éclairages qu'il m'a apportés, notamment sur les passages concernant la reconnaissance de Ranucci par Marc Pappalardo et par Guy Rosano.

Je remercie vivement Gilles Perrault, que je n'ai contacté qu'après être parvenu à mes conclusions, qui a bien voulu relire cet ouvrage avant sa publication et m'a accordé plusieurs entretiens. Il m'a fait part de ses réflexions, mais aussi de ses souvenirs. Je sais que je ne suis pas seul à lui être redevable : au-delà de nos conversations, c'est lui qui a semé le doute sur la culpabilité de Christian Ranucci. C'est à lui que nous devons et que les générations qui viendront devront ce qui permettra de progresser dans la genèse des convictions et la proclamation de la vérité.

Je dois également remercier Yann qui m'a communiqué les pièces du dossier et qui m'a mis en contact avec Gilles Perrault.

Je reconnais ce que je dois aux guides que j'ai eu la chance de connaître au long de ma vie, qui ont fait mûrir ma passion pour la justice et l'éthique d'une recherche exigeante de la vérité : Patrick Morvan, Bernard Raimbaud, Patrice Vivarès, Henri Bussery, Geneviève Médevielle, Jean Latapie, Henri Madelin, Danièle Michel, André Talbot. Que soit saluée la mémoire des disparus.

J'adresse un grand merci à Jean-François Bensahel pour son discret soutien, signe de cette longue amitié qui nous lie depuis plus de quatre décennies.

Je dois enfin exprimer ma gratitude au président Badinter pour son message de vœux à l'occasion de la publication de ce livre, dont je lui avais communiqué le manuscrit. Puisse cet ouvrage contribuer, si modestement soit-il, à son œuvre, à la mémoire du combat qui a été le sien dans notre pays et qui continue de par le monde.

Mais cet ouvrage n'aurait pas été possible sans la tendre présence des miens autour de moi, de mon épouse, de nos enfants, et la mémoire de notre aînée trop tôt disparue. Je dois également leur associer une de leurs cousines, qui a été très tôt intéressée par mon projet, et à qui je souhaite un plein succès dans sa vocation d'avocat pénaliste.

RÉFÉRENCES

[1] Badinter Robert, *L'Abolition,* Fayard, 2000.

[2] Évangile selon saint Jean, Chapitre 18, v. 31 et Chapitre 19 vv. 6 et 15.

[3] *Affaire Ranucci : Autopsie d'une imposture – Toute la vérité sur le pull-over rouge,* éd. Pascal Petiot, 2006, et *L'affaire du pull-over rouge, Ranucci Coupable, un pull-over rouge cousu de fil Blanc*, Gérard Bouladou, France Europe éditions.

[4] Vincent Jean-Louis, *Affaire Ranucci - Du doute à la vérité*, François Bourin, 2018.

[5] Le Meur Yann, *Le sang et l'encre – Et si Christian Ranucci était innocent ?* L'Harmattan, 2013.

[6] Donadini Geneviève, *Le procès Ranucci, témoignage d'un juré d'assises,* L'Harmattan, 2016.

[7] Decaux Alain, *Les Rosenberg ne doivent pas mourir,* Librairie académique Perrin, 1969. Pièce de théâtre précédée dans son édition originale d'une enquête intitulée *Pourquoi je crois les Rosenberg innocents.*

[8] Innocenzi Paul-Claude, *L'énigme de Pélissanne – L'affaire Jeremy Cartland,* J'ai lu, 1973.

[9] Le Forsonney Jean-François, *Le fantôme de Ranucci, ce jeune condamné qui me hante*, Michel Lafont, 2006.

[10] Fratacci Mathieu, *Qui a tué Christian Ranucci ?*, Éditions N° 1, 1994.

[11] Le Forsonney Jean-François, *Le fantôme de Ranucci, ce jeune condamné qui me hante*, Michel Lafont, 2006.

[12] Fratacci Mathieu, *Qui a tué Christian Ranucci ?*, Éditions N° 1, 1994.

[13] Vincent Jean-Louis, *Affaire Ranucci - Du doute à la vérité*, François Bourin, 2018.

[14] *Ibid.*

[15] Le Forsonney Jean-François, *Le fantôme de Ranucci, ce jeune condamné qui me hante*, Michel Lafont, 2006.

[16] *Ibid.*

[17] Perrault Gilles, *L'ombre de Christian Ranucci*, Fayard, 2006.

[18] Donadini Geneviève, *Le procès Ranucci, témoignage d'un juré d'assises,* L'Harmattan, 2016.

[19] *L'affaire Ranucci, le combat d'une mère*, téléfilm réalisé par Denis Granier-Deferre en 2006, diffusé en 2007.

[20] Badinter Robert, *L'Abolition,* Fayard, 2000.

[21] Dupond-Moretti Éric, *Bête noire, condamné à plaider*, Michel Lafon, 2012.

[22] Giscard d'Estaing Valéry, *Le pouvoir et la Vie,* Tome 1, Le livre de poche, 2004.

[23] *Ibid.*

[24] *Ibid.*

[25] Évangile selon saint Matthieu, 5, 7.

[26] Briand Luc, *La revanche de la guillotine, l'affaire Carrein*, Plein-jour, 2018.

[27] Bartlett F. C. : *Remembering : a study in experimental and social psychology*, New York, Cambridge University Press, 1932.

[28] Chan Jason et LaPaglia Jessica, *Impairing existing declarative memory in humans by disrupting reconsolidation* ; Proceedings of the National Academy of Sciences, 110 (23), 2013.

[29] *Ibid.*

[30] Corson Y. et Verrier N., *Emotions and False memories : valence or arousal ?* in Psychological Science, 18, 208-21, 2007.

[31] Gabbert F., Memon A. et Allen K., *Memory Conformity : can eyewitnesses' memory influence each other's memories of an event*, Applied Cognitive Psychology, 17 (5); 533-43, 2003.

[32] Le Forsonney Jean-François, *Le fantôme de Ranucci, ce jeune condamné qui me hante*, Michel Lafont, 2006.

[33] Périsset Maurice, *Plus jamais d'échafaud – Les dossiers noirs de la peine de mort*, Alain Lefeuvre, 1978.

[34] Borchard E. M., *Convicting the innocent, sixty-five actual errors of criminal justice,* 1932.

[35] Brandon R. et Davies C., *Wrongful imprisonment*. London : Allen & Unwin, 1973.

[36] Cutler Brian L., *Expert Testimony on the psychology of eyewitness identification* – American Psychology – Law Society Series, 2009.

[37] Vincent Jean-Louis, *Affaire Ranucci - Du doute à la Vérité*, Éditions François Bourin, 2018.

[38] Verschoot Odile, *Du déni au crime – des origines psychologiques de la violence*, Imago, 2014.

[39] Ranucci Christian et Mathon Héloïse, *Christian Ranucci, jusqu'au 28 juillet 1976 – Écrits d'un condamné*, Hachette, 1980.

[40] Lombard Paul, *Quand la Justice se trompe*, Robert Laffont, 1981.

[41] Shaw Julia et Porter Stephen, *Constructing Rich False memories of Committing Crime*, in *Psychological Science*, Jan. 2015 ; publication mise à jour en 2018 dans la même revue avec des corrections qui ne touchent ni à la méthodologie ni aux conclusions, mais qui changent légèrement les résultats chiffrés de l'étude statistique, réalisée sur 60 cobayes.

[42] Shaw Julia, *The Memory Illusion: Remembering, Forgetting, and the Science of False Memory*, 2016.

[43] Beccaria Cesare, *Des délits et des peines*, traduction d'Alessandro Fontana et Xavier

Tabet, Bibliothèque de Philosophie, Gallimard, 2015.

[44] Kassin Saul et Kiechel Katherine, *The social psychology of false confessions*, Psychological Science, May 1996.

[45] Fratacci Mathieu, *Qui a tué Christian Ranucci ?*, Éditions N° 1, 1994.

[46] Hestin Monique, *Les chiens de la gendarmerie Nationale,* thèse pour le doctorat Vétérinaire, 2002.

[47] *Ibid.*

[48] Esperança Philippe, *Morphoanalyse des traces de sang – une approche méthodique*, Presses polytechniques romandes, 2019

[49] Bowlby John, *Attachment and loss*, Basic Books, 1960.

[50] Shaw Julia, *Making Evil, the science behind humanity's dark side*, 2019.

[51] Maudhuy Roger, *L'affaire Fourniret*, France-Empire, 2005.

[52] Bredin Jean-Denis, *L'affaire,* Fayard, 1993.

[53] Santoro Oli Porri, *Le fils de l'ogre,* Max Milo, 2018.

[54] Maurel Jean-Pierre et Dague Jean-Claude, *La Justice bafouée : L'affaire Marletta,* 1988.

[55] Lombard Paul, *Quand la Justice se trompe*, Robert Laffont, 1981.

[56] Cité par Giroud Françoise, *Leçons Particulières*, Fayard, 1990.

[57] Viansson-Ponté Pierre, *Lettre ouverte aux hommes politiques*, Albin-Michel, 1976.

[58] Girard René, *Le bouc émissaire,* Grasset, 1982.

[59] Delumeau Jean, *Le péché et la peur, la culpabilisation en Occident,* Fayard, 1983.

[60] Woodward Bob, *Plan of Attack*, Simon and Schuster, 2004.

[61] Bredin Jean-Denis, *L'affaire,* Fayard, 1993.

[62] Ker Jean, *Le carnet noir du bourreau, les mémoires d'André Obrecht qui exécuta 322 condamnés,* Gérard de Villiers, 1989.

Structures éditoriales du groupe L'Harmattan

L'Harmattan Italie
Via degli Artisti, 15
10124 Torino
harmattan.italia@gmail.com

L'Harmattan Hongrie
Kossuth l. u. 14-16.
1053 Budapest
harmattan@harmattan.hu

L'Harmattan Sénégal
10 VDN en face Mermoz
BP 45034 Dakar-Fann
senharmattan@gmail.com

L'Harmattan Cameroun
TSINGA/FECAFOOT
BP 11486 Yaoundé
inkoukam@gmail.com

L'Harmattan Burkina Faso
Achille Somé – tengnule@hotmail.fr

L'Harmattan Guinée
Almamya, rue KA 028 OKB Agency
BP 3470 Conakry
harmattanguinee@yahoo.fr

L'Harmattan RDC
185, avenue Nyangwe
Commune de Lingwala – Kinshasa
matangilamusadila@yahoo.fr

L'Harmattan Congo
67, boulevard Denis-Sassou-N'Guesso
BP 2874 Brazzaville
harmattan.congo@yahoo.fr

L'Harmattan Mali
ACI 2000 - Immeuble Mgr Jean Marie Cisse
Bureau 10
BP 145 Bamako-Mali
mali@harmattan.fr

L'Harmattan Togo
Djidjole – Lomé
Maison Amela
face EPP BATOME
ddamela@aol.com

L'Harmattan Côte d'Ivoire
Résidence Karl – Cité des Arts
Abidjan-Cocody
03 BP 1588 Abidjan
espace_harmattan.ci@hotmail.fr

Nos librairies en France

Librairie internationale
16, rue des Écoles
75005 Paris
librairie.internationale@harmattan.fr
01 40 46 79 11
www.librairieharmattan.com

Librairie des savoirs
21, rue des Écoles
75005 Paris
librairie.sh@harmattan.fr
01 46 34 13 71
www.librairieharmattansh.com

Librairie Le Lucernaire
53, rue Notre-Dame-des-Champs
75006 Paris
librairie@lucernaire.fr
01 42 22 67 13

www.ingramcontent.com/pod-product-compliance
Lightning Source LLC
LaVergne TN
LVHW021147061026
849535LV00002B/380